經濟法論 II

經濟法論 II

洪明秀 著

景仁文化社

발간사

    모두 29편의 글을 모았다. 『경제법론Ⅰ』에 싣지 못했던 글, 이후에 발표한 글 그리고 새로 쓴 글들을 모아 두 번째 책으로 묶었다. 모아놓고 보니, 사례분석에 관한 글이 많았다. 경제법 영역에서 사례를 다루는 것은, 법리의 프리즘을 통과하는 과정에서 지나치게 단순화되어 경제현실의 실제적 모습이 가려질 수 있다는 우려를 피할 수 없고, 따라서 언제나 조심스러운 일이다. 주의를 기울였지만, 부족한 부분이 있을 것이다.

    주지하다시피 사례분석은 사례를 선정하는 일로부터 시작된다. 법리의 이해와 유사한 사건에 대한 법적용에 도움이 될 수 있는 관점에서 뽑았으며, 때로는 오래된 익숙한 사건도 다루었다. 그 과정에서 관습처럼 받아들이던 사고를 되짚어 보고, 새로운 이해의 가능성을 확인할 수 있는 계기가 되었기를 바란다.

    이 책을 발간하는데 도움을 주신 경인문화사의 신학태 편집부장과 안상준 편집부원에게 감사의 마음을 전한다.

2010년 1월
남가좌동 연구실에서
홍 명 수

<목 차>

제1편 독점규제법

제1편 독점규제법

1. 시장지배적 지위남용행위 심결 분석

Ⅰ. 시장지배적 지위남용행위 규제체계와 실무

1. 시장지배적 지위남용행위 규제체계

「독점규제 및 공정거래에 관한 법률」(이하 독점규제법)은 독점에 대하여 폐해규제주의적 입장을 취함으로써 시장지배적 지위 자체는 승인하는 대신에 그 지위가 남용되었을 경우에 규제하고 있다. 즉 독점규제법 제3조의2 제1항은 시장지배적 사업자의 남용행위를 금지한다. 이러한 태도는 미국의 Sherman법 제2조에서처럼 'monopolize' 또는 'attempt to monopolize'를 규제대상으로 삼는 원인금지주의적인 입법례와 구별되는 것이고, 규제의 초점은 독과점적 지위의 형성이 아닌 기성의 지배력이 남용되는 행태에 모아지게 된다.[1] 그러나 남용행위의 주체로서 시장지배적 지위를 전제하기 때문에, 위법성 판단과정에서 시장지배력의 존부는 불가결의 고려 요소가 되고, 따라서 전체적으로 시장지배력 남용에 대한 규제는 시장지배력의 존부에 대한 판단

---

[1] 미국 연방대법원은 Sherman법 제2조를 관련시장에서 독점력을 보유할 것과 이 독점력이 반경쟁적, 배타적인 수단에 의하여 또는 반경쟁적, 배타적인 목적을 위해서 의도적으로 획득, 유지 또는 활용되었을 것에 기초하여 이해하고 있다(United States v. Grinnell Corp., 384 U.S. 563, 570~571(1966)). 이와 같은 미국 연방대법원의 태도는, 원인금지주의적 규제와 남용규제주의적 규제가 개념적으로 이해되는 것보다 상당히 접근하고 있음을 보여준다.

과 남용행위 여부에 대한 판단의 2단계 심사과정을 거치게 된다.[2]

또한 시장지배적 지위의 판단에는 법기술적으로 관련시장의 획정이 선행되어야 한다. 관련시장(relevant market)의 획정은 시장의 자연적인 경계를 정하는 것이 아니라, 경쟁의 관점에서 의미 있는 영향을 미칠 수 있는 범위를 인위적으로 결정하는 것을 뜻한다. 이러한 점에서 EC 위원회의 '관련시장의 획정에 관한 고시(EC Commission Notice on the definition of the relevant market for the purpose of Community Competition Law)'가[3] "시장획정은 사업자들 사이에 경쟁의 경계를 특정하고 획정하는 수단이며, 경쟁정책이 적용될 수 있는 기본 틀의 설정을 가능하게 한다"고 밝힌 부분은 적절한 설명이라 할 수 있다.

결국 독점규제법상 시장지배적 지위남용행위의 규제는 관련시장의 획정, 시장지배력, 남용행위를 각각 판단하는 일련의 과정에 따라서 이루어진다.

2. 공정거래위원회 규제 실무의 개괄

1) 규제의 법적 근거

1980년 독점규제법의 입법시부터 시장지배적 지위남용행위 규제에 대한 명문의 근거가 주어졌으며, 다소간의 변화는 있었지만 그 대강은 유지된 채 현재에 이르고 있다.[4] 연혁적으로 보면, 시장지배력 남용 구제 역사에서 가장 중요한 변화는 시장지배적 지위의 사전지정제도의 폐지에 관한 1999년의

---

2) Fritz Rittner, Wettbewerbs-und Kartellrecht, C. F. Müller Verlag, 1999, 275면.
3) OJC 372 on 9/12/1997.
4) 독점규제법상 시장지배적 지위의 남용행위 규제에 관한 연혁적 고찰로서, 홍명수,
    "한국 독점규제법의 현재와 미래", 경쟁법연구 제12권, 2005, 170~171면 참조.

제7차 개정이라 할 수 있다. 동 개정 전에는 1년마다 일괄적인 조사를 통하여 시장지배적 사업자를 사전에 지정하는 제도를 채택하고 있었다. 시장지배력의 존부는 시장지배적 지위의 남용규제의 수범자를 제한하며, 남용 판단에 선행하는 것이기 때문에, 이러한 규제체계가 법리적으로 불가능한 것은 아니라 할지라도, 실제 운영 측면에서 시장 전체에 대한 일괄적인 조사에 따르는 규제기관의 과도한 부담이 있었고, 더욱이 이론적인 측면에서도 남용행위 이전에 시장을 획정하고 시장지배력을 평가한다는 점에서 논리적인 모순이 있었던 것을 시정한 의의가 있다. 또한 1999년 2월의 개정에 의하여 수요 측면에서의 시장지배력을 인정할 수 있는 근거를 마련한 것도 제조나 유통과정에서 구매력(buying power)의 증대가 눈에 띄는 상황에서 경쟁정책적으로 의미 있는 개정이라 할 수 있다.

　이 외에도 구체적인 남용행태를 유형화하고 구체화하는 작업이 계속되면서 규제의 법적 근거가 정비되어 왔다. 동법 제3조의2 제1항 각호에서 규정하고 있는 남용의 유형들은 동법 시행령 제5조의 각 항에 의하여 구체화되고 있고, 또한 공정거래위원회의 고시로서 '시장지배적지위남용행위 심사기준'이[5] 제정되어 시장지배력 남용행위의 세부 유형 및 판단기준을 제시하고 있다. 특히 동 고시는 시장지배적 지위의 남용행위에 대한 판단 과정에 따라서, 순차적으로 'Ⅱ. 일정한 거래분야의 판단기준', 'Ⅲ. 시장지배적사업자 여부 판단기준', 'Ⅳ. 시장지배적지위 남용행위의 세부 유형 및 기준'의 표제 하에 구체적인 기준을 마련하고 있다.

2) 공정거래위원회의 규제 실무

　이와 같은 규제의 법적 근거의 개선과 강화는 규제기관의 법집행 실효성

---

5) 제정 2000. 9. 8. 공정거래위원회 고시 제2000-6호, 개정 2002. 5. 16. 공정거래위원회 고시 제2002-6호.

을 제고하는데 많은 기여를 한 것으로 볼 수 있다. 그러나 실제 제도 운영의 측면에서 보면, 종래 시장지배적 지위남용행위에 대한 규제가 활발하였던 것으로 보기는 어렵다. 무엇보다 지난 27년간의 규제 예가 많지 않았다는 점을 지적할 수 있다. 동법이 시행된 1981년 4월부터 2007년 6월까지 공정거래위원회에서 경고 이상의 시정조치를 부과한 사건 수는 42건에 불과하다. 더욱이 2007년 3월에 있었던 종합유선방송사업자인 (주)티브로드의 11개 지역방송에 대한 심결을 하나의 사건으로 본다면, 실질적으로 지금까지 시장지배적 남용행위에 대한 규제 사건은 32건에 지나지 않는다. 다음의 <표 1-1>은 동 기간 동안 남용행위 유형별로 시정조치가 내려진 사건의 분포를 보여주고 있다.

〈표 1-1〉 남용행위 유형별 사건처리 수(1981. 4~2007. 6)

가격남용행위 (1호)	출고조절행위 (2호)	타사업자활동 방해행위6) (3호)	타사업자진입 방해행위 (4호)	실질적경쟁제한· 소비자이익저해행위 (5호)
8	3	16	0	5

이와 같이 공정거래위원회에 의한 시장지배적 지위남용행위로서의 규제 사례가 많지 않은 것이, 우리 시장의 경쟁적 구조가 정착되었거나 남용적 행태가 적다는 것을 반증하는 것으로 보기는 어렵다. 적어도 개별 시장에서 시장지배적 사업자의 존재는 일반적인 현상이 되고 있는데, 2003년 기준으로 우리나라의 품목별 시장에서 시장점유율 상위3개사의 점유율 합을 의미하는 CR3 지수의 전체 평균은 61.5로서, 이는 시장지배력이 있는 것으로 추정하

---

6) '마이크로소프트 코퍼레이션과 한국 마이크로소프트(유) 사건'은 타사업자 활동방해행위(3호)와 소비자이익저해행위(5호)로 규율되었으나 여기서는 3호로 분류하였다. 또한 앞에서 언급한 것처럼, (주)티브로드의 11개 지역방송에 대한 사건은 하나의 사건으로 계산하였다.

는 상위3사 시장점유율 합 75%에 육박하고 있는 상황이다.[7]

이에 대해서는 다음의 두 가지 측면에서 평가가 가능할 것이다. 우선 과거 시장지배적 지위남용행위에 대한 규제기관의 법집행 의지가 적극적이지 않았다는 점을 지적할 수 있다.[8] 그러나 보다 본질적이 문제로서 시장지배적 지위의 남용행위에 대한 평가 자체가 매우 모호하고, 매우 어려운 작업이라는 점이 중요한 요인이 되었을 것으로 생각된다. 이미 개별 시장에서의 독과점적 구조가 보편적으로 나타나고 있는 경제현실에서 경쟁시장 구조에서 가능한 거래조건이나 행태가 그대로 실현되기를 기대하기는 어려우며, 따라서 이로부터 벗어나는 모든 행태를 남용으로 판단하는 것은 가능하지 않다. 결국 경쟁시장 기준에서 이탈한 행태 중에서 특히 규제대상이 되는 것을 남용의 관점에서 정하여야 하는 과제, 즉 한계 기준의 제시가 규제기관에게 요구되며, 이는 상당한 부담이 될 수밖에 없다.

그러나 주지하다시피, 우리 독점규제법체계에서 시장지배력 남용에 대한 규제는 독과점에 대한 핵심적인 대응방안이며, 시장의 경쟁을 유지하기 위한 가장 본질적인 규제 수단의 하나라 할 수 있다. 이러한 점에서 그 동안의 규제사례를 토대로, 보다 적극적이고 법리적으로도 타당한 접근의 필요성을 부인할 수 없을 것이다.

---

7) 공정거래위원회, 공정거래백서, 2006, 119면.
8) 공정거래위원회, 시장경제 창달의 발자취 – 공정거래위원회 20년사 –, 2001, 276~277면 참조.

II. 관련시장의 획정

1. 시장지배력 남용규제에 있어서 관련시장 획정의 고유한 의의

일반적으로 경쟁법상 관련시장의 획정의 문제는 시장지배적 지위남용행위에만 관련되는 것은 아니다. 전술한 것처럼, 경쟁법에서 관련시장은 사업자들 사이에 경쟁이 이루어지고 있는 범위뿐만 아니라 경쟁정책이 유효하게 적용될 수 있는 한계를 설정하는 것이다. 이러한 점에서 관련시장은 독점규제법상 경쟁제한성이 문제되는 모든 규제 유형과 관련하여 선행하는 의미를 갖는다고 볼 수 있다. 그렇지만 관련시장의 획정이 구체적인 정책목적과 긴밀한 관련성을 갖고 있다는 점을 고려한다면, 시장지배적 지위남용행위의 전제로서 관련시장 획정 역시 동 규제의 경쟁정책적 의의와 연관해서 이해할 필요가 있으며, 이러한 이해를 바탕으로 하여 관련시장 획정의 고유한 의미가 제시되어야 한다.

이러한 점에서 EC의 '관련시장 획정에 관한 고시'가 기업결합 규제와 시장지배적 지위남용행위 규제 사이에 관련시장 획정의 차별성을 지적한 것은 주목할 만한 것이다. 기업결합의 경우 관련시장 획정은 경제주체의 통합이 가져달 줄 장래의 변화에 대한 예측을 행하는 기초로서의 의미를 갖는 반면에, 시장지배적 지위남용행위 규제에 있어서 관련시장 획정은 과거의 행위에 대한 경쟁정책적 평가의 기초로서 기능한다. 즉 기업결합 사건에서 초점은 필연적으로 기업결합이 가져다 줄 미래의 결과와 중요한 변화들인 반면에, 시장지배력 남용 사건에서는 특정 사업자의 과거의 행위에 초점을 두고, 적어도 시장이 그 기간에 걸쳐 작동하던 방식이 우선적으로 고려되어야 한다.[9]

이상의 논의에 비추어 볼 때, 기업결합 사건과 시장지배력 남용사건에 적

---

9) D. G. Goyder, EC Competition Law, Clarendon Press, 1998, 330면.

용되는 관련시장의 획정이 방법론적으로 동일한 기초 위에 있으며, 공정거래위원회가 고시한 '시장지배적지위남용행위 심사기준'과 '기업결합심사기준'에서 각각의 관련시장 획정 기준이 내용상 거의 동일하다 하더라도, 실제 운영에 있어서는 규범목적에 대한 충분한 고려가 전제된 차별적 접근이 이루어질 필요가 있다. 이러한 점에서 현대자동차(주) 및 기아자동차(주)의 시장지배적 지위남용행위 사건에서[10] 지배적 지위의 전제가 된 관련시장 획정에 대해서는 의문의 여지가 있다. 비록 동 심결은 시장지배적 사업자의 사전지정제도가 존재하던 상황에서 이루어진 것이긴 하지만, 동 사건 이전에 있었던 현대자동차(주)와 기아자동차(주)의 기업결합 사건에서[11] 승용차, 버스, 트럭으로 자동차 시장을 3분하여 관련시장을 획정하였던 방식을 그대로 따르고 있다는 점에서 일정한 문제제기가 가능할 것이다. 즉 경쟁 상황에 대한 장래 예측의 전제로서 요구되는 기업결합에 있어서 시장획정 방식을 과거 행위에 대한 면밀한 시장 분석의 기초로서 의미가 있는 시장지배적 지위남용에 있어서 시장획정에 곧바로 원용할 수 있는지에 의문이 있다.

2. 관련시장 획정의 표지

1) 핵심적 표지로서 대체가능성

관련시장의 획정과 관련하여 독점규제법 제2조 제8호는 "일정한 거래분야

---

10) 공정위 1999. 9. 3. 의결, 9906독점0901.
11) 동 사건에서 공정거래위원회는 자동차 시장을 승용차, 트럭, 버스로 나누어 상품별 시장획정을 하고 있다. 이러한 분류는 엄밀한 대체가능성을 판단기준으로 삼은 것으로 보기는 어렵지만, 장래의 시장 구조 변화를 예상하는 기본 틀을 제시한다는 점에서 어느 정도 긍정될 수 있는 측면이 있다. 공정위 1999. 4. 7. 의결, 9901기결 0126.

란 거래의 객체별·단계별 또는 지역별로 경쟁관계에 있거나 경쟁관계가 성립될 수 있는 분야를 말한다"고 규정하고 있다. 동 규정에서 일정한 거래분야는 경쟁이 이루어질 수 있는, 즉 경쟁에 실질적인 영향을 미칠 수 있는 범위를 의미하며, 개념적으로 관련시장(relevant market)에 상응한다.

일반적으로 경쟁관계의 성립 가능성은 거래에 참가하거나 참가하려고 하는 거래주체들에게 실질적인 선택가능성이 주어질 때 인정될 수 있고,[12] 따라서 대체적인 거래를 선택할 수 있는지 여부는 경쟁이 성립될 수 있는 거래분야를 획정함에 있어서 핵심적인 기준이 된다. 대체가능성은 여러 가지 요소가 종합적으로 고려되어 판단되는 것이지만, 특히 경제학에서 상품 간 거래 조건의 변화에 따른 전환 가능성을 지수화한 교차탄력성 그리고 이로부터 더욱 정교하게 발전한 SSNIP(Small but Significant Non-transitory Increase in Price) 심사방식 등이 기술적으로 활용되고 있다.

관련시장 획정의 표지로서 대체가능성 내지 전환가능성은 '시장지배적지위남용행위 심사기준'에도 규정되어 있으며, 공정거래위원회의 규제 실무 역시 동 표지에 입각하여 시장획정을 수행하고 있다. 물론 과거 시장지배적 사업자의 사전지정제도 하에서는 관련시장 획정의 필요성이 크지 않았던 것으로 볼 수 있으며,[13] 동 제도가 폐지된 후 일정한 시장을 전제하고 시장지배력을 판단하는 방식으로 규제 실무가 확립되었다. 그러나 1999년 사전지정제도가 폐지된 이후에도 상당한 기간 동안 관련시장 획정에 관한 실질적인 분석은 이루어지지 않았다. 예를 들어 BC카드 및 12개 회원은행 등의 시장지배적지위 남용행위 사건에서는,[14] 특별한 분석 없이 관련시장을 신용카드(업) 시장으로 정하고 지배력을 판단하고 있으며, (주)영일케미컬 사건

---

12) Fritz Rittner, 주 2)의 책, 166면.
13) 시장지배적 사업자의 사전지정 제도 하에서도 시장지배력은 구체적인 경우에 당해 시장을 대상으로 개별적으로 판단되어야 한다고 보았다. 권오승, 경제법 초판, 법문사, 1998, 161면 참조.
14) 공정위 2001. 3. 28. 의결, 2001독점0280.

에서[15] Methyle Bromide시장을 관련시장으로 정하는데 있어서도 동일한 태도를 보여주고 있다. 예를 들어 전자의 경우 신용카드의 이용행태가 단순한 대금지급결제 수단으로 사용되는 경우, 할부 구매시 이용하는 경우 그리고 현금서비스를 이용하는 경우로 나뉘는데, 이들 각각을 분리하여 시장확정을 하여야 하는지 아니면 이들 전체를 하나의 신용카드시장으로 볼 것인지를 대체가능성에 입각하여 추가적으로 검토하는 과정이 충분하였던 것으로 보이지 않는다.[16]

대체가능성 표지에 따른 관련시장 획정의 구체적 분석이 이루어진 의미 있는 선례로서 포항종합제철(주) 사건을[17] 들 수 있다. 동 사건에 대한 심결에서 공정거래위원회는 포항종합제철(주)의 시장지배적 지위 판단의 전제로서 대체가능성 표지에 따라서 국내 열연코일시장을 관련시장으로 획정하고 있고, 이러한 태도는 이후 시장지배력 남용사건에서 대체적으로 유지되고 있다.

3. 관련시장의 구체적 획정

1) 획정의 기준

독점규제법 제2조 제8호는 관련시장(일정한 거래분야) 획정의 기준을 객체별, 단계별, 지역별로 규정하고 있다. 동 규정에서 제시한 관련시장 획정 기준은 가장 대표적인 것이기는 하지만, 이에 제한되는지의 문제가 있다. 이미 공정거래위원회가 고시한 '시장지배적지위남용행위 심사기준'은 일정한

---

15) 공정위 2001. 1. 11. 의결, 2000경축0929.
16) 동 사건의 이의 신청에 대한 재결에서도 공정거래위원회는 시장확정에 대한 분석이 충분한 것으로 보고 있다. 공정위 2001. 8. 24. 재결, 제2001-038호.
17) 공정위 2001. 4. 12. 의결, 2001경축0389.

거래분야의 판단기준으로서 법에서 규정하지 않은 '거래상대방'을 제시하고 있다. 또한 이론적으로 유통방식이나 시간적 요소 등도 관련시장을 획정함에 있어서 의미 있는 기준이 될 수 있다. 전자의 경우 비록 시장지배적 지위남용사건은 아니지만, (주)빙그레 등의 공동행위 사건에서[18] 유산균발효유 시장을 직접 방문판매 시장과 일반적인 도소매점을 통한 판매 시장으로 나누어 관련시장을 획정한 것은 적절한 예라 할 수 있다. 물론 유통방식의 차이가 언제나 별개의 관련시장 획정을 이끄는 것은 아니다. 예를 들어 독일의 Metro/Kaufhof 사건에서[19] 연방대법원은 현금판매만을 하는 도매시장을 별개의 관련시장으로 획정하는 것을 받아들이지 않았다. 이와 같은 상이한 결론은 각각의 유통방식이 서로 간에 대체가능성을 갖고 있는지 여부에 따라서 도출될 것이며, 이러한 점에서 유통방식을 하나의 기준으로 삼아 대체가능성 유무를 검토하는 것도 유의미한 접근방식이 될 수 있을 것이다.

관련시장 획정에 있어서 시간적 요소의 고려도 일반적으로 거론되고 있다. 시간이 상품을 특정함에 있어서 밀접하게 관련되는 경우, 예를 들어 축구경기의 결승전을 실시간으로 방송하는 것과 일정 시간 후에 녹화방송하는 것 사이에 시간은 중요한 고려요소가 되며, 이들을 별개의 관련시장으로 이해할 수 있는 기준이 된다.[20]

이상의 논의에서 알 수 있듯이, 관련시장을 획정함에 있어서 다양한 기준이 가능하며, 이들을 고려함에 있어서 법규정에 제한될 필요는 없다. 그러나 실제로 관련시장 획정과 관련하여 가장 빈번하게 문제가 되는 것은 상품별(객체별) 그리고 지리적(지역별) 관련시장 획정이다. 상품별 시장획정은 대체재를 갖고 있지 않은 상품은 없다는 점에서, 결국 수많은 대체재 가운데 하나의 관련시장을 구성하는 상품의 범위를 정하는 과정을 의미하게 된다. 또

---

18) 공정위 1991. 3. 25. 의결, 제91-30호.
19) BGH WuW (1986), 713, 719면.
20) Ulrich Gassner, Grundzüge des Kartellrechts, Verlag Vahlen, 1999, 107면.

한 거래주체가 대체가능한 지역적 범위를 결정하는 것도, 관련시장 확정에
있어서 일반적으로 요구되는 것이라 할 수 있다. 우리 공정거래위원회의 규
제 실무에 있어서도, 관련시장 확정에 있어서 상품별 기준과 지리적 기준에
따른 관련시장의 확정이 주류를 이루며, 그 외의 기준이 실제 고려된 예를
찾기는 어렵다.

끝으로 각각의 기준을 고려함에 있어서 수요 측면과 공급 측면에서의 검
토가 이루어질 필요가 있으며, 공정거래위원회의 규제 실무도 이를 반영하고
있다. 당연히 공급 측면에서의 대체가능성은 수요 측면과는 별개의 독립적
고려 요소이며, 또한 판단에 있어서 보충적인 의미를 갖는다. 예를 들어 EC
위원회에서 다루어졌던 Nestle와 Perrier의 기업결합 사건에서[21] 생수와 소프
트음료 시장을 별개의 시장으로 볼 수 있는지를 판단하기 위하여, 우선 수요
측면에서의 대체가능성을 검토한 후에, 공급측면에서 소프트음료 사업자가
생수시장에 용이하게 진출할 수 있는지 여부는 보충적으로 고려하였다. 즉
수요측면에서 하나의 관련시장에 포함되는 것으로 보게 된다면, 공급 측면에
서의 추가적인 검토는 필요하지 않을 것이고, 반면에 수요측면에서 하나의
관련시장에 속하지 않는 것으로 판단되는 경우에 공급측면에서의 논의가 요
구된다는 점에서, 공급측면에서의 검토는 보충적이다. 한편 대체적으로 공급
측면에서의 검토는 현재 동일한 상품을 생산하지 않고 있는 인접의 사업자
가 용이하게 진입할 수 있는지 여부가 쟁점이 되며, 따라서 생산의 전환 비
용의 실질적인 부담 정도가 중요한 기준이 된다. 우리 관련시장 확정에 관한
규제 실무에서도, 포항종합제철(주) 사건 등에서 보여 주듯이 필요한 경우 공
급 측면에서의 검토가 이루어지고 있다.

---

21) Case No Ⅳ/M. 190-(Nestle/Perrier, 1992).

2) 상품별 관련시장 획정

상품별 관련시장의 획정은 일정한 상품을 중심으로 하여 대체가능한 상품의 범위를 정하는 것이다. 원칙적으로 거래 주체가 갖는 주관적 등가성이 결정적인 기준이 되며,[22] 이를 객관화 할 수 있는 상품 자체 또는 이용 측면에서의 여러 특성들이 고려될 수 있다. 한편 앞에서 언급한 SSNIP Test와 같은 보다 계량화된 분석방식이 시장지배적 지위남용사건에서 사용된 예는 아직 나타나지 않고 있다.[23]

구체적으로 보면, 공정거래위원회는 포항종합제철(주) 사건에서 상품별 관련시장을 열연코일 시장으로 획정하였다. 열연코일은 냉연강판의 원료이며, 또한 냉연강판은 자동차나 기타 가전제품의 원료로서 사용된다. 쟁점이 되었던 것은, 자동차용 냉연강판의 원료가 되는 열연코일과 일반적인 냉연강판의 원료가 되는 열연코일을 분리하여 시장을 획정할 것인지의 문제였고, 이와 관련하여 수요측면에서뿐만 아니라 공급측면에서도 검토가 이루어졌다. 이 과정에서 상품별 관련시장 획정은 상품의 기능 및 효용, 수요대체성, 공급대체성, 한국표준산업분류 등을 종합적으로 고려하여 판단하여야 한다고 보고, 특히 공급대체성 판단과 관련하여 용이하게 공급을 위한 전환이 이루어질 수 있는지에 기초하면서, 사실상의 시장참여자(유동적 진입자)라는 개념을 사용하고 있는 것은 주목할 만한 것이다. 즉 유동적 진입자라는 것은 진입에 있어서 추가적인 비용이 크지 않다는 것을 의미하는 것이고, 결국 관련시장 획정에 포함시킬 수 있는 징표로서 유력한 것이라 할 수 있다. 이상의 판단은 고등법원에서의 항고소송과 대법원 판결에서도 대체적으로 유지되었다.[24]

---

22) Fritz Rittner, 주 2)의 책, 166면.
23) 하이트맥주(주)의 기업결합 사건(공정위, 2006. 1. 24. 의결, 2005기결1494)에서 소주와 맥주 시장을 하나의 관련시장으로 볼 수 있는지를 판단하기 위하여 SSNIP 심사방식이 사용된 예가 있다.

마이크로소프트(주) 사건에서는[25] 보다 엄밀한 상품별 시장획정의 분석을 보여주고 있다. 동 사건은 복수의 상품을 끼워팔기한 사건으로서 문제가 된 행위는 세 가지였는데, 윈도우 서버 운영체제에 윈도우 미디어 서비스를 결합하여 판매한 것과 윈도우 PC 운영체제에 윈도우 미디어 플레이어와 메신저를 각각 결합하여 판매한 것이 이에 해당하였다. 일반적으로 끼워팔기의 경우 상품별 관련시장의 획정은 주상품과 부가상품에서 각각 요구되고, 동 사건에서도 이러한 판단과정을 거치고 있다. 각각의 관련시장 획정에서 가장 큰 쟁점이 되었던 것은, 윈도우 미디어 서비스 및 윈도우 미디어 플레이어 제공과 관련하여 스트리밍 방식과 다운로드 방식을 구분하여 시장획정을 할 것인지의 문제였다. 특히 이 문제는 비교법적으로 선행한 EC 위원회의 Microsoft 사건에 대한 결정에서[26] 스트리밍 방식의 프로그램이 운영체제에 포함되어 단일한 상품을 구성하는지에 국한되어 논의가 전개되었던 것에 비교하여, 공정거래위원회에서의 논의는 대체 상품에 대한 분석에 있어서 고유한 의의가 있었다.

일정한 콘텐츠를 전송받아 재생하는 프로그램은, 스트리밍 방식과 다운로드 방식에 기초하며, 양자의 가장 큰 차이는 전송된 콘텐츠를 하드디스크에 저장하는지 여부에서 나타난다. 스트리밍 방식의 경우에는 이러한 저장을 요구하지 않는 반면에, 다운로드 방식은 저장 이후에 재생할 수 있다는 점에서 기술적 조건상의 근본적인 차이가 있었다. 그러나 다운로드 방식의 기술적 개선이 진행되면서, 프로그레시브 다운로드 방식과 같은 경우 실시간 재생에 있어서 거의 차이가 없는 수준으로 발전하여 왔고, 따라서 스트리밍 방식과 다운로드 방식 사이에 대체성이 있는지가 다투어졌다. 만약에 양자를 하나의 시장에 포함시킨다면, 스트리밍 방식에 국한되었던 마이크로소프

---

24) 서울고등법원 2002. 8. 27. 선고, 2001누5370 판결; 대법원 2007. 11. 22. 선고 2002두8626 판결.
25) 공정위 2006. 2. 24. 의결, 2002경촉0453.
26) Case COMP/C-3/37. 792.

트(주)의 윈도우 미디어 프로그램과 윈도우 미디어 플레이어가 시장에서 갖
는 지위는 상대적으로 크지 않은 것으로 평가될 수 있었고, 피심인은 대체
성을 인정할 수 있는 근거로서 사용자들이 이러한 기술적 차이에 대한 명확
한 인식이 부족하고, 실제 사용에 있어서도 실시간 재생 측면에서 거의 차
이가 드러나지 않는다는 점 등을 강조하였다. 이와 관련하여 공정거래위원
회는 대체가능성을 판단할 수 있는 여러 요소 중에서도 양자의 기술적 특성
의 차이에 주목하였다. 즉 프로그레시브 다운로드 방식도, 여전히 하드 디스
크에 저장을 필요로 하는 기술적 조건에 따르고 있고, 이로부터 기능이나
효용상의 한계가 있을 수밖에 없다는 점을 지적하면서, 양자의 대체가능성
을 부인하였다. 기술적 특성에 대한 강조는 메신저 시장의 획정에서도 마찬
가지로 중요한 의미가 있었는데, 대체가능한 통신수단의 존재 여부를 가림
에 있어서 메신저 상품의 기술적 특성은 가장 중요한 고려 요소가 되었다.
이와 같은 분석 과정은 결론의 타당성은 별론으로 하더라도(특히 기술 발전
에 따라서 대체성 판단이 결론은 달라질 수 있다), 상품의 기술적 특성에 대
한 정확한 이해를 바탕으로 하여 논의를 전개하고 있다는 점에서, 긍정적인
평가가 가능할 것이다.

　상품별 관련시장의 획정과 관련하여 최근에 다루어졌던 SKT(주)의 시장지
배적 지위남용사건도[27] 의미 있는 시사점을 제공하고 있다. 동 사건에서 공
정거래위원회는 상품별 관련시장 획정의 의의를 다음과 같이 지적하면서, 즉
"관련상품 시장은 거래되는 특정상품의 가격이 상당기간 어느 정도 의미 있
는 수준으로 인상될 경우 동 상품의 대표적 구매자가 이에 대응하여 구매를
전환할 수 있는 상품의 집합을 의미하고, 특정상품이 이에 포함되는지 여부
는 상품의 기능 및 효용의 유사성, 상품가격의 유사성, 구매자들의 대체가능
성, 판매자들의 대체가능성 등을 종합적으로 고려하여 판단한다"고 밝히는
것에서 출발하고 있다. 이러한 관련상품 시장에 대한 이해는 타당한 것이지

---

27) 공정위 2007. 2. 6. 의결, 2006서경0785.

만, 실제 적용에 있어서 정보통신산업의 급격한 변화를 반영하는 문제와 관련하여 어려움이 있었던 것으로 생각된다. 공정거래위원회의 판단에 있어서 주목하여야 할 부분은, 이동통신서비스를 이용하는 단말기(디바이스)의 특성에 따라서 이동통신서비스 시장 자체를 분리하여 시장확정을 한 것이라 할 수 있다. 이 사건에서 이동통신서비스를 이용할 수 있는 단말기와 음악을 재생하는 MP3가 기능적으로 결합된 MP3폰이 핵심적인 의미를 갖는 것은 사실이다. 피심인의 행위는 피심인이 제공하는 온라인음악 서비스(멜론)를 폐쇄적인 DRM방식에 기초하여 자신의 이동통신서비스 가입자에게만 이용할 수 있도록 하였고, MP3폰은 이를 기술적으로 가능하게 하는 디바이스로서 기능하였다. 피심인의 행태를 시장구조적 관점에서 보면, 주상품 시장이라 할 수 있는 이동통신서비스 시장에서의 지배력을 부가상품 시장이라 할 수 있는 온라인 음악시장에 전이하는 의미를 갖는다. 즉 피심인의 이동통신서비스 이용자가 이동통신서비스 구매시 반드시 온라인음악 서비스를 구매하여야 하는 것은 아니기 때문에, 전형적인 끼워팔기에 해당하는 것은 아니지만, 온라인음악 서비스의 구매가능성을 멜론에 제한하는 것이었기 때문에 끼워팔기에 유사하였다. 따라서 관련시장의 획정은 주상품 시장과 부가 상품시장을 각각 파악하는 이중의 과정을 요구하게 되며, 공정거래위원회도 이러한 판단과정을 보여주고 있다. 구체적으로 보면, 부가 상품시장의 획정을 MP3 파일 다운로드 서비스 시장으로 획정한 것은 원음을 재생하는 방식과 이용상의 대체가능성 그리고 기술적 특성 등을 고려한 합리적인 시장획정이라 할 것이다. 그러나 주상품 시장을 이동통신서비스 시장이 아니라 'MP3폰을 디바이스로 하는 이동통신서비스 시장'으로 제한한 것에 대해서는, 경쟁에 영향을 미치는 관련 시장을 적절하게 세분하고 있다는 점에서 긍정적이지만, 추가적인 논의의 여지도 있다. 공정거래위원회가 이와 같은 시장획정의 근거로서 제시한 것은, 단말기의 기능에 따라서 이용하는 서비스의 내용에 차별이 있을 수 있고, 디지털 융합 현상이[28] 가속화됨에 따라서 일반적인 이동통신서비스와 구별되는 별개의 시장으로서 MP3폰을 이용하는 이동통신서비스 시장이 확립되고 있다는 점 등이다.

그러나 이에 대해서는 다음 두 가지 측면에서 의문이 제기될 수 있다. 우선 단말기의 기능에 따라서 이동통신서비스 자체가 다른 서비스로 이해될 수 있는 것은 아니다. 예를 들어 라디오와 알람시계가 결합되었다 하더라도, 라디오 방송 자체가 별개의 서비스가 되는 것은 아니다. 결국 별개의 상품으로 본다는 것은, 이동통신서비스와 온라인음악 서비스가 결합된 상품이 결합 이전의 각각의 상품과는 다른 새로운 상품을 구성하는 것으로 볼 수 있는지의 문제라 할 수 있으며, 이는 궁극적으로 거래 주체들의 일반적인 인식, 즉 거래상의 통념에 의하여 결정된다. 이러한 부분에 대한 공정거래위원회의 분석이 보다 강화될 필요가 있을 것으로 생각된다. 또한 공정거래위원회의 이와 같은 시장 획정은 지배력 전이의 메커니즘을 분명하게 제시할 필요성에 부합하는 것이라 할 수 있지만, 지배력 전이를 밝히는 것은 이동통신서비스 시장 일반을 주상품 시장으로 보는 경우에도 충분히 가능하다는 점을 지적할 수 있다. 폐쇄적인 DRM 방식과 결합된 MP3폰의 기술적 조건은 SKT의 이동통신서비스를 이용하는 가입자들이 다운로드 방식의 온라인음악 서비스의 구매 자체를 강제하는 것이 아니라, 구매가능성을 멜론으로 제한하는 것이다. 즉 SKT 이동통신서비스를 이용하고 있는 소비자는 현재 MP3폰을 이용하는 여부와 무관하게 다운로드 방식의 온라인음악 서비스 이용에 있어서 선택가능성이 제한된다. 이러한 점에서 주상품 시장을 'MP3폰을 디바이스로 하는 이동통신서비스 시장'으로 획정할 필요성이 있는지에 대해서도 의문이다.

---

28) 디지털 융합 현상은 전자적 부호에 의한 전송방식이 일반화 되면서, 과거 별개의 상품으로 인식되던 서비스들이 단일한 기술적 기초위에서 통합됨으로써, 상품간, 기업간, 산업간의 다양한 차원에서 나타나는 결합 양상을 의미하는 것으로 이해된다. 홍명수, "관련시장의 획정과 통방융합", 경쟁법연구 제13권, 2006, 75면 이하 참조.

3) 지리적 관련시장 획정

지리적인 기준에 의한 관련시장 역시, 대체가능성을 표지로 하여 획정된다. 이와 관련하여 「시장지배적지위남용행위 심사기준」은 "일정한 거래분야는 다른 모든 지역에서의 가격은 일정하나 특정 지역에서만 상당기간 어느 정도 의미 있는 가격인상(가격인하)이 이루어질 경우 당해 지역의 대표적 구매자(판매자)가 이에 대응하여 구매(판매)를 전환할 수 있는 지역전체를 말한다"고 규정하고 있다.

구매 내지 판매의 전환에 있어서 실질적으로 가장 중요하게 고려되는 요소는 운송비를 포함한 전환에 따르는 비용이다.[29] 예를 들어 독일 경쟁제한방지법(GWB)상 중요한 선례가 되고 있는 경질벽돌(Klinker) 사건에서[30] 연방대법원은 경질벽돌의 중량과 이에 따른 운송비를 고려하여 지리적 관련시장을 독일 북서부지역으로 한정하였다.

공정거래위원회의 규제 실무도 이러한 판단기준을 갖고 있는 것으로 보이지만, 시장지배적 지위남용사건에 관한 심결에서 지리적 관련시장 획정이 중요한 쟁점으로 부각된 예는 많지 않다. 구체적으로 보면, 포항종합제철(주) 사건에서 지리적 관련시장의 획정이 문제가 되었다. 공정거래위원회의 심결은 열연코일의 국내 시장으로 지리적 범위를 정하였지만, 피심인은 보다 넓은 범위로 지리적 관련시장의 획정을 요구하였다. 지리적 범위가 확대될 경우 당연히 시장지배력이 인정될 가능성은 줄어들 수 있기 때문에, 지리적 시장획정은 주된 다툼의 대상이 되었고, 이는 법원에서의 불복 절차에도 이어졌다. 이에 관하여 국내시장으로 지리적 시장획정을 한 공정거래위원회의 판단은 그 타당성은 차치하더라도, 분석에 있어서 미진한 점이 없지 않았다. 무엇보다 일본을 포함한 동북아시아에서 열연코일을 공급하는 유력한 사업

---

29) Fritz Rittner, 주 2)의 책, 167면.
30) BGHSt 21 (1966), 18, 19면.

자가 존재하는 상황이고, 이들에게로 구매를 전환하는데 따르는 비용이나 거래조건 등이 실질적으로 가능한 수준인지에 대한 검토가 결여되었던 부분을 지적할 수 있다. 법원은 이를 고려하고, 그 기초 위에서 공정거래위원회와 동일한 판단을 내렸는데, 공정거래위원회에서 전개된 지리적 관련시장 획정 과정에 대한 일정한 문제제기는 가능할 것이다.

국내시장 범위를 넘어서 세계시장으로 지리적 관련시장 획정을 한 사례로서 마이크로소프트(주) 사건을 들 수 있다. 당해 사건에서 세 가지 형태의 끼워팔기 중 하나인 PC 서버 운영체제와 미디어 서버 프로그램의 끼워팔기에 있어서, 공정거래위원회는 PC 서버 운영체제의 지리적 관련시장을 세계 시장으로 획정하였다. 그 근거로서 공정거래위원회는 소프트웨어 상품의 특성상 국가간 운송비용이 미미하고, 외국 사업자로 전환하는데 따르는 별다른 장애가 없다는 점을 제시하고 있다. 그러나 부가 상품인 미디어 서버 프로그램의 지리적 관련시장은 같은 소프트웨어 상품의 특성을 갖고 있음에도 불구하고, 국내 시장으로 그 지리적 관련시장의 범위를 제한하고 있다는 점에 주의할 필요가 있다. 공정거래위원회는 이에 관하여 미디어 서버 프로그램은 상품이 공급된 이후에도 신속한 기술지원이나 지속적인 사후관리 등이 필요하다는 점을 주된 논거로 제시하면서, 이와 같은 지리적 시장획정을 도출하였다. Microsoft 사건에 관한 EC 위원회의 결정에서도 언급된 것처럼, 지리적 관련시장은 경쟁의 관점에서 경쟁조건이 동일하게 나타나는 범위를 의미한다. 이러한 관점에서 볼 때, 미디어 서버 프로그램의 지리적 관련시장을 국내시장으로 제한한 공정거래위원회의 판단은 타당한 것으로 생각된다.

III. 시장지배적 지위의 판단

1. 시장지배력 판단의 개괄

독점규제법은 제2조 제7호에서 시장지배적 사업자를 정의하고 있다. 동호 제1문에 의하면, "시장지배적 사업자라 함은 공급자나 수요자로서 단독으로 또는 다른 사업자와 함께 상품이나 용역의 가격, 수량, 품질 기타의 거래조건을 결정, 유지 또는 변경할 수 있는 시장지위를 가진 사업자를 말한다." 즉 시장참가자로서 단지 거래조건의 수용자가 아니라 거래조건을 결정하거나 영향을 미칠 수 있는 지위에 있는 자는 당해 시장에서 지배력을 갖고 있는 사업자에 해당한다.

동호 제2문은 이러한 시장지배적 지위를 판단하는 요소로서, 시장점유율, 진입장벽의 존재 및 정도, 경쟁사업자의 상대적 규모 등을 제시하고 이를 종합적으로 고려하여야 한다고 규정하고 있다. 특히 동 규정에서 명문으로 제시하고 있는 지배력 판단의 세 가지 요소는 시장의 구조와 행태에 이들이 미치는 영향을 고려할 때, 타당한 입법 태도로 생각된다. 이 외에도 '시장지배적지위남용행위 심사기준'은 경쟁사업자 간의 공동행위 가능성, 유사품 및 인접시장의 존재, 시장봉쇄력, 자금력, 그리고 기타 사업자가 거래선을 당해 사업자로부터 다른 사업자에게로 변경할 수 있는 가능성, 시장경쟁에 영향을 미치는 당해 사업자의 신기술 개발 및 산업재산권 보호여부 등을 시장지배력 판단의 고려 요소로서 제시하고 있다.

동법 제2조 제7호 2문에서 가장 먼저 제시되고 있는 시장점유율은, 일반적으로 가장 중요한 지배력 판단의 요소로 이해되고 있으며, 독일의 경쟁제한방지법이나 우리 독점규제법상의 추정 조항을 통하여 다른 고려 요소에 비하여 우월한 규범적 가치가 주어지고 있다. 이에 관하여 시장점유율은 시장봉쇄의 실제적인 힘으로 작용함으로써, 시장지배력 대용 이상의 의미를 갖고 있다고 보는 Hovenkamp의 지적은 시사하는 바가 크다.[31] 이러한 견해는 우리 독점규제법이 제4조에 의하여 시장점유율에 의한 시장지배력 추정 규정을 두고 있는 것의 정당성을 뒷받침한다.

2. 시장점유율에 의한 지배력 추정의 문제

동법 제4조의 규정은 1사업자의 시장점유율이 100분의 50 이상인 경우 또는 3 이하의 사업자의 시장점유율의 합계가 100분의 75 이상인 경우에 시장지배력이 있는 것으로 추정하고 있다. 동 규정은 우선 시장점유율에 의하여 시장지배력을 추정함으로써, 시장지배력 판단의 어려움을 완화시키려는 취지에서 입법된 것으로 볼 수 있으며, 다른 한편으로 전술한 것처럼 지배력 판단 요소로서 시장점유율의 경쟁정책상 우월한 의의를 반영한 것으로 이해할 수도 있다.

동 규정의 적용과 관련하여, 추정의 일반적 의의와 기능에 대한 이해가 수반되어야 한다. 동법 제19조 제5항의 공동행위의 추정에 대하여 우리 법원은 법률상 추정으로 이해하고 있으며,[32] 이러한 입장은 동 조항의 해석에도 적용될 여지가 있다. 동 규정에서의 추정을 법률상 추정으로 이해할 경우에, 당연히 추정의 복멸에 대한 검토가 필요할 것이다. 또한 시장점유율에 의하여 시장지배력이 추정되지 않는 경우에도, 다른 요소의 고려에 의하여 시장지배력이 인정될 가능성에 대한 논의도 이루어져야 한다.[33]

---

31) Herbert Hovenkamp, Federal Antitrust Policly: The Law of Competition and Its Practice, West Group, 1999, 81~82면.
32) 대법원 2002. 3. 15. 선고, 99두6514, 99두6521 병합판결.
33) 시장점유율에 의한 시장지배력 추정과 관련하여 추정의 복멸이나 추정되지 않는 경우의 시장지배력 인정 가능성에 대한 고찰로서, 홍명수, 경제법론I, 경인문화사,

3. 공정거래위원회 심결의 분석

　전술한 것처럼, 1999년 독점규제법 개정 이전에는 시장지배적 사업자를 매년 일괄적으로 사전지정하는 방식을 채택하고 있었기 때문에, 초기 시장지배적 지위남용사건에서 시장지배력을 판단하기 위한 엄밀한 분석은 이루어지지 않았다. 1999년의 법개정으로 사전지정제도가 폐지된 이후, 시장지배적 지위남용행위의 규제체계에서 시장지배력의 존부에 관한 판단이 필수적인 것이 되고, 공정거래위원회의 심결도 이 부분에 대한 검토를 본격적으로 수행하기 시작하였다.

　사전지정제도가 폐지되면서, 현행 독점규제법 제4조의 시장점유율에 의한 시장지배력 추정제도가 도입되었으며, 앞에서 언급한 것처럼, 시장점유율 자체가 시장에 미치는 영향이나 고유한 의의에 비추어 이와 같은 입법태도는 충분히 가능한 것으로 생각된다. 또한 규제 실무에 있어서도 시장지배력 판단의 기초로서 시장점유율에 대한 조사는 대부분 이루어지고 있으며, 시장점유율은 시장지배력 판단을 위한 1차적인 고려 요소가 되고 있다.

　그러나 실제 제도 운영에 있어서 시장점유율에 전적으로 의존하는 경우, 즉 법기술적으로 동법 제4조의 추정을 적극적으로 활용한 예는 찾아보기 힘들다. 대부분의 경우 시장점유율 외에도 진입장벽의 정도나 경쟁사업자의 상대적 규모 등에 대한 추가적인 고려 요소를 검토하여 시장지배력을 판단하고 있다. 한편 공정거래위원회가 앞에서 언급한 BC카드 사건에서 집합적 시장지배력 개념을 언급한 것은, 비록 대법원에 의하여 받아들여지지 않았지만, 시장지배력 개념의 이해의 폭을 넓히고 있다는 점에서 의미 있는 시도로 평가할 만하다.[34]

　2008, 105~106면 참조.
34) 집합적 시장지배력 개념에 대해서는, 위의 책, 106~110면 참조. BC카드 사건에 대

IV. 남용 여부의 판단

1. 시장지배력 남용의 유형

시장지배력 남용에 대한 유형별 이해는 경제주체의 다양한 행위의 남용 여부를 판단함에 있어서 유용한 지침을 제공한다. 구조적으로 유효경쟁이 제약된 시장에서 반경쟁적으로 평가될 수 있는 지배적 사업자의 행태는, 다음의 두 가지로 집약될 수 있다. 즉 현재의 지위를 유지하거나 강화하기 위하여 다른 경쟁사업자의 사업활동을 방해하는 의미에서의 남용(폭리적 남용 또는 착취적 남용: Ausbeutungsmißbrauch)과 현재의 지위를 이용하여 경쟁시장에서는 얻기 어려운 이득을 향유하기 위한 수단으로서의 남용(방해적 남용: Behinderungsmißbrauch)이 이에 해당한다.[35]

물론 이와 같은 분류가 거래 현실에서 언제나 명확하게 구분되는 것은 아니다. United Brands 사건에서처럼 한 지배적 사업자의 다양한 의미를 갖는 행위들이 복합적으로 관련될 수 있으며,[36] 차별취급이나 끼워팔기의 경우처럼 경쟁사업자의 배제와 추가적 이윤의 확보가 동시에 의미를 갖는 남용형태도 가능하다. 그러나 이상의 분류는 남용의 의의를 경쟁정책적으로 평가하고 이를 시정할 수 있는 기초를 제시한다. 즉 폭리적 남용은 독과점적 지위로부터 얻을 수 있는 이득을 제한함으로써, 유효 경쟁이 실현되고 있는 시장의 후생성과를 기대할 수 있도록 하고, 나아가 이에 의하여 시장의 독점화에 대한 유인을 제도적으로 억제하려는 정책적 함의가 있다. 한편 방해적 남용은 경

한 심결과 대법원 판결에 대한 상세한 고찰은 이 책, 2. '비씨카드 사건에서 시장지배력과 가격남용 판단의 타당성 고찰' 참조.

35) Gerhard Wiedemann hrsg., Handbuch des Kartellrechts, Verlag C. H. Beck, 1999, 823~825면(Georg-Klaus de Bronett 집필부분) 참조.

36) Ulrich Gassner, 주 20)의 책, 113~115면 참조.

쟁사업자의 사업활동를 방해함으로써, 지배적 지위를 유지하거나 강화하는 것에 대한 제한이다. 경쟁정책적인 관점에서 보면, 방해적인 의미에서의 남용은 경쟁사업자와의 관계에서 그 의미가 두드러지는 반면에, 폭리적 남용의 분석상 출발점은 남용주체의 이득과 거래상대방의 후생 감소에 있다.[37] 이와 관련하여 Commercial Solvents 사건에서 유럽법원은 "EC조약 제86조(현 82조)는 소비자에게 직접적으로 손해를 가하는 경우 및 유효경쟁을 침해함으로써 간접적으로 소비자에게 손해가 발생하는 경우를 대상으로 한다"고[38] 밝힘으로써, 이상의 유형화에 대한 적절한 이해를 제시하고 있다.

비교법적으로 남용의 유형화가 입법적으로 잘 반영되어 있는 것은, 독일 경쟁제한방지법상의 시장지배적 지위남용규제라 할 수 있다. 독일 경쟁제한방지법 제19조 제4항은 남용행위를 유형별로 규정하고 있는데, 제1호에서 실질적으로 정당한 이유 없이 시장에서의 경쟁에 영향을 미치는 방법으로 다른 기업의 경쟁가능성을 제한하는 경우, 제2호에서 유효경쟁의 경우에는 거의 기대하기 어려운 대가 또는 그 밖의 거래조건을 요구하는 경우를 각각 규정하고 있고, 제3호와 제4호는 남용의 특수한 형태로서 차별행위와 필수설비에 대한 접근 거절을 별도로 규정하고 있다. 명백히 제1호의 남용은 방해적 남용, 그리고 제2호의 남용은 폭리적 남용을 의미한다. 이 규정들에 근거하여 다양한 남용의 형태를 여기에 포섭하는 방식으로 법운용이 이루어지고 있다.[39]

우리 독점규제법 제3조의2에서 남용의 행태에 대한 규정이 독일의 경우처럼 명확한 유형화를 따르고 있지는 않으며, 공정거래위원회의 규제 실무도 이러한 인식을 반영하고 있지는 않다. 그러나 우리와 마찬가지로 남용의 유형에 대한 구체적인 인식 없이 입법된 EC조약 제82조의 해석과 적용에

37) 홍명수, 주 33)의 책, 117면 참조.
38) Istituto Chemioterapico Italiano and Commercial Solvents Corporation v. Commission 6-7/73[1974] ECR 223, 32면.
39) Ulrich Gassner, 주 20)의 책, 114면.

있어서, 방해적 남용과 폭리적 남용을 구별하는 사고가 일반적이며,[40] 우리
의 경우에도 이러한 인식은 구체적인 법해석과 법적용에 있어서 유용할 수
있다.

2. 가격남용

1) 가격남용 규제의 의의

독점규제법 제3조의2 제1항 제1호에서 규정하고 있는 가격 남용은 폭리적
남용의 전형적인 예에 해당하는 것으로서, 상품의 가격이나 용역의 대가를
부당하게 결정, 유지 또는 변경하는 행위가 이에 해당한다. 사업자가 일반적
으로 갖고 있는 가격결정의 자유를 전제한다면, 동 조항에서의 부당성 판단,
즉 남용여부는 원칙적으로 유효한 경쟁이 이루어지고 있는 시장과의 비교를
통하여 추가적으로 취득하고 있는 이득의 크기에 의하여 결정된다.[41]

남용에 대한 판단은 동법 시행령과 「시장지배적지위남용행위 심사기준」
에 의하여 구체화되고 있다. 시행령 제5조 제1항은 "가격의 부당한 결정, 유
지 또는 변경은 정당한 이유 없이 상품의 가격이나 용역의 대가를 수급의 변
동이나 공급에 필요한 비용의 변동에 비하여 현저하게 상승시키거나 근소하
게 하락시키는 경우로 한다"고 규정하고 있다. 「시장지배적지위남용행위 심
사기준」은 동 규정을 상세하게 설명하고 있는데, 특히 현저성 판단과 관련하
여 "현저하게 상승시키거나 근소하게 하락시키는 경우는 최근 당해 품목의
가격변동 및 수급상황, 당해 품목의 생산자물가지수, 당해 사업자의 수출시

---

40) Gerhard Wiedemann hrsg., 주 35)의 책, 766면(Georg-Klaus de Bronett 집필부분).
41) Ulrich Immenga & Ernst-Joachim Mestmäcker hrsg., GWB Kommentar 3. Aufl., C.
　　H. Beck, 2001, 685면 이하(Wernhard Möschel 집필부분) 참조.

장에서의 가격인상율, 당해 사업자가 시장에서 가격인상을 선도할 수 있는 지위에 있는지 여부 등을 종합적으로 고려하여 판단한다"고 규정하고 있다.

이상의 규정은 가격남용의 판단에 있어서, 무엇보다 비용기초적인 관점에 입각한 것으로 보인다. 즉 동 규정에 의하면, 비용의 변동을 기준으로 가격의 변동이 현저한 차이가 있을 경우에 부당한 가격 결정에 해당하게 된다. 이러한 규정태도에 따라서 규제 실무에 있어서도, 비용기초적인 분석 방식이 주를 이루고 있으며, 가격남용을 판단할 수 있는 다른 분석방식의 고려는 거의 이루어지지 않고 있다. 따라서 입법적으로 동법 제3조의2 제1항 제1호의 구체화를 위한 하위 법령의 태도가 지나치게 제한적인 것인지의 문제를 제기할 수 있을 것이다. 비록 비용기초적인 분석이 가격남용의 본질에 부합하는 점이 있으나, 비용 자체의 올바른 산정이 용이하지 않고, 비용이 아니라 비용의 변동에 기초하는 현재의 규정태도에서 신상품이나 장기간 지속되어 온 가격남용을 규제할 근거가 충분하지 않다는 점에 대한 지적도 가능하다. 또한 본질적으로 가격변동과 비용변동의 차이가 어느 정도일 때, 그 차이가 현저한 것으로서 가격남용에 해당하는지가 여전히 해결하기 어려운 문제로 남아 있다.

이와 관련하여, 특히 유럽의 실무에서 많이 활용되는 다른 시장 또는 다른 상품에 대한 비교가격분석이나 비용의 정확한 파악의 곤란을 피하기 위한 투자수익률 측면에서의 분석 방식이 가격남용을 판단하기 위한 방식으로 적극적으로 활용될 필요가 있으며, 규제 실무에 반영되기 위한 전제로서 하위 법령에서의 가격남용 판단 기준이 보다 다양화될 필요가 있다.

2) 가격남용 심결 분석

가격남용에 관한 공정거래위원회의 심결은 많지 않으며, 입법시부터 2007년 6월까지 8건의 심결이 있었다. 이 중 1980년대의 심결을 제외하고, 의미 있는 선례에 해당하는 것으로서, 1992년에 있었던 제과회사들의 가격남용에 대한 심결을 들 수 있다.[42] 롯데제과(주), 해태제과(주), 크라운제과(주) 등 세 회사는 제과상품의 용량을 줄이는 방식으로 실질적인 가격 인상을 하였다. 이상의 세 회사들의 가격변동률은 비용변동률에 비하여 각각 5.6%, 5.2%, 12.4%의 차이가 났으며, 이에 대하여 공정거래위원회는 가격남용에 해당하는 것으로 판단하였다.

앞에서 언급한 BC카드 사건은 대법원 판결에서 시장지배력이 부인되고 원고가 승소함으로써, 가격남용 부분에 대한 법원의 판단이 드러나지는 않았는데, 이 부분에 대한 공정거래위원회의 심결은 역시 비용기초적인 분석방식에 따르고 있다. 구체적으로 시장지배적 사업자 중 하나에 해당하였던 삼성카드(주)의 경우, 신용카드업에 있어서 가장 중요한 비용요소로 할 수 있는 조달금리가 35.3% 인하되었던 것에 비하여, 가격에 해당하는 현금서비스 수수료율은 4.4% 인하, 할부수수료율은 9%에서 0% 범위로 인하, 연체이자율은 17.1% 인하를 하였다. 공정거래위원회는 이러한 변동 폭이 현저한 것으로서 가격남용에 해당하는 것으로 판단하였다.

현대자동차(주) 및 기아자동차(주)의 가격남용 사건은 분석 방식에 있어서 다소 차별화된 방식을 보여주고 있고 또한 가격인상에 관한 사건임에도 불구하고 구체적인 의율을 동법 제3조의2 제1항 제5호의 '기타 경쟁을 실질적으로 제한하거나 소비자의 이익을 현저히 저해할 우려가 있는 행위'에 의하고 있다는 점에서 특색이 있다. 동 사건에서 공정거래위원회는 피심인들의 가격인상행위를 남용적인 것으로 평가한 근거를 가격변동 폭이 비용변동 폭과 일반적 생산자물가지수보다 큰 점에서 구하고 있지만, 이 외에도 다른 사업자와 경쟁이 유지되고 있는 승용차 시장에서는 가격인상을 하지 않는 대신에 경쟁이 미미한 트럭과 버스 시장에서만 가격인상을 하고 있는 점 그리고 수출시장에서의 동종 자동차의 가격인상이 미미한 점 등의 비교가격 분

---

42) 공정위 1992. 1. 25. 의결, 9111독점759, 9111독점760, 9111독점761.

석도 중요한 근거가 되고 있다. 실제 가격의 인상률은 8개 차종에 대하여 3%에서 11.3%의 범위에서 이루어졌는데, 유럽의 United Brands 사건에서[43] 유럽법원이 경쟁업체와의 가격차이가 7%인 경우를 가격남용(excessive price)로 보지 않은 것과 비교하여 보면, 인상률 자체가 큰 것으로 보기는 어렵다. 그러나 공정거래위원회가 남용성을 판단하기 위하여, 비용기초적인 분석과 비교가격적인 분석을 포괄함으로서, 분석 방식을 보다 다양화한 것은 긍정적으로 평가할 수 있다. 이와 관련하여 United Brands 사건에서 유럽법원이 상세한 비용분석이 필수적 전제이며, 다음 단계는 부과된 가격을 같은 상품에 대하여 다른 경쟁자들이 부과한 가격과 비교하는 것이라고 한 지적은 주목할 만한 것이다.[44] 한편 피심인이 지속적으로 영업상 손실을 보고 있었다는 점도 논의의 대상이 되었다. 물론 영업상의 손실이 가격 인상의 요인으로 작용하는 것은 사실이지만, 공정거래위원회가 동 심결에서 적절하게 밝힌 것처럼, 경쟁시장이라면 이러한 가격상승 요인이 모두 반영되지는 않을 것이라는 점 등에 근거하여 영업상 손실이 정당화 사유가 되지는 않는다고 보았다. 그러나 동 심결에 의하면, 적어도 영업상 손실의 부분적 반영의 경우에 영업손실의 상황이 부당성을 조각할 수 있는 여지는 남아 있는 것으로 보인다.

3. 부당한 출고조절

1) 부당한 출고조절 규제의 의의

독점규제법 제3조의2 제1항 제2호는 "상품의 판매 또는 용역의 제공을 부당하게 조절하는 행위"를 시장지배적 지위남용행위의 하나로 규정하고 있다.

---

43) United Brands Continental BV v. Commission, Case 27/76 (1978).
44) Case 27/76, Rn. 235~267.

출고조절이 경쟁정책상 갖는 의의는 두 가지 측면에서 파악된다. 즉 시장지
배적 사업자에 의한 출고조절은 자연스러운 가격상승 등의 시장 변동을 유
도하여 경쟁시장에서는 기대할 수 없는 이익의 추구를 목적으로 하거나, 제
조나 유통 과정에서 경쟁사업자에 대한 공급을 제한함으로써 다음 단계에서
의 경쟁에 영향을 미칠 목적으로 행하여진다.[45)]

이와 같은 출고조절의 이중적 의의는 부당한 출고조절을 구체화하고 있는
하위 법령에 어느 정도 반영되어 있다. 즉 동법 시행령 제5조 제2항은 정당
한 이유 없이 최근의 추세에 비추어 상품 또는 용역의 공급량을 현저히 감소
시키는 경우(1호)와 정당한 이유 없이 유통단계에서 공급부족이 있음에도 불
구하고 상품 또는 용역의 공급량을 감소시키는 경우(2호)에 부당한 출고조절
에 해당하는 것으로 규정하고 있다. 또한 「시장지배적지위남용행위 심사기
준」은 특히 상품 또는 용역의 공급량을 현저히 감소시키는 것의 판단기준으
로서, 공급량을 감소시킨 후 일정기간 이내에 동 품목의 가격인상이 있었는
지 여부, 공급량을 감소시킨 후 일정기간 이내에 당해 사업자의 동 품목에
대한 매출액 또는 영업이익이 증가하였는지 여부, 공급량을 감소시킨 후 일
정기간 이내에 당해 사업자가 기존 제품과 유사한 제품을 출하하였는지 여
부, 원재료를 생산하는 당해 사업자(계열회사를 포함한다)가 자신은 동 원재
료를 이용하여 정상적으로 관련 제품을 생산하면서, 타사업자에 대해서는 동
원재료 공급을 감소시켰는지 여부 등을 제시하고 있다.

이상의 출고조절 부당성의 구체적 기준은 전술한 출고조절의 경쟁정책적
의의를 반영하고 있지만, 이익 추구 목적과 경쟁사업자 배제 목적 중, 특히
전자에 편중된 측면이 있다. 즉 동 심사기준은 타사업자에 대한 원재료 공급
을 감소한 경우 외에는 모두 이익 추구 목적과 관련된 출고조절의 남용성 판
단에 관련된다. 입법적으로 보면, 양자의 관점이 균형 있게 기준에 반영될

---

45) Ulrich Immenga & Ernst-Joachim Mestmäcker hrsg., 주 41)의 책, 678면(Wernhard
   Möschel 집필부분).

필요가 있으며, 특히 경쟁사업자 배제의 경우에는 계열관계 등으로 그 범위를 확대하는 것도 고려할 수 있다.

2) 부당한 출고조절 심결 분석

공정거래위원회 심결로 다루어진 부당한 출고조절의 사례는 모두 이익 추구를 목적으로 하는 출고조절의 경우이다. 지금까지 3건의 심결이 있었으며, 1997년 말의 외환위기시에 발생하였다는 공통점을 갖고 있다. 또한 사건 중의 두 건은 항고소송에 의하여 공정거래위원회의 판단이 번복되었다.

구체적으로 남양유업(주)의 출고조절 사건은[46] 조제분유 시장에서 지배적 지위에 있는 사업자가 1997년 12월 26일부터 31일까지 출고를 제한한 것을 대상으로 하고 있다. 공정거래위원회는 피심인 행위의 부당성의 근거로서 시장에서 품귀현상이 있음에도 불구하고, 재고를 늘리면서 상품의 공급을 하지 않았다는 점, 다른 시기에 공급량과 비교하여 문제가 되었던 시기의 공급량이 현저히 감소하였다는 점 등을 제시하였다. 그러나 동 심결에서의 부당성 판단은 법원에서 번복되었는데, 특히 출고제한을 행한 피심인의 경제적 동기에 관한 분석은 공정거래위원회와 다른 결론을 이끈 주된 근거가 되었다.[47] 우선 당시 조제분유의 품귀현상이 경제위기시에 나타나는 가수요 현상에 기인한 것이라는 점이 지적되었고, 또한 조제분유 구매의 특성상 매월 초에 수요가 집중되고 갈수록 수요가 감소하는 경향을 띠고 있으며, 따라서 공정거래위원회가 비교한 기간별 공급량의 차이는 이러한 구매 특성에 상응하는 것일 수 있다고 보았다. 결국 법원은 출고제한의 행위 자체는 인정하였지만, 그것을 행한 피심인의 경제적 동기가 출고를 묶음으로써 발생할 수 있는 가격 상승에 따른 이익을 추구한 것은 아니라는 점에서 부당성을 부인하였다.

---

46) 공정위 1998. 6. 9. 의결, 9804독관0559.
47) 대법원 2001. 12. 24. 선고, 99두11141 판결.

당해 사건에서 법원의 판결은 출고제한의 부당성을 판단함에 있어서 공정거
래위원회의 심결에서 결여되었던 부분을 적절히 지적하고 있는 것으로 생각
된다. 동 심결은 출고조절 자체만을 밝히고 있을 뿐이며, 출고조절을 통하여
피심인이 의도하는 경제적 효과와 이를 달성할 수 있는 메커니즘에 대한 분
석이 철저하지 못하였다는 비판을 피하기 어려울 것이다.

　이러한 맥락에서 이후에 있었던 제일제당(주)의 출고조절 사건에 대한 공
정거래위원회의 심결은[48] 보다 적절한 분석을 수행한 것으로 생각된다. 당
해 사건에서 대두유 시장에서 시장지배적 사업자인 제일제당(주)은 1997년
12월 8일부터 20일까지 출고를 제한한 것이 문제가 되었다. 공정거래위원회
는 피심인이 시장에서 품귀현상이 발생하고 있는 상황에서 출고를 제한하였
고, 이러한 상황에서 1998년 1월의 명절 직전에 가격 인상을 행함으로써 부
당하게 이득을 취하려는 시도를 한 것으로 판단하였다. 이 과정에서 피심인
의 대두유 출고량의 비교분석뿐만 아니라 월별 매출액 및 이익률을 비교하
여 출고조절이 있은 후 1998년 1월의 매출액 및 이익률이 증가하였음을 보
임으로써, 출고조절의 부당성의 근거를 제시하고 있다. 동 사건도 항고소송
이 제기된 후, 법원의 판결에 의하여 공정거래위원회의 판단이 잘못된 것으
로 결론지어졌다.[49] 사실관계는 유지하면서도, 대법원이 상이한 판단을 도출
한 근거는 앞에서 살펴본 남양유업(주) 사건에서처럼, 시장상황과 상품의 특
성 그리고 출고조절을 행한 피심인의 부당한 이익을 취하려는 목적 이외에
다른 경제적 동기의 존재 등이었다. 피심인이 출고조절을 행한 시기 역시 심
각한 경제위기 시였으며, 남양유업(주) 사건과 마찬가지로 시장에서 가수요
가 발생하고 있는 상황이었다. 또한 대두유 원료가 전량 수입에 의존하고 있
고 환율이 급등하고 있는 상황에서 현재의 수요에 즉각적으로 대응하기 어
렵다는 점, 재고나 생산에 따른 부산물 처리비용이 심각하게 상승하고 있다

---

48) 공정위 1998. 11. 4. 의결, 9803구사0299.
49) 대법원 2002. 5. 24. 선고, 2000두9901 판결.

는 점 그리고 무엇보다 대두유는 명절특수상품으로서 1월의 매출액이나 이익률 증대는 일반적으로 예상되는 것이라는 점 등에 근거하여 출고조절의 부당성을 인정하지 않았다.

제일제당(주) 사건의 경우 앞선 남양유업(주) 사건과 비교하여 출고조절이 부당한 이익의 취득으로 이어지는 메커니즘과 이를 의도하는 사업자의 경제적 동기에 관한 분석이 적절하게 이루어지고 있다는 점에서, 보다 타당한 접근 방식으로 평가할 수 있다. 그러나 제일제당(주) 사건 역시, 대법원 판결에 나타난 것처럼 상품이나 시장의 특수한 상황에 대한 고려, 상품의 구매 특성과 출고조절의 경제적 동기에 대한 다양한 분석 등에 미흡한 부분이 있었다는 지적은 가능할 것이다.

4. 부당한 사업활동 방해 및 진입제한

1) 부당한 사업활동 방해 및 진입제한 규제의 의의

(1) 규제의 법적 근거

부당한 사업활동 방해 및 진입제한의 규제는, 각각 기존의 경쟁사업자와 잠재적 경쟁사업자에 대한 경쟁상의 침해를 규제하는 것을 내용으로 한다. 독점규제법 제3조의2 제1항 제3호는 "다른 사업자의 사업활동을 부당하게 방해하는 행위"를, 제4호는 "새로운 경쟁사업자의 참가를 부당하게 방해하는 행위"를 남용행위로서 규제하고 있다.

각각의 구체적 내용은 동법 시행령에 의하여 보충되고 있는데, 시행령 제5조 제3항은 법 제3조의2 제1항 제3호의 행위와 관련하여, 직간접으로 정당한 이유 없이 다른 사업자의 생산활동에 필요한 원재료 구매를 방해하는 행위(1호), 정상적인 관행에 비추어 과도한 경제상의 이익을 제공하거나 제공할 것을 약속하면서 다른 사업자의 사업활동에 필수적인 인력을 채용하는 행위(2호), 정당한 이유 없이 다른 사업자의 상품 또는 용역의 생산·공급·판매에 필수적인 요소의 사용 또는 접근을 거절·중단하거나 제한하는 행위(3호), 제1호 내지 제3호외의 부당한 방법으로 다른 사업자의 사업활동을 어렵게 하는 행위(4호)를 규정하고 있다. 또한 시행령 제5조 제4항은 법 제3조의2 제1항 제4호의 행위에 해당하는 것으로서, 직간접으로 정당한 이유 없이 거래하는 유통사업자와 배타적 거래계약을 체결하는 행위(1호), 정당한 이유 없이 기존사업자의 계속적인 사업활동에 필요한 권리 등을 매입하는 행위(2호), 정당한 이유 없이 새로운 경쟁사업자의 상품 또는 용역의 생산·공급·판매에 필수적인 요소의 사용 또는 접근을 거절하거나 제한하는 행위(3호), 제1호 내지 제3호외의 부당한 방법으로 새로운 경쟁사업자의 신규진입을 어렵게 하는 행위로서 공정거래위원회가 고시하는 행위(4호)를 규정하고 있다.

이상의 규정은 시장지배적 지위남용의 한 형태인 '방해적 남용'의 규제로서, 현재의(법 3조의2 1항 3호) 또는 잠재적(법 3조의2 1항 4호) 경쟁사업자의 사업활동을 방해함으로써 지배적 지위를 유지하거나 강화하는 것에 대한 규제를 목적으로 한다. 규제의 형식과 내용을 보면, 시행령 제5조 제3항과 제4항은 남용에 해당하는 구체적 행위를 열거하고, 각 항의 마지막 호에 이른바 '작은 일반조항'으로서 포괄적 금지 규정을 두고 있다.

(2) 규제의 구체적 의의

무엇보다 시행령 제5조 제3항 제3호와 제4항 제3호에, 필수설비론에 입각한 금지 규정이 도입된 것은 주목할 만한 것이다. 「시장지배적지위남용행위 심사기준」은 동호의 구체적 기준을 제시하고 있는데, 특히 '필수적인 요소'에 관하여 "네트워크, 기간 설비 등 유·무형의 요소를 포함하며, (가) 당해 요소를 사용하지 않고서는 상품이나 용역의 생산·공급 또는 판매가 사실상 불가능하여 일정한 거래분야에 참여할 수 없거나, 당해 거래분야에서 피할 수 없는 중대한 경쟁열위상태가 지속될 것, (나) 특정 사업자가 당해요소를 독점적으로 소유 또는 통제하고 있을 것, (다) 당해 요소를 사용하거나 이에 접근하려는 자가 당해 요소를 재생산하거나 다른 요소로 대체하는 것이 사실상·법률상 또는 경제적으로 불가능할 것의 요건을 충족하여야 하는 것으로 규정하고 있다. 이와 같은 규정은 필수설비론에서 형성된 접근에 대한 거절이 독점화나 지배력 남용으로 평가될 수 있는 요건을 수용한 것이라 할 수 있다.[50]

한편 필수 요소에 대한 접근 거절의 입법화와 관련하여, 종래 사업활동 방해행위나 진입제한행위로서 규정되어 있던 필요 원재료 구매 방해나 다른 사업자의 필수인력의 채용에 있어서, 필요 내지 필수성의 의의도 구체화될 필요가 있다. 전술한 필수 요소의 접근 거절과 관련한 법리는, 특정 사업자가 당해 요소를 독점적으로 소유하거나 통제하는 것에 연유하는 바가 크다. 즉 사적으로 소유 내지 관리되고 있는 필수적 요소에 대한 거래제공의 요구는 헌법상 보장되는 사적자치, 재산권의 존중, 영업의 자유 등과 충돌을 낳을 수 있으며,[51] 이러한 충돌을 해결하는 과정에서 보다 엄격한 요건의 충족이 요구되었던 것으로 볼 수 있다. 이러한 관점에서 보면, 필요 원재료 구매 방해나 필수인력 채용에 있어서 필요 내지 필수성은 좀 더 완화된 요건, 즉 다른 사업자의 경쟁상 침해를 낳을 수 있는 정도를 의미하는 것으로 이해할 수도 있다.

끝으로 동법 시행령상 열거되고 있는 구체적 남용행위가 방해적 남용의 전형적인 것을 적절하게 포섭할 수 있는지는 의문이며, 결국 포괄적 금지 규정인 시행령 제5조 제3항 제4호와 제4항 제4호에 의존하는 바가 클 것이다.

---

50) ECJ, Oscar Bronner v. Mediaprint Zeitungs-und Zeitschriftenverlag, (1998) ECR I-7791.

51) 신동권(Dong-Kwon Shin), Die "Essential-Facilities"-Doktrin im europäischen Kartellrecht, Logos, 2003, 197면 이하 참조.

2) 부당한 사업활동 방해 심결 분석

(1) 개괄

현재까지 공정거래위원회 심결로서 진입제한에 따른 남용행위를 다룬 예
는 아직 없으며, 반면에 부당한 사업활동 방해로서의 남용행위는 다수의 심
결에서 나타나고 있다. 시장지배적 지위의 남용행위로서 부당한 사업활동 방
해를 규제하는 법적 근거는 법 제정시부터 마련되어 있었지만, 시행령에서
현재와 같은 유형으로 구체화되기 시작한 것은, 1999년 3월 시행령 개정시
부터이다. 따라서 법의 운영 측면에서 유의미한 분석결과를 얻을 수 있는 것
은, 1999년 3월 이후의 심결에 제한될 것이다.

(2) 거래거절

이 기간 동안의 심결 중 '거래 거절'에 의한 사업활동 방해는 가장 두드러
진 유형의 하나이다. 경쟁정책상 거래거절은, 미국의 경우 Sherman법 제2조
의 독점화 내지 독점화의 시도와 관련하여, EU나 독일의 경우에는 시장지배
적 지위의 남용행위로서 규제되고 있다. Sherman법 제2조의 적용은 관련시
장에서의 독점력이 반경쟁적, 배타적인 수단에 의하여 또는 반경쟁적, 배타
적 목적을 위하여 의도적으로 획득, 유지 또는 활용되었을 것을 요구하며,[52]
거래거절을 동 규정에 의하여 규제할 경우에, 당해 거래거절은 이상의 요건
을 충족하여야 한다. 이에 비하여, EU와 독일에서처럼 시장지배적 지위남용
행위로서 거래거절을 문제 삼을 경우에, 당연히 이때의 거래거절은 '지배력
남용'에 해당되어야 한다. 남용의 의의에 관하여, Hoffmann-La Roche 사건에
서 유럽법원은 "남용은 문제가 되고 있는 사업자의 존재로 인하여 이미 경쟁
의 정도가 약화된 시장의 구조에 영향을 미치고, 또한 사업자들의 거래에 있
어서 통상적인 경쟁이 이루어지는 상황에서의 조건과는 다른 방법을 사용하

---

52) United States v. Grinnell Corp., 384 U.S. 563, 570-571면 (1966).

여 현재의 시장에서 존재하는 경쟁의 정도를 유지하거나 그 경쟁의 발전을 저해하는 효과를 갖는, 지배적 지위에 있는 사업자의 행위에 관련된 객관적 개념"으로[53] 이해하고 있으며, 거래거절도 이러한 이해에 기초하여 남용행위의 하나로서 다루어지고 있다.[54]

시장지배적 지위남용행위에 관한 공정거래위원회의 심결에서 거래거절도 이상의 원칙에 근거한 것이지만, 구체적인 판단 과정에서 좀 더 논의되어야 할 부분이 있다. 우선 시장지배적 지위남용행위로서 거래거절은, 당해 행위를 통하여 시장 구조에 영향을 미치며, 다른 사업자에게 경쟁상의 침해를 낳는 경우에 규제되는 것이고, 위법성의 중점도 여기에 존재한다. 이와 관련하여 경쟁관계에 있지 않은 사업자에 대한 거래거절도 법 제3조의2 제1항 제3호에 해당하는 남용행위로서 규제될 수 있는지에 대한 추가적인 검토가 필요하다.

(주)영일케미컬 사건에서, 피심인은 농약 Methyle Bromide 시장에서 54.6%의 시장점유율을 갖고 있는 사업자로서 동 제품을 필수적 원료로 하는 수입식물방제업 시장에 신규로 진입한 (주)경인방역의 동 제품 공급 요청을 거절하였다. (주)영일케미컬은 수입식물방제업 시장에 참가하고 있지 않은 상태이므로, (주)영일케미컬과 (주)경인방역은 직접적인 경쟁관계에 있지 않았다. 또한 종합유선방송사업자들이 프로그램 제공 사업자(Program Provider)에 대하여 행한 거래거절 유사 행위도 비슷한 구조에서 발생한 사건이라 할 수 있다.[55] 수직적 연관성이 있는 프로그램 제공 시장과 프로그램의 편성 및 송출 시장으로 구분하여, 후자의 시장에서 지역적으로 지배적 지위에 있는 종합유선방송사업자가 전자의 시장에서 공급자에 해당하는 우리홈쇼핑의 프로그램

---

53) Hoffmann-la Roche Case 85/76[1976] ECR 461, 541면.
54) D. G. Goyder, 주 9)의 책, 258면 이하 참조.
55) (주)티브로드 기남방송의 시장지배적 지위남용행위에 관한 건(공정위 2007. 3. 19. 의결, 2006서경2373)을 비롯하여 모두 11개 종합유선방송사업자들의 동일한 행위에 관한 사건이 이에 해당한다.

송출을 중단한 행위는, 유통망에 대한 접근을 제한한다는 의미에서 거래 거절에 유사한 행위로 이해할 수 있다. 이 사건들에 대한 심결에서 공정거래위원회는 거래거절의 주체와 동일 시장에서 경쟁관계에 있지 않은 사업자에 대한 방해행위도 남용행위에 해당할 수 있다고 보고 있으며, 이러한 행위의 위법성의 근거로서, 거래거절의 상대방이 속한 시장에서의 경쟁제한적 효과를 제시하고 있다. 동법 제3조의2 제1항 제3호가 경쟁사업자가 아닌 '다른 사업자'를 사업활동 방해의 대상으로 규정하고 있다는 점에서, 이러한 이해의 법적 근거가 결여되어 있는 것은 아니다. 다만 시장지배력의 남용으로서, 특히 방해적 남용은 남용주체가 속한 시장의 구조에 영향을 미치거나 경쟁관계에 있는 사업자에 대한 경쟁상의 침해가 나타나는 경우를 상정한 것으로 볼 수도 있다. 이러한 이해에 따르면, 위의 심결에서 거래거절의 위법성 판단과 관련하여, 경쟁관계에 있지 않은 사업자의 경쟁상의 침해를 검토하는 외에, 이러한 행위가 지배적 사업자의 관련시장에 어떠한 영향을 미치는지에 대한 추가적인 검토가 요구된다. 한편 (주)영일케미컬 사건에서 피심인의 경제적 의도가 자사와 거래하는 11개 사업자의 Methyle Bromide 재고를 적정하게 유지하는 것에 있다고 한다면, 출고조절로서의 남용행위에 문의하는 것이 보다 적절할 수도 있었을 것이다.

이상의 심결과 대비되는, 포항종합제철(주) 사건과 로얄정보기술(주) 사건은[56] 거래거절의 주체와 상대방이 동일 시장에서의 경쟁관계에 있었다는 점에서 거래거절의 전형적인 사례에 해당한다.[57] 포항종합제철(주) 사건의 경우, 피심인은 국내 열연코일의 100%를 공급하는 상황에서 열연코일을 원료로 하는 냉연강판 시장에서도 58.4%의 점유율을 차지하고 있었고, 냉연강판

---

56) 공정위 2006. 10. 10. 의결, 2005경축2649.
57) Ulrich Immenga & Ernst-Joachim Mestmäcker hrsg., 주 41)의 책, 678면(Wernhard Möschel 집필부분)에서는 지배적 사업자가 부품과 완성품을 모두 공급하고 있는 경우에, 부품에 대한 수량통제에 의하여 완성품 시장에서 경쟁자의 사업활동을 방해하는 경우를 방해적 남용의 전형적인 예로 언급하고 있다.

시장에서 11.1%의 점유율을 갖고 있던 현대하이스코(주)에 대하여 열연코일의 공급 요청을 거절한 것이 문제가 되었다. 당해 사안에서 주된 다툼의 대상이 되었던 것의 하나는, 현대하이스코(주)가 해외시장 등의 다른 경로를 통하여 열연코일을 거래조건상의 불이익이 없이 공급받을 수 있는지, 그렇지 않은 경우에 냉연강판 시장에서 경쟁제한의 결과가 나타날 수 있는지에 관한 것이었으며, 이에 관하여 공정거래위원회는 부정적인 판단을 내렸다. 동 사건은 EU에서 다루어졌던 Commercial Solvents 사건과 구조적으로 매우 유사하다. Commercial Solvents Corporation(CSC사)는 결핵 치료에 사용되는 에담부톨의 원료인 아미노부타놀과 이를 위한 기초 생산물에 해당한 니트로프로페인을 세계시장에서 독점적으로 생산하고 있었다. 문제가 된 행위는 이탈리아 시장에서 에담부톨을 공급하고 있던 Zoja사에 대하여 니트로프로페인과 아미노부타놀의 공급을 거절한 것이었다. 이탈리아 시장에서는 CSC사의 100% 자회사인 ICI사 역시 에담부톨을 생산하고 있었고, 이로써 CSC사의 의도가 Zoja사의 배제에 있었다는 것은 분명하게 드러났다. 유럽위원회와 유럽법원은 지배적 지위가 있는 시장의 파생상품 시장에서 경쟁제한의 가능성에 초점을 맞추었고, CSC사의 거래거절에 의한 경쟁사업자의 배제가 파생상품 시장에서의 구조에 영향을 미칠 수 있다는 점에 근거하여 당해 행위의 남용성을 인정하였다. 이러한 판단과정은 지배적 사업자가 수직적으로 관련되는 두 시장에 모두 진출하고 있을 경우에, 거래거절의 행위가 발생한 시장과 경쟁제한적 효과의 분석 대상이 되는 시장의 분리를 시사한다. 위에서 언급한 포항종합제철(주) 사건의 재결에서[58] 공정거래위원회도 "시장지배적 지위남용행위에 의한 경쟁제한은 반드시 당해 시장지배적 사업자가 속한 관련시장에서의 경쟁제한에 국한되는 것은 아니며, 하나의 관련시장에서 시장지배적 지위를 남용하여 후방이나 전방 등 다른 관련시장에서 부당하게 경쟁제한하는 행위를 금지한다"는 것을 밝히고 있다. 이러한 태도는 로얄정보기술(주)

---

58) 공정위 2001. 9. 28. 재결, 2001심일1350.

사건에도 이어지고 있는데, 당해 사건에서 피심인은 공기관식 감지기 시장의 100% 점유율을 갖고 있는 상황에서, 동 상품이 필수적으로 요구되는 자동화 재탐지설비 시장에 진출하였고, 후자의 시장에서 경쟁사업자들에게 과다한 가격책정의 방식을 통하여 실질적으로 공기관식 감지기의 공급을 거절하였다. 이에 대하여 공정거래위원회는 공기관식 감지기 시장에서의 지배적 지위를 남용하여 자동화재탐지설비 시장에서의 경쟁을 제한한 것으로 보았다.

끝으로 거래거절과 관련하여 신규 사업자의 공급 요청에 대한 거절이 기존의 거래관계에 있는 사업자에 대한 거래 거절과 비교하여, 특수한 취급을 할 필요가 있는지가 논의될 필요가 있다. 이와 관련하여 유럽법원은 British Petroleum 사건에서 당해 회사가 장기적인 거래관계를 유지하여 온 사업자에게 우월한 대우를 하는 것은 남용행위에 해당하지 않을 수 있다고 보았으며, 앞에서 살펴 본 Commercial Solvents 사건에서도 Zoja사가 신규 진입한 사업자로서 공급 요청을 한 경우라면, 남용성 판단이 달라질 수 있다는 분석이 제시되고 있다.[59] 이러한 문제를 우리 법체계에 비추어 보면, 법 제3조의2 제1항 제3호는 사업활동 방해의 경우에 이러한 행위가 부당할 것을 요구하고 있으므로, 정당화 사유를 제시함으로써 위법성이 조각될 수 있고, 특히 새로운 사업자에 대한 공급이 기존의 거래관계에 있는 사업자에 대한 공급을 제한하지 않으면 실질적으로 가능하지 않을 경우에, 이는 정당화 사유로서 작용할 수 있을 것이다. 공정거래위원회의 심결에서도 포항종합제철(주) 사건에서 이에 대한 검토가 이루어지고 있다. 동 사건에서 현대하이스코(주)가 시장에 진입할 당시에, 포항종합제철(주)의 설비가동률은 1998년 92%, 1999년 95% 정도였고, 이는 기존 거래상대방과의 거래를 줄이지 않고도 새로운 공급요청에 응할 수 있는 여지가 있는 것으로 이해되었다. 그러나 이러한 수치가 새로운 사업자에 대한 공급이 실질적으로 가능한 수준을 의미하는지에 대한 구체적인 검토의 여지는 있는 것으로 생각된다.[60]

---

59) D. G. Goyder, 주 9)의 책, 335면.

(3) 끼워팔기

최근 공정거래위원회의 심결에서 사업활동 방해에 해당하는 남용행위의 유형으로서 끼워팔기가 다루어지고 있는 것은 주목할 만한 것이다. 끼워팔기의 규제와 관련하여, 동법 시행령 <별표 1>의 '불공정거래행위의 유형 및 기준' 제5호 가목은 끼워팔기를 불공정거래행위에 해당하는 거래강제의 한 유형으로서 명시적인 규정을 두고 있으며, 종래 공정거래위원회의 실무도 끼워팔기는 불공정거래행위로서 다루어져 왔다. 그러나 지배력을 필수적으로 요구하는 끼워팔기의 구조적 특성과 경쟁정책적 의의에 비추어, 시장지배적 지위남용행위로서 규제될 필요성과 규제의 적합성이 지적되었고,[61] 최근 마이크로소프트 사건에서 공정거래위원회의 심결은 이러한 견해를 수용한 것으로 생각된다.

미국 반독점법상 끼워팔기 규제는, 둘 이상의 상품의 존재, 판매자에 의한 끼워팔기의 강제, 강제가 가능할 수 있는 주상품 시장에서 지배력의 존재, 부가상품 시장에서 경쟁제한적인 효과, 부가상품 시장에서 상당한 거래량의 제한 등의 기준에 따른 심사를 거치게 된다.[62] 이상의 기준은 경쟁정책적으로 문제가 될 수 있는 끼워팔기의 특성에 상응하는 것이며, 특히 주상품 시장에서의 지배력을 요구한다는 점에서, 시장지배적 지위남용의 규제체계와 용이하게 결합될 수 있는 측면이 있다.[63]

끼워팔기 규제와 관련하여, 다른 규제 대상과는 구별되는 고유한 특성을 찾을 수 있다. 특히 복수의 상품이 관련된다는 점에서, 효율성에 기초한 상품의 단일성 판단이 요구되고, 나아가 EU나 우리나라에서의 마이크로소프트

---

60) 홍명수, "부당한 거래거절", 경제법판례연구 제1권, 2004, 143~144면 참조.
61) 권오승, "시장지배적 지위의 남용행위", 권오승편, 공정거래법강의, 법문사, 1996, 117면 참조.
62) Herbert Hovenkamp, 주 31)의 책, 392면.
63) Ulrich Immenga & Ernst-Joachim Mestmäcker hrsg., 주 41)의 책, 678면(Wernhard Möschel 집필부분).

사건에서 나타나듯이, 관련시장도 주상품시장과 부가상품 시장에서 이중으로 획정되어야 한다. 이러한 특성은 남용의 판단에서도 드러난다. 특히 끼워팔기의 반경쟁적 효과에 대한 분석은, 오랫동안 '지배력 전이'의 메커니즘에 근거하여 왔으며, 이러한 메커니즘이 여전히 유효한지, 경쟁제한성을 판단할 수 있는 다른 근거는 없는지, 그리고 미국의 당연위법 적용에 대한 비판으로서 끼워팔기의 효율성 제고와 같은 친경쟁적 효과는 없는지 등에 대한 분석이 위법성 판단의 주를 이루고 있다.

최초로 국내에서 끼워팔기를 시장지배적 지위남용행위로서 다룬 공정거래위원회의 심결은 마이크로소프트 사건을 대상으로 한 것이었고, 그 판단 과정에서 시장지배력의 남용으로서 끼워팔기에 대한 공정거래위원회의 이해가 드러나고 있다. 당해 사건에서는 서버 운영체제와 미디어 서버, PC 운영체제와 미디어 플레이어, PC 운영체제와 메신저의 세 가지 형태의 끼워팔기가 다루어졌고, 각각의 끼워팔기 모두 운영체제 시장에서 마이크로소프트의 절대적 지배력이 판매상의 결합을 통하여 다른 시장으로 전이되는 것에 위법성 판단의 초점을 맞추고 있다. 그러나 미국 판례법상 끼워팔기에 대한 당연위법적 사고와 달리, 지배력 전이를 당연한 전제로서 또는 다툼이 없는 사실로서 받아들이고 있는 것은 아니고, 부가상품 시장에서 경쟁제한적 효과에 대한 다양한 분석에 기초하고 있다. 즉 부가상품 시장에서 경쟁상 우위의 확보에 대한 실증, 네트워크효과로 인한 쏠림현상, 시장봉쇄나 진입장벽 구축에 따른 경쟁사업자 배제 효과, 소비자 선택의 제한 등에 따른 소비자 후생의 감소 등의 분석을 행하고 있고, 나아가 끼워팔기에 의하여 발생할 수 있는 효율성 제고 효과를 유통비용이나 거래비용의 감소와 응용프로그램 개발편의 제공 효과 등으로 구체화하고 이러한 효과의 비교 형량을 통하여, 최종적인 위법성 판단에 이르고 있다. 이와 같은 판단의 기초는 최근 에스케이텔레콤(주)의 시장지배적 지위남용사건에도 유지되고 있다.

　이상에서 살펴본 바와 같이, 최근 공정거래위원회는 끼워팔기를 시장지배력 남용의 문제로서 다루는데 적극적인 태도를 보여주고 있고, 특히 위법성 판단과 관련하여 종합적인 형량의 관점에서 접근하고 있다. 이러한 태도는 끼워팔기의 중점이 지배력 전이 메커니즘에서 시장봉쇄 효과 등으로 옮겨가고 있다는 지적이나,[64] 위법성 판단에 있어서 반경쟁적 효과뿐만 아니라 친경쟁적 효과의 분석도 간과될 수 없고,[65] 이를 비교형량하여 종합적인 판단을 내려야 한다는 이론적 경향에 부합하는 것이라 할 수 있다.

5. 부당한 경쟁사업자 배제 또는 소비자이익 저해행위

1) 규제의 의의

　전술한 것처럼, 법 제3조의2 제1항 제5호가 규정하는 부당한 경쟁사업자 배제 또는 소비자이익 저해행위는 제1호 내지 제4호에 해당하지 않는 유형의 남용행위들을 포섭한다. 그러나 동 규정의 내용은, 다시 부당한 경쟁사업자의 배제와 소비자 이익의 현저한 저해행위로 나누는 것이 가능하며, 특히 전자에 대해서는 시행령상 구체적인 규정이 보충됨으로 인하여 그 내용이 제한되고 있다. 즉 시행령 제5조 제5항은 부당하게 경쟁사업자를 배제하는 경우로서, 부당하게 상품 또는 용역을 통상거래가격에 비하여 낮은 대가로 공급하거나 높은 대가로 구입하여 경쟁사업자를 배제시킬 우려가 있는 경우 (1호)와 부당하게 거래상대방이 경쟁사업자와 거래하지 아니할 것을 조건으

---

64) Herbert Hovenkamp, 주 31)의 책, 419면. 특히 시장봉쇄 효과를 경쟁사업자가 최소효율규모에 이르지 못하게 함으로써 발생할 수 있다는 점을 분석하고 있는 것으로서, Phillip E. Areeda, Antitrust Law-An Analysis of Antitrust Principles and Their Application vol. IX, Little, Brown and Company, 1991, 55~61면 참조.
65) Phillip E. Areeda, 위의 책, 50~54면 참조.

로 그 거래상대방과 거래하는 경우(2호)를 규정하고 있다. 제1호는 부당염매 내지 부당고가매입에 의한 경쟁사업자 배제, 제2호는 배타조건부 거래를 의미하며, 규정 형식상 한정적 열거의 방식으로 법 제3조의2 제1항 제5호 전단의 부당한 경쟁사업자 배제를 구체화하고 있다.

이와 같은 규제체계를 종합하면, 제5호 전단은 구체적으로 특정된 남용행위를 대상으로 하며, 결국 일반조항적인 의미를 갖는 것은 후단의 소비자 이익 저해행위에 한정되는 것으로 볼 수 있다. 시장지배력의 폭리적 남용의 경우에는 직접적으로 소비자 후생의 감소를 낳게 되며, 방해적 남용의 경우에도 경쟁구조의 침해로 인한 간접적인 소비자 피해를 예상할 수 있다. 따라서 소비자 이익의 현저한 저해를 표지로 하여 시장지배적 지위남용행위의 보충적인 적용을 상정하는 것에 경쟁정책상 의문이 있는 것은 아니다. 또한 이와 같은 일반적이고 보충적인 성격상 하위 법령에 의한 구체적 유형 내지 기준이 제시되지 않는다고 하여, 적용상의 제한이 따르는 것으로 볼 수는 없다.

2) 심결 분석

앞에서 살펴 본 마이크로소프트 사건의 경우 규제의 법적 근거로서, 법 제3조의2 제1항 제3호와 아울러 제5호 후단의 소비자 이익을 현저히 저해하는 것을 제시하고 있다. 끼워팔기의 경쟁상의 손해는 경쟁사업자와 소비자에게 이중적으로 발생한다는 점을 상기한다면,[66] 이와 같은 법적 근거의 제시가 법리적으로 타당성을 결하고 있는 것은 아니다. 그러나 앞에서 살펴본 것처럼, 제5호 후단의 의미를 보충적인 것으로 이해한다면, 다른 규정에 의한 포섭에 한계가 드러날 경우에 비로소 제5호 후단의 적용을 고려하는 것이 바람직할 것으로 생각된다.

---

66) Herbert Hovenkamp, 주 31)의 책, 394면.

마이크로소프트 사건과 달리, 다음의 두 심결은 법 제3조의2 제1항 제5호만을 근거로 하여 시장지배적 지위남용사건을 다루고 있다. 즉 공정거래위원회는 농업협동조합중앙회 사건에서[67] 법 제3조의2 제1항 제5호 전단, 그리고 서울특별시태권도협회 사건에서[68] 제5호 후단을 적용하여 시장지배력 남용행위를 규제하고 있다. 전자의 경우 수요측면에서의 시장지배력 남용이 문제가 된 사건이다. 일반적으로 수요측면에서의 지배력은 공급자들의 시장지배력을 제한하는 방향으로 작용하여 효율성 제고 등의 긍정적인 영향을 미칠 수도 있지만,[69] 당해 사안에서 농업협동조합중앙회는 유통망의 전체를 지배하고 있는 상황이었고, 따라서 부정적 효과가 보다 클 수밖에 없는 구조적 특성이 있었다. 구체적으로 농업협동조합중앙회는 식량작물용 화학비료 유통과 관련하여 경쟁사업자를 배제하는 방식으로 전속적인 거래관계를 도모하였고, 이러한 행위가 식량작물용 화학비료 유통업에서 경쟁사업자를 배제하는 효과를 낳는다는 것에 의문은 없으며, 제5호 전단의 규정에 직접적으로 포섭될 수 있다는 점에서, 타당한 법적용으로 이해된다.

그러나 서울특별시태권도협회 사건에 대해서는 논의의 여지가 있다. 문제가 된 행위는 서울특별시태권도협회가 승품·단 심사업을 영위하면서, 거래상대방인 응심인들로부터 승품·단 심사비에 체육관 관장들이 부담하여야 하는 보험료와 경조사비를 포함시켜 징수한 것이었고, 이에 대하여 공정거래위원회는 소비자 이익을 현저히 저해하는 행위로서 법 제3조의2 제1항 제5호 후단을 적용하였다. 이와 관련하여 사업자의 거래상대방이 지급하는

---

67) 공정위 2007. 1. 25. 의결, 2006거감2157.
68) 공정위 2003. 8. 13. 의결, 2003단체0070.
69) Richard Whish, Competition Law 5. ed., Oxford Univ. Press, 2005, 45면 참조. 한편 식량작물용 화학비료 제조업에는 20개 이상의 사업자가 진출하고 있으며, 상위 4개 사업자의 시장점유율을 보면, 남해화학 42.3%, 동부한농화학 16.9%, KG케미컬 13.0%, 풍농 12.4% 등으로 나타났다.

가격의 의의가 전제될 필요가 있다. 동법 제19조 제1항의 부당한 공동행위와 관련된 사건에서 대법원은 "가격은 사업자가 제공하는 상품 또는 용역의 대가, 즉 사업자가 거래의 상대방으로부터 반대급부로 받는 일체의 경제적 이익을 가리키는 것으로, 당해 상품이나 용역의 특성, 거래내용 및 방식 등에 비추어 거래의 상대방이 상품 또는 용역의 대가로서 사업자에게 현실적으로 지급하여야 하는 것이라면 그 명칭에 구애됨이 없이 당해 상품 또는 용역의 가격에 포함된다"고[70] 판시하고 있다. 이러한 이해에 따르면, 서울특별시태권도협회가 징수한 보험료와 경조사비 등은 전체적으로 동 협회의 승품·단 심사에 대한 반대급부로서 가격에 포함되는 것이고, 이와 같은 가격책정이 심사비에 수반하는 비용 기초로부터 괴리되는 것이라면, 일차적으로 법 제3조의2 제1항 제1호의 가격남용에 문의하는 것이 보다 타당한 접근방식일 수 있다.

V. 제재

1. 규제의 실무

시장지배적 지위남용행위에 대한 공정거래위원회의 제재는 일정한 시정명령을 내리고, 여기에 과징금 부과나 고발 조치를 취하는 방식으로 이루어지고 있다. 시정조치에 관한 법적 근거인 법 제5조에 의하면, 위반행위를 한 당해 시장지배적 사업자에 대하여 가격의 인하, 당해 행위의 중지, 시정명령을 받은 사실의 공표 기타 시정을 위한 필요한 조치를 명할 수 있다.

초기 심결 중에는 시정조치로서 사과광고를 명하는 경우도 있었으나, 헌법재판소에 의한 위헌 결정 이후 더 이상 시정조치의 내용이 되지 않는다.

---

70) 대법원 2001. 5. 8. 선고 2000두10212 판결.

그러나 시정명령을 받았다는 사실의 공표 명령은 대부분의 심결에서 나타나고 있고, 특히 공정거래위원회는 공표의 구체적인 방식을 지정하고 있다. 가격 남용 사건의 경우 가격 인하 내지 이에 상응하는 행위를 할 것을 요구하는 시정조치가 내려지고 있으며, 남용적 행태의 중지명령 내지 위반행위와 동일한 행위의 금지명령은 시정조치로서 일반적인 모습이다. 과징금 역시 많은 사건에서 부과되고 있고, 출고조절에 의한 남용행위의 경우 고발 조치도 취하여졌다.

2. 기타 시정조치의 예

법 제5조의 규정은 가격 인하나 중지명령 외의 기타 시정을 위하여 필요한 조치를 공정거래위원회의 재량에 의하여 취할 수 있는 근거가 되고 있다. 남용 행태나 시장구조의 다양성에 비추어, 위에서 언급한 전형적인 시정조치 이외의 것을 내용으로 하는 시정명령의 필요성을 부인할 수 없다. 최근의 마이크로소프트 사건에서 공정거래위원회의 심결은 이에 대한 적절한 예가 될 것이다.

동 사건에서 공정거래위원회의 시정조치는 단지 끼워팔기와 같은 판매 방식을 중지하는 것 이상의 내용을 담고 있다. 즉 윈도우 서버 운영체제와 윈도우 미디어 서비스, PC 운영체제와 윈도우 미디어 플레이어 그리고 메신저의 연계판매 자체를 금지하는 내용의 시정조치를 취하고 있다. 일반적으로 끼워팔기의 경쟁정책상의 문제는, 판매상으로 연계된 각 상품의 개별판매를 부인하고 판매상의 연계를 강제하는 것에 있으며, 따라서 판매상의 결합이 강제되지 않고 각 상품의 개별 판매를 포함하여 거래 상대방에게 실질적인 선택의 기회가 주어진다면, 경쟁정책상의 우려는 크지 않은 것으로 이해된다. 이러한 점에서 동 심결에서의 시정조치가 연계판매의 강제를 중지시키는

것 이상으로, 연계판매 자체를 금지하는 내용으로 시정명령을 한 것은 이례
적이며,[71] 이와 같은 조치에 의해서만 지배력 전이 등의 효과가 차단될 수
있을 것이라는 판단에 따른 것으로 보인다.

---

71) 마이크로소프트 사건, 특히 윈도우 운영체제와 윈도우 미디어 플레이어의 끼워팔
기에 관한 EU에서의 위원회 결정을 보면, 윈도우 미디어 플레이어가 포함되지 않
는 윈도우 운영체제 버전을 제공하여야 하는 것을 시정조치로서 부과하고 있고, 이
를 실질적인 것이 되게 하기 위하여, 경쟁사업자의 미디어 플레이어가 윈도우 운영
체제에서도 동등한 조건에 따라서 기술적으로 작동할 수 있고, 또한 윈도우 미디어
플레이어에 대한 다운로드 링크를 제공하는 것 등에 의한 접근에 있어서 우월한
지위를 윈도우 미디어 플레이어에 줄 수 없도록 하는 등의 의무를 부과하고 있다.
그러나 마이크로소프트사는 여전히 윈도우와 윈도우 미디어 플레이어를 결합하여
제공할 가능성을 갖는 것으로 하고 있다. 이는 개별 판매가 실질적으로 보장되면,
결합하여 판매하는 행위가 경쟁정책상 문제되지 않는다는 사고에 부합하는 조치라
할 수 있다. Case Comp/C-3/37.792 Microsoft, Commission Decision of 24. 03.
2004. para. 1011, 1013.

2. 비씨카드 사건에서 시장지배력과 가격남용 판단의 타당성 고찰

Ⅰ. 서론

「독점규제 및 공정거래에 관한 법률」(이하 독점규제법)에서 규정하고 있는 시장지배적 지위의 남용에 대한 규제는, 독과점에 대한 직접적 대응으로서의 경쟁정책적 중요성에도 불구하고 실제 규제 사례는 많지 않다. 특히 남용의 한 유형인 가격남용의 경우, 입법시부터 지금까지 공정거래위원회에 의하여 규제된 사례는 8건에 불과하며, 2000년 이후에는 여기서 다루게 될 '비씨카드 사건'이 유일하다. 따라서 최근에 규제기관에 의하여 실제 다루어진 가격남용 사건이라는 것만으로도 동 사건의 의의는 충분한 것이지만, 비씨카드 사건을 대상으로 전개된 논쟁의 많은 부분은 시장지배적 지위의 판단에 할애되고 있다.

그 이유는 무엇보다 동 사건에서 시장지배적 지위의 판단이 비전형적인 조건에 기초하여 이루어지고 있다는 점에서 찾을 수 있다. 동 사건에서 문제가 되고 있는 사업자들의 시장점유율의 합은 독점규제법 제4조의 시장지배력 추정 요건에 해당하지 않았으며, 또한 피심인이었던 비씨카드 주식회사(이하 비씨카드)를 지배적 지위가 귀속될 수 있는 단일한 경제주체로서 이해할 수 있는지에 대하여 논쟁의 여지가 있었다. 이러한 상황은 시장지배적 지위를 인정함에 있어서 기술적인 법적용을 넘어서 시장지배력의 본질에 소구하는 논쟁을 촉발시켰고, 그 과정에서 '경제적 행위 동일체'나 '집합적 시장지배력'과 같이 국내 규제 실무에서 다루어지지 않았던 개념들이 새롭게 제기되었다.

이에 대한 논의를 심화시킬 필요가 있지만, 이미 언급한 것처럼 시장지배력 남용의 대표적 유형인 가격남용의 의의를 구체적으로 검토할 수 있는 계기가 되었다는 점에서 당해 사건이 갖는 중요성 또한 부인할 수 없다. 이하에서는 우선 공정거래위원회의 심결과 재결 그리고 법원에서의 원심 판결과 최종적인 대법원 판결의 경과를 살펴보고자 한다(II). 이어서 이를 토대로 하여, 시장지배적 지위의 판단과 관련하여 제기되었던 '경제적 행위 동일체'와 '집합적 시장지배력'의 개념을 중심으로 당해 사안에서 비씨카드(주)의 시장지배적 지위를 인정할 수 있는지 여부를 검토한다. 한편 법원은 시장지배적 지위를 부인함으로써 당해 사안에서의 가격 남용에 해당하는지 여부는 더 이상 논의되지 않았지만, 그 자체의 타당성 여부를 검토하는 것은 여전히 의미 있을 것으로 생각되며, 이에 관한 논의를 더하고자 한다(III).

II. 공정거래위원회와 법원의 판단 과정

1. 공정거래위원회의 심결[1]

1) 사실관계

동 사건은 국내 신용카드 시장에서 신용카드 사업자들의 지배력 남용에 관한 것이다. 국내 신용카드 시장은 지속적으로 성장하여 왔는데, 2000년 기준으로 카드발급 수는 52,566,000매, 이용금액은 약 147조 8800억원에 달했

---

1) 공정위 2001. 3. 28. 의결, 2001독점0280.

다. 신용카드 회원의 이용 형태는 크게 지급결제수단인 일시불로 이용하는 경우와 할부구매 및 현금서비스를 이용하는 차입의 경우로 나뉘며, 2000년 기준으로 일시불 이용 24.8%, 할부구매 10.8%, 현금서비스 64.4%의 비중을 차지하고 있었다.

국내 신용카드 시장에 참가하고 있는 사업자는 은행계 카드사업자와 비은행계 카드사업자로 대별되며, 은행계 카드사업자는 12개 시중은행이 지분 참가한 비씨카드, 5개 은행이 제휴한 국민신용카드주식회사(이하 국민카드), 7개 은행이 제휴한 외환신용카드주식회사(외환카드)가 있고, 비은행계 카드사업자로서 엘지캐피탈(주), 삼성카드(주), 동양카드(주), 다이너스클럽코리아(주)가 있었다. 2000. 9. 말 기준으로 일시불, 할부이용, 현금서비스 이용을 합산한 신용카드 시장의 점유율 분포는 다음의 표와 같다.

〈표 2-1〉 국내 신용카드시장 점유율

회사명	BC	엘지	삼성	국민	외환	다이너스	동양	기타
점유율	35	18	17	16	5	0	0	5

(단위: %)

한편 국내 신용카드 시장에서 1위의 점유율을 갖고 있는 비씨카드에 참가하고 있는 은행들의 지분율은 다음의 표와 같다.

〈표 2-2〉 비씨카드 지분율

은행명	우리	조흥	제일	서울	농협	기업	주택	대구	부산	경남	한미	하나
지분율	29	14	14	14	4	4	4	1	1	1	1	1

(단위: %)

이러한 상황에서 시장점유율 상위 3위 안에 위치한 비씨카드, 엘지카드, 삼성카드가 시장지배력을 남용하여 신용카드 이용과 관련한 가격 기타 거래

조건을 유지한 것이 문제가 되었다. 즉 이들 신용카드 3사는 1997년 및 1998
년의 금리상승과 위험도의 증가 등을 이유로 현금서비스 및 할부수수료율과
연체이자율을 인상하였는데, 2000년도 이후 조달금리, 연체율 및 대손율 등
신용카드사업의 중요한 원가요인이 현저하게 변동하여 수수료율이나 연체이
자율을 대폭 인하할 수 있음에도 불구하고 2001. 3. 까지 이를 오히려 인상
또는 그대로 유지하거나 소폭 인하하는데 그쳤다. 특히 이러한 상황은 다음
<표 2-3>, <표 2-4>, <표 2-5>가 구체적으로 보여주고 있다.

〈표 2-3〉 현금서비스 수수료율 변동 현황

카드사명	조정일자			
	1997.1	1997.11.1	1998.2.20	1999.10.15
(주)한빛은행	20.3	21.6	22.9	23.5
(주)조흥은행	20.3	21.6	22.9	23.4
(주)제일은행	20.3	21.6	24.1	23.5
(주)서울은행	20.3	21.6	24.2	23.5
농협중앙회	20.3	21.6	22.9	23.4
중소기업은행	20.3	21.6	22.9	23.4
(주)한국주택은행	20.3	21.6	22.9	23.2
(주)대구은행	20.3	21.6	22.9	23.4
(주)부산은행	20.3	21.6	22.9	23.4
(주)경남은행	20.3	21.6	22.9	23.5
(주)한미은행	20.3	21.6	22.9	23.5
(주)하나은행	20.3	21.6	22.9	23.5

(단위 : %)

〈표 2-4〉 할부수수료율 변동현황

은행	'97.1.1기준		'97.11.1		'98.2.20		'99.1.1		'99.8.1	
	개월수	수수료율	개월수	수수료율	개월수	수수료율	개월수	수수료율	개월수	수수료율
한빛	3~18	12~14	3~18	12~14.5	3~36	14~18	3~12	15~18	-	-
조흥	3~18	12~14	3~18	12~14.5	3~36	14~19	3~12	15~18	3~18	14.5~17.5
제일	3~18	12~14	3~18	12~14.5	3~18	15~18	3~18	16~19	3~18	15~18
서울	3~18	12~14	3~18	12~14.5	3~36	14.5~18	3~12	17~19	3~18	15~18
농협	3~18	12~14	3~18	12~14.5	3~24	14~17.5	3~12	15~17.5	3~18	14~16.5
기업	3~18	12~14	3~18	12~14.5	3~24	14.5~17.5	3~12	16~18	3~18	14.5~17.5
주택	3~18	12~14	3~18	12~14.5	3~24	14.5~18.5	3~12	15~18	3~24	14.5~19
대구	3~18	12~14	3~18	12~14.5	3~24	15~18.5	3~12	16~19	3~18	15~18
부산	3~18	12~14	3~18	12~14.5	3~36	15~18	3~12	16~19	3~18	15~18
경남	3~18	12~14	3~18	12~14.5	3~24	15~18	3~12	15~18	3~18	15~18
한미	3~18	12~14	3~18	12~14.5	3~24	15~18.5	3~12	15~18	-	-
하나	3~18	12~14	3~18	12~14.5	3~24	14~18	3~12	15~17.5	3~24	14~18

(단위: 개월, %)

〈표 2-5〉 연체이자율 변동현황

은행	조정일자		
	1997. 1. 1	1997. 11. 1	1998. 2.20
(주)한빛은행	23	24	28
(주)조흥은행	23	24	27
(주)제일은행	23	24	28
(주)서울은행	23	24	28
농협중앙회	23	24	27
중소기업은행	23	24	27
(주)주택은행	23	24	27
(주)대구은행	23	24	27
(주)부산은행	23	24	27
(주)경남은행	23	24	28
(주)한미은행	23	24	28
*(주)하나은행	23	24	27

* (주)하나은행은 1999. 7. 19. 27%에서 25%로 인하하였다.　　　　(단위 : %)

이와 같은 요율 책정은 비씨카드와 공동으로 피심인이 되었던 삼성카드와 엘지카드에게서도 유사하게 나타나고 있다. 이상의 행위가 독점규제법에서 규제하는 시장지배적 지위의 남용행위에 해당하는지가 다투어졌다.

2) 공정거래위원회의 판단

(1) 시장지배적 지위의 인정

공정거래위원회는 우선 시장지배적 사업자를 판단함에 있어서, 관련시장에서의 시장점유율, 진입장벽의 존재 및 최근 3년간 신규 사업자의 진입 여부, 과거 공동행위의 발생 여부, 유사상품의 존재 여부 등을 종합적으로 고려한다는 점을 밝히고 있다.

이어서 당해 사안에서 특유의 쟁점이 되었던 문제로서, 비씨카드 및 12개 회원은행은 수수료율의 결정·유지 등에 있어 신용카드업 시장에서 하나의 '경제적 행위 동일체'로서의 영향력을 가지고 행동하고 있으므로, 시장지배적 사업자를 판단함에 있어서는 비씨카드 및 12개 회원은행을 사실상 하나의 사업자로 볼 수 있다고 보고 있다. 그 근거로서, 1) 비씨카드와 12개 회원은행은 비씨카드의 전산망을 공동으로 사용하고, 비씨카드 발급, 가맹점 가입승인·관리, 카드고지서 발급 등 회원 및 가맹점의 거래승인에 관한 업무를 비씨카드에 위임하여 공동으로 수행하고 있을 뿐만 아니라, '비씨카드' 브랜드의 공동 상표 소유권자로서 동일한 브랜드를 사용하고, 카드상품도 공동으로 개발하여 제공하고 있으며, 비씨카드가 회원은행의 고객정보를 보유하여 일괄 관리하고 있으므로 카드고객에게는 대외적으로 '비씨카드'라는 통일된 브랜드로 인식되고 있는 점, 2) 12개 회원은행이 비씨카드의 주주로서 지분을 소유하고 있고 이중 8개 은행은 비씨카드의 비상임이사직을 겸직하여 비씨카드의 경영에 참여하고 있어, 회원은행들 간에 수수료율 결정, 가맹점 모집 등 영업활동에 관한 정책 및 정보를 공유·교환할 수 있는 관계에 있는 점, 3) 1997. 10. 피심인 비씨카드와 회원은행이 현금서비스수수료율, 할부수수료율 및 연체이자율을 공동으로 결정하여 부당한 공동행위로 시정조치된 사례가 있는 등 과거에도 통일된 수수료율의 결정행태를 보여 왔으며, 최근에도 현금서비스 수수료율, 할부수수료율 및 연체이자율을 동일시기에 동일 또는 거의 같은 요율체계와 수준으로 조정하고 있는 점을 들고 있다.

이와 같이 비씨카드 및 12개 회원은행을 하나의 사업자로 볼 수 있다는 점을 전제하여, 비씨카드 및 12개 회원은행, 엘지캐피탈, 삼성카드는 신용카드업 시장에서 시장지배력을 가지고 현금서비스 수수료율, 할부수수료율 및 연체이자율 등 가격 또는 거래조건을 결정·유지·변경할 수 있는 지위를 가진 시장지배적 사업자로 인정하고 있다. 그 근거로서, 1) 비씨카드 및 12개 회원은행, 엘지캐피탈, 삼성카드의 2000. 9. 현재 시장점유율은 각각 35%, 18.8%, 17%이며, 합계 70.8%로서 시장집중도가 매우 높으며, 특히 현금서비스 분야에서의 시장점유율은 각각 35.7%, 18.9%, 17.7%이며, 합계 72.3%로 더욱 높은 점, 2) 신용카드업은 여신전문금융업법 제3조에 의거 허가제로 운영되고 있어 제도적 진입장벽이 존재하며, 1995년이후 6년간 신용카드업시장에 신규진입자가 없어 기존 카드사간에 안정적인 시장구조가 유지되고 있는 점, 3) 현재의 신용카드업 시장을 살펴볼 때, 신용카드 이용자의 입장에서는 긴급한 자금이용의 필요성 등의 사유로 금리가 낮은 은행의 가계대출 등 다른 대체상품을 찾기 어려워 피심인들의 높은 요율의 현금서비스를 이용할 수밖에 없는 등 신용카드 이용자의 수수료율 변동에 대한 수요탄력성이 낮은 점,[2] 4) 안정적 시장구조로 인해 과거 가맹점 수수료율 관련 공동행위가 이루어져 시정조치를 받은 사실이[3] 있는 등 담합적 행태가 지속되고 있는 점 등을 제시하였다. 특히 피심인들의 시장점유율의 합계가 독점규제법 제4

---

2) 1998. 2. 현금서비스 수수료율 등을 인상시킨 후 현재까지 더 높거나 유사한 수준을 유지하고 있으나 현금서비스 및 할부이용금액은 1998년 42조원, 1999년 60조원, 2000년 168조원으로 대폭 증가하였다.

3) 공정위 2000. 1. 24. 의결, 9910공동1462.

조의 추정요건에 해당하지 않는다는 항변에 대하여, 동법 제4조는 하나의 기준일 뿐이며, 여러 요소의 고려 하에 시장지배적 지위의 판단이 이루어지는 것임을 분명히 하였다.

(2) 가격 남용의 판단

공정거래위원회는 우선 신용카드사의 현금서비스 수수료율, 할부수수료율 및 연체이자율 등 제반 요율은 신용카드업 시장에서 가격 또는 거래조건에 해당하는 것으로 자금조달비용, 연체율, 대손상각비, 마케팅비용 및 적정이윤 등을 고려하여 결정되며, 그중 자금조달비용이 수수료율 결정의 가장 중요한 요소이고, 연체율과 대손상각비도 주요한 결정요소라 할 수 있다는 점을 밝히고 있다.

이러한 점에 근거하여 볼 때, 비씨카드 및 12개 회원은행은 1997년 및 1998년의 금리상승과 위험도의 증가 등을 이유로 현금서비스 수수료율이 종전 20.3%이던 것을 1997. 11. 1.에 21.6%로, 1998. 2. 20.에는 22.9% 수준으로 인상하였으며, 할부수수료율은 12%~14.5%에서 14%~18%수준으로, 연체이자율은 24%에서 27%~28%로 각각 인상하였다. 그러나 (주)한빛은행의 경우 2000년 4/4분기 조달금리는 7.0%, 연체율은 7.47%, 대손율은 0.6%로서 1998년 1/4분기와 대비하여 자금조달금리는 2.0%P, 연체율은 18.3%P, 대손율은 0.9%P 각각 하락하였음에도 불구하고 현금서비스 수수료율은 오히려 0.66%P 인상하여 유지하고, 할부수수료율과 연체이자율은 거의 동일한 수준으로 유지하는 행위는 자금조달금리 등 원가요인의 현저한 변동에도 불구하고 가격 또는 거래조건을 부당하게 변경·유지하는 행위로 판단된다. (주)한빛은행 외의 회원은행의 경우에도 조달금리, 연체율 및 대손율 등 원가요인의 현저한 변동(농협중앙회 등 4개 은행의 2000. 4/4분기 대손율은 1998. 1/4분기에 비해 약간 상승하였으나 2.05% 미만의 낮은 수준이다)에도 불구하고 (주)한빛은행의 경우와 동일 또는 거의 같은 체계와 수준으로 현금서비스 수수료율을 인상하거나, 할부수수료율과 연체이자율을 유지 또는 근소하게 인하하여 유지하는 행위는 가격 또는 거래조건을 부당하게 변경·유지하는 행위로 판단된다. 또한 비씨카드의 경우 2000. 4/4분기 조달금리는 8.19%로 1998. 8. 1. 신용카드 업무개시당시의 자금조달금리 12.57%에 비해 4.44%P 하락하였음에도 불구하고 현금서비스 수수료율은 오히려 0.72%P 인상하여 유지하고, 할부수수료율은 1%P만 인하하여 유지하고, 연체이자율은 동일한 수준으로 유지하는 행위는 자금조달금리 등 원가요인의 현저한 변동에도 불구하고 가격 또는 거래조건을 부당하게 변경·유지하는 행위로 판단된다. 또한 엘지캐피탈(주)과 삼성카드(주)의 요율도 거의 유사하게 책정되었으며, 따라서 이들에 대해서도 동일한 평가를 내리고 있다.

한편 마일리지나 경품의 제공 등과 서비스의 제공에 의하여 실질적으로 요율 인하와 같은 효과가 있었다는 피심인의 항변에 대하여, 공정거래위원회는 이러한 서비스의 제공은 기본적으로 판매촉진 수단으로 활용되는 것이고, 수수료율 인하와 동일한 것으로 볼 수 없다는 결론을 내렸다.

2. 공정거래위원회의 재결[4]

피심인의 이의 신청에 따른 공정거래위원회의 재결은 원심결의 결론을 유지하고 있다. 재결 과정에서는, 시장지배적 사업자 여부, 부당한 가격유지행위의 존재 여부, 그리고 과징금 산정의 타당성 등에 걸쳐서 항변 사유가 제시되었다.

특히 실체법적 판단과 관련하여, 추가적으로 제시된 사유를 보면, 우선 시장지배적 사업자 여부인지의 판단과 관련하여 관련시장 내에 충분한 수와 상당한 규모의 경쟁자가 존재하고 또한 거래처의 변경가능성이 매우 높은

---

4) 공정위 2001. 8. 24. 의결, 2001심이1462.

상황에서 시장지배적 지위를 인정하기 어렵다는 반론이 있었다. 이에 대하여 공정거래위원회는 이러한 사유들을 고려한다 하더라도, 종합적으로 시장지배적 지위를 인정할 수 있다는 입장을 취하였다.

또한 부당한 가격유지행위의 존부에 관하여 피심인들의 요율 책정은 신용카드업 시장 전체에 보편적으로 나타나는 현상이라는 점에 근거한 항변사유가 새롭게 제출되었다. 이에 대하여 공정거래위원회는 신용카드업 시장에서 각종 수수료가 높은 수준으로 유지될 수 있는 것은 신용카드업 시장에서 이의신청인(피심인)이 비용의 하락에 탄력적으로 대응하지 않은 점에서 찾을 수 있고, 이러한 점은 시장지배력의 행사에 의하여 가능하다는 점에서, 시장지배력을 남용한 것으로 판단한 원심결은 타당하다는 결론을 내렸다.

3. 원심 판결[5]

공정거래위원회의 재결 이후 피심인은 이에 불복하고, 공정거래위원회의 시정명령과 과징금 부과처분의 취소를 구하는 항고소송을 제기하였으며, 원심법원인 서울고등법원은 공정거래위원회의 판단을 번복하였다. 원심의 판단과정에서 주된 쟁점이 되었던 것은, 피심인의 시장지배적 사업자로서의 지위를 인정할 수 있는지 여부이었으며, 이를 부정함으로써 가격남용에 대한 판단은 더 이상 진행되지 않았다.

원심은 원고(피심인)의 시장지배적 지위를 부인함에 있어서, 독점규제법상 수범자에 해당하는 사업자와 시장지배적 지위에 관한 규정에 대한 체계적 해석에 기초하여 논의를 전개하고 있다. 원심에 따르면, 독점규제법에서 사업자의 의미와 독점규제법의 체계 및 시장지배적 사업자에 대한 제 규정을 종합하여 볼 때, 시장지배적 지위의 남용을 금지한 독점규제법 규정에서 하

---

5) 서울고법 2003. 5. 27. 선고, 2001누15193 판결.

나의 사업자란 "자기의 계산으로 재화나 용역을 공급하는 경제활동을 하면서 그 활동과 관련된 각종 결정을 독자적으로 할 수 있는 자"를 의미한다고 할 것이므로, 독점규제법 시행령 제4조 제3항에 규정된 당해 사업자와 그 계열회사와 같이 별도의 독립된 사업자로서 각기 자기의 계산으로 사업을 하고 있더라도 실질적으로는 단일한 지휘 아래 종속적으로 경제활동에 참가하고 있어 독자성을 갖추지 못하고 있는 경우에는 이를 하나의 사업자로 해석할 여지도 있다고 할 것이나, 더 나아가 독자적으로 경제활동을 하는 개별 사업자들이 시장에서 그 활동과 관련한 각종 결정을 사실상 동일 또는 유사하게 함으로써 영향력을 행사하는 경우까지 하나의 사업자에 해당한다고 볼 근거는 없으므로, 독자성을 갖춘 사업자들이 연합하거나 단체를 구성하여 시장에서 사업과 관련한 각종 결정을 사실상 동일 또는 유사하게 하였다고 하더라도 이러한 행위가 부당공동행위 또는 사업자단체의 금지행위 위반에 해당할 수 있음은 별론으로 하고 위 사업자들을 통틀어 하나의 사업자로 볼 수는 없다고 보고 있다.

이러한 전제 하에서, 원심법원은 ① 회원은행들이 사실상 비씨카드를 공동으로 운영하고 있었던 사실, ② 비씨카드는 분담하여 수행한 업무에 대한 수수료를 지급받을 뿐 이 사건 신용카드사업 자체를 비씨카드가 대행하고 12개 회원은행들이 이로 인한 수익을 일정한 비율로 나누어 가지는 관계에 있지는 아니한 사실, ③ 회원은행들이 비씨카드의 상표와 전산망을 공동으로 사용하고 고객정보 또한 일괄 관리되고 있고, 회원은행들이 이 사건 사업에 관한 각종 정책 및 정보의 상당부분을 공유하고 있으며, 이를 서로 교환하기도 하나, 이 사건 신용카드사업에 필요한 자금의 조달, 판매상품의 결정 및 회원의 모집, 신용카드 이용과 관련한 대금의 결제 및 수수료나 이자의 취득 등은 모두 회원은행 자신의 책임 하에 수행하고 있고, 이러한 사업으로 인한 수익과 손실 또한 모두 자신의 계산으로 하고 있는 사실, ④ 회원은행들이 이 사건 신용카드사업과 관련된 각종 결정을 함에 있어 다른 회원은행이나 비씨카드로부터 지시 또는 감독을 받는 종속적인 관계에 있지 아니하고, 오히려 회원은행들이 비씨카드를 사실상 공동으로 운영하고 있는 사실을 인정하고 있다. 이러한 사실에 비추어, 시장지배적 사업자인지 여부를 판단하면서 12개 회원은행들을 각각 독립된 별개의 사업자가 아닌 하나의 사업자라고 볼 수는 없다고 판단하였다.

이에 대하여 피고가 제기한 항변으로서, 비씨카드와 회원은행들이 독립된 법인격을 가지고 있다는 이유만으로 이들이 집단적으로 형성한 시장지배적 지위를 남용하는 행위를 용인하는 것은 경제적 실체를 중시하는 독점규제법의 특성을 도외시하여 독점규제법의 규제에 커다란 흠결을 인정하는 결과가 된다는 주장에 대하여, 독점규제법 제19조나 제26조에 의한 규제가 가능함으로 규제의 흠결이 있다고 보기 어렵고, 현행 독점규제법의 체계와 제반 규정에 비추어 보아도 독립한 의사결정능력을 갖춘 회원은행들을 한데 묶어 하나의 사업자로 인정할 수 없다고 보면서, 이러한 주장을 받아들이지 않았다.

비씨카드와 12개 회원은행들을 각각 별개의 사업자임을 전제로 하여 볼 때, 2000년 기준으로 신용카드시장에서의 각 사업자별 시장점유율은 원고 엘지카드가 19%, 삼성카드가 18.1%, 소외 국민신용카드주식회사가 16.7%, 외환신용카드가 5.9%정도이고, 비씨카드와 12개 회원은행은 최고 7.9%(조흥은행)에서 최저 0.1%(하나은행과 비씨카드) 정도에 불과한 사실을 인정할 수 있고, 이상의 시장점유율 분포는 독점규제법 제4조에 의한 시장지배적 사업자로 추정되지 아니할 뿐만 아니라, 상위 3개사를 제외한 나머지 사업자들(조흥은행, 우리은행, 외환신용카드 등)의 숫자나 상대적 규모 또한 적지 아니하므로, 신용카드사업에 제도적 진입장벽이 있다거나 부당공동행위를 하였다는 이유로 공정거래위원회로부터 시정조치를 받은 사실이 있다는 점 등 다른 요소들을 고려하더라도 원고들을 이 사건 카드시장의 이자율과 수수료율 등 거래조건을 결정, 유지 또는 변경할 수 있는 시장지위를 가진 시장지배적 사업자로 인정할 수는 없다고 판단하였다.

이에 대하여 피고는, 비씨카드와 그 회원은행들이 하나의 사업자로 인정되지 않는다 할지라도 현행 독점규제법 제2조 제7호에서는 시장지배적 사업자에 "단독으로 또는 다른 사업자와 함께"라는 문구를 두고 있으므로 해석상 사업자가 그 자체로 독점 또는 과점사업자가 아니더라도 이들이 집단적으로 독과점적 지위를 형성한 경우에 시장지배적 사업자로 인정하여야 한다고 주장하였으나, "단독으로 또는 다른 사업자와 함께 … 거래조건을 결정, 유지 또는 변경할 수 있는 시장지위를 가진 사업자"라 함은, 그 문언이나 앞서 본 현행 독점규제법의 체계(시장지배적 지위의 남용금지에 관한 규정을 두고 있는 이외에도 사업자들의 부당한 공동행위를 제한하는 규정과 사업자단체의 일정한 행위를 금지하는 규정을 두고 있는 점) 및 제반규정(현행 독점규제법은 제4조에서 1 사업자의 시장점유율이 50% 이상인 경우와 3 이하의 사업자의 시장점유율이 75% 이상인 경우 시장지배적 사업자로 추정하는 규정을 두고 있는 이외에 복수의 사업자들이 통모한 경우 시장지배적 사업자로 인정할 수 있다는 규정을 두고 있지는 아니한 점) 등에 비추어 볼 때 시장을 독점의 형태로 지배하고 있거나 과점의 형태로 지배하고 있는 개별 사업자를 의미하는 것이지, 이와 달리 개별적으로는 시장을 독점 또는 과점의 형태로 지배하고 있지 아니한 여러 사업자들이 집단적으로 통모하여 독과점적 지위를 형성한 경우 이들 사업자들도 시장지배적 사업자에 포함된다는 취지로 볼 수는 없으므로, 위 주장 또한 받아들이지 않았다.

이상의 논의에 기초하여 원심법원은 원고(피심인)의 시장지배적 지위를 부정하고, 공정거래위원회의 처분을 취소하는 판결을 내렸다.

4. 대법원 판결[6]

대법원은 원심판결을 유지함으로써, 당해 사건에서 공정거래위원회의 처분의 취소는 최종적으로 확정되었다.

대법원 판결은 원심의 판단을 대체적으로 원용하였다. 즉 별도의 독립된 사업자들이 각기 자기의 책임과 계산 하에 독립적으로 사업을 하고 있을 뿐 손익분배 등을 함께 하고 있지 않다면, 그 사업자들이 다른 사업자들과 함께 시장지배적 사업자에 해당하는 것은 별론으로 하고, 그 사업자들을 통틀어 시장지배적 지위의 남용을 금지한 법 제3조의2, 제2조 제7호에서 규정하고 있는 하나의 사업자에 해당한다고 볼 수는 없으며, 이와 같은 회원은행들의 개별적인 지위를 상정할 경우에, 이들이 시장지배적 지위에 있는 것으로 볼 수는 없다는 결론을 내렸다.

III. 심결과 판결에 대한 평석

1. 사업자 개념과 시장지배적 지위의 관련성

대법원 판결의 논거는, 독점규제법 제2조 제7호의 시장지배적 사업자는 동법 제2조 제1호가 정하고 있는 사업자 개념을 전제한다는 것에 기초한다. 이와 관련하여 원심법원은 보다 구체적인 견해를 피력하고 있는데, 동법 제2조 제1호에서 정하고 있는 사업자는 경제활동에 참가하는 사업자 중에서도 경제활동과 관련된 각종 결정을 자신의 의사에 기하여 독자적으로 할 수 있

---

6) 대법원 2005. 12. 9. 선고 2003두6283 판결.

는 자를 의미하며, 비씨카드와 회원은행들은 전체로서 이러한 사업자 개념에 해당하지 않으므로, 시장지배력을 갖고 있는 사업자로 볼 수 없다는 논리를 전개하였다.

이러한 논의는 두 가지 점에서는 타당한 것이라 할 수 있다. 즉 시장지배적 사업자는 논리필연적으로 동법 제2조 제1호에 해당하는 사업자를 전제한다. 또한 독점규제법상 사업자는 개념적으로 동법 제2조 제1호에서 명문으로 제시된 영리성 외에도 불문의 표지로서 사업에 있어서 독립성을 요구한다는 점에서,[7] 원심 판결의 사업자에 대한 이해는 적절한 것이라 할 수 있다. 즉 시장지배적 사업자 역시 독점규제법상 사업자일 것이 요구되며, 이때의 사업자는 영리성과 독자성을 요건으로 한다. 그러나 독점규제법의 수범자로서 사업자에 해당하는지 여부와, 이러한 사업자가 시장지배적 지위에 있는지 여부는 별개의 문제이다. 보다 구체적으로 사업자의 개념상 요건의 충족이 시장지배력을 보유하는 가능성이나 방식을 제한하는 것은 아니다. 이러한 점에서 원심 판결이나 이를 승인한 대법원 판결이 사업자 독립성의 맥락에서 시장지배적 지위 역시 개별적으로 보유할 수 있다고 본 것에는 의문의 여지가 있다.

2. '경제적 행위 동일체' 개념의 타당성

공정거래위원회는 개별적 사업자들이 전체적으로 하나의 시장지배력의 주체로서 기능하는 것을 포착하기 위한 도구개념으로서 '경제적 행위 동일체'를 제시하고 있다. 공정거래위원회의 이해에 따르면, 비씨카드(주) 및 12개 회원은행은 비씨카드의 전산망을 공동으로 사용하고 또한 중요한 업무를 비

---

7) 차성민, "독점규제법의 인적 적용범위", 권오승 편, 공정거래법 강의 II, 법문사, 2000, 79면.

씨카드에 위임하여 공동으로 행하고 있는 점, 공동으로 비씨카드로서의 브랜드를 보유하고 소비자들에게도 비씨카드라는 동일 브랜드로 인식되고 있는 점, 12개 회원은행은 비씨카드(주)에 지분참가를 하고 있을 뿐만 아니라 8개 회원은행은 비상임이사직을 통하여 경영에 참가하고 있는 점 그리고 종래의 경험적 자료에 비추어 수수료율의 책정에 있어서 통일된 행태를 보여주고 있다는 점 등에 근거하여, 비씨카드(주) 및 12개 회원은행은 신용카드업 시장에서 하나의 경제적 행위 동일체로서의 영향력을 가지고 행동하고 있으며, 따라서 사실상 하나의 사업자로 볼 수 있다고 판단하였다.

이상의 논거를 살펴보면, 공정거래위원회가 원용한 '경제적 행위 동일체'는 유사한 맥락에서 사용되는 '경제적 동일체'와 의식적으로 구별된 개념으로 이해된다. 경제적 동일체는 모자관계에 있는 사업자를 하나의 경제적 동일체(economic entity)로 볼 수 있는 논리로서 전개되거나,[8] 동법 시행령 제3조 제2호 라목에 규정된 '사회통념상 경제적 동일체로 인정되는 회사'와 같이 계열관계를 인정하기 위한 기초로서 사용된다. 특히 동법 시행령 제4조 제3항은 "법 제2조 제7호 및 법 제4조의 규정을 적용함에 있어서 당해 사업자와 그 계열회사는 이를 하나의 사업자로 본다"고 규정함으로써, 모자관계 또는 계열관계에 기초하여 통용되는 경제적 동일체 개념을 시장지배적 지위와 관련하여 입법적으로 수용하고 있다.

공정거래위원회가 '경제적 행위 동일체' 개념을 적어도 '경제적 동일체'와 동일한 의미로 사용하지 않았다는 점은 분명하지만, 양자의 구별에 대한 명확한 이해가 제시되었던 것은 아니다. 공정거래위원회의 심결에서 경제적 행위 동일체에 대한 개념적 정의를 시도하고 있지는 않으며, 다만 논의의 전개 과정에서 경제적 동일체 개념과는 구별되는 몇 가지 특징이 나타나고 있을

---

8) eonomic entity 개념은 특히 유럽법원(ECJ)을 통하여 모자회사 관계에 있는 사업자를 하나의 사업자로 볼 수 있는 논리로서 발전하여 왔다. Richard Whish, Competition Law 5th. ed., Oxford Univ. Press, 2005, 435면 참조.

뿐이다. 그 중 하나는 경제적 동일체에 관한 논의에서 기초가 되었던 모자회사관계나 계열관계와 같은 지배권의 단일한 형성에 관한 구체적 징표가 '경제적 행위 동일체' 개념에 절대적으로 요구되지 않는다는 점이다. 공정거래위원회가 '경제적 행위 동일체'에 해당하기 위한 근거로서 제시한 것을 보면, 회원은행들이 비씨카드에 지분참가하거나 공동으로 경영하고 있는 상황 외에도, 복수의 사업자들이 통일적인 행태를 보이거나, 시장에서 단일한 사업자로 인식되었다는 점 등을 '경제적 행위 동일체'를 인정하는 중요한 근거로 삼고 있다. 이러한 구성 징표상의 차이는 보다 근본적으로 양 개념의 경쟁정책적 목적상의 차이를 반영한 것일 수 있다. 즉 경제적 동일체 개념이 구체적으로 나타난 사업자의 배후에서 실질적으로 지배권을 행사하고 있는 사업자에 대한 법적용을 위하여 제시된 개념이라면, 경제적 행위 동일체는 다수의 사업자가 공동으로 사업을 수행할 경우에, 이를 하나의 실체로 파악하여 규제할 수 있는 근거로서 기능한다.

'경제적 행위 동일체' 개념을 이러한 관점에서 이해한다면, 비교법적으로 독일의 경쟁제한방지법(GWB)에서 논의되는 '독자적인 계획 통일체'(selbständige Planungseinheiten) 개념이 시사하는 바가 크다. 동 개념은 복수의 기업이 공동으로 회사를 설립하여 영업을 수행하는 경우에, 이를 복수의 기업에 의한 공동행위로 이해할 것인지 아니면 복수의 기업들이 단일한 지배를 형성하여 결합한 것으로 볼 것인지에 관한 기준으로 제시된 것이다.[9] 구체적으로 복수의 기업들이 회사의 설립에 있어서 지분적으로 참가하는 것에 그치지 않고, 새로이 설립된 회사가 독자적인 계획 통일체로 나타나 완전한 기능을 행사할 경우에 공동행위로서의 규제는 배제되고, 따라서 새롭게 설립된 회사 자체가 독자적으로 경쟁정책적 의의를 갖게 될 것이다. 결국 복수의 사업자들이 여전히 독립적 주체로 기능함으로써 공동행위로서 규제가능성이 계속

---

9) Volker Emmerich, Fälle zum Wettbewerbsrecht 4. Aufl., C. H. Beck, 2000, 39면 참조.

되는 경우와 새로이 설립된 회사 자체가 규제의 직접적 대상이 되는 경우는 양립불가능한 것이라 할 수 있고, 당해 사건의 원심 판결에서 비씨카드와 회원은행들이 전체로서 단일한 사업자가 될 수 없는 경우에 동법 제19조에 의한 부당한 공동행위로서의 규제 가능성을 지적하고 있는 것도 동일한 맥락에서 이해할 수 있다.

물론 '독자적 계획 통일체' 개념은, 실질적으로 다수 사업자가 공동으로 회사를 설립하는 경우에 규제의 근거를 공동행위와 기업결합 중 어디에서 구할 것인지의 문제를 해결하는 기준으로 제시된 것이라라는 점에서, 당해 사건에서 제기되었던 시장지배적 지위가 귀속될 수 있는 주체를 결정하는 문제와 완전하게 일치하는 것은 아니다. 그러나 다수의 사업자가 여전히 경제적으로 독립적 주체로 남아 있는지 아니면 공동으로 설립한 회사를 중심으로 새로운 독자적인 경제주체가 형성된 것인지가 결정적인 기준이 된다는 점에서, 양자는 경쟁정책상 근본적으로 유사하다. 따라서 독일의 경쟁제한방지법상 '독자적 계획 통일체'에 관한 논의는 '경제적 행위 동일체' 개념을 이해하는데 있어서 유용한 측면이 있다.

이상의 논의에 비추어 볼 때, 당해 사건에서 공정거래위원회가 제시한 '경제적 행위 동일체' 개념이 경쟁정책적으로 충분한 이해에 기초한 것인지는 의문이다. 경제적 행위 동일체를 인정함에 있어서도, 새롭게 설립된 회사 내지 조직을 중심으로 통일적으로 영업계획이 수립되고 실행되고 있는 상황이 핵심적이며, 당해 사건에서와 같이 12개 회원은행들이 지분참가를 하고 그 중 8개 회원은행이 비상임이사직을 차지하고 있는 것만으로 이를 징표할 수는 없을 것이다. 또한 원심 판결이 '경제적 행위 동일체' 개념 자체를 절대적으로 부인하고 있지 않다는 점에도 주의를 요한다. 즉 원심 판결은 동 개념을 인정하는 경우에도, 단지 시장에서 사업과 관련된 각종 결정이 동일 또는 유사하게 이루어졌다는 것만으로 동 개념에 기초하여 단일한 시장지배적 지위를 인정할 수는 없는 것으로 보고 있다.

3. 집합적 시장지배력 개념의 유효성

전술한 것처럼, 공정거래위원회는 비씨카드와 12개 회원은행의 시장지배적 지위를 인정함에 있어서 경제적 행위 동일체 개념에 우선적으로 의존하였으며, 집합적인 관계에서 시장지배력이 인정될 수 있는 문제는 보충적으로 다루어졌다. 법원은 동법 제2조 제7호의 해석에 근거하여 집합적 시장지배력에 의하여 시장지배적 지위가 인정될 가능성 자체를 부인하였다.

특히 이 문제에 관한 구체적인 견해를 제시한 원심 판결과 이를 승인한 대법원 판결은, 동법 제2조 제7호에 규정된 '단독으로 또는 다른 사업자와 함께'라는 표현은 개별 사업자가 독점 또는 과점의 지위에 있는 것을 의미하는 것으로 해석하고, 동법 제4조 제2호에서 규정하고 있는 상위 3사의 시장점유율 합계를 통한 시장지배력의 추정은 다른 사업자와 함께 시장지배적 지위를 가질 수 있는 예를 제시한 것으로 이해하고 있다. 결국 이러한 이해에 기초하여, 판결은 개별적으로 시장지배적 지위에 있지 않은 복수의 사업자들이 단일한 사업주체로 평가되지 않는 한 전체적으로 시장지배적 지위를 갖게 될 여지는 없는 것으로 보았다.

그러나 이러한 해석에는 의문이 있다. 우선 동법 제4조 제2호에서 규정하고 있는 상위 3사의 시장점유율 합계를 통한 시장지배력의 추정은 상위 3사에 해당하는 사업자는 개별적으로 시장에 지배력을 가질 수 있다는 점에서 마련된 추정조항이며, 제2조 제7호의 규정에서 '단독으로' 시장지배력을 갖는 사업자를 추정하기 위한 것으로 볼 수도 있다. 무엇보다 복수의 사업자를 단일한 사업자로 볼 수 있는지의 문제와 복수의 사업자가 공동으로 시장지배력을 행사할 수 있는지의 문제는 별개의 문제이며, 동법 제2조 제7호의 규정이 시장지배력을 보유하는 방식을 제한하는 것으로 보는 견해에 대해서는 동의하기 어렵다.

이와 관련하여 우리 독점규제법 제2조 제7호와 유사한 규정을 두고 있는 EC조약 제82조 본문의 '하나 또는 다수의 사업자에 의한 시장지배적 지위의 남용'(Any abuse by one or more undertakings of a dominant power)이라는 표현과 이로부터 EC판례법상 집합적(collective or jonit) 시장지배력 개념이 발전해 오고 있다는 점에 주목을 요한다.[10] 집합적 시장지배력의 개념은 Società Italiana Vetro v. Commission 사건에서[11] 처음 제시되었으며, 동 사건에서 유럽 1심법원(CFI)은 "둘 이상의 독립적인 사업자가 특정한 시장에서 경제적 관련성(economic links)에 의하여 통합되어 다른 사업자들에 대하여 집합적으로 시장지배력을 가질 수 있다"고 보았다. 이후 경제적 관련성이라는 개념이 집합적 시장지배력 개념의 핵심적 요소로 논의되었으며, Gencor v. Commission 사건(Case T-102/96 [1999]),[12] Compagnie Maritime Belge v. Commission 사건[13] 등에서 경제적 관련성은 "약정이나 다른 법적인 관련성이 집합적 시장지배력 개념을 인정함에 있어서 필수적인 것은 아니며, 이러한 관련성의 징표들은 경제적 분석, 특히 당해 시장의 구조적 분석에 기초하여 찾을 수 있다"고[14] 보았다.

이상의 EC 판례법상 논의는 독립한 사업자들이 경제적 관련성에 기초하여 다른 사업자들에게 지배력을 가질 수 있는 가능성을 집합적 시장지배력 개념을 통하여 구성하는 것으로서, 이러한 법리는 시장지배력에 관하여 거의 동일한 규정을 두고 있는 우리 독점규제법에서도 의미 있는 것이라 생각된다. 특히 당해 사건에서 비씨카드의 회원은행들은 비씨카드에 지분적으로 참가하고 있고, 12개 회원은행의 지분율의 합은 88%에 이르고 있다. 또한 비

---

10) Albertina Albors-Llorens, EC Competition Law and Policy, William Publishing, 2002, 107면.
11) Case T-68, 77 and 78/89[1992] ECR Ⅱ-1403; 5 CMLR 302.
12) Case T-102/96[1999] ECR Ⅱ-753; 4 CMLR 971.
13) Case C-395/96P[2000] ECR I-1365; 4 CMLR 1076.
14) Case T-102/96, para. 45.

씨카드라는 브랜드와 전산망을 공유하는 사실에 비추어 경제적 관련성을 인정할 수 있는 것으로 보이며, 이러한 경제적 관련성은 지배력을 공동으로 행사할 가능성을 뒷받침하는 충분한 근거가 되는 것이라 할 수 있다. 즉 복수의 사업자들이 단일한 경제주체로서 평가될 수 없다 할지라도, 일정한 경제적 관련성에 기초하여 공동으로 지배력을 행사할 가능성을 부인할 수 없으며, 이러한 가능성에 대한 고려는 독점규제법 제2조 제7호에 의해서도 주어지고 있는 것으로 보아야 한다. 따라서 이에 대한 판단이 제대로 이루어지지 않았다는 점에서 동 판결의 시장지배력 판단 부분에 대한 의문은 피할 수 없다.

4. 가격남용 판단의 적절성

전술한 것처럼, 당해 사건에 대한 법원의 판결에서 시장지배적 지위가 부정됨으로 인하여, 공정거래위원회에서 행하였던 가격남용에 대한 판단이 再考되지는 않았다. 그러나 가격남용으로 인한 규제 사례가 극히 드문 우리 규제 실무에서 당해 사건에서의 가격남용에 대한 공정거래위원회의 판단은 시장지배적 지위의 인정 여부와는 별개로 그 의미가 크다.

동법 제3조의2 제1항 제1호는 "상품의 가격이나 용역의 대가를 부당하게 결정·유지 또는 변경하는 행위"를 시장지배적 지위의 남용으로 규정하고 있으며, 이때의 가격 남용은 폭리적 남용(Ausbeutungsmißbrauch)의 전형적인 예로서 이해되고 있으며, 이론적으로 유효한 경쟁이 이루어지고 있는 시장에서의 가격 수준과의 차이에 의하여 남용여부를 결정하게 된다.[15)]

동법 시행령은 법률에서 정하고 있는 가격남용을 구체화하고 있는데, 동법 시행령 제5조 제1항은 "정당한 이유 없이 상품의 가격이나 용역의 대가

---

15) Ulrich Immenga & Ernst-Joachim Mestmäcker hrsg., GWB Kommentar 3. Aufl., C. H. Beck, 2001, 685면 이하(Wernhard Möschel 집필부분) 참조.

를 수급의 변동이나 공급에 필요한 비용(동종 또는 유사업종의 통상적인 수준의 것에 한한다)의 변동에 비하여 현저하게 상승시키거나 근소하게 하락시키는 경우"로서 규정하고 있다. 동 규정에서 특히 현저성 판단이 결정적인데, 이와 관련하여 「시장지배적지위남용행위 심사기준」은 "현저하게 상승시키거나 근소하게 하락시키는 경우는 최근 당해 품목의 가격변동 및 수급상황, 당해 품목의 생산자물가지수, 당해 사업자가 시장에서 가격인상을 선도할 수 있는지 여부 등을 종합적으로 고려하여 판단한다"고 규정하고 있다.

가격남용의 판단에 관한 이상의 기준은 원칙적으로 수급상황 또는 비용변동에 기초한 분석에 의하고 있지만, 이론적으로는 인접상품시장이나 인접지역시장과의 비교분석, 유효경쟁을 상정한 가정적 테스트, 이윤취득 규모의 분석 방식 등도 가능하다. 당해 사건에서 공정거래위원회는 특히 비용기초적인 분석을 행하고 있으며, 문제가 되고 있는 사업자 모두 신용카드업의 중요한 비용 요소들의 하락이 있음에도 불구하고, 가격에 해당하는 수수료율을 유지하거나 오히려 인상시키는 행위를 함으로써, 가격남용에 해당한다는 판단이 내려졌다.

피심인은 가격책정에 있어서 비용 이외에도 수익구조나, 금융시장의 위험도 등 다양한 요소가 고려되어야 한다는 점, 경품이나 마일리지 등의 서비스 제공의 확대로 실질적으로 가격 인하와 같은 효과가 발생하였다는 점 등을 항변사유로 제시하였으나, 재고의 여지가 있는 유의미한 반론으로 생각되지는 않는다. 다만 당해 사건에서 비용요소라 할 수 있는 자금조달 금리, 연체율, 대손율의 하락에 비하여 수수료율의 인상이 현저한 것인지에 대해서는, 정상적인 상황에서 자금조달 금리 등과 수수료율의 변화를 상정한 추가적인 검토가 요구된다. 즉 현저성 판단은 자금조달 금리와 수수료율 사이의 정상적인 차이에 근거하여 이루어져야 하며, 이를 위하여 자동차 할부나 주택 담보대출 서비스와 같은 인접한 신용제공 상품시장과의 비교 분석도 유력한 분석 방식이 될 수 있다.

IV. 결론

동 사건은 비씨카드와 12개 회원은행에 의한 시장지배적 지위남용으로서, 특히 가격남용이 문제가 되었던 사건이다. 시장지배적 지위남용행위의 규제는 시장지배적 지위의 인정과 남용행위의 판단의 2단계 과정을 거치며, 그 각각에서 의미 있는 시사점을 제공하고 있다. 특히 시장지배적 지위와 관련하여, 종래 우리의 규제 실무에서 다루어지지 않았던 여러 가지 쟁점이 부각되었던 것은 특기할 만한 것이다.

즉 독자적으로 시장지배적 지위에 해당하기 어려운 다수의 사업자가 시장지배적 지위를 가질 수 있는지가 핵심적인 쟁점이 되었으며, 그 과정에서 '경제적 행위 동일체'나 '집합적 시장지배력'과 같은 개념이 제시되었다. 이에 대한 법원의 판단은 부정적인 것이었으며, 가격남용 여부에 대한 검토 없이 공정거래위원회의 시정명령과 과징금 부과처분을 취소하는 판결을 내렸다.

우선 법원의 판단과정에서 동법 제2조 제1호의 사업자 개념은 시장지배적 지위를 인정하기 위한 논리필연적 전제가 되는 것이지만, 동법 제2조 제1호가 시장지배적 지위도 단일하게 귀속되는 것으로 보아야 하는 근거가 되는 것은 아니다. 즉 동 사건에서 제기된 문제는 독자적으로 시장지배적 지위를 갖지는 않지만, 다수의 사업자가 공동으로 또는 집합적으로 시장지배적 지위를 보유할 수 있는가의 문제이며, 결론적으로 이를 부인한다 하더라도, 제2조 제1호가 그 가능성을 제한하는 법적 근거가 될 수는 없다.

경제적 행위 동일체 개념 자체는 법원에 의하여 완전히 부정된 것은 아니라 할 수 있다. 다만 법원은 설사 동 개념을 인정한다 하더라도, 당해 사안에서 12개 회원은행이 비씨카드를 중심으로 경제적 행위 공동체를 구성하는 것으로 보기 어렵다는 입장을 취하였으며, 이는 사업자들이 여전히 독립적인 경제주체로서 신용카드업 시장에서 자율적으로 영업을 수행하고 있고, 비씨카드에 대하여 수익을 배분하는 것이 아니라 공동으로 업무를 위임하고 수수료를 지급하는 관계에 있다는 점에 비추어 타당한 결론으로 생각된다. 비록 공동의 브랜드를 사용하고, 공동의 전산망을 이용하는 상황에 있다 하더라도, 신용카드업에 있어서 비씨카드를 중심으로 통일적으로 영업을 결정·수행하고, 각 회원은행은 자율성을 잃고 이러한 영업 결정에 종속되는 상황에 이르지 않는 한, '경제적 행위 동일체' 요건을 충족하는 것으로 보기는 어려우며, 이와 관련하여 독일의 경쟁제한방지법상 '독자적 계획 통일체' 개념은 의미 있는 시사점을 주고 있다.

집합적 시장지배력 개념이 인정될 수 있는지에 대하여 법원은 부정적인 입장을 취하였다. 즉 동법 제2조 제7호에서의 '다른 사업자와 함께'라는 표현은 과점시장에서 시장지배적 지위가 인정될 수 있음을 의미하는 것이고, 동 규정이 집합적 시장지배력을 인정할 수 있는 근거가 되지는 않는 것으로 보고 있다. 그러나 거의 동일한 표현을 두고 있는 EC조약 제82조에 기초하여 집합적 시장지배력 개념이 도출되고 있다는 점에도 유의할 필요가 있다. 무엇보다 '다른 사업자와 함께'의 문리적 해석이 과점시장에서의 사업자들에 제한되는 것은 아니며, 개별적으로 시장지배적 지위에 있지 않은 사업자들이 일정한 '경제적 관련성'으로 연결되어 집합적으로 시장지배력을 갖게 되는 경우의 규제 필요성을 고려하여야 한다.

끝으로 가격 남용의 판단에 있어서 자금조달 금리, 연체율, 대손율 등의 비용요소를 고려한 비용기초적 분석은 타당한 접근방식이라 할 수 있지만, 현저성 판단과 관련하여 유효경쟁이 이루어지고 있는 정상적인 시장에서 자금조달 금리와 수수료율의 비교 분석에 의한 추가적인 논의가 필요할 것이다.

3. 집합적 시장지배력(joint market dominant power) 개념의 발전과 Irish Sugar 사건의 의의

I. 서론

유럽법원의 판결에 나타나고 있는 집합적 시장지배(joint or collective) 개념은 시장지배적 지위 남용에 관한 EC조약 제82조의 규정 태도에 연원한다. 즉 동조 본문은 지배적 지위를 갖고 있는 하나 또는 그 이상의 사업자의(one or more undertakings of a dominant position) 남용행위를 금지하는 것으로 규정함으로써, 집합적으로 시장지배력을 판단할 수 있는 법적 근거를 제공하고 있다. 동 개념은 유럽 위원회(commission)의 결정과 유럽법원(ECJ)의 판결을 통하여 발전하여 오고 있으며, 특히 개별 사업자를 넘어서 일정한 관계에 있는 사업자를 집합적인 대상으로 하여 시장지배력을 판단하고 있다는 점에서 시장지배적 지위의 남용을 규제하고 있는 우리 독점규제법의 관점에서도 주목할 만한 것이라 생각된다.

이하에서는 집합적 시장지배력 개념의 형성과 발전 과정을 개괄하고, 동 개념의 확대 과정에서 중요한 의미를 갖고 있는 Irish Sugar 사건을 고찰한다. 동 사건은 수직적 관련성 하에 있는 사업자들 간에 집합적 시장지배력 개념을 인정함으로써, 종래 수평적 관련성에 기초하고 있었던 집합적 시장지배력 개념을 확대한 것으로 평가되는 것이다.

II. 집합적 시장지배력 개념의 발전

집합적 시장지배력 개념이 최초로 다루어진 것은 Società Italiana Vetro v. Commission 사건이었다.[1] 동 사건에서 판유리를 생산하는 이탈리아의 세 사업자는 이탈리아 시장에서 합산하여 95%의 시장점유율을 갖고 있었고, 위원회는 이들 세 사업자가 집합적인 지위에 기초하여 고객과의 거래에 있어서 가격과 판매조건을 일방적으로 결정하는 방식으로 그 지위를 남용한 것으로 보았다. 이때 당해 사업자들이 합산하여 관련시장에서 큰 시장점유율을 갖고 있고, 이들이 단일한 주체(single entity)로 행위할 경우에 집합적으로 지배력을 보유하고 있는 것으로 판단할 수 있으며, 단일한 주체란 가격과 판매조건에 관하여 상호의존성을 드러내는 사업결정에 그리고 사업자들 간의 생산에 있어서 구조적 관련성의 존재에 반영되는 것으로 이해하였다.[2] 유럽 1심법원(CFI)은 당해 사건에서 집합적 시장지배력의 존재를 위원회가 입증하지 못하였다고 판단하였지만, 집합적 시장지배력 개념 자체는 받아들였는데, 즉 "둘 이상의 독립적인 사업자가 특정한 시장에서 경제적 관련성(economic links)에 의하여 통합되어 다른 사업자들에 대하여 집합적으로 시장지배력을 가질 수 있다. 예를 들어 약정이나 라이센스를 통하여 다른 경쟁자, 고객 그리고 궁극적으로는 소비자들에 대하여 지배력을 가능하게 하는 기술적 우위를 얻게 됨으로써 집합적으로 시장지배력을 보유할 수 있다"[3]는 점을 밝히고 있다.

이후에 동 사건의 1심법원에서 제시한 집합적 시장지배력의 개념요소로서, 경제적 관련성(economic links)의 의의가 무엇인지가 쟁점이 되었다. 이에 관하여 기업결합 사건이었던 Gencor v. Commission 사건에서[4] 1심법원은 경

---

1) Case T-68, 77 and 78/89[1992] ECR Ⅱ-1403; 5 CMLR 302.
2) Albertina Albors-Llorens, EC Competition Law and Policy, William Publishing, 2002, 107면.
3) Case T-68, 77 and 78/89, para. 358.
4) Case T-102/96 [1999] ECR Ⅱ-753; 4 CMLR 971.

제적 관련성(economic links)은 단지 구조적 관련성에 제한되지 않는다고 보았으며, "약정이나 다른 법적인 관련성이 집합적 시장지배력 개념을 인정함에 있어서 필수적인 것은 아니며, 이러한 관련성의 징표들은 경제적 분석, 특히 당해 시장의 구조적 분석에 기초하여 찾을 수 있음"을[5] 밝히고 있다. 이후 이러한 태도는 시장지배력 남용 사건이었던 Compagnie Maritime Belge v. Commission 사건에서[6] 다시 확인되고 있다.

이와 같이 EC조약 제82조에 근거하여 유럽 판례법상 발전하여 온 집합적 시장지배력 개념의 활용을, 마치 양날의 칼과 같은 의미로 이해하는 견해도 유력하다. 동 개념의 경쟁정책적 의미는 무엇보다 복점 내지 과점시장에서 유력한 규제수단이 될 수 있다는 점에서 찾을 수 있다. 즉 집합적 시장지배력 개념을 적극적으로 원용할 경우에, 과점시장에서 나타나는 병행행위에 대하여 공모의 입증 없이도, 집합적으로 파악된 시장지배력에 기초하여 남용성 판단을 통한 규제가 가능하게 된다. 점점 더 사업자들 사이에 공모의 입증이 곤란해지고 있는 현실을 감안하면, 이는 과점시장의 유력한 규제수단으로의 통로를 열어주는 의미가 있다. 물론 반면에 지나친 개입으로서, 즉 거의 모든 과점시장에서의 행태가 규제 대상이 될 수 있는 우려가 상존한다는 점이 문제가 될 것이다.[7]

III. 유럽법원의 Irish Sugar 판결의 의의

전술한 것처럼, 동 개념은 수직적 관련성에까지 확대되고 있다는 점에 주목할 필요가 있으며,[8] 이러한 경향이 나타난 대표적인 사건으로서 Irish Sugar 사건이[9] 유력하다. 즉 동 사건에서 법원은 집합적 시장지배력이 동일 시장 내

---

5) Case T-102/96, para. 45.
6) Case C-395/96P [2000] ECR I-1365; 4 CMLR 1076.
7) Albertina Albors-Llorens, 주 2)의 책, 110면.
8) D. G. Goyder, EC Competition Law 4. ed., Oxford Univ. Press, 2003, 332~333면.

의 수평적 관계에서만 인정될 수 있는 것이 아니라, 특허권자와 사용권자 또는 제조업자와 유통업자와 같은 수직적인 관계에서도 경제적 관련성(economic links)에 기초하여 집합적 시장지배력이 인정될 수 있음을 밝히고 있다.

사건의 간략한 개요를 보면, 위원회는 1997년 5월 14일 아일랜드에서 사탕무의 유일한 가공업자이자 설탕의 주된 공급자였던 Irish Sugar plc.가 1985년부터 1995년의 기간 동안 그리고 1990년 이전에는 Irish Sugar plc.의 배급업자인 SDL(Sugar Distributors Limited)도 함께, 아일랜드에서의 소매용 그리고 산업용의 그래뉼 설탕(granulated sugar) 시장에서 7건의 개별적 남용행위를 한 사실을 인정하고 이러한 행위는 EC조약 제86조(현 82조)를 위반하는 것으로서, 과징금 8,800,000 ECU를 부과하는 결정을 내렸다. 이에 대하여 Irish Sugar plc.는 동 결정의 취소를 구하는 소송을 유럽 1심법원(ECFI)에 제기하였고, 1999년 10월 7일 1심법원은 남용행위 중 일부만을 증거가 불충분한 것으로서 기각하고 전체적으로는 위원회의 결정을 지지하였으며, 과징금 액수는 7,883,326 EUR로 감액하였다. 이에 대한 항소심에서 유럽법원은 1심법원의 판결을 최종적으로 확정하였다.

유럽법원에서 Irish Sugar plc.에 의하여 제기된 항변은 크게 세 가지 쟁점에 기초하고 있다. 즉 첫째 위원회와 1심법원에서 행한 시장지배적 지위의 판단이 상세한 분석 없이 명백한 것으로 전제하고 있다는 점에서 EC조약 제82조와 법 명확성의 원칙에 반한다는 것, 둘째 절차의 진행과정에서 Irish Sugar plc.에게 충분한 반론의 기회가 주어지지 않았다는 것, 셋째 집합적 시장지배력의 판단과정에 오류가 있다는 것이 이에 해당한다.10) 유럽법원은 이러한 항변을 이유 없는 것으로서 받아들이지 않았다.

특히 항변사유 중 기술적인 것에 해당하는 첫 번째와 두 번째 쟁점을 제외하고, 특히 세 번째 쟁점에 관한 논의는 수직적 관련성 하에서의 집합적

---

9) Case C-497/99R [2001] 5 CMLR 1082.
10) 위의 판결, para. 7.

시장지배력 개념을 이해하는데 있어서 주목할 만한 판단과정을 보여주고 있다. 세 번째 쟁점과 관련하여 유럽법원은 SDL이 Irish Sugar plc.과 집합적으로 시장지배력을 갖고 있는 것으로 보았는데, Irish Sugar plc.는 자신과 SDL이 동일한 시장에 있지 않다는 점에 기초하여 집합적 시장지배력을 부인하는 항변을 하였다. 그러나 유럽법원은, Irish Sugar plc.가 SDL 지분의 51%를 보유하고 있다는 점, SDL이 그의 거래상대방에게 리베이트를 행함에 있어서 Irish Sugar plc.에 의한 재정적 지원이 있었다는 점 그리고 SDL이 그의 거래상대방에게 한 행위를 Irish Sugar plc.의 경쟁사업자 브랜드의 시장 확대를 저지하고자 하는 공동의 전략적 차원에서 이해할 수 있다는 점에 근거하여, Irish Sugar plc.의 항변을 받아들지 않았다.[11]

또한 구조적인 분석은 기업결합에 대한 규제에 제한되는 것이라는 Irish Sugar plc. 측의 항변에 대하여,[12] 유럽법원은 집합적 시장지배력을 판단함에 있어서 구조적 분석은 불가피하다고 설시하였다. 특히 집합적 시장지배력을 인정함에 있어서, 각 사업자들이 그들의 경쟁자 내지 거래상대방에 대하여 독립적으로 공동 대응하는 것을 가능하게 하는(enable them to act together independently of their competitors and their customers) 경제적 관련성이 존재하는지 여부가 중요함을 지적하고 있다.[13]

IV. 결론

특히 수직적 관계에서 집합적 시장지배력을 인정하는 사고는 이미 다른 규제산업법의 영역에도 영향을 미치고 있다. 예를 들어 유럽 통신법 영역에

---

11) 위의 판결, para. 36-38.
12) 위의 판결, para. 43.
13) 위의 판결, para. 46.

서 제정된 기본지침(Framework Directive) 제4조 제3항과 관련하여, 두 시장 사이의 관련성에 의하여 한 시장에서의 지배력이 다른 시장으로 전이되고 이로써 사업자의 전체적인 지배력이 강화된다면, 특정한 시장에서 지배력을 보유하고 있는 사업자(significant market power)는 인접시장에서도 지배력을 보유하는 것으로 볼 수 있다는 것으로 해석되며, 이는 통신망과 통신서비스를 통합적으로 공급하는 사업자에 대한 규제의 유력한 근거가 되고 있다.[14]

　이상의 집합적 시장지배력 개념, 특히 수직적인 관계에까지 확대되고 있는 동 개념은 재벌에 의한 기업집단적 운영방식이 주를 이루고, 특정한 시장의 사업자가 단일한 경제주체로서가 아니라 일정한 집단에 속한 계열회사로 기능하고 있는 우리 현실에서, 시장지배력을 판단함에 있어서 유력한 의미가 있다.

---

14) Joachim Scherer, "Die Umgestaltung des Europäischen und deutschen Telekommunikationsrechts durch das EU-Richtlinienpaket-Teil I", Kommunikation Recht Heft 6, 2002, 283면 이하 참조.

4. 가격남용 규제와
독일 Stadtwerke Mainz 판결

I. 서론

경쟁법상 시장지배적 지위남용행위를 규제하고 있는 입법례에서는 대부분 시장지배적 사업자가 부당하게 높은 가격을 책정하여 폭리를 취하는 형태를 남용의 한 유형으로서 규제하고 있다. 대표적으로 EC조약 제82조 제a항이나 독일의 경쟁제한방지법(GWB: Gesetz gegen Wettbewerbsbeschränkungen) 제 19조 제4항 제2호는 가격 남용 규제의 명시적인 법적 근거로서 기능한다. 이러한 유형의 남용은 시장지배적 사업자가 경쟁사업자의 사업활동을 방해하는 의미에서, 즉 지배력을 강화하고 유지하는 방향으로 남용이 이루어지는 것에 대비되어, 당해 지위를 최대한의 이윤 획득 수단으로 활용하는 것을 특징으로 하며, 이른바 폭리적(착취적) 남용(Ausbeutungsmißbrauch, exploitative behaviour)으로 이해되고 있다.[1]

이상의 법적 근거와 남용에 대한 유형적 이해가 뒷받침되고 있음에도 불구하고, 실제 이러한 유형의 규제 사례는 비교법적으로도 매우 드물게 나타나고 있다. 이와 관련하여 가격 형성에 있어서 시장 주체들의 자율적 결정 원리의

---

1) Gerhard Wiedemann hrsg., Handbuch des Kartellrechts, Verlag C. H. Beck, 1999, 823면 이하(Georg-Klaus de Bronett 집필부분).

존중과 같은 이념적 배경도 원인이 될 수 있겠지만, 실제 가격남용으로 판단되는 가격 수준을 결정하는 문제가 매우 어렵다는 점도 지적할 수 있을 것이다. Mark Furse의 언급처럼 독점적 기업에 의한 비정상적인 초과이윤을 가능하게 하는 가격책정에 대한 이해는 일반적으로 통용되는 것이지만, 그러나 엄밀한 것은 아니다.[2] 또한 비정상적인 초과이윤을 보장하는 가격 설정은 당해 시장에 경쟁사업자의 진입을 유도할 수 있다는 점에서 가격전략적인 선택에 있어서 제한적인 의미가 있으며, 실제 이러한 수준에서의 가격이 초과이윤을 획득하기 위한 의도와 관련되는 것인지 아니면 내부 비효율성과 같은 원인에 의하여 나타나게 된 것인지를 결정하는 문제도 용이하지 않다.[3]

이러한 상황에서 여기서 다룰 독일의 Stadtwerke Mainz 사건은 최근에 이루어진 가격남용에 대한 규제 사례로서 전 세계적으로 매우 드문 예에 속한다. 특히 동 사건에서 제시된 가겨남용에 있어서 남용성 판단의 전개과정도 주목할 만한 것이지만, 이러한 가격남용 규제가 여전히 실효적으로 기능할 수 있는 대상 또는 영역이 어떠한 부분인지에 대해서도 의미 있는 시사점을 줄 수 있을 것으로 생각된다.

II. Stadtwerke Mainz 판결의[4] 내용

1. 사건의 개요와 절차의 진행

피고 Stadtwerke Mainz는 마인쯔 시 그리고 이에 인접한 헤센주에 속하는 일부지역에서 영업하는 지역 에너지사업자로서 중저압 전력망을 구축하고

---

2) Mark Furse, Competition Law of the EC and UK, Oxford Univ. Press, 2004, 277면.
3) 위의 책, 같은 면 참조.
4) BGH, Beschluss v. 28. 6. 2005.

있었다. 1999년까지 피고는 자신의 전력망이 구축된 영역에서 전기를 공급
하였다. 이후 피고가 HEGA Versorgungs-AG, Darmstadt와 함께 공동의 사업
자로서 설립한 entega GmbH가 이 사업을 운영하였다. entega GmbH는 전력
을 Energie Rhein-Main GmbH & Go. KG로부터 공급받았고, 동 회사에 대한
전력공급자는 피고가 자본의 33.3%를 소유하고 있었던 Kraftwerke Mainz-
Wiesbaden AG였다. Kraftwerke Mainz-Wiesbaden AG는 피고가 구축하고 있
는 전력망 영역에서 고압전력망을 운영하면서, 중압전력으로의 전환업무도
하였고, 또한 자신이 직접 전력을 생산하였다.

피고는 제3의 사업자에게 배전을 위한 망을 제공하였는데, 배전사업자가
지불하여야 하는 망이용 대가는 피고가 Strom Ⅱ Plus(전기공급협정) 단체합
의의 Anlage(부칙) 3의 규율에 따라서 결정하였다. 연방카르텔청은 이 대가
가 지나치게 높고, 피고는 자신의 시장지배적 지위를 남용적으로 이용하여
배전에 이해관계가 있는 사업자의 활동을 방해한 것으로 판단하고, 2003년
4월 17일 피고에 대한 결정으로써, 다음과 같은 행위를 금지하였다. 금지된
행위는 "전력망에서의 송전, 중전압을 저전압으로 전환 그리고 저전압의 배
전에 있어서, 총액 40,800,000유로를 넘는 매출액을 낳은 망이용 대가를 인
상하는 것"이었다.

연방카르텔청은 피고와 또한 비교대상이 된 사업자인 RWE Net AG가 킬
로미터당 획득한 매출액의 비교를 통하여, 피고에게 일년에 천만유로 이상의
요금감액 가능성이 있다는 것으로부터 가격남용과 방해행위의 성립을 인정
하였다.

피고는 이와 같은 금지처분에 대하여 항소하였고, 항소이유로서 우선 연
방카르텔청의 가격 규제는 부당하며, 금지처분은 형식적으로 적법성과 타당
성을 결여하였다는 것을 주장하였다. 이에 대하여 항소법원은 연방카르텔청
의 당해 금지처분이 GWB 제32조 제1항에 포섭되지 않는 가격규제를 행하
는 효과를 낳았다는 점을 인정함으로써, 당해 처분이 부당한 것이라는 결론

을 내렸다. 또한 피고는 가격남용은 존재하지 않는다는 것, 그리고 연방카르텔청의 심사는 문제가 된 시장에 상응하는 다른 시장과의 비교가능성이 결여된 것이기 때문에 남용가능성을 판단하는 기초로 삼을 수 없다는 것을 주장하였다. 항소법원은 이러한 피고의 주장을 받아 들여 연방카르텔청의 처분을 취소하는 결정을 내렸으며, 연방카르텔청은 이에 상고하였다. 연방대법원은 항소법원의 결정을 취소하고, 대체적으로 연방카르텔청의 판단을 지지하는 결정을 내렸다.

2. 연방대법원 결정의 요지

연방대법원의 결정에서 핵심적인 사항은 다음과 같다.

1) 연방카르텔청은 가격남용을 규제함에 있어서 남용의 한계를 확정할 필요가 있으며, 이로써 이 한계 너머에 자율적으로 가격을 형성할 수 있는 영역을 제시할 수 있다. 이것은 동적 또는 정적인 상한선을 정하는 것으로서, 시간의 제한이 없는 처분뿐만 아니라 한시적인 명령에 대해서도 마찬가지이다. 즉 연방대법원은 연방카르텔청이 가격남용을 수행하는 과정에서 남용 여부를 판단하는 기준으로서 가격수준을 결정하는 것이 법에 의하여 허용되지 않는 가격규제로 이끄는 것은 아니라고 보았다.

2) 망이용 대가와 관련하여 경쟁에 상응하는(Wettbewerbsanalog) 가격의 설정에 있어서, 규제당국은 킬로미터 당 수익의 비교를 할 수 있다. 이때 비교되는 사업자는 망의 규모나 구조에 의하여 규제되는 사업자와 반드시 동일한 단계에 있을 필요는 없다. 그리고 경우에 따라서 하나의 사업자와 비교만으로도 충분할 수 있다.

3) 개별적인 비교는 우선 가능한 한 정확하게 조사될 수 있는 실제 할증 그리고 할인된 요금에 의하며, 추정 가격은 단지 보조적으로만 조사될 수 있

다. 무엇보다 추정된 할증, 할인요금에 기초하여 조사된 경쟁에 상응하는 가격(wettbewerbsanaloger Preis)이 남용적 행위의 유용한 근거가 될 수는 없다.

4) 가격남용에 대한 규제는 타당하게 조사된 비교가격이 당해 사업자가 제시한 가격과 현저하게(erheblich) 차이가 날 경우에 허용될 수 있다.

5) 합의에 의한 가격 설정이 ENWG(에너지경제법) 제6조 제1항에 의하여 당해 분야에 고유한 관행에 상응한다는 추정은 GWB(경쟁제한방지법) 제19조 제4항에 의한 남용을 배제하지 않는다. 즉 연방대법원은 피고가 책정한 가격이 고유한 산업에 의하여 허용되는 관행에 따른 것이라 하더라도, 이러한 관행의 존재가 GWB에 의한 가격남용 규제를 배제할 수 있는 것은 아니라고 보았다.

III. Stadtwerke Mainz 판결의 의의

전술한 것처럼 시장지배적 지위남용행위로서 가격남용을 규제한 사례가 매우 드문 상황에서, 이러한 문제를 직접적으로 다룬 동 판결은 주목할 만한 것이다. 특히 이러한 규제가 어떠한 영역에서 실효적으로 기능할 수 있는지에 관한 의미 있는 사례가 된다. Richard Whish의 지적처럼, 시장지배력에 기한 가격남용(excessive pricing) 규제는 전기나 수도와 같은 공공재 산업에서 민영화가 이루어졌지만 아직 독점적 지위가 유지되고 있는 상황에서 유효할 수 있고,5) Stadtwerke Mainz 사건은 이러한 규제의 가능성을 전형적으로 보여주고 있다.6) 즉 당해 사건은 과거 국가에 의하여 운영되었으나 최근 민영

---

5) Richard Whish, Competition Law, Oxford Univ. Press, 2005, 195면.
6) 가격남용규제는 망(newwork) 관련 산업에서 새로운 전기를 마련하고 있으며, 이에 관한 대표적인 예로서 Stadtwerke Mainz 판결을 언급하고 있는 것에, Fritz Rittner & Meinrad Dreher, Europäisches und deutsches Wirtschaftsrecht, C. F. Müller, 2008, 552면 참조.

화가 이루어진 전기산업에 관련된 것이고, 경쟁적인 구조로 전환되는 과정에서 아직 시장에 의한 자율적인 가격통제를 기대하기 어려운 시장구조적 조건이 사건의 핵심을 이루고 있다. 동 판결에서 연방대법원은 피고에 의한 망이용 대가의 산정이 과도한 것으로서 가격남용에 해당할 뿐만 아니라 당해전력망을 이용하고자 하는 다른 사업자에 대한 방해적 남용에 해당한다고본 것은 이와 같은 시장구조적 이해가 전제된 것이라 할 수 있다.

가격 남용 분석과 관련하여 동 판결이 원용한 비교시장 분석 방법에 대해서도 주목할 필요가 있다. 비정상적 초과이윤을 가능하게 하는 가격이 어떠한 수준을 의미하는 것인지는 여전히 불명확하다. 이와 관련하여 United Brands 사건에서[7] 유럽법원이 제시한 부당한 초과가격(excessive pricing)에 대한 이해는 유력한 의미가 있다. 비록 동 사건에서 유럽법원은 충분한 조사의미비를 이유로 United Brands의 가격 남용을 인정하지 않았지만, 가격이 공급된 상품의 경제적 가치와 합리적 관련성을 갖지 않을 때 부당한 초과가격이라고 판시함으로써, 이에 대한 적절한 이해를 보여주고 있다. 그러나 여전히 합리적 관련성의 의미와 기준을 설정하여야 하는 문제가 남게 되며,[8] 이른바 비교시장적 분석 방법은 이러한 판단을 위한 유력한 접근방식이 될 수있다.[9] 독일 법원에서도 이러한 분석 방법은 판례상 확립된 태도라 할 수 있으며,[10] Stadtwerke Mainz 판결 역시 이러한 분석 방식에 기초하고 있다. 예를 들어 GWB상 시장지배적 사업자의 가격남용 규제로서 선례라 할 수 있는

---

7) Case 27/76 [1978] ECR 207.

8) Mark Furse, 주 2)의 책, 278면 참조.

9) 이러한 접근방식은 이른바 'yardstick competition' 방식으로도 불리며, 유럽법원은 Corinne Bodson v. Pompes Funèbres 사건에서(Case 30/87 [1988] ECR 2479) "배타적 특권을 가진 사업자와 그렇지 않은 사업자의 비교는 배타적 특권을 가진 사업자에 의하여 부과되는 가격이 정당한 것인지에 대한 분석의 기초를 제공한다"고 함으로써 이러한 분석방식에 대한 이해를 보여주고 있다. Richard Whish, 주 5)의 책, 691면 참조.

10) Michael Kling & Stefan Thomas, Kartellrecht, Verlag Vahlen, 2007, 676면.

Valium Ⅱ 사건에서[11] 연방대법원은 시장지배적 사업자에 의하여 부과된 가격과 경쟁이 존재하는 시장에서의 가격과의 비교를 통하여 가격의 남용성을 판단할 수 있고, 이때의 가격 비교는 구체적인 수치가 아니라 시장의 차이를 감안한 개략적인 비교로서 가능하다고 보았다. 이와 같이 Valium Ⅱ 사건에서 정식화된 비교시장 분석방식은 Stadtwerke Mainz 판결에서도 원용되고 있으며, 나아가 몇 가지 측면에서 보다 구체적인 분석의 예를 보여주고 있다는 점에서 동 판결의 의의를 찾을 수 있다. 즉 비교 대상인 사업자가 한 사업자에 불과하고 또한 피고와 동일한 규모 내지 단계에 있는 사업자가 아니라 하더라도 이러한 비교가 타당성을 결하는 것은 아니고, 비교에 있어서는 원칙적으로 실제 할증이나 할인된 가격을 기준으로 하여야 하고,[12] 산업법(에너지경제법)에 근거한 관행이라 하더라도 GWB에 의한 남용성 판단을 배제하지 못한다고 본 점 등은 주목할 만한 것이다.

끝으로 동 판결에서 우리 독점규제법상 시장지배적 지위에 의한 가격남용 규제에 있어서 비용기초적 분석방식을 원칙적으로 하고 있는 것에 대한 일정한 비판점을 도출할 수 있다. 동법 시행령 제5조 제1항은 "정당한 이유 없이 상품의 가격이나 용역의 대가를 수급의 변동이나 공급에 필요한 비용의 변동에 비하여 현저하게 상승시키거나 근소하게 하락시키는 경우"를 부당한 가격결정의 기준으로 제시하고 있다. 이러한 접근방식은 상품의 비용구조를 규제기관에서 정확히 계산할 수 있고, 나아가 여기에 더할 정상적인 이윤의 크기를 규범적으로 판단할 수 있다는 것을 전제한 것이라 할 수 있지만, 이러한 접근방식이 가능한 것인지에 의문이 있다. 이러한 점에서 동 판결은 실

11) BGH, Urt. v. 3. 12. 1980. 동 사건에서 연방대법원은 연방카르텔청이 피고가 Valium의 출고가를 40% 인하할 것을 명한 것의 정당성을 인정하였다.
12) 이에 대하여 Kling & Thomas는 비교되는 시장의 규모 면에서 매우 큰 차이가 있을 경우에, 결국 비교를 위하여 가격의 조정이 필요하고 따라서 가상의 가격에 비교가 이루어질 수밖에 없기 때문에, 가격 비교는 유지되기 어렵다고 보고 있다. Michael Kling & Stefan Thomas, 주 10)의 책, 678~679면 참조.

제 비교가 가능한 시장의 분석을 통하여 경쟁에 상응하는 가격을 설정하고
이를 기준으로 남용성을 판단한다는 점에서 보다 실효성 있는 분석의 예가
될 수 있을 것이다.

5. 독일 Strom und Telefon Ⅱ 판결의 분석

Ⅰ. 서론

독일의 경쟁제한방지법(Gesetz gegen Wettbewerbsbeschränkungen: 이하 GWB)은 우리 독점규제 및 공정거래에 관한 법률(이하 독점규제법)과 마찬가지로, 폐해규제주의적 관점에서 시장지배적 지위남용행위를 규제하고 있다. 이러한 법체계의 유사성은 실제 경제적 행위에 대한 분석과 평가에 있어서 기본적으로 동일한 법리에 기초하고 있음을 의미하는 것이고, 따라서 양 법체계에서 다루어졌던 사례들은 상호 간에 유용한 선례가 될 수 있다.

이하에서 다루게 될 'Strom und Telefonie Ⅱ' 사건은 연방법원의 최종판결에[1] 이르기까지 시장지배적 지위남용행위의 규제와 관련하여 중요한 쟁점들이 다루어졌으며, 특히 네트워크를 기반으로 하는 전력산업과 통신산업에서 발생한 문제라는 점에서도 유의미한 시사점을 제공하고 있다.

동 사건에서 구체적으로 문제가 된 행위는 끼워팔기(Kopplungsangebot)이며, 규범적으로 시장지배적 지위남용행위에 포섭될 수 있는 것이다. 끼워팔기는 미국의 반독점법에 기원하며, 판례법상 끼워팔기 규제법리가 발전되어 왔다. 그러나 끼워팔기를 시장지배적 지위남용행위로서 다룰 경우에, 그 의의는 시장지배력 남용에 고유한 법리에 상응하는 방식으로 구체화 될 것이다. 예를 들어 끼워팔기의 오랜 규제 근거로서 주상품 시장에서의 독점력이 부가상품

---

1) BGH, Urt. v. 4. 11. 2003.

시장으로 이전될 수 있다는 독점력 전이 이론이 전개되어 왔다. 이러한 이론이 여전히 유효한 규제 근거가 될 수 있는지에 관하여 많은 논의가 이루어지고 있지만,[2] 시장지배적 지위남용행위로서 끼워팔기를 규제할 경우에, 논의의 구조는 법체계적 차이를 반영할 수밖에 없다. 구체적으로 시장지배력의 확정과 남용행위의 판단이라는 2단계의 심사과정을 거치는 시장지배적 남용행위규제 있어서, 지배력 전이의 의미는 남용과 관련하여 어떻게 이해될 수 있는지, 지배력과 남용적 행태가 동일한 시장에 위치하지 않을 경우에도 지배적 지위의 남용으로 파악할 수 있는지 등의 문제가 제기될 것이며, 동 사건에 대한 독일 연방법원의 판결 역시 이러한 구조적 관점에서 이해될 필요가 있다.

한편 동 판결은 사례에서 행하여진 끼워팔기를 부정경쟁방지법(Gesetz gegen den unlauteren Wettbewerb: 이하 UWG)에 의하여 규제할 수 있는지 여부도 다루고 있으며, 구조적 관점이 아닌 거래의 불공정 관점에서 끼워팔기 규제 법리에 관한 적절한 이해를 제공하고 있다는 점에서도 의의가 있다.

이하에서의 논의는 우선 대상 판결의 내용을 상세히 살펴보고(Ⅱ), 이어서 판결의 내용을 분석하고, 나아가 우리 독점규제법 체계에서 의미 있는 시사점을 제시하고자 한다(Ⅲ).

Ⅱ. 독일 'Strom und Telefonie Ⅱ' 판결의 내용

1. 사실관계

당해 사건에서 원고는 Deutsche Telekom AG이다. 제1피고는 Stadtwerke S. GmbH이며, S시에 직접 가스와 수도를 공급하고 또한 자회사를 통하여 전기

---

2) E. Thomas Sullivan & Jeffrey L. Harrison, Understanding Antitrust and Its Economic Implications 4. ed., LexisNexis, 2003, 250~253면 참조.

를 공급하고 있는 회사로서, 동 회사 지분의 75.34%는 S시가 보유하고 있었다. 제2피고는 통신서비스를 제공하고 있었고, 한편 제1피고는 제2피고의 최대출자자이었다. 1999년 말부터 2000년 초에 피고들은 'R. power'라는 브랜드를 통하여, 제1피고에게서는 전기(경우에 따라서 가스나 수도까지)의 공급을 그리고 제2피고에게서는 통신서비스의 공급을 포함하는 내용의 12개월 기간의 패키지 상품을 판매하였으며, 이 두 서비스를 모두 공급받을 때, 연간 120 DM에서 300 DM을 환불해 준다고 하였다. 이와 관련하여 피고들이 인터넷에 광고한 내용은 다음과 같다.

"R. power XS Strom + Telefonie
우리에게서 전기를 공급받고 동시에 R. Net의 고객인 경우에(또는 R. Net의 고객이 되기를 원할 경우에) - 우리는 당신에게 매월 10 DM을 절감해 드립니다. 당신의 계산서를 연 120 DM 줄이십시오. 누가 이것을 싫다고 하겠습니까?"

"R. power M Strom + Wasser + Telefonie
전기와 수도를 우리로부터 공급받고 R. Net을 통하여 전화를 이용하는 경우에, 당신은 매달 15 DM, 일년에 180 DM을 절약할 가능성을 갖게 됩니다."

"R. power XL Strom + Gas + Telefonie
전기와 가스를 우리에게서 공급받고, R. Net를 통하여 전화를 이용하는 경우에, 그것은 당신에게 매달 20 DM을 절약하는 것을 가능하게 합니다. 일년에 240 DM을 더 적게 지불하게 됩니다."

"R. power XXL Strom + Gas + Wasser + Telefonie
전기, 가스 그리고 수도를 우리에게서 공급받고 동시에 R. Net의 고객인 경우에, - 당신은 가장 큰 R. power 절약상품을 이용하실 수 있습니다. 매달 25 DM을 절약할 수 있고, 일년에 절약 액수는 300 DM에 이르게 됩니다. 믿기 힘들지만 사실입니다. 여기에 망설일 이유가 있습니까?"

2. 법적 쟁점

1) GWB 제19조 위반 여부

(1) 항소심의 판단

항소심은 피고들의 끼워팔기에 의한 상품 제공과 이에 대한 광고 행위가 GWB 제19조에 위반되지 않는다고 보고, 원고의 청구를 기각하였다. 항소심은 제1피고가 지역적으로 분리가능한 관련 전기시장에서 시장지배적 사업자라는 점은 인정하였고, 문제가 되고 있는 행위에 의하여 제1피고가 관련 전기시장에서 거의 독점적인 지위를 지속적으로 공고히 할 위험은 존재하기 때문에, 동 시장에 참가하고 있지 않은 원고로부터 당해 행위가 제1피고의 전기시장에서 시장지배적 지위의 남용적 사용에 해당한다는 문제제기는 가능한 것으로 보았다.

그러나 이로부터 도출되는 중지청구는, 시장지배적 사업자의 남용적 행태가 나타나는 제3시장(통신시장)에서 GWB상의 보호 필요성이 있는지에 관한 분석에 의하여 부인될 수 있다고 보았다. 원고는 제1피고가 종래 전기시장에서의 독점적 지위에서 보유하고 있던 고객의 최소 96%가 제2피고에게 급격히 이동할 것이라고 주장하였지만, 이러한 현상은 실제 나타나지 않았다. 또한 제2피고가 고객을 자신에게 이동시키기 위하여 제1피고의 영업을 이용하였다는 가정을 받아들인다 하더라도, 그로 인하여 통신시장에서 원고에 대한 현저한 (erheblich) 방해가 확인되지 않았다. 비록 피고들에 의한 서비스의 공급이 중산층과 하층 가계에 현저한 이익이 되는 것일 수 있고, 따라서 소비자가 그것을 받아들이는 쪽으로 유인될 수 있을 정도로 유리한 것이었다 할지라도, 원고에 의하여 지배되고 있는 시장에 현저한 정도로 그리고 원고에게 부정적인 영향을 미칠 것이라는 것이 예상이 명확하게 제시될 수 있는 것은 아니었다.

(2) 상고 이유

상고이유는 항소법원의 심리가 원고가 지배하고 있는 제3시장에서의 지위 때문에 보호대상이 되지 않는다는 법적으로 잘못된 전제에 기초하고 있다고 비판하고 있다. GWB 제19조 제1항과 제4항 제1호는 단지 시장지배적 지위의 남용적 이용을 금지하는 것이고, 여기서 당해 시장의 관련 당사자의 시장지위가 고려되는 것은 아니다. 항소법원이 제1피고의 독점적 지위를 원인으로 하는 고객의 이동이 있고, 그러나 그것이 통신시장에서의 실제 상황에 비추어 감수할 만한 정도라고 설명하였다면, 항소법원은 원고의 고객들이 새로운 판매방식에 의하여 이동할 수 있다는 점을 받아들인 것이다.

그 외에도 항소법원은 시너지효과로부터 가능한 결합판매에 있어서 비용상 이득의 문제에 대해서 주의를 기울이지 않았다는 점도 지적할 수 있다. 이러한 시너지효과는 전기시장에서는 제1피고가 통신시장에서는 제2피고가 활동하고 있었기 때문에, 양 당사자 사이에서 드러나지 않을 수 있었다.

끼워팔기에 의하여 생존필수용역(전기공급)의 영역에서 지방자치단체의 공법적 과제와 그리고 이에 의하여 요구되는 지위는 참가사업자들의 순수한 사경제적 활동(통신서비스공급)과 혼합되고 있다. 이러한 혼합은 구체적으로 양 피고들의 공급이 동기와 목표설정으로써 결합되어 있다는 점에 존재하며, 이는 전기시장에서 경쟁 과정에 의하여 획득된 것이 아닌 제1피고의 독점을 통신시장에 이전하는 것, 적어도 다른 공급자들에 대하여 구조적으로 제약된 비경쟁적인 방식에 의한 이득을 이용하는 것에 의하여 주어지고 있다. 더욱 이 피고들은 제1피고에 대한 전기소비자들의 구조적 종속성을, 가격에 차이를 둔 유인효과를 수단으로 하여 다른 시장에 새로운 종속성을 만들어 내기 위하여 활용하였다. 왜냐하면 당연하게 생존필수서비스의 영역에서 수년간 독점자로서 활동한 지방자치단체 사업자의 공급으로부터 소비자에 대한 파급효과(Sogwirkung)가 나올 수 있기 때문이다. 그러나 이는 영업활동에 근거한 것이 아니라, 생존필수용역의 영역에 존재하는 대체재의 결여로 인하여 이들 사업자들에 의하여 공급받는 소비자들의 관행에 근거한 것이다. 다른 한편으로 원고와 같이 다른 사업자의 통신서비스의 제공이 끼워팔기 판매에 있어서 통신의 구성부분에 대하여 우월한 것이라면, 결합판매로의 전환이 확고하게 이루어질 수 있도록 고객을 강제하는 상황이 존재할 수도 있다.

(3) 상고심(연방법원)의 최종적 결론

지리적으로 획정된 전력시장에서 제1피고가 지배적이고 이러한 지배적 지위를 남용적으로 이용하여 그가 지배적이지 않은 통신시장에서 다른 사업자의 경쟁가능성을 현저한 방식으로 침해한다면, 원고는 GWB 제19조 1항에 따라서 33조에 근거하여 중지청구를 할 권한을 가질 수 있다. 왜냐하면 이 침해는 시장지배와 남용적 행태와 경쟁침해적 효과 사이에 요구되는 인과적 관련성이 존재하는 한도에서, 지배하고 있는 시장에서 뿐만 아니라, 제3시장에서도 발생할 수 있기 때문이다. 이러한 해석은 남용적 행태가 지배되지 않는 시장도 포함하고 있는 GWB 19조 1항의 표현에 상응하는 것이고, 이에 의하여 제3시장에서 지배적 사업자인 경쟁자도 보호된다.

항소법원은 지리적으로 획정될 수 있는 전력시장에서 제1피고가 시장지배적 사업자라고 전제하였다. 그러나 이러한 시장지배적 지위의 남용이 있었다고 보기는 어렵다. 특히 통신시장에서의 경쟁에 대하여 정당한 이유 없이 현저한 방식으로 다른 사업자의 경쟁가능성이 침해되지는 않았다. 이에 대하여 항소법원이 행한 심리는, 통신시장에서 활동하고 있는 사업자가 아니라 특히 이 시장에서 지배적인 원고의 경쟁가능성 침해를 결정적인 근거로 삼았다. 그러나 이러한 이해가 적절한 것은 아니다. 왜냐하면 GWB 제19조 제4항 제1호의 의미에서 경쟁이 침해되고 있는지의 문제에 대한 답을 위하여, 청구를 제기한 당해 시장참가자의 개별적인 경쟁상황이 중요한 것은 아니다. 그것은 당해 시장에서 일반적인 경쟁가능성에 영향을 미치는 한도에서 의미를 갖는 것이고, 경쟁가능성에 대한 침해의 정당성이 긍정되지 않는다면, 당해 시장에서 지배적인 경쟁사업자도 이로부터 중지청구를 할 권한을 갖는다.

그렇지만 이러한 법리의 오해가 결론에 영향을 미치지는 않는다. 상고에 의하여 다투어지지 않았던 항소법원에 의하여 확정된 사실관계로부터, 강제적 끼워팔기, 긴요한 상품과 덜 긴요한 상품의 끼워팔기, 또는 피고들의 결합판매가 통신시장에서의 경쟁가능성을 부당하게 침해하는 것으로 볼 수 있게 하는 다른 법적 관점이 제시되지는 않았다.

생존필수용역 공급의 과제를 순수한 사경제적 활동과 혼합시키고, 제1피고의 전기 소비자들의 구조적인 종속성을 이용하였다는 등의 정상적 거래관행에서 벗어나는 행태를 문제 삼은 상고이유에서의 지적이 근거로서 충분한 것은 아니다. 즉 한편으로 생존필수용역의 공급으로서 전기를 공급하고 다른 한편으로 사경제적 활동으로서 통신서비스를 제공하고 있다는 특성은 근거로서 적절한 것이 아니다. 피고들은 전기에너지의 공급이든 통신서비스의 제공이든지 간에, 어쨌든 사적 공급주체로서 활동한 것이다. 또한 제1피고의 고객들이 다른 전기공급자로 전환할 가능성이 미미한 상황이었지만, 이로 인하여 당해 고객들이 제1피고 또는 그와 공동으로 영업하고 있는 다른 사업자의 통신서비스를 구매하는 것으로 유인되거나 촉진될 것이라는 결론이 도출될 수 있는 것은 아니었다. 어쨌든 항소법원은 그에 상응하는 사실관계를 확정하지 않았고, 이는 경험칙으로부터 인정될 수 있는 것도 아니었기 때문에, 이에 근거한 상고 이유는 받아들여질 수 없다. 피고들의 끼워팔기 상품을 이용하는 것은, 소비자가 한편으로 (전기사업자가 아닌) 전기요금을 그리고 다른 한편으로 통신공급자를 변경하는 결정을 하는 것을 전제한다. 그 한도에서 소비자는 자신이 영향을 미칠 수 없는 주어진 가격으로 지역적 공급자로부터 전기를 그리고 동일한 방식으로 통신서비스를 구매한다는 종래 당연한 것처럼 관행화되었던 전제로부터 벗어나는 것을 필요로 한다.

마찬가지의 이유로, 상고이유에서 주장한 것처럼, 지역의 소비자가 제1피고에게 생존필수용역을 공급받는 것이 관행화되어 있기 때문에 그로부터 통신서비스를 구매하는 것으로 유인될 수 있다는 파급 효과에 대하여, 항소법원이 어떠한 것도 확정하지 않았다는 것이 다투어질 수는 없다.

이하에서 상론하는 것처럼, 당해 사안에서 끼워팔기의 제공이 불공정한 경쟁에 해당하는 것은 아니기 때문에, 제1피고가 전기 및 통신서비스를 구매하는 경우에 가격상 매력있는 제공을 하였다는 것은 충분히 정당화 될 수 있다. 그러한 행위가 시장지배적 사업자에게 금지되는 것은 아니다. 그것은 모든 사업자에게 영업상의 자유의 영역에 속하는 것이다. 시장에 일정한 상품을 제공하면서 어떠한 경제적 활동의 종류를 결정하고 실행할 것인지는, 그러한 수단이 경쟁제한방지법의 목적에 해당하는 경쟁의 자유에 위배되는 것인 아닌 한, 사업자에게 유보되어 있는 것이다. 따라서 항소법원이 인정한 것처럼, 피고가 소비자에게 받아들일 수 있도록 상당히 유리한 가격으로 공급을 한 경우에, 그 자체가 부당한 침해의 근거가 되는 것은 아니다. 가격형성 그 자체가 다투어질 수 없는 것처럼, 그것은 오히려 시장지배적 사업자도 할 수 있는 가격경쟁으로서의 의미가 있다.

법의 목적인 경쟁의 자유에 위배되는 수단의 사용의 의미가, 시장지배적 사업자의 경제적 활동을 제3 시장으로 확대하고 있는 당해 사례에서, 시장지배적 사업자의 경쟁적 행태가 다투어질 수 있다는 것을 필연적으로 전제하는 것은 아니다. 이에 의하여 경쟁자에 의한 제3시장에의 진입제한이 나타날 수 있다면, 경우에 따라서 시장지배적 사업자의 경쟁제한적 행태의 작용이 경우에 법의 목적에 반한다는 결론이 도출될 수 있다. 그렇지만 항소법원의 사실관계의 확정으로부터 이에 관한 근거가 충분히 제시되지는 않았다.

이상의 이유에 기초하여, 연방법원은 항소법원이 피고들이 통신시장에서 현저한 방식으로 정당한 이유 없이 다른 사업자의 경쟁가능성을 침해하지 않았다고 본 것은 타당하다고 판단하였다.

2) UWG 제1조의 위반 여부

항소법원이 UWG 제1조에[3] 따른 원고의 중지청구를 부인한 것은 적절한 것이었다.

원고의 주장처럼, 동 청구가 GO NW(Gemeindeordnung für das Land Nordrhein-Westfalen) 제107조에 근거하여 피고에 참가하고 있는 법적 주체들의 허용되지 않는 영리적 활동으로부터 도출되는 것은 아니다. 왜냐하면 연방법원의 판결에 따르면, UWG 제1조로부터의 청구는 시장에서 회피할 수 있었던 금지 규정을 침해하는 경우에 언제나 나오는 것은 아니다. 시장진입에 대한 규정의 침해에 있어서도, 행태의 전체적 특성이 UWG 제1조의 보호목적에 반하는지에 따라서, 이러한 행태가 법률침해에 의하여 경쟁법적으로 불공정한 행태로 이해될 수 있는지 여부를 심사하여야 한다. 침해된 규범이 최소한 부차적으로 경쟁관련 보호기능, 즉 UWG 제1조의 규범목적에 상응하는 경쟁의 공정성에 관련된 보호기능을 갖는 것이 아니라면, 법률위반만으로 충분한 것은 아니다.[4] 그러한 보호기능이, 상고이유에서 더 이상 문제삼지 않고 있는 것처럼, GO NW 제107조의 규정에서 주어지고 있지는 않다.

원고가 기본법 제87조의f 제2항 제1문에 근거한 국영화 회귀의 금지 원칙에 위배된다는 주장에 대해서도 마찬가지이다. 기본법 규정에 의하여 통신서비스의 제공이 실질적으로 민영화되었고 전적으로 또는 다수로서 국가 또는 지자체에 의하여 소유되고 있는 사업자에 의한 역무제공의 과제가 사라지고 있다는 것에서 출발한다 하더라도, 그러한 종류의 법적 제한에 대한 침해는

---

3) 현행 UWG 제1조는 다음과 같다. "이 법은 경쟁자, 소비자 및 기타 시장참가자들을 불공정한 경쟁으로부터 보호하는 것이다. 이 법은 동시에 왜곡되지 않은 경쟁에 관한 일반의 이익도 보호한다." 동 판결의 근거가 되었던 2004년 개정 전 UWG 제1조는 "거래에서 양속에 반하는 경쟁행위를 한 자에 대해서는 중지청구 또는 손해배상 청구를 할 수 있다"고 규정되어 있었다.

4) BGH, Urt. v. 26. 9. 2002-ZR 293/99, WRP 2003, 262, 264-Altautoverwertung.

경쟁의 공정성에 관련된 보호기능이 결여되어 있고, 그러한 이유로 인하여
GO NW 제107조에 대한 침해와 마찬가지로 경쟁자에 의한 경쟁법상 청구
의 근거가 될 수 없을 것이다. 실질적인 민영화에 대한 헌법적 금지로부터
통신시장 부문에서 지방자치단체 사업자의 행위에 대하여 이러한 우려가 제
기되지 않는다면, 이것은 더 이상 문제가 되지 않을 것이다.

상고이유는 관련되는 한도에서 불공정한 혼합의 문제로 전환한다. 즉 생
존필수용역을 공급하는 지방자치단체 사업자로서 제1피고의 특별한 지위가
자신이 참가하고 있는 사업자의 순수한 사경제적 활동과 혼합되고, 그 활동
에 있어서 제1피고는 수년간 전기공급자로서 생존필수용역을 공급함으로써
구축된 신뢰관계에 기초한 지위를 이용하였다는 것이다. 그러나 이미 검토되
었던 것처럼, 항소법원의 사실확정에서 이에 관한 근거는 없는 것으로 밝혀
졌다.

자체의 통신망에 기초하여 통신서비스를 제공하는 자는 허가를 필요로 한
다는 TKG 제6조 제1항 제2호의 규정을 피고가 침해하였는지에 관하여 상고
이유는 법적으로 문제 삼지 않았다. 항소법원은 제1피고가 어떠한 통신망도
관리하고 있지 않다는 것에 근거하여 원고의 청구의 근거를 부인하였다.

피고들의 공급이, 즉 전기공급과 통신서비스 공급의 끼워팔기 자체가 경
쟁에 반하는 것이기 때문에 다투어질 수 있는 것은 아니다. 법원의 판결에
따르면, 경쟁법이 끼워팔기 허용에 관하여 설정한 요구는, 그러한 영업행위
로부터 소비자에게 발생할 수 있는 위험, 즉 공급의 실제 가치보다 높은 것
이라는 현혹 또는 불충분하게 정보가 제공되는 위험을 지향한다.[5] 끼워팔기
는 전형적으로 개별 가격을 알리지 않을 경우에, 소비자에 의한 가격비교를
어렵게 하고, 나아가 잘못된 판단이나 가격 은폐의 가능성을 갖고 있다. 그
외에도, 특히 급부의 한 부분이 무상이거나, 또는 판매행위에 결합된 현상의
경우에 끼워팔기는 개별 사례에서 합리적 소비자가 수요 결정에 있어서 합

---

5) BGH, Urt. v. 13. 6. 2002-ZR 71/01, GRUR 2002, 979, 981-Kopplungsangebot Ⅱ.

리성이 후퇴할 수 있는 정도의 강한 유인효과를 낳을 수 있다.

소비자의 이익을 위하여 공급의 투명성이 요구된다 할지라도, 이로부터 둘 이상의 사업자가 상이한 서비스를 제공할 경우에 공동으로 환불액을 표시하는 것이, 동 판결에서 언급한 것처럼 그 자체로 다투어질 수 있는 것은 아니다. 끼워팔기는 분명히 가격 비교를 어렵게 한다. 소비자가 전체공급과 동일 사업자 또는 다른 사업자의 개별 가격을 비교하고자 한다면, 소비자는 전체공급이 어떠한 범위에서 가격상의 유리를 낳는지, 있다면 어떠한 경우인지에 대하여 개별가격을 조사하고 추가하여야 한다. UWG 제1조의 일반조항 또는 오인금지 규정에서 언제나 부가상품의 가치를 알려야 한다는 의무는 제외되는 것이지만, 공급자가 단지 전체 가격에 대해서만 알리기 때문에 사실상 제공하지 않고 있는 개별 가격에 대하여, 공동으로 가격이 책정된 급부에 대한 개별 가격의 제공이 요구될 수도 있다. 그 한도에서 원칙적으로 끼워팔기 자체와 단일한 가격의 부과는 투명성 규정을 방해할 수 있다. 적어도 확실한 전체가격의 제시는 언제나 가능한 것이기 때문에, 오히려 소비자에게는 가격을 비교하고 또한 가격에 상응하는 가치에 대한 고려를 행하는 것이 중요할 수 있다.[6] 전기와 통신 서비스의 전환에 관한 결정은 일반적으로 공급에 대한 면밀한 검토 없이 나타나지 않을 것이므로, 문제가 되고 있는 사례에서 일정한 노력, 즉 피고가 환불액만을 제시함으로써 제공된 전체 가격과 피고와 다른 공급자에 의하여 제시된 개별가격 사이의 가격비교를 하기 위한 노력은 수인될 수 있는 것이다.

---

6) BGH, Urt. v. 27. 2. 2003.

Ⅲ. 독일 'Strom und Telefonie Ⅱ' 판결의 분석

1. 지배력 전이의 사례

시장지배적 지위남용에 있어서 시장지배적 지위가 존재하는 시장과 남용행위가 행하여진 시장이 분리될 수 있다. 이 경우에 시장지배적 지위와 남용행위 사이에 인과적 관련성이 있어야 한다. 즉 이러한 관련성은 일반적인 사업자가 아닌 시장지배적 사업자가 행한 행위이기 때문에 경쟁정책적으로 문제가 되는 의미에서의 인과관계를 필요로 하며,7) 이는 '지배력 전이'의 개념에 의하여 징표된다.8)

이와 같이 시장지배력이 존재하는 시장과 남용행위와 경쟁침해가 발생하는 시장의 분리가 나타나고, 양자 사이에 지배력 전이가 인정되는 경우로서 끼워팔기는 대표적인 예에 해당하며, 당해 사례에서도 이러한 관계가 드러나고 있다. 즉 동 판결이 비록 남용행위로서의 최종적인 결론은 부인하고 있지만, 시장지배와 남용적 행태 또는 경쟁침해적 효과 사이에 요구되는 인과적 관련성이 존재하는 한도에서, 시장지배적 사업자가 지배하고 있는 시장에서뿐만 아니라, 제3의 시장에서 시장지배적 남용행위가 발생할 수 있음을 밝히고 있다는 점에서 의의가 있다. 또한 지배력 전이의 가능성을 전제로 제3시장에서의 경쟁가능성을 침해하는 것으로 볼 수 있는지 여부에 의하여 판단함으로써, 지배력 전이와 관련된 남용행위 판단의 논리적 구조를 설득력 있게 제시하고 있다는 점에도 주목을 요한다.

---

7) Ulrich Immenga & Ernst-Joachim Mestmäcker hrsg., 주 2)의 책, 666면(Wernhard Möschel 집필부분).
8) 홍명수, 경제법론I, 경인문화사, 2008, 111면 참조.

2. UWG상의 끼워팔기 규제

당해 사안에서 끼워팔기는 구 UWG 제1조에 위반되는지 여부도 다루어졌다. 특히 동 판결은 당해 끼워팔기가 양속 위반을 징표할 수 있는 법령과 헌법적 원칙의 적합성에 위배되는지를 검토하면서, 이러한 규정들이 경쟁보호에 관한 규범목적을 결여하고 있다는 점에 근거하여 UWG 제1조 위반 가능성을 부인하고 있다.

그러나 보다 중요한 것은, 끼워팔기 자체로부터 연유하는 불공정성에 관한 검토라 할 수 있다. 동 판결은 끼워팔기 자체가 불공정한 거래행태로 볼 수는 없지만, 가격에 대한 가치를 오인시키거나 은폐시킬 가능성이 있는 경우에 불공정한 거래행태로서 UWG에 의하여 규제될 수 있음을 밝히고 있고, 특히 개별 가격과의 비교가능성에 중요한 의미를 부여하고 있다는 점에서 의의를 찾을 수 있다.[9]

한편 동 판결의 근거가 되었던 UWG 제1조는 2004년 법개정에 의하여 UWG 제3조로 위치를 변경하였으며, 내용도 양속 위반과 무관하게 불공정한 거래행위를 금지하는 형식으로 변경되었다. 또한 개정법 제4조는 불공정한 거래행위에 해당하는 행위를 각 호에 열거하고 있는데, 특히 "제1호는 소비자 그 밖의 시장참가자의 결정의 자유(Entscheindinsfreiheit)에 인격침해적인 압력의 행사 또는 기타 부당하게 영향을 미치는 것으로 볼 수 있는 거래행위"를 규정하고 있으며, 이에 의하여 끼워팔기가 규제되는 것으로 이해되고 있다.[10] 구체적으로 제4조 제1호에 해당하는 행위로서, 오인 유발과 가격은폐, 구매강제, 부당한 고객유인, 법적 정보제공의무 위반 등이 언급되고 있다. 특히 첫 번째 '오인 유발과 가격은폐'는 소비자 또는 기타 시장참가자에

---

9) 위의 책, 106면(Gunda Plaß 집필부분).
10) Friedrich L. Ekey u. a., Wettbewerbsrecht 2. Aufl., C. F. Müller, 2005, 106-107, 136~144면(Gunda Plaß 집필 부분) 참조.

게 거래조건의 내용이나 가격을 오인하게 할 수 있는 판매활동을 의미하는
데, 전체 가격만을 표시하고 구성상품 각각의 가격을 함께 고객에게 전달하
지 않는 끼워팔기는 고객이 가격에 대한 판단을 어렵게 하거나 가격을 은폐
하는 행위로서 이에 해당할 수 있다.[11] 결국 개정된 UWG상 끼워팔기 규제
의 해석론은 동 판결에서 구 UWG에 의하여 금지되는 끼워팔기의 의의와
동일한 맥락에 있다.

이상의 UWG상 끼워팔기 규제에 관한 논의는 불공정거래행위로서 끼워
팔기의 규제를 명정하고 있는 우리 독점규제법에 있어서도 시사하는 바가
크다. 무엇보다 독점규제법상 불공정거래행위로서 끼워팔기의 위법성은 경
쟁제한성뿐만 아니라, 불공정한 경쟁 수단 또는 소비자의 합리적 선택을 제
한하는 측면에서도 구성되고 있으며, 후자의 의의를 구체화 함에 있어서 동
판결은 유용한 지침이 될 수 있을 것으로 생각된다.

---

11) 위의 책, 136면(Gunda Plaß 집필 부분).

6. 일본 독점금지법상
사적독점 규제의 의의와 규제 사례
-유선브로드네트워크 사건을 중심으로-

I. 서론

실체법적 측면에서 일본의 「私的獨占の禁止及び公正取引の確保に關す
る法律」(이하 독점금지법)과 우리나라의 「독점규제 및 공정거래에 관한 법
률」(이하 독점규제법)의 중요한 차이는 독점규제에 대한 규제 원칙에서 찾을
수 있다. 미국의 직접적인 영향을 받아 사적 독점 자체를 금지하고 있는 일
본의 규제 방식은[1] 흔히 원인금지주의적인 것으로 이해되며, 이는 폐해규제
주의적 관점에서 시장지배적 지위남용행위를 규제하는 우리 독점규제법의
태도와 구별되는 것이다. 이러한 차이가 구체적인 법적용에 있어서 어떻게
나타나는지에 대한 이해도 우리 독점규제법의 올바른 해석과 적용에 있어서
유의미한 참고가 될 수 있을 것이다.

이하에서는 일본 독점금지법상 독점규제의 의의와 기본 내용을 살펴보고
(Ⅱ), 이어서 최근 公正取引委員會에서 다루어진 독점규제 사건의 분석을

---

1) 1947년 일본 독점금지법 제정에 있어서 미국이 미친 영향에 대한 개괄로서, John
   O. Haley, Antitrust in Germany and Japan, Univ. of Washington Press, 2001, 29면
   이하 참조.

통하여(Ⅲ) 독점규제의 구체적인 이해를 제공하고자 한다.

Ⅱ. 사적독점의 금지

1. 규제의 의의

일본 독점금지법은 독점규제와 관련하여 사적독점을 금지하고 있다. 동법 제3조는 "사업자는 사적 독점 또는 부당한 거래제한을 하여서는 아니된다"고 규정하고 있고, 이로써 독점에 대한 규제의 기본 원칙과 방향을 제시하고 있다. 동 규정은 미국 셔먼법 제2조의 독점화(to monopolize or to attempt to monopolize) 금지 규정에 기원하는 것으로서, 미국 판례법상 형성된 독점화에 대한 이해를[2] 참고할 수 있지만, 아울러 규제의 기본적인 접근 방식의 차이에도 불구하고, EU에서 형성된 시장지배적 지위남용행위 규제법리로부터도 일정한 영향을 받은 것으로 이해되고 있다.[3]

한편 동 규정에서 수범자인 사업자는 독점금지법 전체에 통용되는 개념이며, 동법 제2조 제1항이 정의하고 있다. 이에 의하면, 독점금지법상의 사업자란 상업, 공업, 금융업, 기타의 사업을 영위하는 자를 말한다. 한편 사업영위의 주체로서 사업자를 정의하고 있기 때문에, 국가 및 지방공공단체도 이러한 행위를 할 경우 당연히 사업자로서 인정될 수 있고, 따라서 이들에 대해서는 구체적인 행위에 기초하여 판단하여야 한다. 이와 관련하여 최고재판소

---

2) 미국 Grinnell 사건에서 제시된 셔먼법 제2조에 해당하는 위법한 독점화의 기준은 다음과 같다. "the possession of monopoly power in the relevant market and the willful acquisition or maintenance of that power as distinguished from growth or development as a consequence of a superior product, business acumen, or historic accident". United States v. Grinnell Corp., 384 U.S. 563, 570~571면 (1966).

3) 金井貴嗣·川濱 昇·泉水文雄, 獨占禁止法, 弘文堂, 2006, 134면.

는 원자력위원회에 대하여 원자력기본법, 원자력위원회설치법 등에 비추어 단지 행정기관이며 사업자가 아니라고 판결하였으며,[4] 이러한 판단은 원자력위원회의 소관사무에 비추어 당연한 것으로 평가되고 있다.[5]

2. 사적독점의 의의

사적독점의 구체적 의의는 동법 제2조 제5항에서 규정하고 있는데, 동 규정에서 "사적독점이란 사업자가 단독으로 또는 다른 사업자와 결합하거나 통모(通謀)하거나 기타 방법으로 다른 사업자의 사업활동을 배제하거나 지배하는 것에 의하여 공공의 이익에 반하여 일정한 거래분야에서 경쟁을 실질적으로 제한하는 것을 말한다." 동 규정에서 보여주고 있듯이, 독점금지법에서 금지하는 사적독점은 시장지배력과 시장지배적 행위를 결합한 것이다. 즉 여기서 금지되는 대상은 시장지배력을 보유하고 있다는 것이 아니라, 그 지배력을 이용하여 다른 사업자를 지배하거나 배제하는 행위이고,[6] 이러한 점에서 독점화 자체를 규제 대상으로 삼는 미국 셔먼법 제2조와는 내용상의 차이가 존재한다.

한편 동 규정에서 私的獨占이란 표현을 사용하고 있기 때문에, 해석상 公的獨占은 동 규정의 적용에서 배제된다는 점에 주의를 요한다. 여기서 사적독점과 공적 독점을 구별하는 문제가 발생하며, 이와 관련하여 과거 독점 지위에 있는 사업자의 성격이 구별 기준으로서 고려되었다. 즉 독점의 주체가 민간기업인 경우에는 사적 독점으로, 그리고 국가나 지방자치단체 등의 공적 기관이 독점을 영위하는 경우에는 공적 독점으로 이해하고, 후자에 대해서

---

4) 最判·昭·34(1959)·6·1.
5) 今村成和, 獨占禁止法, 有斐閣, 1990, 38면.
6) 谷原修身, 獨占禁止法の解說, 一橋出版, 2006, 12~13면.

동 규정의 적용을 배제하는 것으로 보는 것이 이에 해당한다. 그러나 이러한 기준은 독점금지법상 사업자에 경제적 거래를 행하는 국가나 지방자치단체도 포함된다고 보는 것과 논리적으로 모순된다는 지적이 유력하였고, 따라서 현재는 공적 독점을 법적으로 용인되고 있는 독점으로 이해하는 것이 일반적이다.[7]

또한 여기서 독점적 지위는 복수의 사업자에 의해서도 가능한데, 법문은 그 수단으로서 結合과 通謀를 예로 들고 있다. 여기서 결합은 주식보유나 임원겸임 등의 기업조직상의 수단에 의하여 사업자가 독립성을 상실할 정도에 이른 결합을 의미하며, 통모는 사업자가 독립성을 유지하면서 이루어지는 결합을 포함한다. 각각의 경우에 전자는 견고한 결합 그리고 후자는 느슨한 결합으로 이해할 수 있다.[8]

3. 규제 대상과 요건

사적독점의 금지에서 규제 대상이 되는 것은 이러한 독점적 지위를 갖고 있는 사업자의 일정한 행위이다. 전술한 독점금지법 제2조 제5항은 이에 해당하는 행위로서 排除와 支配를 규정하고 있다.

여기서 排除는 사업자가 다른 사업자의 사업활동에 대하여 어떠한 행위를 가하여 그 사업활동의 계속을 곤란하게 하는 것을 의미하며, 이를 직접적으로 의도한 경우뿐만 아니라 결과적으로 제3자인 경쟁자가 배제되기에 이르는 경우, 즉 간접적 배제까지 포함하는 것으로 이해되고 있다.[9]

사적 독점을 구성하는 두 번째 행위인 支配는 다른 사업자가 자신의 자유

---

7) 위의 책, 12면.
8) 金井貴嗣·川濱 昇·泉水文雄, 주 3)의 책, 137면.
9) 谷原修身, 주 6)의 책, 13면.

로운 판단에 기초하여 사업활동을 행할 수 없도록 하는 것을 의미한다. 예를 들어 다른 사업자가 발행한 주식을 취득하거나 임원을 겸임하거나 거래상 우월한 지위를 이용하는 등의 행위가 이에 해당한다. 이때 다른 사업자가 이러한 행위에 대하여 저항하는지 아니면 이에 따르는지 여부는 문제가 되지 않는다. 한편 支配에 있어서도 결과적으로 지배의 효과를 갖게 되는 간접적 지배의 경우를 포함한다.[10)]

한편 여기서 배제 또는 지배하는 행위는 공공의 이익에 반하여 일정한 거래분야에서 경쟁을 실질적으로 제한하는 경우에 규제 대상이 된다. 경쟁의 실질적 제한성은 관련시장을 전제로 하여 문제가 된 행위가 당해 시장에 미치는 효과를 중심으로 판단하게 되며, 이로써 독점적 지위와 행위의 종합적인 고려가 필요하게 된다. 비교법적으로 이러한 판단 과정은 시장지배적 지위남용행위 규제와 유사하지만, 공공의 이익에 반하는지 여부를 고려하도록 하는 규정은 특징적인 것이라 할 수 있다. 이에 관하여 일본의 다수의 견해는 여기서 '공공의 이익'은 자유경쟁을 기반으로 하는 경제질서를 의미하므로, 경쟁의 실질적 제한이 인정되는 경우에는 당연히 공공의 이익에 반하게 되는 것으로 이해한다.[11)] 그러나 최고재판소는 부당한 거래제한에 관한 판결에서 자유경쟁의 이익과 경쟁제한행위에 의하여 얻게 된 이익을 비교형량하여 경쟁제한행위가 독점금지법의 궁극의 목적에 실질적으로 반하지 않는 경우에는 공공의 이익에 반하지 않는 것으로서 부당한 거래제한이 성립하지 않는다는 입장을 보이고 있으며, 이러한 태도는 사적독점에도 원용될 수 있다는 지적이 있다.[12)]

---

10) 위의 책, 13면.
11) 金井貴嗣·川濱 昇·泉水文雄, 주 3)의 책, 149면 이하 및 平林英勝, 獨占禁止 法の解釋·施行·歷史, 商事法務, 2005, 46~48면.
12) 最判 昭 59. 2. 24.

Ⅲ. 주식회사 유선브로드네트워크 사건

1. 개괄

이상의 독점금지법 제3조 전단에 의하여 금지되는 사적독점의 규제 예는 많지 않으며, 특히 이에 관한 최고재판소의 판결은 아직 나타나지 않고 있다. 그러나 公正取引委員會에 의하여 사적독점을 규제한 예는 존재하며, 특히 최근에 주식회사 유선브로드네트워크의 사적독점을 금지한 사건은[13] 독점금지법 제3조 전단에 의한 사적독점 규제로서 주목할 만한 것이다.

2. 사실관계

1) 사업자

株式會社有線ブロードネットワークス(이하 '유선브로드네트워크'라 한다)는 음악의 제공을 주된 목적으로 하여 음악방송사업을 영위하는 사업자이다. 株式會社日本ネットワークヴィジョン(이하 '일본네트워크비전'이라 한다)은 2003년 7월 1일 설립과 동시에 유선브로드네트워크와 업무제휴계약을 체결하고, 유선브로드네트워크의 대리점으로서 동 회사가 행하는 음악방송의 제공에 관한 영업, 유선브로드네트워크가 고객과 체결하는 음악방송의 제공에 관한 계약의 중개 등의 사업을 영위하는 사업자이다. 끝으로 キャンシステム株式會社(이하 '캔시스템'이라 한다)는 음악방송사업을 영위하는 사업자이다.

---

13) 審決·平·16(2004)·4·13.

2) 시장 현황 및 계약 특성

음악방송에는 유선전기통신설비에 의한 유선음악방송 및 통신위성을 이용하는 위성음악방송이 있다. 음악방송사업자는 점포나 숙박시설 등의 업소 및 개인에 대하여 유선음악방송 또는 위성음악방송을 제공한다. 점포나 숙박시설 등의 업소에 대해서는 오로지 당해 업소에 배경음악을 제공하는 것을 목적으로, 개인에 대해서는 당해 개인이 즐길 수 있는 음악을 제공하는 것을 목적으로 한다. 음악방송사업자는 직접 또는 대리점을 통하여 고객과 수신계약을 체결하고, 유료로 업소용 음악방송 또는 개인용 음악방송을 제공하고 있다. 2004년 7월말 시점에서 일본 내 업소용 음악방송의 수신계약 건수를 보면, 유선브로드네트워크의 수신계약 수는 72% 정도를 점하고 음악방송사업자 중 1위이며, 캔시스템은 20% 정도로서 2위를 차지하고 있다.

유선브로드네트워크 및 캔시스템이 고객과 체결하는 업소용 음악방송 수신계약에 있어서, 통상 계약기간은 2년으로 하고, 고객은 두 회사가 제시하는 복수의 상품 중에서[14] 수신할 상품을 선택하며, 가입금 및 월 청취료(캔시스템의 경우 가입금, 공사비 및 월 청취료)를 지불하였다. 또한 위의 두 사업자가 고객과 체결하는 업소용 음악방송 수신계약은 기존의 자사 이외의 음악방송사업자와 동일한 계약을 체결하고 있는 고객과 당해 계약으로 대체하는 수신계약(이하 대체계약이라 한다)과 그 밖의 고객과 체결하는 수신계약(이하 신규계약이라 한다)으로 나뉜다. 위의 두 사업자가 고객과 체결하는 대체계약에 있어서 가입금 및 공사비는 현행 계약을 계속하는 경우에 발생하지 않는 것이기 때문에, 통상 대체계약을 체결하는 고객에 대해서는 청구되지 않고, 월 청취료만을 지불하는 것으로 하였다. 신규계약에 있어서 유선브로드네트워크는 대체로 가입금 및 월 청취료를 청구한 반면에, 캔시스템은

---

14) 유선브로드네트워크의 경우 'USEN40ch', 'USEN24ch' 등, 캔시스템의 경우 'ケーブル50ch', 'ケーブル30ch' 등이다.

대체로 월 청취료만을 청구하였다.

2003년 6월말 시점에서 유선브로드네트워크가 업소용 음악방송의 고객에게 제시한 수신계약의 조건은 'USEN40ch', 'USEN24ch' 및 'SP(Single Mix)'에 있어서, 대체로 신규계약의 경우 가입금은 각각 21,000엔, 15,750엔, 31,500엔, 월 청취료는 모든 상품이 4,725엔이었다. 월 청취료의 무료기간은 모든 상품에 있어서 당해 고객의 업소용 음악방송을 수신하기 위하여 필요한 튜너가 당해 고객의 점포 등에 설치된 달에 한하였다. 대체계약의 경우 모든 상품에 있어서 가입금은 청구되지 않았고, 월 청취료는 모든 상품에 대하여 3,675엔부터 4,725엔까지 부과되었다. 월 청취료의 무료기간은 모든 상품에 있어서 튜너가 설치될 달을 포함하여 최장 3개월이었다. 한편 2003년 6월말 시점에서 캔시스템이 업소용 음악방송의 고객에게 제시한 수신계약 조건은, 'ケーブル(케이블)120ch', '케이블50ch', '케이블30ch' 및 'サテライト(인공위성)50ch'에 있어서, 대체로 대체계약 및 신규계약을 불문하고 월 청취료는 '케이블120ch'는 5,250엔, '케이블50ch', '케이블30ch' 및 '인공위성50ch'은 4,725엔이었고, 대개 당해 금액으로부터 1,000엔 정도의 할인이 주어졌으며, 동시에 월 청취료의 무료기간은 모든 상품에 있어서 튜너가 설치된 달을 포함하여 2개월 정도이었다. 대체로 가입금은 대체계약 및 신규계약 모두 청구되지 않았다.

3) 유선브로드네트워크 및 일본네트워크비젼의 행위

유선브로드네트워크 및 일본네트워크비젼은 2003년 7월 1일 업무제휴계약을 체결하고, 일본네트워크비젼이 중개를 하여 유선브로드네트워크가 체결한 업소용 음악방송 수신계약의 조건을 전술한 것과 같은 것으로 하였다. 유선브로드네트워크 및 일본네트워크비젼은 캔시스템으로부터 단기간 대량의 고객을 탈취하여 음악방송사업의 운영을 곤란하게 하고, 캔시스템이 음악방송사업을 유선브로드네트워크에 매각하도록 하여, 음악방송사업을 통합하는 것을 기도하였다. 이를 위하여 일본네트워크비전이 영업을 개시한 이후 캔시스템의 고객을 탈취하는 행위를 시작하자, 캔시스템은 유선브로드네트워크 및 일본네트워크비전에 대항하여 월 청취료를 인하하는 등의 조치를 취하였고, 유선브로드네트워크 및 일본네트워크비전은 2003년 8월 이후 합동 또는 단독으로 다음의 행위를 순차적으로 실시하여, 집중적으로 캔시스템의 고객을 탈취하였다.

① 2003년 8월 이후 실시된 'NNV캠페인' 등

일본네트워크비전은 2003년 8월 18일부터 캔시스템 고객의 대부분이 수신하고 있는 상품으로서 고객층이 중복되는 'USEN40ch', 'USEN24ch' 및 'SP(Single Mix)'에 있어서 캔시스템의 고객에 한하여 월 청취료의 무료기간을 6개월로 하고, 'USEN24ch'의 경우 월 청취료를 3,150엔으로 하는 'NNV캠페인'이라 불리는 캠페인을 실시하였다. 유선브로드네트워크는 일본네트워크비전의 영업소가 없는 지역을 중심으로 전술한 일본네트워크비전과 같은 수신계약을 조건으로 동년 8월 5일부터 캔시스템의 고객을 탈취하기 위한 캠페인을 실시하였다.

② 2003년 10월 1일 체결된 각서에 의한 수신계약 조건의 변경

유선브로드네트워크 및 일본네트워크비전은 캔시스템의 고객을 탈취하는 활동을 강화하기 위하여, 2003년 10월 1일 각서를 체결하고, 업무제휴계약에서 정한 수신계약의 조건을 변경하였다. 이에 의하면 2003년 10월 1일 이후 캔시스템 고객의 대부분과 중복되는 'USEN40ch', 'USEN24ch' 및 'SP(Single Mix)'에 있어서, 캔시스템 고객에 한하여 월 청취료의 최저액을 3,675엔이었던 것을 3,150엔으로 하고, 월 청취료의 무료기간을 튜너 설치월을 보함하여 최장 3개월이었던 것을 최장 6개월로 하였다.

③ 2003년 11월부터 실시된 'TDK(東京大空襲) 캠페인'

유선브로드네트워크는 2003년 11월 4일부터 21일까지의 기간 동안 캔시스템의 고객에 한정하여, 예를 들면 'USEN24ch'에 있어서 월 청취료를 3,150엔으로 하는 관동지구한정의 'TDK(東京大空襲) 캠페인'이라 호칭된 캠페인을 유선브로드네트워크의 전국 지사의 영업담당자를 모집하여 실시하였다. 일본네트워크비전은 유선브로드네트워크가 실시한 캠페인에 맞추어 동일한 내용의 수신계약 조건을 캔시스템의 고객에 한하여 제시하는 캠페인을 실시하였다.

④ 2004년 1월부터 실시된 '1月 全國一齊代替(1월전국일제교체) 캠페인'

유선브로드네트워크는 2004년 1월 7일부터 동월 20일까지의 기간 동안 유선
브로드네트워크의 지사에 캔시스템 고객을 대상으로 한 대체계약의 목표 건수를
설정하고(전국적으로 7,000건이었다), 전술한 TDK 캠페인과 동일한 조건에 의하
며, 지사의 달성율을 경쟁시키는 '1월전국일제교체 캠페인'이라 불리는 캠페인을
실시하였다.

⑤ 2004년 2월 3월에 실시된 '40주년 기념 특별 캠페인'

유선브로드네트워크 및 일본네트워크비젼은 합동으로 'USEN440ch', 'USEN80ch',
'USEN40ch', 'USEN24ch', 'SP(All Mix)', 'SP(Dual Mix)' 및 'SP(Single Mix)'에 대하
여, 최저 월 청취료를 일률적으로 3,000엔으로 인하하고, 월 청취료의 무료기간도
'USEN440ch' 및 'SP(All Mix)'에 있어서 튜어 설치월을 포함하여 최장 6개월,
'USEN80ch' 및 'SP(Dual Mix)'에 있어서 튜너 설치월을 포함하여 최장 9개월,
'USEN40ch', 'USEN24ch' 및 'SP(Single Mix)'에 있어서 튜너 설치월을 포함하여 최장
12개월로 하는 유리한 대체계약 조건을 캔시스템 고객에 한하여 제시하는 '40주년 기
념 특별 캠페인'을 2004년 2월부터 실시하였다. 동 캠페인의 현저한 성과를 거두자,
2004년 3월말까지 동 캠페인을 연장 실시하였다.

⑥ 2004년 4월 및 5월에 실시한 'トクトク(토쿠토쿠 : 得得)캠페인'

유선브로드네트워크는 2004년 4월 1일 이후에는 전술한 각서에 따른 대체계약
의 조건으로 되돌아가게 되었지만, 캔시스템으로부터의 고객탈취를 계속하기 위
하여 2004년 4월 1일부터 동년 5월말까지의 기간 동안 모든 상품을 대상으로 캔
시스템의 고객에 한하여 가입금으로서 30,000엔을 지불한 고객에 대해서는 월 청
취료의 무료기간을 12개월로 상향하고(16,000엔을 지불한 고객에 대해서는 6개
월), 'USEN40ch', 'USEN24ch' 및 'SP(Single Mix)'에 대해서는 동사의 지사장의
결재에 의하여 2번에 걸쳐 6개월을 상향하는 것으로 하였다. 예를 들면, 가입금으
로서 30,000엔을 지불한 고객에 대해서는 월 청취료의 무료기간을 최장 24개월로
연장하는 'トクトク캠페인'을 실시하였다. 또한 일본네트워크비젼은 유선브로드
네트워크가 실시한 'トクトク캠페인' 기간 중에 모든 상품을 대상으로 캔시스템
의 고객에 한하여 월 청취료의 선불로서 30,000엔을 지불한 고객에 대해서는 월
청취료의 무료기간을 12개월로 상향하고(16,000엔을 지불한 고객에 대해서는 6개
월), 'USEN40ch', 'USEN24ch' 및 'SP(Single Mix)'에 대해서는 2번에 걸쳐 6개월
을 상향하는 것으로 하였다. 예를 들면, 월 청취료의 선불로서 30,000엔을 지불한
고객에 대해서는 월 청취료의 무료기간을 최장 24개월로 연장하는 캠페인을 실시
하였다.

4) 행위의 결과

유선브로드네트워크 및 일본네트워크비젼은 이상의 행위에 의하여 현저하게 많은 캔시스템의 고객을 탈취하였고, 캔시스템의 수신계약의 건수는 2003년 6월말 시점의 262,821건에서 2004년 6월말 시점의 216,175건으로 현저하게 감소되었다(약 17% 정도). 그 결과 일본 내 업소용 음악방송 수신계약건수에서 유선브로드네트워크의 수신계약건수 점유율은 2003년 6월말 약 68%에서 2004년 7월말 약 72%로 증가하였고, 캔시스템의 점유율은 2003년 6월말 약 26%에서 2004년 7월말 약 20%로 감소하였다. 또한 캔시스템은 2003년 6월말 128개의 영업소를 두었으나, 2004년 8월말 시점에서 90개소로 감소되었다.

유선브로드네트워크는 公正取引委員會가 2004년 6월 30일 동경고등재판소에 독점금지법 제67조 제1항에 근거하여 긴급정지명령을 신청하자, 2004년 7월 9일 모든 상품에 대하여 월 청취료를 3,675엔으로 하고, 또한 월 청취료의 무료기간을 튜너 설치월을 포함하여 3개월 이내로 하기로 결정하였다. 동일 이후 3,675엔을 하회하는 월 청취료 또는 튜너 설치월을 포함하여 3개월을 초과하는 월 청취료 무료기간을, 캔시스템의 고객에 한하여 제시하는 것에 의한 캔시스템 고객을 탈취하는 행위를 중단하고 있다.

3. 公正取引委員會의 심결

이러한 사실관계에 대하여, 公正取引委員會는 유선브로드네트워크 및 일본네트워크비젼은 통모하여 캔시스템의 음악방송사업에 관한 사업활동을 배제하고, 공공의 이익에 반함으로써 국내 업소용 음악방송의 거래분야에서 경쟁을 실질적으로 제한하는 것으로 보았다. 따라서 이는 독점금지법 제2조 제

5항이 규정하는 사적독점에 해당하여, 동법 제3조의 규정에 위반하는 것으로 판단하였다.

이상의 판단에 기초하여, 公正取引委員會는 다음과 같은 주문으로서 심결하였다. ① 유선브로드네트워크 및 일본네트워크비젼은 업소용 음악방송을 제공함에 있어서 캔시스템의 고객에 한하여 대체계약의 조건으로 3,675엔을 하회하는 월 청취료 또는 튜너 설치월을 포함하여 3개월을 초과하는 월 청취료의 무료기간을 제시하는 행위를 중단하는 것 및 이후 이와 동일한 행위를 행하지 않는 것을 상호 서면으로 통지함과 아울러, 캔시스템에 대하여 서면으로 통지하여야 한다. 이러한 통지 방법에 대해서는 사전에 公正取引委員會의 승인을 받아야 한다. ② 유선브로드네트워크 및 일본네트워크비젼은 이후 각각 전항의 행위와 같은 행위에 의하여 다른 음악방송을 제공하는 사업자의 고객을 부당하게 탈취하여서는 안 된다. ③ 유선브로드네트워크 및 일본네트워크비젼은 이후 각각 제1항의 행위와 같은 행위를 행하지 않도록 음악방송의 영업담당자에 대하여 독점금지법에 관한 연수를 행하기 위하여 필요한 조치를 강구하고, 당해 조치의 내용을 자사의 임원 및 종업원에게 철저하게 주지시켜야 한다. 이 조치의 내용에 대해서는 사전에 公正取引委員會의 승인을 받아야 한다. ④ 유선브로드네트워크 및 일본네트워크비젼은 제1항 및 제3항에 기초하여 채택한 조치를 신속하게 公正取引委員會에 보고하여야 한다.

4. 심결의 의의

동 심결은 음악방송시장에서 70% 정도의 점유율을 갖고 있는 유선브로드네트워크가 경쟁사업자를 당해 시장에서 축출할 목적으로 현저하게 유리한 거래조건을 제시함으로써 경쟁사업자의 고객을 탈취한 사건을 대상으로 하고 있다.

앞에서 살펴본 것처럼, 公正取引委員會는 피심인의 이러한 행위가 독점금지법 제2조 제5항의 사적독점에 해당하는 것으로 판단하고, 동 행위를 금지하는 심결을 부과하였다. 동 행위 자체는 경쟁사업자를 배제하는 의미에서 사적독점의 전형적인 유형에 해당하는 것으로 이해된다.[15)]

그러나 심결의 구체적인 분석 과정을 보면, 피심인 유선브로드네트워크 및 일본네트워크비젼의 행위로 경쟁사업자인 캔시스템의 시장점유율이 줄어든 것과 피심인들의 주관적 목적을 제시할 뿐이며, 피심인들이 경쟁사업자에 비하여 유리한 가격과 거래조건으로 음악방송을 제공한 것을, 특히 비용 등의 측면에서 부당한 것으로 볼 수 있는지에 대하여 충분한 검토가 이루어지지 못한 점은 문제로서 지적할 수 있다. 또한 심결주문을 보면, 경쟁사업자가 사업을 지속할 수 있는 수준에서 피심인의 상품 제공 대가를 결정하고 있는데, 가격 경쟁 자체를 제한하는 내용의 심결이 경쟁정책상 타당한 것인지도 의문이다.

---

15) 金井貴嗣·川濱 昇·泉水文雄, 주 3)의 책, 144면.

7. 독점규제법상 리베이트 규제의 검토

Ⅰ. 서론

일반적으로 거래상에서 통용되는 리베이트는 상품 구매의 대가를 감액하는 일체의 행위를 의미한다. 그러나 동 행위를 좀 더 세분하여 보면, 거래 즉시 가격 할인이 주어지는 경우와 일정한 기간 후에 사후적으로 대금의 일부를 상환하는 경우로 나눌 수 있는데, 특히 후자의 경우로 제한하여 리베이트를 이해하는 것도 가능하다. 예를 들어 2001년에 폐지되었던 독일의 리베이트법(Rabattgesetz)은 제2조에서 재화나 용역의 제공 후 즉시 반대급부로서 대금지급이 이루어진 경우에 3%를 초과하지 않는 범위에서 가격할인이 가능하다는 규정을 둠으로써, 이른바 지불할인(Barzahlungsnachlässe)과 재화나 용역의 제공 후 일정 기간이 경과한 뒤에 상환되는 리베이트를 차별적으로 다루었다.

사실 구매자에게 이익이 제공되는 형태에서뿐만 아니라, 양자 사이에는 경쟁정책적 관점에서도 의미 있는 차이가 존재한다. 즉 거래즉시 이루어지는 지불할인이 일회적인 의미를 갖는데 반하여, 좁은 의미에서의 리베이트는 일정 기간 동안 구매자의 행태를 근거로 제공되는 것이 일반적이며, 구매자와의 거래관계를 장기화함으로써 경쟁사업자를 배제하여 배타적인 거래관계를 형성하기 위한 수단으로 활용될 가능성이 크다.[1] 이러한 가능성으로 인하여 좁은 의미의 리베이트에 대한 경쟁법 고유의 문제가 제기되어 왔다.

하나의 거래행태로서의 리베이트는 그 등장시부터 독점화 내지 지배력 강화와 밀접하게 관련되었다. 리베이트가 경쟁법상 최초로 의미 있게 다루어졌던 것은 미국의 Standard Oil 사건에서였는데,[2] 동 사건에서 Standard Oil Company는 석유를 수송하는 철도회사들에게 리베이트를 제공하고 이를 통하여 자사제품만의 운송을 유도함으로써 경쟁사업자를 배제하여 자신의 지배력을 강화할 수 있었다. 즉 당시 Standard Oil Company의 리베이트는 Sherman법 제2조가 금지하는 독점화의 유력한 수단의 하나로 이용되었다. 독점화의 직접적인 규제에 대비되어, 시장지배적 지위의 남용을 금지하는 법체계에서는 이러한 문제는 남용의 유력한 형태로 다루어져 왔다. 특히 경쟁사업자를 배제하는 방해적 남용(Behinderungsmißbrauch)의 의미에서 지배력 남용에 대한 규제는, 시장지배적 사업자의 리베이트 제공에 대한 적절한 규제근거가 될 수 있다.

그러나 다른 한편으로 리베이트는 거래의 공정성 관점에서도 문제가 될 수 있는데, 특히 독일의 경우 부정경쟁방지법(Gesetz gegen den unlauteren Wettbewerb: 이하 UWG)의 특별법으로서 1937년에 제정되어 2001년까지 존속하였던 리베이트법(Rabattgesetz)상의 규제가 하나의 전범이 된다. 동법 나아가 UWG가 추구하는 목적이 경쟁제한방지법(Gesetz gegen Wettbewerbsbeschränkungen: 이하 GWB)과의 관계에서 어떻게 이해될 수 있는지가 명확한 것은 아니지만,[3] 적어도 시장지배력의 강화, 유지의 관점과는 다른 차원에서 리베이트의 공정성 문제가 검토될 수 있다는 점을 시사하고 있는 것으로 생각된다.

이러한 점은 우리 「독점규제 및 공정거래에 관한 법률」(이하 독점규제법)에서 리베이트 규제의 가능한 법리를 구성함에 있어서도 유의하여야 할 점

---

1) Urlich Immenga & Ernst-Joachim Mestmäcker hrsg., GWB Kommentar, C. H. Beck, 2001, 672면 이하(Wernhard Möschel 집필부분).

2) Standard Oil Co. of New Jersey v. U. S., 221 U.S. 1(1911).

3) GWB와 UWG의 관계를 상호의존적인 것으로 이해하는 것에 관하여, Fritz Rittner, Wettbewerbs-und Kartellrecht, C. F. Müller, 1999, 26면 이하.

이다. 즉 우리 독점규제법은 시장지배적 지위의 남용행위와 불공정거래행위를 규제하고 있으며, 리베이트의 경쟁정책적 의의는 양 규제법리에 모두 해당될 가능성이 있다. 이러한 관점에서, 이하에서의 논의는 우선 불공정거래행위의 관점에서 리베이트의 문제를 살펴보고, 이어서 시장지배적 지위의 남용의 관점에서 리베이트의 남용가능성을 검토하기로 한다. 그 과정에서 특히 시장지배적 지위남용행위를 규제함으로써 경쟁법 체제의 유사성을 보여주고 있는 EU와 독일의 비교법적 논의를 참고할 것이다. 결론적으로 리베이트를 중심으로 양 규제체계의 종합적인 이해를 시도하고자 한다.

II. 불공정거래행위로서의 리베이트

1. 독일의 리베이트법(Rabattgesetz)과 UWG 상에서의 리베이트

독일의 리베이트법과 UWG에 의한 리베이트 규제의 연혁은 비교법적으로 리베이트의 불공정성 판단에 관한 적절한 시사점을 제공한다. 예를 들어 독일제국법원의 판결을 통하여 제시되었던 다음과 같은 견해, "불공정한 경쟁은 상거래주체의 영업활동에 있어서 합리성에 대한 요구에 반할뿐만 아니라, 경쟁자로 하여금 이를 모방하도록 자극하고, 궁극적으로 이에 의하여 당해 상품 판매에 대한 국민경제 전체의 부담을 지울 수 있다"는[4] 지적은 주목할 만한 것이다. 물론 이러한 견해에 대하여 과도한 국가 개입의 근거로서 또한 바람직한 거래질서를 고권적으로 결정할 수 있는 위험에 노출되어 있다는 비판이 가능하지만,[5] 적어도 법질서에서 거래의 불공정성을 문제 삼을 수 있는 근거를 제시하고 있다는 점에서는 여전히 유력한 의미가 있다.

---

4) RGZ 160, 385, 388.

5) Fritz Rittner, 주 3)의 책, 30면 참조.

구체적으로 리베이트는 종래 리베이트법(Rabattgesetz)에 의하여 규제되었
다. 동법은 리베이트를 구체적인 규제 대상으로 하는 입법으로서는 비교법적
으로 드문 예였으며, 실제로 동법의 운영과정에서 지속적으로 폐지에 관한
주장이 제기되었다. 즉 불공정한 경쟁으로부터 소비자를 보호하려는 입법취
지를 넘어서 국가로 하여금 소비자의 후견 기능까지를 수행하게 할 위험이
있다는 지적이 유력하였으며,6) 결국 2001년에 동법은 폐지되고 리베이트에
관한 규제는 UWG의 일반적인 규정으로 대체되었다.7)

  그러나 폐지된 리베이트법은 불공정성의 관점에서 리베이트 규제의 구체
적인 내용을 담고 있었다는 점에서 여전히 참고할 만한 것이다. 동법의 내용
을 구체적으로 보면, 전술하였던 즉시지불할인 외에도, 동법 제7조 내지 제8
조는 수량리베이트에 대해서 규정하였고, 제9조는 특별한 거래상대방에 대
한 리베이트의 허용에 관하여 규정하고 있었다. 예를 들어 거래량에 따른 리
베이트는 리베이트 제공의 방식이나 규모 그리고 기준이 되는 수량 등이 상
관습에 해당하는 것으로 볼 수 있는 경우에 허용되었으며(동법 7조), 특별리
베이트는 영업적 또는 직업적으로 특정될 수 있는 거래집단에 대한 경우, 대
량 구매자의 경우 그리고 자사제품에 대한 자가소비를 전제로 한 노동자를
포함한 내부사용자에 대한 경우에 허용되었다(동법 9조). 또한 이른바 충실
리베이트(Treurabatt)에 대해서는 투명성의 보장과 관련하여 규율하고 있었
다. 한편 법에서 직접 규정하고 있지는 않았지만 동법 시행령 제13조에 의하
여 거래된 상표품의 포장 내에 상품권을 첨부하고 이를 제시하면 현금으로
상환하는 방식의 리베이트는 허용되는 것으로 하였다.

---

6) 위의 책, 90면.
7) 리베이트법의 폐지에 의하여, 독일의 현행법상 리베이트는 GWB, UWG 그리고 가격
   표시령(Preisangabenverordnung)에 의하여 규제된다. 특히 2003년 1월 1일부터 발효된
   가격표시령은 개별적인 리베이트의 경우에 가격표시령의 적용이 없는 것으로 하는
   규정을(동법 9조 2항) 두고 있다. 새로운 가격표시령의 의의에 관해서는, Daniel S.
   Raimer, "Neue Preisangabenverordnung", Strömer, 2002. 12, 1면 이하 참조.

이상의 규정을 주된 내용으로 하고 있었던 리베이트법의 폐지 이후, 리베이트의 불공정성에 대한 규제는 UWG에 의한 불공정성 일반의 규제로 대체되었다. UWG는 2004년의 개정으로 대폭적인 변화가 있었다. 특히 동법의 목적에 관한 제1조를 개정함으로써, 종래 원칙적으로 민법에 연원하는 개념인 양속(die guten Sitten) 위반의 관점에서[8] 불공정성을 파악함으로써 야기되었던 법적용의 모호성을 해소한 것은 주목할 만한 변화로서 받아들여지고 있다.[9] 개정된 동법 제1조는 경쟁자, 소비자 그리고 기타 시장참가자를 불공정한 경쟁으로부터 보호하고 동시에 왜곡되지 않은 경쟁에 대한 일반의 이해를 보호하는 것을 동법의 목적으로 규정하고 있다. 이러한 변화는 동법의 보호법익의 확대에 관한 유력한 견해를 받아들인 것으로 이해되는데, 특히 일반의 이해(Interesse der Allgemeinheit)의 보호는 거래주체의 의사결정의 자유의 보호, 즉 의사결정의 기초와 의사결정의 과정에 대한 보호를 .의미하는 것으로 이해되고 있다.[10] 이러한 전제 하에서, 리베이트 제공의 불공정성에 대한 규제는 동법 제4조 제4호가 주된 근거가 되고 있다. 동 규정에 의하면, "가격할인(Priesnachlässen), 경품 또는 선물과 같은 판매촉진수단에 있어서 제공의 조건이 명확하고 분명하게 제시되지 않을 경우"에 불공정한 것으로 다루어진다. 여기서의 가격할인에 리베이트는 당연히 포함되며, 그 제공 조건이 명확하게 제시되어야 한다. 이때 명확성의 요구에는 리베이트의 크기에 대한 명시, 리베이트가 제공되는 상품의 특정, 어떠한 조건 하에서 리베이트를 받을 수 있는지에 대한 통지 등이 포함된다. 또한 리베이트에 일정한 기한이 있다면, 이에 대해서도 통지가 이루어져야 하며, 리베이트의 제공 여부 또는 리베이트 크기의 판단에 영향을 미치는 경우에는 리베이트가 제공되는 상품의 가격도 제시되어야 한다.[11] 한편 이러한 정보는 적어도 구매 판단에

---

8) Peter Müssig, Wirtschaftsprivatrecht, C. F. Müller, 2003, 490면 이하.
9) Friedrich L. Ekey u. a., Heidelberger Kommentar zum Wettbewerbsrecht, C. F. Müller, 2005, 48면 이하(Diethelm Klippel & Antje Brämer 집필부분).
10) 위의 책, 51면 이하(Diethelm Klippel & Antje Brämer 집필부분).

영향을 미칠 수 있는 시점까지는 제공되어야 한다.[12]

구 리베이트법의 규정과 동법의 폐지 그리고 그 이후 UWG에 의하여 규제되고 있는 상황을 종합적으로 고려하여 볼 때, 원칙적으로 리베이트는 허용되며, 다만 리베이트 제공의 투명성을 제고하기 위한 조건의 부과를 통하여 불공정성을 통제하는 방향으로 나아가고 있는 것으로 이해할 수 있다. 물론 UWG 제4조 제4호 이외의 리베이트 규제 가능성이 없는 것은 아니다. 무엇보다 동 규정은 UWG 제3조의 거래의 불공정성에 대한 일반적 규제를 구체화한 조항이다. 즉 UWG 제3조는 "경쟁자, 소비자 또는 기타 시장참가자들에 대하여 불이익하게 경쟁에 상당한 영향을 주는 행위는 불공정한 경쟁행위로서 허용되지 않는다"고 규정하고 있고, 동 규정의 일반조항적 성격에 비추어 제4조 제4호에 해당하지 않는 경우에도 동 규정에 의한 규제 가능성이 존재한다. 예를 들어 리베이트의 제공이 비록 투명하게 제시되더라도 과도하게 구매자를 유인하는 것으로 판단되는 경우에, 이는 불공정한 것으로 판단될 여지가 있다. 물론 이 경우에 리베이트로 제공되는 이익이 크다는 것만으로 리베이트의 허용성이 부정되는 것은 아니다.[13]

결론적으로 리베이트의 제공은 거래주체의 자유로서 가능한 것임이 전제되어야 하며, 리베이트법의 폐지와 새로운 UWG상 리베이트 규제의 도입은, 이러한 전제 위에서 거래상대방 선택의 기회를 침해하거나 왜곡하는 것에 기초하여 리베이트 규제의 근거를 제시하고 있다. 이때 UWG가 리베이트 규제를 통하여 리베이트 제공에 관한 바람직한 전형을 제시할 수는 없으며, 이는 동법의 목적의 범위를 넘어서는 것이다.

---

11) 위의 책, 221면(Gunda Plaß 집필부분).
12) 위의 책, 220면(Gunda Plaß 집필부분).
13) 위의 책, 156면(Gunda Plaß 집필부분).

2. 불공정거래행위로서 리베이트 규제의 법적 근거와 부당성 판단

1) 법적 근거

독점규제법상 불공정거래행위로서 리베이트 규제의 법적 근거가 법령상에 명문으로 제시되어 있는 것은 아니다. 다만 리베이트의 제공은 경제적 이익의 제공으로 이해될 수 있으므로, 해석상 동법 제23조 제1항 제3호에서 규정하는 부당한 고객유인과 동 규정의 구체화 규정인 동법시행령 <별표 1> 4호 가목의 '부당한 이익에 의한 고객유인'에 해당할 가능성을 검토할 수 있다. 즉 가목의 규정에 의하면, "정상적인 거래관행에 비추어 부당하거나 과대한 이익을 제공 또는 제공할 제의를 하여 경쟁사업자의 고객을 자기와 거래하도록 유인하는 행위"는 부당한 고객유인으로서 불공정거래행위에 해당하게 된다. 또한 공정거래위원회가 고시한 「불공정거래행위 심사지침」(이하 심사지침)은 이익 제공의 예로서 리베이트의 제공을 들고 있다.

2) 부당성 판단

리베이트 제공을 불공정거래행위로 규제할 경우에, 결국 이익제공의 부당성에 관한 판단이 핵심을 이룬다. 이때의 부당성은 경쟁제한성 이외에도 경쟁의 공정성이나 거래상대방의 선택제한 등으로 인하여 나타날 수 있는 후생감소 등의 문제가 종합적으로 반영되어 이해될 수 있으며, 현재의 경쟁법이 무익한 경쟁(Nichtleistungswettbewerb)에 대한 투쟁으로 나아가고 있다는 지적은,[14] 부당성의 의미를 다의적으로 이해하는 것의 근거가 될 수 있다.

이러한 의미에서의 부당성을 전제할 경우에, 경쟁제한성 이외의 관점에서

---

14) Fritz Rittner, 주 3)의 책, 28면.

리베이트의 부당성을 제시할 필요가 있으며, 전술한 심사지침으로부터 이에 관한 공정거래위원회의 기본 입장을 파악할 수 있다. 동 지침의 내용을 구체적으로 보면, 리베이트 제공의 부당성은 "법령에 의해 금지되거나 정상적인 거래관행에 비추어 바람직하지 않은 이익인지 여부 그리고 과대한 이익에 해당되는지는 정상적인 거래관행에 비추어 통상적인 수준을 넘어서는지 여부"에 의하여 판단하며, 이 경우에도 이익제공(이익의 제의를 포함)으로 인한 효율성 증대효과나 소비자후생 증대효과가 경쟁수단의 불공정성으로 인한 공정거래저해 효과를 현저히 상회하는 경우나 부당한 이익제공에 기타 합리적인 사유가 있다고 인정되는 경우에는 부당성이 조각되는 것으로 보고 있다.

특히 심사지침이 주목하는 부당한 리베이트는 투명하지 않은 방식으로, 즉 음성적으로 제공되는 리베이트이며, 제약회사나 출판사 등이 자신의 상품을 이용하도록 의료기관이나 교사에게 제공하는 리베이트가 전형적인 예에 해당한다. 이러한 유형의 리베이트는 거래상 이익이 실질적으로 귀속되는 환자나 학생의 이익에 배치되는 방향으로 거래의 성립을 이끌 수 있고, 특히 리베이트가 음성적으로 제공되는 경우에 이러한 위험은 배가될 것이다. 그러나 투명하게 리베이트가 제공되는 경우에도 부당한 것으로 평가될 수 있는 여지가 없는 것은 아니기 때문에, 투명성만을 부당성 판단의 기초로 삼을 수는 없을 것이다.

결국 리베이트 제공의 부당성 판단에 관한 '심사지침'의 구체적인 기준은 '정상적인 거래관행'으로 귀결되며, 거래관행의 정상성 판단이 불가피하게 뒤따를 수밖에 없다. 이때 리베이트의 제공에 관한 거래계에서 통용되는 관행은 우선적인 기준이 될 것이다. 즉 기존의 관행에 비추어 리베이트 제공이나 크기가 과도한 것이라면, 부당한 것으로 판단될 가능성이 크다. 그러나 기존의 관행에 부합한다고 하여, 부당성이 당연히 부정되는 것으로 볼 수는 없다. 심사지침이 규정하고 있듯이, 여기서의 관행은 정상적

인 것이어야 하며, 공정한 경쟁을 내용적으로 훼손하거나 궁극적으로 공정
경쟁의 기반을 침해할 우려가 있을 경우에는 관행의 정상성을 인정하기 어
려울 것이다.

3) 규제 사례

공정거래위원회에 의하여 불공정거래행위로서 리베이트 제공이 규제된 사
례의 전형은 전술한 제약회사와 관련하여 나타나고 있으며, 2007년 말에 이
루어진 10개 제약회사에 대한 부당한 고객유인으로서의 규제가 대표적이다.
위의 제약회사 중 하나였던 (주)중외제약에 대한 심결을 보면,[15] 리베이트가
관행적으로 이루어지고 있는 의약품 시장에 대한 공정거래위원회의 인식이
적절하게 제시되고 있다.

동 심결이 인용한 부패방지위원회의 2005년 2월 보도자료에 의하면, 우리
나라의 경우 제약회사와 의약품 도매상 등 의약품 공급자는 약품공급가의
10~15%, 일부 제네릭 의약품 제약회사의 경우는 약품공급가의 20~25%까
지 리베이트를 관행적으로 병·의원 등에 지급하는 것으로 나타나고 있다. 이
러한 관행은 특히 의약품을 실제 사용하는 소비자의 선택권이 배제된 채 의
약품의 거래가 이루어지고 있는 시장 특성상 정상적인 것으로 판단하기 어
려울 것이다.[16] 이러한 이해를 바탕으로, 동 심결은 리베이트로 이해할 수
있는 병·의원 등에 현금, 기부금, 물품 등의 지원행위, 거래처인 병·의원에
대한 수금할인, 거래처 병·의원에 속한 의사들에 대한 골프 및 식사접대 행
위와 항공권 제공행위, 의사들의 학회 지원행위, 시판 후 조사(PMS)를 통한

---

15) 공정위 2007. 12. 20. 의결 2007경규1862.
16) 동 심결은 미국의 「연방 리베이트금지법」(Federal Anti-Kickback Statute; Medicare
and Medicaid Patient Protection Act)에서 연방기금으로 운영되는 지불과 관련된 품
목, 서비스에 대한 추천 혹은 구매, 처방을 조건으로 현금 혹은 그와 유사한 금품류
를 직간접적으로 받거나 지불하는 행위를 금지하고 있다는 것을 인용하고 있다.

지원행위, 기부금 지원행위 등을 부당한 이익제공에 의한 고객유인으로서 불공정거래행위에 해당하는 것으로 판단하였다.

III. 시장지배적 지위남용으로서 리베이트

1. 비교법적 검토

1) 독일 GWB상 시장지배력 남용으로서 리베이트 규제

시장지배적 사업자에 의하여 제공되는 리베이트가 배타적 조건으로서의 거래형성의 제안과 동일한 의미로 이해될 경우에, GWB 제19조 제4항 제1호에서 규정하는 방해적 남용에 해당할 수 있다. 리베이트 자체는 정상적인 경쟁 수단에 해당하는 것이지만, 경쟁사업자를 시장에서 배제할 우려를 낳거나 진입장벽을 높이는 효과를 갖게 될 경우에 시장지배력의 남용으로서 규제될 수 있다.[17] 특히 리베이트가 경쟁사업자가 유통망에 접근하는 것을 어렵게 하는 방식으로 작용한다면, 이들에 대한 사업활동의 방해로서의 규제가 가능하며,[18] 이와 같은 방해적 성격은 시장지배적 지위남용으로서 리베이트의 경쟁제한성 판단의 핵심을 이룬다.

경쟁제한적 의미를 갖는 리베이트는 충실리베이트, 총매출액리베이트 및 이에 상응하는 보너스시스템 등의 다양한 방식에 의하여 이루어질 수 있다. 이들 모두 경쟁제한성 판단의 대상이 된다는 점에서 의문은 없지만, 리베이트 제공의 기준이 되는 기간이 짧은 경우에도 문제가 될 수 있는지에 대해서

---

17) Fritz Rittner & Meinrad Dreher, Europäisches und deutsches Wirtschaftsrecht, C. F. Müller, 2008, 522면.
18) Wernhard Möschel, Recht der Wettbewerbsbeschränkungen, Carl Heymanns Verlag, 1983, 338면 이하 참조.

논의의 여지가 있다. 독일의 실무는 리베이트 시스템이 3개월 정도의 짧은 기간을 기준으로 제공되는 것이라면, 경쟁제한적인 관점에서 문제의 여지가 없는 것으로 보고 있다. 리베이트의 제공은 본질적으로 배타적 관계의 형성과 관련되며, 이러한 점에서 기간이 충분히 길지 않다면, 배타적 거래관계의 관점에서 문제가 될 소지는 크지 않을 것이다.[19]

리베이트의 유형 중에서 총매출액리베이트(Gesamtumsatzrabatt)의 부정적 효과는 무엇보다 이득의 보장이 거래상대방으로 하여금 당해 사업자의 다른 상품, 특히 시장지배적인 지위에 있지 않은 다른 상품과의 거래관계를 확대하는 효과를 낳을 수 있다는 점에 있다.[20] 물론 총매출액과 같은 포괄적인 기준이 아닌 개별적으로 이루어지는 리베이트도 문제가 될 수 있다. 이 경우에는 당해 리베이트 제공의 경제적 의미뿐만 아니라, 거래의 관행이나 경쟁자의 행태 등이 종합적으로 고려되어야 할 것이다. 경우에 따라서는 단지 경쟁자의 조치에 대응하여 특정한 리베이트를 주는 것도 시장지배적 사업자에게는 허용되지 않을 수 있다. 이는 시장지배적 사업자의 특수한 지위를 전제한 것이며, 개개의 사건에서 유사한 리베이트에 대하여 상이한 법적 평가(큰 경쟁자 A에 대해서는 허용되고, 작은 경쟁자 B에 대해서는 허용되지 않는 경우처럼)로 이끌 수 있는 근거가 된다.[21]

한편 단지 거래나 요청된 공급량의 크기에 근거한 수량리베이트(Mengerabatt)나 거래관계의 지속성에 기초하여 제공되는 충실리베이트의 경우, 이러한 리베이트가 구매량의 크기나 거래의 지속성 등에 따른 비용기초적인 측면에서 정당화될 수 있다면, 경쟁정책적으로 문제가 되지 않을 수 있다. 물론 이러한 정당화가 가능하지 않은 경우라면, 당연히 시장지배적 지위 남용행위로서의 규제 가능성은 남는다.[22]

---

19) Ulrich Gassner, Grundzüge des Kartellrechts, Verlag Vahlen, 1999, 114면.
20) Gerhard Wiedemann hrsg., Handbuch des Kartellrechts, C. H. Beck, 1999, 831면 (Gerhard Wiedemann 집필부분).
21) 위의 책, 831면(Gerhard Wiedemann 집필부분).

2) EU 경쟁법상 리베이트의 규제

EU 경쟁법상 리베이트 역시 시장지배적 지위남용행위로서의 규제가 가능하며, 규제 근거는 EC조약 제82조가 된다. 리베이트는 실질적으로 시장지배력을 갖고 있지 않은 구매자가 공급자들 사이에서 구매를 전환하는 것을 어렵게 할 수 있으며, 이러한 기능을 시장지배적 사업자가 적극적으로 이용하는 경우에 다른 사업자의 사업활동을 방해한다는 측면에서 경쟁정책상의 문제가 제기된다. 물론 리베이트는 실질적인 경쟁이 존재하는 시장에서는 단순한 가격경쟁의 의미로 이해될 수 있으며, 또한 독일에서의 논의와 마찬가지로 고객들이 다량의 주문을 함으로써 거래에 대한 충실(fidelity)을 보여줄 경우에 비용이 더 낮아질 수 있다는 것에 근거하여 규제 대상에서 벗어날 수도 있다.[23]

특히 유럽에서의 리베이트 규제는 이른바 충실리베이트의 관점에서 집중적으로 다루어져 왔다. 실제 시장지배적 사업자에 의한 리베이트의 사용은 많은 경우에 구매자들로부터의 충실성을 확보하려는 사업자의 의도와 관련된다. 이때의 충실성은 자사의 상품에 대한 지속적인 구매를 의미할 수도 있고, 때로는 자사가 제공하는 다른 상품에 대한 구매의 확대를 수용하는 것으로 나타날 수도 있다. 특히 후자의 경우 시장지배적 사업자는 구매자가 자신으로부터 그들이 필요로 하는 나머지 모든 것들을 구매하게 하기 위하여, 리베이트를 선호되는 상품을 축으로 하는 지레로 사용할 수 있다.[24] 이 경우 리베이트는 끼워팔기(tying)와 동일한 목적을 달성하기 위한 수단, 즉 지배력 전이와 같은 경제적 효과를 낳는 수단으로 기능한다.[25]

유럽에서의 리베이트 규제 사례로서 1988년 Coca Cola Export Company

---

22) Ulrich Gassner, 주 19)의 책, 148면 참조.
23) D. G. Goyder, EC Competition Law 4. ed., Oxford Univ. Press, 2003, 292면.
24) 위의 책, 292면.
25) Richard Whish, Competition Law, Oxford Univ. Press, 2005, 205면.

사건은[26] 시장지배적 지위남용행위로서 금지되는 리베이트에 대한 이해를 구체화 하였다는 점에서의 의미가 크다. 동 사건에 대한 결정에서 위원회는 이탈리아 콜라 시장에서의 지배적 지위를 갖고 있는 코카 콜라 자회사에 의한 충실리베이트의 사용이 그 지위의 남용이라는 점을 인정하였다. 특히 동 결정에서 정당한 리베이트와 부당한 리베이트 사이를 구분하는 기준의 제시는 주목할 만한 것이었다. 즉 동 결정은 전년도의 구매량에 연계된 목표를 조건으로 한 리베이트, 또는 다른 시장에서의 상품들의 구매 목표에 연계된 리베이트는 부당한 리베이트에 해당하며, 반면에 일련의 상품 구매량이나 판매 촉진 광고에 참여하는 것에 근거한 리베이트는 허용되는 것으로 판단하였다.

또한 유럽법원에서 다루어졌던 다음의 두 사건, 즉 Hoffmann-La-Roche 사건과 Michelin 사건은 리베이트의 남용가능성에 대한 적절한 이해를 제공한다. Hoffmann-La-Roche사는 스위스에 모회사를 두고 있는 다국적 그룹이었고, 위원회는 동 회사가 7가지 종류의 비타민에서 시장지배적 지위를 남용하였다고 결정하였다. 동 사건에서 문제가 된 남용행위 중에는 필요로 하는 모든 비타민을 Hoffmann-La-Roche사로부터 구입할 것에 관하여 구매자들에게 상당한 정도의 압력을 부과하였던 충실리베이트가 포함되었고, 이러한 위원회의 판단은 대체적으로 유럽법원에 의해서도 지지되었다.[27]

동 사건에서 시장지배적 사업자에 의하여 그의 구매자들에게 부과된 일괄 구입의 강제는 리베이트 제공에 의하여 뒷받침 되었는데, 법원은 이러한 형태의 강제는 그 자체로 통상적인 경쟁 기능과 양립할 수 없다고 보았다. 특히 법원은 구매자의 선택이 자신의 이익을 고려하여 상업적 관점에서 행한 것이 아니라, 지배적 공급자에 의존적인 상황에서 구매자가 그의 주문을 다양한 공급자에게 확장할 수가 없고 또한 지배적 회사에 의해 제공된 리베이

---

26) British Plasterboard v. Commission Case 310/93(1995) ECR I-865.
27) Case 85/76(1979) ECR 461.

트를 잃을 위험을 회피하기 위하여 이루어진 것이라는 점에 주목하였다.

한편 Hoffmann-La-Roche사 행위의 남용성을 판단하는 과정에서 약정에 포함된 가격 조정 조항, 즉 '영국조항'(English Clause)으로 널리 알려진 조항이 중요하게 다루어졌다. 당해 약정상의 조항에 의하여 다른 제조업자로부터 더 좋은 가격조건을 획득한 고객은 Hoffmann-La-Roche사에게 가격을 다른 제조업자의 가격에 맞추어 조정할 것을 요청할 수 있는 권한을 부여받았다. Hoffmann-La-Roche사가 그렇게 행동하지 않는다면, 고객은 충실리베이트의 이익을 잃지 않고서 다른 제조업자로 구매를 전환할 수 있었다. 이러한 조항은 Hoffmann-La-Roche사의 리베이트가 가격 경쟁의 상황에서 제공된 것이라는 점을 의미할 수도 있지만, 법원은 이러한 이해를 수용하지 않았다. 법원은 이 조항이 구매자의 이익을 위하여 경쟁적 압력이 효과적으로 작동하는 것을 가능하게 하는 것이라기보다는, 실제로 관련 비타민 시장의 상태에 관한 많은 정보를 Hoffmann-La-Roche사에게 제공하는 효과를 갖고 있었다고 보았다. 이러한 방식으로 받아들인 정보는 Hoffmann-La-Roche사의 능력을 지배적인 것으로 향상시켰으며, 따라서 '영국조항'의 효과는 시장의 경쟁적 구조를 더욱 약화시키는 것에 기여한 것으로 판단하였다.

Michelin사건 역시 그 자체가 대체적으로 충실리베이트와 관련되었고, 리베이트 제공의 시장지배력 남용성을 인정한 위원회의 결정은 법원에 의하여 지지되었다.[28] Michelin사는 트럭과 버스를 포함하여 重車용 대체 타이어 시장에서 지배적인 지위를 차지하고 있었다. 무엇보다 위원회의 결정은 개별 유통업자들의 판매목표의 달성에 대한 대가로 Michelin사에 의해 정해진 리베이트가 충분히 객관적이지 않고 그 리베이트계획이 일반적인 투명성의 결여로 특징지을 수 있다는 사실에 근거하였다. 또한 1977년에 Michelin사에

---

28) Case 322/81(1983 ECR 3461. 동 판결에 대한 평석으로서, 홍명수, "Michelin 판결에 나타난 시장지배적지위의 남용으로서 리베이트", 「경쟁저널」 제126호, 2006, 79면 이하 참조.

의하여 제시된 목표는 두 개의 다른 타이어 시장(중차 시장과 경차 시장 각
각)을 리베이트 방식을 통하여 연계하는 것이었고, 이 때 중차시장에서의
Michelin사의 시장지배력을 경차시장에서의 판매촉진에 이용하였다는 사실
이 인정되었다. 위원회는 EC조약 제86조(현 82조)의 목적에 비추어 정상적인
상업적 행위로서 받아들여질 수 있는 리베이트는, 리베이트의 제공이 구매자
에게 명확하게 알려져야 하며, 그리고 객관적 근거에 기초하여 결정된 것이
어야 한다고 보았다. 특히 후자는 상대방에게 지불될 수 있는 금액은 그들이
수행한 임무와 그들이 실제로 제공한 서비스에 기초하여 계산되어야 한다는
의미로 이해하였다.

　위원회의 결정에 대하여 제조업자들은 이러한 판단이 지배적인 시장지위
를 갖고 있는 제조업자가 리베이트나 보너스 계획을 사용하는 것을 일반적
으로 억제할 것이라는 우려를 표시하였다. 그러나 유럽법원은 Michelin사에
의해 채택된 다양한 할인을 위한 체제가 개별적 판매 목표의 달성에 연계되
어 있고, 그러한 목표를 달성하기 위하여 유통업자들에게 압력을 가하려는
Michelin사 대표들의 빈번한 개별적 방문과 같은 행위는 거래상대방에게 부
당한 압력으로 작용할 수 있다는 점에서 남용에 해당한다고 본 위원회의 견
해를 수용하였다. 한편 이러한 법원의 판단은 프랑스 중차 타이어 시장에서
50% 이상의 점유율을 갖고 있었던 Michelin사의 리베이트 행위에 대한 2001
년 위원회 결정에서도 유지되고 있다.[29] 2001년의 사건에서 문제가 되었던
Michelin사의 행위는 타이어 유통업자들에 대한 리베이트에 있어서 무조건적
으로 지급되는 최소 리베이트 액이 할당되고, 이후 판매 실적에 따라서 가파
르게 등급화된 리베이트 액을 차등적으로 지급하는 것이었다. 위원회는 이러
한 행위가 유통업자들이 다른 제조업자로 전환하는 것을 실질적으로 제한한
다는 점에서 시장지배력의 남용행위에 해당하는 것으로 판단하였다.

　종합적으로 보았을 때, Michelin 사건과 Hoffmann-La-Roche 사건은 지배적

---

29) (2001) 5 CMLR 388.

사업자들에 의한 리베이트의 사용이 비록 전적으로 금지되는 것은 아니라 할지라도, 상당한 주의를 필요로 한다는 결론에 이르고 있다. 또한 이상의 판결들은 상대방에게 불공정한 압력으로 작용하지 않도록 하기 위하여 시스템의 작용이 충분하게 객관적이고 투명하다면, 그리고 공급자에게 절약된 비용을 반영하지 않는 것이거나 다른 유형의 상대방 사이에 차별하는 것이 아니라면, 객관적 판매 목표 달성에 연계된 리베이트가 허용될 수도 있다는 점을 시사한다.[30]

2. 독점규제법상 시장지배적 지위남용으로서 리베이트

1) 방해적 남용으로서 리베이트

독점규제법상 시장지배적 지위의 남용성은 제3조의2에 기초하여 판단하며, 따라서 시장지배적 지위남용으로서 리베이트의 규제도 이에 근거한다. 동조 제1항은 부당한 가격결정으로서 상품의 가격이나 용역의 대가를 부당하게 결정·유지 또는 변경하는 행위(1호), 부당한 출고조절로서 상품의 판매 또는 용역의 제공을 부당하게 조절하는 행위(2호), 다른 사업자의 사업활동을 부당하게 방해하는 행위(3호), 새로운 경쟁사업자의 참가를 부당하게 방해하는 행위(4호) 그리고 일반 조항적 성격을 갖고 있는 "부당하게 경쟁사업자를 배제하기 위하여 거래하거나 소비자의 이익을 현저히 저해할 우려가 있는 행위"(5호)를 남용행위로서 규정하고 있다. 또한 각각의 남용유형의 구체적인 내용이 동법 시행령 제5조 제1항 내지 제5항에 규정되어 있으며, 또한 동법 시행령 제5조 제6항에 의하여 제정되는 공정거래위원회의 「시장지배적 지위남용행위 심사기준」(이하 '심사기준'이라 한다)은 보다 세부적인

---

30) D. G. Goyder, 주 23)의 책, 294면.

기준들을 제시하고 있다.

앞에서 EU와 독일의 비교법적 고찰에서 살펴본 것처럼, 시장지배적 사업자에 의한 리베이트의 제공은 배타적인 관계를 구축하여 경쟁사업자를 배제함으로써 시장지배력을 妨害的으로 남용하는 의미를 갖고 있으며, 동법의 지배력 남용의 규제체계상 제3호의 사업활동 방해 또는 일반조항으로서의 의미가 있는 제5호에 의한 규제가 가능할 것이다.

2) 구체적 규제 근거의 검토

제3호를 구체화하고 있는 시행령 제5조 제3항에 의하면, 정당한 이유 없이 다른 사업자의 생산활동에 필요한 원재료 구매를 방해하는 행위(1호), 정상적인 관행에 비추어 과도한 경제상의 이익을 제공하거나 제공할 것을 약속하면서 다른 사업자의 사업활동에 필수적인 인력을 채용하는 행위(2호), 정당한 이유 없이 다른 사업자의 상품 또는 용역의 생산·공급·판매에 필수적인 요소의 사용 또는 접근을 거절·중단하거나 제한하는 행위(3호), 제1호 내지 제3호 외의 부당한 방법으로 다른 사업자의 사업활동을 어렵게 하는 행위로서 공정거래위원회가 고시하는 행위(4호)가 이에 해당한다. 그러나 리베이트의 사업활동 방해적 성격에도 불구하고, 이를 정확히 포섭할 수 있는 근거를 이상의 규정에서 찾는 것에 어려움이 있다. 우선 제1호 내지 제3호의 규정은 다른 특수한 행위 유형을 예정하고 있기 때문에 제4호의 일반규정을 고려할 수밖에 없지만, 동 규정을 보충하고 있는 심사기준 역시 리베이트와 직접적으로 관련되는 행위 유형을 제시하지는 않고 있다.[31] 물론 심사기준

---

31) 심사기준 Ⅳ. 3. 라.에서 동법 시행령 제5조 제3항 제4호를 구체적으로 정하고 있는 규정에 의하면, (1) 부당하게 특정사업자에 대하여 거래를 拒絶하거나 거래하는 상품 또는 용역의 수량이나 내용을 현저히 制限하는 행위, (2) 거래상대방에게 정상적인 거래관행에 비추어 타당성이 없는 조건을 제시하거나 가격 또는 거래조건을 부당하게 差別하는 행위, (3) 부당하게 거래상대방에게 不利益이 되는 거래 또

이 정하고 있는 것 이외의 다른 행위 유형도 동법 시행령 제5조 제3항 제4호에 해당하는 것으로 볼 수 있지만, 이러한 경우에는 심사기준의 규정이 예시적 열거에 지나지 않는다는 법적 이해가 전제되어야 한다.

리베이트 규제의 근거 규정으로서, 이른바 '작은 일반조항'의 성격을 갖고 있는 동법 제3조의2 제1항 제5호도 고려할 수 있다. 특히 동 규정 전단의 부당하게 경쟁사업자를 배제하기 위한 거래는 앞에서 살펴본 리베이트의 남용적 성격에 부합하는 측면이 있다. 그러나 동 규정 역시 하위법령에 의하여 보충되는 내용은 리베이트의 전형적 모습과 차이가 있다. 즉 동법 제3조의2 제1항 제5호의 경쟁사업자 배제에 관하여 동법 시행령 제5조 제5항 제1호는 "부당하게 상품 또는 용역을 통상거래가격에 비하여 낮은 대가로 공급하거나 높은 대가로 구입하여 경쟁사업자를 배제시킬 우려가 있는 경우"를 그리고 제2호는 "부당하게 거래상대방이 경쟁사업자와 거래하지 아니할 것을 조건으로 그 거래상대방과 거래하는 경우"를 규정하고 있다. 나아가 심사기준은 후자의 판단기준으로서, "이 경우 경쟁사업자의 대체거래선 확보의 용이성, 당해 거래의 목적·기간·대상자 및 당해 업종의 유통관행 등을 종합적으로 고려한다"는 규정을 두고 있다. 이상의 규정에 비추어, 동법 시행령이 규정하고 있는 경쟁사업자 배제는 부당염매(predatory pricing)와 배타조건부 거래(exclusionary practice)를 의미하는 것으로 이해되고 있다.[32]

리베이트가 이와 같은 행위 유형에 어느 정도 관련되는 것은 분명하지만, 정확히 일치하는 것은 아니며, 따라서 이들 규정에 의한 포섭에 한계가 있을

는 행위를 強制하는 행위, (4) 거래상대방에게 사업자금을 대여한 후 정당한 이유 없이 貸與資金을 일시에 回收하는 행위, (5) 다른 사업자의 계속적인 사업활동에 필요한 소정의 節次(관계기관 또는 단체의 허가, 추천 등)의 履行을 부당한 방법으로 어렵게 하는 행위, (6) 다른 사업자의 행위가 자기의 特許權을 侵害하지 않는다는 사실을 알면서도 다른 사업자의 競爭能力을 침해하기 위하여 다른 사업자를 상대로 特許權侵害의 訴訟을 提起하는 행위가 이에 해당한다.
32) 양명조, 경제법강의, 신조사, 2007, 90면 참조.

수밖에 없다. 예를 들어 리베이트는 가격 할인의 요소가 있으므로 부당염매
적 성격을 갖고 있는 것으로 볼 수 있다. 그러나 부당염매의 규제에 있어서
는 부당염매에 해당하는 것으로 볼 수 있는 가격 수준이 중요하며,[33] 거래관
계의 지속이나 확대를 위한 유인체계(incentive)가 부당성 판단의 핵심이 되는
리베이트 규제와는 본질적인 차이가 있다. 또한 배타조건부 거래도 리베이트
제공에 관련된 경쟁정책상의 문제를 모두 포괄할 수 있는 것은 아니다. 배타
조건부 거래는 개념상 구매자가 하나 이상의 상품을 특정한 판매자로부터
배타적으로 구매할 것을 조건으로 하는 거래이며, 이로 인하여 경쟁사업자에
게 발생하는 시장봉쇄적 효과에 초점이 모아진다.[34] 경쟁사업자를 배제하려
는 시도와 관련된다는 점에서 리베이트의 제공 역시 어느 정도 배타적 거래
의 성격을 갖지만, 그러나 거래의 계속이나 종결이 거래조건으로 구체화되지
않는다는 점에서 행태상의 차이를 부정할 수 없다.

　이상의 논의에서 알 수 있듯이, 동법 제3조의2 제1항 제5호 전단의 경쟁
사업자 배제 규정에 의한 리베이트 제공의 포섭은 하위 법령과의 종합적인
이해에 비추어 일정한 한계가 있다. 또한 제5호 자체가 제1호 내지 제4호와
의 관계에서 보충적인 성격이 있으며, 따라서 리베이트 규제와 관련해서 보
면 제3호의 규정이 우선적으로 검토되어야 한다는 점도 고려되어야 한다.[35]

---

33) 이와 관련하여 유력한 견해인 Areeda & Turner 기준은 단기한계비용 또는 그 대용
　으로서 단기평균가변비용 이하의 수준에 있는 가격은 부당한 것으로 추정한다는
　기준을 제시하고 있다. Phillip Areeda & Donald F. Turner, "Predatory Pricing and
　Related Practices under Section 2 of the Sherman Act", Harvard Law Review vol.
　88, 1975, 700면. 한편 대법원은 염매의 판단에 있어서 총원가(평균비용)를 기준으
　로 한다는 입장을 밝히고 있다. 대법원 2001. 6. 21. 선고 99두4686 판결.

34) Herbert Hovenkamp, Federal Antitrust Policly: The Law of Competition and Its
　Practice, West Group, 1999, 430~432면.

35) 한편 동법 제3조의2 제1항 제5호의 규정에서 후단에 해당하는 '소비자 이익을 현
　저하게 저해하는 행위'에 한정하여 보충적 성격을 이해하고 있는 견해로서, 이호
　영, 독점규제법의 이론과 실무, 홍문사, 2006, 77~78면 참조.

2008년 공정거래위원회는 처음으로 리베이트 제공을 시장지배적 지위남
용행위로서 규제하였다. 구체적으로 보면, CPU(중앙처리장치)를 제조, 판매
하는 인텔(인텔코퍼레이션, 인텔세미콘덕터리미티드 및 (주)인텔코리아)이 국
내 PC 제조업자들에게 CPU를 공급함에 있어서 경쟁사업자인 AMD를 배제
할 목적으로 리베이트를 제공하였고, 이러한 행위가 시장지배적 지위의 남용
행위에 해당하는지가 문제가 되었는데, 공정거래위원회는 당해 행위를 동법
제3조의2 제1항 제5호 및 동법시행령 제5조 제5항 제2호에 해당하는 시장지
배적 지위남용행위로서 판단하고, 자사제품 구매비율을 일정 수준으로 유지
할 것 등을 조건으로 하는 리베이트 제공행위를 하지 않을 것을 내용으로 하
는 시정명령을 내렸다.[36] 이와 같은 규제 사례에 비추어 향후 공정거래위원
회 실무에서 리베이트에 대한 시장지배적 지위남용행위적 접근이 이루어질
것으로 예상된다.

IV. 결론

1. 불공정거래행위와 시장지배적 지위남용행위 규제의 종합

앞에서 살펴 본 것처럼, 리베이트 규제와 관련하여 불공정거래행위와 시
장지배적 지위남용행위로서의 규제 가능성이 모두 존재하며, 따라서 양자의
관계 설정에 대한 논의가 불가피하다. 이와 관련하여 양자의 관계를 특별법
적인 것으로서 이해하는 견해가 유력하다. 이러한 입장을 취할 경우에, 그
근거를 수범자적 특성에서[37] 구하든 아니면 시장구조적 특성에서[38] 구하든

---

36) 공정위 2008. 11. 5. 의결 2007독감1790, 2008시장1126.
37) 권오승, 경제법, 법문사, 2008, 283면 참조.
38) 시장지배적 사업자가 존재하는 시장은 이미 구조적으로 경쟁이 제한되고 있는, 즉

지 간에, 특별법적 위치에 있는 것으로 보게 되는 시장지배적 지위남용행위로서의 규제가 우선적으로 적용될 것이다.

그러나 양 규제의 규제 목적상의 차이에 주목할 수도 있다. 독일의 경우 경쟁의 불공정성을 문제 삼는 UWG와 경쟁의 자유를 침해하는 경쟁제한적 행태에 규제의 초점을 맞추고 있는 GWB 사이의 관계를 상호의존적인 것으로서 이해하고 있다.[39] 이러한 이해를 따른다면, 불공정거래행위 규제에 비하여 시장지배적 지위남용행위 규제에 법적용상 우월한 의미를 부여하는 것에 부정적일 수 있고, 나아가 규제 목적상의 차이에 근거하여 양 규제의 경합적 적용의 주장도 가능할 것이다. 물론 양자의 경합적 적용을 인정하는 경우에 추가적으로 논의되어야 할 부분은 있으며, 특히 실제 거래에서 경쟁의 자유와 경쟁의 공정은 개념상의 구분과는 별개로 사실 인정이나 위법성 판단과정에서 분리되기 어렵다는 점에도 유의할 필요가 있다. 또한 독점규제법 제23조가 규정하고 있는 불공정거래행위의 유형 중에는 경쟁제한적 측면에서 불공정성을 판단할 수밖에 없는 경우가 존재한다는 점도 양자의 명확한 분리가 용이하지 않음을 시사하는 것이다.

최근의 공정거래위원회의 규제 실무에서는 양자의 경합적 적용을 시도한 사례가 나타나고 있으며,[40] 포스코의 열연코일 공급거절 사건에서 대법원도 이러한 입장을 어느 정도 수용한 것으로 보인다.[41] 즉 대법원은 동 판결에서 "공정거래법(독점규제법) 제3조의2 제1항 제3호의 시장지배적 사업자의 거

잔존경쟁(remaining competition)의 시장으로 이해하고, 이와 같은 시장에 대한 특수한 규율가능성이 필요할 수 있다는 논지를 전개하고 있는 것으로서, 홍명수, 경제법론I, 경인문화사, 2008, 114~116면 및 이봉의, "독점적 사업자의 끼워팔기: 마이크로소프트(MS)사의 지위남용을 중심으로", 법과 사회 제27호, 2004, 336~337면 참조.

39) Fritz Rittner, 주 3)의 책, 26면 이하.

40) 마이크로소프트의 끼워팔기에 관한 공정거래위원회의 심결로서, 공정위 2006. 2. 24. 의결, 2002경촉0453, 2005경촉0375 참조.

41) 대법원 2007. 11. 22. 선고 2002두8626 전원합의체 판결.

래거절행위와 공정거래법(독점규제법) 제23조 제1항 제1호의 불공정거래행위로서의 거래거절행위는 그 규제목적 및 범위를 달리하고 있으므로 공정거래법(독점규제법) 제3조의2 제1항 제3호가 규제하는 시장지배적 사업자의 거래거절행위의 부당성의 의미는 공정거래법(독점규제법) 제23조 제1항 제1호의 불공정거래행위로서의 거래거절행위의 부당성과는 별도로 독자적으로 평가·해석하여야 한다"고 보았다. 동 판결은 시장지배적 지위남용행위의 부당성은 불공정거래행위의 부당성과는 별도로 독자적인 판단을 요하는 것으로 봄으로써, 적어도 특별법적인 관계로서 시장지배적 지위남용행위와 불공정거래행위를 보는 것과는 다른 이해의 가능성을 보여주고 있다.

이와 같은 최근 공정거래위원회의 규제 실무와 대법원 판결을 통하여 제시된 시장지배적 지위남용행위와 불공정거래행위의 관계에 관한 태도를 리베이트 규제에 대해서도 적용할 수 있지만, 이때 각각의 규제 가능성과 관련하여 리베이트의 경쟁정책적 의의에 대한 분명한 인식이 전제될 필요가 있다. 독일의 UWG와 GWB에 의한 리베이트 규제가 시사하듯이, 불공정거래행위로서의 리베이트 제공이 상대방 선택의 왜곡이나 침해에 부당성의 본질이 있는 것이라면, 시장지배적 지위남용행위로서의 리베이트는 경쟁사업자를 배제하는 배타적 성격이 규제의 핵심이다. 결국 양자의 경합적 적용을 긍정할 경우에, 구체적 행위가 이와 같은 각각의 규범적 요건을 충족하는지가 선행적으로 검토되어야 한다.

2. 규제 개선에 대한 제안

현행 독점규제법상 리베이트 규제에 있어서 불공정거래행위와 시장지배적 지위남용행위로서의 규제 가능성을 모두 긍정한다 하더라도, 동법과 시행령 그리고 구체적인 기준을 제시하고 있는 공정거래위원회의 고시로 구성된 현행 규제체계가 리베이트에 관한 규제로서 충분하고 적절한 것인지에 대해서는 의문의 여지가 있다.

우선 불공정거래행위의 경우 '심사지침'은 음성적 리베이트에 규제의 초점을 맞추고 있다. 리베이트 제공에 있어서 투명성은 거래상대방의 선택의 왜곡을 방지하는 중요한 요소인 것은 분명하지만, 오로지 투명성만으로 거래의 불공정성을 이해할 수 있는 것은 아니며, 거래상대방의 합리적 선택을 방해할 수 있는 다양한 행태들이 리베이트 제공에 관련될 수 있다.

또한 시장지배적 지위남용행위로서 리베이트 제공을 규제할 경우에도, 적절한 규제 근거를 제시하는데 어려움이 따라고 있다. 시장지배력 남용으로서 리베이트의 배타적 성격을 강조할 경우에, 이에 상응하는 동법 제3조의2 제1항 제3호의 사업활동 방해에 관한 규정이 가장 적절한 근거가 될 수 있지만, 이를 보충하고 있는 하위 법령에서 명시적으로 이를 예정하고 있지 않은 것에 의하여 법적용상의 어려움이 초래되고 있다. 물론 법해석론으로 이에 대한 규제 근거를 도출할 수 있지만, 규제의 명확성을 제고한다는 차원에서 리베이트로 인한 경쟁사업자의 배제를 적절하게 포섭할 수 있는 근거조항을 하위법령에서라도 마련하는 것을 적극적으로 고려할 필요가 있다.

8. 독점규제법상 특수관계인과의 기업결합에 대한 규제 가능성 검토

Ⅰ. 서론

기업결합은 복수의 기업이 단일한 관리체제 안으로 통합되는 일련의 과정 내지 그 결과를 의미하며,[1] 개념적으로 결합에 참가하는 기업은 상호 독립적인 주체일 것이 요구된다. 즉 기왕에 단일한 지배관계 안에 편재되어 있는 기업들은 이미 결합을 이룬 상태에 있으며, 여기에 추가적인 결합과정을 상정하는 것은 논리적으로 모순인 측면이 있다. 물론 이미 결합관계를 이루고 있는 기업들 간에 새로운 형태의 결합 내지 보다 강화된 방식으로서 결합을 행하는 것은 가능하다. 그러나 이러한 경우에도 기본적으로 기업 내부적 구조 조정으로 이해하는 것이 우선하며, 기업의 외적, 인위적 확대를 의미하는 기업결합 고유의 관점이 여기에 적용될 여지는 크지 않다.

그럼에도 불구하고 기존에 일정한 관계를 맺고 있는 기업들이 이후 기업결합에 해당하는 일련의 행위를 할 경우에, 특히 경쟁법상 기업결합의 문제로 다루어질 가능성이 전혀 없는 것은 아니다. 이러한 점은 우리 「독점규제 및 공정거래에 관한 법률」(이하 독점규제법)과 비교하여 기업결합의 의의에 관한

---

[1] 권오승, 경제법, 법문사, 2009, 165면; 이기수·유진희, 경제법, 세창출판사, 2006, 91면; 정호열, 경제법, 박영사, 2008, 187면.

구체적인 설명을 제시하고 있는 독일의 경쟁제한방지법(Gesetz gegen Wettbe werbsbesc hränkungen: GWB)의 규정에서 보다 분명하게 드러난다. 독일의 GWB 제37조 제2항은 "기업결합에 참가한 사업자들이 이미 결합관계에 있는 경우에도, 그 기업결합이 기존의 사업자 결합을 본질적으로 강화하는 것으로 이끄는 것이 아닌 경우를 제외하고, 기업결합에 해당한다"(Ein Zusammenschluss liegt auch dann vor, wenn die beteiligten Unternehmen bereits vorher zusamme ngeschlossen waren, es sei denn, der Zusammenschluss führt nicht zu einer wesentlichen Verstärkung der bestehenden Unternehmensbindung)고 규정하고 있다. 즉 동 규정에 따르면, 이미 일정한 결합관계에 있는 사업자들 간에 기 업결합일 경우에도 기존의 결합관계를 강화할 경우에 기업결합에 해당하여, 동법에 의한 규제 대상이 될 수 있다.

　이러한 이해는 독일과 마찬가지로 경쟁제한적 기업결합을 규제하고 있는 우리 독점규제법에서도 가능한 것이다. 비록 독점규제법과 동법 시행령에 이 에 관한 명시적인 규정을 두고 있지 않지만, 공정거래위원회 고시인 「기업결 합심사기준」은 심사에 있어서 특별한 취급을 하게 되는 '간이심사대상 기업 결합'을 상정하고, 기업결합 당사자가 서로 독점규제법 시행령 제11조에 규 정된 특수관계인에 해당하는 경우(심사기준 Ⅱ. 1. (1))를 여기에 포함시키고 있다. 동 규정은 이미 단일한 지배관계를 중심으로 일정한 관계에 있는 사업 자 간의 기업결합에 대하여 간이한 심사방식을 적용함으로써, 동법에 의한 규제 가능성이 줄어드는 것을 시사하지만, 또한 이러한 형태의 기업결합이 독점규제법상 규제되는 기업결합에서 완전히 배제되는 것은 아니라는 점을 동시에 함축하고 있는 것이다.

　이하에서는 독점규제법상 특수관계인 간에 이루어지는 기업결합의 경쟁제 한성 평가에 대하여 상론할 것이다. 논의를 전개하면서, 독일 GWB의 비교 법적인 검토를 행하고, 또한 이러한 형태의 기업결합이 의도하는 경제적 목 적을 분석함으로써, 독점규제법상 이를 규제할 가능성에 대한 구체적인 결론을 제시하고자 한다. 한편 최근에 이루어졌던 주식회사 케이티(이하 'KT'라 한다)와 주식회사 케이티프리텔(이하 'KTF'라 한다)의 합병을 논의 과정에서 사례로 다룰 것이다.

II. 특수관계인과의 기업결합의 경쟁정책적 의의

1. 독점규제법상 특수관계인의 의의와 기업결합

1) 특수관계인의 의의

독점규제법상 특수관계인은 간접적인 방식의 기업결합을 규제하기 위한 도구 개념으로 도입된 것이다. 즉 동법 제7조 제1항은 직접 또는 특수관계인을 통한 기업결합을 규제 대상으로 하며, 이때 특수관계인은 결합의 당사자를 대신해서 기업결합을 매개하는 역할을 수행한다. 동법 시행령 제11조는 특수관계인에 해당하는 자로서 당해 회사를 사실상 지배하고 있는 자(1호), 동일인 관련자(2호) 그리고 경영을 지배하려는 공동의 목적을 가지고 당해 기업결합에 참여하는 자(3호)를 규정하고 있다. 이와 같은 특수관계인은 기업결합의 당사자와 일정한 관계에 위치하여 간접적인 방식의 기업결합을 완성하는 자로서 이해되지만, 또한 기업결합의 실질적 의의를 확정하는 데에도 영향을 미친다. 형식적으로는 혼합결합으로 보이는 기업결합에 대해서, 특수관계인의 관계에 기초하여 그 실질을 파악할 경우에 수평결합에 해당하는 예를 상정할 수 있을 것이다.

동조 제1호의 '당해 회사를 사실상 지배하고 있는 자'는 회사에 대한 사실상 지배를 기준으로 특수관계인을 정하고 있으며, 이로써 피지배 당해 회사는 결합의 주체로 인정된다. 사실상 지배관계가 있는 경우, 지배회사의 행위에 의한 결합의 효과를 피지배회사에게 귀속시키는 것이 기업결합의 실질에 부합한다는 취지로 이해할 수 있다. 독점규제법이 명시적으로 회사의 사실상 (사업내용의) 지배에 관하여 언급하고 있는 것은, 동법 제2조 제1호의 기업 집단의 범위에 관한 규정에서이며, 동법 시행령 제3조는 이에 대한 상세한 규정을 두고 있다. 동 규정은 사실상 사업내용의 지배를 형식적인 기준과 실질적인 기준에 의해서 이중적으로 파악하고 있는데, 동조 제1호는 지분의 100분의 30 이상 소유 및 최다출자자일 경우에 사업 지배를 인정하고 있으며, 제2호는 대표이사의 임면이나 주요 의사결정에 미치는 영향 등의 실질적 징표에 의하여 사업지배 관계를 규정하고 있다. 특히 제2호는 "사회통념상 경제적 동일체로 인정되는 회사"를 실질적 사업지배에 관한 일반조항적 기준으로 제시하고 있다.

특수관계인에 해당하는 '동일인 관련자'(영 11조 2호) 역시 기업집단의 범위를 확정하기 위하여 창안된 법적 개념이다. 동 개념은 지분관계에 기초하여 사실상 사업지배가 인정되는 경우에, 동일인과 동일시 할 수 있는 범위를 정하는 의미를 갖는다. 동일인 관련자는 동법 시행령 제3조 제1호에서 구체적으로 규정하고 있는데, 이에 의하면 동일인의 친족(가목), 동일인이 지배력을 갖고 있는 비영리법인 또는 단체(나목, 다목), 동일인의 사용인(마목), 그리고 동일인이 사실상 사업내용을 지배하는 회사(라목)가 동일인 관련자에 해당한다. 특히 마지막의 '동일인이 사실상 사업내용을 지배하는 회사'는 전술한 동법 시행령 제3조 제1호 및 제2호에 의하여 판단하게 되며, 전술한 동법 시행령 제11조 제1호의 '당해 회사를 사실상 지배하고 있는 자'와는 역의 관계에 있다. 이와 같이 피지배회사로서 동일인 관련자가 되는 경우, 동일인과 이에 해당하는 기업들 전체가 하나의 기업집단을 구성하게 되고(동법 2조 2호 가목), 또한 이들 기업들 상호간에 계열회사의 관계에 있게 된다.

끝으로 '경영을 지배하려는 공동의 목적을 가지고 당해 기업결합에 참여하는 자'(영 11조 3호)로서 특수관계인은 다른 유형과 달리 상호 간에 사업지배적 관계를 전제하지 않고, 공동의 지배 목적을 공유하는 것에 기초하여 구성된다. 셋 이상의 사업자가 참가하는 기업결합에서, 기업결합의 실질적 의의를 파악하는데 유용한 기준이 될 것이다.

2) 특수관계인과의 기업결합의 의의

전술한 것처럼 독점규제법 시행령 제11조는 기업결합의 우회적 성립의 매개 수단으로 특수관계인이라는 개념을 규정하고, 이에 해당하는 세 가지 유형을 제시하고 있다. 이를 분석하면, 동조 제1호와 제2호의 규정에서처럼 기존의 사업지배 관계에 기초하고 있는 경우와, 제3호와 같이 이러한 관계가 전제되지 않은 경우로 나눌 수 있으며, 특수관계인과의 기업결합 역시 이러한 분류에 따라서 그 의의를 살펴보는 것이 적절하다.

우선 후자에 해당하는 특수관계인과의 기업결합의 경우에 기업결합 주체는 일정한 목적을 공유하지만, 사업지배 관계를 맺고 있는 것은 아니기 때문에, 일반적인 기업결합과 본질적인 차이가 드러나는 것은 아니다. 반면에 이미 사업지배 관계를 이루고 있는 특수관계인과의 결합은, 단일한 지배관계의 형성이라는 기업결합의 의의에 비추어, 이러한 형태의 결합을 독점규제법상의 기업결합으로 볼 수 있는지에 관하여 논의의 여지가 있다.

독일 GWB 제37조 제1항 제2호는 기업결합의 태양으로서 다른 사업자에 대하여 일정한 행위에 영향을 미칠 가능성이 있는 직접적 또는 간접적 지배권의 획득을 규정하고 있으며, 동 규정상의 지배권 개념에 비추어 지배권 획득에 의한 기업결합은 자산의 취득 또는 지분의 취득에 의한 기업결합을 내용적으로 포함하는 일반적이고 포괄적인 성격을 갖고 있는 것으로 이해된다.[2] 이러한 이해는 우리 독점규제법 운영에도 반영되고 있는데, 기업결합심

---

2) Knut Werner Lange hrsg., Handbuch zum deutschen und europäischen Kartellrecht, Verlag Recht und Wirtschaft, 2006, 595~596면(Henning Schröer 집필부분) 참조.

사기준은 기업결합의 성부가 지배관계의 형성여부 판단에 의하고 있음을 밝히고 있다(심사기준 V). 이와 같이 독일과 우리의 경쟁법에서 지배권의 획득 내지 형성은 기업결합을 판단하는 핵심적 표지에 해당한다. 이를 전제할 경우에 지배 내지 피지배관계에 있는 특수관계인과의 기업결합은 이미 지배관계가 존재하는 사업자 간에 또 다시 지배관계를 형성하는 의미를 갖게 되며, 이로부터 개념상 중복의 문제가 발생한다.

이러한 개념적 중복은 지배관계의 형성을 핵심적 표지로 하는 기업결합의 성립을 부인하는 근거가 될 수 있으며, 법리적으로 독점규제법의 규제 대상에서 제외되는 결과를 낳을 수 있다. 그러나 앞에서 언급한 독일 GWB 제37조 제2항의 규정이 시사하듯이, 특수관계인과의 기업결합이 기존에 존재하던 지배관계를 강화하는 의미가 있을 경우에, 지배관계의 형성이라는 관점에서 이를 독점규제법의 규제 대상인 기업결합에 포섭할 가능성은 여전히 존재하는 것으로 볼 수 있다. 이러한 점에서 특수관계인의 위치에 있는 사업자 간에 기업결합을 하게 되는 경제적 동기 내지 목적에 대한 이해가 요구된다.

2. 특수관계인과의 기업결합의 경제적 목적과 지배관계의 강화

1) 경제적 목적의 분석

무엇보다 현실 경제에서 특수관계인과의 기업결합에 해당하는 행위가 나타나고 있다면, 어떠한 경제적 동기가 이러한 유형의 기업결합에 작용하는지에 대한 분석이 필요할 것이다.

일반적으로 하나의 기업집단은 우리 독점규제법상 동일인이라 표현되는 지배권의 정점으로부터 단일한 지배관계를 통하여 구축된다. Oliver Williamson의 이해를 빌리면, 이때 동일한 기업집단에 속한 계열회사 간의 관계는 기업

내부의 조직적 규율과 기업 외부의 시장 메커니즘에 의한 규율이 혼합된 상태로 존재하게 되며,[3] 이는 기업의 자율적인 조직 선택에 따른 결과라 할 수 있다. 즉 자원을 내부적으로 조달하는 것과 시장 메커니즘을 이용한 거래에 의하는 것 사이에 선택의 결과로서 기업집단의 조직 편재의 모습이 결정되며, 당연히 이러한 선택은 조직 운영의 효율성을 추구하는 기업 스스로의 비용-편익 분석에 기초할 것이다.

마찬가지로 기업집단 내부에 있는 기업 간의 관계를 어떻게 설정할 것인지의 문제도 기업 스스로의 선택의 결과에 기인한다. 즉 기존의 지배관계를 강화할 것인지 또는 완화할 것인지의 문제는 기업집단의 운영에 있어서 자율적 선택의 대상이며, 그 각각의 경우에 조직 내부적 통제를 강화하는 효과와 시장에 의한 규율의 의존도를 증대시키는 효과를 종합적으로 형량하는 과정이 수반될 것이다. 한편 전술한 것처럼 기업집단적인 조직 구성은, 순수한 단일 기업의 조직 운영방식과 달리, 이미 시장에 의한 규율 가능성을 부분적으로 승인한 것이라 할 수 있다. 따라서 시장 메커니즘의 보호를 목적으로 하는 경쟁법의 적용 가능성이 처음부터 주어지고 있다는 점에도 주의를 요한다. 이러한 상황에서 기업집단 내부의 기업 간의 지배관계를 강화하는 방향으로의 조직 변화가 있었다면, 이는 당연히 시장에 일정한 영향을 미칠 수 있고, 경쟁정책상의 주의를 환기시키는 계기가 된다.

기업집단 또는 지배관계를 구축하고 있는 복수의 기업들이 조직운영의 효율성을 기할 목적으로 이루어지는 조직 개편은, 산업의 경제적, 기술적 조건 및 시장 환경의 변화와 밀접히 관련된다. 특히 산업 전반에 걸쳐 이러한 변화가 급격하게 전개되고 있는 통신산업은 대표적인 예가 되는데, 20세기 후반 다양한 통신서비스가 개발됨으로써 이를 개별적으로 담당하는 통신사업

---

3) Oliver E. Williamson, "Antitrust Lenses and the Uses of Transaction Cost Economics Reasoning", Thomas M. Jorde & David J. Teece ed., Antitrust, Innovation, and Competitiveness, Oxford Univ. Press, 1992, 140면 이하 참조.

자의 수가 확대되었던 것에 반하여, 이후 새롭게 전개되고 있는 융합 (convergence) 환경은[4] 분리되어 있던 통신사업자의 통합을 촉진하는 배경이 되고 있다.[5]

이러한 상황에서 통신사업자의 조직 재편은 개별 통신사업자 나아가 산업 전체의 효율성 제고의 필요에 의하여 촉진된 측면이 있으며, 이미 계열회사 관계에 있는 사업자 간의 새로운 형태의 결합도 동일한 맥락에서 이해가 가능하다. 즉 기업집단을 이루고 있는 통신사업자들에 의한 집단 내 조직 재편은 융합 환경 하에서 효율성을 추구하는 일련의 과정에 상응하는 측면이 있다. 조직적으로 분리되어 있는 사업자가 개별적으로 제공하던 서비스를 융합 환경 하에서 결합하여 판매하는 것이 보다 큰 효율성을 창출할 경우에, 이를 기업 조직의 재편을 통하여 뒷받침하는 것으로 이어질 수 있다. 최근에 이루어진 KT와 KTF의 합병의 경우는 적절한 예가 될 수 있는데, 각 회사가 주된 영업의 대상으로 하고 있는 유선통신과 초고속 인터넷 그리고 이동통신은 결합상품의 유력한 구성요소에 해당하며, 이를 실현하기 위하여 서비스 제공에 있어서 보다 효율적으로 자원을 사용할 수 있는 기업집단 조직의 재편에 대한 고려는 충분히 예상되는 것이다.

2) 사업지배 관계의 강화

이상의 예에서 알 수 있듯이, 융합 현상이 보편화되면서 집중화된 상품 구성에 대한 수요가 발생하는 등의 시장 환경의 변화는, 복수 기업의 조직과 관계를 보다 통합적으로 형성하게 되는 동인이 된다. 물론 시장 환경이 다양

---

4) 김도연, "컨버전스 시대 통신 사업자의 변화", 「디지털 컨버전스」, 커뮤니케이션 북스, 2004, 307~308면.
5) 통신산업에서의 융합 현상이 상품간 융합과 사업자간 융합의 두 개의 차원에서 전개되고 있다는 분석에 관하여, 홍명수, "시장획정 방식의 개선과 과제", 「법과 사회」 제29호, 2005, 264면 이하 참조.

성을 요구하거나 거래비용이 감소하는 등의 원인에 의하여 그 역의 경우도 상정할 수 있지만, 기업들 간의 조직 재편이 기존의 지배관계를 보다 강화하는 방향으로 이루어질 경우에, 이는 경쟁정책적 관점에서 일반적인 기업결합에 비견되는 것이라 할 수 있다.

III. 특수관계인과의 기업결합에 대한 독점규제법상 규제가능성

1. 독일 GWB에서의 규제가능성

전술한 것처럼 독일 GWB 제37조 제2항은 이미 결합관계에 있는 사업자 간에도 기존의 결합관계를 강화하는 경우에 기업결합에 해당한다는 규정을 두고 있다. 동 규정이 대상으로 하는 기업결합은 기존 기업결합 당사자들이 새롭게 기업결합관계를 형성하는 것뿐만 아니라, 기존 결합관계를 강화 (wesentliche Verstärkung der bestehenden Unternehmensverbindung)하는 경우도 포함하고 있다.[6]

동 규정은 모든 형태의 결합관계의 강화를 대상으로 하는 일반적인 형식을 취하고 있음에도 불구하고, 실제 적용영역은 크지 않을 것으로 예상된다. 우선 고려될 수 있는 것은 기존의 지분참가에 있어서 그 비중을 높이는 것이나, 계약적 또는 인적 결합에 의하여 결합관계를 보강하는 것 등이다.[7] 이에 해당하는 구체적인 예를 들면, 기존 지배권의 근거가 되었던 지분율을 25%에서 50%까지 확대함으로써 지배력을 강화하여 경쟁에 미치는 잠재적 영향

---

6) Knut Werner Lange hrsg., 주 2)의 책, 602~603면(Henning Schröer 집필부분) 참조.
7) Fritz Rittner & Meinrad Dreher, Europäisches und deutsches Wirtschaftsrecht, C. F. Müller, 2008, 602~603면.

력을 제고하는 것이다. 즉 지분율이나 자산의 비중을 확대하여 지배권을 강
화함으로써 경쟁에 미치는 잠재적 가능성을 증대시키는 것은 동 규정이 상
정하는 기업결합의 전형적인 예에 해당할 것이다.[8]

한편 주목할 것은 콘쩨른 내부의 구조 전환에 관한 것이다. 이러한 경우에
당해 사업자들이 참여하고 있는 시장에서는 이미 동일한 콘쩨른에 있는 사
업자들을 단일한 경제주체로 인식하고 있기 때문에, 시장에서의 외적 점유율
의 증대로 인한 시장침해의 우려는 존재하지 않고, 따라서 GWB에서 규제하
는 기업결합에 해당하지 않는다는 견해가 있다.[9] 그러나 이 경우에 외부에
미치는 영향을 고려하기 이전에, 동법 제37조 제2항에 규정된 기업결합의 요
건에 해당하는지 여부와 관련하여, 이를 부정하는 견해도 있다. 즉 콘쩨른
내부의 기업들은 이미 단일한 지배관계에 따라 구축되어 경쟁적 단일체
(wettbewerbliche Einheit)로 존재하기 때문에, 실제로 결합이 본질적으로 강화
되는 경우를 상정하기 어렵다는 지적이 유력하다.[10]

2. 독점규제법상 규제 가능성 검토

1) 기업결합의 성립과 간이심사대상 기업결합에 해당 여부

독일 GWB와 같은 명시적인 규정을 두고 있지 않지만, 우리 독점규제법에
있어서도 기존의 지배관계를 보다 강화하는 형태의 구조 변화를 기업결합에
해당하는 것으로 해석할 여지는 충분한 것으로 생각된다. 독일과 마찬가지로
독점규제법상 기업결합은 본질적으로 단일한 지배관계의 형성을 의미하며,

---

8) Knut Werner Lange hrsg., 주 2)의 책, 603면(Henning Schröer 집필부분).
9) 위의 책, 603면(Henning Schröer 집필부분).
10) Fritz Rittner & Meinrad Dreher, 주 7)의 책, 603면.

이에 대한 규제는 기업결합에 따른 구조적인 변화가 경쟁제한적인 효과를 낳을 수 있다는 우려에 근거한다.[11] 기존의 사업지배 관계를 강화하는 것 역시 이와 같은 구조적 변화를 통하여 경쟁제한적인 영향을 미칠 수 있다는 점에서 단일한 지배관계의 형성에 비견될 수 있으며, 이러한 점에서 전술한 기업결합의 본질적 특성과 경쟁정책적 의의를 공유하는 것으로 볼 수 있다. 따라서 독점규제법상 위법한 기업결합의 판단에 관한 일반적인 과정이 여기서도 유효하며, 그 판단 과정에서 기업결합의 성부가 우선적으로 다루어질 것이다.

앞에서 언급한 것처럼, 「기업결합심사기준」은 Ⅲ.에서 간이심사대상 기업결합에 관한 규정을 두고 있다. 이에 의하면 "간이심사대상 기업결합은 경쟁제한성이 없는 것으로 추정하며 원칙적으로 신고내용의 사실여부만을 심사하여 적법한 신고서류의 접수 후 15일 이내에 심사결과를 신고인에게 통보한다." 한편 「기업결합의 신고요령」Ⅱ. 2.는 간이신고대상의 기업결합을 규정하면서, 특히 가목에서 "기업결합신고의무자와 기업결합의 상대회사가 특수관계인(경영을 지배하려는 공동의 목적을 가지고 당해 기업결합에 참여하는 자는 제외한다)인 경우"를 들고 있다.[12]

이상의 규정에 의하여, 사실상 지배관계를 맺고 있는 특수관계인과의 기업결합은 「기업결합심사기준」에서 정하는 간이심사대상 기업결합에 해당하며, 이러한 규정 태도는 특수관계인과의 기업결합이 적어도 독점규제법상 규제 대상이 될 수 있음을 의미하는 것이기도 하다. 한편 동 규정은 간이심사대상이 되는 기업결합의 경우, 그 효과로서 경쟁제한성은 없는 것으로 추정

---

11) 신현윤, 경제법, 법문사, 2006, 166면.
12) 한편 동 규정에서 '경영을 지배하려는 공동의 목적을 가지고 당해 기업결합에 참여하는 자'로서 특수관계인을 간이심사 대상에서 제외하는 것은, 전술한 것처럼 이러한 유형의 특수관계인은 기존의 사업지배 관계를 갖고 있지 않은 자이기 때문에, 일반적인 기업결합과 다르게 취급할 이유가 없다는 취지에서, 동 규정의 간이심사 대상에서 제외하고 있는 것으로 이해된다.

되고 심사 범위는 신고내용의 사실여부에 한정되는 것으로 규정하고 있는데, 특수관계인과의 기업결합이 지배관계와 관련하여 언제나 동일한 의미를 갖는 것은 아니라는 점에서 이와 같은 일률적인 접근에는 일정한 문제제기가 가능하다. 앞에서 언급한 것처럼, 이미 지배관계가 존재하는 사업자 간에 일정한 행위를 기업결합에 해당하는 것으로 보는 것은, 단일한 지배관계의 형성에 비견되는 기존 지배관계의 강화가 이루어지는 경우에 한정되며, 그렇지 않은 경우에는 독점규제법상의 기업결합에 해당하는 것으로 볼 여지가 없게 된다.

앞에서 예로 들었던 KT와 KTF의 기업결합의 경우를 보면, KT는 이미 KTF 주식의 50% 이상을 보유하고 있으며, 따라서 독점규제법 시행령 제3조 제1호에 의하여 KTF는 KT의 동일인 관련자에 해당하고, 또한 특수관계인의 지위를 갖게 된다. 이러한 관계를 전제하여 볼 때, KT와 KTF는 기존의 주식 취득에 의한 지배관계를 형성하고 있는 상황에서 합병에 의한 결합을 의도하고 있으며,13) 합병은 법인격 자체를 통일하는 가장 완전한 형태의 결합에 해당하므로, KT와 KTF의 행위는 기존의 지배관계가 강화되는 의미를 갖는 것으로 이해된다. 따라서 이들의 행위는 독점규제법상 기업결합에 해당하는 것으로 볼 수 있을 것이다. 물론 「기업결합 심사기준」에서 정하는 간이심사 대상 기업결합에도 해당한다.

2) 특수관계인과의 기업결합의 경쟁제한성 판단

전술한 것처럼 「기업결합심사기준」상 간이심사대상에 해당하는 기업결합의 경우에 경쟁제한성은 없는 것으로 추정된다. 그러나 문언 그대로 경쟁제한성이 없다는 것은 추정될 뿐이며, 여기서의 추정이 사실상 추정인지 법률상 추정인지의 문제는 별론으로 하고, 경쟁제한성이 없다는 추정의 복멸 가

---

13) 양명조, 경제법강의, 신조사, 2008, 96면.

능성은 당연히 존재하는 것으로 보아야 한다.

또한 추정을 복멸시킬 수 있는 경쟁제한성의 입증책임이 공정거래위원회에 속한다는 것에 의문은 없으며, 나아가 간이심사대상에 해당하는 기업결합이라 할지라도, 공정거래위원회가 경쟁제한성에 관한 심사를 하는 것에 제한은 없다. 이러한 경쟁제한성의 심사 역시 당해 사업자가 제공하는 상품의 특성, 당해 사업자가 위치한 시장이나 산업의 구조적 성격 등에 대한 객관적 고려에 기초한다는 점에서, 다른 일반적 기업결합의 경우와 다르지 않다. 즉 관련시장의 획정을 전제하여 기업결합 당사자가 속한 시장을 분류하고, 동일 시장에서의 수평적 결합에 따른 경쟁제한성, 인접 시장에서의 수직적 결합에 따른 시장봉쇄와 이로 인한 경쟁제한의 가능성,[14] 그 외의 시장에서의 혼합적 결합에 의한 잠재적 경쟁제한 가능성 등에 대한 검토가 이루어질 것이다.

KT와 KTF의 경우를 예로 들면, 우선 KT가 KTF의 이동통신서비스를 재판매하고 있다는 점에서, 이동통신서비스 시장에 한정할 경우에 수평적 기업결합으로서의 성격을 갖는다. 그러나 이러한 형태의 기업결합에서 경쟁제한성을 인정하기는 어려울 것으로 예상된다. 무엇보다 KT가 재판매하고 있는 시장점유율은 4% 정도에 불과하고, KTF와 단일한 사업자로서 당해 서비스를 제공한다 하더라도, 실제 시장에 미치는 영향은 크지 않다는 분석이 가능하다. 또한 앞에서 독일 GWB 제37조 제2항에 관한 논의에서 언급한 것처럼, 단일한 콘쩨른(기업집단)을 이루고 있는 경우 그 내부의 사업자 간의 기업결합은 시장에 시장점유율 증대와 같은 새로운 위험을 야기하지 않는다는 점에서 경쟁제한성을 인정하는 것에는 한계가 있다.[15]

---

14) 수직적 결합에 의하여 시장의 일부가 봉쇄된다고 하여 바로 경쟁제한적 효과가 나타나는 것으로 보기 어렵기 때문에, 시장봉쇄 외에도 반경쟁적 효과에 대한 추가적 분석이 필요하다는 지적으로, 이민호, "기업결합에서의 경쟁제한성 판단 기준",「경쟁법연구」제13권, 2006, 193면 참조.

15) 전술한 것처럼, 이러한 형태의 기업결합은 경쟁법상 규제 대상이 되는 기업결합 자체가 부정될 수도 있는데, 이와 관련하여 특히 기업집단(콘쩨른) 내부에서의 구조

KT가 제공하는 유선통신서비스와 KTF가 제공하는 이동통신서비스 간에
는 양자를 동일한 관련시장에 위치하는 것으로 볼 것인지의 여부가 선행적
으로 검토되어야 한다. 이와 관련하여 EC위원회의 2002년 지침은[16] 여전히
유·무선 통신서비스를 별개의 시장으로 보고 있으며, 또한 경쟁법상의 전통
적인 상품별 관련시장 획정의 분석에 비추어 볼 경우에도, 유선통신서비스와
이동통신서비스 간에 대체가능성을 인정하는 것은 아직은 시기상조로 여겨
진다. 따라서 현재 시점에서 양자를 동일한 관련시장에 위치하는 것으로 보
기는 어렵다. 그렇다면 유성통신서비스와 이동통신서비스 그리고 초고속 인
터넷과 이동통신서비스의 관계에 기초한 KT와 KTF의 기업결합은 혼합적
기업결합으로 이해하는 것이 타당할 것이다.

혼합적 기업결합의 경쟁제한성 판단은 원칙적으로 잠재적으로 경쟁제한적
영향을 미치는지 여부에 의하며, 특히 KT와 KTF의 기업결합의 경우에는
KT가 유선통신서비스와 초고속 인터넷 시장에서 시장지배력을 갖고 있다는
점이 유력한 고려 대상이 될 것이다. 즉 2008년 말 기준으로 KT의 유선통신
서비스의 경우 약 90% 이상의 시장점유율을 차지하고 있고, 초고속 인터넷
의 경우 약 50% 이상의 시장점유율을 갖고 있으며, 이들 시장에서의 진입장
벽이나 경쟁사업자의 규모 등에 비추어 동 시장에서 KT의 시장지배적 지위
는 인정될 수 있다. 이와 같은 시장지배력이 KTF와의 기업결합을 통하여 현
재 KTF가 주력하고 있는 이동통신서비스 시장에 전이될 가능성은 당해 기
업결합에서의 경쟁제한성 판단의 핵심적인 사항이 될 것이다.

이와 관련하여 적어도 이론적으로 시장지배력 전이의 가능성이 결합판매
등의 방식을 통하여 구체화될 수 있다는 점을 부인할 수는 없지만, 이러한
위험이 기업결합을 통하여 특히 증대될 수 있는 것으로 보기에는 한계가 있

변화로서 기업결합은 외부적 기업성장을 의미하는 것은 아니라는 점을 지적하는
것으로서, Michael Kling & Stefan Thomas, Kartellrecht, Verlag Franz Vahlen, 2007,
730면 참조.

16) Directive 2002/21/EC.

다. 즉 이미 결합판매 규제에 대한 법적 근거가 마련되어 있고,[17) 이를 판매
상에 활용하는 것에 제도적 한계는 없는 상황에서 당해 기업결합이 이에 관
한 특별한 위험을 배가시키는 것으로 볼 근거가 뚜렷하게 드러나지는 않는
다. 또한 경쟁제한성이 인정되는 경우라 하더라도, 새로운 융합 환경 하에서
단일한 조직으로 변경하는 것에 따르는 효율성 증대효과가 항변 사유로서
받아들여질 수 있다. 끝으로 당해 시장에서 (주)SKT와 (주)하나로통신의 기
업결합이 이루어진 상황에서 경쟁사업자의 대응 가능성에 비추어 지배력 전
이가 용이하지 않을 수 있다는 지적도 가능할 것이다.[18)

IV. 결론

독점규제법상 특수관계인은 주로 사실상의 사업지배에 기초하여 인정되는
것이기 때문에, 이러한 특수관계인과의 결합은 일반적인 기업결합과는 다른
의미를 갖는다. 즉 이미 지배관계가 존재하는 상황에서의 결합이기 때문에,
단일한 지배관계를 형성하는 의미에서의 일반적 기업결합과는 상이한 측면
이 있다.

이에 대하여 독일의 GWB 제37조 제2항은 결합에 의하여 기존의 지배관
계가 강화되는 경우에는 기업결합으로서 규제가 가능하다는 것을 명시적으
로 규정하고 있다. 이러한 규정을 두고 있지 않은 우리 독점규제법에서도 단
일한 지배의 형성을 경쟁정책적으로 보다 넓은 의미에서 이해한다면, 기존의
사업지배 관계를 강화하는 범위에서 규제 가능성은 충분한 것으로 생각된다.

---

17) 결합판매에 대하여 전기통신사업법은 제36조의3 제1항 제4호의 "이용약관과는 다
르게 전기통신역무를 제공하거나 전기통신이용자의 이익을 현저히 저해하는 방식
으로 전기통신역무를 제공하는 행위"에 해당하는 것으로서 규제하고 있다.
18) KT와 KTF의 합병에 대하여 공정거래위원회는 2009. 2. 25. 조건 없이 승인하는
것으로 의결하였다.

「기업결합심사기준」은 특수관계인과의 기업결합이 간이심사 대상에 해당하는 것으로 규정하고 있는데, 이러한 규정 태도는 적어도 특수관계인과의 결합이 독점규제법상 기업결합에 해당할 수 있음을 전제하고 있는 것으로 보아야 한다. 한편 기업집단적 운영 방식이 보편화 되어 있는 우리 경제 현실에서 이러한 형태의 기업결합이 빈번히 나타날 것으로 예상되므로, 독일 GWB처럼 이러한 형태의 기업결합에 대한 명시적 규정을 법률에 직접 마련하는 것도 입법적으로 고려할 필요가 있다.

「기업결합심사기준」은 간이심사 대상에 해당하는 기업결합의 경우, 경쟁제한성이 없다는 것이 추정되고, 신고 내용의 사실여부에 대한 심사만이 요구된다고 규정하고 있다. 그러나 동 규정에 의하여 공정거래위원회에 의한 경쟁제한성 심사가 배제되는 것으로 볼 수는 없으며, 공정거래위원회의 재량적 판단에 의하여 경쟁제한성에 관한 심사를 진행할 수도 있을 것이다.

특수관계인과의 기업결합에 대한 경쟁제한성 심사는 다른 일반적 기업결합에 대한 심사방식이 마찬가지로 적용될 것이다. 다만 특수관계인과의 기업결합에서 결합 당사자들이 이미 동일한 기업집단에 속하고 있는 경우에, 수평적 결합의 측면에서 볼 경우에 시장점유율의 변화는 실질적으로 없는 것이므로, 당해 기업결합의 경쟁제한성이 인정되기 어렵다는 독일에서의 논의는 참고할 만한 것이다. 한편 논의 과정에서 예로 다루었던 KT와 KTF의 기업결합의 경우 통신산업의 특성이 반영되어야 하며, 특히 융합 환경 하에서 구조 개편에 따른 효율성 증대 효과에 대한 분석은 항변사유로서 고려될 수 있을 것이다.

9. 경제력집중에 관한 대법원 판결 분석

Ⅰ. 서론

　「독점규제 및 공정거래에 관한 법률」(이하 독점규제법)은 개별 시장에서 경쟁제한적 행위의 규제를 원칙으로 하면서, 또한 일반집중 내지 소유집중의 관점에서 경제력집중을 규제하는 규정을 두고 있다. 비교법적으로 드문 예에 속하는 동 규제는, 우리나라 경제에서 절대적인 비중을 차지하고 있는 재벌의 경제력집중을 완화하려는 목적에 따른 것이다. 구체적인 규제 내용은 시기적으로 변화하여 왔는데,[1] 현행 독점규제법은 지주회사에 대한 규제와 대규모기업집단에 대한 규제로 이원화하고, 특히 후자에 해당하는 규제로서 상호출자 금지, 채무보증 제한, 금융 또는 보험회사의 의결권 제한 등에 관한 규정을 두고 있다. 법적 타당성 측면에서 논란이 많았던 출자총액 규제는 2008년 법개정에 의하여 폐지되었다.

　현재와 같은 규제체계로 경제력집중에 대한 규제가 충분한 것인지 또는 경쟁법 본연의 개별 시장 중심의 규제로 돌아가기 위하여 경제력집중 규제를 지속적으로 축소시켜 나아갈 것인지는 여전히 다투어지고 있지만, 이러한 논의에 앞서 기존 제도의 의의를 구체적인 규제 사례를 통하여 살펴볼 필요가 있다. 다음 두 사례는 모두 독점규제법상 경제력집중 규제에 관한 것인데,

---

[1] 독점규제법상 경제력집중 규제의 의의와 연혁적 고찰에 관하여, 홍명수, 재벌의 경제력집중 규제, 경인문화사, 2006, 156면 이하 참조.

첫 번째 동양종금 사건은[2] 상호출자 금지에 관한 것이고, 두 번째 삼성생명 사건은[3] 보험회사의 의결권 제한에 관한 것이다. 이하에서 이들 사건에 대한 대법원 판결을 검토하고자 한다.

II. 동양종금 사건(상호출자 금지)

I. 사건의 개요

동양증권(주)는 2001. 12. 1. 동양현대종합금융(주)를 흡수합병하고 같은 날 상호를 동양종합금융증권주식회사(이하 동양종금)로 변경하였다. 동양종금은 기업집단 '동양'에 속한 계열회사이며, 동 기업집단은 상호출자제한 기업집단에 해당하였다. 같은 계열회사인 동양생명보험(주)은 합병이전 동양증권(주)의 주식 4,763,773주(취득가 기준 34,656백만원)를 취득하여 보유하고 있었으며, 합병이전 동양현대종합금융(주)은 8,681,060주(취득가 기준 49,381백만원)를 취득·보유하고 있었다. 합병에 의하여 동양종금은 동양현대종합금융(주)이 보유하고 있던 동양생명보험(주)의 주식을 승계취득하게 되었고, 따라서 동양종금과 동양생명보험(주)은 독점규제법 제9조 제1항에서 금지하는 상호출자에 해당하게 되었다.

합병에 의하여 상호출자를 하게 된 경우, 동법 제9조 제1항 제1호 및 제2항에 의하여 6월 이내에 이를 처분하여야 하며, 동양종금은 2002. 5. 31. (주)국민은행과 상호보유하게 된 동양생명보험(주)의 주식에 대하여 주식신탁계약을 체결하였다. 공정거래위원회는 전술한 주식신탁계약이 주식의 처분에 해당하지 않는다고 보고, 2002. 10. 28. 동양종금에게 시정명령과 과징금부과 처분을 하였다.

---

2) 대법원 2006. 5. 12. 선고 2004두312 판결.
3) 대법원 2005. 12. 9. 선고 2003두10015 판결.

2. 판결 요지

　원고가 당해 처분에 불복하면서 제기한 사유는 다음의 두 가지이다. 우선
(주)국민은행과의 주식신탁계약의 체결에 의하여 주식의 소유권을 (주)국민
은행에게 이전하고, 주권의 인도 및 명의개서절차까지 완료하였으므로, 주식
의 소유권은 대내외적으로 (주)국민은행에게 완전히 이전된 것이고, 따라서
동법 제9조 제2항에서 규정한 처분에 해당하는 것이다. 또한 당해 주식은 비
상장주식이고 동양생명보험(주)이 자본잠식상태에 있었기 때문에 주식의 처
분이 사실상 불가능하였다는 점도 주장하였다.

　이에 대한 대법원의 판단은 다음과 같다. 우선 상호출자 금지의 취지와
동법 제9조 제2항 소정의 '처분'의 해석과 관련하여, 동법 제7조의 2의 규정
에 의하면 공정거래법의 규정에 의한 주식의 취득 또는 소유는 취득 또는
소유의 명의와 관계없이 실질적인 소유관계를 기준으로 한다고 규정하고
있고, 공정거래법이 상호출자를 금지하는 취지가 당해 기업 간의 자금을 서
로 주고 받음으로써 실질적인 출자 없이 가공적으로 자본금을 늘리거나 계
열기업을 확장하는 수단으로 상호출자가 이용되기 때문에 주식회사의 자본
충실을 기하고 기업구조의 왜곡 및 경제력 집중을 방지하고자 하는데 있다
고 할 것이므로, 동법 제9조 제2항 소정의 '처분'은 단지 상호출자된 주식의
의결권 행사만을 잠정적으로 저지하거나 신탁계약을 체결하는 것만으로는
부족하고, 상호출자의 상태를 완전히 해소하여 임의적 회복이 불가능하도록
상호출자된 주식에 대한 완전한 소유권이전이 된 상태를 의미하는 것으로
보았다.

　이러한 전제 하에서, 1) 위 신탁계약에 의하면 독점규제법 등의 개정으로
원고가 적법하게 이 사건 주식을 보유할 수 있게 되는 경우 당연히 신탁계약
이 종료되고, 수탁자인 국민은행은 원고에게 이 사건 주식을 현물로 반환하

도록 되어 있는 점, 2) 위 신탁계약은 수탁자인 국민은행이 이 사건 주식을 처분하는데 있어서 위탁자인 원고가 처분가격, 처분 상대방 등의 결정에 대하여 영향력을 행사할 수 있도록 되어 있으며, 수탁자인 국민은행은 이 사건 주식이 처분될 때까지 신탁보수를 받고 이를 관리하여 주는 것에 불과하여 실질적인 소유권을 행사하지 못하도록 되어 있는 점, 3) 위 신탁계약 제19조에서 신탁계약의 해지를 제한하고 있다고 하더라도 신탁법 제56조는 위탁자가 신탁이익의 전부를 향수하는 신탁은 위탁자 또는 그 상속인이 언제든지 해지할 수 있다고 규정하고 있고, 위 신탁계약은 사법상의 계약으로서 합의해제가 가능하다고 할 것이므로 원고와 국민은행 사이의 합의에 의하여 언제든지 위 신탁계약을 종료시킬 수 있는 점 등을 종합적으로 고려하여 볼 때 원고가 국민은행에게 이 사건 주식을 신탁한 행위는 동법 제9조 제2항 소정의 '처분'에 해당한다고 볼 수 없다고 보았다.

또한 당해 사건과 관련한 공정거래위원회의 처분이 지나치게 가혹한지 여부와 관련하여, 1) 독점규제법이 상호출자를 금지하는 취지가 당해 기업 간의 자금을 서로 주고 받음으로써 실질적인 출자 없이 가공적으로 자본금을 늘리거나 계열기업을 확장하는 수단으로 상호출자가 이용되기 때문에 주식회사의 자본충실을 기하고 기업구조의 왜곡 및 경제력 집중을 방지하고자 하는데 있는 점, 2) 이 사건과 같이 합병으로 인하여 불가피하게 상호출자 주식이 발생한 경우에도 상호출자를 금지하는 입법취지에 비추어 상호출자에 대한 규제의 필요성이 여전히 존재한다고 할 것이고, 이러한 경우 독점규제법은 6월 이내에 상호출자된 주식을 처분하도록 규정하고 있는 점, 3) 앞서 본 바와 같이 위 신탁계약이 상호출자된 주식에 대한 처분으로 볼 수 없는 점, 4) 이 사건 주식에 대한 처분에 사실상 어려움이 있더라도 원고가 동양생명보험주식회사로 하여금 원고의 주식을 매각하여 주도록 요청하여 상호출자의 상태를 해소할 수도 있고, 상호출자된 주식의 가격을 낮추어 매각하는 등 위 신탁계약 이외에 상호출자 상태를 해소할 방안이 전혀 없다

고 할 수 없고, 또한 그러한 사실상의 어려움만으로 동법 제9조 제2항 소정
의 처분의무를 면할 수는 없다고 할 것인 점 등에 비추어 원고의 둘째 주장
과 같이 이 사건 처분이 지나치게 가혹한 것으로서 부당하다고 볼 수 없다
고 판단하고, 이상의 논거에 기초하여 고등법원은 원고의 청구를 기각하였
으며(서울고법 2003. 10. 16. 선고 2002누18991 판결), 대법원 역시 원고의
상고를 기각하였다.

3. 해설

상호출자에 대한 예외는 기업의 운영과정에서 불가피한 취득으로 인하여
상호출자관계가 형성된 경우에, 일정한 기간 안에 처분할 것을 전제로 이를
예외적으로 허용하는 취지에서 마련된 것이다. 이와 관련하여 상호출자를 금
지하는 취지가 계열관계의 확대를 통한 경제력집중의 심화 또는 가공자본의
형성에 대한 우려에 있는 것이므로, 의결권의 제한과 같이 이러한 우려가 불
식되는 경우라면 동법 제9조 제2항에서 규정한 처분에 해당하는 것으로 볼
수 있다는 주장이 가능하다. 그러나 예를 들어 신탁자의 지위를 유지함으로
써 상호출자 관계가 회복될 가능성이 여전히 남아 있는 경우에, 상호출자를
금지하는 동법의 취지에 부합하는 것이라 할 수는 없다. 따라서 독점규제법
제9조 제2항에서의 '처분'은 상호출자 관계를 종국적으로 해소하는 것이 되
어야 한다.

물론 신탁계약의 경우에, 언제나 동법 제9조 제2항 소정의 처분에 해당
하지 않는다고 볼 수는 없으며, 결국 주식신탁계약이 동항에서 규정하는
처분에 해당하는지는 계약의 구체적 내용의 검토를 통하여 상호출자 관계
의 종국적인 해소에 상응하는 것인지를 판단하여 결정하여야 한다. 동 사
건에서 동양종금과 (주)국민은행의 주식신탁계약의 내용을 살펴보면, 고등

법원이 지적한 것처럼 신탁자인 동양종금의 주식에 대한 권리가 상당 부분 유보되어 있는 것으로 보이며, 따라서 상호출자 관계의 종국적인 해소에 이르렀다고 보기는 어려울 것이다. 이러한 점에서 동 판결은 타당한 것으로 생각된다.

III. 금융·보험회사의 의결권 제한(삼성생명 사건)

1. 사건의 개요

(주)삼성생명보험(이하 삼성생명)은 대규모기업집단으로 지정된 기업집단 '삼성'에 속하는 보험업을 영위하는 회사이다. 삼성생명은 소유하고 있는 국내계열회사의 주식에 대하여 다음의 순서대로 의결권을 행사하였다. 1) 2000. 3. 17. 국내계열회사인 호텔신라(주)의 소유주식 2,856,158주(지분율 7.36%)의 의결권을 행사하였다. 2) 2000. 3. 22. 국내계열회사인 삼성코닝(주)의 소유주식 75,860주(지분율 1%)의 의결권을 행사하였다. 3) 2000. 3. 24. 국내계열회사인 삼성중공업(주)의 소유주식 10,019,514주(지분율 4.36%)의 의결권을 행사하였다. 4) 2000. 3. 24. 국내계열회사인 (주)삼성경제연구소의 소유주식 1,776,000(지분율 14.8%)의 의결권을 행사하였다.

이와 같은 삼성생명의 의결권 행사에 대하여, 공정거래위원회는 2000. 8. 5. 독점규제법 제11조의 금융회사 또는 보험회사의 의결권제한 규정에 위반하는 행위로 인정하여 시정명령을 의결(공정위 의결 제2000-122호) 하였고, 2002. 3. 21. 위 시정명령 중 공표명령을 일부 변경하는 내용의 공표명령(공정위 의결 제2002-065호)을 하였다.

2. 판결 내용

1) 고등법원(원심)의 판결

(1) 의결권 행사와 관련된 부분

고등법원은 구 독점규제법 제11조 단서가 금융회사 또는 보험회사의 의결권 제한의 예외사유로서 규정하고 있는 "보험자산의 효율적인 운영·관리를 위하여 관계법령에 의한 승인 등을 얻어 주식을 취득 또는 소유하고 있는 경우"에 대한 해석과 관련하여 공정거래위원회와는 다른 견해를 취하고 있으며, 이에 기초하여 이하에서 보는 바와 같이 공정거래위원회와 상이한 결론을 도출하고 있다.

즉 공정거래위원회는 동법 제11조의 입법취지는 대규모기업집단 소속 금융·보험회사가 고객의 예탁자금으로 계열확장이나 계열강화를 해나가는 것을 방지하는데 있는데, 특히 보험회사와 관련하여 보험업법상의 승인은 보험회사의 경영 건전성 등의 법의 목적에 따라서 광범위하게 이루어질 수 있고, 이는 경제력집중억제를 고려하여 이루어지는 것이 아니며, 따라서 "보험자산의 효율적 운영·관리를 위하여"로 명시한 의미는 관계법령의 승인을 얻은 주식취득 중에서도 경제력집중억제와 조화될 수 있는 주식취득으로 범위를 한정하려는 입법취지로 보는 것이 타당하므로, 첫째 주식의 취득 또는 소유에 대하여 관계법령에 의한 승인을 얻은 경우라도 '보험자산의 효율적인 운용·관리'를 위한 것이라는 요건을 충족하여야 하고, 둘째 '보험자산의 효율적인 운용·관리'를 위한 경우라 함은 '사업내용 면에서 보험사업과 밀접하게 관련된 사업을 영위하는 경우'로 해석하여야 한다고 보고 있으며, 2000년 6월경 내부적으로 금융·보험회사의 국내계열회사주식에 대한 의결권제한 운용방향이라는 법 운용지침을 마련하였다.

이에 대하여 고등법원은 우선 이 운용지침은 법적 구속력을 갖는 것은 아니며 따라서 동법 제11조의 해석기준이 될 수 없다는 점을 전제한다. 이어서 법 제11조 단서의 '보험자산의 효율적인 운용·관리'의 의미는 보험자산의 운용으로 인한 이득은 증대시키고, 손실이나 위험의 발생은 감소시키는 것을 의미한다고 할 것이고, 사업내용 면에서 보험사업과 밀접하게 관련된 사업을 영위하는 경우로 제한하여 해석하여야 할 근거는 없는 것으로 보고 있다. 또한 구 보험업법시행령 제16조는 "보험사업자의 경영의 건전성과 그 재산운용의 효율성의 증진 기타 보험가입자의 이익보호를 위하여 필요한 경우"에는 보험사업자가 승인관청인 금융감독위원회의 승인을 얻어 주식을 취득할 수 있다는 취지로 규정하고 있는바, 여기서 말하는 "보험사입자의 경영의 건전성과 그 재산운용의 효율성의 증진 기타 보험가입자의 이익보호를 위하여 필요한 경우"란 독점규제법 제11조 단서의 '보험자산의 효율적인 운용·관리를 위하여'와 동일한 의미로 보고 있다. 이러한 해석에 기초하여 보험회사가 구 보험업법시행령 제16조 등에 의하여 승인관청으로부터 주식의 취득 승인을 얻은 경우에는 법 제11조 단서의 보험자산의 효율적인 운용·관리를 위하여 관계법령에 의한 승인 등을 얻어 주식을 취득하는 경우에 해당한다는 결론을 내리고 있다.

구체적으로 삼성생명의 의결권 행사의 위법성 여부를 살펴보면, 다음과 같다. 1) 호텔신라(주)의 발행주식 2,865,158주의 내용을 보면, 1973. 6. 27.부터 1990. 1. 29.까지 당시 시행중이던 관계법령에 의한 승인을 받아 1,374,520주를 유상취득하였고, 1976. 5. 12. 호텔신라(주)가 무상으로 신주를 발행한 주식 중 원고의 주식보유비율에 따른 456,000주(이후 액면병합으로 인하여 91,300주)를 무상취득하였으며, 1991. 3. 12. 호텔신라가 상장된 이후 관련법령에 의한 승인을 얻지 않고 유상증자에 참여하여 1,399,338주를 취득하였다. 따라서 호텔신라(주)의 발행 주식의 취득 내역은 총 2,865,158주 중, 승인 취득 1,374,520주, 무상증자 91,300주, 유상증자 1,399,338주로 구성된

다. 이 중 승인 없이 취득한 유상증자 주식 1,399,338주의 의결권 행사는 동
법 제11조 단서에 해당하는 것이라 할 수 없으며, 따라서 위법한 의결권 행
사이며, 다른 소유 주식의 의결권행사는 적법한 것이라 할 수 있다. 이와 관
련하여 무상증자 된 주식이 문제가 될 수 있으며, 고등법원은 무상증자가 준
비금이나 배당가능이익을 자본전입한 것으로서 자본은 증가하지만 회사의
재산에는 변동이 없으며, 보유주식의 경제적 가치에는 변화가 없는 점, 원고
의 위 주식의 취득은 원고의 의사에 의하지 아니하고 이루어진 것인 점 등에
기초하여 주식 취득이 승인된 주식과 동일하게 취급하는 것이 타당하다고
보았다. 한편 호텔신라(주)의 주식 취득이 승인된 당시 지분율은 19.49%였으
며, 취득되지 않은 유상취득의 주식까지 포함한 현재의 지분율은 7.36%에
지나지 않으므로, 여전히 취득 승인의 범위 안에서 주식을 소유하는 것으로
보아야 한다는 주장에 대하여, 고등법원은 취득 승인은 지분비율이 아니라
일정 액수의 투자액에 대하여 이루어지므로, 이러한 주장의 타당성을 부인하
였다. 2) 삼성코닝(주)의 경우 1973. 1973. 5. 12.부터 1988. 10. 27.까지 삼성
코닝(주)의 주식 28,422주를 당시 시행중이던 관계법령에 의한 승인을 받아
유상취득하고, 1995. 8. 23. 삼성코닝이 무상으로 신주를 발행한 주식 중 삼
성생명의 주식보유비율에 따른 9,508주를 무상으로 취득하였으며, 1996. 6.
14. 주식이 분할되어 위 보유 주식수 37,930(28,422주+9508주) 만큼 주식을
추가로 취득하게 됨으로써 1999. 12. 31. 기준으로 삼성코닝의 주식 합계
75,860주(승인 취득 28,422주, 무상증자 9,508주, 주식분할 37,930주)를 소유
하게 되었다. 승인 취득 주식과 무상증자 주식은 호텔신라(주)의 경우와 동일
하다 할 것이고, 주식분할은 자본을 증가시키지 않고 발행한 주식 수를 증가
시키는 것으로서 주식분할로 인하여 주주가 취득하는 주식은 종전에 소유한
주식과 동일한 것으로 볼 수 있는 점, 원고의 위 무상증자와 주식분할로 인
한 주식의 취득은 원고의 의사에 의하지 아니하고 이루어진 것인 점 등을 고
려하여 취득 승인된 주식과 동일하게 취급하는 것이 타당하다 할 것이다. 결

국 삼성생명이 소유한 삼성코닝(주)의 주식의 의결권 행사는 적법한 것이라 할 수 있다. 3) 삼성중공업(주)의 경우 삼성생명은 1979. 5. 10. 그리고 1980. 12. 31. 재무부장관의 주식취득 승인을 얻어 1983. 1. 1. 기준으로 삼성중공업(주)의 주식 2,000,000주를 보유하였고, 1993. 9. 24. 주식분할로 2,000,000 주의 주식을 추가로 취득하게 되었다. 한편 1994. 1. 28. 삼성중공업(주)이 상장된 이후 관련법령에 의한 승인을 얻지 않고 유상증자에 참여하여 6,019,514주를 취득함으로써 1999. 12. 31. 기준으로 삼성중공업의 주식 합계 10,019,514주(승인 취득 2,000,000, 주식분할 2,000,000주, 유상증자 6,019,514주)를 소유하게 되었다. 당해 주식 중 4,000,000주의 의결권 행사는 적법한 것이지만, 승인 없이 유상으로 취득한 6,019,514주의 의결권 행사는 위법한 것이라 할 수 있다. 고 있는 사실을 인정할 수 있고 반증이 없는바, 위 인정사실에 의하면 관계법령에 의한 승인을 받지 않고 취득한 주식 6,019,514주에 대한 의결권 행사는, 삼성중공업이 선박의 건조 및 수리를 주된 사업내용으로 하는 회사이므로 원고의 위 주식 취득이 법 제11조 단서 소정의 보험사업을 영위하기 위한 것으로 볼 수 없고, 같은 조 단서의 ”보험자산의 효율적인 운용·관리를 위하여 관계법령에 의한 승인 등을 얻어 주식을 취득하는 경우 “에도 해당되지 않는다고 할 것이므로 위법하다고 할 것이고, 관계법령에 의한 승인을 받고 취득한 주식 2,000,000주에 대한 의결권 행사는 위 주식의 취득이 법 제11조 단서의 "보험자산의 효율적인 운용·관리를 위하여 관계법령에 의한 승인 등을 얻어 주식을 취득하는 경우"에 해당한다고 할 것이므로, 적법하다고 할 것이다. 한편 삼성생명에 의한 삼성중공업(주)의 주식 취득이 승인되었을 때 지분율은 52%였고 현재의 지분율은 4.36%에 불과하기 때문에, 삼성생명이 유상증자에 참여하여 취득한 주식 (6,019,514주) 역시 승인관청의 취득승인이 있는 것으로 보아야 한다는 주장에 대해서는 호텔신라(주)의 경우와 동일한 논거로 받아들이지 않았다. 4) (주)삼성경제연구소의 경우 삼성생명은 1991. 3. 29.부터 1998. 12. 5.까지 비상장회사인 삼성경제연구소의 주식 1,776,000주를 당시 시행중이던 관계법령에 따라 재무부장관의 승인을 받아 유상취득하여 소유하였으며, 따라서 동 주식에 대한 의결권 행사는 적법한 것이라 할 수 있다고 보았다.

(2) 공표 명령의 위법 여부와 평등 원칙 위반 여부

원고인 삼성생명은 법위반사실의 공표가 위헌이라는 헌법재판소의 결정에 따라서 당해 사건에서 공정거래위원회의 시정조치 중 법위반사실의 공표가 위법한 처분이라고 주장하였다. 이에 대하여 고등법원은 헌법재판소가 독점규제법 제27조 중 '법위반사실 공표' 부분이 과잉금지의 원칙에 위반하여 당해 행위자의 일반적 행동의 자유 및 명예권을 침해하고, 또한 무죄추정의 원칙에도 반한다는 이유로 위헌결정(2001헌바43 결정)을 내리기는 하였으나 그 결정이유에서 "공정거래위원회가 행위자로 하여금 독점규제법을 위반하였다는 사실을 인정하여 공표하라는 과잉조치 대신 법위반 혐의로 인하여 시정명령을 받은 사실의 공표라는 보다 가벼운 수단을 택한다면 이는 입법목적을 달성하면서 행위자에 대한 기본권 침해의 정도를 현저히 감소시키고, 재판 후 발생가능한 무죄로 인한 혼란과 같은 부정적 효과를 최소화할 수 있는 것이다"라고 명시함으로써 공정거래위원회로부터 시정명령을 받은 사실을 공표하게 하는 것은 헌법에 위반되지 않는다는 점을 명확히 하고 있다는 점 등에 근거하여 원고의 주장을 받아들이지 않았다.

한편 원고인 삼성생명은 동법 제11조의 의결권 제한규정은 국내 대규모기업집단 소속의 금융, 보험회사에 대하여만 적용되고 외국인 투자자에 대하여는 적용되지 않고 있는데 이는 외국인 투자자들이 국내주식의 투자규모를 급격히 확대하고 있는 현 실정에서 금융·보험회사가 주식을 갖고 있는 국내기업에 대한 외국인 투자자들의 적대적 엠엔에이(M&A)에 대항할 수 없게 만드는 등 국내 투자자와 외국인 투자자를 차별 취급하는 것으로서 헌법상 평등의 원칙에 위반된다고 주장하였다. 그러나 최근 제2금융권에서 재벌의 시장지배력이 급속히 확대되어 산업자본과 금융자본의 결합심화에 대한 우려가 제기되고 있는 점, 법 제11조의 입법취지는 대규모기업집단 소속 금융, 보험회사가 고객의 예탁자금으로 계열확장이나 계열강화를 해나가는 것을 방지하고자 하는 것이고, 그 규제방법으로 주식투자는 금융·보험사의 주요한 자산운용 수단이므로 주식보유 자체는 제한하지 않되 계열회사의 보유주식에 대하여 의결권만을 제한하여 필요 최소한도로 규제하는 점, 대규모기업집단에 대한 법 제11조의 적용으로 외국인 투자자에게 다소 유리한 면이 있다고 하더라도 이는 법 제11조의 규제결과 발생하는 반사적인 효과에 불과한 점 등에 비추어 법 제11조의 규정이 헌법상 평등의 원칙에 위반된다고 볼 수 없으므로 원고의 주장이 이유 없는 것으로 보았다.

(3) 결론

고등법원은 이상의 논거에 기초하여 원고가 관계법령에 의한 승인을 받지 않고 유상증자로 취득한 호텔신라(주)의 주식 1,399,338주와 삼성중공업(주)의 주식 6,019,514주에 대한 의결권행사는 위법하므로 이를 전제로 하는 이 사건 처분 부분은 적법하고, 원고가 관계법령에 의한 승인을 받고 취득하였거나 무상증자, 주식분할 등으로 취득한 주식에 대한 의결권행사는 적법하므로 이를 전제로 하는 이 사건 처분 부분은 위법하다는 결론을 내렸다.

2) 대법원 판결의 요지

대법원은 원심인 고등법원의 판결을 대체적으로 지지하였다. 즉 독점규제법 제11조의 입법 취지 및 목적, 문언 및 체계 등에 비추어 보면, 대규모기업집단에 속하는 회사로서 금융업 또는 보험업을 영위하는 회사가 취득 또는 소유하고 있는 국내계열회사주식에 대한 의결권 행사를 금지한 동법 제11조 본문의 예외사유의 하나인 같은 조 단서 후단의 "보험자산의 효율적인 운용·관리를 위하여 관계 법령에 의한 승인 등을 얻어 주식을 취득 또는 소유하고 있는 경우"라 함은 관계 법령에 의한 승인 등을 얻어 주식을 취득 또는 소유하고 있고 그것이 보험자산의 효율적인 운용·관리를 위한 것인 경우를 의미하며, 보험업을 영위하는 회사와 사업내용 면에서 밀접하게 관련된 사업을 영위하는 회사가 발행한 주식을 취득 또는 소유하고 있는 경우에 한하는 것은 아니라고 보았다.

또한 무상증자 또는 주식분할로 취득한 주식에 대하여, 상법 제461조에 의한 무상증자는 준비금이 자본에 전입되어 자본이 증가하는 경우 주주에 대하여 그가 가진 주식의 수에 따라 발행되는 것으로서 회사재산의 증가 없이 주식의 수만 증가하게 되므로 주주가 보유하는 주식(무상증자로 발행된 주식 포함)의 경제적 가치에는 변화가 없는 점, 상법 제329조의2에 의한 주식분할은 자본의 증가 없이 발행주식 총수를 증가시키는 것으로서 이에 의하여 회사의 자본 또는 자산이나 주주의 지위에 실질적인 변화가 없는 점 등에 비추어 보면, 독점규제법 제11조 단서에 해당하여 의결권을 행사할 수 있는 주식에 대하여 무상증자로 취득한 주식 또는 그러한 주식의 분할로 취득한 주식은 그 의결권을 행사할 수 있는 주식과 동일하게 보아야 한다고 판결하였다.

3. 해설

1) 판결의 의의

동 판결은 금융회사 또는 보험회사의 의결권 제한에 관한 것으로서, 동 제도의 해석과 운영에 관하여 다양한 관점에서의 검토가 이루어지고 있다. 비록 절차가 진행되는 과정에서 의결권 제한에 관한 독점규제법 제11조의 개정이 이루어졌지만, 구 독점규제법상 단서에 규정되어 있던 예외 사유가 동조 제1항 각 호에 위치하게 되는 등의 형식상의 변화만 있었을 뿐, 내용은 동일하게 유지되고 있기 때문에, 동 판결은 여전히 의미 있는 것이라 할 수 있다.

다양한 관점에서의 검토가 이루어졌지만, 예외 사유로서 규정된 내용인 "보험자산의 효율적 운용·관리를 위하여 보험업법 등에 의한 승인 등을 얻어 주식을 취득 또는 소유하는 경우"의 해석이 핵심적인 쟁점이 되었으며, 앞에서 살펴본 것처럼 공정거래위원회와 법원은 상이한 견해를 취하고 있다. 이에 관하여 좀 더 고찰할 필요가 있다.

2) 보험자산의 효율적 운용·관리의 의의

전술한 것처럼, 동법 제11조 단서에 의하여 보험회사의 의결권 제한을 허용하는 예외 사유로서 보험자산의 효율적 운용·관리를 위할 것이 요구되고 있으며, 이에 대하여 공정거래위원회는 상당히 제한된 해석론을 전개하고 있다. 즉 경제력집중의 억제를 위한 규제의 하나로서 보험회사의 의결권 제한이 규정되고 있는 입법취지에 기초하여 보험자산의 효율적 운용·관리를 위한 것은 보험사업과 밀접히 관련된 사업을 영위하는 회사의 주식을 취득 또는 소유하는 경우로 국한하여 보아야 한다는 것이고, 이러한 주장의 배경에는 보험업법에서 이루어지는 보험회사의 주식 취득의 승인이 보험업법의 고유한 목적에 따라서 이루어질 수밖에 없고, 독점규제법의 목적이나 보험회사의 의결권을 제한하는 제도의 취지가 충분히 고려될 수 없다는 문제의식도 있을 것이다. 특히 동 사건에서도 나타났듯이, 보험회사의 주식 취득의 승인은 1970년대부터 현재까지 장기간에 걸쳐서 이루어지고 있으며, 그때 그때 이루어진 승인이 일관된 원칙에 기초하여 이루어졌다고 보기 어렵다는 점도 감안하여야 한다.

그러나 고등법원에서 지적한 것처럼, 보험자산의 효율적인 운용·관리는 보험자산의 운용으로 인한 이득 증대와 손실이나 위험의 감소로 이해하는 것이 문언에 부합하는 것이라 할 수 있으며, 이러한 점에서 공정거래위원회의 해석은 문리적 해석의 범위를 넘는 문제점을 갖고 있다는 점도 간과할 수 없다. 그러나 반면에 대법원이 채택한 해석은 보험회사의 의결권 제한의 예외 사유로서 보험업법 등에 의한 승인과 별개로 규정된 '보험자산의 효율적인 운용·관리'의 고유한 의의가 충분히 고려되지 못하고 있다는 지적도 가능할 것이다.

결론적으로 공정거래위원회와 같이 '보험자산의 효율적 운용·관리를 지나치게 제한적으로 볼 것은 아니지만, 그러나 동 규정의 의의가 충분히 반영된 해석론이 전개될 필요가 있다. 특히 고등법원이 제시한 것처럼, 보험업법 등에 의한 승인을 보험자산의 효율적 운용·관리를 위한 것과 동일시하여, 승인이 곧 보험자산 효율적 운용·관리 요건을 충족하는 것으로 보는 해석은 지양되어야 할 것이다. 이와 관련하여 독점규제법 제58조가 법령에 따른 행위 이외에 정당성을 추가적인 요건으로 하여 독점규제법의 적용제외를 인정하고 있는 것에서 일정한 시사점을 얻을 수 있을 것으로 생각된다. 보험회사의 의결권 제한의 예외가 인정되기 위해서는 보험업법 등에 의한 승인과 별개로 보험자산의 운용과 관리에 있어서 효율성 판단이 추가적으로 필요한 것이며, 이때 효율성을 분석함에 있어서 제도의 취지나 목적 등에 대한 종합적인 고려도 이루어질 수 있다. 즉 보험회사의 국내계열회사에 대한 의결권을 제한하는 것은 이와 같은 행태가 자원의 비효율적 배분의 실현 등을 통하여 국민경제 전체의 관점에서 볼 때 비효율적인 것으로서 바람직하지 않다는 입법자의 판단이 전제되어 있는 것이며,[4] 이와 같은 비효율과 당해 보험자산의 운용 및 관리에 있어서 효율성 증진에 대한 종합적인 형량이 이루어져야 할 것으로 생각된다.

---

4) 홍명수, 주 1)의 책, 209면.

10. 정보 교환과 카르텔 규제

Ⅰ. 서론

복수의 사업자가 거래와 관련된 일정한 행위를 공동으로 수행하는 것은, 그 자체로 이미 경쟁제한의 의미를 가지며, 경쟁법의 중요한 규제 대상이 된다. 우리 「독점규제 및 공정거래에 관한 법률」(이하 독점규제법)도 경쟁법을 운용하고 있는 대부분의 국가와 마찬가지로 이를 금지하는 규제체계를 갖추고 있다. 시장에 다수의 사업자가 존재한다 하더라도, 이들이 거래조건 등에 있어서 동일한 보조를 취할 경우에 거래 상대방이나 공동행위에 참가하지 않은 다른 경쟁 사업자에게 정당하게 귀속될 수 있는 경쟁상의 이익은 제한될 수밖에 없으며, 특히 과점시장적 구조가 보편화되고 있는 상황에서 이에 대한 규제는 경쟁정책상 핵심적인 과제로 인식되고 있다.[1]

물론 비교법적으로 보면, 각 나라의 부당한 공동행위, 즉 카르텔 규제에 있어서 약간의 차이도 존재한다. 특히 규제 근거가 되는 경쟁법 규정상의 상이는 구체적인 법집행의 방식과 내용에 일정한 영향을 미치고 있다. 예를 들어 일본의 「私的獨占の禁止及び公正取引の確保に關する法律」제2조 제6항은 부당한 거래제한(공동행위)을 "상호간에 사업활동을 구속하거나 또는

---

[1] 예를 들어 OECD는 경성카르텔에 대한 대응을 경쟁정책을 실현함에 있어서 핵심적인 과제로 다루고 있다. OECD, Trade and Competition: From Doah To Cancun, 2003, 4, 15~20면 참조.

수행하는 것"(相互にその事業活動を拘束し、又は遂行すること)으로 규정함으로써, 상호구속적 합의와 그 실행행위가 모두 공동행위를 구성하는 것으로 이해할 수 있는 법적 근거를 제공한다. 이는 동법의 운영과정에 반영되어, 일본 최고재판소는 부당한 거래제한에 해당하는 행위와 관련하여 상호구속과 그 수행행위를 동시에 파악하고 있다.[2] 이러한 접근방식은 복수의 사업자의 주관적 요건에 초점을 맞추어 카르텔의 금지를 규정하는 입법방식과 분명히 구별되는 점이다. 예를 들어 EC조약 제81조 제1항은 회원국 간에 영향을 미칠 수 있고, 공동 시상 내에서 경쟁을 방해, 제한, 또는 왜곡할 목적 또는 효과를 갖는 사업자 간의 모든 합의(agreements), 사업자 단체에 의한 결의(decisions) 및 동조적 행위(concerted practices)를 금지하며, 그 실행 여부를 행위 요건으로 요구하지 않는다. 우리 독점규제법도 EC와 유사한 입법 방식을 취한 것이라 할 수 있는데, 동법 제19조 제1항은 부당하게 경쟁을 제한하는 사업자 간의 합의를 금지 대상인 행위로서 규정하고 있다.

이와 같이 주요 국가에서 카르텔 규제의 법규정상 차이가 존재하고, 구체적인 법해석과 적용에 있어서 상이한 측면이 나타나지만, 대체적으로 다음의 두 가지 점에서 공통된 이해가 드러나고 있다. 우선 카르텔 규제에 있어서 핵심적 표지는 복수의 사업자가 공동으로 일정한 행위를 하는 것에 대한 합의에 있으며, 이때의 합의는 EC조약 제81조나 독일 GWB(Gesetz gegen Wettbewerbsbeschränkungen: 경쟁제한방지법)에 명문으로 규정된 '동조적 행위'(concerted practices, abgestimmte Verhaltensweisen)에서 알 수 있듯이 계약적 합의 이상을 포함하는 것으로 해석되고 있다. 즉 여기서의 합의는 시민법적 원리에서의 모든 계약뿐만 아니라, 나아가 그 이외의 형태를 포괄하는 것이며,[3] 동조적 행위는 agreements나 decisions에 해당하지는 않지만 여전히 사

---

[2] 이는 동경양수기 입찰담합 사건에서 최고재판소의 판시사항이다. 最判·平·12(2000)·9·25.

[3] Ulrich Immenga & Ernst-Joachim Mestmäcker, GWB Kommentar, C. H. Beck, 2001, 100면 이하(Daniel Zimmer 집필부분) 참조.

업자 간의 공모를 함축하는 모든 행위를 대상으로 한다는 점에서 그 경계를
이룬다.[4] 카르텔 규제에 있어서 합의에 집중하는 양상은 미국 Sherman법 제
1조의 적용을 통한 공동행위 규제에 있어서도 동일한데, 동 규정에서 합의의
구체화로서 명문화 되어 있는 contract, combination, conspiracy 등에 포섭될
수 있는 행위의 존부를 확정하는 것이 법적용의 핵심이다.[5] 마찬가지로 전
술한 일본의 경우 獨占禁止法상 카르텔 규제에 있어서 실행행위를 요구하
는 법규정에도 불구하고, 경쟁법 집행기관인 公正取引委員會의 실무는 상
호구속적 합의에 기초하여 부당한 거래제한(카르텔)을 규제하는 경향을 보여
주고 있다.[6] 한편 이때의 합의는 경쟁제한적인 것으로 평가되는 경우에 한
하여 카르텔로서 규제된다. EC조약이나 우리 독점규제법은 이에 관한 명확
한 근거 규정을 두고 있지만, 그렇지 않은 경우에도 카르텔에 대한 경쟁정책
상의 문제의식에 비추어 이는 의문 없이 받아들여지고 있다.

　카르텔과 관련하여 정보의 교환 내지 공유가 어떠한 의미를 갖는지에 대
한 문제도 이상의 카르텔 규제의 관점, 즉 경쟁법상 카르텔 규제의 핵심적
기준이라 할 수 있는 합의의 존재와 경쟁제한성 평가에 기초하여야 한다. 구
체적으로 정보의 교환이 합의의 존재 입증과 관련하여 어떠한 의미를 갖는
지, 그리고 정보교환 행위 자체가 경쟁정책적인 평가에 어떠한 영양을 미치
는지가 쟁점이 된다. 물론 두 가지 문제가 구조적으로 명확히 분리되는 것은
아니다. 예를 들어 가격에 관한 합의를 입증하기 위하여 정보의 교환이 정황
적 증거로서 검토되는 경우에, 사업자 간에 교환된 정보의 내용이 경쟁정책
적으로 어떻게 평가될 수 있는지가 증거로서의 가치와 무관한 것으로 볼 수
는 없다. 그럼에도 불구하고, 카르텔 규제의 경쟁법적 검토가 미국 판례법상

---

4) Albertina Albors-Llorens, EC Competition Law and Policy, Willan Publishing, 2002,
　22면.
5) Herbert Hovenkamp, Federal Antitrust Policy: The Law of Competition and Its
　Practice, West Group, 1999, 165면.
6) 金井貴嗣·川濱 昇·泉水文雄, 獨占禁止法, 弘文堂, 2006, 73면 참조.

당연위법적인 절차를 예외로 하고, 합의의 존부와 이에 대한 경쟁제한성 평가의 단계적 구조를 취하고 있다는 점에서, 정보 교환의 문제 역시 이에 대응하는 방식으로 검토하는 것에 논의의 편의가 있을 것으로 생각된다.

이하에서는 우선 합의의 입증과 관련하여 정황적 증거로서 정보 교환의 의의를 살펴볼 것이다(Ⅱ). 특히 카르텔 합의의 경계에 위치한 인식 있는 병행행위(conscious parallelism) 내지 동조적 행위의 성립과 관련하여, 또한 우리 독점규제법상 합의 추정 요건의 충족 여부를 판단함에 있어서 사업자 간에 정보를 교환하는 행위가 갖는 의미에 초점을 맞출 것이다. 이어서 정보 교환의 경쟁정책적인 의의를 살펴본다(Ⅲ). 논의 과정에서 특히 과점시장적 구조에서의 상호의존성 문제와 정보 교환 자체에 대한 카르텔로서의 규제 가능성을 검토할 것이다.

Ⅱ. 합의의 정황 증거로서 정보 교환의 의의

1. 합의 입증의 추가적 요소(plus factor)로서 정보의 교환

1) 합의 입증에 있어서 추가적 요소에 관한 법리의 형성

전술한 것처럼, 미국 Sherman법 제1조에 의한 카르텔 규제는 동 규정의 해석상 합의의 존재를 전제한다. 합의의 직접적 증거가 존재하지 않거나 다투어질 때, 이를 추정할 수 있는 간접적 또는 정황적 증거가 사용될 필요가 있으며, 이것이 가능할 경우에 암묵적(implied) 내지 묵시적(tacit) 합의의 형태로서 합의 요건이 충족되는 것으로 이해되고 있다.[7] 이른바 인식 있는 병

---

7) Herbert Hovenkamp, 주 5)의 책, 167~168면 및 E. Thomas Sullivan & Jeffrey L. Harrison, Understanding Antitrust and Its Economic Implications, LexisNexis, 2003, 181면.

행행위(parallel behavior)와 관련된 일련의 논의는, 판례법상 형성된 이러한 합의 추정의 정형화된 방식을 보여 준다. 미국 연방대법원은 복수의 사업자들에 의한 병행적 행위에 대하여, 이를 카르텔로서 규제하기 위하여 고려될 수 있는 추가적 요소들을 제시하여 왔다.

그 출발점이 되었던 Interstate Circuit 사건에서,[8] 연방대법원의 최종 판결에 이르기까지 확정된 사실은 8개 영화 배급업자들과 주요 영화 상영업자들이 영화관 입장료의 책정과 동시상영의 금지에 관하여 동일하게 행위하였다는 것과 영화 상영업자인 Interstate Circuit이 영화 배급업자들에게 그들 대표자의 명의로 이와 같은 행위를 요구하는 편지를 보냈다는 것이었다. 배급업자들과 영화 상영업자들 간에 공동으로 행위 할 것에 대한 합의가 입증되지 않은 상황에서, 법원은 공동으로 하지 않는 한 손해가 될 것이 분명한 요금 책정과 동시상영 포기를 개별 사업자가 한 것, 즉 합의가 없는 한 개별 사업자의 이윤극대화(profit-maximizations)와 모순되는 정황 증거는,[9] 합의를 추정할 수 있는 충분한 요소가 된다고 판결하였다. 이와 같이 개별 사업자의 인식 있는 행위 일치로부터 합의가 추정되고, 이러한 추정을 위하여 법문에서 명문으로 요구하고 있지 않은 추가적 요소(plus factor)에 대한 고려가 결정적인 역할을 함으로써, 합의의 존재를 직접적인 증거를 통하여 입증하지 않은 경우에도 카르텔 규제가 가능한 법리가 형성되었다.[10] 동 판결이 제시한 추가적 요소들은, 1) 사업자들의 행위가 이전 행위와 급격히 달라진 것인지, 2) 사업자들이 그들 스스로 유사하게 행위하는 것으로 유인되고 있다는 것을 알고 있었는지, 3) 사업자들이 문제가 된 공모에 참여하는 것을 요구받았는

---

8) 391 U.S. 208(1939).
9) Herbert Hovenkamp, 주 5)의 책, 176면.
10) 이 외에도 사업자들의 합의 입증의 곤란을 피하는 접근방식으로서, 불공정한 경쟁방법을 규제하고 사업자 간의 합의를 명시적으로 요구하지 않는 FTC법 제5조에 의하여 사업자들의 담합에 관련된 사건이 다루어졌다. 이에 관하여 Phillip E. Areeda, Antitrust Law Vol. VI, Little, Brown and Company, 1986, 243면 참조.

지, 4) 각 사업자가 공동의 행위에 대한 실질적인 이윤 동기를 갖고 있었는
지, 5) 사업자가 계획에 적극적으로 참여하고, 행위의 일치 또는 통일된 행동
으로 나아갔는지, 6) 다른 모든 사업자들이 유사하게 따르지 않는다면 그 행
위가 단일 사업자에게 이익이 되지 않는다는 의미에서 사업자들의 행동이
상호의존적인 행위를 대표하는지 등이다.[11]

물론 이후 담배 제조업자들에 의하여 동시에 이루어진 급격하고 극단적인
가격 변동의 기록을 정황 증거로서 채택한 American Tobacco 판결에서[12] 알
수 있듯이, 추가적 요소로서 고려되는 대상과 범위 그리고 이를 이해하는 관
점이 동일하게 유지되었던 것은 아니지만, 이러한 추가적 요소들이 본질적으
로 합의의 추정을 정당화하기 위한 사유로 기능한다는 법리 자체가 부정되
지는 않았다.[13] 적어도 Interstate Circuit 판결과 이후 병행적 행위와 추가적
요소에 관한 미국 연방대법원의 판례에서 다툼 없이 수용되고 있는 법리는
다음 두 가지 점에서 확인할 수 있는데, 우선 인식 있는 병행행위만으로 합
의의 존재가 추정되지 않는다는 것[14] 그리고 추가적 요소에 의하여 합의 추
정이 이루어질 경우에도 상대방의 합의 부존재 입증에 의하여 이 추정이 복
멸될 가능성은 여전히 남는다는 것이다.[15] 한편 추가적 요소의 존재가 담합
의 의도 보다는 과점시장에서 가격 책정의 상호의존성을 반영하는 것에 지
나지 않을 수 있다는 점에서, 추가적 요소에 대한 과도한 의존을 경계하는
시각이 존재한다는[16] 점에도 유의할 필요가 있다.

---

11) 391 U.S. 208(1939), 222~223면.

12) 328 U.S. 781(1946).

13) Ernest Gellhorn, William E. Kovacic & Stephen Calkins, Antitrust Law and
    Economics, West, a Thomson Business, 2004, 275면.

14) 단지 병행행위만으로 합의가 추정되지 않는다는 것을 밝힌 최근의 판례로서,
    Reserve Supply Corporation v Owens-Corning Fiberglas Corporation & CertainTeed
    Corporation, 971 F.2d 37(7th Cir. 1992) 참조.

15) E. Thomas Sullivan & Jeffrey L. Harrison, 주 7)의 책, 186~188면.

16) Phillip E. Areeda, 주 10)의 책, 214~215면 참조.

2) 추가적 고려 요소로서 정보의 교환

사업자 간에 정보 교환의 문제도, 이상에서 살펴본 합의 입증의 간접적 접근방식에 해당하는 추가적 요소에 대한 고려 대상의 하나로서 다루어질 수 있다. 이때 정보의 교환이 추가적 요소로서 제시된 여러 기준에 부합하는지가 문제가 되며, 구체적으로 정보의 교환이 전체적인 사업자들 계획(scheme)의 일환이었는지, 공동행위로의 유인이 존재하였는지, 사업자들의 이윤극대화 관점에서 공동행위의 설명이 가능하며 정보의 교환도 그 맥락에서 이해될 수 있는지 등이 의미 있는 분석 대상이 될 것이다. 결국 공동행위의 유인이 존재하는 시장에서 정보의 교환이 공동행위를 가능하게 하는 수단으로 볼 수 있는지가 관건이다.

이상의 분석을 위하여, 정보가 제공되는 방식에 따른 유형화는 공동행위와 정보 제공의 관련성을 구체화할 수 있다는 점에서 유용한 접근방식이 될 수 있다. 우선 사업자 간에 정보의 교환 내지 공유 차원을 넘어서 이를 공시하는(agreements to post) 방식에 주목할 필요가 있다. 거래 주체에게 가격에 관한 정보가 확대될수록 일반적으로 당해 시장에서 가격의 변동 폭은 작아지는 경향이 있으며, 특히 사업자들 범위 이상으로 가격에 관한 정보가 대외적으로 공시되는 것은 개별 사업자의 이탈을 억제하는 효과를 가질 수 있다는 점에서 가격 고정의 구속력을 강화하는데 기여할 수 있다.[17] 정보 제공 나아가 이를 공시하는 일련의 행위로부터 도출되는 이러한 특성은 사업자들 간에 가격 고정과 같은 합의를 추정하는 요소로서 작용할 것이다.

공시와 같은 대외적 요소 없이, 단지 사업자들 내부에서 정보의 제공 내지

---

[17] Petroleum Products Antitrust Litigation (9th Cir. 1990) 906 F.2d 432(9th Cir. 1990) 에서 법원은, 정유사들이 딜러 할인율의 축소와 딜러 가격 인상을 언론보도를 통하여 공표하고, 이를 공개적으로 게시한 행위에 대하여, 이러한 행위가 가격 고정의 불확실성을 감소시키고, 시장에서 가격조정이 쉽게 받아들여질 수 있도록 하기 위한 것으로 보고, 합의 추정의 근거가 되는 것으로 판단하였다.

공유가 발생하는 경우도 다음의 두 가지로 나누어 볼 수 있는데, 경쟁 사업
자들 사이에 직접적으로 정보가 제공되는 방식과 사업자단체를 매개로 하여
보다 넓은 범위에서 정보의 공유가 이루어지는 방식을 상정할 수 있을 것이
다. 이러한 구분은 우선 정보가 유통되는 방식과 범위에 관련된 것이기도 하
지만, 정보가 제공되는 목적과 기능상에도 차이가 있으며, 이로부터 카르텔
규제의 측면에서 의미 있는 구별이 가능하다고 보는 견해도 있다. 즉 경쟁관
계에 있는 사업자들 간의 직접적 정보의 제공은 대부분 가격 고정을 유일한
목적으로 하며, 산업전반에 걸친 정보의 유통이 가져다 줄 수 있는 긍정적인
정보의 이익, 즉 효율성을 제공하기 어렵다는 지적이 유력하다.[18] 이러한 관
점이 반영된 판결로서, U. S. v. Container Corp. of America 사건에서[19] 연방
대법원은 집중화되어 있고, 상품의 질이 균등하여 가격이 주된 경쟁 요소이
며, 또한 가격에 수요가 비탄력적인 시장에서 가격 정보의 교환은 가격을 고
정화하는(stabilize) 요인이 된다고 보았다. 물론 동 판결에서 법원이 합리의
원칙에 따라서 위법성을 판단한 것처럼, 가격 고정의 메커니즘으로서 정보
교환에 대한 항변이 불가능한 것은 아니다. 특히 고객신용정보나 거래내역의
교환에 관하여 위법한 것으로 보지 않은 연방대법원 판결이 시사하는 것처
럼,[20] 가격이나 생산량과 같은 경쟁의 핵심적 요소에서 벗어나는 것을 대상
으로 하는 정보 교환의 경우에 합법적인 것으로 판단될 여지가 크다.[21]

한편 사업자단체를 매개로 산업 전반에 걸쳐 정보 유통이 이루어지는 경
우, 앞에서 언급한 것처럼 산업 전체의 효율성을 제고하는 등의 긍정적인 평
가가 가능할 수 있지만, 이 역시 공동행위와의 관련성이 배제될 수 있는 것
은 아니며, 결국 구체적인 판단과정이 요구된다. 예를 들어 초기 판례인
American Column & Lumber Co. v. U. S. 사건에서[22] 사업자단체는 회원들로

---

18) Herbert Hovenkamp, 주 5)의 책, 216면.
19) 393 U.S. 333(1969).
20) Zoslaw v. MCA Distrib. Corp., 460 U.S. 1085(1983).
21) Herbert Hovenkamp, 주 5)의 책, 217~218면.

부터 목재의 판매가격, 구매자의 성명, 회원의 생산비율, 현재 재고와 향후
전망 등에 관한 자료를 제공받아 이를 정리하여 다시 회원들에게 배포하였
고, 연방대법원은 이러한 정보 교환을 과잉 생산을 억제하고 가격을 인상하
기 위한 계획의 일환으로 판단하였다. 이와 같이 동 판결에서 정보 교환은
가격 인상의 공동행위를 가능하게 하는 수단으로 평가되었지만, 정보가 유통
된 범위가 전체 산업의 3분의1 수준이었다는 점, 또한 조림기간이 15년 이상
걸리는 산업의 특성상 이러한 정보 교환이 공동행위 이외의 다른 목적, 즉
정당한 경쟁을 위하여 기능할 수 있었다는 점 등을 이유로 한 의미 있는 반
론도 제기되었다.[23]

2. 동조적 행위의 성립과 정보 교환

1) 동조적 행위의 의의

전술한 것처럼, EC조약이나 독일의 GWB에 의한 카르텔 규제에 있어서
동조적 행위는 합의나 단체적 결의에 해당하지 않지만 사업자간 공동행위
로서 평가될 수 있는 모든 행위를 포섭한다. 실무상 동조적 행위는 합의와
결의의 여개념적으로 운용되고 있는 것은 분명하지만, 이에 대한 적극적인
개념 정의를 시도할 경우에, 이 역시 경쟁의 압력으로부터 벗어나기 위한
사업자들의 의도적인 협력이 전제되어야 한다. 보다 엄밀한 정의로서 유럽
법원의 Suiker Unie 판결에서[24] 제시한 동조적 행위의 개념이 널리 인용되

---

22) 257 U.S. 377(1921).
23) 동 판결에서 대법관 Brandeis와 Holmes는 반대의견에서 서먼법이 관련 거래 정보
    없이 경쟁자에게 맹목적으로 경쟁할 것을 요구하는 것으로 원용될 수 없다는 견해
    를 피력하였다. See Ernest Gellhorn, William E. Kovacic & Stephen Calkins, 주 13)
    의 책, 287면.

고 있는데, 이에 의하면 "본질적으로 합의의 성립에 이르지 않았지만, 의도
적으로 위험을 수반하는 경쟁의 위치로부터(an die Stelle des mit Risiken
verbundenen Wettbewerbs) 벗어나기 위하여 실제적으로 협력하는, 사업자들
간의 조정의 형태(eine Form der Koordinieruung zwischen Unternehmen)"
로25) 이해된다.

　이와 같은 정의로부터 동조적 행위는 다음의 두 가지 핵심적인 표지, 즉
조정과 이로부터 결과된 사업자들의 행위로 구성되며, 나아가 조정과 행위
사이에는 인과관세가 존재하여야 한다. 이러한 표지에 따라서, 경쟁사업자에
영향을 미치거나 인위적인 시장행동을 형성할 목적으로 사업자들 사이에 직
접적 또는 간접적인 접촉은 카르텔로서 규제될 것이다.26) 반면에 조정에 의
한 것이 아닌, 단지 다른 사업자의 경쟁적 행위에 대응하는 의미에서의 병행
행위, 또는 과점시장에서의 불가피한 사업자의 대응으로 나타나는 병행행위
는 동조적 행위에 해당하지 않는다.27) 이와 같이 사업자들의 조정과 인과적
으로 연결되는 결과로서 나타난 행위를 綜合的으로 評價하여 동조적 행위
여부를 판단하는 것은, 추가적 요소의 고려 하에 인식 있는 병행행위로부터
합의 추정을 도출하는 미국 판례법상의 접근방식과 본질적으로 다른 것이라
할 수는 없다.28) 이러한 점은 Compagnie Royale des Mines SA and Rheinzink
GmbH v. Commission 사건에서도29) 확인할 수 있는데, 유럽법원은 병행행위

---

24) EuGH, Urt. v. 14. 7. 1972-Rs. 48/69.
25) Knut Werner Lange hrsg., Handbuch zum deutschen und europäischen Kartellrecht 2.
　　aufl., Verlag Recht und Wirtschaft GmbH, 2006, 44면(Knut Werner Lange 집필부분).
26) 위의 책, 45면(Knut Werner Lange 집필부분).
27) 위의 책, 45면 이하(Knut Werner Lange 집필부분) 및 Fritz Rittner & Meinrad
　　Dreher, Europäisches und deutsches Wirtschaftsrecht 3. aufl., C. F. Müller, 2008,
　　428면.
28) 주로 병행적 행위의 존재로부터 동조적 행위를 추론하는 위원회 실무를 보여주고
　　있는 것으로서, Albertina Albors-Llorens, 주 4)의 책, 22~23면.
29) Cases 29/83 and 30/83(1984) ECR 1679.

가 동조적 행위의 정황적 증거일 수는 있지만, 병행행위에 대한 다른 설명이
가능한 경우에 결정적일 수는 없다고 판시하였다.[30]

2) 정보 교환과 동조적 행위

이상의 동조적 행위 개념에서 본질적 표지에 해당하는 조정
(Koordinierung)과 관련하여, 사업자들 간에 경쟁에 관련된 정보의 교환은 대
표적인 예가 될 것이다.[31] 경쟁정책적 관점에서 정보 교환의 의의에 관한 유
럽에서의 논의도 미국과 유사하게 전개되고 있다. 즉 정보의 교환이 거래 주
체의 합리적이고 효율적인 결정을 도울 수 있고, 기술적 노하우에 관한 정보
확산의 경우처럼 정보 교환이 산업 전반의 효율성을 제고하는데 기여할 수
있으며, 수요자 입장에서도 상품에 관한 보다 많은 정보의 획득은 보다 용이
하게 만족스러운 선택을 가능하게 할 수 있다. 그러나 이와 같은 정보 교환
의 긍정적인 측면에도 불구하고, 가격 책정이나 투자 계획과 같은 세밀한 정
보를 사업자 상호간에 교환하는 경우처럼, 개별 사업자가 독립적으로 행위하
여야 한다는 경쟁의 본질을 침해할 수 있는 위험은 여전히 존재한다. 결국
담합을 조장하여 경쟁적 과정을 침해하는 정보 교환과 효율성 측면에서 중
립적이거나 이익이 되는 효과를 갖는 정보 교환 사이에 경계를 구하는 것은
경쟁법상 중요한 문제로서 인식되고 있다.[32]

이러한 판단의 구체화를 위하여, 분석에 있어서 유용한 몇 가지 기준이 제
시되고 있다. 우선 문제가 된 시장 구조의 측면에서 정보 교환에 대한 경쟁
정책적 평가가 가능한데, EC 위원회의 실무는 보다 집중화된 시장일수록 정
보의 교환이 경쟁을 제한할 가능성이 높은 것으로 보고 있다. 예를 들어 UK

---

30) Richard Whish, Competition Law, Oxford Univ. Press, 2005, 102면 참조.
31) Fritz Rittner & Meinrad Dreher, 주 27)의 책, 428면.
32) See Richard Whish, 주 30)의 책, 486~487면.

Agricultural Tractor Registration Exchange 사건에서[33] 위원회는 영국 트랙터 시장에서 관련된 4 사업자가 80% 이상의 시장점유율을 갖고 있다는 것에 상당한 의미를 부여하면서, 정보 교환 시스템을 위법한 것으로 판단하였다. 특히 과점시장에 있어서 상품별, 지역별, 시기별로 소매량과 시장점유율에 관한 상세한 정보를 교환하는 것은 당연위법에 해당하는 것으로 보는 위원회 실무의 경향도 나타나고 있다.[34]

또한 고려될 수 있는 것은 교환되는 정보의 성격에 관한 것이다.[35] 우선 산업 전체의 수요 내지 산출량 수준 또는 개별 사업자의 평균적 비용 등에 관한 통계적(statistical) 정보는 효율적인 것으로 볼 수 있는 반면에, 일반적으로 비밀의(confidential) 정보에 해당하는 가격 책정이나 연구·개발 프로젝트와 같은 문제에 관한 정보의 제공은 허용되지 않는 것으로 볼 수 있다.[36] 이러한 기준은 'EC 공동행위 지침'(Guidelines on the Applicability of Article 81 of the EC Treaty to Horizontal Cooperation Agreements; EC조약 제81조의 적용에 관한 지침)에도 부분적으로 수용되고 있는데, 동 지침이 비록 정보 교환을 직접적으로 규정하고 있지는 않지만, 복수의 사업자에 의한 공동의 영업(joint commercialisation)이 특히 시장 전략이나 가격책정에 관한 상업적으로 민감한 정보 교환의 기회를 제공하는 것이라면, EC조약 제81조에 해당할 수 있음을 규정하고 있다.[37] 정보의 성격에 관련된 또 하나의 기준은 정보가 제공되는 범위에 관한 것인데, 공급자뿐만 아니라 구매자에게도 정보가 제공되는 경우라면, 구매자 선택의 효율성을 증진시킨다는 측면에서 상대적으로 경쟁에 미치는 침해는 크지 않은 것으로 평가하는 것이 가능하다.[38] 또한 교

---

33) OJ (1992) L 68/19.
34) Richard Whish, 주 30)의 책, 491면.
35) 위의 책, 487면 참조.
36) 한편 정보가 다른 자료로부터 구할 수 있다는 사실이 경쟁사업자 사이에 합의의 위법성을 감소시키는 것은 아니라고 본 것으로 사례로서, VNP/COBELPA OJ(1977) L 242/10 참조.
37) Guidelines on the Applicability of Article 81 para. 146.

환되는 정보가 대상으로 하는 시점도 검토 대상이 될 수 있는데, 예를 들어 장래의 계획에 관한 정보의 제공은 이미 실현된 결과에 대한 자료를 제공하는 것에 비하여, 보다 반경쟁적인 것으로 평가될 가능성이 있다.

정보의 교환 방식도 고려 대상이 된다. 정보가 경쟁 사업자들 사이에서 직접적으로 교환되는 경우와 사업자단체 등을 매개로 하는 경우의 구별에 대한 인식은 미국의 경우와 마찬가지라 할 수 있지만, 양자의 경쟁정책적 차이에 대한 이해가 뚜렷하지는 않다. 오히려 개별 사례에서 경쟁을 침해하는지 또는 효율성을 제고하는지가 중요한 문제이고, 정보교환의 방식이 이를 결정할 수 있는 것은 아니라는 견해가 유력하다.[39)]

이상의 정보 교환과 경쟁정책적 의의에 대한 분석은 동조적 행위와 관련하여 정보 교환을 논의함에 있어서 당연한 전제가 된다. 특히 카르텔 규제 대상으로서 동조적 행위의 성립 여부가 문제되는 경우에, 정보 교환의 경쟁정책적 의의가 부각될 수 있다. 이와 관련하여 Wood Pulp 사건은, 동조적 행위의 인정 근거로서 정보 교환의 의의, 그리고 나아가 이러한 행위가 정당화될 수 있는 사유에 대한 의미 있는 시사점을 제공한다. 동 사건에서 EC 위원회는 직접적으로 그리고 언론을 통한 간접적인 방식으로 펄프 제조업자들이 정보를 제공한 것은, 동조적 행위의 인정근거가 되며, 따라서 EC조약 제81조를 위반하는 것으로 판단하였다.[40)] 이에 대하여 유럽법원은 EC 위원회의 결정을 번복하였는데, 동 법원은 당해 사건에서 가격공표 시스템이 구매자와 공급자 모두 자신의 상업적 위험을 줄이기 위하여 장래의 정보를 필요로 하였다는 사실에 따른 합리적인 대응으로 볼 수 있다는 결론을 내렸고, 또한 사업자들이 같은 시기에 가격을 공표한 사실은 펄프 제조업자들에 의하여

---

38) 그러나 앞에서 정보의 공시와 관련한 미국에서의 논의에서 언급한 것처럼, 이러한 방식의 정보 제공은 사업자 행동의 구속성을 낮을 수 있다는 점에서 오히려 부정적으로 볼 여지도 있다.

39) Richard Whish, 주 30)의 책, 488면.

40) OJ(1985) L 85/1.

설정된 인위적인 투명성 확보가 아니라 시장의 자연스러운 투명화 결과로서
볼 수 있다고 판시하였다.[41] 특히 동 법원은 이러한 사업자에 의한 공표가
경쟁사업자가 아니라 소비자를 대상으로 이루어졌고, 경쟁사업자의 장래의
태도에 대한 불확실성을 경감하는 방향으로 작용하지 않았으며, 오히려 경쟁
사업자가 보다 낮은 가격을 책정하는 방향으로 가격 경쟁을 유도하였다는
것을 강조하였다.[42] 결론적으로 동 판결에서 정보 교환을 합리적이고 효율
적인 사업자 필요에 부합하는 결과로서 판단한 것은 의미 있는 것이지만,[43]
EC 위원회가 당해 사건에서 정보의 교환이 동조적 행위를 인정할 수 있는
근거가 될 수 있다고 본 것도 여전히 주목을 요하는 것이다.[44]

3. 독점규제법상 합의 추정과 정보의 교환

1) 독점규제법상 합의 추정의 의의

독점규제법상 카르텔 규제의 근거규정인 제19조 제1항은 계약, 협정, 결의
기타 방법에 의한 부당한 공동행위를 금지하고 있다. 동 규정상의 계약, 협
정, 결의 등을 포괄하는 주관적 요건으로서 합의만으로 규제 대상인 공동행
위는 성립하며, 합의에 따른 실행행위까지 요구되지 않는다. 한편 다른 나라

---

41) Cases C-89/85 etc A Ählstrom Oy v. Commission (1993) ECR I-1307.
42) 이와 같은 동 판결에 대한 이해에 관하여, Mark Furse, Competition Law of the EC
   and UK, Oxford Univ. Press, 2004, 149~150면 참조.
43) 'EC 공동행위 지침'은 기술적 정보에 관한 접근이 비차별적 기초와 합리적 조건에
   따라서 경쟁하고자 하는 다른 사업자에게 허용된 경우에 EC조약 제81조 제3항의
   면책에 해당할 수 있음을 규정하고 있으며(para. 178), 이는 정보 교환이 경쟁제한
   적 효과를 상쇄하는 효율성 제고 효과를 갖는 경우에 면책될 가능성을 시사하는
   것이라 할 수 있다.
44) Richard Whish, 주 30)의 책, 495면.

의 규제사례와 유사하게, 실무적으로 합의 입증의 어려움이 있으며, 이를 완화하기 위하여 비교법적으로 드문 예인 '합의의 추정'을 제19조 제5항에서 규정하고 있다.

동법 제19조 제5항은 2007년 법개정에 따라서 변경되어, "2 이상의 사업자가 제1항 각 호의 어느 하나에 해당하는 행위를 하는 경우로서 해당 거래분야 또는 상품·용역의 특성, 해당 행위의 경제적 이유 및 파급효과, 사업자 간 접촉의 횟수·양태 등 제반사정에 비추어 그 행위를 그 사업자들이 공동으로 한 것으로 볼 수 있는 상당한 개연성이 있는 경우에는 그 사업자들 사이에 공동으로 제1항 각 호의 어느 하나에 해당하는 행위를 할 것을 합의한 것으로 추정한다"는 내용으로 바뀌었다.[45] 동 개정은 구 제19조 제5항에 대하여 제기되었던 법리적 문제점을[46] 개선할 목적으로 이루어진 것이며, 추정 요건으로서 배제되어 있던 정황적 사실을 간접사실로 명정한 것이나,[47]

---

45) 개정 전의 제19조 제5항은 "2 이상의 사업자가 일정한 거래분야에서 경쟁을 실질적으로 제한하는 제1항 각 호의 1에 해당하는 행위를 하고 있는 경우 동사업자간에 그러한 행위를 한 것을 약정한 명시적인 합의가 없는 경우에도 부당한 공동행위를 하고 있는 것으로 추정한다"고 규정되어 있었다.

46) 권오승, 경제법 제5판, 법문사, 2005, 296면 이하 참조.

47) 그러나 정황사실이 합의의 추정 과정에서 완전히 배제되었던 것은 아니며, 대법원은 이를 추정의 복멸사유로 수용하였다. 결국 구 제19조 제5항의 구조에서 정황사실을 간접사실로 볼 수 있는지의 문제는 실질적으로 정황사실의 입증책임이 누구에게 귀속되는지의 문제로 전환되었으며, 간접사실로 보지 않는 경우에 정황사실의 입증책임은 피규제자에게 귀속되었다. 이와 관련하여 "법 제19조 제5항에 따라 부당한 공동행위의 합의 추정을 받는 사업자들이 부당한 공동행위의 합의의 추정을 복멸시킬 수 있는 사정을 판단함에 있어서는 당해 상품 거래분야 시장의 특성과 현황, 상품의 속성과 태양, 유통구조, 가격결정 구조, 시장가격에 영향을 미치는 제반 내·외부적 영향, 각 개별업체가 동종 거래분야 시장에서 차지하고 있는 지위, 가격의 변화가 개별사업자의 영업이익, 시장점유율 등에 미치는 영향, 사업자의 개별적 사업여건에 비추어 본 경영판단의 정당성, 사업자 상호간의 회합 등 직접적 의사교환의 실태, 협의가 없었더라도 우연의 일치가 이루어질 수도 있는 개연성의 정도, 가격모방의 경험과 법위반 전력, 당시의 경제정책적 배경 등을 종합적으로

추정의 대상을 합의에 한정한 것 등을 개정의 핵심 내용으로 하고 있다. 이미 개정 전부터 추정의 요건, 즉 간접사실을 행위의 외형상 일치와 정황증거에 한정하고, 추정의 대상은 합의의 존재로 이해하여야 한다는 지적이 유력하였고,[48] 동 개정은 이러한 논의를 적극적으로 수용한 것이라 할 수 있다. 특히 합의와 독립적 단독행위의 경계에 위치한 일련의 행위를 카르텔로서 규제하기 위하여 인식 있는 병행행위나 동조적 행위라는 개념을 중심으로 전개되어 온 법리와 동일한 맥락에서, 행위의 일치와 이와 관련된 정황 등을 종합적으로 고려하는 틀을 갖추게 된 것에 대하여,[49] 경쟁정책적으로 긍정적인 평가가 가능하다.

그러나 여전히 개정된 제19조 제5항을 중심으로 논의되어야 할 부분이 남아 있다. 우선 구 조항에 대하여 대법원이 확고하게 유지하였던 법률상 추정의 틀은[50] 개정 이후에도 유지될 것으로 예상된다. 그러나 이 시점에서 법률상 추정에 기초하여 동 조항을 이해하는 것에 대한 再考의 필요성도 있다. 우선 법률상 추정의 경쟁정책적 의의, 즉 법률상 추정의 형식에서 도출되는 법리적 메커니즘이 합의의 입증을 완화하고 과점시장에서 만연되어 있는 다양한 형태의 협력가능성을 파악하여 이를 규제하는데 적합한 것인지에 대한 검토가 여전히 필요하다. 결국 이 문제는 법률상 추정 구조 하에서 간접사실과 요증사실 사이에 경쟁정책적 관련성을 적절히 파악해 내고, 이를 구성하는 것에 달린 문제라 할 수 있다. 법률상 추정제도가 적용 측면에서의 편의

고려하여 거래 통념에 따라 합리적으로 판단하여야 한다"고 판시한 대법원 2006. 10. 12. 선고 2004두9371 판결 참조.
48) 이러한 견해로서, 양명조, "부당한 공동행위에 있어서 부당성 판단기준", 권오승 편, 독점규제법강의, 법문사, 1996, 268면 참조.
49) 개정 전 제19조 제5항과 관련하여, 동 조항이 미국의 의식적(인식 있는) 병행행위의 규제를 염두에 둔 것인지는 명확하지 않다는 지적으로서, 이호영, 독점규제법의 이론과 실무, 홍문사, 2006, 167면 참조.
50) 대법원 2003. 12. 12. 선고 2001두5552 판결, 대법원 2003. 5. 27. 선고 2002두4648 판결, 대법원 2003. 2. 28. 선고 2001두1239 판결 등.

나 기능상의 효율성은 있다 하더라도, 법률상 추정이 정당화될 수 있는 간접사실로부터 요증사실로의 개연성 있는 인과관계가 뒷받침되어야 법리적 타당성을 갖게 된다는 점에 유의하여야 한다.

또한 전체 법질서의 관점으로 법률상 추정에 대한 이해의 범위를 넓힐 필요도 있다. 제19조 제5항의 합의추정에 의하여 부당한 공동행위로 인정되는 경우에, 공정거래위원회에 의한 시정명령과 과징금 부과의 대상이 되지만, 나아가 동법 제68조에 의하여 행위 주체에게 형벌의 부과도 가능하며, 또한 피해자가 발생한 경우에 사적분쟁해결로서 손해배상청구권을 행사할 수도 있다. 결국 제19조 제5항에서의 추정은 민사적인 문제로서 뿐만 아니라, 공법과 형사법의 영역에서도 중요한 의미를 갖게 된다. 이러한 점에서 법률상 추정은 본질적으로 대등한 당사자 간의 사적 분쟁을 해결하는 절차에서 입안된 제도라는 점을 상기할 필요가 있다. 무엇보다 무죄추정의 법리가 지도하는 형사절차에서 법률상 추정은 원칙적으로 수용되기 어려운 측면이 있다.[51] 또한 행정법의 영역에서도, 그 본질이 국가 공권력의 작용과 관련된다는 점에서 법률상 추정으로 이해하는 것에 신중할 것이 요구된다. 비교법적으로 보면, 독일 GWB에서 추정을 명문으로 규정하고 있는 제19조 제3항에서 시장지배적 지위의 추정과 관련하여, 이 규정이 입증책임의 전환(법률상 추정)으로 이해될 수 없으며, 이를 정당화할 입법형성사적 근거를 찾을 수 없다는 지적은[52] 시사하는 바가 크다.[53]

---

51) 법률상 추정은 실체진실주의와 자유심증주의에 반하며, 또한 무죄추정의 법리에도 어긋난다는 것으로서, 이재상, 신형사소송법, 박영사, 2007, 493면 및 배종대·이상돈, 형사소송법, 홍문사, 1996, 464면 참조. 한편 대법원은 동 조항 자체가 형벌규정은 아니라는 이유로, 동 조항이 죄형법정주의나 무죄추정의 원칙에 반하지 않는 것으로 보고 있다. 대법원 2004. 10. 28. 선고 2002두7456 판결.

52) Urlich Immenga & Ernst-Joachim Mestmäcker hrsg., 주 1)의 책, 665면(Wernhard Möschel 집필부분) 참조.

53) 한편 이러한 이해가 제19조 제5항 해석의 한계를 넘는 것이라는 비판적 입장으로서, 정호열, 경제법, 박영사, 2008, 313면.

2) 합의 추정과 정보의 교환

미국과 유럽에서 각각 인식 있는 병행행위와 동조적 행위의 관점에서 정보의 교환이 논의되고 있는 것처럼, 우리 독점규제법상 합의의 추정은 정보교환에 관한 분석의 기본 틀이 될 것이다. 구체적으로 동법 제19조 제5항에 공동행위의 상당한 개연성의 기준으로서 규정되어 있는 상품·용역의 특성, 해당 행위의 경제적 이유 및 파급효과, 사업자간 접촉의 횟수·양태 등의 제반사정과 관련하여 정보 교환의 의의가 검토되어야 한다.

이와 관련하여 공정거래위원회가 제정한 「공동행위심사기준」이 제19조 제5항의 적용과 관련하여 정보교환을 합의 추정을 보강하기 위한 정황증거의 하나로 들고(Ⅱ. 4. 가.), 구체적인 사례로서 "사업자간 가격이나 산출량에 관한 정보를 교환하기로 합의하거나, 정기적으로 정보를 교환하는 모임을 갖는 경우"를 제시하고 있는 것에 주목할 필요가 있다. 우선 동 규정에서 추정을 보강하는 정황증거의 구체적 의미가 명확한 것은 아니지만, 동 규정은 제19조 제5항을 구체화하는 기준으로 제정된 것이라는 점에서, 적어도 정보교환이 상당한 개연성으로 공동행위와 연결될 수 있는 행위에 해당할 수 있다는 인식을 반영한 것이라 할 수 있다.

물론 이러한 이해는 타당한 것이지만, 구체적인 기준으로서는 여전히 미흡한 점이 있다. 앞에서 살펴본 미국이나 유럽의 논의에서 알 수 있듯이, 정보의 내용이나 정보가 교환되는 범위 내지 방식은 합의의 인정에 있어서 중요한 기준으로 작용하며, 이러한 점에서 「공동행위심사기준」이 가격과 산출량에 관한 정보교환에 한정하여 정황증거로서의 의미를 부여하고 있는 것은, 다양한 평가요소가 배제됨으로써 구체적 기준으로서의 한계를 보여주는 것이다. 가격이나 산출량은 경쟁의 핵심적 요소에 해당하며, 따라서 이에 관한 정보교환이 경쟁정책적으로 주의를 기울일 대상임은 분명하지만, 이러한 정보가 과거의 것인지 아니면 장래에 대한 것인지, 또는 개별 사업자의 구체적

자료인지 산업 전체의 통계적 자료인지에 따라서 공동행위로의 진행 가능성이나 효율성 증대에 미칠 영향 등에 차이가 나타날 수 있으며, 따라서 정황증거로서의 가치를 판단하기 위하여 이러한 요소들에 대한 추가적 고려가 불가피하다. 마찬가지로 정보가 교환되는 방식이나 범위, 즉 정보가 사업자들 사이에 폐쇄적으로 공유되고 있는지 제3자에게도 공개되는 방식으로 이루어지는지, 또한 정보가 교환되는 사업자의 범위가 전체 시장 내지 산업에서 어느 정도의 비중을 차지하고 있는지 등도 합의 추정의 정황증거로서의 가치를 판단하는데 간과될 수 없는 부분이다.

현행 「공동행위심사기준」의 한계 그리고 합의 추정의 정황증거로서 정보 교환을 다양한 관점에서 분석하여야 할 필요성은 정보 교환이 문제가 되었던 구체적 사건에서도 확인할 수 있다. 커피제조업자들인 동서식품과 한국네슬레 사이에 부당한 공동행위가 문제되었던 사건은[54] 합의 추정과 관련하여 정보교환이 다루어진 대표적 사례에 해당한다. 비록 동 사건에 대한 판결에서 대법원이 구법 제19조 제5항의 추정에 있어서 정황사실을 간접사실로 볼 수 없다고 판시하였지만, 공정거래위원회와 원심이[55] 제19조 제5항의 추정을 위한 정황사실의 하나로 인정한 가격 정보 교환을, 제19조 제1항의 합의를 직접 입증하는 사실상 추정의 근거로 다룸으로써 정보 교환과 합의 입증의 관련성에 대한 의미 있는 분석을 행하고 있다. 특히 대법원은 "원고들의 지점 영업직 직원 사이에서 이 사건 가격 인상내용 중 일부에 관한 정보가 팩스로 세 차례 정도 오고간 사실은 알 수 있으나, 그 팩스문건들의 내용을 보면, 원고들이 시기를 달리하여 각자 가격인상을 결정한 후 각 그 내용을 각자의 지점을 통하여 거래처에 통보할 목적으로 발신인을 지점, 수신인을 거래처로 하여 작성한 것임을 알 수 있어, 그 목적이 가격담합을 위한 사전 정보교환에 있다고 보이지 아니한 점, 지점 직원들이 위 팩스를 주고 받은

---

54) 대법원 2002. 3. 15. 선고 99두6514,6521 판결.
55) 서울고법 1999. 4. 28. 선고 98누10686, 98누11214(병합) 판결.

시점은 모두 가격인상일 내지 인상결정일 이후로서 그 내용이 이미 지점이나 거래처에 공개된 때였던 점, 원고들이 가격담합을 위하여 본사의 담당직원도 아닌 지점의 영업직원을 시켜 정보를 교환하도록 지시하였다고 추단하는 것은 부자연스러운 반면에, 양사의 영업직원들이 자신들의 영업상 편의를 위하거나 다른 직원보다 먼저 경쟁사의 인상가격을 알아냈다는 것을 상사에 과시하기 위하여 평소의 친분관계를 이용하여 각 지점에 이미 내려와 있던 문건들을 서로 주고 받은 것에 불과하다는 원고들의 경위 설명이 자연스러운 점 등을 종합하면, 지점 영업직 사원 간의 위와 같은 팩스 교신사실을 가지고 원고들 간의 합의 내지 암묵적인 양해를 추정하기도 어렵다"고 보았다. 이상의 판시 사항에서 대법원이 추정을 부정하는 근거로서 주목한 것은, 가격 정보의 교환이 사후적으로 이루어지고 있다는 점 그리고 정보 교환이 본사가 아니라 지점 차원에서 이루어졌고, 실제 정보교환의 주체도 영업사원이었다는 점 등이었다. 또한 일반적인 수요공급원칙이 적용되지 않는 특수한 성격의 커피 시장에서 同價 전략은 가격경쟁의 일환이 될 수 있다는 점에서, 가격 경쟁이 제한되고 있는 것으로 볼 수 없다고 판시한 부분도, 가격정보 교환에 대한 평가와 어느 정도 관련된다.

물론 동 판결에 대해서 비판의 여지는 있다. 우선 앞에서 언급한 것처럼 동 판결이 전제한 구법 제19조 제5항의 추정 조항에 대한 법리적 이해가 다투어져 왔으며, 판결의 핵심적 논리의 측면에서도, 경쟁사업자와 같은 가격을 부과하는 것이 가격 책정의 한 방식일 수 있다는 것과 사업자들이 독립적으로 가격을 결정하였다는 것이 동일한 의미를 갖는 것은 아니라는 의문이 남는다. 적어도 상호 인식의 상황에서 이루어진 가격의 일치에 초점을 맞추어 경쟁정책적인 평가가 이루어졌어야 한다는 지적이 가능하다. 그렇지만 가격정보 교환과 관련하여, 사후적 성격을 강조한 것이나 정보 교환의 양태를 구체적으로 분석하여 공동행위와의 관련성을 검토한 것은, 「공동행위심사기준」의 규정을 넘어서는 의미 있는 접근 방식으로 평가할 수 있을 것이다.

III. 정보 교환의 경쟁제한성 평가

1. 과점시장 구조와 상호의존성 문제

합의의 입증과 관련하여 정보 교환이 정황증거로서의 가치를 갖는 경우, 경쟁의 일정한 요소에 대한 합의를 정보교환의 행태에 기초하여 판단하는 것을 가능하게 한다. 독점규제법 제19조 제5항을 적용하면, 경쟁요소에 대한 합의와 정보 교환 사이에 상당한 개연성이 존재하는 경우에, 합의 추정에 의하여 공동행위는 성립하게 된다. 이상의 논의는 정보교환으로부터 추단할 수 있는 별도의 합의를 상정한 것이지만, 이러한 정보 교환이 경쟁정책적으로 어떻게 평가될 수 있는지 나아가 정보 교환 자체에 대하여 공동행위로서 규제가 가능한 것인지의 문제가 여전히 남아 있다.

이와 관련하여 과점시장에서 균형을 추구하는 사업자 행위를 대상으로 전개되었던 Turner-Posner 논쟁은 시사하는 바가 크다. 이 논쟁에서 Turner의 견해는 과점화된 시장에서 사업자의 행동은 경쟁사업자의 행동에 대한 예측에 따른다는 점에 근거하였다. 경쟁사업자를 주시하고 경쟁사업자의 행동에 따라서 대응전략을 채택하는 것은 균형 추구의 일환, 즉 합리적 이윤추구행위이며, 이에 대하여 경쟁법상 비난을 가할 수 없다고 보았다. 과점시장 구조 하에서 사업자가 균형에 이르는 과정은, Sherman법이 규율할 수 있는 범위를 넘어서는 것이고, 이에 대처하기 위해서는 구조적 개선을 명령할 수 있는 별도의 입법이 필요하다는 주장을 전개하였다.[56]

이에 대하여 Posner는 과점화된 시장에서 Cournot 균형과 같은 과점시장 고유의 균형이 아닌 경쟁적 가격설정이 이루어질 가능성을 배제할 수 없다는 것에서 출발하고 있다. 과점시장의 사업자들에 의한 명시적 합의 내지 묵

---

56) Herbert Hovenkamp, 주 5)의 책, 165~166면.

시적 담합과 같은 행위는 경쟁시장에서의 수준으로 가격책정이 이루어질 가능성을 차단하고, 경쟁가격 이상에서 가격이 형성되도록 작용할 수 있기 때문에, 과점시장에서 일정한 행위를 경쟁법상 규제하는 것은 충분한 근거가 있는 것으로 이해하고 있다.[57)]

이상의 Turner-Posner 논쟁은 과점시장에서의 가격이 경쟁시장의 수준으로 형성될 가능성 그리고 보다 본질적으로 과점시장에서 균형에 대한 이해의 차이에 기인한다. 앞에서 언급한 것처럼 Posner적인 접근은 과점시장에서도 명시적 내지 묵시적 합의가 중요하다는 것으로 귀결된다. 나아가 논의의 전체적인 맥락에서, Posner적인 관점은 과점시장에서 사업자들의 가격 형성은 경쟁 수준의 가격에서부터 독점적 이윤을 가능하게 하는 완벽한 카르텔에 의한 가격에 이르기까지 다양한 가능성을 가질 수 있다는 것을 힘축하고 있다. 구체적으로 Cournot 균형이 보여주는 것과 같은 비협조적(non-cooperative) 방식, 협조적(cooperative) 방식, 그리고 협조적 방식의 가장 극단적인 형태로서 카르텔 등이 전략적으로 선택되어질 수 있다. 특히 협조적 방식은 비협조적 방식에 비하여 보다 높은 수준의 이윤을 보장하는 가격 책정을 가능하게 할 수 있지만, 반면에 협조적 관계 내지 카르텔로부터의 이탈을 방지하기 위한 비용이 추가될 수 있으며, 결국 사업자들은 구체적인 시장의 특성을 고려하여 적합한 전략을 선택적으로 취하게 될 것이다. 정보의 교환은 이와 같은 과점시장에서 사업자들의 협조적인 행태를 보다 구체화할 수 있는 수단으로 기능하며, 경쟁제한적인 평가의 유력한 근거가 될 수 있다.

---

57) 위의 책, 166면.

2. 정보교환의 공동행위 규제 가능성

1) 과점시장의 사업자 행태에 대한 게임이론적 이해

이상에서 살펴 본 과점시장 사업자의 전략적 선택은 적어도 경쟁시장 수준 이상에서의 가격 형성을 배제하지 않으며, 이러한 점에서 경쟁정책적인 관심의 대상이 될 수 있다. 물론 이를 합의를 요건으로 하는 공동행위로 규제하는 것에는 일정한 한계가 있을 수밖에 없다. 비협조적 전략의 경우뿐만 아니라, 협조적 전략의 경우에도 합의에 의한 카르텔의 경우를 제외하고, 합의의 요건을 충족하는 사업자들의 행태가 드러나지 않을 경우에, 이에 대한 규제는 Turner가 지적한 것처럼 경쟁법의 범위를 넘어서는 것일 수 있다.

그러나 특히 과점시장에서 사업자들의 협조적 전략의 수행에 대한 게임이론적 분석은 경쟁정책상 주의를 환기시키기에 충분한 것이다. 이른바 죄수의 딜레마(prisoner's dilemma)로 일컬어지는 상대방의 행동을 신뢰하지 않는 기초 위에 형성되는 Nash 균형은, 행위 주체들이 상대방의 결정을 알 수 없는 상황에서 1회적인 선택의 결과로 나타나는 것이다. 이와 비교하면, 과점시장에서의 사업자는 지속적인 관계에 위치하며, 따라서 결과에 따른 교정 가능성이 있고, 나아가 이에 대한 종합적 인식이 주어지는 상황에서 선택을 하게 된다. 이와 같은 과점시장의 특수한 성격은 Nash 균형으로부터 벗어나는 공동의 극대화(joint maximizing)가 이루어지고, 카르텔과 유사한 결과로 이어질 수 있는 근거가 될 수 있다.[58] 특히 사업자 간에 정보의 교환은 사업자들의 전략적 수행을 용이하게 함으로써, 공동의 극대화로 나아갈 가능성을 보다 강화할 수 있다.

---

58) 위의 책, 161~163면 및 Keith N. Hylton, Antitrust Law, Cambridge Univ. Press, 2003, 69~72면.

2) 공동행위로서 정보 교환 자체의 규제 가능성

과점시장에서 합의를 매개하지 않고서도 상호의존적인 전략 수행을 통하여 경쟁정책적으로 바람직하지 않는 결과를 낳게 되는 경우에, Hovenkamp는 합의 요건충족의 결여로 인하여 Sherman법상 이에 대한 규제 가능성을 부인하고 있다.[59] 물론 독점규제법에서도 합의가 존재하지 않는 상황에서, 특히 사업자들의 단순한 상호의존적 행태만을 파악할 수 있는 경우에, 이러한 행태를 공동행위로 규제하는 것에는 한계가 있다.

그러나 전술한 것처럼 합의가 존재하지 않는 경우라 하더라도, 정보의 교환은 과점시장에서 협조적 전략 등을 통한 상호의존성을 강화하고, 경쟁정책적인 관점에서 카르텔과 유사한 결과를 낳을 수 있다. 따라서 이에 대한 경쟁법상 규제 가능성에 대하여 다양한 고려를 행할 필요가 있다.

이와 관련하여 일본의 公正取引委員會가 상담사례로 다룬 것으로서, 단두 사업자만이 존재하는 복점시장에서의 정보교환이 문제가 된 사건은 참고할 만한 것이다. 이때 정보 교환은 사업자단체를 매개로 한 것이었는데, 公正取引委員會는 설령 사업자단체가 개별 사업자의 정보가 아니라 산업 전체의 합계치를 제공하는 경우에도, 이러한 정보의 제공이 복점시장에서는 경쟁자의 생산이나 출하실적을 쉽게 식별할 수 있게 하고, 이와 결합하여 수요전망을 가능하게 함으로써 두 사업자 간에 현재 또는 장래의 생산이나 출하량에 대한 예측이 용이하게 이루어질 수 있도록 한다는 점에서 독점금지법상 문제가 될 수 있다고 보았다.[60] 특히 일본에서의 논의는 정보의 교환이 사업자단체를 통하여 이루어지는 경우에, 일본 독점금지법 제8조 제1항에서 규정하는 사업자단체의 금지행위로서 규제할 수 있으며, 동항 제4호의 "구성 사업자의 기능 또는 활동을 부당하게 제한하는 것"을 규제의 구체적 근거로

---

59) Herbert Hovenkamp, 주 5)의 책, 165면.
60) 金井貴嗣·川濱 昇·泉水文雄, 주 6)의 책, 90면.

서 제시하고 있다.[61] 동 규정은 우리 독점규제법 제26조 제1항 제3호의 "구성사업자의 사업내용 또는 활동을 부당하게 제한하는 행위"에 상응하는 것으로서, 우리 독점규제법의 적용과 관련하여 동 조항에 의한 규제 가능성을 시사하는 것이다. 특히 동 규정에 의하여 정보 교환에 대한 규제가 이루어질 경우에, 부당한 공동행위로서 합의의 요건이 충족될 필요는 없으므로, 이와 무관하게 정보 교환 자체를 규제할 수 있는 방안으로 유력한 의미가 있다.

다른 한편으로 정보의 교환도 이에 관한 사업자들의 선행적인 합의가 없으면 이루어질 수 없는 것이고, 이에 착안하여 합의의 존재를 제시하는 방안을 검토할 수도 있다. 이러한 입론은 독점규제법 제19조 제1항 제9호에서 이른바 '작은 일반 조항'으로 규정된 공동행위 유형의 해석과 관련된다. 동 조항은 "제1호 내지 제8호 외의 행위로서 다른 사업자(그 행위를 한 사업자를 포함한다)의 사업활동 또는 사업내용을 방해하거나 제한함으로써 일정한 거래분야에서 경쟁을 실질적으로 제한하는 행위"를 공동행위의 한 유형으로 규정하고 있다. 여기서 공동의 행위로 경쟁을 실질적으로 제한하는 행위에 제한이 없으며,[62] 앞에서 논의한 것처럼 과점시장에서 정보 교환 자체가 상호의존적인 행태를 강화하고, 이것이 경쟁시장에서 가능하지 않은 효과를 달성할 수 있는 원인으로 작용한다면, 이와 같은 정보교환에 관한 합의를 부당할 공동행위로서 규제할 가능성도 고려할 수 있을 것이다.

---

61) 위의 책, 89면.
62) 동 조항을 적용한 대법원 판례는 주로 공동행위 참가 사업자들의 거래상대방에 대한 사업방해가 문제되었지만(대법원 2008. 2. 29. 선고 2006두10443 판결, 대법원 2006. 11. 29. 선고 2004두14564 판결 등), 동 조항의 괄호 안의 규정에서 알 수 있듯이 공동행위 참가 사업자들의 사업활동 등을 방해 내지 제한하는 행위도 전호에 해당하는 경우가 아닌 한, 동 규정에 포섭될 수 있다.

IV. 결론: 합리적 규제 기준의 제안

합의의 입증과 관련하여, 정보 교환의 정황적 증거로서의 가치에 대한 평가는 교환되는 정보의 성격이나 내용, 그리고 정보가 교환되는 방식이나 범위 등에 좌우될 것이다. 정보가 경쟁의 핵심적 요소인 가격이나 수량에 관련된 것이라면, 정보 교환의 정황증거로서의 중요성을 더하게 될 것이다. 또한 교환되는 정보가 사후적인 것인지 또는 사전적인 것인지, 사업자의 구체적인 사업활동에 관한 것인지 아니면 산업 전체의 통계적인 것인지도 의미가 있는데, 대체로 사후적인 경우보다는 사전적인 경우에 그리고 통계적인 내용보다는 개별적인 내용을 정보 대상으로 한 경우에 공동행위와 관련될 가능성은 큰 것으로 볼 수 있다.

정보의 교환 범위 내지 방식과 관련하여, 우선 정보가 교환되는 범위를 살펴 볼 필요가 있다. 당해 시장에서 정보의 교환이 이루어지고 있는 사업자들의 범위가 상당한 정도에 이르지 않을 경우에, 부당한 공동행위에 해당할 가능성은 감소할 것이지만, 이는 합의의 입증보다는 경쟁의 실질적 제한성 판단과 관련되는 것으로 볼 수도 있다. 정보가 당해 사업자들의 범위를 넘어서 거래 상대방에게까지 확대되는 경우, 특히 정보의 공시나 대외적 공표와 같은 방식으로 진행될 경우에, 이에 대한 경쟁정책적 평가는 이중적이다. 우선 제3자에게 정보가 전달될 수 있는 공표와 같은 방식이 사업자들 사이의 구속력을 강화함으로써 카르텔의 성립과 유지에 기여할 여지가 있는 반면에, 이와 같은 정보의 제공은 거래 상대방의 선택의 기회를 실질적으로 확대함으로써 후생 증대의 효과를 나타낼 수도 있다. 결국 후자의 효과는 경쟁정책적인 측면에서 긍정적으로 작용할 수도 있으며, 이와 같은 상이한 효과에 대한 종합적인 형량이 요구된다. 한편 보험업이나 주유소업과 같은 특정한 산업에서 주로 행정지도의 방식에 의하여 가격 공표를 유도하는 것에 대해서도, 이상과 같은 종합적인 고려가 사전적으로 이루어질 필요가 있다.

정보 교환행위에 대한 경쟁제한적 평가는 특히 과점시장적 구조에서 사업자들의 상호의존적 행태와 깊이 관련된다. 나아가 정보의 교환이 사업자들의 상호의존성을 용이하게 함으로써 경쟁제한적인 결과를 낳게 되는 것에 착안하여, 가격이나 거래 조건 등에 관한 구체적인 합의의 입증이 없는 경우에도, 정보 교환 자체에서 합의를 확인하고 이를 규제하는 문제를 적극적으로 검토할 수 있을 것이다. 또한 사업자단체를 통한 정보 교환의 경우, 사업자단체의 금지행위 중 하나인 "구성사업자의 사업내용이나 활동을 부당하게 제한하는 것"에 포섭시킴으로써, 정보 교환 자체를 규제하는 것도 가능한 방안으로서 고려될 수 있다.

끝으로 새롭게 제기되고 있는 문제로서, B2B 등의 전자상거래시장에서의 정보 교환이 논의되고 있다. 전자적으로 이루어지는 거래의 특성에 의하여, 거래에 관련된 정보가 광범위하게 유통될 수 있으며, 따라서 전자상거래의 경우 정보교환에 따른 경쟁법적 문제가 제기될 가능성이 크다. 이러한 점은 미국 FTC도 인식하고 있는데, 동 기관에서 작성한 보고서는 전자상거래 시장이 거래의 투명성을 증진시키는 것을 포함하여 효율성을 제고할 수 있지만, 또한 담합을 용이하게 할 가능성도 있음을 지적하고 있다.[63] 특히 후자의 우려와 관련하여, 전자상거래에 있어서 금지되는 유형의 정보 교환이 허용될 수 없으며, 필요한 경우 경쟁법에 반하는 행위를 방지할 수 있는 보안 시스템(firewalls)을 설치하는 것에 관한 제안이 있다.[64]

---

63) FTC, "Entering the 21st Century: Competition Policy in the World of B2B Electronic Market Places", http://www.ftc.gov/bc/b2b/index.htm, 2000 및 FTC, "Emerging Issues for Competition Policy in the World of E-Commerce", http://www.ftc.gov/opp/ecommerce, 2001 참조.
64) Richard Whish, 주 30)의 책, 494면.

11. 독점규제법상 입찰 담합 규제와 공정거래위원회의 역할

Ⅰ. 서론

「독점규제 및 공정거래에 관한 법률」(이하 독점규제법)상 입찰 담합(bid rigging, collusive tenders)은 부당한 공동행위로서 규제 대상이 된다. 입찰에 응하는 사업자들이 낙찰 대상자나 거래 조건 등에 관한 사전 합의를 하고 참가하는 것은 경쟁을 제한하는 합의에 해당하며, 독점규제법 제19조 제1항 제8호는 명시적으로 입찰 담합을 공동행위의 한 유형으로서 규정하고 있다. 특히 경쟁정책의 관점에서 입찰 담합은 경성 카르텔로 분류되기도 하는데, 예를 들어 OECD의 2003년 경쟁(competition)에 관한 보고서에 의하면, 입찰 담합은 가격 고정, 산출량 제한, 시장 분할 등과 함께 경쟁제한성이 명백하고 피해가 분명하게 드러나는 경성 카르텔의 하나로 분류되고 있다.[1]

부당한 공동행위의 규제 대상으로서 입찰 담합의 중요성은 우리 독점규제법의 적용에 있어서도 크게 다르지 않은 상황이다. 동법 제정시부터 2004년까지 부당한 공동행위에 관한 심결의 분석에 따르면, 공정거래위원회에 의하여 규제된 부당 공동행위 사건 중 입찰 담합에 관한 것이 약 20%에 이르고 있다.[2] 이와 같은 입찰 담합 사건의 빈번한 발생은 동종의 공동행위에 대하

---

1) OECD, Trade and Competition: From Doha To Cancun, 2003, 17면.

여 공정거래위원회가 지속적으로 주의를 기울이도록 하는 원인이 되고 있다.

한편 입찰 담합의 문제가 독점규제법에 한정되는 것은 아니라는 점에도 유의할 필요가 있다. 입찰은 경쟁 시스템을 활용하여 거래의 공정성과 효율성을 기하기 위해 창안된 제도라 할 수 있으며, 이에 형법은 입찰의 공정성을 우리 법공동체가 보호하여야 하는 중요한 법익으로 수용하고 있다. 즉 형법 제315조는 '경매 또는 입찰의 방해'라는 표제 하에 "위계 또는 위력 기타 방법으로 경매 또는 입찰의 공정을 해한 자는 2년 이하의 징역 또는 700만 원 이하의 벌금에 처한다"고 규정한다.[3] 물론 형법상 입찰방해죄에 의한 보호법익으로서 입찰의 공정성은, 독점규제법상 입찰 담합의 경쟁제한성과 위법성 측면에서 동일하게 구성될 수 있는 것은 아니기 때문에, 양자가 공유하는 점과 차이에 대한 이해는 독점규제법상 입찰 담합 규제와 관련해서도 의미 있는 것이다. 또한 입찰은 국가 및 지방자치단체가 수행하는 공적 조달의 대표적인 수단이라는 점에서 조달 행정의 관점에서도 접근이 이루어지고 있다. 즉 조달 행정의 지도적 이념이라 할 수 있는 재정 투명성의 실현과 입찰의 제도적 기능의 유지는 밀접히 관련된다. 이러한 점은 경쟁정책적 관점에서 입찰 담합을 규제하는 공정거래위원회가 국가의 조달 행정 전반에 주목하고, 또한 조달 행정을 담당하는 기관과 상호 협력할 수 있는 시스템 구축에 관심을 기울일 필요가 있음을 시사하는 것이다.

이하에서의 논의는 우선 독점규제법상 입찰 담합의 의의를 살펴보는 것에서 출발한다(Ⅱ). 이에 기초하여 부당 공동행위로서 입찰 담합을 규제하는 법리를 분석하고(Ⅲ), 나아가 규제기관으로서 공정거래위원회의 역할과 타 기관과의 협력시스템 등에 관하여 논의할 것이다(Ⅳ).

---

2) 홍명수, "카르텔 규제의 문제점과 개선방안에 관한 고찰", 경쟁법연구 제11권, 2005, 285면 참조.
3) 이재상, 형법각론, 박영사, 2009, 216~217면 참조.

II. 입찰 담합의 의의와 유형

1. 입찰 담합의 의의

1) 입찰의 의의

입찰은 경쟁적 방식에 의한 계약 체결로서, 계약체결의 특수한 형태를 의미한다. 입찰의 개시는 많은 경우 수요 측면에서 이루어지지만, 공급 측면에서도 나타날 수 있고, 응찰자가 제시한 조건이 최저가격 또는 최고가격 그 외의 여러 기준들에 부합하는지를 평가하여 낙찰자를 결정하는 과정을 거치게 된다. 한편 입찰은 경쟁적 방식을 이용한다는 점에서 경매와 같은 유형으로 분류되지만, 경매가 거래조건의 제시를 공개적으로 하는데 반하여, 입찰은 응찰시에 비공개의 방식을 사용한다는 점에서 구별된다.[4] 계약법상으로는 입찰의 기회를 부여하는 행위와 이에 응하는 행위 중 무엇을 청약으로 볼 것인지에 관한 논의가 있는데, 입찰에 응하는 행위를 청약으로 보고, 이에 따라서 낙찰자를 정하는 행위를 승낙으로 보는 것이 일반적이다.[5] 이러한 이해는 낙찰자를 정하는 행위가 응찰의 내용에 구속받지 않고, 가격 등 제시된 거래 조건이나 그 밖에 다양한 사항에 대한 고려에 의하여 결정되고 있는 거래관행에 기초한다.

이때 낙찰을 결정함에 있어서 고려되는 조건들을 둘러싼 응찰자 간의 경쟁은 입찰 제도의 핵심이며, 그 과정이 계약체결과 내용의 公正性을 보장할 수 있다는 점에서, 정부의 공적 조달의 주된 수단으로서 보편적으로 이용되

---

4) 곽윤직, 채권각론, 박영사, 2003, 45면. 한편 독점규제법 제19조 제1항 제8호는 입찰과 동일하게 경매에 관한 담합에 대해서도 부당한 공동행위의 한 유형으로서 명시적으로 규정하고 있다.

5) 위의 책, 45~46면 참조.

고 있다. 또한 입찰은 기능적 측면에서 볼 때, 경쟁 메커니즘을 활용하여 거
래 상대방과 거래 조건을 동시적으로 결정하는 시스템이라 할 수 있다.6) 이
와 같은 동시적 결정 시스템으로 인하여 계약 체결 과정에서 거래 상대방의
정보를 용이하게 취득하고 평가할 수 있다는 점에서 거래의 效率性을 기할
수 있고, 이러한 입찰의 기능적 특성도 입찰 제도가 널리 활용되는 원인이라
할 수 있다. 한편 정부조달의 경우에는, 행정의 민주적 운영과 관련하여 조
달 행정의 透明性이 요구되는데, 입찰은 이러한 요구에도 부합하는 측면이
있다.7)

2) 입찰 담합의 의의

입찰 담합은 입찰에 참가하는 사업자들이 낙찰자나 조건 등에 관하여 행
하는 합의를 의미한다. 예를 들어 건설 도급계약과 관련하여 입찰 방식으로
공사를 발주할 경우에, 수주 예정자나 응찰자가 제시하는 가격 등을 입찰에
참가하려는 사업자들이 사전에 정하고, 이에 따라서 응찰하는 경우가 이에
해당한다. 물론 이때 입찰 담합은 사전에 이루어지는 합의만으로 성립하며,
실제 응찰이 다르게 이루어지거나 사업자들이 의도하였던 자가 낙찰자로 되
지 못하는 경우에도 입찰담합의 성립이 방해되지 않는다. 이는 합의에 의하
여 공동행위의 요건이 충족되는 것으로 하고 있는 독점규제법의 태도에 비
추어 당연한 것이라 할 수 있으며, 공정거래위원회의 실무와 대법원 판결도
이러한 입장에 있다.8)

---

6) 鈴木滿, 入札談合の研究, 信山社, 2001, 2면.

7) 이와 관련하여 정보 조달행정에 있어서 추구되는 원칙으로서 투명성과 효율성이
   상충될 수 있음을 지적하고 있는 것으로서, 신영수, 정부계약의 투명성 제고를 위
   한 법제개선방안 – 공공조달부문의 입찰담합 규제를 중심으로 –, 한국법제연구원,
   2006, 31면 참조.

8) 입찰 담합 사건과 관련하여, 부당한 공동행위의 성립에 있어서 합의에 따른 현실적

앞에서 언급한 것처럼, 입찰 담합은 일반적으로 경성 카르텔의 하나로 분류된다. 이러한 이해는 무엇보다 입찰이 참가 사업자들에게 보다 용이하게 담합의 기회를 제공할 수 있다는 점을 반영한 것이라 할 수 있다. 실제 입찰 과정을 보면, 응찰자들이 제출한 거래 조건들이 낙찰자 선정 과정에서 드러나게 됨으로써, 내부 통제가 수월하게 이루어지고 사전 합의에 관한 사업자 간의 결속이 강화되는 측면이 있다.[9] 즉 입찰의 경우 담합 참가자들이 카르텔로부터 벗어나려는 행위(cheating)가 용이하지 않으며, 이러한 특성은 입찰 담합의 유력한 유인으로 작용할 것이다.

또한 전술한 것처럼 입찰은 기능적으로 경쟁 시스템에 기초하며, 입찰을 제시하는 자의 측면에서 보면, 경쟁 기능에 의하여 보다 유리한 거래 상대방과 조건을 결정할 수 있게 된다. 입찰 참가자들의 담합은 본질적으로 이러한 경쟁 시스템의 작용을 제한하는 것이므로, 그 자체로 경쟁제한적인 성격은 명백한 것이라 할 수 있다. 이와 관련하여 입찰 담합은 경쟁의 외관(Schein)에 의하여 경쟁제한의 효과를 낳게 한다는 지적은 주목할 만한 것이다.[10] 나아가 입찰 담합에 의하여 경쟁 시스템에 기초함으로써 얻고자 하는 공정성 등의 가치의 실현이 제한된다는 점도 그 폐해로서 언급할 수 있을 것이다.

행위가 요구되지 않는다고 한 판결로서, 대법원 1999. 2. 23. 선고 98두15849 판결 참조.

9) Herbert Hovenkamp, Federal Antitrust Policy-The Law of Competition and Its Practice 3. ed., Thomson/West, 2005, 152면.

10) Ulrich Immenga&Ernst-Joachim Mestmäcker hrsg., Gesetz gegen Wettbewerbsbeschränkungen Kommentar, C. H. Beck, 2001, 145~146면(Daniel Zimmer 집필부분) 참조.

2. 입찰 담합의 유형

1) 입찰 담합의 주체에 의한 분류

입찰 담합은 전형적으로 입찰에 응하는 사업자들의 공동행위를 상정하지만, 입찰을 개시하는 자가 직접 담합에 관여하는 경우도 적지 않다. 즉 입찰에 붙인다는 것을 표시하면서, 이면에 낙찰자나 거래 조건 등에 관하여 응찰자와 사전에 협의를 하는 경우가 이에 해당한다. 물론 후자의 경우에 입찰을 개시하는 자는 응찰하는 자와 동일한 경쟁관계에 있지 않기 때문에, 입찰 개시자를 포함하여 독점규제법상 규제하는 공동행위로 파악할 수 있는지에 대해서는 논의의 여지가 있다.[11]

그러나 독점규제법 제19조 제1항의 합의가 경쟁 관계에 있는 사업자 간의 합의 이상으로 확대될 수 있는지 여부는 별론으로 하고, 입찰 개시자가 담합을 주도하거나 관여하는 것은 '입찰 담합'의 한 태양으로서 의미 있는

---

11) 독점규제법 제19조 제1항의 적용과 관련하여 동 규정이 이른바 '수직적 공동행위'도 포섭할 수 있다고 보는 것으로서, 이호영, 독점규제법의 이론과 실무, 홍문사, 2006, 165~166면 참조. 한편 독일의 경쟁제한방지법(Gesetz gegen Wettbeschrängkungen: GWB) 제1조는 카르텔의 성립이 경쟁 관계에 있는 사업자 간에(zwischen miteinander im Wettbewerb stehenden Unternehmen) 가능하다는 것을 명시적으로 규정하고 있기 때문에, 수직적 카르텔을 규제 대상으로 하지 않는 것으로 이해되고 있다. Ulrich Gassner, Grundzüge des Kartellrechts, Verlag Vahlen, 1999, 24면 참조. 반면에 EU 차원에서 카르텔을 규제하는 근거가 되는 EC조약 제81조는 독일 경쟁제한방지법과 같은 규정을 두고 있지 않음으로, 일반적으로 수직적 카르텔도 규제 대상에 포섭되는 것으로 이해되고 있다. Knut Werner Lange hrsg., Handbuch zum deutschen und europäischen Kartellrecht, Verlag Recht und Wirtschaft GmbH, 2006, 169~171면(Stephan Simon 집필부분) 참조. 또한 EU에서 수직적 카르텔을 EC조약 제81조에 의하여 규제한 선례로서, Ford Werke and Ford Europa v. Commission, Cases 25-26/84[1985]ECR 2725: 3CMR 528 참조.

분류를 가능하게 한다. 특히 행정기관 등 공적 주체에 의한 입찰에 있어서, 이들이 입찰 담합을 주도하거나 개입할 경우에 공권력과 결합된 조정이 이루어진다는 점에서 보다 강력한 형태의 담합이 나타날 수 있으며, 이러한 점은 이와 같은 형태의 입찰담합을 특별한 유형으로 파악할 수 있는 근거가 된다.

일본에서는 공공 기관에 의하여 주도되거나 공공 기관이 관여한 입찰담합을 '관제담합'으로 칭하고, 이를 규제하는 것에 관한 구체적인 논의가 전개되고 있다. 전술한 것처럼, 국가 및 지방자치단체 등에 의한 입찰은 조달 행정의 공정성을 기하고 효율성을 제고하는 측면이 있으며, 이에 「국가를 당사자로 하는 계약에 관한 법률」(이하 '국가계약법'이라 한다) 제7조 본문은 "각 중앙관서의 장 또는 계약담당공무원은 계약을 체결하고자 하는 경우에는 일반경쟁에 부쳐야 한다"라고 규정함으로써, 경쟁적 방식을 원칙적인 계약 방식으로 규정하고 있다. 그러나 공적 주체가 스스로 담합에 일정한 영향을 미치게 되면, 이러한 기능상의 장점과 공익적인 가치의 훼손이 불가피할 것이다. 일본의 경우 공공 기관에 의한 입찰에 있어서 담합의 비중이 약 95%에 이를 것으로 추정된다는 분석도 제시되고 있는데,[12] 그 배경에는 이른바 관제담합 형태의 입찰담합이 빈번하게 행하여졌다는 점도 자리하고 있다. 이러한 점에서 공적 주체가 관여하는 형태의 담합에 대해서는 특별한 대응방안이 마련될 필요성이 크다 할 것이다.

2) 입찰 담합의 내용에 의한 분류

입찰 담합에 있어서 담합이 무엇을 대상으로 하는지에 따른 분류가 가능하다. 일반적으로 입찰 담합으로 통칭되는 경우에도, 실제 담합의 내용이 일률적인 것은 아니다. 즉 거래 당사자나 가격 등 거래 조건, 나아가 생산활동

---

12) 鈴木滿, 주 6)의 책, 1면.

이나 영업활동 전반에 걸쳐 경쟁제한의 의미를 갖는 합의가 가능하며, 입찰의 기회에 이러한 합의가 이루어진다면 입찰 담합에 해당할 것이다. 개정된 독점규제법 역시 제19조 제1항 제8호에서 입찰 담합에 있어서 합의 대상으로서 낙찰자와 투찰 내지 낙찰 가격을 규정하고, 나아가 동법 시행령 제33조는 낙찰의 비율(1호), 설계 또는 시공의 방법(2호), 그 밖에 입찰의 경쟁 요소가 되는 사항(3호)을 규정함으로써, 입찰 담합에서의 합의 대상을 특정한 요소에 한정하지 않는 태도를 취하고 있다.

그렇지만 앞에서 입찰을 계약상대방과 계약 조건의 동시적 결정 시스템으로 언급한 것에서 알 수 있듯이, 입찰 담합은 낙찰자나 낙찰 조건, 그리고 낙찰 조건 중에서도 특히 가격에 관한 합의가 전형적이다. 이러한 점에서 입찰 담합을 계약 상대방을 사전에 정하는 수주조정 카르텔적인 것과 (낙찰)가격 수준의 고정으로서 가격 카르텔적인 것으로 분류하는 것은, 부당한 공동행위로서 입찰 담합을 규제함에 있어서 유용한 측면이 있다. 그러나 Hovenkamp의 지적처럼, 입찰에 있어서 낙찰 가격 수준을 정하는 행위 역시 낙찰자(winning bidder)를 정하는 수단으로서의 의미를 가지며, 낙찰예정자 이외의 사업자가 낙찰 가격 수준에서 벗어나는 응찰을 하는 행위는 낙찰자 선정을 지원하는데 불과한 경우가 일반적이다.[13] 따라서 구체적으로 낙찰 가격에 관한 합의를 하는 경우에도, 그 실질은 낙찰자를 정하는 수주조정카르텔적인 것으로 이해될 수 있다는 것에 주의를 요한다.[14]

한편 미국 법무부(Department of Justice)가 'Antitrust Prime'의 형식으로 제시한 입찰 담합의 구체적 모습에 대한 설명도 유용하다. 이 설명에 의하면, 입찰 담합은 대체적으로 다음의 네 가지 형태를 취하게 된다. 1) 첫 번째 '입찰 억제'(bid suppression)는 예정한 자가 낙찰자가 될 수 있도록 다른 경쟁자

---

13) Herbert Hovenkamp, 주 9)의 책, 152면.
14) 전술한 대법원 98두15849 판결에서 사실관계를 보면, 상고인인 국제종합토건(주)을 제외한 13개 건설업체는 선경건설(주)을 낙찰자로 하는 것에 합의하고, 실질적으로 수주가 불가능한 금액으로 입찰에 응하였다.

에 대하여 입찰에의 참가를 억제하거나 이미 참가한 사업자에 대해서는 응찰을 철회하도록 하는 것을 말한다. 2) 두 번째 보조적 입찰(complementary bidding)은 낙찰 예정자의 경쟁자가 입찰 개시자가 받아들이기 어려운 높은 가격으로 또는 특정한 조건을 부가하여 입찰에 응하는 경우를 말한다. 이와 같은 응찰 행위는 낙찰 자체를 목적으로 한 것이 아니라, 경쟁의 외관을 창출하기 위한 것이라 할 수 있다. 이와 같은 경쟁하는 외관에 의하여 입찰 개시자를 기만하는 입찰 담합은 가장 빈번히 발생하는 담합 유형이다. 3) 입찰 순번제(bid rotation)는 담합에 참가한 자들이 돌아가면서 낙찰자가 되도록 합의하는 것을 말한다. 순번의 조건은 다양하게 나타나는데, 예를 들어 계약의 규모와 사업자의 규모를 대응하여 낙찰자를 정하는 것을 상정할 수 있다. 돌아가면서 낙찰자가 되는 형태가 엄격하게 지켜질 경우에, 이는 입찰 담합이 이루어지고 있음을 시사하는 것일 수 있다. 4) 끝으로 하청계약화(subcontracting)도 입찰 담합에 있어서 자주 활용되는데, 이때 입찰을 포기하거나 낙찰되지 않은 경쟁자는 낙찰자로부터 대가로서 원계약의 하청계약이나 낙찰자에 대한 공급 계약을 체결하게 된다. 이러한 유형에 해당하는 것으로서, 가장 낮은 가격으로 응찰한 사업자가 다음으로 낮은 금액으로 응찰한 자에게 낙찰의 기회를 양보하기 위하여 응찰을 철회하고, 대신에 부당하게 높은 가격으로 책정된 낙찰가격에 기초하여 보다 수익성이 높은 하청계약을 낙찰자와 체결하는 경우도 있다.15)

---

15) DOJ, Price Fixing, Bid Rigging, and Market Allocation Schemes: What They are and What to Look For, 2~3면 참조.

III. 부당 공동행위로서 입찰 담합의 규제

1. 입찰 담합 규제의 법적 근거

전술한 것처럼, 2007년 법 개정에 의하여 부당한 공동행위의 태양으로서 입찰 담합이 명시적으로 규정되었다. 동 개정이 있기 전까지, 공정거래위원회의 규제 실무에서 입찰 담합의 규제는 주로 가격 담합의(법 19조 1항 1호) 일종으로 다루어졌고, 낙찰자에 관한 합의를 포섭할 수 있는 거래상대방 제한에 관한 합의로서(법 19조 1항 4호) 규율한 사건이 일부 존재할 뿐이었다. 물론 입찰 담합 중에는 낙찰자를 사전 합의하지 않은 채, 일정 수준 이하로 입찰에 응하지 않을 것 등과 같이 순수하게 가격적 측면에서 합의를 이루는 예를 상정할 수 있으며, 이 경우에는 가격 담합으로서 입찰 담합을 규제하는 것이 타당할 수 있다. 또한 입찰 담합은 일반적으로 가격 경쟁을 제한하고, 보다 높은 수준에서 낙찰가격이 결정될 수 있도록 작용한다는 점도 부인할 수 없다.[16] 그러나 전술한 Hovenkamp의 지적처럼, 비록 입찰이 낙찰자와 낙찰가격을 동시적으로 결정하는 시스템이라는 점을 전제하더라도, 대부분의 입찰 담합에서 합의의 핵심은 낙찰자를 선정하는 것에 있다. 이러한 점에서 주로 가격 담합의 관점에서 입찰 담합을 규제하여 오던 공정거래위원회의 태도가 타당한 것인지에 의문의 여지가 있었다.[17] 즉 거래상대방으로서 낙찰자를 정하는 것에 합의의 본질이 있음에도 불구하고, 낙찰자 선정을 위한 수단인 가격 요인을 합의의 주된 대상으로 삼는 것은 법적용상의 한계를 드러낼 수 있다. 예를 들어 입찰 담합을 통하여 단지 낙찰자를 누구로 할 것인

---

16) Ulrich Immenga & Ernst-Joachim Mestmäcker hrsg., 주 10)의 책, 145면(Daniel Zimmer 집필부분).
17) 홍명수, 주 2)의 글, 289면 참조.

지를 정하고 나서, 낙찰 예정자는 낙찰이 가능한 수준의 가격으로 응찰하고, 경쟁사업자들은 낙찰이 사실상 불가능한 가격 수준에서 응찰하는 경우에, 합의된 가격의 실체가 불명확하다는 점이 문제가 될 것이다.

이러한 점에서 2007년 법 개정에 의하여 동법 제19조 제1항 제8호가 입찰 담합의 내용으로서 투찰 내지 낙찰 가격에 앞서 낙찰자를 우선적으로 기술하고 있는 것은 타당한 입법 개선으로 평가할 수 있다.[18] 한편 동법 시행령에 의하여 입찰 담합의 구체적 내용으로 규정되어 있는 것을 보면, 동법 시행령 제33조 제1호의 '낙찰의 비율'은 전술한 입찰 순번제(bid rotation) 방식의 낙찰자 선정 합의에 대한 적절한 규제 근거가 될 수 있다. 또한 동조 제2호의 '설계 또는 시공의 방법'은 가격 이외의 낙찰자 선정의 유력한 기준이 될 수 있다는 점에서 입법의 타당성을 찾을 수 있다.

2. 병행행위로서 입찰 담합과 합의 추정의 문제

앞에서 언급한 것처럼, 입찰은 경쟁적인 방식에 의한 계약체결이고, 그 과정에서 입찰 참가자들의 응찰에 따른 결과가 곧바로 나타나게 되는 구조를 갖고 있다. 따라서 입찰 담합의 경우 카르텔 내부의 통제가 수월하게 이루어질 수 있는 특성이 있다. 이러한 특성은 입찰 담합으로의 강한 유인으로 작용할 수 있고, 또한 행태적인 측면에서 병행행위(parallel behavior)와 같은 명시적인 합의 이외의 방식으로 카르텔이 형성될 수 있는 계기가 된다.

미국에서 판례법상 형성되어 온 병행 행위의 법리는, 사업자들의 인식 있는 병행적 행위의 경우에 추가적 요소들의 고려에 의하여 카르텔 합의의 성립이 인정될 수 있다는 것을 내용으로 한다.[19] 물론 수주조정 카르텔과 같은

---

18) 권오승, 경제법, 법문사, 2008, 264면.
19) E. Thomas Sullivan & Jeffrey L. Harrison, Understanding Antitrust and Its Economic

입찰 담합의 일반적인 형태를 상정할 경우에, 입찰 담합에서의 병행 행위는
유사한 가격이나 거래조건의 부과 등과 같은 행위의 일치로 나타나는 것이
아니라, 낙찰자 결정의 동일한 목적에 기여하는 일체의 행위로 파악할 수 있
을 것이다. 이 경우에도 정황적 증거로서 추가적 요소에 대한 고려가 요구되
며, 이와 관련하여 Interstate Circuit 사건에서[20] 연방대법원이 제시한 사항들
은 추가적 고려 요소에 대한 의미 있는 예시로 받아들여지고 있다. 구체적으
로 보면, 동 판결은 사업자들 행위의 급격한 변화 여부, 유사한 행위로의 유
인의 존재, 합의에 참여하는 것에 대한 요구, 각 사업자들의 공동행위에 대
한 실질적 이윤 동기의 존재, 사업자들의 적극적인 참여와 통일된 행동, 다
른 모든 사업자들이 유사하게 따르지 않는다면 그 행위가 단일 사업자에게
이익이 되지 않는다는 의미에서 사업자들 행위의 상호의존성 등을 추가적
요소로서 제시하고 있다.[21] 이러한 요소들은 병행적 행위로 나타나는 입찰
담합에 있어서도 마찬가지로 고려되어야 할 요소로 볼 수 있는데, 특히 경쟁
사업자들이 낙찰을 양보하는 대가로서 이윤적 동기나 장래 얻을 수 있는 이
익 등은 중요한 의미가 있다. 실제 입찰을 포기하는 경쟁사업자는 다음 입찰
시에 낙찰이나, 당해 입찰의 하청계약에의 참여 등을 기대하는 경우가 많으
며, 이러한 상황 등이 전체적으로 고려되어야 한다. 한편 이와 관련하여 입
찰을 포기하는 경쟁사업자의 이익 실현이 반드시 이루어질 수 있는 것일 필
요는 없다는 지적에도 주의할 필요가 있다.[22]

이와 같은 입찰 담합의 형태로서 병행 행위에 대한 분석은, 우리 독점규제
법 하에서는 동법 제19조 제5항에서 규정하는 추정 조항의 적용 문제로 볼
수 있다. 2007년 법 개정에 따라서 변경된 동 조항은, "2 이상의 사업자가

Implications, LexisNexis, 2003, 181면.

20) Interstate Circuit v. U. S. 391 U.S. 208(1939).

21) 391 U.S. 208(1939), 222~223면.

22) Ulrich Immenga & Ernst-Joachim Mestmäcker hrsg., 주 10)의 책, 145면(Daniel
    Zimmer 집필부분).

제1항 각 호의 어느 하나에 해당하는 행위를 하는 경우로서 해당 거래분야 또는 상품·용역의 특성, 해당 행위의 경제적 이유 및 파급효과, 사업자간 접촉의 횟수·양태 등 제반사정에 비추어 그 행위를 그 사업자들이 공동으로 한 것으로 볼 수 있는 상당한 개연성이 있는 경우에는 그 사업자들 사이에 공동으로 제1항 각 호의 어느 하나에 해당하는 행위를 할 것을 합의한 것으로 추정한다"고 규정하고 있다. 동 규정에서 핵심적인 개정 사항은 추정의 요건, 대상 등에 관한 것인데, 그 동안에 제기되었던 입법적 비판을 수용하였다는 점에서 긍정적인 평가를 가능하게 한다.[23] 입찰 담합의 측면에서 보면, 경쟁 시스템을 활용하는 입찰의 고유한 의의와 기능, 입찰에 참가하는 사업자들의 경제적 동기, 사업자들 간의 관계 등이 제반 사정의 하나로서 고려될 수 있을 것이다.

IV. 공정거래위원회의 역할

1. 공정거래위원회의 규제 강화

독일의 경우에도 카르텔청의 지속적인 활동과 나아가 형법 제298조에[24] 의한 형사적 대응에도 불구하고 다수의 영역에서 입찰 담합의 관행이 널리

---

23) 정호열, 경제법, 박영사, 2008, 312면 이하 참조.
24) 독일 형법 제298조 제1항은 "재화 또는 용역의 입찰에 있어서 입찰 주체가 특정한 제안을 채택하도록 할 목적의 위법한 협의에 기초하여 응찰한 자는, 5년 이하의 징역 또는 벌금형에 처한다"(Wer bei einer Ausschreibung über Waren oder gewerbliche Leistungen ein Angebot abgibt, das auf einer rechtswidrigen Absprache beruht, die darauf abzielt, den Veranstalter zur Annahme eines bestimmten Angebots zu veranlassen, wird mit Freiheitsstrafe bis zu fünf Jahren oder mit Geldstrafe bestraft.)고 규정되어 있다.

퍼져있다는 지적이 나오고 있다.[25] 이는 그만큼 입찰 담합 규제의 어려움을
반증하는 것인데, 입찰 담합 내부의 통제가 강력하게 작동하는 특성을 갖고
있다는 앞에서의 지적은 이를 뒷받침한다.

따라서 규제기관으로서는 입찰 담합에 대하여 지속적인 관심을 갖고 이에
대응할 필요성이 있는데, 이와 관련하여 공정거래위원회가 제정한 「입찰질
서 공정화에 관한 지침」(1995. 6. 20. 제정, 2008. 10. 27. 개정)은 입찰 담합
의 유형에 따라서 금지되거나 법위반 우려가 큰 행위를 예시하고 있다. 그
내용을 구체적으로 보면, 먼저 1) 입찰가격 담합의 경우, 사업자가 공동으로
입찰에 관련한 최저입찰가격 등을 결정하거나 관련 사업자가 이에 응하는
행위, 사업자 간에 입찰가격을 협의하거나 그에 관한 정보의 교환·제공을 통
해 입찰가격을 결정하는 행위와 사업자단체가 입찰가격 결정에 관여하고 그
사실을 관련사업자에게 제공하는 행위, 입찰에 참가하는 사업자들이 다른 사
업자의 산출내역서를 복사 또는 대신 작성하여 주는 등의 방법에 의해 입찰
하는 행위, 사업자가 공동으로 발주처의 예정가격을 인상시킬 목적으로 예정
금액보다 높은 수주금액 또는 수준을 정한 후 고의적으로 유찰시키는 행위
등이 이에 해당한다. 2) 낙찰예정자의 사전결정의 경우, 사업자가 공동으로
수주를 희망하는 자 가운데 낙찰예정자를 미리 결정하고 이에 협조하는 행
위, 특정입찰에 대한 연고권 주장을 통하여 특정업체에 낙찰이 이루어지도록
하거나 이에 협조하는 행위, 특정업체들 간에 일정한 범위내의 공사를 교대
로 수주하거나 특정업체가 다른 입찰 참가업체들의 산출내역서를 대신 작성
하여 주면서 입찰에 참가하게 하거나 입찰내역서를 첨부하지 않는 등의 형
태로 입찰에 참가하여 특정업체의 낙찰을 밀어주는 행위, 특정업체가 산출내
역서를 전문적으로 작성하는 용역업체에 다른 사업자의 산출내역서 작성을
의뢰하고 이를 참여사업자에게 배분하는 행위, 수주예정자 선정과 관련하여

---

25) Ulrich Immenga & Ernst-Joachim Mestmäcker hrsg., 주 10)의 책, 145면(Daniel
   Zimmer 집필부분).

사업자가 공동으로 낙찰예정자를 결정한 후 이를 관련사업자에게 통지하고 협조를 요구하는 행위, 낙찰에서 배제된 사업자가 공동으로 낙찰자선정에 협조한 대가로 낙찰사업자에게 사례금 또는 특별회비, 부과금 등을 징수하는 행위 등이 예시되고 있다. 3) 경쟁입찰계약을 수의계약으로 유도하는 경우, 사업자가 공동으로 당해입찰을 수의계약으로 유도할 것을 합의하고 입찰참가자 모두 예정가격보다 높은 가격에 의해 계속적으로 유찰시키거나 입찰참가를 의도적으로 거부하는 행위, 특정사업자의 수주를 목적으로 몇몇 사업자가 공모하여 '들러리' 등 형식적으로 입찰에 참여하였다가 도중에 입찰을 포기하여 특정사업자 이외의 다른 사업자가 입찰에 참여하는 것을 실질적으로 봉쇄하여 수의계약으로 유도하는 행위, 사업자가 공동으로 객관적 기준 없이 특정한 사업자를 입찰계약과 관련하여 부당업자 또는 불량업자로 구분하여 발주처에 통보하거나 대외공표함으로써 입찰참여를 방해한 후 수의계약을 유도하는 행위 등이 예시되고 있다. 4) 수주물량 등의 결정의 경우, 사업자가 공동으로 회합 등을 통해 수주물량을 결정하거나 입찰참가자 간에 수주물량 배분을 결정하는 행위, 사업자가 공동으로 수주물량 배분 등의 결정에 비협조적인 사업자에 대해 입찰참가를 방해하거나 기타 불이익 제공 등의 차별적 취급을 하는 행위, 단독으로 사업을 수행할 수 있음에도 불구하고 일부 물량에 대하여만 응찰하여 다른 사업자와의 공동수주를 유도하는 행위 등이 예시되고 있다. 5) 끝으로 경영간섭 등의 경우, 사업자단체가 원재료를 공동 구매하여 판매함에 있어 입찰금액이 낮거나 임의적으로 입찰에 참여한 사업자에게는 판매물량의 제한이나 기타 불리한 조건에 의해 판매하는 것 등을 정하는 행위, 사업자단체가 입찰에 참가하는 구성사업자에 대해 입찰가격에 관한 목표를 부여하거나 수주예정자 결정을 위하여 입찰참여 여부를 사전에 통지토록 요청하는 행위, 사업자가 공동으로 사전에 입찰참여자로 하여금 수주물량의 일부를 특정사업자에게 하도급 형태로 분할하는 조건이나 특정사업자로부터의 자재구입 사용조건 등을 정하여 입찰에 참여케 하는 행위, 낙찰예정자로 하여금 계약금액의 일정율을 기부금 형태로 납부토록 하거나 특별회비로 납부토록 하여 이익의 일부를 공동사용 또는 배분하는 행위 등이 예시되고 있다.

이상의 입찰 담합의 유형에 따른 기준은 유용한 것으로 평가할 수 있을 만큼, 상세하게 적시되고 있다. 그러나 입찰에 관여하는 사업자들의 행태를 구체적으로 보면, 입찰 담합은 흔히 당해 입찰에 한정되지 않고 당해 계약과 향후 예정되는 계약, 또는 당해 계약과 이에 부수하는 계약 등의 전체적이고, 종합적인 맥락에서 이루어지는 경우가 많기 때문에, 규제 기관의 대응 역시 이러한 관점을 유지하는 것이 중요하다.

또한 입찰 담합의 징후를 포착하여 집중화된 조사를 시도하는 것도 적절한 대응일 수 있으며, 특히 각 지역에서 개시되는 입찰의 경우 공정거래위원회의 지방사무소의 역할에 기대할 수 있는 바가 크다. 이와 관련하여 미국 DOJ에서 파악하고 있는 입찰 담합의 징표들은, 위에서 살펴 본 공정거래위원회의 지침과 공통되는 부분도 있지만, 여전히 참고할 만한 것이다. 구체적으로 보면, 1) 동일한 회사가 특정한 입찰에 있어서 항상 낙찰이 되고, 하나 이상의 회사가 지속적으로 낙찰에 실패하고 있는 경우, 2) 모든 회사들이 돌아가면서 낙찰자가 되고 있는 경우, 3) 일정한 응찰이 공표된 예정가격, 동일한 회사에 의한 이전의 응찰 가격 또는 적절한 비용평가액보다 훨씬 높은 가격에서 이루어지고 있는 경우, 4) 입찰에 참여하는 경쟁사업자의 수가 정상적인 때보다 적은 경우, 5) 일정한 회사가 비용상의 차이가 없음에도 다른 사업자에 비하여 실질적으로 높은 가격에 응찰하는 경우, 6) 새로운 또는 드물게 입찰에 응하는 사업자가 있을 때에 낙찰 가격이 하락하는 경우, 7) 끝으로 동일한 공사에서 입찰에 실패한 경쟁사업자들이 낙찰자와 하청계약을 체결하는 경우 등을 입찰 담합의 징표로서 제시하고 있다.[26]

끝으로 입찰 담합의 경우 내부적 통제가 강력하게 작용하는 특성을 갖고

---

[26] DOJ, 주 15)의 자료, 3면 참조.

있지만, 입찰 담합 참가자들 사이의 이해관계 역시 장기적인 조정을 필요로 하는 것이기 때문에, 이러한 조정이 적절하게 이루어지지 않을 경우에 참가자들 간의 이해의 충돌도 예상된다. 이러한 점에서 동법 제22조의2가 규정하고 있는 자진신고자감면제도도 충분히 활용될 여지가 있다.

2. 타 규제기관과의 협력

입찰은 공적 주체에 의한 것인지 또는 사적인 것인지를 불문하고, 경제·사회적으로 중요한 기능을 담당하고 있기 때문에, 입찰 담합을 규제하는 다수의 근거 법률과 규제기관이 존재한다.

우선 앞에서 언급한 것처럼, 형법 제315조에 의하여 입찰을 방해하는 행위는 처벌 대상이 되는데,[27] 동 규정에 의한 보호 법익으로서 입찰의 공정성이 독점규제법상 공동행위로 규제되는 입찰 담합의 경쟁제한성과 동일하게 구성될 수 있는 것은 아니다. 즉 형법의 입찰방해죄에 있어서 담합행위의 목적이 적정한 가격을 유지하면서 무모한 출혈경쟁을 방지함에 있고 낙찰가격도 공정한 가격의 범위 내인 때에는 담합자 사이에 금품의 수수가 있었다 하더라도 경매나 입찰의 공정을 해하였다고 볼 수 없으므로 본죄는 성립하지 않는다고 보는 견해가 유력하며,[28] 이는 대법원의 입장이기도 하다.[29] 그러나 이러한 행위는 독점규제법상 부당한 공동행위에 해당할 수 있다. 한편 이와 같이 위법성 구성에서 차이가 있다면, 동일한 행위가 각각의 요건을 충족

---

27) 건설사업기본법은 특별형법에 해당하는 규정을 두고 있는데, 동법 제95조는 건설공사의 입찰에 있어 부당한 이익을 취득하거나 공정한 가격결정을 저해할 목적으로 입찰자 간에 공모하여 미리 조작한 가격으로 입찰한 자에 대해 5년 이하의 징역 또는 5천만원 이하의 벌금에 처하도록 하고 있다.

28) 이재상, 주 3)의 책, 218면.

29) 대법원 1971. 4. 20. 선고 70도2241 판결; 대법원 1982. 11. 9. 선고 81도537 판결.

할 경우에 독점규제법과 형법에 의하여 모두 규제되는 것이 가능하며, 조사 내지 수사단계에서 해당 기관 간의 상호 협력이 필요할 수도 있다. 독점규제법 제71조 제1항에 의한 전속고발제는 독점규제법 위반행위로서 형사처벌의 부과대상이 되는 경우에, 공소제기의 요건으로서 공정거래위원회의 고발 권한을 규정한 것이므로, 이러한 경우에 상호 협력의 근거 규정으로 기능하기는 어려울 것이다. 따라서 이를 제도화할 수 있는 방안을 강구할 필요가 있으며, 법제화의 한계가 있다면, 적어도 입찰담합에 한정하여 규제기관 간의 MOU의 체결과 같은 사실상의 협력 방안을 모색할 필요가 있다. 특히 입찰 담합과 관련하여 담합의 실무를 담당하는 자연인의 처벌은 부당한 공동행위로서 입찰 담합을 억제하는데 실효적으로 기여할 수 있다는 점도, 이와 같은 협력 방안을 긍정적으로 볼 수 있는 근거가 된다.

입찰은 공공조달의 원칙적 수단으로 기능하며, 이를 규율하는 법적 근거도 마련되어 있다. 전술한 것처럼, 국가계약법 제7조에 의하여 정부 계약은 원칙적으로 입찰에 의하여 대표되는 일반 경쟁의 방식에 의하여야 한다.[30] 또한 동법 제27조 제1항은 경쟁의 공정한 집행 또는 계약의 적정한 이행을 해칠 염려가 있거나 기타 입찰에 참가시키는 것이 부적합하다고 인정되는 자에 대하여 2년 이내의 범위에서 입찰참가자격을 제한하도록 규정하고 있다. 동 규정 공공 조달에 있어서 입찰 담합에 대한 실질적 규제의 의미를 갖는다는 점은 분명하다. 그러나 동 규정이 대상으로 하고 있는 행위에 대한 조사권한이 조달청이나 관계 기관에 부여되고 있는 것은 아니며, 결국 이에 관한 다른 기관과의 협력이 중요한 과제가 되고 있다. 그리고 이러한 협력이 가능한 기관으로서 입찰 담합에 대한 규제 경험이 축적된 공정거래위원회가 유력할 것이다.[31] 이와 관련하여 독점규제법은 제19조의2에서 공공기관의

30) 이에 대한 예외는 동법 시행령 제21조, 제23조, 제26조에 의하여 가능한데, 예외의 범위가 지나치게 광범위하다는 비판에 관하여, 김대인, 행정계약법의 이해, 경인문화사, 2007, 310~311면 참조.
31) 신영수, 주 7)의 책, 53면 참조.

장에게 입찰관련 자료의 제출 및 그 밖의 협조를 요청할 수 있는 근거 규정을 두고 있고, 구체적으로 공정거래위원회는 2006년부터 공공기관이 발주하는 입찰 관련 정보를 조달청 전자조달시스템으로부터 온라인으로 전송받아 낙찰률이나 입찰에 참가한 사업자 수 등을 계량적으로 분석하는 '입찰담합 징후시스템'을 운영하고 있다. 물론 이와 같은 공공 입찰의 통계적 정보도 유용한 것이지만, 구체적으로 입찰담합의 우려가 있는 경우에 개별 입찰에 대한 집중화된 조사 시스템의 필요성도 크며, 이러한 점에서 조달청 내지 발주기관과 공정거래위원회 간에 입찰 담합 조사를 위한 상호 협력을 제도화하는 방안을 적극적으로 검토할 필요가 있다.

한편 이상의 공공 조달에 있어서 입찰 담합의 문제는 입찰에 참여하는 사업자들 사이에서 발생하는 공동행위를 대상으로 한 것이지만, 전술한 이른바 官製談合 형태의 입찰담합에 대해서는, 공적 주체 자신이 입찰담합에 밀접히 관련되고 있다는 점에서 별도의 고려가 필요하다. 이와 관련하여 일본에서 최근에 입법된 「入札談合關與行爲の排除及び防止に關する法律」(입찰담합관여행위의 배제 및 방지에 관한 법률, 이하 '관제담합방지법')은 시사하는 바가 크다. 2002년 시행된 동법 제2조 제5항은 입찰담합 등에 관여하는 행위로서 담합의 명시적인 지시(1호), 수주자에 관한 의사 표명(2호), 발주와 관련되는 비밀 정보의 누설(3호)을 규정하고 있다. 公正取引委員會가 발주기관 직원에 의한 이상의 행위를 인지한 경우에 동 위원회는 해당 기관의 장에게 필요한 개선 조치를 요구할 수 있고(동법 3조 1항), 해당 기관의 장은 조사를 하여 필요한 개선 조치를 강구하여야 하며(동법 3조 4항), 조사 결과 및 개선 조치의 내용을 공표하는 것과 동시에 公正取引委員會에 통지하여야 한다(동법 3조 6항). 이상의 규정에서 알 수 있듯이, 동법은 무엇보다 관제담합에 있어서 발주 기관에 대한 公正取引委員會의 시정 조치 요구에 구속력을 부여하려는 입법취지에 따른 것이라 할 수 있다.[32] 동법 시행 후 岩

---

[32] 向田直範, "日本における入札談合の規制-獨占禁止法の觀點から", 日韓の競

見澤시가 건설공사를 발주한 사건에서 시 직원은 반복적으로 연간수주목표
액과 낙찰예정자를 설정하고, 공사의 설계금액 등을 업계단체의 임원에게 미
리 보여주는 등의 행위를 하였다. 公正取引委員會는 이러한 행위가 전술한
관제담합방지법 제2조 제5항에 해당한다고 보고, 2003년 1월 30일 岩見澤
시 시장에게 개선조치를 요구하였고, 동년 6월 동 시장은 公正取引委員會
에 개선조치를 보고한 사례가 있다.[33]

이와 같은 일본에서 관제담합방지법의 제정과 운용은 지방자치제도 등의
분권화가 정착됨으로써 다양한 공공 기관이 입찰을 발주하고 있는 우리나라
의 상황에서도 충분히 의미 있는 것이라 할 수 있다. 특히 관제담합 형태의
입찰담합에 있어서 발주 기관 스스로에 의한 시정조치가 실효성 있는 규제
수단이 될 수 있으며, 여기에 공정거래위원회의 구속력 있는 시정조치의 요
구를 결합하는 것을 적극적으로 고려할 필요가 있다.

3. 조달 행정의 경쟁법적 수용

공적 조달에서의 입찰 담합 문제와 관련하여 보다 근본적으로 국가 내지
지방자치단체의 조달 행정 자체를 경쟁법에 수용하는 문제도 전향적으로 검
토할 수 있을 것이다. 현대 국가의 기능적 확대에 상응하여, 사경제주체로서
국가가 국민경제 전체에서 차지하는 비중은 시장경제에 기초하고 있는 나라
에서도 상당한 정도에 이르고 있다. 또한 많은 경우 국가는 일정한 상품의
공급 내지 수요 측면에서 독점적 지위를 차지하고 있다. 따라서 국가가 공적
조달의 업무를 수행할 경우에, 이는 경쟁정책적으로 중요한 의미를 가질 수
밖에 없으며, 공적 조달에 있어서 입찰 제도는 경쟁을 창출하는 가장 이상적

爭法と商法の新しい諸問題について, 東アジア經濟法硏究會, 2006, 46.
33) 金井貴嗣·川濱 昇·泉水文雄, 獨占禁止法, 弘文堂, 2006, 81면 참조.

인 방식으로 고려될 수 있다.[34)]

이와 관련하여 경쟁정책적 관점에서 조달 행정의 기본원리를 경쟁법에서 제시하고 있는 독일의 사례는 시사하는 바가 크다. 독일 경쟁제한방지법 (Gesetz gegen Wettbewerbsbeschränkungen; GWB) 제97조는 공공계약의 발주에 관한 일반원칙을 정하고 있다. 동조 제1항은 "공공계약의 발주자는 이하 규정의 기준에 따라서 경쟁에 의하여 그리고 투명한 발주절차를 거쳐서 상품, 공사, 용역을 조달한다", 제2항은 "발주절차에 참여하는 자는 평등하게 취급되어야 한다. 그러나 본법에 근거하여 차별취급이 명문으로 요구되거나 허용되는 경우에는 그러하지 아니하다", 제3항은 "발주를 내용적으로 전문영역과 부분영역으로 분리함으로써, 특히 중소기업의 이익을 적절하게 고려하여야 한다", 제4항은 "발주는 숙련되고, 능률적이고, 신뢰할 수 있는 기업에게 한다. 연방법률 또는 주법률에 다른 규정이 있는 경우에만 수주자에 대하여 다른 요건 또는 그 이상의 요건을 요구할 수 있다", 제5항은 "경제적으로 가장 유리한 청약을 한 자에게 낙찰된다", 제6항은 "연방정부는 연방의회의 동의를 받은 법규명령에 의하여 발주의 경우에 준수할 세부규정, 특히 발주의 공고, 절차, 종류에 관한 규정, 기업과 청약의 선정과 조사에 관한 규정, 계약의 체결과 발주절차상 그 밖의 문제에 관한 세부규정을 정할 권한이 있다" 그리고 제7항은 "기업은 발주자가 발주절차에 관한 규정을 준수할 것을 청구할 권리가 있다"고 규정하고 있다. 이상의 공적 조달의 기본 원칙을 제시한 제97조에서 특히 낙찰의 기준을 제시한 제5항이 핵심적인데, 동 규정에서 '경제적으로 가장 유리한(wirtschaftlichst)' 것의 의미는 단지 가장 낮은 가격만에 의하지 않고 장기적인 관점에서 가장 경제적인 것을 판단의 기준으로 제시한 것이고, 또한 경쟁의 압력에 처하지 않는 공적 조달 주체에 대한 절차적 통제의 의미도 반영된 것으로 이해되고 있다.[35)] 나아가 동법 제98조

---

34) Peter Trepete, Public Procurement in the EU, Oxford Univ. Press, 2007, 40면 참조.
35) Ulrich Immenga & Ernst-Joachim Mestmäcker hrsg., 주 10)의 책, 2360면(Meinrad

는 공공계약의 발주자에 해당하는 범위에 관하여, 제99조는 공공계약 발주
의 의의에 관하여 규정하고 있는데, 특히 제99조 제1항은 "공공계약의 발주
란 공공계약 발주자와 공급, 건설 또는 용역을 대상으로 하는 기업 사이의
유상계약 및 용역발주를 목적으로 하는 현상광고절차"로서 정의하고 있다.
또한 제100조는 적용범위에 관하여, 그리고 제101조는 발주의 방법에 관하
여 규정하고 있으며, 특히 동조 제5항 제1문은 공공계약의 발주자는 원칙적
으로 공개절차를 이용하여야 한다는 것을 밝히고 있다. 이상의 적용에 따른
공공계약은 조달심판위원회(Vergabekammer)에 의하여 심사를 받게 되는데
(동법 102조), 조달심판위원회는 연방과 주 차원에서 각각 설치되며, 특히 연
방 차원에서의 조달심판위원회는 카르텔 청에 설치된다(동법 104조, 106조).

이상의 독일 경쟁제한방지법상의 공적 조달에 관한 규정은 경쟁, 투명성,
사업자간 상호 동등성의 세 가지 기본 원칙에 기초하고 있으며,[36] 특히 공적
조달 원칙의 하나로서 경쟁의 원칙은 이러한 규율이 경쟁제한방지법에 위치
하게 된 근거가 된다. 전술한 것처럼, 국가를 포함한 공적 주체의 조달 행정
이 경제에서 차지하는 비중과 중요성 그리고 조달 행정의 절차를 경쟁적인
방식으로 운용하여야 할 필요성은 우리도 공유하는 것이고, 따라서 독일 경
쟁제한방지법과 마찬가지로 조달 행정의 기본원칙과 절차적 규정을 독점규
제법에 수용하는 것에 대해서 적극적으로 검토할 필요가 있다.

V. 결론

입찰은 기능적으로 계약 상대방과 계약 조건을 동시에 결정하는 것이며,
경쟁 시스템에 의하여 뒷받침된다. 입찰 담합은 이러한 경쟁 시스템을 무력

Dreher 집필부분).
36) 위의 책, 2321면 이하(Meinrad Dreher 집필부분) 참조.

화 시키는 것이며, 무엇보다 경쟁의 외관을 가장하여 경쟁제한적인 효과를 낳는다는 점에서 경쟁법상 주목할 대상이 되고 있다.

독점규제법상 입찰 담합은 부당한 공동행위로서 규제되며, 특히 동법 제19조 제1항 제8호에 명시적인 규제 근거를 두게 됨으로써, 실효성 있게 입찰 담합을 규율할 수 있는 법적 기초가 마련되어 있는 상태이다. 그러나 카르텔의 하나로서 입찰 담합은 내부적인 통제 시스템이 강력하게 작동하는 특성을 갖고 있으며, 따라서 이를 적발하기 위하여 여러 가지 담합의 징후나 거래 관행에 대한 공정거래위원회의 지속적인 주의가 요구된다 할 것이다.

또한 입찰 담합에 대한 실효성 있는 규제를 위하여, 공적 조달의 경우 조달청이나 발주기관 그리고 형사법의 적용이 가능한 부분에서 수사기관 간의 상호 협력 방안이 강구될 필요가 있다. 나아가 공적 조달이 국민경제에 큰 영향을 미치고 경쟁정책에 밀접히 관련된다는 점을 고려할 때, 독점규제법에 직접 공적 조달의 기본 원칙을 제시하고 절차적 규율의 근거를 마련하는 것에 대해서도 논의할 필요가 있다.

12. 독일 Bockhorner Klinker 사건

Ⅰ. 사건의 개요와 법적 쟁점

1. 사건의 개요

여기서 다룰 판례는 독일 북서부지역, 특히 니더작센(Niedersachsen)주 지역을 주된 판매지역으로 하는 경질벽돌 제조업자들에 관한 사건을 대상으로 한다.[1] 경질벽돌(Klingker)은 벽돌(Mauerziegel), 석회토(Kalksandstein) 그리고 시멘트콘크리트 등과 유사하게 건축자재로서 사용되는 것이다. 위의 지역에 경질벽돌 제조업자들은 구매자들과 지속적으로 가격에 관한 갈등을 빚어 왔으며, 이를 해소하는 방편으로서 공동으로 민법상의 회사(Montagsgesellschaft)와 유한회사(Vereinigten O. Klinkerwerke GmbH, 약칭 VOK)를 설립하였다. 구체적으로 Montagsgesellschaft는 경질벽돌 제조업자 상호간에 가격과 거래조건에 관한 합의를 이루는 수단이 되었으며, VOK는 경질벽돌의 배타적인 판매수단으로 기여하였다. 나아가 Montagsgesellschaft의 정관 제2조는 Montagsgesellschaft의 목적을 참가자들의 공동의 이해에 따라서 VOK를 지배하는 것으로 규정함으로써, 기능상 유기적인 관련성을 갖게 하였다. 이와 같은 일련의 행위에 의하여 당해 지역의 경질벽돌 제조업자 상호간에 경쟁은 완전히 배제되었으며, 유력한

---

[1] BGHSt 21, 18, Kartellsenat, Beschl. vom 27. Januar 1966.

경질벽돌 판매업자인 Tonvorkommen은 당해 시장에서 퇴출되었다.[2]

당해 회사의 설립이 독일 경쟁제한방지법(GWB)상 무효인 카르텔에 해당한다는[3] 연방카르텔청의 계속적인 경고에도 불구하고, 당해 경질벽돌 제조업자들은 회사조직을 유지하였다. 이들이 제시한 항변은, 자신들의 회사설립이 당해 시장에 미치는 영향이 경미하기 때문에 구 경쟁제한방지법 제1조에 해당하지 않는다는 것을 주된 근거로 하였다. 나아가 회사 설립행위가 설사 무효인 카르텔에 해당한다 하더라도 이러한 행위는 자신들의 행위가 경쟁제한방지법에 반하지 않는 것으로 판단한 착오에 기인한 것이고, 따라서 질서위반법(OWiG) 제12조가 면책사유로서 규정하고 있는 금지착오 규정에 해당한다는 점에 근거하여, 연방카르텔청이 자신들의 행위에 대하여 구 경쟁제한방지법 제38조 제1항 제1호에 따라서 부과한 금전적 제재(Geldbuße)의 적법성을 다투었다. 이에 대하여 법원은 경질벽돌 제조업자들의 항변을 받아들이지 않았으며, 연방카르텔청의 판단을 지지하였다.[4]

2. 법적 쟁점

동 판례에 대한 고찰에 있어서 독일 경쟁제한방지법의 1998년 개정으로 카르텔에 관한 기본 규정, 특히 제1조에 변화가 있었다는 점이 전제되어야 한다. 개정 이전 카르텔에 관한 기본 규정인 경쟁제한방지법 제1조 제1항 제1문은 "사업자 또는 사업자 단체가 공동의 목적으로 체결한 계약 그리고 사업자단체의 결의는 경쟁제한에 의하여 재화 또는 용역의 생산 또는 거래에 관한 시장상황에 영향을 미치는 한 무효이다(Verträge, die Unternehmen oder

---

2) BGHSt 21, 18~19면 참조.
3) 구 경쟁제한방지법(GWB-1998년 개정 이전) 제1조.
4) BGHSt 21, 19~23면.

Vereinigungen von Unternehmen zu einem gemeinsamen Zweck schließen, und Beschlüsse von Vereinigungen von Unternehmen sind unwirksamm soweit sie geeignet sind, soweit sie geeignet sind, die Erzeugung oder die Marktverhältnisse für den Verkehr mit Waren oder gewerblichen Leistungen durch Beschränkung des Wettbewerbs zu beeinflussen)"라고 규정하고 있었고, 1966년에 이루어졌던 동 판례 역시 이 규정에 근거하여 당해 행위의 위법성을 판단하고 있다. 1998년의 개정에 의하여 카르텔에 관한 기본규정에 해당하는 동법 제1조는 "경쟁의 방해, 억제 또는 왜곡을 목적하거나 이에 영향을 미치는, 상호 경쟁관계에 있는 사업자들의 합의, 사업자 단체의 결의 및 동조적 행위는 금지된다(Vereinigungen zwischen miteinander im Wettbewerb stehenden Unternehmen, Beschlüsse von Unternehmensvereinigungen und aufeinander abgestimmte Verhaltensweisen, die eine Verhinderung, Einschränkung oder Verfälschung des Wettbewerbs bezwecken oder bewirken, sind verboten)"는 것으로 변경되었다. 카르텔에 관하여 규정하고 있는 EC조약 제81조 제1항에 많은 영향을 받은 것으로 보이는 이러한 변화에 관하여, Emmerich는 법적 효과의 측면에서 카르텔의 무효를 규정하던 태도에서 금지를 규정하는 방식으로 전환된 것, 수직적 카르텔과의 구별기준으로서 종래 사업자 사이의 공동의 목적을 요구하던 것에서 사업자가 상호 경쟁관계에 있을 것을 요구하는 것으로 변경된 것[5] 그리고 새로운 법률이 경쟁제한을 목적하거나 이에 영향을 미치는 합의를 명시적으로 동일하게 다룸으로써[6] 종래 '생산 또는 거래에 관한 시장상황에 영향을 미치는'이라는

---

[5] 이는 해석상 여전히 수직적인 관계에서의 합의가 카르텔에 포함되는 것으로 이해되는 EC조약 제81조 제1항과의 차이를 보여주는 것인데, 동 규정은 2005년 또 다시 개정되어 '경쟁관계에 있는'(miteinander im Wettbewerb stehenden)이라는 표현이 삭제됨으로써, 수직적 카르텔도 규제 대상이 되는 것으로 변경되었다. Fritz Rittner & Meinrad Dreher, Europäisches und deutsches Wirtschaftsrecht, C. F. Müller, 2008, 419면 참조.

[6] 구법상 '공동의 목적'의 해석에 관하여 전개되었던 논의에 있어서, 우선 대상이론(Gegenstandstheorie)은 당사자간의 관계에 있어서 법적인 구속을 요구하였으며, 효

규정을 둘러싸고 전개되었던 다툼을 종식시켰다는 점 등을 개정의 의의로써 지적하고 있다.[7] 그러나 당해 사건에서의 법적 쟁점은 현행 독일 경쟁제한 방지법 하에서도 기본적으로 유지되는 것으로 볼 수 있으며,[8] 나아가 우리 독점규제법의 해석에 있어서도 의미 있는 시사점을 제공하고 있다.

우선 이 사건에서 경질벽돌 제조업자들이 설립한 회사는 그 성격상 합작 기업(Gemeinschaftsunternehmen)에 해당하는 것으로서, 이때 합작기업의 설립 이 관한 규율이 카르텔 규제로서 이루어질 것인지 또는 기업결합에 관한 규 제에 의할 것인지에 관한 판단이 선결되어야 한다. 또한 시장획정을 전제로 하여 당해 카르텔의 경쟁제한적인 효과가 감지가능한(spürbar) 것인지가 카 르텔 규제의 불문의 요건에 해당하는지가 검토되어야 한다. 끝으로 동 판례 는 경쟁법 영역에서 금지착오에 관한 문제를 다룬 중요한 선례에 해당한다.

II. 법적 쟁점의 검토

1. 합작기업(Gemeinschaftsunternehmen)의 문제

당해 사건에서 제조업자들은 공동의 영업소로서 유한회사의 법적 형태로 합작기업을 설립하였다. 다수 사업자들의 공동의 자회사는 경제력 집중과 같은 효과를 누릴 수 있고, 때문에 경쟁제한방지법은 기업결합통제에서 합 작기업의 설립 또는 획득을 특정한 조건 아래 모회사의 기업결합으로서 다 루고 있다(37조 1항 3호 2문).[9] 그럼에도 불구하고 이와 같은 모회사들의

과이론은 경쟁관계에 미치는 효과에 기초하여 공동의 목적을 판단할 것을 주장하 였다. Fritz Rittner, Wettbewerbs-und Kartellrecht, C. F. Müller, 1999, 194면 참조.
7) Volker Emmerich, Fälle zum Wettbewerbsrecht 4. Aufl.,C. H. Beck, 2000, 37~38면.
8) 위의 책, 37면 이하.
9) GWB 제37조 제1항 제3호 제2문: 다수의 기업이 동시에 또는 순차적으로 위에 표

부분적 결합의 경우에 합작기업의 설립에 대한 카르텔금지(1조)의 적용가능
성이 근본적으로 배제되지 않는다. 모회사들이 단지 그들의 참가권을 보유
하는 것에 지나지 않고, 반면에 합작기업은 '새로운 독자적인 계획통일체'로
서 시장에 나타나 완전한 기능을 행사할 경우에만 카르텔 규제의 배제가 가
능할 것이다.[10)]

이 사례에서는 카르텔 규정의 적용을 배제할 수 있는 근거가 제시된 것으
로 보이지 않으며, 전체 경질벽돌 제조업자들(모회사들)은 사업자단체와 별개
로 여전히 시장에서 활동하고 있다. 따라서 유한회사의 설립에 대한 제1조의
적용가능성이 – 경우에 따라서는 제35조 이하의 적용가능성과 병존하여 – 방
해되지 않는 것으로 보아야 한다.

2. 감지가능성(Spürbarkeit)에 관한 판단

개정 이전 카르텔금지에 관한 제1조의 해석에 있어서, 불문의 표지로서
당사자의 합의 등이 시장에 미치는 영향이 최소한 감지가능할 것이 요구되
었다.[11)] 이때의 감지가능성은 시장에 미치는 영향이 단지 이론적인 가능성
으로 존재하는 것이 아닌, 시장상황의 구체적인 의미에서의 변동을 의미하는

시된 범위에 해당하는 다른 기업에 대한 지분을 취득하는 경우에 이것도 그 다른
기업이 활동하는 시장에 관하여 당해 기업 상호간의 결합으로 본다(Erwerben
mehrere Unternehmen gleichzeitig oder nacheinander Anteile im vorbezeichneten
Umfang an einem andern Unternehmen, gilt dies hinsichtlich der Märkte, auf denen
das andere Unternehmen tätig ist, auch als Zusammenschluß der sich beteiligenden
Unternehmen untereinander).

10) Volker Emmerich, 주 7)의 책, 39면.

11) 동 개념은 실무상 중요하지 않은 경쟁제한을 카르텔금지의 적용에서 배제하는 것
을 목적으로 하여 전개된 것으로 이해된다. Gerhard Wiedemann hrsg., Handbuch
des Kartellrechts, Kurt Stockmann, § 7, C. H. Beck, 1999, 147면 이하.

것으로 이해되었으며, 이에 관한 결정적인 기준으로서 '구매자의 대체가능성의 축소'가 제시되고 있다.[12]

개정 이후에도, 유사하게 규정된 EC조약 제81조 제1항의 적용에 있어서 해석상 감지가능성이 요구되고 있다는 점에[13] 비추어, 제1조의 해석상 여전히 감지가능성은 카르텔금지의 요건으로서 이해되고 있다.[14]

감지가능성 판단의 기준으로서 '구매자의 대체가능성'은 관련시장의 획정을 전제하며, 이러한 획정은 지리적 그리고 상품별로 분리된다. 위 사례에서 지리적 관련시장의 획정은 제조물이 운송비용의 비중이 매우 높은 상품이라는 점 그리고 경질벽돌 사용이 지역적으로 독일북서부에 제한된다는 점 등을 고려하여야 하며, 따라서 지리적 관련시장을 독일 북서부지역으로 제한하는 것은 타당하다. 상품별 관련시장의 획정에 있어서는 제품과 인접제품의 관계를 고려하여야 한다. 이에 관하여 Emmerich는 필요시장개념(Bedarfsmarktkonzept)을 원용하여 인접제품이 동일한 사용목적을 위하여, 전용에 따른 상당한 부담 없이 대체될 수 있는지를 기준으로 삼고 있다. 이러한 근거 하에 위 사례에서 일반적인 벽돌(Mauerziegel)은 경질벽돌과 동일한 시장을 형성한다고 볼 수 있지만, 그 밖의 건축 자재는 경질벽돌과 동일 시장을 구성하는 것으로 보기 어려울 것이다.

이와 같이 획정된 관련시장에 기초하여 볼 때, 당해 시장에서 거의 모든 경질벽돌 제조업자들이 계약에 참가하고 있으며, 따라서 고객의 대체가능성은 축소된다고 보여지므로, 감지가능성은 인정될 수 있을 것이다.

---

12) Volker Emmerich, 주 7)의 책, 43면.

13) Christian Calliess & Matthias Ruffert hrsg., Kommentar zu EU-Vertrag und EG-Vertrag, Wolfgang Weiß, Art. 81, Luchterhand, 2002, 1033면 이하에서는, 카르텔법위반 행위자들의 시장점유율의 합계가 5%정도일 것을 감지가능성의 대략적인 기준으로 제시하고 있다.

14) Volker Emmerich, 주 7)의 책, 43면.

3. 금지착오의 문제

연방카르텔청의 금전적 제재와 관련하여 경질벽돌 제조업자들의 행위가 비난받을 수 없는 금지착오의 상태에서 이루어진 것이라면, 면책될 수 있을 것이다. 당해 사건의 경우에 경질벽돌 제조업자들은 그들 카르텔의 미미한 시장영향 때문에 제1조를 적용가능한 것으로 고려하지 않았다는 주장을 전개하였으며, 이는 경쟁제한의 감지가능성이라는 기술되지 않은 구성요건 표지의 해석에 관한 착오로서 금지착오에 해당한다.

결국 이러한 금지착오가 회피가능한 것이었는지가 문제가 되는데, 법원은 무엇보다 연방카르텔청이 경질벽돌 제조업자들에게 계속적인 카르텔금지 위반에 대한 경고를 하였다는 점을 지적하였다.[15] 연방카르텔청은 금전적 제재를 하기 이전 1963년 2월 21일의 최종적인 서신에서 경질벽돌 제조업자들의 카르텔금지 위반을 분명하게 설명하였으며, 특히 동 서신은 다른 건축재료에 관한 1962년 7월 7일의 연방대법원의 판결에서 감지가능성(Spürbarkeit)이 인정되고 있다는 점을 인용하고 있었다. 이러한 상황에 비추어 볼 때, 해당 사업자들의 금지착오가 회피불가능한 것으로 보기는 어려우며, 따라서 금전적 제재는 타당한 것으로 볼 것이다.

---

15) BGHSt 21, 19면 참조.

Ⅲ. 우리 독점규제법 관점에서의 평가

1. 경쟁제한성 판단

독점규제법은 제19조 제1항에서, 일련의 행위를 각 호에 규정하고 "사업자는 계약·협정·결의 기타 어떠한 방법으로도 다른 사업자와 공동으로 부당하게 경쟁을 제한하는 다음 각호의 1에 해당하는 행위를 할 것을 합의하여서는 아니된다"고 규정하고 있다.

동 규정상 경쟁제한의 해석과 관련하여, 공동행위의 구조상 경쟁제한의 개연성이 매우 높고, 따라서 제한된 범위에서만 경쟁제한성의 엄격한 심사가 요구된다고 보는 견해가 유력하다.16) 이때 독일 경쟁제한방지법상 카르텔 금지의 불문의 표지로서 감지가능성은 심사의 기준으로 원용될 수 있을 것이다.

2. 새로운 회사의 설립

독점규제법 제19조 제1항 제7호는 부당한 공동행위의 태양으로서 "영업의 주요부문을 공동으로 수행하거나 관리하기 위한 회사 등을 설립하는 행위"를 규정하고 있다. 동 규정은 회사설립을 통한 참가 기업들 간의 경쟁제한을 금지하는 것에 취지를 두고 있으며, 위 사례에서 경질벽돌 제조업자들이 민사회사와 유한회사를 설립하는 행위는 동 규정에 해당한다고 볼 것이다. 다만 독점규제법상 위 사례에서의 회사의 설립이 기업결합으로서 규제될

---

16) 권오승, 경제법, 법문사, 2002, 279~280면.

가능성도 있으며(동법 7조 1항 5호), 따라서 양자의 경합적 적용 가능성에 대한 검토가 필요할 수 있다. 이와 관련하여 앞에서 언급되었던 모기업 활동의 제한과 '독립적인 계획단일체'로서의 신설회사의 존재는 판단의 기준으로서 원용될 수 있다.

3. 금지 착오

위 사례에서 다루어진 금지착오는 독점규제법에서도 문제가 될 수 있다. 특히 형벌의 부과에 대해서는 금지착오 법리의 적용이 당연한 것이지만, 이 외에도 부당이득 환수적 성격과 함께 행정제재벌적인 성격을 갖고 있는 것으로 이해되는 과징금의 부과에 대해서도 검토의 여지는 있다.

13. Ford 사건에서 제기된 카르텔 관련 쟁점

I. 사건의 개요

이 사건에서[1] 원고는 포드(Ford motor company)의 유럽 자회사들이다. 구체적으로 유럽포드(Ford of Europe incorporated)는 미국에서 설립되어 영국, 벨기에, 독일에 사무소를 두고 있는 법인이고, 포드AG(Ford-Werke Aktiengesellschaft)는 독일법에 근거하여 독일과 벨기에에서 설립된 포드자동차 제조회사이다. 유럽포드는 포드의 유럽 자회사들의 경제적 활동을 조정하는 역할을 하였다. 포드AG는 포드 자동차를 제조하여 일부는 독일 시장에 판매하였고, 그 나머지는 다른 나라에, 특히 포드그룹 내 다른 회사가 진출하고 있는 회원국에 수출하고 있었다. 포드AG 생산량의 많은 부분이, 포드AG처럼 자신의 판매 프로그램과 배급망을 갖고서 영국 시장에 진출해 있는 영국포드(Ford motor company limited)에 직접적으로 판매되었다. 따라서 포드AG는 왼쪽핸들 자동차와 오른쪽핸들 자동차 모두를 정규적으로 생산하고 있었다.

독일에서의 판매계획을 수행하기 위하여 포드AG는 독일 배급업자들을 구속하는 주된 거래 약정(main dealer agreement)에 기초한 선별적 배급체계(selective distribution system)를 구축하였다. 그 약정은 1976년 5월 14일 위원회에 통지되었고, 포드AG는 이 약정이 위법하지 않다는 판단을, 적어도 보충

---

1) Cases 25-26/84[1985]ECR 2725: 3CMR 528.

적으로 EC조약 제85조 3항(현 81조 3항) 하에서의 적용제외를 요청하였다.

1982년 5월 1일까지 일부는 영어 명세서가 붙고 나머지는 독일어 명세서가 붙은 오른쪽핸들 자동차가, 포드AG에 의하여 지정된 독일 배급업자에게 공급되었고, 독일에서 팔렸다. 1981년 봄 이후 오른쪽핸들 자동차의 가격은 상당히 낮은 가격으로 책정되었기 때문에, 동 자동차의 수요는 영국보다[2) 매우 큰 폭으로 증가하였고, 점점 더 많은 수의 영국 고객이 독일 배급업자로부터 그 차를 구입하게 되었다. 이러한 판매효과에 대하여 영국포드와 그의 배급망이 우려하였기 때문에, 포드AG는 독일의 포드 배급업자들에게 1982년 4월 27일 자로 회람을 돌리고, 동년 5월 1일부터 오른쪽핸들 자동차에 대한 영국 고객들의 주문을 더 이상 받지 않아야 하며, 그와 같은 차들은 영국포드나 그의 자회사로부터 구입해야 한다는 통지를 하였다.

II. 절차의 진행

포드AG가 배포한 회람에 관하여, 이러한 유형의 사건에 개입권한을 갖고 있는 유럽소비자연맹(european office of consumer unions) 사무국은 1982년 5월 12일 잠정적 조치(interim measures)를 취할 것을 요구하는 신청을 EC 위원회에 제출하였다. 1982년 6월 2일 EC 위원회는 조약 제85조 제3항의 적용에 관한 일련의 절차개시를 결정하였으며, 포드AG에게 부정적인 평가를 담은 공문을 보냈다. 그 공문에서 EC 위원회는 포드AG가 행한 시장운영체제는 EC조약 제85조 제1항에 반하며 제85조 제3항에 따라서[3) 적용제외 될 수 없다는 판단을 하고 있으며, 동시에 포드AG에게 1982년 4월 27일의 회람을 철회하고 회사의 상품범위에 오른쪽핸들 자동차도 포함시킬 것을 지시하는

---

2) 영국에서는 일상적으로 오른쪽 핸들 자동차를 사용하고 있다.
3) 현행 EC조약 제81조 1항과 제3항에 해당한다.

임시명령을 발할 계획임을 밝혔다.

1982년 8월 18일 EC 위원회는 잠정조치를 포함한 결정을 내렸다. 동 결정은 포드AG에게 통지된 때부터 10일 이내에 1982년 4월 27일의 회람을 철회할 것과 그의 독일 배급상들에게 오른쪽핸들 자동차가 여전히 포드AG의 약정된 배급범위에 속한다는 것을 통보할 것을 요구하였다.

1983년 11월 16일 EC 위원회는 최종 결정을 내렸다. 동 결정에서 위원회는 포드AG와 배급상의 주된 약정이 EC조약 제85조 제1항의 의미에서 경쟁을 제한하고 회원국 사이의 거래에 영향을 미치고 있다는 점을 지적하였다. EC 위원회는 포드AG가 1982년 4월 27일 배부한 회람에서 정한 동년 5월 1일부터 적용된 약정에 대하여 제85조 제3항에 의거한 적용제외의 허용을 거부하였다. 결국 위원회는 포드AG의 위법을 인정하였다.

포드AG는 위원회의 결정에 불복하여, 1984년 1월 25일 유럽법원에 소를 제기하였으며, 유럽법원은 1985년 9월 17일 판결에 의하여 유럽위원회의 판단을 지지하고, 원고의 청구를 기각하였다. 소송비용은 일반적인 원칙에 따라서 패소자인 원고의 부담으로 하는 결정을 추가하였다.

III. 법적 쟁점

1. 수직적 카르텔

이 사건은 포드AG라는 자동차 제조업자와 유통업자 사이의 거래제한 행위가 문제가 된 경우로서, 수직적인 구조가 전제된다. EC조약 제85조 제1항 (현행 81조 1항)은 "회원국간의 무역에 영향을 미칠 수 있고 그 목적 또는 효과로써 공동시장 내에서 경쟁을 방해, 제한 또는 왜곡하는 사업자 사이의 합의, 사업자단체의 결의 및 동조적 행위는 공동체시장과 양립할 수 없는 것

으로서 금지되어야 한다"고 규정하고 있다. 동 규정은 수직적인 관계에도 적
용된다고 보는 것이 일반적이며, EU의 회원국인 독일의 경쟁제한방지법
(GWB)도 2005년 개정되어 카르텔 금지에 관한 동법 제1조가 수직적 카르텔
도 포섭하는 것으로 변경되었다.[4]

　유럽법원의 선례로서 수직적 카르텔에 조약 제81조(개정전 제85조)가 적
용될 수 있다고 본 것은, Italy v. EEC Council and Commission 사건이며,[5] 여
기서 다루는 포드사건에서 이러한 입장이 재차 확인되고 있다.

2. 사업자 행위의 일방적 성격

　이 사건에서 가장 큰 법률적 쟁점이 되었던 것은 일방적 행위에 관한 것
이다. 즉 거래 당사자 사이에 포괄적인 약정을 맺은 상황에서 일방적인 행위
가 이루어졌을 경우에, 이를 어떻게 평가할 것인가의 문제가 핵심이었다. 결
론적으로 전체적인 계약관계의 범위 내에서 당해 행위가 이루어진 경우에는
일방적 행위라 하더라도 당사자 간의 합의를 구성할 수 있으며,[6] 당해 사건
에서는 원고가 배급업자와 맺은 주거래약정의 범위 내에서 공급거절행위를
한 것이고, 이에 기초하여 유럽법원은 당해 행위가 일방적 행위로 이해되는
것이 아니라 전체 계약의 한 구성부분으로 이해되어야 한다고 판단하였다.

　유럽법원의 판단과정을 구체적으로 보면, 원고는 상품이 기술적으로 복잡
한 자동차산업에서 선별적 유통체계에 의존할 필요성을 위원회도 인식하고
있다고 주장하였다. 그러한 체계는 배급업자들에게 적용된 주거래약정의 형

---

4) Fritz Rittner & Meinrad Dreher, Europäisches und deutsches Wirtschaftsrecht, C. F.
　Müller, 2008, 419면 참조.
5) Case 32/65(1966) CMLR39 (12).
6) D. G. Goyder, EC Competition Law 3. ed., Clarendon Press, 1998, 96~97면.

식으로 포드AG에 의하여 만들어졌다. 원고는 당해 약정이 자동차산업에서 다른 유통체계와 마찬가지로 경쟁제한적이지 않은 것이고, 따라서 독일에서 포드AG에 의한 오른쪽핸들 자동차 판매 중단을 막으려는 의도가 개입되지 않았다면, EC 위원회가 기꺼이 제85조 제1항의 적용에 관하여 제85조 제3항에 기초한 적용제외를 행하였을 것이라고 주장하였다. 즉 EC 위원회의 결정은 경쟁제한적이라고 선언된 주거래약정상의 어떤 조항의 철회와 관련된 것이라기보다는, 독일 시장에서 오른쪽핸들 포드 자동차 판매의 재개를 의도한 것이라고 지적하였다.[7] 이상의 이유를 들면서 원고는 1982년 4월 27일의 회람과 거기에 기재된 독일 배급업자에 대한 오른쪽핸들 자동차의 판매 중단은 일방적 성격을 갖는 것이었고, 따라서 일방적 행위는 EC조약 제85조에서 금지되는 약정, 협정 그리고 동조행위에 포함될 수 없다고 주장하였다.[8]

반면에 EC 위원회는 우선 제85조 제1항의 금지에 해당하는 약정에 대하여 제85조 제3항에 의한 적용제외를 허용하거나 거부하는 결정이 약정이 기능하고 있는 경제적 그리고 법적인 전체 맥락에서 판단되어야 한다는 점을 강조하였다. 배급업자들에 대한 관계가 선별적 유통체계에 기초하고 있는 사업자의 행위는 이러한 관계의 한 부분이다. 이 사례에서 주거래약정에 대한 적용제외를 허용하지 않은 결정은, 포드AG의 행위가 오직 영국에서의 병행수입을 중단시키고 그로 인하여 국가별 시장 사이의 장벽을 세우는 것만을 목적으로 하여 동 약정의 경쟁제한적 효과를 심화시켰고 또한 상표내 경쟁을 감소시키는 것이었기 때문에, 특히 정당화될 수 있는 것이었다.[9]

주거래약정과 독일 배급업자들에 대한 오른쪽핸들 자동차의 공급거절 사이의 관련성에 관하여, EC 위원회는 포드AG의 주거래약정과 그로부터 형성된 배급업자와 관계가 포드AG가 1982년 4월 27일에 보내진 회람과 동 회사

---

7) Cases 25-26/84[1985], ECR 2725, para. (14).
8) 위의 판결, para. (15).
9) 위의 판결, para. (16).

에 의한 오른쪽핸들 자동차의 공급 중단의 근거가 되었다는 것을 위원회 결정의 이유 설시를 통하여 밝히고 있다. 동 회람은 이전에 포드AG로부터 오른쪽핸들 자동차를 포함하여 포드 자동차를 받을 수 있었던 배급업자들에 대해서만 발해진 것이었고, 따라서 동 회람은 포드AG와 그 배급업자들 사이의 관계를 변경하였다.[10]

유럽소비자연맹사무국은 포드가 그의 배급업자들에게 자사의 상품을 공급해야 한다고 규정하고 있는 주거래약정 제2조 제1문에 주의를 돌리고 있다. 동 약정 제1조는 거래 대상인 전체 생산품이 포드AG에 의해 생산된 모든 차와 부품을 포함하는 것으로 정의하고 있다. 차에 관하여 보면, 동 규정은 일반적인 일련의 승용차와 중경의 상업용차 및 차체(chassis)를 의미하는 것으로서, 피스타, 에스코트 등 일정한 모델을 수록하고 있는 부록 1에 의하여 구체화 되며, 또한 새로운 모델이 도입되면 여기에 추가되었다. 그리고 포드AG는 부록 1을 변경할 경우에 서면으로 통지하여야 했다.[11]

또한 유럽소비자연맹사무국은 독일 배급업자들에 대한 오른쪽핸들 자동차 공급을 중단한 후에 주거래약정은 포드AG에 의하여 영국시장에 대한 오른쪽핸들 자동차의 병행수입을 막는, 따라서 영국에서의 높은 수준의 가격을 유지시키고 결과적으로 공동시장이 허용하여야 하는 이익을 소비자로부터 박탈하게 되는 장치가 되었다는 점을 주목하고 있다.[12]

이러한 관점에서 선별적 유통체계를 구성하는 그리고 이 사례에서처럼 기술고도화 상품에 관하여 전문적 서비스를 공급함으로써 일정한 거래를 유지하기 위한 약정은, 많은 경우에 일정 연도 동안 상품의 배급을 지도하기 위하여 체결된다는 것에 주의가 주어져야 한다. 동 기간 동안 기술발달에 따른 변화를 예상할 수는 없기 때문에, 이러한 약정은 불가피하게 제조업자에 의

---

10) 위의 판결, para. (17).
11) 위의 판결, para. (18).
12) 위의 판결, para. (19).

하여 추후에 결정될 수 있는 사안들을 남겨놓게 된다. 유럽소비자연맹사무국
이 올바르게 지적하였던 것처럼, 동 약정의 관점 하에서 공급되는 모델에 관
하여 포드AG의 주거래약정상 부록 1에 규정되었던 것은 정확하게 이러한
추후 결정에 관한 것이었다.[13)

제조업자 편에서, 즉 사업자 편에서 이러한 결정은, 원고가 주장하는 것처
럼 EC조약 제85조 제1항에 포함된 금지로부터 제외될 수 있는 일방적 행위
를 구성하지는 않는다. 반대로 그것은 사업자와 그의 배급업자들 사이의 계
약적 관계의 한 부분을 형성한다. 실제로 포드AG의 배급망에 들어간다는 것
은 독일 시장에 공급되는 모델에 관하여 포드에 의해 추구되고 있는 정책을
계약당사자의 입장에서 수용함을 의미한다.[14)

결론적으로 유럽법원은 포드AG의 모델 범위에서 오른쪽핸들 자동차를 철
회하는 것이 일방적 성격을 갖고 있다는 청구인들의 주장은 배척되어야 한
다고 판단하였다.[15)

3. 적용제외에 관한 심사

적용제외에 관한 EC 위원회의 심사방식에 관해서도 다툼이 있었으며, 이에
관한 유럽법원의 판단은 당해 사건에 관한 EC 위원회의 심사방식을 지지하였다.

즉 선별적 배급시스템이 제조업자가 병행수입을 금지하고 공동시장을 인
위적으로 분할하기 위하여 사용된 것으로 볼 합리적인 이유가 있다면, 이로
부터 야기되는 모든 긍정적 효과와 부정적 효과를 상세하게 심사할 필요는
없다고 보았으며,[16) 따라서 이에 관한 원고의 이의를 받아들이지 않았다.

---

13) 위의 판결, para. (20).
14) 위의 판결, para. (21).
15) 위의 판결, para. (22).
16) 위의 판결, summary 3.

IV. 판결의 의의

앞에서 살펴본 바와 같이 Ford 사건에 대한 유럽법원의 판결은 EC조약 제85조(현행 81조)의 카르텔 금지 규정이 수직적 거래제한에도 적용된다는 점을 확인한 판례로서 의미가 있지만, 재판 과정에서 가장 큰 쟁점이 되었던 행위의 일방성에 대한 판단도 많은 시사점을 주는 것이다.

원칙적으로 사업자의 일방적(unilateral) 행위는 공동행위를 규제하는 EC조약 제81조의 규제 대상에 해당하지 않으며,[17] 제82조에 의한 시장지배적 지위남용으로서의 규제 가능성만 남게 된다. 이때 제82조에 의한 규제는 시장지배적 지위를 전제하는 것이기 때문에, 이러한 지위가 존재하지 않는 경우에, 행위의 일방성은 실질적으로 경쟁법에 의한 규제 가능성의 범위를 정하는 의미를 갖게 된다. Ford 사건에 대한 동 판결은 행위의 일방성 판단의 기준을 밝힘으로써, 공동행위와 일방적 행위 사이의 경계를 정하고 있다는 점에서도 의미 있는 판결이라 할 수 있다. 즉 행위의 일방성은 전체 계약의 관점에서 파악되어야 하고, 일방적 행위가 계약의 한 부분으로서 계약을 완성하는 핵심적 요소로 기능하고 있다면, 비록 일방 당사자의 행위로 나타나는 경우에도 양 당사자의 공동행위로서 이해할 여지가 있으며, 동 판결은 이러한 이해의 전형을 보여주는 것이다.[18]

---

17) Albertina Albors-Llorens, EC Competition Law and Policy, William Publishing, 2002, 27면.
18) 위의 책, 28면.

14. 일본 東京量水器 판결의 검토

Ⅰ. 서론

일본 법원의 동경양수기 판결은 입찰담합 형태의 카르텔 사건을 다룬 것이다. 일본 경쟁정책의 관점에서 입찰담합은 거래 현실에 만연된 중요한 반경쟁 행위의 하나로 인식되고 있고, 「私的獨占の禁止及び公正取引の確保に關する法律」(이하 獨占禁止法)의 엄격한 집행을 통하여 이에 대처하여야 할 필요성이 강하게 주장되고 있다.[1] 물론 입찰담합이 일본에 국한된 문제는 아니며, 우리나라를 포함하여 전 세계적으로 경쟁정책상의 현안으로 취급되고 있다.[2] 이러한 점에서 獨占禁止法 위반으로 입찰담합을 판단하고 있는 동 판결은, 일본과 마찬가지로 부당한 공동행위로서 입찰담합을 규제하고 있는 우리 「독점규제 및 공정거래에 관한 법률」(이하 독점규제법)의 적용과 관련해서도 의의가 있다.

또한 동 판결은 입찰담합에 참가한 사업자 등에 대하여 형사처벌을 부과하고 있다는 점에서도 주목할 만한 것이다. 일본 獨占禁止法은 카르텔에 참가한 자에 대하여 형사처벌이 가능한 근거규정을 두고 있고, 동 판결은 독점

---

1) 鈴木 滿, 入札談合の硏究, 信山社, 2001, 1면.
2) OECD, Trade and Competition: From Doha to Cancun, 2003, 17면은 입찰담합을 경쟁제한성이 명확하고 피해가 분명하게 드러나는 경성카르텔의 하나로 언급하고 있다.

금지법상 형벌 부과의 요건을 상세히 다룸으로써, 일본과 마찬가지로 형벌
규정이 도입된 우리 독점규제법의 적용과 관련하여 의미 있는 시사점을 제
공할 수 있을 것으로 생각된다.

한편 동 판결을 검토함에 있어서, 카르텔 규제와 관련하여 일본 獨占禁止
法과 우리 독점규제법 간의 실체적 규제 내용에 있어서 차이가 있다는 점에
주의를 기울일 필요가 있다. 獨占禁止法상 카르텔 규제는 동법 제3조의 "사
업자는 사적독점 또는 부당한 거래제한을 하여서는 안 된다"는 규정에 근거
한다. '부당한 거래제한'의 의의는 동법 제2조 제6항에서, "부당한 거래제한
이란 사업자가 계약, 협정, 기타 어떠한 명의로 하는지를 불문하고, 다른 사
업자와 공동으로 대가를 결정, 유지 내지 인상하거나 또는 수량, 기술, 제품,
설비 내지 거래 상대방을 제한하는 등의 상호 간의 사업활동을 구속하거나
수행하는 것에 의하여 공공의 이익에 반함으로써 일정한 거래분야에서의 경
쟁을 실질적으로 제한하는 것을 말한다"고 규정되어 있고, 이들 규정이 종합
적으로 카르텔 규제의 법적 근거가 되고 있다.[3] 이상의 규정에서 우리 독점
규제법과 비교하여 특히 주의를 두어야 할 것은, 규제되는 대상을 "다른 사
업자와 공동으로 상호 간의 사업활동을 구속하거나 또는 수행하는 것(相互
にその事業活動を拘束し、又は遂行すること)"으로 규정하고 있다는 점
이다. 일본의 지배적인 견해는 사업활동의 구속만으로 공동의 요건을 충족하
는 것으로 보고 있지만, 遂行에 독자적인 의미를 부여하는 이론이 없는 것은
아니다.[4] 이와 같은 카르텔 규제의 법체계는 단지 합의만으로 공동행위의
성립을 인정하고 있는 우리 독점규제법과는 구별되는 것이며, 이하의 논의에
서도 유의하여야 할 부분이다.

---

3) 谷原修身, 獨占禁止法の解說, 一橋出版, 2006, 14면.
4) 金井貴嗣·川濱 昇·泉水文雄, 獨占禁止法, 弘文堂, 2006, 52면 이하 참조.

II. 사실 관계

동 사건은 일본 東京都의 수도미터기 조달 과정에서 발생한 것으로서, 東京都가 수도미터기 조달 방식을 전환하는 시기에 발생한 사업자들의 담합이 문제가 되었다. 東京都의 수도미터기 조달은, 1993년에 일부 수정이 이루어지기 전까지 '그 성질 또는 목적이 경쟁 입찰에 적합하지 않은 것'이라는 판단 하에서 모든 구경의 미터기에 대해 수의계약의 방식에 의하고 있었다. 특히 1973년부터 順次·單價同調方式이라 불리는 특수한 수의계약 방식을 취하였는데, 이는 매년 초에 미터기의 구경별로 사업자들에게 견적가격을 제출하게 한 후, 東京都의 예정단가 내에서 최저가격을 입찰한 사업자와 계약을 체결하여 미터기를 조달받는 것이었다. 결과적으로 연간 발주 총량의 85%는 각 사업자의 전년도 수주실적 등에 의해서 할당되고, 15%는 최저가격을 입찰한 단일 또는 복수의 사업자에게 프리미엄으로써 할당되었다.

1993년 東京都는 이러한 방식을 일부 수정하였다. 그 배경에는 1991년 동 사건의 피고회사 중 1회사를 제외한 24개 회사가 수도미터기 입찰에서 담합한 것이 公正取引委員會에 적발되어 1993년 1월 29일 권고심결을 받은 사건이 있었고, 이에 담합을 방지하고 사업자 등의 자유경쟁을 촉진하는 방향으로 발주방법을 변경할 필요성이 제기되었다. 그러나 근본적인 전환에는 시간적 한계가 있다는 판단 하에, 우선 총 발주금액의 약 90%를 차지하는 소구경 미터기(13mm, 20mm 및 25mm의 제품)에 대해서는 단가동조방식 자체를 유지하면서 프리미엄을 20%로 확대하고, 동시에 최저가격을 입찰한 사업자가 3 이상인 경우 추첨으로 2 사업자에게 프리미엄을 균등하게 할당하는 것 등을 내용으로 하는 수정을 가하였다. 중대구경 미터기에 대해서는 지명경쟁입찰 또는 指名見積合わせ(지명견적합치: 일정금액 내의 계약으로 특히 수의계약이 허용되는 경우에, 지명경쟁입찰과 같은 방법으로 입찰시킨

후에 수의계약을 맺는 방법)의 방법으로 바꾸어 경쟁을 촉진하도록 하였다.

1994년에 東京都는 모든 미터기에 대하여 지명경쟁입찰 또는 지명견적합치 방식을 채택하였다. 다만 중소업자를 포함하여 다수의 사업자에게 수주의 기회를 주기 위하여, 3가지 소구경 미터기 지명경쟁입찰에 있어서 신제품 미터기와 중고품 미터기(외측의 케이스를 세정하여 재이용하고, 내용물을 새로운 것으로 교환한 미터기)의 경우 수주실적 등을 기준으로 사업자를 ABC의 3 등급으로 나누고, 각 등급마다 발주량을 각 등급에 속하는 사업자의 1992년 납품 실적에 따라서 결정하는 것으로 하였다. 또한 지명경쟁입찰을 연간 11회로 하고 3가지 소구경에 대해서는 사업자의 3가지 등급별로 입찰을 행하되, 같은 등급의 동일 구경에 대해서도 건수별로 나누어 실시하는 것으로 하였다. 1996년에 3가지 소구경미터기 중 신제품 미터기에 1개사, 중고품 미터기에 5개사가 새로운 지명업자로 참가하였고, 해당 미터기 사업자의 등급을 갱신함과 아울러 중고품 미터기 등급에 C를 추가하였다.

이상의 東京都의 수도미터기 발주방식의 변경과 관련하여 사업자들은 다음과 같이 대응하였다. 단가동조방식 하에서는 최저입찰가격의 단가에서 전년도의 납입실적 등에 상응하는 수량을 수주할 수 있었기 때문에, 사업자들의 주된 관심은 단가를 東京都의 예정가격에 가깝게 유지하는 것이었다. 따라서 전술한 24개 사업자의 경영실무책임자는 두 개의 모임을 만들어 회합을 갖고 단가입찰 시에 최저단가와 프리미엄을 받는 최저가격 입찰회사를 합의하고, 이에 근거하여 입찰함으로써 수주가격이 낮게 결정되는 것을 방지하고 있었다. 1989년 및 1990년에 이상의 내용을 결정하는 회합이 있었다. 이를 公正取引委員會가 인지한 1991년 12월 12일 이후 이들 24개 사업자에 대한 현장검사가 행해졌으며, 이로 인하여 1992년 2월과 3월에 전술한 두 개의 사업자들 모임은 명목상 해산되었다. 그러나 실제 동일한 회원으로 구성된 회합이 계속되어, 1992년에도 새로이 수도미터기 지명사업자가 된 회사를 포함한 25개 사업자의 영업실무책임자는 종전과 같은 담합을 하고, 각

회사는 이에 따랐다.

1993년 東京都가 전술한 것처럼 발주방법을 변경하자 사업자들은 그 대응을 협의하였다. 그 결과 단가동조방식이 유지된 3가지 소구경미터기에 대해서는 기본적으로 종전과 마찬가지로 대응하지만, 신제품 미터기에서 프리미엄을 받는 두 사업자를 정하고, 중고품 미터기에서는 최종적으로 동경도가 행하는 추첨의 결과에 따르기로 합의하였다. 또한 경쟁입찰 방식 등에 의하게 된 중대구경 미터기의 경우, 신제품 미터기에서 프리미엄을 받기로 한 두 사업자의 담당자가 간사가 되어 수주예정가격과 수주예정회사를 결정하는 것으로 합의하였고, 각 사업자들은 이상의 담합 결과에 따랐다.

1994년 모든 구경의 미터기에 대해서 지명경쟁입찰 등의 방법이 채택될 것으로 예상되었기 때문에, 1993년 가을부터 일부 사업자들의 영업실무책임자를 중심으로 협의가 계속되었고, 기존의 수주실적에 기초하여 수주조정을 하는 것에 기본적인 의견의 일치가 이루어졌다. 1994년 4월 東京都가 전술한 새로운 발주방법을 제시하였기 때문에, 동월 15일 다시 협의를 하여 1989년부터 1992년까지의 수주실적에 기초하여 각 사업자들의 수주 비율을 정하고, 또한 1년간 조정을 거친 후에 이러한 목표를 달성하기 위하여 간사가 입찰기일마다 수주예정가격과 수주예정회사를 결정하는 것에 합의하였고, 이후 각 사업자들은 이 합의에 따랐다.

1995년 東京都의 발주방법 변경은 예정되어 있지 않았지만, 25개 사업자들은 1994년의 합의가 당해 연도의 새로운 발주방법에 대응하는 것이었고, 또한 1년간의 조정을 거치기로 한 것이었기 때문에, 1994년의 결과를 검토하고 1995년에도 수주조정을 계속할지 여부 및 계속의 경우에 그 방법에 관하여 다시 합의할 필요가 있었다. 1995년 4월 12일 각 사업자들은 회합을 갖고, 전년도 말의 수주조정 미정산액 일람표를 회람한 후에 전년도와 같은 방법으로 수주조정을 계속하여 전년도에 정한 각 사업자들의 수주비율을 유지하는 것, 그리고 그 실현과 전년도말의 미정산액 정산을 1년간 행하는 것을 합의하였고, 이후 각 사업자들은 이 합의에 따랐다.

1996년 신규 사업자들이 참가할 것으로 예상되었고, 전년도의 합의를 유지하여 수주조정을 계속할지 여부와 그 방법에 관하여 합의할 필요가 있었다. 이에 사전에 합의내용에 따르는 취지를 표명한 1개 사를 제외한 각 사업자들은 1996년 4월 11일에 회합을 갖고, 전년도말의 수주조정의 미정산액 일람표를 회람한 후에 전년도와 같은 방법으로 수주조정을 계속하여 전년도에 정한 각 사업자들의 수주비율을 유지하는 것, 그 실행과 전년도말의 미정산액 정산을 일 년에 걸쳐서 하는 것, 신규사업자의 참가가 있는 경우 그 시점에서 수주비율을 산출하고 각 사업자들이 그 수주비율에 따르는 것 등을 합의하였고, 이후 각 사업자들은 이 합의의 결과에 따랐다. 그러나 1996년 7월 11일 公正取引委員會가 담합과 관련하여 현장검사를 하자, 각 사업자들은 합의의 실행을 포기하였고, 이후 수도미터기의 낙찰가격은 東京都의 예정가격에 훨씬 미치지 못하는 수준에서 결정되었다.

III. 동경고등재판소의 판결5)

1. 사건의 경과

이상의 수도미터기 제조업자들의 행위에 대하여 公正取引委員會는 1997년 2월 4일 檢事總長에게 고발하였고, 수도미터기를 제조, 판매하는 25개 회사뿐만 아니라, 동 회사들의 대표자 또는 종업원 등 35명의 개인에 대한 형사재판이 진행되었다. 특히 동 사건의 진행 과정에서, 동경고등재판소의 판결은 입찰담합으로서 부당한 거래제한(공동행위)에 대하여 형사책임을 인정하기 위한 요건을 상론하고 있다.

---

5) 東京高判・平・9(1997)・12・24.

2. 구성요건 해당성 및 罪數

　우선 피고들에 의하여, 형사책임의 근거가 되는 독점금지법 제89조 제1항 제1호가 정하는 부당한 거래제한의 죄는 일정한 거래분야에 있어서 경쟁을 실질적으로 제한한 경우에 성립하는 것이며(동법 2조 6항), 본건에 있어서 일정한 거래분야는 '東京都가 지명경쟁입찰 등의 방법에 의하여 발주하는 수도미터기'로서 각 연도마다 개별적인 것이 아니라, 각각의 해를 포괄하는 일체의 것이라는 주장이 제기되었다. 동 주장에 의하면, 1994년의 수주에 대한 거래제한행위에 의하여 경쟁의 실질적 제한이 발생하고 1995년 및 1996년에 그 효과가 계속된 것이므로, 해당 연도에 외형적으로 개별적인 거래제한에 해당하는 행위가 있었다고 하여도, 이는 단순한 확인행위이며, 이에 의하여 새로운 법익을 침해한 것은 아니기 때문에, 불가벌적사후행위로써 개별적 죄는 성립하지 않는다. 만약 1994년부터 1996년까지 각 연도 마다 죄가 성립한다고 하여도, 이들은 병합되는 것이 아니라 포괄일죄 또는 단순일죄에 불과하다.

　이와 관련하여 동 법원은 부당한 거래제한죄에 해당하는 행위의 의의를 밝히고 있다. 즉 부당한 거래제한의 죄는 사업자가 다른 사업자와 공동으로 상호 사업활동을 구속하거나 또는 수행하는 것에 의하여, 공공의 이익에 반하여 일정한 거래분야에 있어서 경쟁을 실질적으로 제한하는 것을 처벌의 대상으로 하고(동법 2조 6항), 일정한 거래분야에 있어서 경쟁을 실질적으로 제한하는 것이 되는 사업 활동의 상호구속행위와 그 수행행위를 함께 실행 행위로 정하고 있다. 더욱이 사업자가 부당한 거래제한행위를 한 경우에 부과하는 과징금은, 원칙적으로 사업 활동을 행한 날로부터 그 행위의 실행으로써 사업 활동이 종료될 때까지의 기간을 기초로 해서 산정하는 것으로 규정되어 있다(동법 7조의2 1항). 이상의 규정을 보면, 부당한 거래제한의 죄는 위와 같은 상호구속행위 등이 행하여져 경쟁이 실질적으로 제한되는 것에 의해 기수가 되지만, 그 시점에서 종료하지 않고 경쟁이 실질적으로 제한되고 있는 행위의 결과가 소멸하기까지는 계속해서 성립하고, 그 사이에 상호구속행위 등을 수행, 유지 또는 강화하기 위하여 행하여진 행위는, 그 죄의 실행행위의 일부가 되는 것이라고 해석하는 것이 타당하다. 또한 다른 상호구속행위 등이 행하여진 경우에, 새로운 죄가 성립하는지 또는 종래의 죄가 계속되고 있는지는, 그 행위에 의하여 경쟁을 실질적으로 제한하는 새로운 상황이 발생하였는지, 아니면 종전의 행위에 의해서 발생하고 있는 실질적 경쟁제한 효과를 유지하는 등의 효과에 그치는지에 의하여 판단하는 것이 타당하다.

동 법원은 이와 같은 부당한 거래제한의 해석에 기초하여, 3개년도의 담합이 전체로서 단일한 죄를 구성하는 것이고, 1995년 및 1996년의 합의는 불가벌적 사후행위에 불과하다는 피고인들의 주장을 받아들이지 않았다. 즉 동 법원은 1995년 및 1996년의 담합이 1994년의 담합과는 별개의 죄가 성립하는지 여부는, 전술한 판시사항에서 지적한 것처럼, 1995년 및 1996년의 담합에 의하여 새롭게 경쟁을 제한하는 결과가 발생하였는지, 아니면 1994년의 담합에 의해서 발생하고 있는 경쟁을 제한하는 결과를 확인 또는 강화하는 것에 그치는지에 의하여 판단하는 것이 타당하다고 보았다.

전술한 사실 관계에 비추어 보면, 1994년 東京都가 다년간에 걸쳐 시행하였던 수의계약 및 단가동조방식을 전면적으로 지명경쟁입찰 등의 방식으로 변경하였기 때문에, 이에 대응하여 종래 담합의 내용을 근본적으로 개정할 필요가 있었다. 나아가 1994년의 담합에서 합의한 수주조정의 방법이 장래에도 유효한지는 명백하지 않고, 우선 당해 연도 1년간의 수주조정을 시험하는 것으로 해서 전년도를 기준으로 한 담합을 한 것이며, 그 담합이 1995년 이후의 각 피고회사를 구속하는 것을 예정하고 있었던 것은 아니라고 보는 것이 타당하다. 따라서 1995년의 담합에 의하여 개별적인 죄가 성립하는 것으로 보아야 한다.

실제 1991년 公正取引委員會에 담합이 발각된 이후, 사업자들은 보다 더 비밀스럽게 협의를 하고 대책을 세워야 하는 부담이 있었으며, 東京都의 발주방법의 변경이나 신규사업자의 진입 등이 확실하지 않았기 때문에, 다음 연도 이후에 대하여 각 피고회사를 구속하는 담합을 성립시키는 것은 곤란하였다. 즉 1994년의 담합은 물론 1995년의 담합도 당해 연도의 수주조정을 내용으로 한 것이고, 1996년 이후를 예상하여 각 피고회사를 구속하는 계속적인 합의를 한 것으로 보기는 어렵다. 따라서 1996년의 회합도 개별적인 죄를 구성하는 것으로 보아야 한다.

이와 같이 각 연도의 회합에 의하여 새로운 부당한 거래제한으로 인한 법익침해가 발생하고 있는 것이므로, 각 연도의 죄는 경합범이 되는 것으로 해석하는 것이 타당하다고 판시하였다.

3. 기수 여부

한편 각 피고회사의 경영실무 책임자가 수주조정의 기본 원칙에 관하여 담합한 것만으로 부당한 거래제한의 기본 요건인 상호구속성 요건이 충족되는 것은 아니고, 이후 수주예정자가 결정될 경우에 비로소 상호구속성이 발생하는 것이기 때문에, 獨占禁止法 제89조 제1항 제1호의 기수는 성립하지 않고, 동조 제2항의 미수가 성립함에 그친다는 주장도 제기되었다.

이와 관련하여 동 법원은, 각 피고회사가 합의에 의하여 각각의 연도 내에 수주조정의 방법을 구체적으로 결정하고 입찰 시에 이것이 실행되면 각각의 담합으로서 충분한 것이므로, 각 담합에 의하여 공공의 이익에 반해서 경쟁이 실질적으로 제한된 것으로 인정할 수 있으며, 따라서 기수가 성립하는 것으로 보아야 하고, 담합에서 결정한 대로 각 피고회사가 이를 준수한 것은 이에 관한 명백한 증거에 해당한다고 보았다. 또한 하나의 죄에 포함되는 상호구속성행위 등의 전체를 소송원인으로 할지 여부는, 구체적 사안에서 행위의 성질 등을 고려하여 검사가 결정하여야 하는 사항이고, 언제나 그 전체를 소송원인으로 하여야 하는 것은 아니라고 판시하였다.

4. 위법성조각사유

피고들은 독점금지법 제89조 제1항 제1호의 죄는 일정한 거래분야에 있어서 경쟁을 실질적으로 제한하는 것이 '공공의 이익'에 반하는 경우에 성립하며(동법 2조 6항), 본건에 있어서 담합은 중소기업을 보호하기 위하여 행한 행위이므로 위법성이 조각된다고 주장하였다. 즉 東京都가 발주하는 수도미터기는 종래 중소사업사가 독점적으로 수주하고 있었지만, 점차적으로 대기업이 수주에 참가하는 비중이 증대하였기 때문에, 양 측의 요구를 충족시키기 위하여 대기업과 중소사업자가 공동으로 본건 담합을 행한 것이다. 이는 대기업에게 「中小企業保護法」에서 말하는 "동종 사업을 경영하는 중소기업자의 이익을 부당하게 침해하는 것이 없도록 배려하기 위한 자주적인 사업 활동의 조정"에 해당하는 것으로서, 국가가 실시하여야 하는 정책을 대신한 의미를 갖는다. 더욱이 이에 의하여 적정이윤을 넘는 부당한 이익을 취하지도 않았기 때문에, 공공의 이익에 반하지 않고, 따라서 위법성을 조각하는 것으로 해석하여야 한다고 주장하였다.

이와 관련하여 동 법원은 다음과 같은 이해를 전제하였다. 국가 또는 지방공공단체의 매매 기타 계약에 있어서, 크게 국민의 경제적 이익 내지는 부담, 행정의 목적달성의 이익 내지는 부담(결국은 국민의 이익 내지는 부담으로 이어지는 것) 및 중소기업을 포함한 사업관계자의 이익 내지는 부담의 3가지가 관련된다. 따라서 경쟁제한 죄의 위법성 등을 판단함에 있어서 이러한 이익들이 충돌하는 경우에, 법령이 인정하고 있는 가치를 중심으로 법 전체의 취지에 의하여 이들의 우열을 판단하여야 한다.

獨占禁止法은 사업 활동의 부당한 구속을 배제하는 것에 의하여 공정하고 자유로운 경쟁을 촉진하는 것에 법적인 가치를 부여하고 있고, 이에 의하여 전술한 3가지의 이익을 보호하고 있지만, 본건과 같이 사업관계자 전원이 담합에 참가하고 있는 경우에는, 이를 규제하는 것에 의하여 국민의 경제적 이익을 지키는 역할이 주가 된다. 또한 會計法, 地方自治法 등은 계약의 방법을 규제하여 경쟁 입찰방법에 높은 가치를 부여하고, 이에 의하지 않는 수의계약을 엄격하게 제한하고 있으며, 獨占禁止法과 마찬가지로 국민의 경제적 이익을 지키는 것을 주된 역할로 하고 있다. 한편 사업관계자의 이익을 지키는 것을 주된 목적으로 하는 법령도 존재한다. 中小企業基本法도 그 중 하나이며, 동법에서는 중소기업의 성장발전 등의 목적을 달성하기 위하여 일정한 사항에 대해서 국가는 정책 전반에 걸쳐 필요한 시책을 종합적으로 강구하지 않으면 안 되고, 중소기업의 거래조건에 관한 불이익을 시정하도록 과도한 경쟁을 방지하는 것(3조), 지방공공단체는 국가의 시책에 준하여 시책을 강구하도록 노력하지 않으면 안 되는 것(4조), 국가는 중소사업자가 자주적으로 사업 활동을 조정하고 과도한 경쟁을 방지할 수 있도록 그 조직을 정비하는 등의 시책을 강구하는 것(17조) 등의 규정이 이에 해당한다.

그러나 이와 같은 중소기업 보호의 시책은 국가 또는 지방공공단체가 강구하는 것이고, 사업관계자가 이를 대신해서 할 수 있는 것이 아닐 뿐만 아니라, 이러한 정책이 전술한 獨占禁止法 등이 인정하고 있는 법적가치에 우월한 경우에, 비로소 獨占禁止法상의 형벌 부과 시에 위법성조각사유로서 고려되는 것이다. 그리고 본건의 담합은 중소기업을 포함한 사업관계자 전원이 참가하여 경쟁제한을 행한 것이다. 여기에는 중소기업을 과도한 경쟁에서 보호하는 측면도 있다고 할 수 있지만, 수도미터기의 입찰가격을 東京都의 예정단가에 근접한 것으로 하는 것을 내용으로 하고 있다는 점에서, 이미 獨

占禁止法의 가치를 침해하며 국민의 경제적 이익에 반하는 위험을 내포하고 있고, 이에 우월한 가치를 주장할 수 없다는 것이 명백하므로 위법성조각을 인정할 수 없다. 또한 전술한 사실관계에서 드러나듯이, 東京都는 수도미터기의 입찰을 사업자의 규모에 따라서 행하고, 또한 각 사업자에게 수주실적에 상응하여 수주의 기회를 부여함으로써 중소기업의 보호를 의도하였고, 그 틀 안에서 중소기업 간의 경쟁을 촉진하는 것으로 하여, 獨占禁止法과의 조화를 모색하고 있는 것이라고 판시하였다.

5. 기대가능성의 문제

피고회사들은 東京都에서 수주에 의존하는 소규모 사업자가 가격만의 경쟁에 처하게 되면, 대규모사업자와의 경쟁에서 패하는 것이 당연하므로, 이를 보호하는 방안이 없는 상태에서 소규모사업자에게 담합의 참가를 거절하고 자멸적인 경쟁의 길을 택하는 것을 기대하는 것은 불가능한 것이라고 주장하였다.

이와 관련하여 동 법원은 대규모사업자가 독점적인 지위를 남용하여 위법한 행위에 가담한 경우에는, 獨占禁止法 기타 법령에 의하여 제재 기타 조치가 취해지고 있다. 다른 한편 소규모사업자라 하더라도 적정한 자유경쟁의 결과 발생할 수 있는 결과는 수인하여야 하고, 그 보호를 위해서는 허용될 수 있는 다른 수단을 구하여야 하는 것이며, 또한 그렇게 하는 것이 충분히 가능하였으므로 소규모사업자가 본건 담합에 가담하지 않는 것을 기대할 수 없다는 주장을 받아들이지 않았다.

6. 양형이유 및 양형의 내용

또한 피고들은 양형과 관련하여 작량감경사유가 있다고 주장하였다. 주장 내용을 보면, 첫째 수도미터기는 計量法상 검정제도와 유효기한의 제한이 있기 때문에 필요시 신속하게 조달되지 않으면 안 되는 공공성이 높은 것이 므로, 수도미터기의 안정적 공급은 행정의 중요한 이익에 해당한다. 또한 수 도미터기 시장에는 중소사업자가 많고, 가격만의 경쟁에 처하게 될 경우에 과점이 초래될 위험성이 있는 특수한 시장이므로, 발주 시에 중소기업의 보 호를 위한 충분한 배려가 이루어지지 않으면 안 된다. 이러한 특수성을 고려 하여 東京都는 종래 이른바 단가동조방식을 채용하여 연초의 입찰에서 최저 가격을 당해 연도의 수주가격으로 하고, 이에 반대의견이 없는 사업자 등에 게 실적 등에 따라서 수주시켰던 것이며, 수도미터기 사업자도 이 방향으로 협력하여 왔다. 1993년 이후 이 방식이 수정되어 경쟁원리를 중시하는 지명 입찰방식으로 이행되었지만, 위와 같은 특수성에는 변화가 없으며, 사업자의 의식 변화도 충분하지 않았던 상황에서 본건 행위에 이른 것이고, 이러한 점 은 작량할 가치가 있다.

둘째 지명경쟁입찰 등의 제도 하에서도 각 피고회사의 목적은 종전의 수 주비율을 확보하고 공존을 꾀하는 것이며, 입찰가격이 하락하는 것을 방지하 는 것에 있지 않다. 실제 입찰에 의해 부당한 이익은 얻고 있지 않다. 본건 담합의 발각 후 수도미터기의 낙찰가격은 크게 하락하고 있지만, 이것이 종 전의 낙찰가격은 부당한 이익을 포함하는 것이라는 증거가 되지는 않는 것 이며, 오히려 제품의 재고를 장기간 유지할 수 없는 특수성에 따른 것이라 할 수 있다. 더욱이 본건의 적발에 의하여 완전한 자유경쟁에 처해졌기 때문 에, 사업자가 채산을 도외시하고 수주에 전적으로 매달린 결과라고 보아야 한다.

이러한 피고회사들의 주장에 대하여, 동 법원은 우선 첫 번째 작량사유의 주장에 대하여, 수도미터기가 상품적 특수성이 있다는 것은 인정하면서, 다음과 같이 판단하였다. 수도미터기는 공공성이 높은 수도행정을 수행함에 필요불가결한 것이고, 필요에 맞추어 신속하게 납품하지 않으면 안 된다. 東京都에서는 연간 80만개 내지 90만개의 수도미터기를 필요로 하고, 이를 지속적으로 확보하기 위하여 복수사업자의 협력이 필요하다. 더욱이 수도미터기는 計量法 및 동법 시행령에 의하여 신제품 단계에서 檢定을 받는 외에 8년마다 재검정을 받는 것이 의무로 되어 있고, 장기간의 재고가 적절하지 않으므로 재고설비에도 한계가 있기 때문에, 필요에 응하여 발주서 1개월 반 이후 확실하게 반입될 수 있도록 하지 않으면 안 된다. 東京都가 수도미터기를 "성질 또는 목적이 경쟁 입찰에 적합하지 않는 것"에 해당한다고 판단하고, 1993년까지 대폭 경쟁원리를 후퇴시킨 단가동조방식 등의 수의계약에 의하여 제품을 구입하고 있었던 것은, 이러한 특수성을 고려한 결과이다. 이는 전술한 3가지 이익 가운데, 수도미터기의 안정적인 공급을 보장하는 행정상의 이익에 관련되는 것을 의미하며, 또한 그 이익을 적정한 범위에서 확보하기 위하여 어느 정도의 경쟁 제한이 허용되는 것을 의미하는 것이다.

그러나 이러한 경쟁 제한이 어디까지 허용되는지에 대해서는 다른 중요한 고려요소가 있다. 그 중 하나는 경쟁 제한에 의하여 국민이 받는 경제적 부담의 증대이다. 수도미터기에 대해서 순수한 수의계약에서 단가동조방식으로 변경된 것은, 東京都의 예정단가 범위 내에서 자유경쟁에 의하여 가격의 저하를 기대하였던 것으로 생각되지만, 예정단가를 예측하는 것이 어렵지 않았던 것도 영향을 미쳤으며, 실제 담합에 의하여 이에 근접한 최저가격으로 낙찰되었다. 東京都에 의한 지명경쟁입찰제도로의 이행은, 이러한 폐해를 방지하기 위하여 자유경쟁을 촉진하고, 국민의 경제적 부담의 증대를 억제하기 위한 것이었으므로, 이를 또 다시 배제하려고 한 본건 담합에 대해서, 수도미터기의 안정적 공급의 확보라는 관점에서 작량할 수는 없다. 다만 다년

간에 걸친 수의계약의 결과로 나타난 無競爭의 분위기와 東京都의 예정가 격과 거의 차이가 없는 낙찰가격이 이어지는 것이 문제가 되지 않았던 사정 으로부터, 지명경쟁입찰제도로의 이행에 수반하여 당연히 요구되었던 의식 의 변화가 지체되고, 경쟁원리를 최우선하는 시대의 요청에 대응할 수 없었 던 측면이 있다는 것을 고려할 수 있음에 그친다.

또한 수도미터기 시장의 특수성도 고려되어야 할 요소이다. 확실히 수도 미터기 시장에는 큰 규모의 사업자도 있는 반면에 중소사업자도 많다. 그리 고 규격품인 수도미터기의 경쟁은 가격경쟁의 성격을 띠게 되기 때문에, 완 전한 자유경쟁에 처해지면 큰 규모의 사업자에 의한 과점의 위험도 전적으 로 부정할 수는 없다. 東京都가 1993년까지 유지하고 있었던 수의계약 또는 단가동조방식에는 이러한 위험에서 중소사업자를 보호할 목적도 포함되어 있다고 생각되고, 1994년 이후 지명경쟁입찰제도를 도입하면서 사업자의 규 모에 상응하여 등급을 구분해서 입찰하도록 한 것도, 중소사업자를 배려했기 때문이라고 인정된다. 하지만 과점 위험의 방지는 다른 수단에 기대하는 것 이 타당할 뿐만 아니라, 수도미터기 산업에서 사업자의 동일 등급에서의 경 쟁조차 적합하지 않다는 주장은 설득력이 없다.

피고회사들이 두 번째 작량사유로서 주장한 본건 담합의 목적과 낙찰가격 의 평가에 대해서 동 법원은 다음과 같이 판단하였다. 본건 담합은 지명경쟁 입찰 등의 방식 하에서도 종래 각 피고회사의 수주비율을 유지하는 것을 주 된 목적의 하나로 하고 있었다고 인정되지만, 동시에 단가동조방식 하에서 확보되고 있었던 이익을 유지하는 것도 주요한 목적으로 인정되는 것이고, 이는 담합의 실행으로서 행하여진 입찰에서의 낙찰가격이 東京都의 예정단 가에 근접하였다는 것에서도 뒷받침되고 있다.

다만 그 낙찰가격이 부당하게 높은 이익을 포함하는 것이었는지에 대해서 는, 이를 정확하게 판단할만한 자료가 검사로부터 제출되고 있지는 않다. 본 건 담합의 발각 이후 낙찰가격은 급격히 하락하였지만, 그것이 정상적인 경쟁의 결과로 보는 것은 지나친 것이고, 담합에 의하여 각 피고회사에 대한 사회적인 비난이 집중했을 뿐만 아니라, 거래정지 등의 처분이 부과되는 엄격한 상황 하에서, 각 피고회사가 생존 등에 대한 특별한 고려에서 채산을 도외시한 수주로 나아간 것도 관련된다고 보는 것이 공평할 것이다. 실제 피고회사 중에서는 완전히 수주가 불가능하게 되고, 부득이 해산된 회사도 있다.

다른 한편 본건 당시의 낙찰가격은 적정한 자유경쟁이 이루어질 수 있는 여지를 두고 있었던 東京都의 예정단가와 거의 일치하고 있으므로, 본건 당시의 낙찰가격을 적정한 자유경쟁 하에서 결정될 수 있었던 가격과 차이가 없다고 보는 것도 타당하지 않다.

이상의 양형사유에 관한 논의에 기초하여, 동 법원은 양형의 이유를 다음과 같이 밝히고 있다. 본건은 東京都의 수도미터의 지명입찰에 참가하고 있던 모든 사업자인 피고회사가 1994년부터 1996년까지 3년간에 걸쳐 수주조정을 행한 사인이고, 소비자보호와 국제적인 기대 규칙의 평준화를 위하여, 그리고 공정하고 자유로운 경쟁의 확보가 특히 요청되고 있는 상황에서 강하게 비난받아야 한다.

더욱이 여러 해에 걸쳐서 같은 형태의 수주조정을 반복하였으며, 1991년 12월 1개사를 제외한 피고회사들이 公正取引委員會의 현장검사를 받고, 1993년 1월에는 심결까지 받았음에도 불구하고, 그 직후부터 모든 피고회사가 담합을 계속한 것이므로 犯情은 惡質이다.

또한 그 결과 東京都의 예정가격과 거의 차이가 없는 낙찰가격이 유지되고, 자유로운 입찰이 행하여질 경우에 이보다 낮은 낙찰가격이 형성될 가능성이 배제된 것도 간과할 수 없다.

한편 수도미터기에 대해서는, 안정공급을 확보할 필요성이 높다는 관점에서 여러 해에 걸쳐 수의계약이 행해져온 결과 無競爭의 분위기가 발생함과 동시에, 위와 같은 낙찰가격이 계속된 것이 문제시되지 않았고, 이 때문에 지명경쟁입찰제도로의 이행에 수반해서 당연히 요구되는 사업자의 의식의 변화가 지체되고 경쟁원리를 최우선하는 시대의 요청에 대응하지 못했던 측면이 있었다는 점도 고려하여야 할 것이다. 이러한 사정 외에, 피고회사에 대해서는 본건에서 부여된 각 피고회사의 역할 및 심결의 대상회사였는지의 구별을 고려하고, 영업실무책임자였던 각 피고인에 대해서는 그 잘못을 인정하고 사내처분 및 재발방지책을 세우고 있는지, 해당 직무를 담당하였기 때문에 담합에 참가하지 않을 수 없었던 것인지, 적발 당시부터 자기의 형사책임을 솔직히 인정하고 반성의 情이 현저한지 등을 고려하여 양형을 부과한다.

이상의 논의를 종합하여, 동 법원은 피고회사들 중에서 담합을 주도한 2개 회사에 대해서는 벌금 900만엔, 담합에 참가한 22개 회사에 대해서는 벌금 600만엔, 신규진입한 1개사에 대해서는 500만엔의 벌금을 부과하였다. 피고회사들의 영업실무책임자였던 피고인들에 대해서는, 전술한 양형사유를 참작하여 4명의 피고인에 징역 9월, 2명의 피고인에 징역 8월, 23명의 피고인에 징역 7월, 5명의 피고인에 징역 6월을 부과하였으며, 이들 모두에 대하여 2년간의 집행유예를 선고하였다.

IV. 최고재판소 판결[6]

동경고등재판소의 판결에 대하여, 피고인 중 주식회사 株式會社 東京揚水機工業所 및 동 회사의 회사원 그리고 富士水道工業株式會社는 상고하였으며, 최고재판소는 동 상고를 기각하는 판결을 내렸다.

최고재판소는 상고 기각의 이유로서, "본건 합의의 목적, 내용 등에 비추어, 본건 합의는 경쟁에 의하여 수주회사, 수주가격을 결정하는 지명경쟁입찰 등의 기능을 모두 잃게 하는 것인 이상, 중소기업의 사업 활동의 불이익을 보정하기 위하여 본건 당시의 「中小企業基本法」, 「中小企業團體の組

---

6) 最判・平・12(2000)・9・25.

織に關する法律」(중소기업단체의 조직에 관한 법률) 등에 의해 허용되는 방법과는 차이가 있음이 명백하다. 따라서 본건 합의는 '일반소비자의 이익을 확보함과 동시에, 민주적으로 국민경제의 건전한 발달을 촉진한다'고 하는 獨占禁止法의 목적(동법 1조)에 실질적으로 반하지 않는다고 인정될 예외적인 것에는 해당하지 않고, 동법 제2조 제6항이 정하는 '공공의 이익에 반해서'의 요건에 해당한다고 한 원심의 판단은 정당하다"고 판시하였다.

V. 판결의 의의

동 판결은 부당한 거래제한에 해당하는 입찰담합의 참가 사업자 및 동 사업자의 영업담당자에 대하여 형벌을 부과한 것이다. 특히 부당한 거래제한(공동행위)를 정의하고 있는 獨占禁止法 제2조 제6항을 부당한 거래제한에 대한 형사처벌의 근거조항으로 할 경우에, 구성요건에 해당하는 행위를 어떻게 파악할 것인지, 또한 부당한 거래제한의 죄 자체의 성격을 상태범으로 이해할 것인지 아니면 계속범으로 이해할 것인지를 밝힌 의미 있는 판결로서 주목되고 있다.[7]

전술한 것처럼 동 판결은 부당한 거래제한의 죄에 해당하는 행위로서 상호구속과 수행행위를 동시에 파악하고 있으며, 또한 동 범죄를 계속범으로 이해하는 것을 전제하고 있다.[8] 즉 부당한 거래제한의 죄에 대하여, 상호구속성만으로 범죄가 성립되고 이후 위법상태가 계속되는 것으로 보는 상태범적인 관점이 아니라, 상호구속과 수행행위가 일정한 시간적 계속성을 필요로 하는 계속범적인 성격을 갖고 있다는 관점을 취한 것으로서, 동 판결은 이해

---

7) 神山敏雄, 獨禁法犯罪の硏究, 成文堂, 2002, 187~189면.

8) 金井貴嗣·川濱 昇·泉水文雄, 주 4)의 책, 512면 참조. 한편 동 판결이 상호구속 행위와 수행행위가 각각 독립적으로 실행행위가 되는 것으로 본 것은 아니라, 후자는 전자의 일부로 보고 있다고 이해하는 것으로서, 위의 책, 214면 참조.

되고 있다.[9] 이와 관련하여 일본에서의 논의를 보면, 상태범적 관점을 취할 경우에 기본합의의 기초 위에서 개별 조정이 이루어진 상황에서 기본합의를 입증하지 못하거나 형사시효가 완성된 이전 시점에서 기본합의가 있었다면 형사책임을 물을 수 없게 된다는 점에서, 상태범설이 타당하지 않다는 견해가 있다.[10] 반면에 계속범설에 대해서도, 특히 형법학의 입장에서 비판적 견해가 제시되고 있는데, 예를 들어 동죄의 행위를 상호구속과 그 실행행위로 보는 것, 동죄의 보호법익을 자유경쟁경제질서로 이해하는 것, 동죄에 해당하는 행위에 대한 과징금 부과가 실행행위 종료까지를 대상으로 한다는 것 등이 논리필연적으로 동죄를 계속범으로 보아야 할 근거가 되지 않는다는 지적이 유력하다.[11] 한편 공동수행을 담합의 독자적 실행행위로 인정하고 있지 않는 公正取引委員會의 실무 경향은 계속범적인 이해와 조화되기 어렵다는 지적도 가능하다.[12]

   한편 이상의 동 판결을 중심으로 전개되고 있는 일본에서의 논의는, 전술한 것처럼 獨占禁止法상 부당한 거래제한(공동행위)의 정의에서 상호구속과 병렬적으로 遂行을 규정하고 있는 형식과 밀접히 관련된다는 점에 유의하여야 한다. 즉 우리 독점규제법 제19조 제1항에서 구성요건적으로 요구되는 행위는 합의로 단일하게 규정되어 있기 때문에, 일본에서의 논의와는 그 법적 근거에 있어서 차이가 있다. 이와 관련하여 우리 대법원은 "독점규제법 제66조 제1항 제9호의 위반죄는 사업자가 다른 사업자와 공동으로 부당하게 경쟁을 제한하는 동법 제19조 제1항 각 호의 1에 해당하는 행위를 할 것을 합의함으로써 성립하는 것이고, 그 합의에 따른 행위를 현실적으로 하였을 것을 요하는 것이 아니다"라고[13] 하여, 합의의 실행행위가 구성요건에 해당하

---

9) 神山敏雄, 주 7)의 책, 189면 참조.
10) 金井貴嗣·川濱 昇·泉水文雄, 주 4)의 책, 512면.
11) 神山敏雄, 주 7)의 책, 230~231면.
12) 金井貴嗣·川濱 昇·泉水文雄, 주 4)의 책, 73면 참조.
13) 대법원 2008. 5. 29. 선고 2006도6625 판결.

는 행위가 아님을 분명히 하였다. 한편 다른 판결에서는 동법 제66조 제1항 제9호에 해당하는 행위를 계속범으로 이해하는 입장을 보여주고 있다. 즉 대법원은 "독점규제 및 공정거래에 관한 법률 시행령(2004. 4. 1. 대통령령 제18356호로 개정되어 2005. 3. 31. 대통령령 제18768호로 개정되기 전의 것) 부칙 제2항은 '이 영 시행 전의 위반행위에 대한 과징금의 부과는 종전의 규정에 의한다'고 규정하고 있는바, 이 조항의 '이 영 시행 전의 위반행위'를 판단함에 있어서는 위반행위의 종료일을 기준으로 하되, 가격결정 등의 합의 및 그에 기한 실행행위가 있었던 경우 부당한 공동행위가 종료한 날은 그 합의가 있었던 날이 아니라 그 합의에 기한 실행행위가 종료한 날을 의미한다"고[14] 판시하였는데, 이는 곧 부당한 공동행위에 해당하는 행위의 계속성을 전제한 것으로 볼 수 있다. 그러나 구성요건적 행위가 시간적 계속을 요하는지에 따라서 인정되는 계속범의 본질적 의의에 비추어,[15] 부당한 공동행위에 있어서 구성요건적 행위에 해당하는 합의가 이러한 성격을 갖고 있다고 보기 어려우며, 동 판결의 태도에 의문이 있다. 다만 동 판결은 법령 개전 전후로 과징금 부과기준의 적용에 관한 것이고, 계속범의 고유한 의의가 직접적으로 반영되는 공소시효의 기산점이나 공범의 성립시기에 관련된 것은 아니므로,[16] 이후 판결의 태도를 지켜 볼 필요는 있을 것이다.

한편 계속범인지 상태범인지 문제와는 별개로, 부당한 공동행위의 죄와 관련하여 죄수 문제에 관한 동경양수기 판결의 태도는 충분히 주목할 만한 것이다. 즉 기존의 합의가 있는 상태에서 새로운 합의가 추가될 경우에, 이

---

14) 대법원 2008. 9. 25. 선고 2007두3756 판결.
15) 이재상, 형법총론, 박영사, 2003, 73면 및 배종대, 형법총론, 홍문사, 2001, 157면.
16) 이재상, 위의 책, 같은 면에서, 계속범에 있어서는 위법상태가 종료된 때가 시효의 기산점이 되며, 범죄가 기수로 된 이후에도 행위가 계속되는 동안 공범이 성립될 수 있다. 한편 과징금 산정의 기초가 되는 기간은 법익침해가 계속되는 한도에서 그 대상을 정하는 것이기 때문에, 해당하는 범죄가 계속범인지, 상태범인지에 따라서 달라지는 성질의 것이 아니라는 지적으로, 神山敏雄, 주 7)의 책, 230면 참조.

를 별개의 행위로 볼 것인지 아니면 기존의 합의에 포함되는 것으로 볼 것인지에 관하여, "경쟁을 실질적으로 제한하는 새로운 상황이 발생하였는지"를 기준으로 제시하고 있으며, 이러한 기준은 독점규제법의 적용에 있어서도 유용한 것으로 생각된다. 우리 대법원도 유사한 견해를 밝히고 있는데, 전술한 판결(2007두3756 판결)에서 "사업자들이 장기간에 걸쳐 수 회의 합의를 한 경우 그 수 회의 합의가 단일한 의사에 터잡아 동일한 목적을 수행하기 위한 것으로서 그것이 단절되지 않고 계속 실행되어 왔다면, 그 합의의 구체적인 내용 등에 일부 변경이 있었다 하더라도, 그와 같은 일련의 합의는 특별한 사정이 없는 한 전체적으로 1개의 부당한 공동행위로 봄이 상당하다"고 보았다. 이 판결은 단일한 의사와 동일한 목적을 부당한 공동행위가 단일한 범죄를 구성하는 요건으로 제시하고 있는데, 공동행위에 관한 단일한 의사나 동일한 목적은 경쟁을 실질적으로 제한하는 새로운 상황에 의하여 그 경계가 주어지는 것이기 때문에, 일본의 동경양수기 판결과 기본적으로 관점을 같이 하는 것으로 이해된다.

끝으로 중소기업의 보호 목적과 관련하여 위법성 조각사유를 다룬 것이나, 상대적으로 열등한 지위에 있는 중소기업의 기대불가능성을 검토한 것은, 우리 독점규제법의 운용에 있어서 의미 있는 시사점을 제공하는 것이라 할 수 있다.

15. 불공정거래행위 심결 분석

Ⅰ. 불공정거래행위 규제의 의의

1. 불공정거래행위 규제의 경쟁정책적 의의

1) 불공정거래행위 규제의 특성

독점규제법상 불공정거래행위의 규제는 법 제23조 이하에 근거한다. 입법 초기부터 불공정거래행위 규제의 경쟁정책적 의의에 관한 논의가 있었으며, 적어도 독점규제법상의 다른 규제, 즉 시장지배적 지위남용이나 부당한 공동 행위 등에 대한 규제와는 구별되는 고유한 특성이 있다는 점에 일반적인 동 의가 주어지고 있다. 특히 불공정거래행위 규제는 '시장구조의 개선을 위한 규제'와는 구별되는 '거래행태의 개선을 위한 규제'에 해당하고, 또한 불공 정거래행위의 규제 목적이 '공정한 경쟁'보다 넓은 함의를 갖는 '공정한 거 래'의 유지에 있으며, 따라서 경쟁사업자를 넘어서 거래 상대방의 보호까지 포괄한다는 견해가 유력하다.[1]

---

[1] 권오승, 경제법, 법문사, 2008, 277~278면 참조.

2) 공정거래저해성의 의의

결국 이러한 불공정거래행위 규제의 경쟁정책적 의의에 관한 논의는 불공
정거래행위의 위법성 표지로 기술되어 있는 법 제23조 제1항 본문의 '공정
한 거래를 저해할 우려'에 반영될 것이다. 여기서 '공정거래저해성'의 의의
가 '경쟁제한성'보다는 넓은 범위를 포괄한다는 점에 대해서 의견이 모아지
고 있지만,[2] 그러나 구체적인 의의가 명확한 것은 아니다. 종래 논의 상황을
보면, '공정거래저해성'과 불공정거래행위를 구체화하는 제23조 제1항 각 호
및 이를 세부적으로 규정하는 시행령 <별표1> '불공정거래행위의 유형 및
기준'의 각 호에 위법성 표지로 기술되어 있는 '부당성'과의 관계가 쟁점이
되었다. 즉 공정거래저해성과 부당성을 별개의 개념으로 이해할 것인지 아니
면 동일한 개념으로 볼 것인지에 관한 견해의 대립이 있었으며, 양자의 개념
상 분리를 인정하시 않는 것이 지배적인 견해이었고,[3] 공정거래위원회의 규
제 실무나 대법원의 판결에서도 양자를 분리하여 판단한 예는 찾기 어렵다.
공정거래저해성의 의의를 부당성과 동일하게 또는 동일한 위법성의 기초 위
에서 이해한다면, 불공정거래행위의 각 유형에서 구체화되는 위법성의 의의
는 공정거래저해성의 내용을 결정하게 된다.

그러나 이렇게 볼 경우에, 법리적인 측면에서 불공정거래행위의 구체적
유형으로서 제시되고 있는 다양한 거래행태들의 위법성을 통일적으로 공정
거래저해성이라는 표지에 포섭시키는 것이 가능하여야 한다. 우리 독점규제
법 제23조의 불공정거래행위 규제와 유사한 입법례에 해당하는 일본의 「私
的獨占の禁止及び公正取引の確保に關する法律」(이하 獨占禁止法)은 제
19조에서 불공정 거래방법을 금지하고 있고, 동법 제2조 제9항은 불공정 거

---

2) 이호영, 독점규제법의 이론과 실무, 홍문사, 2006, 210면.
3) 정호열, "불공정거래행위에 대한 규제", 권오승 편, 공정거래법강의, 법문사, 1996,
   303~305면 참조.

래방법을 공정한 경쟁을 저해할 우려가 있는 행위로서 정의하고 있으며, 公正取引委員會 告示 제15호인 「불공정한 거래방법」(不公正な去來方法)에 따라서 구체적인 유형이 제시되고 있다.[4] 동 규제의 경쟁정책적 의의와 관련하여, 독점에 대한 원인금지주의적 태도를 취하고 있는 법체계를 전제로 독점의 예방적 차원에서의 규제로 이해하거나, 불공정한 거래방법 고유의 거래제한성에 기초한 규제로 이해하는 견해 등이 있다.[5] 이러한 견해를 대립적으로 이해하든지 종합적으로 이해하든지 간에, 고시에 의하여 구체화되고 있는 불공정거래방법이 경쟁정책상 다양한 유형의 행태를 포함하고 있다는 것에는 대체적으로 의견이 일치하고 있으며, 구체적 유형으로서 다음의 세 가지 유형이 제시되고 있다. 즉 自由競爭沮害型, 不公正競爭手段型, 自由競爭基盤侵害型의 유형에 따른 불공정 거래방법의 분류가 이에 해당한다. 이 중에서 자유경쟁저해형에는 재판매가격의 구속이나 구속조건부거래 등이 속할 수 있으며, 불공정경쟁수단형에는 기만적 고객유인이나 부당한 이익제공에 의한 고객유인 등이 해당할 것이다. 특히 자유경쟁기반의 침해형에는 우월적 지위의 남용 등이 대표적이며, 이러한 행태는 일본 특유의 전근대적 거래관계에 기인하는 것으로서 유통의 근대화나 경제의 서비스화·정보화 등의 자연스러운 시장 환경의 변화에 의해서 해소되기 어렵기 때문에, 특별한 규율의 필요성이 있는 것으로 이해되고 있다.[6]

---

4) 동 고시에 의한 불공정 거래방법의 유형은, 공동의 거래거절(1호), 기타의 거래거절(2호), 차별대가(3호), 거래조건 등의 차별취급(4호), 사업자단체에 의한 차별취급(5호), 부당염매(6호), 부당고가구입(7호), 기만적 고객유인(8호), 부당한 이익에 의한 고객유인(9호), 끼워팔기(10호), 배타조건부거래(11호), 재판매가격의 구속(12호), 구속조건부거래(13호), 우월적 지위의 남용(14호), 경쟁자에 대한 거래방해(15호), 경쟁회사에 대한 내부간섭(16호) 등으로 구성되어 있다.

5) 若杉隆平, 不公正な取引方法に關する規制(I): 不當廉買及び優越的地位の濫用·下請取引 −「不公正取引の一般指定」と「下請代金支拂遲延等防止法」の考察−, 後藤 晃·鈴村興太郞 編, 日本の競爭政策, 東京大學出版會, 1999, 98~99면 참조.

이상의 일본 사적독점금지법상 불공정거래방법의 유형별 구분은, 일본과 유사하게 다양한 불공정거래 행태를 포함하고 있는 우리 독점규제법상 불공정거래행위의 경쟁정책적 의의를 이해함에 있어서도 시사하는 바가 크다. 특히 일본에서의 유형별 분류에 유사한 접근방식을 우리 불공정거래행위에 적용하는 시도도 있으며, 독점규제법 제3조의2 적용을 위한 전제로서의 경쟁제한적 효과에 이르지는 않으나, 이의 전 단계에서 이루어지는 행위, 상대방 사업자의 영업상의 이익을 부당하게 침해하는 행위, 일반고객 내지 수요자의 의사결정의 자유 혹은 자유롭고 진정한 판단을 해치는 행위 등으로 불공정거래행위를 유형화하는 견해가 대표적이다.7)

그러나 이러한 분류의 타당성은 별론으로 하고, 불공정거래행위가 경쟁정책적으로 상이한 유형을 포함하고 있는 점을 부인할 수 없는 상황에서, 단일한 위법성 표지로 제시되고 있는 공정거래저해성의 의의를 이에 상응하여 구성하는 것이 중요하다. 즉 법 제23조 제1항 본문에 규정된 '공정한 경쟁을 저해할 우려'는 불공정거래행위 위법성 판단의 기초를 이루지만, 구체적인 판단에 있어서 위법성의 중점에는 차이가 있을 수 있으며, 이러한 차이가 적절하게 반영되어 공정거래저해성의 구체적 의의가 결정되어야 한다. 한편 공정거래저해성은 구체적으로 부당성 판단이 요구되는 범위를 한정한다는 점에서, 부당성 판단의 한계기능을 수행하는 것으로 이해할 수도 있다.8)

3) 대법원 판결에서 공정거래저해성

이와 관련하여 대법원의 판결은, 구체적인 불공정거래행위의 부당성 판단을 궁극적으로 공정거래저해성 개념에 귀결시키고, 내용적으로 부당성 판단

---

6) 稗貫俊文, "日本の競爭法の實體規定の構造的な特徵について", 경쟁법연구 제12권, 2005, 144~145, 158면.
7) 정호열, "불공정거래행위의 금지", 권오승 편, 공정거래법강의 Ⅱ, 2000, 393~395면.
8) 홍명수, "부당한 거래거절", 경제법판례연구 제1권, 2004, 411면 참조.

에서 고려되는 다양한 요소들을 공정거래저해성에 대해서도 동일하게 적용함으로써, 상당히 넓은 의미에서 '공정한 거래를 저해할 우려'를 이해할 수 있는 방향으로 나아가고 있다.

공정거래저해성의 의의에 관하여 선례로서의 역할을 하고 있는 (주)쌍용정유의 불공정거래행위 사건에 관한 판결은,9) 이러한 대법원의 태도를 적절하게 보여주고 있다. 불공정거래행위 중에서 거래거절, 우월적 지위남용, 사업활동 방해와 관련되었던 동 판결은, "불공정거래행위로서 (독점규제)법의 규제대상이 되기 위하여는, … 그것이 법의 목적에 비추어 부당한 것이어야 하고, 이 때 그 부당성의 유무를 판단함에 있어서는 거래당사자의 거래상의 지위 내지 법률관계, 상대방의 선택 가능성·사업규모 등의 시장상황, 그 행위의 목적 및 효과, 관련 법규의 특성 및 내용 등 여러 사정을 고려하여 그 행위가 공정하고 자유로운 경쟁을 저해할 우려가 있는지의 여부에 따라야 할 것이다"라고 판시하고 있다. 동 판결에서 상대방의 선택 가능성 등의 시장상황에 대한 고려는 경쟁에 미치는 효과의 분석과 분리될 수 없으며, 또한 거래상대방의 지위나 관계, 행위의 목적 및 효과 등에 대한 분석은 거래상대방의 이익보호와 밀접히 관련되는 것이다. 물론 동 판결에 대하여 법문의 '공정한 거래를 저해할 우려' 대신에 '공정하고 자유로운 경쟁을 저해할 우려'라는 표현을 사용한 것에 규범적 의미를 부여할 수 있는지, 판시 사항에서 부당성 유무의 판단은 공정하고 자유로운 경쟁을 저해할지 여부의 판단에 따르는 것으로 하고 있는데, 이와 같은 판단의 과정이 불공정거래행위 규제의 법체계에 부합하는 것인지에 대한 추가적인 논의의 여지는 있다. 그러나 적어도 동 판결에서 제시하는 부당성 내지 공정거래(경쟁)저해성의 판단 요소가 독점규제법상 불공정거래행위 규제 목적의 범위에 상응한다는 점에서, 긍정적인 평가는 가능할 것이다.

동 판결에서 부당성 내지 공정거래(경쟁)저해성에 관한 판시사항은, 이후

---

9) 대법원 1998. 9. 8. 선고 96누9003 판결.

불공정거래행위에 관한 대법원 판결에서 대체적으로 유지되고 있지만, 불공정거래행위 유형에 따라서 경쟁정책상 고유한 의의가 반영되는 예도 찾을 수 있다. 예를 들어 부당 지원행위에 관한 판결에서, 대법원은 "부당성 여부는 지원주체와 지원객체와의 관계, 지원행위의 목적과 의도, 지원객체가 속한 시장의 구조와 특성, 지원성 거래규모와 지원행위로 인한 경제상 이익 및 지원기간, 지원행위로 인하여 지원객체가 속한 시장에서의 경쟁제한이나 경제력집중의 효과 등은 물론 중소기업 및 여타 경쟁사업자의 경쟁능력과 경쟁여건의 변화 정도, 지원행위 전후의 지원객체의 시장점유율의 추이, 시장개방의 정도 등을 종합적으로 고려하여 당해 지원행위로 인하여 지원객체의 관련시장에서 경쟁이 저해되거나 경제력 집중이 야기되는 등으로 공정한 거래가 저해될 우려가 있는지 여부를 기준으로 한다"고[10] 보고 있다. 동 판결에서 부당성 내지 공정거래저해성의 판단은 경쟁제한성을 넘어서 경제력집중의 문제까지 확대되고 있으며, 이는 경쟁정책상 부당 지원행위의 고유한 의의와 위법성 판단의 중점이 반영된 결과로 이해할 수 있다. 이러한 예에 비추어, 앞으로의 규제기관이나 법원의 법적용과 관련하여, 공정거래저해성의 범주 안에서 각각의 불공정거래행위 유형에 고유한 판단 요소가 구체화될 여지는 있다.

2. 시장지배적 지위남용 규제와의 관계

1) 시장지배적 지위남용행위와 불공정거래행위의 법체계적 이해

일반적으로 시장지배적 지위남용행위와 불공정거래행위 규제의 관계가 논의되고 있다. 우선 양자의 경쟁정책적 의의를 엄격히 준별하여, 독립적인 관

---

10) 대법원 2004. 3. 12. 선고 2001두7220 판결.

계로서 이해하는 것도 가능하다. 즉 전자는 경쟁의 자유에 관련된 반면, 후자는 경쟁의 공정에 초점을 맞춘 규제로서 구별할 수 있으며, 이렇게 볼 경우에 양 규제는 중복적으로 적용될 수도 있다. 그러나 이에 대하여 무엇보다 경쟁의 자유와 경쟁의 공정 또는 경쟁제한성과 경쟁의 불공정성의 관계가, 개념상의 구별과는 별개로 규제 현실에 있어서 밀접히 관련될 수 있다는 지적이 유력하다. 즉 경쟁제한적 행태에 대한 규제를 통하여 보호하려는 경쟁은 공정한 경쟁에 한정되며, 이러한 맥락에서 경쟁의 자유와 경쟁의 공정의 관련은 불가피한 것이다.[11] 또한 전술한 것처럼, 불공정거래행위의 많은 유형에 있어서, 공정거래저해성 판단과 관련하여 경쟁제한적인 관점에서의 검토가 이루어지고 있다는 점에도 유의하여야 한다.

양자의 관계에 관하여 특별법적인 관점에서 이해하는 견해가 지배적이다.[12] 즉 시장지배적 지위남용행위 규제는 불공정거래행위의 규제에 대하여 특별법의 관계에 있고, 따라서 양 규제가 모두 적용가능한 경우에, 특별법 우선원칙에 따라서 시장지배적 지위남용행위로서의 규제 가능성이 먼저 검토되어야 한다.

양자의 관계를 특별법적 관계로 이해할 경우에, 그 근거를 어디서 구할 수 있는지가 논의될 필요가 있다. 이에 관하여 유력한 견해는 수범자의 제한에서 특별법적 관계의 근거를 찾고 있다. 즉 시장지배적 지위남용행위 규제의 경우 수범자가 시장지배적 사업자로 제한되는 반면에, 불공정거래행위 규제는 사업자 일반을 규제 대상으로 하기 때문에, 이와 같은 수범자 측면에서의 제한이 전자를 후자에 대한 특별법의 위치에 있게 하는 근거가 되는 것으로 보고 있다.[13]

이러한 견해와 더불어, 양 규제는 대상으로 하는 시장의 측면에서도 차이

---

11) Fritz Rittner, Wettbewerbs-und Kartellrecht, C. F. Müller Verlag, 1999, 29면.
12) 권오승, 주 1)의 책, 283면 ; 양명조, 경제법강의, 신조사, 2007, 187~188면.
13) 권오승, 위의 책, 283면.

가 있으며, 이에 기초하여 특별법적 규율의 타당성을 논증할 수도 있다. 전술한 견해에서 수범자가 일정한 범위로 제한된다는 점도 중요한 징표가 될 수 있지만, 보다 중요한 것은 수범자적 특성에서 오는 규범적 차이라 할 수 있다. 즉 동일한 행위라도 시장지배적 지위에 있는 사업자와 그러한 지위에 있지 않은 사업자의 행위인지에 따라서 경쟁정책적 평가는 상이하게 나타날 수 있으며, 이러한 수범자적 특성은 근본적으로 수범자가 존재하는 시장의 특성에 연유하는 것이라 할 수 있다. 무엇보다 시장지배적 사업자가 존재하는 시장과 그렇지 않은 시장은, 유효 경쟁의 관점에서 이미 본질적인 차이를 갖고 있다. 이와 관련하여 독일 경쟁법에서 제시된 잔존경쟁(Restwettbewerb, remaining competition)의 개념은 의미 있는 시사점을 제공한다. '잔존경쟁'은 시장지배적 사업자의 존재에 의하여 이미 구조적으로 경쟁이 제약되고 있는 상황에서의 경쟁, 즉 지배적 사업자와 다른 열위의 사업자들 사이의 경쟁으로 구성된 개념이며,[14] 동 개념에 의하여 구조적 제약이 있는 시장에서 보호되어야 할 최소한의 범위가 결정된다. 결국 시장지배적 사업자가 존재하는 시장은, 이에 대한 특별한 규제체계의 필요성의 근거가 되며, 이러한 점에서 시장지배적 지위남용행위의 규제를 일반적인 시장을 전제한 불공정거래행위 규제에 대한 특별법적 관계로 이해할 수도 있을 것이다.

2) 심결의 분석

공정거래위원회의 심결에서 시장지배적 지위남용행위와 불공정거래행위로서 규제의 관계가 명시적으로 밝혀진 예는 드물다. 다만 최근에 시장지배적 지위남용행위로 다루어진 사건의 경우, 불공정거래행위로서의 규제 가능성도 있었던 만큼, 공정거래위원회가 양자에 의한 규율이 모두 가능할 경우

---

14) Gerhard Wiedemann hrsg., Handbuch des Kartellrechts, Verlag C. H. Beck, 1999, 766면(Georg-Klaus de Bronett 집필부분).

에 시장지배적 지위남용행위로서의 규제를 우선적으로 검토하고 있는 것으로 이해할 여지는 있다. 예를 들어 포항종합제철(주)의 시장지배적 지위남용 사건의[15] 경우, 문제가 된 행위는 법 제23조 제1항 제1호의 거래거절에 해당하는 불공정거래행위로서의 규제 가능성도 충분한 것이었으며, 그럼에도 불구하고 공정거래위원회가 이를 시장지배적 지위남용행위로서 규제한 것은 양자의 관계에 대한 특별법적 이해가 반영된 것으로 볼 수도 있다.

그러나 최근 마이크로소프트 사건에서 공정거래위원회의 심결은 피심인의 끼워팔기 행위에 대하여 시장지배적 지위남용행위와 불공정거래행위로서 법 위반을 모두 인정하고 양 규제를 중복적으로 적용하고 있다. 동 심결의 태도에 비추어, 공정거래위원회는 시장지배적 지위남용행위 규제와 불공정거래행위 규제는 각각 고유한 경쟁정책적 의의를 가지고 있으며, 따라서 상호 독립적인 관계에서 양자의 경합적인 적용이 가능한 것으로 보고 있음이 드러나고 있다. 이와 같이 양자 간의 관계를 규범 목적상의 차이가 존재하는 상호 독립적인 관계로 보는 입장은, 최근 전술한 포항종합제철 사건의 항고소송에서 대법원의 최종 판결로[16] 확인되고 있는데, 이러한 접근방식이 이론적으로 불가능한 것은 아니지만, 경쟁의 자유와 공정에 대한 본질적인 이해를 포함하여 추가적으로 논의되어야 할 부분이 있다.

3. 불공정거래행위 규제 실무의 개괄

독점규제법상 불공정거래행위에 대한 규제의 비중은 입법 초기부터 절대적으로 높은 상황이 계속되고 있다. 이하의 <표 15-1>이 보여주듯이, 1981년부터 2006년까지의 기간 동안 경고 이상의 처분이 내려진 독점규제법 위

---

15) 공정위 2001. 4. 12. 의결, 2001경촉0389.
16) 대법원 2007. 11. 22. 선고 2002두8626 판결.

반 사건이 12,590건이며, 이 중 불공정거래행위로서 규제된 사건은 6,902건으로 전체의 54.8%를 차지하고 있다. 특히 「표시·광고의 공정화에 관한 법률」이 제정되어 별도의 법적 규제 근거가 마련된 1999년 이후의 사건만을 비교하여도, 독점규제법 전체 사건에서 불공정거래행위 규제에 관한 사건의 비중은 52.3%에 이른다.

〈표 1〉 독점규제법 위반 시정실적과 불공정거래행위 시정실적[17]

구분＼연도	1981	1982	1983	1984	1985	1986	1987	1988	1989
전체 발생건수	142	266	398	435	559	754	544	465	437
불공정거래행위 발생건수	37	37	149	135	279	417	240	275	320
비율(%)	26	14	37	31	50	55	44	59	73
구분＼연도	1990	1991	1992	1993	1994	1995	1996	1997	1998
전체 발생건수	535	648	426	538	489	488	518	641	590
불공정거래행위 발생건수	177	336	292	320	337	353	339	509	406
비율(%)	33	51	69	59	69	72	65	79	69
구분＼연도	1999	2000	2001	2002	2003	2004	2005	2006	총계
전체 발생건수	359	352	364	483	313	580	707	559	12,590
불공정거래행위 발생건수	173	121	169	210	123	298	481	369	6,902
비율(%)	48	34	46	43	39	51	68	66	54.8

(건, 경고이상)

불공정거래행위의 사건 처리 비중이 높은 것과 관련하여, 규제 실무 나아가 규제 법체계 개선의 필요성이 논의되고 있다. 즉 경쟁정책을 주관하는 공정거래위원회 본연의 역할에 충실하기 위하여, 경쟁의 자유를 제한하는 행위에 대한 규제나 시장 구조의 개선에 공정거래위원회의 업무를 집중할 필요가 있으며, 이를 위하여 규제 실무의 중점을 전환하는 노력을 넘어서 법체계에 대한 근본적인 변화를 모색할 필요성이 제기되고 있다. 예를 들어 독일의 부정경쟁방지법(Gesetz gegen den unlauteren Wettbewerb: UWG)의 경우처

17) 공정거래백서 2007, 공정거래위원회, 85면 참조.

럼, 법위반 행위에 대한 행정적 규제를 일차적인 규제수단으로 하지 않고 사적인 분쟁해결 방식에 따라서 법원에 의한 규제를 중심으로 하는 법제도의 개정 논의 등이 이에 해당한다.[18]

그러나 불공정거래행위에 대한 사건 처리수가 많은 것은, 합리적인 거래 관행이 정착되지 못한 우리 거래 현실의 반영일 수 있으며, 이를 시정하기 위한 실효성 있는 수단으로서 행정관청에 의한 규제의 현실적 필요성에 대해서도 유의하여야 한다.

아래의 <표 15-2>는 불공정거래행위의 각 유형 중 공정거래위원회에 의하여 규제된 사건의 분포를 보여주고 있다. 이에 의하면, '부당한 고객유인'과 '거래상 지위남용'이 가장 많은 비중을 차지하고 있으며, 특히 후자의 경우 유통의 근대화와 같은 자연스러운 시장 환경의 변화를 통하여 문제 해결을 기대할 수 있는지를 검토할 필요가 있다.[19]

〈표 15-2〉 불공정거래행위 유형별 위반사건(1981-2006)[20]

유형	거래거절	차별적 취급	경쟁사업자 배제	부당한 고객유인	거래강제
위반사건	123	202	17	1,491	147
비율(%)	3.9	6.4	0.5	46.9	4.6
유형	거래상 지위남용	구속조건부거래	사업활동 방해	부당지원행위	총계
위반사건	872	137	26	162	3,177
비율	27.4	4.3	0.8	5.1	100

또한 불공정거래행위 중 많은 유형이 경쟁제한적 성격을 내포하고 있고, 단지 사인 간의 이익 조정의 문제만으로 구성되지 않는다는 점에도 주의를 요한다. 따라서 사적 소송에 따른 법원의 분쟁해결 방식으로서 불공정거래행

---

18) 독일식의 법체계를 장기적으로 바람직한 모델로 보면서, 현재의 법체계를 유지할 경우에도 가능한 한 사법체계에 의한 구제방안을 확대하는 것을 제안하고 있는 것으로서, 정호열, 주 7)의 글, 399~400면.
19) 稧貫俊文, 주 6)의 글, 145, 158면 참조.
20) 공정거래위원회 홈페이지(http://www.ftc.go.kr)에 수록된 '심결법위반사실' 참조.

위 규제를 입안할 경우에, 현행 불공정거래행위의 유형을 부당성의 성격에 따라서 체계화하거나 재조정하는 문제가 선행적으로 검토되어야 한다.

II. 불공정거래행위의 규제체계

1. 불공정거래행위 규제의 법적 근거와 위법성 판단 과정

1) 불공정거래행위 규제의 법적 근거

독점규제법 제23조는 불공정거래행위 규제의 법적 근거가 된다. 동조 제1항은 부당하게 거래를 거절하거나 거래의 상대방을 차별하여 취급하는 행위(1호), 부당하게 경쟁자를 배제하는 행위(2호), 부당하게 경쟁자의 고객을 자기와 거래하도록 유인하거나 강제하는 행위(3호), 자기의 거래상의 지위를 부당하게 이용하여 상대방과 거래하는 행위(4호), 거래의 상대방의 사업활동을 부당하게 구속하는 조건으로 거래하거나 다른 사업자의 사업활동을 방해하는 행위(5호), 부당하게 특수관계인 또는 다른 회사에 대하여 가지급금·대여금·인력·부동산·유가증권·상품·용역·무체재산권 등을 제공하거나 현저히 유리한 조건으로 거래하여 특수관계인 또는 다른 회사를 지원하는 행위(7호), 제1호 내지 제7호 이외의 행위로서 공정한 거래를 저해할 우려가 있는 행위(8호) 등의 각호에 해당하는 공정한 거래를 저해할 우려가 있는 행위를 금지하며, 제2항은 이상의 행위의 유형 또는 기준을 대통령령에 위임하고 있다.

동법 시행령 제36조는 제1항에서 불공정거래행위의 유형 또는 기준은 시행령에 부속된 <별표1>과 같다는 규정을 두고 있고, 제2항에 의하여 공정거래위원회는 특정분야 또는 특정행위에 적용하기 위한 세부기준을 정하여 고시할 수 있다. 일반적으로 전자는 일반 불공정거래행위로서, 후자는 특수 불공정거래행위로서 구분된다. 현재 특수 불공정거래행위에 해당하는 4개의 고시가 제정되어 있으며, 대규모소매점업자의 불공정거래행위, 경품류 제공행위, 병행수입에 있어서 불공정거래행위, 신문업에 있어서 불공정거래행위 등이 이에 해당한다. 이들 고시가 어떠한 법적 성격을 갖는지가 명확한 것은 아니다. 구체적으로 이때의 고시를 규범적 구속력을 갖는 법규로서 위법성 판단의 준거가 될 수 있는지, 아니면 단순히 내부준칙으로서의 성격에 머무는 것으로서 규범적 구속력이 부인되는지에 대한 논의의 여지가 있다. 이와 관련하여 다음의 대법원 판결에 주목할 필요가 있다. 즉 대법원은 "일반적으로 행정 각 부의 장이 정하는 고시라 하더라도 그것이 특히 법령의 규정에서 특정 행정기관에게 법령 내용의 구체적 사항을 정할 수 있는 권한을 부여함으로써 그 법령 내용을 보충하는 기능을 가질 경우에는 그 형식과 상관없이 근거 법령 규정과 결합하여 대외적으로 구속력이 있는 법규명령으로서 효력을 가지는 것"이라고 판시하고 있으며,[21] 이러한 판결에 비추어 볼 때, 위에서 언급한 특수 불공정거래행위에 관련된 고시의 법규성도 긍정적으로 볼 수 있다.[22]

2) 위법성 판단과정

이상에서 살펴 본 불공정거래행위로서의 규제는, 우선 일정한 행위가 시행령 <별표1>의 유형 또는 기준 내지 특수 불공정거래행위에 관한 고시의

---

21) 대법원 1999. 11. 26. 선고 97누13474 판결.
22) 한편 고시의 법규성을 인정하는 것과 관련하여, "고시와 같은 형식으로 입법위임을 할 때에는 적어도 행정규제기본법 제4조 제2항 단서에서 정한 바와 같이 법령이 전문적·기술적 사항이나 경미한 사항으로서 업무의 성질상 위임이 불가피한 사항에 한정된다 할 것이고, 그러한 사항이라 하더라도 포괄위임금지의 원칙상 법률의 위임은 반드시 구체적·개별적으로 한정된 사항에 대하여 행하여져야 하는 것이다" 라고 한 '헌법재판소 2006. 12. 28. 선고 2005헌바59 결정' 참조.

규정에 해당할 것이 요구된다. 사실행위가 법령과 고시에서 요구하는 요건을 충족하는 경우에, 이어서 부당성 판단을 하게 된다.

전술한 것처럼, 불공정거래행위에 있어서 공정거래저해성 내지 부당성 판단은 거래상대방에게 발생한 불이익의 존재, 경쟁사업자의 침해 내지 당해 시장에서의 경쟁제한적 효과 등에 대한 종합적인 고려에 의한다. 또한 '부당한 지원행위'처럼 특수한 유형의 경우에, 경제력집중과 같은 경제질서 전체의 관점이 적용될 수도 있다. 부당성 판단에 있어서 다양한 요소의 고려는 공정한 경쟁 내지 거래의 보호법익이 다층적으로 구성되고 있음을 의미한다. 이와 관련하여, 비교법적으로 불공정한 경쟁의 방지에 관한 독일의 부정경쟁방지법은 경쟁자의 보호, 소비자의 보호, 일반 공익의 보호의 세 가지로 동법의 보호 목적을 이해하고 있으며,23) 연혁적으로 동법 초기에 경쟁자 보호에 제한되던 보호 목적이 확대되어 왔다는 점에 주목을 요한다.

한편 경쟁제한적인 요소가 고려된다면, 그 한도에서 경쟁제한성 판단의 전제가 되는 관련시장 확정 등의 선행하는 판단과정이 요구될 것이다.

구체적인 부당성 판단과 관련하여, 시행령 <별표 1>에서 규정하고 있는 불공정거래행위의 세부적 유형에서의 부당성 표지가 '정당한 사유없이'와 '부당하게'로 구분되고 있다는 점에 관하여 논의의 여지가 있다. 특히 이러한 기술상의 구별이 실체법적으로 또는 절차법적으로 일정한 법적 효과의 차이를 의도한 것인지, 이러한 차이는 구체적으로 어떠한 의미를 갖는지 등이 쟁점이 되고 있으며, 이는 구체적인 부당성 판단에 앞서 전제적으로 다루어질 문제이다.

부당성 판단과 관련하여, 부당성 판단의 근거가 되는 다양한 요소들에 대한 고려가 요구되듯이, 이러한 부당성 판단을 조각하는 요소들에 대한 검토도 수행되어야 하며, 부당성을 조각할 수 있는 사유를 구성하는 다양한 요소

---

23) Friedrich L. Ekay u. a., Wettbewerbsrecht 2. Aufl., C. F. Müller, 2005, 11~12면 (Diethelm Klippel 집필부분).

들이 그 대상이 된다. 한편 이와 관련하여 '불공정거래행위 심사지침'에서 규정하고 있는 안전지대(Safety Zone)의 의의가 검토될 필요가 있다.

2. 부당성 표지로서 '정당한 사유없이'와 '부당하게'

1) 규정 형식

시행령 <별표 1>에서 부당성을 판단하는 기술로서 각 행위 유형에 규정되어 있는 형식은 '정당한 사유없이'와 '부당하게'로 나뉘며, 공동의 거래거절, 계열회사를 위한 차별, 계속적 부당염매 등이 전자에 해당하고, 나머지 유형은 후자의 형식으로 규정되어 있다.

2) 법적 효과

두 규정형식과 관련하여, 대법원은 입증책임의 부담 원리로서의 이해를 보여주고 있다. 즉 대법원은 '부당하게'로 기술된 경우에는 규제기관이 부당성에 관한 입증을 하여야 하는데 반하여, '정당한 이유없이'로 기술된 유형에서는 피규제자가 정당한 사유의 존재에 대한 입증책임을 부담하는 것으로 이해한다.[24] 이와 같은 이해는 입증책임에 관한 전통적인 원리뿐만 아니라, 미국 경쟁법상 절차법상의 원리로 형성, 발전되어 온 당연위법(per se illegal)과 합리성 원칙(rule of reason)의 적용과도 관련된다.

우선 私法上의 입증책임 부담과 관련하여 기본원칙이 되고 있는 법률요건분류설에[25] 따라서 '부당하게'와 '정당한 이유없이' 간에 입증책임의 차이

---

24) 대법원 2001. 12. 11. 선고 2000두833 판결.

25) 법률요건분류설에 의하면, 각 당사자는 자기에게 유리한 법규의 요건사실의 존부에

를 설명할 수 있다. 즉 부당성의 존재는 규제기관의 규제를 위한 필요(이익)에 기여하는 것이고, 따라서 규제기관이 이를 입증하는 것이 타당하며, 반면에 '정당한 이유없이'의 경우 정당한 이유의 존재가 이익이 되는 피규제자가 그 존재의 입증을 부담한다. 이와 같은 이해는 법리적 명확성의 장점을 갖고 있지만, 사법상의 입증책임 분배의 원칙을 국가의 규제를 대상으로 하는 公法的 관계에 적용할 수 있는지에 관한 본질적인 의문이 남는다.

또한 양자의 기술상의 차이가 미국 판례법상 형성된 '당연 위법'과 '합리성의 원칙'의 분리원칙에 따라서 이해하는 것도 가능하다.[26] 즉 '정당한 이유없이'를 당연 위법에 그리고 '부당하게'를 합리성의 원칙에 대비시켜 이해하는 것을 생각할 수 있다. 그러나 경쟁제한적 효과가 발생할 개연성이 크고 다른 반대되는 효과의 가능성을 예상하기 어려운 일정한 행위에 대하여 위법성의 심사를 하지 않고, 위법한 것으로 보게 되는 '당연 위법'의 법리를 우리 법제에 수용하는 것에는, 사법제도의 운영과 관련된 근본적인 한계가 있다. 또한 현행 규정상 '정당한 이유없이'로 기술된 유형들이, 미국 판례법상 당연위법의 법리가 적용되는 유형들처럼, 면밀한 경쟁정책적 검토와 충분한 사례의 누적을 통한 경험칙에 의하여 뒷받침되고 있는지에 대해서도 의문이다.

물론 규정상 명백히 상이한 용어를 사용하고 있다는 점에서, 이에 대한 규범적 해석은 불가피한 것이라 할 수 있다. 적어도 입법자는 '정당한 이유없이'라는 표현을 통하여 당해 행위의 부당성에 관한 보다 큰 개연성을 인정한 것이라 할 수 있으며, 이는 구체적인 부당성과 부당성 조각 사유에 대한 판단 과정에서 실질적인 지침이 될 수 있다. 그러나 그 의의를 입증책임의 전환이나 당연 위법으로 볼 수 있는 기초로서 구성하는 것에는, 전술한 것과 같은 한계가 있음을 부인하기 어렵다. 공정거래위원회의 규제 실무, 즉 공동의 거래거절이나 계열

대해 입증책임을 지는 것으로 분배시키고 있다. 이시윤, 민사소송법, 1999, 571면.
26) 미국 판례법상 '당연 위법'과 '합리성의 원칙'에 대한 개괄적 설명에 관하여, 양명조, 주 12)의 책, 34면 이하 참조.

회사를 위한 차별과 같은 행태에 대한 심결에서, 대법원 판결에서의 입증책임 전환이나 당연 위법의 원칙에 따른 심사의 예는 없으며, '정당한 이유없이'와 '부당하게'로 기술된 유형의 심사에 있어서 실질적인 차이가 드러나지는 않는다. 다만 공정거래위원회의 예규인 '불공정거래행위 심사지침'은 '정당한 이유 없이'를 요건으로 하는 행위에 대하여, 대법원 판결에 따라서 "피심인이 정당한 이유가 있는지에 대해 입증할 책임이 있는 것으로 본다"고 규정하고 있는데, 이러한 태도에 대해서는 전술한 것처럼 법적 타당성에 의문이 있다.

3. 안전지대(Safety Zone)의 경쟁정책적 의의

1) 규범적 근거와 내용

안전지대에 관한 규범적 근거는 「불공정거래행위 심사지침」에서 찾을 수 있다. 동 지침 Ⅲ. 2.는 안전지대를 설정하고 있으며, 그 의의와 관련하여 "안전지대란 사업자의 시장점유율 등에 비추어 통상적으로 공정거래저해성이 미미할 것으로 인정되는 경우 불공정거래행위의 외형에 해당되는 행위가 있다고 하더라도 공정거래저해성이 없는 것으로 보아 공정거래위원회가 원칙적으로 심사절차를 개시하지 않는 '심사면제 대상'을 의미"하는 것으로 규정하고 있다. 안전지대에 해당할 경우 그 효력은 심사절차의 불개시이지만, 구속력이 있는 것은 아니다.

안전지대는 시장점유율과 사업자의 규모를 기준으로 설정되어 있는데, 구체적 유형별로 제시되어 있는 대체적인 기준은 시장점유율 10% 미만이고, 시장점유율 산정이 곤란한 경우에 사업자 연간매출액이 20억원 미만인 경우를 보충적으로 적용하고 있다. 특히 동 기준은 경쟁제한적인 효과가 미미할 것이라는 예상에 근거한 것이며, 따라서 경쟁제한성에 대한 판단이 주를 이루는 불공정거래행위에서 의미가 있다.

구체적으로 거래거절, 차별적 취급, 경쟁사업자 배제, 구속조건부 거래와 관련하여 안전지대가 설정되어 있으며, 특히 차별적 취급 중 '계열사를 위한 차별'의 경우 위에서 언급한 기준에 해당하여도 "경제력집중의 우려가 있는 경우에는 심사면제 대상이 되지 아니한다"는 규정을 부가하고 있다. 한편 부당한 고객유인, 거래강제, 거래상 지위의 남용, 사업활동방해 그리고 부당한 지원행위에 대해서는 안전지대가 설정되어 있지 않다.

이상의 안전지대 설정과 관련된 분류는 공정거래위원회가 불공정거래행위의 구체적 부당성 판단에 있어서 중점을 두는 기준에 대한 일정한 방향을 시사하는 것이라 할 수 있다. 즉 안전지대가 설정되어 있는 불공정거래행위의 경우 경쟁제한성이 부당성 판단의 중요한 근거가 되며, 반면 안전지대가 설정되어 있지 않은 경우에는 거래상대방에 대한 불이익 제공 등의 요소가 부당성 판단에 있어서 유력한 의미를 갖는다. 물론 「불공정거래행위 심사지침」이 명시적으로 밝히고 있는 것처럼, 안전지대 설정 자체가 구속력을 갖고 있는 것은 아니며,27) 따라서 부당성 판단에 있어서 중점적 고려 사항에 대한 지침이 다른 부당성 판단 요소를 절대적으로 배제하는 의미로서 이해될 수는 없다.

2) 실질적 경쟁제한성에 관한 불문의 표지

이와 관련하여 EU나 독일의 경쟁법 실무에서 특히 카르텔과 관련하여 활용되고 있는 감지가능성(Spürbarkeit) 요건을 참고할 만하다. 동 요건은 경쟁

---

27) '불공정거래행위 심사지침' Ⅲ. 제2호 나목은, '안전지대의 효력'이라는 표제 하에서 "안전지대는 법 제23조 제1항의 불공정거래행위(제7호의 부당한 지원행위는 제외)에 한정된다. 안전지대에 해당되는 사업자의 행위라도 공정거래위원회가 동법의 적용을 위한 심사를 개시할 수 없는 것은 아니다. 또한 안전지대에 해당되지 않는 사업자의 행위라고 하여 자동적으로 위법성이 추정되는 것은 아니다"라는 규정을 두고 있다.

정책적으로 중요하지 않은 경쟁제한의 경우에 실무상 심사 대상에서 제외하기 위한 표지로서 제시된 것이며,[28] 법위반 행위자들의 시장점유율 합계가 5% 이하인 경우가 기준이 되고 있다.[29] 동 요건이 실무상 원용되고 있는 것은, 전술한 경쟁정책적 근거에 기초하지만, 또한 이러한 불문의 표지가 피규제자의 이익에 관련되기 때문에 법의 명시적 규정 없이도 적용 가능한 것으로 이해할 수 있다.

　이상의 감지가능성과 관련된 논의는, 불공정거래행위의 규제에 있어서 안전지대의 의의와 구체적 적용에 있어서도 원용할 수 있으며, 적어도 실질적인 경쟁제한성 판단의 불문의 표지의 하나로서 이해할 수 있는 근거가 될 수 있다.

III. 불공정거래행위 유형별 분석

1. 去來拒絶

1) 거래거절의 경쟁정책적 의의

　거래거절이라 함은 부당하게 거래의 개시를 거절하거나 계속적인 거래관계를 중단하는 행위, 혹은 거래하고 있는 상품 또는 용역의 수량이나 내용을 현저히 제한하는 행위를 말한다. 私的自治를 기본으로 하고 있는 우리나라의 법질서에 있어서 각 거래주체는 원칙적으로 누구와, 어떠한 내용의 계약을, 어떠한 방법으로, 체결할 것인지의 여부를 자유롭게 결정할 수 있다. 따

---

28) Gerhard Wiedemann hrsg., 주 14)의 책, 147면 이하.
29) Christian Calliess & Matthias Ruffert hrsg., Kommentar zu EU-Vertrag und EG-Vertrag, Luchterhand, 2002, 1033면(Wolfgang Weiß 집필부분).

라서 사업자는 상품이나 용역의 가격이나 거래조건 등이 수용하기 어려운 경우에, 당해 거래를 자유롭게 거절할 수 있다. 그러나 이러한 거래거절이 구체적인 경우에 있어서 공정한 거래를 저해할 우려가 있는 경우에는 불공정거래행위로서 금지된다.

불공정거래행위로서 거래거절의 부당성은 원칙적으로 거래상대방의 거래 기회를 실질적으로 제한함으로써, 거래상대방이 속한 시장에서 배제되거나 경쟁상 현저하게 불리한 위치에 놓이게 할 우려에 기초한다. 시행령 <별표 1> 제1호에서 거래거절의 상대방을 사업자에 한정하고 최종소비자는 제외하고 있는 것도, 불공정거래행위로서 거래거절 규제의 경쟁정책적 의의를 이해할 수 있는 근거가 된다.

따라서 거래거절에 의하여 거래상대방의 거래 기회가 실질적으로 제한되는지 여부가 부당성 판단의 핵심이며, 이를 파악하기 위하여 거래 거절이 나타난 시장의 구조적 특성에 대한 분석이 불가피하다.

2) 共同의 去來拒絶

(1) 의의

공동의 거래거절은 "정당한 이유없이 자기와 경쟁관계에 있는 다른 사업자와 공동으로 특정 사업자에 대하여 거래의 개시를 거절하거나 계속적인 거래관계에 있는 특정 사업자에 대하여 거래를 중단하거나 거래하는 상품 또는 용역의 수량이나 내용을 현저히 제한하는 행위"(시행령 <별표 1> 1. 가.)를 말한다. 비교법적으로 보면, 미국 반독점법에서 동 규정상의 행위는 집단거절(concerted refusals to deal, boycott)을 의미하며 당연위법의 법리가 적용되는 영역에 해당한다. 물론 미국의 반독점법에 관한 판례에서 boycott에 대한 당연위법 법리의 엄격한 적용은 완화되고 있으며, 효율성을 제고할 수 있는 측면에서의 분석이 결합되고 있다. 그러나 여전히 반경쟁적 목적 이

외에 다른 목적을 찾을 수 없는 이른바 적나라한 거래거절(naked boycott)에 대한 당연위법적 접근은 유지되고 있으며,[30] 이러한 점은 공동의 거래거절에서 위법성 표지를 '정당한 이유없이'로 기술하고 있는 것과 동일한 경쟁정책적 관점에서 이해할 수 있는 부분이다.

공동의 거래거절에서 공동성의 의의에 대하여 논의의 여지가 있다. 미국의 경우 'concerted refusals to deal'은 Sherman법 제1조에 의하여 규율되며, 동조에 규정된 구성요건적 행태로서 공모가 있을 것이 요구된다.[31] 그러나 우리 독점규제법은 공동행위에 관한 별개의 규제근거를 제19조에 두고 있으며, 따라서 이와 같은 법체계를 전제하여 공동의 거래거절에서의 공동성의 의미가 이해될 필요가 있다. 즉 구체적으로 부당 공동행위의 공동성의 의미가 공동의 거래거절에 동일하게 적용될 수 있는지를 살펴보아야 한다. 미국에서 추가적 요소의 검토에 기초하여 인식 있는 병행행위를 공동행위로서 인정하거나, EC조약 제81조에서 명정하고 있는 것처럼, 사업자간의 합의뿐만 아니라, 단체의 결의 그 밖에 동조적 행위를 공동행위의 행태로 포함시키는 것에서 알 수 있듯이,[32] 부당한 공동행위에서의 공동성의 주관적 요건인 합의는 명시적 내지 묵시적 합의 이상으로 확대된다. 부당한 공동행위에서 공동성에 대한 이러한 이해는 공동의 거래거절에서도 원용될 수 있을 것이다. 무엇보다 거래거절에서 공동성에 관한 부분이 다른 공동행위와 구별되는 경쟁정책적 근거를 찾기 어려우며, 비교법적으로 볼 때도 미국의 판례에서 나타나는 boycott 사례에서 공동성에 대하여 다른 공동행위와 구별되는 상이한 접근을 하고 있지 않다.

---

30) Herbert Hovenkamp, Federal Antitrust Policly: The Law of Competition and Its Practice, West Group, 1999, 220면. 특히 FTC v. Superior Ct. Trial Lawyers Assn., 493 U.S. 411(1990) 참조.
31) 위의 책, 218면 이하 참조.
32) Albertina Albors-Llorens, EC Competition Law and Policy, Willan Publishing, 2002, 18면 이하 참조.

또한 부당한 공동행위에서와 같이, 주관적 요건만으로 공동행위의 성립이 인정되고 별도의 실행행위는 불필요한 것인지가 문제가 된다. 법 제23조 제1항 제1호와 시행령 <별표 1> 제1호 가목의 규정은 거래의 거절을 명시적으로 요구하고 있고, 따라서 이 경우에 부당한 공동행위와 같이 주관적 요건만으로 동 규정에서 요구하는 행위가 성립된 것으로 보기는 어렵다. 이러한 점에서 부당 공동행위와 공동의 거래거절 사이에 규범적 측면에서의 차이를 지적할 수 있을 것이다.

거래거절을 구체화하여 <별표 1> 제1호 가목은 거래거절의 행태로서 거래개시의 거절과 계속적 거래관계에서 거래의 중단이나 현저한 제한을 병렬적으로 규정하고 있다. 두 행태가 거래거절로서 갖는 의미는 동등한 것이라 할 수 있지만, 경쟁정책상의 규범적 평가에는 차이가 있을 수 있다. 예를 들어 기존의 거래관계를 중단하여야만 새로운 거래 개시에 응할 수 있는 상황이라면, 정당화 사유로서 충분히 고려될 수 있다.

거래거절의 부당성은 거절의 상대방에게서 거래의 기회를 제한하고, 이로 인하여 관련시장에서 배제될 우려를 낳는 것에 근거한다. 따라서 거래거절로 인하여 거래 상대방의 거래 기회가 실질적으로 제한되는지에 대한 판단이 요구되며, 이는 거래가 이루어지고 있는 시장의 분석에 의존할 수밖에 없고, 또한 그 전제로서 관련시장의 획정이 전제된다. 「불공정거래행위 심사지침」은 거래거절을 공동으로 한 사업자들의 시장점유율의 합이 10% 미만인 것을 기준으로 안전지대를 설정하여 심사면제를 규정하고 있는데, 이와 같은 기준의 제시는 부당성 판단을 위하여 당해 시장의 분석이 불가피함을 시사하는 것이다. 한편 이때의 거래거절은 공정한 거래를 저해할 우려를 낳는 것으로 충분하므로, 거래의 기회가 완전히 배제되는 경우뿐만 아니라 경쟁상의 침해를 낳을 수 있을 정도로 거래가 실질적으로 제한되는 경우도 부당성 판단에 있어서 고려될 수 있다. 예를 들어 대체적 거래를 용이하게 찾을 수 있는 경우의 거래거절은 부당한 것으로 평가되기 어려울 것이다.

정당화 사유로서 고려될 수 있는 것으로서, 실제 거래에 제공할 수 있는 물품이 부족하거나 거래 상대방이 채무를 이행할 수 있을 것으로 보기 어려운 객관적 사정의 존재 등이 언급되고 있다. 한편 사업자간의 합작의 경우에 효율성의 제고가 나타난다면, 이를 비교 형량하여 위법성을 평가하려는 논의가 있으며,[33] 효율성의 증대 효과가 경쟁을 제한하는 효과보다 크다면, 이는 공동의 거래거절의 부당성을 조각할 수 있는 사유가 될 수 있다.

(2) 심결 분석

초기 공동의 거래거절에 대한 심결에서, 위에서 언급한 시장 분석을 전제로 한 경쟁제한성 판단에 따른 규제 사례는 찾기 어렵지만,[34] 비교적 최근의 심결은 이러한 분석에 기초한 부당성 판단 과정을 보여주고 있다. 특히 (주)국민은행 등 7개 은행의 공동의 거래거절에 대한 공정거래위원회의 심결은[35] 주목할 만한 것이다.

당해 사건은 (주)국민은행(국민은행과의 기업결합 이전의 (주)한국주택은행) 등 7개 은행이 신용카드사업을 영위하면서, 경쟁사업자인 삼성카드(주)에 대하여 신용카드 이용에 있어서 필수적으로 요구되는 CD망의 공동 이용을 제한한 것이 문제가 되었다. 구체적으로 삼성카드(주)는 CD망에 대한 접근이 가능했던 한빛은행에 가상계좌를 만들어 위의 7개 은행들의 CD기를 이용하는 방식으로 CD망을 이용하였고, 이에 대하여 7개 은행들은 한빛은행에 만든 삼성카드(주)의 가상계좌를 자신들의 CD기가 인식하지 못하도록 함으로

---

33) 특히 Joint Ventures와 관련하여 효율성 측면에서의 비교형량을 논의하고 있는 것으로서, Herbert Hovenkamp, 주 30)의 책, 224면 이하 참조.

34) 예를 들어 초기 사례인 송천문화사 등 8개 만화출판사의 공동의 거래거절 사건에 대한 심결(공정위 1985. 7. 31. 의결 시정권고 제85-24(2)호)에서 공정거래위원회는 부당성을 인정하면서도, 거래거절이 거래의 기회를 실질적으로 제한하는 것을 판단하기 위한 어떠한 시장구조나 경쟁제한적 효과의 분석도 제시되지 않았다.

35) 공정위 2002. 1. 8. 의결 2001독점2503.

써 삼성카드(주)의 CD망 이용을 제한하였다. 이에 대하여 공정거래위원회는 우선 공동의 거래거절에서 요구되는 요건의 충족을 개별적으로 검토하고 있다. 즉 거래거절의 행태와 이에 대한 공동성 요건의 충족을 살펴보고, 이어서 이러한 행위가 신용카드사업의 중요한 사업부분인 현금서비스 제공에 있어서 삼성카드(주)의 거래를 실질적으로 제한하는지의 분석을 행하고 있다. 특히 이들 7개 은행의 CD기가 전체의 49.2%를 차지하고 있는 상황은 7개 은행의 CD기 이용제한 행위가 실질적으로 거래를 제한할 우려를 낳을 수 있다는 결론의 유력한 근거가 되었다.

이와 같은 공동의 거래거절에 대한 경쟁제한적 효과에 대한 분석은 그 과정이나 결론에 있어서 타당한 것으로 생각된다. 특히 당해 사건에서 7개 은행의 공동의 행태가 효율성 창출과 같은 친경쟁적 효과를 기대하기 어렵다는 점, 따라서 경쟁사업자인 삼성카드(주)의 경쟁을 제한하는 것 외에 다른 목적을 찾을 수 없는 이른바 'naked boycott'에 해당한다는 점도 심결의 타당성을 뒷받침한다.

3) 기타의 거래거절

(1) 의의

시행령 <별표 1> 제1호 나목의 규정에서 '기타의 거래거절'은 "부당하게 특정사업자에 대하여 거래의 개시를 거절하거나 계속적인 거래관계에 있는 특정사업자에 대하여 거래를 중단하거나 거래하는 상품 또는 용역의 수량이나 내용을 현저히 제한하는 행위를 말한다."

동 규정의 표제나 규정 내용에 드러나듯이, 기타의 거래거절은 거래거절의 한 형태인 가목의 '공동의 거래거절' 이외의 거래거절 형태를 대상으로 한다. 이와 관련하여 공동이 아닌 단독으로 나타나는 거래거절이 여기에 해당하는 것으로 보고 있으며, '불공정거래행위 심사지침'도 이를 명시적으로 밝히고 있다.

그러나 가목에서 공동의 거래거절은 단지 공동으로 하는 것이 아니라 '자기와 경쟁관계에 있는 다른 사업자와' 공동으로 하는 것을 요구하고 있으며, 구체적으로 동일시장에서의 수평적인 관계에 있는 사업자 간의 공동성을 요건으로 제시하고 있다. 따라서 수평적인 관계에 있지 않은 사업자 간의 공동의 거래거절은 동 규정에 포섭되지 않으며, 이러한 경우도 '기타의 거래거절'에 해당하는 것으로 볼 여지가 있다. 이와 관련하여 미국의 경우 수평적 관계에 있지 않은, 즉 수직적 관계에 있는 사업자 간의 공동의 거래거절도 거래를 제한하는 행위로서 Sherman법 제1조에 해당한다는 점에 의문은 없으며, 다만 이 경우에 당연위법이 아닌 합리의 원칙이 적용되어야 한다는 논의가 전개되고 있고,[36] 판례는 이를 수용하고 있다. 예를 들어 NYNEX 사건에서처럼,[37] 거래상대방과 계약을 체결함에 있어서 다른 사업자와 거래하지 않겠다는 합의를 한 경우, 또는 Kodak과 General Electronic이 카메라에 부착할 플래시를 공동으로 개발하면서 새로운 기술에 관한 정보를 다른 플래시 제조업자에게 제공하지 않기로 한 경우[38] 등이 여기에 해당한다. 이러한 사례들은 독점규제법상 불공정거래행위 규제체계에서 거래거절로 충분히 규율될 수 있으며, 이 경우 역시 '기타의 거래거절'에 포섭될 수 있는 것으로 해석하는 것이 타당하다.

단독으로 행하는 거래거절에 있어서 부당성 판단 역시 경쟁제한적 효과에 초점을 맞추고 있다는 점에서 공동의 거래거절의 경우와 본질적으로 차이가 없으며, 따라서 거절의 상대방에게 거래의 기회가 실질적으로 제한되는 경우이어야 한다. 이때 단독으로 거래거절을 행하는 것이 공동의 거래거절에 상응하는 효과를 가지기 위해서는, 거래거절의 주체가 거래거절이 발생한 시장

---

36) Herbert Hovenkamp, 주 30)의 책, 236~238면.
37) NYNEX v. Discon, Inc., 525 U.S. 128 (1998).
38) Berkey Photo, Inc. v. Eastman Kodak Co., 444 U.S. 1093 (1980).

에서 단독으로 거래에 실질적인 영향을 미칠 수 있는 지위에 있을 것이 요구되며, 이러한 요건의 충족과 관련하여 시장지배적 지위남용행위로서의 규제 가능성도 제기될 수 있다. 물론 이 경우에 단독으로 거래를 실질적으로 제한할 수 있는 지위가 시장지배적 지위와 비교하여 어떠한 의미를 갖는지가 논의되어야 한다. 이와 관련하여 대법원은 한국코카콜라(주) 사건에 대한 판결에서[39] '유력사업자'라는 개념을 제시함으로써 시장지배력과는 분리하여 이해하려는 입장을 보여주고 있다. 이에 대하여 일본의 獨占禁止法에 관한 公正取引委員會의 「유통, 거래관행에 관한 독점금지법상의 지침」(流通,取引慣行に關する獨占禁止法上の指針)에서 당해 시장에서의 시상점유율이 10% 이상 또는 상위 3위 이내에 있는 것을 유력한 사업자의 기준으로 제시하고 있는 것을 참고할 수 있는 것으로 보는 견해가 있다.[40]

한편 단독의 거래거절에서 사업자가 단독으로 보유하고 있는 지위를 어떻게 이해하든지 간에, 시장지배적 지위남용행위로서의 규제와 중복적으로 적용될 가능성은 있으며, 앞에서 논의하였던 불공정거래행위와 시장지배적 지위남용행위의 관계에서 적용 문제가 선행적으로 다루어질 필요가 있을 것이다.

(2) 심결분석

기타의 거래거절에 관한 초기 사례에 해당하는 한일사(주) 사건에서는[41] 독점적 지위를 갖고 있는 사업자의 거래거절이 문제가 되었다. 의약품종합도매업을 영위하였던 피심인 한일사(주)는, 자신이 영업을 하고 있는 대구·경북지역에서 자신과 함께 도매상을 하면서 상호간에 의약품거래도 해오던 (주)동아약품이 경북대학교병원 임상시약 총액단가입찰에서 낙찰을 받아 납품계약을 체결하자, 자신이 독점취급하고 있는 의약품에 대하여 동아약품으

---

39) 대법원 2001. 1. 5. 선고 98두17869 판결.
40) 김차동, "단독거래거절에 의한 불공정거래행위의 규제원리", 권오승 편, 공정거래와 법치, 2004, 법문사, 700면.
41) 공정위 1994. 7. 14. 의결 9405구사326.

로부터 수차례에 걸쳐 공급요청을 받았음에도 불구하고, 당해 의약품을 공급하지 않았고, 이로 인하여 동아약품과 경북대병원간의 납품계약이 해지되기에 이르렀다. 이에 대하여 공정거래위원회는 한일사(주)의 행위를 부당한 거래거절로 판단하였다.

이 외에도 독점적 지위에 있는 사업자에 의한 거래거절에 관한 심결은 다수 존재한다. 예를 들어 보해양조(주) 사건의[42] 경우 광주·전남 지역에서소주시장의 약 91%의 시장점유율을 차지하고 있는 상황에서 특정한 주류도매사업자에 대하여 경쟁사업자의 상품을 취급한다는 것을 이유로 하여 자사의 소주 공급을 거절하였다. 공정거래위원회는 선행적으로 광주·전남을 지역으로 하는 관련시장을 확정한 근거를 제시하지는 않았지만, 이를 당연한 것으로 전제하고 당해 시장의 특성상 피심인에 의한 공급거절은 주류도매사업자의 사업 영위를 사실상 어렵게 한다는 점에서 부당성을 인정하고 있다.

독점 내지 독점에 근접한 지위에 있는 사업자에 의한 거래거절의 경우 시장의 특성상 부당성을 인정하기 용이하지만, 공정거래위원회의 심결 중에는 절대적인 지배력을 보유하고 있지 않은 상황에서 거래거절을 인정한 사례도 있다. 예를 들어 면내의 시장에서 17.4%의 시장점유율을 갖고 있는 (주)태창이나[43] 가방판매 시장에서 21.4%의 시장점유율을 갖고 있는 쌤소나이트코리아(주)의[44] 거래거절을 부당한 것으로 판단하였다. 전술한 것처럼, 대법원은 단독으로 거래상의 제한을 가할 수 있는 거래거절을 할 수 있는 지위를 유력사업자라는 개념을 통하여 이해하고 있으며, 동 개념은 개념적인 차원에서뿐만 아니라 실제 적용에 있어서 시장지배적 지위와 일치하는 것은 아니다. 또한 구체적인 판단과정을 비교하여 보면, 시장지배적 지위는 남용 판단에 앞서 선행적으로 확정되어야 하는 것이지만, 단독의 거래거절에 있어서

---

42) 공정위 1998. 6. 29. 의결 9802광사0106.
43) 공정위 1997. 5. 3. 의결 9612독점1946.
44) 공정위 2003. 12. 11. 의결 2003유거0446.

그 지위는 거절행위가 실질적으로 거래를 제한하는지에 대한 판단에 궁극적으로 흡수되는 것이다. 이와 관련한 최근의 중요한 사례로서 (주)미디어플랙스의 거래거절 사건에 대한 공정거래위원회의 심결을[45] 들 수 있다. 동 사건에서 영화배급업자인 (주)미디어플랙스는 2005년 전주지역의 극장업자인 전주시네마에 대한 영화공급을 거절하였으며, 동 기간 동안 전주지역의 배급시장에서 (주)미디어플랙스의 시장점유율은 23%였다. 영화의 제작, 유통, 상영이 수직적인 구조로 재편되어 있는 영화산업의 특성, 영화배급업자가 유통을 담당하고 있는 영화는 다른 경로로 접근할 수 없다는 점 등에 비추어, 23% 정도의 시장점유율을 갖고 있는 (주)미디어플랙스의 단독의 거래거절 행위는 충분히 거래상대방의 사업의 곤란을 낳을 수 있는 것이었고, 공정거래위원회는 당해 거래거절 행위를 부당한 것으로 판단하였다.

한편 이와 같이 20% 정도의 시장점유율을 차지하고 있는 사업자에 의한 단독의 거래거절의 부당성을 인정하는 공정거래위원회 심결의 경향적 분석을 통하여, 브랜드화된 상품을 생산, 공급하고 있고, 그 상품이 반드시 필요한 도소매업자에 대한 관계에서 상품을 공급하고 있는 사업자는 유력한 사업자로 인정될 가능성이 크다는 견해가 유력하다.[46]

기타의 거래거절 사건으로서 한국코카콜라(주) 사건은[47] 부당성, 특히 부당성을 조각할 수 있는 정당화 사유에 관한 중요한 쟁점을 제공하고 있다는 점에서 의미가 있다. 동 사건에서 신고인 범양식품은 대구·경북, 대전·충남북 지역 내에서 코카콜라 제품을 독점적으로 제조·판매할 수 있는 이른바 보틀러계약을 1974년 5월 27일 미국 코카콜라 측과 체결한 이후 약23년간 피심인 한국코카콜라(주)(미국 코카콜라의 자회사)로부터 음료원액을 공급받아 왔다. 이후 코카콜라의 국내시장 직접 진출과정에서 한국코카콜라는 범양

---

45) 공정위 2007. 2. 12. 의결 2006독감1297.
46) 김차동, 주 40)의 책, 704~705면.
47) 공정위 1997. 8. 27. 의결 9704경촉0614.

식품(주)에게 적어도 97년 말까지는 원액공급이 계속될 것처럼 하다가, 직접 진출을 위한 음료사업관련 자산인수 협상 중 자산인수가격에 대한 양당사자 간의 이견을 좁히지 못하자 1997년 4월 1일부터 범양식품에 대한 원액공급 을 중단하였다. 동 사건에 대하여 공정거래위원회는 한국코카콜라의 이러한 행위는 계속적 거래관계에 있는 특정사업자에 대하여 부당하게 거래를 중단 하는 행위로서 법 제23조 제1항 제1호의 규정, 동법 시행령 제36조 관련 일 반불공정거래행위고시 제1호 나목의 '기타의 거래거절'에 해당된다고 판단 하여 시정명령을 내렸다.

피심인은 동 심결에 불복하고 항고소송을 제기하였으며, 고등법원에서는 대체적으로 심결의 결론이 유지되었지만, 대법원은 원심 판결을 번복하였다. 동 사안에서 가장 첨예하게 대립되었던 쟁점은 사실관계로서 피심인과 범양 식품(주) 사이에 보틀러계약이 묵시적으로 연장된 상태인가에 관한 것이었 다. 이를 긍정하면, 피심인인 한국코카콜라(주)의 원액 공급거절은 계속적 거 래관계에서 공급 중단의 의미를 갖게 될 것이고, 부정할 경우에 당해 행위는 새로운 계약체결에 대한 거절로서 이해될 것이다. 이러한 차이는, 특히 계속 적 거래관계에서 공급 중단이 보다 부당성이 큰 것으로 이해될 수 있기 때문 에, 부당성 판단에 직접적인 영향을 미치는 것으로 볼 수 있으며,[48] 따라서 당해 사안에서도 중요한 쟁점으로 부각되었다. 이에 대하여 공정거래위원회는 묵시적 계약의 존재를 긍정하였지만, 고등법원은 이를 인정하지 않았고, 대법 원은 이에 대한 명시적인 입장을 밝히지 않았지만, 이 부분에 관한 원심법원의 판단을 다루지 않은 것으로 보아서 그 입장을 수용한 것으로 생각된다.

그러나 앞에서 언급한 것처럼, 기존의 거래관계의 중단과 새로운 거래요 청에 대한 거절 간에는, 특히 정당화 사유를 고려함에 있어서 중요한 차이가 존재하지만, 당해 사안에서 이러한 문제가 쟁점이 될 수 있는지에 대해서는 의문이다. 지속적인 거래관계가 존재하였다는 것은, 거래의 실질을 통하여

---

48) 김차동, 주 40)의 글, 697면.

판단하여야 할 문제이며, 계약관계의 존부에 따라야 하는 것은 아니다. 예를 들어 기존의 거래관계가 존재하던 거래상대방에게 새로운 계약체결을 거부하는 행위는 새로운 공급요청에 대한 거부가 아니라 기존의 거래관계의 중단으로 이해되어야 한다.[49)]

거래거절의 구체적 의의에 관한 다툼 외에도, 대법원이 기타의 거래거절에 해당하는 거래거절에 대하여 보여준 부당성 판단은 주목할 만한 것이다. 동 판결에서 대법원은 "거래거절이라는 행위 자체가 바로 불공정거래행위에 해당하는 것은 아니고, 그 거래거절이 특정 사업자의 거래기회를 배제하여 그 사업활동을 곤란하게 할 우려가 있거나, 오로지 특정 사업자의 사업활동을 곤란하게 할 의도를 가진 유력 사업자에 의하여 그 지위 남용행위로서 행하여지거나 혹은 법이 금지하고 있는 거래강제 등의 목적 달성을 위하여 그 실효성을 확보하기 위한 수단으로 부당하게 행하여진 경우라야 공정한 거래를 저해할 우려가 있는 거래거절행위로서 법이 금지하는 불공정거래행위에 해당한다고 할 수 있다"고 보았다.

동 판결에서 거래거절의 상대방의 거래 기회를 배제하고 사업활동을 곤란하게 할 우려에 근거하여 거래거절(기타의 거래거절)의 부당성을 판단하고 있는 것은, 거래거절 규제의 의의에 비추어 타당한 것이라 할 수 있다. 그러나 거래거절의 의도를 고려하는 부분에 관해서는 논의의 여지가 있다. 거래거절의 동기 내지 의도의 분석은 당해 거절행위가 경쟁제한적 목적에 의한 것인지 아니면 그 밖에 다른 경제적 효과에 대한 의도를 포함하고 있는지를 판단하기 위하여 필요한 것이며, 특히 효율성 제고와 같은 친경쟁적 효과를 지향하는 것이라면, 경쟁제한적 효과와 비교형량하는 과정이 수반되어야 한다. 이러한 점에서 한국 내 코카콜라 사업재편 일환으로 보틀러계약이 종료

---

49) 공정거래위원회는 (유)듀폰의 거래거절 사건에서 우진설비(주)의 거래관계를 기존의 계약관계가 아니라 거래의 실질에 기초하여 판단하고 있고, 단지 (유)듀폰의 우진설비(주)에 대한 판매 불가의 통보를 공급의 중단으로 이해하고 있다. 공정위 2002. 12. 23. 의결 2002경촉0588 참조.

되고 새로운 판매 방식이 도입되는 과정에서 거래거절이 발생하였다면, 이와 같은 일련의 과정이 효율성 측면에서 어떻게 평가될 수 있는지가 검토되어 야 한다는 지적이 가능하다.

2. 差別的 取扱

1) 차별적 취급 규제의 의의

(1) 규제의 법적 근거

불공정거래행위로서 거래상 차별적 취급에 대한 규제는 독점규제법 제23 조 제1항 제1호 후단의 "부당하게 거래의 상대방을 차별하여 취급하는 행 위"의 규정에 근거하며, 동 행위의 구체적인 내용은 시행령 <별표 1> 제2 호에 위임되어 있다. 물론 거래상의 차별은 인위적으로 거래상대방을 분리하 는 것이며, 이를 유효하게 실행하기 위하여 당해 시장에 미칠 수 있는 일정 한 영향력을 전제한다. 따라서 거래상의 차별 행위는 시장지배력의 남용으로 서 규제될 수도 있으며, EU에서 바나나의 가격을 거래상대방에 따라서 상이 하게 책정한 것이 문제가 되고, 이를 시장지배적 지위남용행위로 판단한 United Brands 사건은[50] 대표적인 예이다.

시행령 <별표 1> 제2호는 차별적 취급을 네 가지 유형으로 나누고 있다. 가목의 가격차별은 "부당하게 거래지역 또는 거래상대방에 따라 현저하게 유리하거나 불리한 가격으로 거래하는 행위", 나목의 거래조건차별은 "부당 하게 특정사업자에 대하여 수량·품질 등의 거래조건이나 거래내용에 관하여 현저하게 유리하거나 불리한 취급을 하는 행위", 다목의 계열회사를 위한 차

---

50) United Brands Co. and United Brands Continental BV v. Commission of European Communities, Case 27/76.

별은 "정당한 이유 없이 자기의 계열회사를 유리하게 하기 위하여 가격·수
량·품질 등의 거래조건이나 거래내용에 관하여 현저하게 유리하거나 불리하
게 하는 행위 그리고 라목의 집단적 차별은 "집단으로 특정사업자를 부당하
게 차별적으로 취급하여 그 사업자의 사업활동을 현저하게 유리하거나 불리
하게 하는 행위"를 의미한다.

(2) 차별적 취급의 경쟁정책적 의의

가. 차별적 취급의 경제학적 이해

거래상 차별은 사업자가 동일한 상품의 거래에 있어서 비용 기초가 같음
에도 불구하고 상이한 거래조건을 부과하는 것을 말한다. 따라서 동일 상품
이라도 비용상의 차이가 있고, 이것이 반영되어 거래조건상의 차이가 발생하
는 경우에는 거래상의 차별로 이해되지 않는다. 거래조건 중 가장 중요한 가
격차별을 보다 엄밀하게 경제학적으로 이해하면, 가격차별은 한계비용에 대
한 가격의 비율이 다른 경우를 의미한다.[51] 이러한 개념적 이해에 기초하여,
비용상의 차이가 거래조건에 반영된 결과로서 거래상 차별이 발생하였다는
것은, 차별적 취급의 사실 자체를 부인하는 유력한 항변 사유가 될 것이다.

나. 차별적 취급의 부당성 판단

차별적 취급의 부당성은 다양한 관점에서 이해될 수 있다. 우선 부당성은
불리한 거래조건을 요구받은 거래상대방의 후생의 관점에서 파악될 수 있다.
거래상의 차별, 특히 가격차별은 낮은 가격탄력성을 갖고 있는 거래상대방에
대하여 높은 가격 책정, 높은 가격탄력성을 갖고 있는 거래상대방에 대하여
낮은 가격을 책정하는 것을 통하여 소비자 잉여를 생산자 잉여로 전환시키
는 의미가 있으며, 이와 같은 경제적 메커니즘도 부당성 판단과 관련하여 고

---

51) Herbert Hovenkamp, 주 30)의 책, 565면. 여기서 Hovenkamp는 1단계 차별이 약탈
가격의 문제와 결합될 수 있음을 지적하고 있다.

려될 수 있다.[52]

그러나 차별적 취급의 부당성 판단은 주로 경쟁제한적 측면에서 파악되며,「불공정거래행위 심사지침」도 이러한 관점에서 부당성 판단의 기준을 제시하고 있다. 거래상 차별에 따른 경쟁제한적 효과는, 차별행위자가 속한 시장과 거래상대방이 속한 시장에서 각각 파악될 수 있으며,[53] 흔히 전자를 1선 차별, 후자를 2선 차별로 이해한다. 차별이 나타난 시장에서의 경쟁제한적 효과는, 거래상의 차별이 차별 행위자의 거래량을 확대하는 수단으로 활용되고, 이는 경쟁사업자의 시장점유율을 축소시키는 방향으로 작용할 수 있다는 것에 근거한다.[54] 냉동파이 시장에서 가격차별에 의한 경쟁사업자 배제와 관련되었던 미국의 Utah Pie 사건은[55] 이러한 경쟁제한적 효과에 관한 전형적인 사례로 이해되고 있다.[56]

2선 차별로서 이해되는 거래상대방이 속한 시장에서의 경쟁제한적 효과는 수직적 관련성 하에서 발생한다. 즉 불리한 거래조건이 부과된 거래상대방은 다음 단계에서 경쟁상 불리한 조건에 처할 수 있고, 이러한 점에서 2선 차별은 브랜드내(intrabrand) 경쟁제한의 효과로서 작용할 수 있다.[57]

다. 차별적 취급의 항변사유

차별적 취급의 항변사유에 관하여 「불공정거래행위 심사지침」은 전술한 비용에 기초한 항변과 효율성 증대효과 내지 소비자후생 증대효과에 따른

---

52) Robert Haney Scott & Nic Nigro, Principles of Microeconomics, Macmillan Publishing Co., Inc., 1982, 244~246면.

53) 이호영, 독점규제법, 홍문사, 2005, 207~208면.

54) Herbert Hovenkamp, 주 30)의 책, 573면.

55) Utah Pie Co. v. Continental Baking, 386 U.S. 685 (1967).

56) 동 판결이 전국적인 사업자보다 지역에 기반한 소규모 사업자를 보호하려는 정책에 따른 것일 수 있다는 지적에 관하여, Ernest Gellhorn & William E. Kovacic, Antitrust Law and Economics, West Publishing Co., 1994, 439~440면.

57) Herbert Hovenkamp, 주 30)의 책, 575면.

항변의 가능성을 규정하고 있다. 특히 후자의 경우, 거래상의 차별은 일반적으로 생산량의 확대를 낳아 경쟁시장에서의 균형생산량에 접근시킬 수 있다는 점이나, 상대적으로 유리한 조건이 부과된 거래상대방의 후생 증대 측면이 고려될 수 있을 것이다.

또한 경쟁사업자의 행태에 대한 수동적인 반응의 결과로서 차별이 이루어진 경우에 경쟁정책적으로 비난하기 어렵다는 점에서, 이른바 경쟁대응(meeting Competition) 항변의 가능성이 논의되고 있다.58) 부당성을 조각하는 근거로서의 핵심은 거래상 차별이 수동적 대응의 결과라는 것에 있다. 미국 판례법상 A & P 사건에서59) 정식화된 경쟁대응 항변의 요건을 보면, 판매자는 신뢰할 수 있는 거래상대방으로부터 정보를 얻고, 이를 조사하기 위하여 노력하여야 하며, 거래상대방의 요구에 따라서 가격을 낮추지 않을 경우에 거래 종결의 심각한 위험에 직면하고 있어야 한다. 이와 관련하여 차별 행위자가 거래상대방으로부터 얻은 정보를 절대적으로 확신할 것을 요구할 수는 없으며, 선의에 의하여 신뢰한 것으로 충분하다는 견해가 있다.60)

2) 가격차별

(1) 의의

시행령 <별표 1> 제2호 가목에서 정하고 있는 가격차별은, "부당하게 거래지역 또는 거래상대방에 따라 현저하게 유리하거나 불리한 가격으로 거래하는 행위"를 말한다.

동 규정은 앞에서 언급한 거래상 차별의 경쟁정책적 의의에 따라서 이해될 수 있는 것이지만, 특히 차별적 취급의 다른 유형과 마찬가지로 차별의

---

58) Ernest Gellhorn & William E. Kovacic, 주 56)의 책, 445면 참조.
59) Great Atlantic & Pacific Tea Co., Inc. v. FTC, 440 U.S. 69 (1979).
60) Ernest Gellhorn & William E. Kovacic, 주 56)의 책, 445면.

현저성을 요구하고 있다는 점이 특징을 이룬다. 적어도 상이한 거래조건의 부과 역시 원칙적으로 사업자의 자유에 속하지만, 그 차별이 경쟁정책적으로 의미 있는 정도로 현저한 경우에 불공정거래행위로서 규제하겠다는 취지로 해석된다.

(2) 심결분석

가격차별에 관한 초기의 대표적 사례로서, 두산음료(주)의 가격차별 사건을[61] 들 수 있다. 동 사건에서 두산음료(주)는 자기와 단독으로 거래하는 편의점과는 일정량 이상 판매시 판매가격을 할인해 주는 물량별 거래가격체계를 약정하여 동일하게 적용하였던 반면, 자기의 경쟁사와 거래하는 복수거래 편의점에게는 단독 거래 편의점에 대한 가격보다 높은 가격으로 공급하였다. 이에 대하여 공정거래위원회는 복수거래업체에 대한 불리한 가격으로의 공급은 편의점 사업자들 간의 경쟁에서 불리하게 작용하고 이는 결국 당해 거래처의 경쟁기능을 직접적으로 저하시킬 수 있게 될 것인바, 이는 부당하게 거래상대방에 따라 현저하게 불리한 가격으로 거래하는 차별적 취급행위에 해당된다고 하여 시정명령을 내렸다.

가격차별에 관한 최근의 공정거래위원회 심결은, (의)대우의료재단[거제병원 장례식장] 사건에서처럼,[62] 시행령 <별표 1>에서 정하고 있는 가격차별 요건과 부당성 판단에 상응하는 분석과정을 보여주고 있다. 동 사건에서 피심인은 거제시 지역의 장의업 시장에서 42% 정도의 시장점유율을 차지하고 있는 상황에서, 자신으로부터 장례물품을 구입하는 상주에 비하여 다른 상조 회사 등으로부터 장례물품을 구입하는 상주들에게 빈소사용료 67%, 안치료 233%, 접객실사용료 67% 등 평균 63%가 높은 가격을 책정하였고, 이에 대하여 공정거래위원회는 현저한 가격차별에 해당하는 것으로 보았다.

---

61) 공정위 1993. 10. 28. 의결 9309일705.
62) 공정위 2004. 3. 12. 의결 2003부사1832.

또한 부당성 판단과 관련하여, 관련시장에서 42%의 시장점유율을 갖고 있다는 점뿐만 아니라, 불리한 차별적 가격이 부과되더라도 다른 거래처로의 전환이 사실상 어려운 장례절차의 특성상 거래상대방의 선택이 제한되고 있다는 점을 주된 근거로 제시하고 있으며, 나아가 당해 사건에서의 차별이 1선 차별임을 시사하는 경쟁사업자의 경쟁제한적 효과도 언급하고 있다. 특히 동 심결에서 상품의 특성에 따른 소비자(상주) 후생 감소 측면을 강조하거나 경쟁사업자와의 관계에서 경쟁제한적 측면을 고려한 것은 가격차별의 경쟁정책적 의의에 비추어 긍정적인 평가가 가능하다.

3) 거래조건차별

(1) 의의

거래조건 차별은 부당하게 특정사업자에 대하여 수량·품질 등의 거래조건이나 거래내용에 관하여 현저하게 유리하거나 불리한 취급을 하는 행위를 말한다(시행령 <별표 1> 2. 나목). 결국 거래조건 차별은 가격을 제외한 일체의 거래조건에 있어서 차별적 취급을 하는 것을 의미하며, 상품 등의 품질, 규격, 거래수량, 결제조건, 지불조건, 거래시기, 운송조건, 리베이트 등이 그 대상이 된다.

거래조건 차별의 부당성 판단에 있어서 가격차별과의 본질적인 차이는 없으며, 「불공정거래행위 심사지침」도 경쟁제한적 측면에서 부당성 판단의 근거를 제시하고 있다.

(2) 심결분석

공정거래위원회에서 다루어진 사안 중에서 거래의 기회 제공에 있어서 차별이 문제가 되었던 사건이 주목할 만하다. 외국산 오렌지 및 기타 감귤류 수입업체인 (주)제주교역은 불성실업체에 대해서는 수입입찰참가를 제한할

것을 제주도지사로부터 권고를 받고 신고인에 대한 수입입찰참가를 제한하
였다.

이 사안에 대하여 공정거래위원회는 과거 불성실하게 거래에 임했던 다른
사업체는 입찰참가가 제한되지 않았음을 지적하면서 신고인에 대해서만 차
별적으로 수입입찰참가를 제한하는 행위는 부당하게 특정사업자에 대하여
거래조건이나 거래내용에 관하여 현저하게 불리한 취급을 하는 행위로서 거
래조건차별에 해당한다고 판단하여 시정권고를 내렸다.[63] 동 심결이 시사하
듯이, 거래조건의 직접적 내용이 되는 것뿐만 아니라, 거래의 기회를 갖게
되는 조건에서의 차별도 여기서의 거래조건 차별에 해당할 수 있다.

4) 계열회사를 위한 차별취급

(1) 의의

'계열회사를 위한 차별'은 정당한 이유 없이 자기의 계열회사를 유리하게
하기 위하여 가격·수량·품질 등의 거래조건이나 거래내용에 관하여 현저하
게 유리하거나 불리하게 하는 행위를 말한다(시행령 <별표 1> 2. 다목). 위
법성에 관한 표지가 '정당한 이유 없이'로 기술되어 있는 것에 비추어, 이러
한 형태의 차별 행위를 일반적인 차별 행위보다 위법성이 중한 것으로 보는
입법자의 의도가 반영된 것으로 이해된다.

구체적인 부당성 판단에 있어서 기본적으로 일반적 차별행위와 차이가 없
지만, 동 규정상 계열회사를 유리하게 하기 위한 목적을 결합시킴으로써, 이
부분에 관한 해석을 부당성 판단과 연결시키는 계기를 제공하고 있다. 이와
관련하여 「불공정거래행위 심사지침」은 경쟁제한적 효과와 함께 경제력 집
중의 우려도 부당성 판단의 요소가 될 수 있음을 규정하고 있고, 대법원 역
시 "계열회사를 위한 차별'의 요건으로서 계열회사를 유리하게 하기 위한 의

---

63) 공정위 1997. 4. 15. 의결 9701광사0049.

도는, 특정 사업자가 자기의 이익을 위하여 영업활동을 한 결과가 계열회사에 유리하게 귀속되었다는 사실만으로는 인정하기에 부족하고, 차별행위의 동기, 그 효과의 귀속주체, 거래의 관행, 당시 계열회사의 상황 등을 종합적으로 고려하여 사업자의 주된 의도가 계열회사가 속한 일정한 거래분야에서 경쟁을 제한하고 기업집단의 경제력 집중을 강화하기 위한 것이라고 판단되는 경우에 한하여 인정된다"는 판결을[64] 내리고 있다.

그러나 부당성 판단과 관련된 이와 같은 이해에 대하여 일정한 문제제기도 가능하다. 즉 입법취지로서 계열회사에 대한 우월한 경쟁조건을 부여하는 것에 의하여 경제력 집중이 심화될 우려를 제한하고자 하는 것을 긍정할 수 있지만, 이는 차별에 의한 경쟁제한성 평가에 포함될 문제이며, 이를 부당성 판단에 있어서 독자적인 고려 요소로 하는 것이 타당한지에 의문이 있다. 더욱이 '계열회사를 유리하게 하기 위하여'의 의미를 사업자의 주된 의도로서 경제력집중을 강화하기 위한 경우에 한정하고, 경제력집중의 강화를 의도하지 않은 경우에 계열회사를 유리하게 위한 목적 자체를 부인하여 계열회사를 위한 차별의 법적용을 하지 않는 것은, 명문의 근거가 없는 지나치게 제한적인 해석일 수 있다.[65]

(2) 심결분석

가. SKT 사건의 개괄

공정거래위원회의 심결로서 다루어진 사건 중에서 에스케이텔레콤(주)(이하 SKT)이 계열회사를 위하여 차별한 사건이 대표적이다. 이미 1998년에 SKT는 계열회사인 대한텔레콤(주)및 선경유통(주)과 거래하면서 과다한 거래대금과 업무대행수수료를 지급하였고, 공정거래위원회는 이러한 행위를 계열회사를 위한 차별에 해당한다고 보면서 시정명령을 부과하였다.[66]

---

64) 대법원 2004. 12. 9. 선고 2002두12076 판결.
65) 홍명수, "독점규제법상 차별적 취급", 비교사법 제12권 제2호, 2005, 671면 참조.

이후 단말기에 대한 지원과 관련된 보다 복잡한 상황에서 SKT의 계열회사를 위한 차별이 문제가 되었고, 동 사건은 공정거래위원회의 심결과[66] 대법원 판결로 이어지면서 중요한 쟁점들에 대한 논의가 이루어졌다.

동 사건에서 SKT는 2000년 11월부터 2001년 1월까지의 기간 동안 자신의 이동통신서비스를 판매하는 대리점에 대하여 자신의 계열회사인 에스케이글로벌 주식회사(이하 'SKG')로부터 구입한 단말기를 무이자 할부판매한 경우에만 그 할부채권을 매입하고 삼성전자 주식회사, 엘지전자 주식회사 등의 단말기 제조업자로부터 직접 구입한 단말기를 판매한 경우에는 채권매입 대상에서 제외하였다. 그 결과로서 동 기간에 SKG가 원고의 대리점에 공급하는 단말기 수량은 2배 이상 증가한 반면, 경쟁사업자인 삼성전자가 원고의 대리점에 공급한 단말기의 수량은 월평균 105,000대에서 97,000대로 감소하였다. 한편 SKG는 단말기를 자체 제조하지 않고, 자신의 경쟁사업자인 삼성전자 등으로부터 단말기의 공급을 받고 있었으며, 그 비중은 약 64% 이상이었다는 점도 중요한 고려대상이 되었다. 즉 삼성전자나 엘지전자 등은 대리점에 단말기를 공급하는 것과 관련하여 SKG와 경쟁사업자의 관계에 있지만, 다른 한편으로 유통과정에 있는 SKG에 단말기를 공급하는 지위도 겸하고 있었다.

사안에서 차별적 취급의 주체는 SKT이고 차별적인 거래조건의 제시는 대리점에 한 것이므로, SKG나 삼성전자 등은 SKT의 거래상대방으로서 차별의 효과가 직접적으로 귀속되는 관계에 있지는 않다. 그러나 이와 같은 거래조건의 차이에 의한 효과가 결국 SKG와 삼성전자 등에 귀착되고 있으며, 대법원은 이러한 관계도 동호 다목에서 규정하는 '계열회사를 위한 차별'에 포섭되는 것으로 판단하였다.

동 행위의 부당성을 판단함에 있어서 다투어졌던 쟁점은 다음의 세 가지

---

66) 공정위 1998. 2. 2. 의결 9712독판1783.
67) 공정위 2001. 8. 21. 의결 2001독점1508.

이다. 우선 계열회사인 SKG에게 귀속된 유리성이 현저한 것이며, 이를 판단하기 위한 기초로서 시장의 획정이 적절하게 이루어졌는지가 다투어졌다. 또한 계열회사를 유리하게 하기 위한 의도의 구체적 의의가 무엇인지, 끝으로 위법성을 평가함에 있어서 경영상의 필요성이 고려요소가 되는지가 쟁점이되었다.

첫 번째 쟁점에 관하여, 대법원은 차별의 현저성을 판단함에 있어서 관련시장의 범위에 해당하지 않는 별도의 거래분야까지 포함할 수 없다고 보았다. 또한 전술한 것처럼, 계열회사를 유리하게 하기 위한 의도는, 주된 의도가 계열회사가 속한 일정한 거래분야에서 경쟁을 제한하고 기업집단의 경제력 집중을 강화하기 위한 것이라고 판단되는 경우에 한하여 인정된다고 보았다. 끝으로 위법성을 평가함에 있어서 단순한 사업경영상 또는 거래상의 필요성 내지 합리성이 인정된다는 사정만으로 곧 그 위법성이 부인되는 것은 아니지만, 차별적 취급의 원인이 된 사업경영상의 필요성 등은 다른 사유와 아울러 공정한 거래질서의 관점에서 평가하여 공정거래저해성의 유무를 판단함에 있어서 고려되어야 하는 요인의 하나가 될 수 있다고 판단하였다.

이들 쟁점은 계열회사를 위한 차별의 법리를 이해함에 있어서 핵심적인 것이며, 앞에서 논의된 계열회사 지원 의도를 제외하고, 첫 번째 쟁점과 세 번째 쟁점에 대하여 추가적인 분석을 할 필요가 있다.

나. 현저성 판단

우선 '계열회사를 위한 차별'에 규정된 현저성 표지는 계열회사에게 귀속되는 유리함의 정도가 클 경우에만 차별이 경쟁정책적으로 문제가 될 수 있다는 의미로서 이해할 수 있다. 물론 그 정도를 계량화하는 것은 용이하지 않으며, 차별화된 거래로부터 곧바로 드러나는 경제적 이익의 크기뿐만 아니라, 차별로부터 야기되는 경쟁제한적 효과 등이 종합적으로 고려되어야 한다. 이러한 점에서 단말기 거래에 있어서 차별적 취급이 있은 후에 나타난 시장상황의 변화를 현저성 판단의 근거로 하고 있는 대법원의 판단은 타당한 것으로 생각된다. 그러나 대법원이 현저성 판단의 기초가 되는 관련시장을 단말기가 대리점에 공급되는 시장으로 제한한 것에는 논란의 여지가 있으며, 나아가 당해 사안에서 차별적 취급의 경제적 동기와 시장에 미치는 영향에 대한 종합적인 이해가 불충분한 것이 아닌가 하는 의문이 남는다.

원고인 SKT는 통신사업자로서 이동통신서비스를 대리점을 통하여 소비자에게 공급한다. 단말기는 통신서비스를 이용하기 위한 불가결의 보완재이고, 당해 사안에서 차별적인 거래조건의 부과는 단말기를 대상으로 이루어졌다. 특히 우리나라의 이동통신서비스는 단말기 자체가 번호를 인식하는 시스템에 기초하고 있기 때문에, 이동통신서비스는 단말기를 특정하여야만 사용할 수 있고,[68] 이러한 상황에서 단말기 구매에 대한 지원의 성격을 갖는 단말기 매매대금채권의 인수는[69] 이동통신서비스의 매출 증대와 관련될 수밖에 없다는 점이 전제되어야 한다. 이러한 구조 하에서 원고 SKT는 자신의 상품이 아니라 자신의 상품의 긴밀한 보완재인 단말기의 구매에 유리한 구매조건을 제공한 것이고, 판결에 나타난 것처럼 단말기 구매에 대한 지원은 단말기를 공급하는 업체 중에서 원고의 계열회사인 SKG에 한정되는 차별적인 방식으로 이루어졌다.

대법원이 지적한 것처럼 차별적 요소를 지닌 상이한 거래조건의 부과가 이루어진 것은 대리점에 단말기를 공급하는 단계에서 이루어진 것이며, 따라서 이 단계에서 차별의 효과에 대한 고려가 요구되는 것은 당연한 것이라 할 수 있다. 그러나 이에 한정될 수 있는지의 판단은 당해 사안에서 나타난 차별의 경제적 동기와 효과에 대한 종합적인 검토에 기초하여야 한다. 전술한 것처럼, 대리점에 단말기를 공급함에 있어서 삼성전자 등은 SKG와 경쟁관계

---

68) 다른 예로서, 유럽의 경우에는 번호의 인식이 단말기 내에 부착된 심카드에 의하기 때문에, 우리보다 이동통신서비스와 단말기의 결합의 정도는 보다 약하다 할 수 있다.
69) 단말기에 대한 보조금 제공은 2006년 3월까지 제도적으로 제한되었으며, 채권 인수는 이러한 제한을 우회하는 수단이었던 것으로 보인다.

에 있지만, 또한 한편으로 단말기 유통업자인 SKG에 단말기를 공급하는 지위를 겸하고 있다. 따라서 대리점에 단말기를 공급하는 시장에서의 행태는 그 이전의 유통단계에 일정한 영향을 미칠 것이며, 삼성전자 등에 미치는 효과에 대한 분석은 이와 같은 수직적 관련성의 고려 하에서 이루어져야 한다.

전술한 것처럼, 이러한 분석방식은 거래상 차별과 관련하여 1선 차별과 2선, 3선으로 이어지는 차별로 정식화되고 있다. 1선 차별의 경우에 당해 시장에서 경쟁사업자에 미치는 효과, 특히 낮은 가격 책정의 약탈적 성격이 문제되는 반면에, 2선 이하의 차별은 수직적 관련 하에서 특정한 사업자에게 경쟁열위적 상황을 만드는 것이 갖는 경쟁제한적 성격이 문제가 된다.[70] 즉 각각의 단계에서 경쟁제한성 판단의 분석 틀에는 차이가 있으며, 이와 같은 거래상 차별의 경쟁정책적 의의에 비추어, 동 판결에서 현저성 판단, 즉 경쟁제한적 효과의 분석 범위를 대리점에 단말기를 공급하는 시장으로 제한한 것에는 의문의 여지가 없지 않다. 판례는 현저성 판단과 관련시장의 범위의 일체를 논거로서 제시하고 있지만, 관련시장의 획정과 경쟁제한적 효과의 분석 범위가 반드시 동일하여야 하는 것은 아니다. 물론 EC 위원회의 '관련시장의 획정에 관한 고시'가 밝히고 있는 것처럼, 시장획정은 사업자들 사이에서 경쟁의 경계를 확정하는 수단이며, 나아가 경쟁정책이 적용될 수 있는 기본 틀의 설정을 가능하게 한다.[71] 그러나 동 고시에서 지적한 바대로, 관련시장의 획정이 경쟁정책적 논의의 출발점이기는 하지만, 경쟁제한적 효과가 또 다른 시장으로 확대되는 경우에 검토 대상은 이를 포괄하여야 한다. 특히 수직적인 과정에서 시장봉쇄적인 효과를 낳는 일련의 경쟁제한적 행태에 대하여 인접한 상하시장에서 나타난 경쟁제한적 효과에 대한 분석은 필수적이다. 이러한 점에서 대법원이 원심과 다르게 현저성 판단의 범위를 대리점에

---

70) Herbert Hovenkamp, 주 30)의 책, 575면.
71) EC Commission Notice on the definition of the relevant market for the purpose of Community competition law. OJC 372 on 9/12/1997.

대한 단말기 공급시장으로 제한하였다면, 당해 행위의 경쟁제한적 효과에 대한 충분한 분석이 이루어진 것으로 보기 어렵다.

또한 당해 사안에서처럼, 1선 차별과 2선 차별의 효과가 복합적으로 발생하는 경우와 같은 특수한 상황에 대한 고려도 요구된다. 즉 직접적인 판매와 유통업자를 통한 우회적인 판매가 동시에 이루어지는 경우에, 경쟁제한적 효과는 수평적인 차원과 수직적인 차원에서 이중적으로 나타날 수 있으며, 이러한 경우에 양자에 대한 종합적인 고려가 불가피하다는 점에도 주의를 요한다.[72)]

결론적으로 당해 사안에서 현저성 판단의 범위는 원심이 행한 것처럼, 대리점에 단말기를 공급하는 시장뿐만 아니라, 단말기 유통업자인 SKG에 단말기를 공급하는 시장까지도 포함되는 것이 타당하다고 생각된다. 그러나 원심이 판단한 것처럼, 현저성 판단의 범위를 넓힘으로써 계열회사인 SKG에 귀속된 유리함의 정도가 완화된다고 볼 수 있는지에도 의문이 있다. 사실관계에서 인정된 바와 같이, 삼성전자 등이 SKG에 공급한 단말기의 비중은 64% 이상이었고, 대리점 단말기 공급시장에서 SKG의 점유율 확대는 삼성전자 등의 SKG에 대한 공급확대로 이어질 것이다. 원심은 이와 같은 상반되는 효과에 의하여 대리점에 대한 단말기 공급시장에서의 경쟁제한적 효과가 상쇄될 것으로 판단한 것이지만, 실제 단말기 공급시장에서 SKG의 시장력이 강화될 경우에, 삼성전자 등의 지위는 상대적으로 약화될 것으로 보는 것도 충분히 가능하다. 즉 직접적인 공급이 제한되고, 따라서 SKG에 대한 공급의존도가 심화될 경우에 경쟁상의 지위가 유지될 것으로 기대하기 어려운 측면이 있다. 이와 같은 상황을 종합하면, 현저성 판단의 범위가 확대된다 하더라도 SKG에 대한 유리성의 정도는 여전히 현저한 것으로 판단될 여지가 충분한 것으로 생각된다.

---

72) E. Thomas Sullivan & Jeffrey L. Harrison, Understanding Antitrust and Its Economic Implications 4. ed., LexisNexis, 2003, 172면.

다. 경영상의 필요성 판단

경영상의 필요성과 관련하여, 대법원은 '계열회사를 위한 차별'의 위법성을 평가함에 있어서 단순한 사업경영상 또는 거래상의 필요성 내지 합리성이 인정된다는 사정만으로 곧 그 위법성이 부인되는 것은 아니지만, 차별적 취급의 원인이 된 사업경영상의 필요성 등은 다른 사유와 아울러 공정한 거래질서의 관점에서 평가하여 공정거래저해성의 유무를 판단함에 있어서 고려되어야 하는 요인의 하나가 될 수 있다고 보고 있다.

경영상의 필요성이 고려요소가 된다는 것은 원칙적으로 타당한 것이지만, 그 의미는 제한적이며 예외적이라는 점에 주의를 요한다. 사업자가 행하는 대부분의 행위는 경영상의 필요성과 관련되는 것이고, 이를 적극적으로 항변사유로 받아들일 경우에는 대법원이 지적한 것처럼 대부분의 경쟁제한적인 행위가 적법한 것이 될 수 있다. 따라서 경영상의 필요성은 회사의 존속을 위하여 불가피한 수단임이 객관적으로 명백하고 또한 다른 내체수단이 가능하지 않은 경우에 한하여, 위법성 판단의 고려요소가 될 수 있는 것으로 보아야 한다.

당해 사안에서 경영상 필요성과 관련하여 대법원이 고려한 것은 급격한 시장점유율 하락의 완화, 비용상의 이점 그리고 경쟁사업자의 유사한 행위의 존재 등이다. 이를 구체적으로 보면, "1) 원고의 경쟁사업자인 주식회사 케이티프리텔이나 주식회사 엘지텔레콤은 독립된 단말기 유통회사를 두지 아니한 채 직접 사업자모델을 대리점에 공급하면서 원고의 이 사건 행위와 같은 영업활동을 벌이고 있는 점, 2) 원고는 일시적으로 시장점유율 하락속도를 둔화시키기 위한 사업경영상의 필요에 기하여 이 사건 행위에 이르렀는데 이동통신서비스의 제공이 고객의 단말기 구입과 불가분의 관계에 있어 단말기 유통회사인 SKG의 매출증가로 이어지게 된 점, 3) 이 사건 행위와 같이 무이자할부채권의 양수대상을 SKG가 공급하는 사업자모델로 한정하더라도 이 사건 거래분야에서 SKG의 경쟁사업자인 삼성전자 등의 유통모델에 대한 경쟁을 유인하여 원고로서는 상대적으로 가격이 비싼 유통모델에 대한 높은 이자비용을 감수하지 않고서도 이동통신서비스 가입자 수의 증가를 가져올 수 있어 이를 합리적인 영업전략으로 볼 수도 있다는 점" 등을 종합하여, SKT의 차별적 취급의 위법성을 부인하고 있다.

그러나 이와 같은 대법원의 판단은, 경영상의 필요성이 항변사유로서 갖는 의미를 지나치게 확대한 것으로 생각된다. 비용상의 이점이나 매출액 증가와 같은 요소는 이들이 효율성 증가로서 소비자 후생의 증대에 기여하는 것으로 평가되고 또한 이 효과가 경쟁제한적인 효과를 상쇄하는 이상의 크기로 나타날 경우에 위법성을 부인할 근거가 될 수 있는 것이며, 이를 경영상의 필요성 판단에서 고려하는 경우는 전술한 바와 같은 예외적인 상황에 제한된다.

또한 경쟁사업자의 유사한 행태에 기초한 항변도 경영상의 필요성이 아니라, 이른바 거래상 차별에서 일반적으로 제기되고 있는 경쟁대응(meeting competition) 항변의 사유로서 고려하는 것이 보다 타당할 것이다. 즉 대법원이 지적한 경쟁사업자의 유사한 행태는 거래상 차별의 고유한 항변사유로서 '경쟁대응 항변'의 관점에서 논의되는 것이 보다 바람직한 것으로 생각된다.

결론적으로 비용상의 이점이나 매출액 증가에 관한 항변은, 이러한 효과가 효율성 증대를 통하여 소비자에 전가되어 소비자 후생의 증대를 가져오고 나아가 이것이 경쟁제한적인 효과보다 큰 것으로 평가될 수 있는 경우에 위법성을 부인하는 근거로서 작용할 수 있다. 그러나 동 사안에서 이러한 효과를 인정할 수 있는 근거가 제시된 것으로 보기는 어려우며, 단지 경영상의 필요성 측면에서 당해 차별적 취급의 위법성을 부인할 수는 없다. 또한 경쟁사업자의 행태에 기초한 항변에 대해서도, 이는 경영상의 필요성이 아닌 거래상 차별에 고유한 경쟁대응 항변의 관점에서 다루는 것이 타당하다. 위에서 언급한 미국 판례법상 제시되었던 요건에 비추어 볼 때, 경쟁대응상의 항변에 의하여 위법성이 부인될 수 있는 것으로 보이지는 않는다. 또한 경쟁사업자의 유사한 행태에 대한 대응과 관련하여, 원고인 SKT가 이동통신서비스 시장에서 경쟁사업자보다 우월한 시장력을 갖고 있는 사업자라는 점도 고려되어야 할 것이다.

5) 집단적 차별취급

(1) 의의

시행령 <별표 1> 제2호 라목에 의하면, 집단적 차별은 "집단으로 특정사업자를 부당하게 차별적으로 취급하여 그 사업자의 사업활동을 현저하게 유리하거나 불리하게 하는 행위"를 말한다.

집단적 차별취급이 특정사업자를 불리하게 취급하는 경우에는 동기와 효과의 측면에서는 공동의 거래거절과 유사하다. 집단적 차별취급 역시 공정경쟁저해성은 당해행위의 차별성 그 자체에 있는 것은 아니고 당해행위가 객관적으로 경쟁을 저해하는지의 여부에 따라 결정된다.

(2) 심결 분석

공정거래위원회 심결에서 명시적으로 집단적 차별에 의하여 규율된 사례는 많지 않으며, 엘지카드(주), 삼성카드(주), 국민신용카드(주), 외환신용카드(주), 비씨카드(주) 등 5개 신용카드사업자들이 백화점과 할인점에 적용한 가맹점수수료율의 차별에 관한 사건은[73] 집단적 차별의 예로 볼 수 있다.

이들 5개 신용카드사들의 시장점유율의 합은 93.3%에 이르고 있는 상황에서 백화점과 할인점에 대하여 차별적인 가맹점 수수료율을 적용하였다. 구체적으로 백화점에 대해서는 2.5% 내지 2.6%, 그리고 할인점에 대해서는 1.5%의 가맹점 수수료율을 적용하였고, 양자의 차이는 비율적으로 67%에서 73%에 이르렀다. 공정거래위원회는 이러한 차이가 현저한 것으로 파악하였으며, 나아가 이를 정당화할 수 있는 비용적인 측면에서의 근거가 없고, 그

---

[73] 공정위 2002. 11. 28. 의결 2002유거1096.

외에 수수료율 상의 차이를 정당화할 수 사유를 제시할 수 없다는 점에서 부당성을 인정하였다.

그러나 당해 사안에서 경쟁제한적 효과에 대한 분석은 충분하지 않다는 점을 지적할 수 있다. 당해 사안에서의 차별적 취급은, 수직적 관련 하에서 이루어지고 있다는 점에서, 차별 행위자가 속한 시장이 아닌 차별의 상대방이 속한 시장에서의 경쟁제한이 문제가 될 수 있으며, 따라서 이에 대한 분석이 이루어질 필요가 있었다.

3. 경쟁사업자의 배제

1) 의의

경쟁사업자의 배제라 함은 사업자가 시장에서 부당하게 경쟁자를 배제하기 위하여 거래하는 행위를 가리킨다(법 23조 1항 2호). 정당한 경쟁이 아닌 부당한 경쟁, 즉 사업자들이 정상적인 경쟁수단을 사용하지 않고 부당한 방법으로 경쟁사업자를 배제하는 것은 금지된다.

시행령상 경쟁사업자 배제의 수단으로 부당염매(계속적, 일회적)와 부당고가매입 등이 규정되어 있다.

2) 부당염매

(1) 의의
가. 규제의 근거
시행령 <별표 1> 제3호 가목은 부당염매를 "자기의 상품 또는 용역을 공급함에 있어서 정당한 이유 없이 그 공급에 소요되는 비용보다 현저히 낮은 대가로 계속하여 공급하거나 기타 부당하게 상품 또는 용역을 낮은 대가로 공급함으로써 자기 또는 계열회사의 경쟁사업자를 배제시킬 우려가 있는 행위"로서 규정하고 있다.

이상의 규정에서 알 수 있듯이, 금지되는 부당염매는 계속거래상의 부당염매와 기타의 부당염매로 구분된다. 계속거래 상의 부당염매는 염매가 장기간 계속됨으로써 경쟁사업자를 배제할 우려가 보다 크다는 점에서 '정당한 이유 없이'를 위법성 표지로 기술하고 있으며, 그 밖의 부당염매는 부당성에 관한 일반적인 기술방식을 취하고 있다.

일반적으로 가격은 가장 중요한 거래조건이며, 이를 대상으로 하는 가격경쟁은 경쟁의 전형적인 모습으로 이해된다. 따라서 상품을 저가로 제공하는 것 자체가 문제되지 않으며, 특히 비용절감 등에 따라서 경쟁사업자보다 낮은 가격으로 공급하는 것은 긍정적으로 평가될 수 있는 것이다. 그러나 저가의 공급이 비용에 기초한 합리적 가격 설정에 의한 것이 아니고, 또한 경쟁사업자가 배제될 우려와 관련될 것일 때, 경쟁법상 문제가 된다.

동 규정에서의 부당염매 규제에 있어서 염매의 의의와 부당성 판단이 핵심이다. 염매는 저가의 상품 판매를 의미하지만, 구체적으로 저가를 판단하는 기준으로서 비용의 의의와 내용이 결정되어야 한다. 또한 부당성 판단에서 고려될 수 있는 요소들에 대한 이해도 중요하다. 부당염매의 부당성은 경쟁사업자의 배제에 대한 우려에 기초하지만, 저가에 의한 상품 공급 그 자체는 소비자 이익에 기여하는 것이기 때문에, 장기적으로 경쟁사업자를 배제하고, 이것이 궁극적으로 소비자 후생에 부정적인 영향을 미칠 수 있는 메커니즘이 전제되어야 한다.

나. 염매의 판단

한편 부당염매의 판단과정은, 우선 사실관계를 확정하는 의미에서 염매에 해당하는지 여부를 보게 되고, 이어서 당해 염매행위가 부당한 것인지를 판단하는 과정을 거친다. 염매가 비용 이하 가격에서의 판매를 의미한다는 것에 이론은 없지만, 이때의 비용이 경제학적 관점에서 어떻게 구성되는지에 관해서는 논의의 여지가 있다. 이와 관련하여 Areeda & Turner에 의하여 제시된 이론에 따르면, 평균총비용 이하로 책정된 가격은 정당화될 여지가 있지만, 단기한계비용 또는 그 대용으로서 단기평균가변비용 이하의 수준에 있는 가격은 부당한 것으로 추정된다.[74] 이러한 기준은 조업중단점, 손익분기점 등의 경제학적 분석에 상응하는 것으로서 합리적인 접근방식으로 볼 수 있지만, 부당염매의 판단 과정을 나누어 부당성 판단은 뒤로 하고 단지 염매에 해당하는지 여부를 우선적으로 판단할 경우에 적용되는 기준은 염매의 개념 자체에 기초할 수밖에 없다. 이에 대하여 이하에서 다루게 될 대법원 판결은 법규정상 '공급에 소요되는 비용'이라는 문언에 충실하게 총원가, 즉 평균총비용의 기준에 의하여 염매인지 여부를 판단하고 있다. 이렇게 볼 경우에 Areeda & Turner 기준에서 평균총비용(평균가변비용과 평균고정비용의 합) 이하이지만, 평균가변비용보다 높은 수준에서의 가격은 부당성 판단과정에서 정당화 사유가 있는지 여부를 검토할 수 있는 대상이 될 것이다.

다. 부당성 판단

부당염매에 있어서 부당성 판단의 핵심은, 상위 규정의 표지에 기술되어 있듯이, 경쟁사업자의 배제 내지 배제할 우려가 있는지 여부이다. 그러나 일반적으로 염매의 제공은 경쟁사업자에게 경쟁상의 손해를 낳는 대신에 염매 이후 정상적 가격으로 회복(recoupment)될 때까지의 기간 동안 거래상대방의 후생 증대를 동반한다.[75] 만약에 이러한 측면에서의 효과가 경쟁사업자 배제에 의한 경쟁제한 효과를 상회하는 것이라면, 이를 정당화 사유로서 고려

---

74) Phillip Areeda & Donald F. Turner, "Predatory Pricing and Related Practices under Section 2 of the Sherman Act", 88 Harvard Law Review, 1975, 700면.

75) Phillip Areeda & Herbert Hovenkamp, Antitrust Law vol. Ⅲ, Little, Brown and Company, 1996, 234~235면.

할 수 있으며, 이러한 점은 「불공정거래행위 심사지침」에 반영되어 있다.

정당화 사유로서는 이 외에도 초과공급 상태와 같은 시장의 특수상황, 신규진입의 경우나[76] 파산 상태와 같은 사업자의 특수상황, 변질이나 부패의 우려가 큰 상품의 특성 등이 고려될 수 있을 것이다.

(2) 심결분석

가. 초기 심결

계속적 부당염매에 관한 초기 사건 중의 하나로서, 방수시트, 합성수지제품 등의 생산·판매업을 영위하고 있는 사업자인 한국석유공업(주)는 방수시트판매가 점점 감소하는 상황에서 다른 사업자와의 경쟁이 심화되자 이를 타개하기 위하여 시장판매가격보다 44.0%~45.5% 낮은 가격으로, 총판매원가보다 5.2%~14.9% 낮은 가격으로 염가판매를 하였고, 결과적으로 피심인의 시장점유율은 염매를 실시하기 전 약 18%에서 염매기간 중에 약 30%로 늘어났다. 이에 대하여 공정거래위원회는 피심인의 행위가 자기의 상품을 공급함에 있어 정당한 사유 없이 그 공급에 소요되는 비용보다 현저히 낮은 대가로 계속 공급하여 자기의 경쟁사업자를 배제시키거나 배제시킬 우려가 있는 행위로 인정하고, 시정명령을 내렸다.[77]

부당염매의 하나인 이른바 '1원 입찰'은 대개의 경우 일회적 거래에서 발생하며, 공정거래위원회의 대표적인 규제 사례로서 (주)캐드랜드 사건이 있다.[78] 이 경우에도 핵심은 경쟁사업자의 배제 우려이며, 이러한 우려가 부인되는 경우에는 비록 '1원 입찰'을 한 경우에도 동 규정에 의하여 규제되지 않는다.[79]

---

76) 일반적으로 신규진입자에 의한 낮은 가격의 책정을 '판촉가격'(promotional pricing)이라 하며, 더 이상 판촉기간이라 할 수 없을 정도의 장기에 걸쳐서 판촉가격 책정이 이루어지지 않는 한, 신규진입자에 의한 이러한 행위가 경쟁에 대한 위협은 없는 것으로 이해되고 있다. 위의 책, 446~447면.

77) 공정위 1994. 7. 28. 의결 9404경정274.

78) 공정위 1996. 2. 23. 의결 9512경촉1240.

나. 현대정보기술(주) 사건

부당염매에 관한 다양한 법리적 쟁점이 다루어졌던 인천광역시의 입찰에 관한 사건은 주목할 만한 것이다. 인천광역시는 지역 정보화의 목표, 추진전략, 분야별 추진과제, 정보화시스템 구축 전략 제시 등을 그 내용으로 하는 '인천광역시 지역정보화기본계획'을 수립하고, 1997년 10월 8일 이를 수행하기 위한 시스템통합(SI) 용역을 공개입찰 형식으로 발주하였다. 당시 인천광역시가 내정했던 입찰의 예정가격은 97,244,000원이었다. 당해 입찰에는 현대정보기술(주), 대우정보시스템(주), 그리고 삼성데이타시스템(주) 등 세 사업자가 응하였다. 이들 사업자가 제시한 가격은 예정가격에 크게 미치지 못하는 수준으로, 현대정보기술(주)은 예정가격의 2.98%인 2,900,000원, 대우정보시스템(주)은 19.99%인 19,440,000원, 그리고 삼성데이타시스템(주)은 34.24%인 33,300,000원에 각각 응찰하였고, 결과적으로 가장 낮은 가격을 제시한 현대정보기술(주)이 낙찰자가 되었다. 이에 대하여 공정거래위원회는 현대정보기술(주)의 위와 같은 저가입찰행위가 부당염매행위에 해당한다고 보고 현대정보기술(주)을 상대로 시정명령 및 과징금 납부명령을 부과하였다.[80]

피심인은 동 심결에 불복하여 항고소송을 제기하였다. 고등법원은 우선 독점규제법 제23조 제1항 제2호, 시행령 <별표 1> 제3호 가목 소정의 부당염매행위에 해당하기 위해서는 그 염매행위에 있어서 부당성이 있어야 할 것인바, 부당성이 있는지 여부는 염가의 의도·목적, 염가의 정도, 염가판매의 기간, 반복계속성, 대상 상품·용역의 특성과 수량, 행위자의 사업규모 및 시장에서의 지위, 염매의 영향을 받는 사업자의 수 및 사업규모, 시장에서의 지위 등을 종합적으로 고려하여 판단하여야 한다고 보았다. 당해 사안에서 원고가 입찰에 참가함에 있어서 시장에 신규 진입하고자 하는 목적과 이 사

---

79) 권오승, 주 1)의 책, 292면.
80) 공정위 1998. 2. 24. 의결 9710유거1456.

건 용역을 낙찰받아 수행함으로써 기술 및 경험을 축적하고자 하는 목적이 있었던 점, 원고가 이 사건 용역 입찰 외에 시스템통합 컨설팅 시장에서 다른 저가 입찰행위를 하지 않은 점, 인천광역시가 입찰 참가자격을 제한한 결과 이 사건 입찰에 있어 원고와 경쟁관계에 있었던 사업자는 사실상 소외 회사들로 한정되었는데 그들이 아래에서 보는 바와 같이 원고의 단 1회의 이 사건 용역 저가 입찰행위로 말미암아 시장에서 배제될 우려가 없었던 점 등에 비추어 보면, 원고의 이 사건 용역 입찰행위가 부당한 것이라고 볼 수 없다고 판단하였다.

한편 당해 행위가 경쟁사업자를 배제할 우려가 있는지에 관하여, '경쟁사업자를 배제할 우려'란 당해 거래 그 자체에서의 배제를 의미하는 것이 아니고 염매의 대상이 되는 상품 또는 용역이 거래되는 시장에서의 배제를 의미하는 것이며, 여기서 '우려'가 있다고 함은 추상적인 우려가 아닌 어느 정도 구체성을 지닌 우려를 가리키는 것으로 이해하고 있다. 이러한 관섬에서 볼 때, 인천광역시가 입찰 참가자격을 제한함으로써 이 사건 용역 입찰에 있어 경쟁사업자는 소외 회사들로 한정되었는데 그들이 대규모기업집단 소속 계열회사로서 자금, 규모, 인력 등 여러 가지 측면에서 결코 원고에 뒤떨어지지 않았고 그들 또한 예정가격에 훨씬 못 미치는 저가로 응찰하였던 점, 이 사건 용역은 계속적인 사업이 아니고 용역보고서의 제출로써 종결되는 1회성의 것인 점 등에 비추어 보면, 원고의 이 사건 용역 입찰행위로 말미암아 경쟁사업자인 소외 회사들이 시스템통합 시장에서 배제될 우려가 있다고 보기는 어렵다는 결론을 내렸다.

또한 저가인지에 관한 판단과 관련하여, '공급에 소요되는 비용보다 현저히 낮은 대가'라고 규정되어 있는 이상, '낮은 대가'의 판단은 일응 '공급에 소요되는 비용'을 기준으로 판단하여야 하고, 따라서 직접 상품 또는 용역을 창출하여 공급하는 제조업체의 경우 고정비와 변동비 모두를 포함한 총원가를 기준으로 저가 여부를 판단하여야 할 것이고, 시장상황의 악화, 수요 감퇴 등으로 말미암아 고정비를 포함한 가격으로 정상적인 판매가 불가능하여 변동비만을 상회하는 금액으로 가격을 정하고 가격과 변동비의 차액으로 고정비 일부에 충당할 수밖에 없게 된 경우에 그러한 사정은 부당성 유무의 판단의 한 요소로 고려되어야 할 것으로 보면서, 당해 사건에서 원고는 그의 응찰가격이 인건비를 반영하지 않은 금액임을 자인하고 있으므로 원고의 응찰가격 자체는 '낮은 대가'에 해당한다고 판단하였다.

결국 이상의 논의를 종합하여 원고의 이 사건 용역 응찰행위는 부당성도 없고 경쟁사업자를 시장에서 배제할 우려도 없는 것으로서 법에서 규제하고자 하는 불공정거래행위에 해당하지 않는다고 보아야 할 것이므로, 공정거래위원회의 처분은 위법한 것으로 결론을 내렸다.[81]

대법원은 원심의 판단을 대체적으로 지지하였으며, 다만 부당염매를 규제하는 취지가 법이 금지하는 시장지배적 지위의 남용을 사전에 예방하는데 있다고 볼 때, 시장진입이 예상되는 잠재적 사업자도 경쟁사업자의 범위에 포함된다고 보아야 할 것이고, 나아가 경쟁사업자를 배제시킬 우려는 실제로 경쟁사업자를 배제할 필요는 없고 여러 사정으로부터 그러한 결과가 초래될 추상적 위험성이 인정되는 정도로 충분한 것으로 보았다. 그러나 원심의 이러한 판단의 오해가 판결 결과에 영향을 미칠 수 있는 정도는 아니라고 보면서, 최종적으로 원심의 결론을 유지하였다.[82]

일반적으로 경쟁제한적 행위에 있어서 경쟁제한적 효과가 시장에 구체화되거나 실현될 것을 요구하는 것은 아니라는 점에서, 대법원이 원심의 판단을 번복하여 경쟁사업자 배제의 우려를 추상적 위험성의 의미로 이해한 것은 경쟁법의 원리에 비추어 타당한 결론이라 할 것이다. 나아가 동 판결에서 가장 주목할 것은, 전술한 것처럼 비용 기초적(cost-based) 분석을 함에 있어서 염매의 의의와 부당성 판단을 분리한 것이라 할 수 있다. 즉 동

---

81) 서울고등법원 1999. 2. 11. 선고 98누9181판결.
82) 대법원 2001. 6. 21. 선고 99두4686판결.

판결은 염매의 판단은 고정비와 변동비가 모두 포함된 총원가(평균총비용)로 하고, 총원가 보다는 낮지만 변동비는 상회하는 가격책정에 대해서는 이러한 가격전략이 불가피한 정당화 사유가 있는지의 관점에서 다루어야 한다는 것을 보여주고 있다. 이러한 접근방식은, 평균총비용을 상회하는 가격은 당연합법(per se legal)으로 보고, 따라서 그 이하일 경우에 부당염매에 대한 판단을 개시하게 되며, 또한 평균가변비용(한계비용) 이하일 경우에는 부당성이 추정되고, 그 중간의 영역에 해당하는 경우에는 합법적인 것이 될 수 있다고 보는 미국 판례법상의 경향에[83] 대체적으로 상응하는 것이다.

이와 같은 판결의 타당성에도 불구하고, 동 판결에 대한 논의의 여지는 있다. 무엇보다 현대정보기술(주)의 염매에 의한 입찰이 경쟁사업자를 배제할 우려가 없다는 판단이 당해 행위나 시장의 특성에 대한 충분한 검토에 기초한 것인지에 대해서 의문이 있다. 사실관계에서 드러난 것처럼, 경쟁사업자 역시 현대정보기술(주)와 유사하게 낮은 가격을 제시하였다는 점은, 이른바 경쟁 대응(meeting competition) 항변으로서 고려될 여지는 있다. 그러나 본래 경쟁 대응 항변이 유효하게 이루어지기 위해서는, 경쟁사업자의 가격책정에 수동적으로 반응한 것이어야 하고, 이에 대한 검토가 이루어질 필요가 있다. 또한 광역자치단체의 시스템통합 용역의 수행은 이후 유사한 용역의 제공에 있어서 기술적 우위를 갖게 되는 계기가 될 수 있다는 점에서, 경쟁사업자 배제의 가능성에 대해서는 보다 실질적인 분석이 요구되는 것이라 할 수 있다. 끝으로 당해 사건에서 염매는 입찰 상황에서 이루어진 만큼, 입찰의 의

---

83) 부당염매(predatory pricing)에 있어서 가격과 비용의 관련성에 관한 미국 판례의 경향적 분석에 관하여, Phillip Areeda & Herbert Hovenkamp, 주 75)의 책, 242면 이하 참조. 한편 평균가변비용과 평균총비용의 사이에 있는 경우에 가격책정이 합리적인(reasonable) 것이라는 점에 대한 입증은 피고가 부담하여야 한다는 판결로서, Transamerica Computer Co. v. IBM, 481 F. Supp. 965, 1035(N. D. Cal. 1979), aff'd, 698 F. 2d 1377(9th Cir.), cert. denied, 464 U.S. 955, 995-996 (1983).

의에 대한 이해가 선행되어야 한다. 즉 입찰은 거래상대방과 거래가격을 동시에 결정하는 시스템이며, 경쟁에 의해서만 그 기능이 보장된다.[84] 따라서 경쟁에 영향을 미치는 행위는 입찰 기능 자체를 무력화시키며, 이러한 관점도 경쟁제한성 판단에서 고려될 필요가 있다.

3) 부당고가매입

시행령 <별표 1> 제3호 나목에 의하면, 부당고가매입은 "부당하게 상품 또는 용역을 통상거래가격에 비하여 높은 대가로 구입하여 자기 또는 계열회사의 경쟁사업자를 배제시킬 우려가 있는 행위"를 말한다.

동 규정에서 알 수 있듯이, 부당고가매입 역시 부당염매와 마찬가지로 경쟁사업자 배제가 부당성 판단의 핵심이다. 부당고가매입은 구조적으로 부당염매의 반대적인 상황으로 이해될 수 있는 것이지만, 고가매입 기준의 설정이나 부당성 판단에 고유한 측면도 있다. 고가매입 기준에 관하여, 「불공정거래행위 심사지침」은 통상 거래가격을 제시하고 있다. 이때 당해 시장이 독과점적이라면, 통상의 거래가격은 경쟁시장에서의 균형가격보다 높을 수 있다. 부당성 판단은 당해 물품이 경쟁사업자의 사업영위에 필수적인 것인지, 거래상대방이 다른 선택을 할 여지가 실질적으로 감소하고, 따라서 매입주체의 경쟁사업자가 구매할 기회가 실질적으로 제한되는지 등을 고려하여 판단할 것이고, 이러한 점에서 수직적 거래제한으로서의 성격이 부당성 판단에 반영될 것이다.

한편 현재까지 부당고가매입에 해당하는 사건이 공정거래위원회에서 다루어진 예는 없다.

---

84) 鈴木滿, 入札談合の硏究, 信山社, 2001, 1면.

4. 부당한 고객유인

1) 의의

부당한 고객유인이라 함은 부당하게 경쟁자의 고객을 자기와 거래하도록 유인하는 행위를 말한다(법 23조 1항 3호). 일반적으로 경쟁은 보다 유리한 조건으로 거래를 하기 위한 시장참가자들 간의 노력으로 이해된다. 경쟁의 수단이나 방법에는 제한이 없고 경쟁자들이 자율적으로 결정할 문제이기 때문에, 거래를 이루기 위한 노력으로서의 경쟁이 개방된(open) 시장에서 자유롭고(free) 공정하게(fair) 이루어진다면 원칙적으로 경쟁법상 문제는 제기되지 않을 것이다.

그러나 이때의 거래가 부당한 방식으로 고객을 유인함으로써 이루어질 경우에, 불공정한 행위로서 규제될 수 있다. 이러한 행위는 거래상대방의 이익 침해를 낳을 수 있으며, 특히 거래상대방의 합리적 선택을 제한하거나 왜곡할 수 있다는 점은 중요한 규제 근거로서 작용한다. 이와 관련하여 우리의 불공정거래행위 규제와 유사한 입법 목적을 가지고 있는 독일의 부정경쟁방지법은 제1조에서 경쟁자, 기타 시장참가자와 함께 소비자의 보호를 입법목적으로서 제시하고 있으며, 이때 보호 대상인 소비자의 이익에는 소비자의 결정의 자유(Entscheidungsfreiheit)가 핵심적인 의미를 갖는다. 나아가 소비자 결정의 기초는 객관적으로 타당하고 충분한 정보가 소비자에게 제공되는 것을 보장하는 것에 있는 것으로 이해되고 있다.[85]

---

85) Friedrich L. Ekey u. a., Wettbewerbsrecht 2. Aufl., C. F. Müller, 2005, 50~51면 (Kippel & Brämer 집필부분) 참조.

2) 부당한 이익에 의한 고객유인

(1) 의의

시행령 <별표 1> 제4호 가목에 의하면, 부당한 이익에 의한 고객유인은 "정상적인 거래관행에 비추어 부당하거나 과대한 이익을 제공 또는 제공할 제의를 하여 경쟁사업자의 고객을 자기와 거래하도록 유인하는 행위"를 말한다.

제공되는 이익의 부당성 여부를 판단함에 있어서 이익의 성격이나 크기 등이 중요한 고려요소가 되며, 특히 당해 사업자가 속한 시장에서의 정상적인 거래관행은 중요한 기준이 될 것이다. 이와 관련하여「불공정거래행위 심사지침」은 정상적인 거래관행이 바람직한 경쟁질서에 부합되는 관행을 의미하는 것으로 규정하고 있는데, 결국 구체적인 의미는 각각의 사안에서 개별적인 판단에 의할 수밖에 없다. 또한 동 심사지침은 경쟁사업자로부터 자기와 거래를 하도록 하는 유인가능성을 이익제공의 부당성 판단의 기준으로 제시하고 있으며, 객관적으로 고객의 의사결정에 상당한 영향을 미칠 수 있는 가능성이 있으면 유인가능성이 있는 것으로 규정하고 있다. 부당한 이익에 의한 고객유인의 규제는 본질적으로 합리적인 소비자 선택의 왜곡에 근거하는 것이고, 부당성의 표지로서 유인가능성은 이와 같은 규제 근거를 적절히 반영하는 것이라 할 수 있다.

특히「불공정거래행위 심사지침」은 부당한 이익에 의한 고객유인의 예의 하나로서 "자기와 거래하도록 하기 위해 자신의 상품 또는 용역을 구입하는 고객에게 음성적인 리베이트를 지급하거나 지급할 제의를 하는 행위"를 들고 있다. 동 심사지침이 규정하고 있는 것은 리베이트 자체가 아니라 음성적인 리베이트에 한정되므로, 음성적 리베이트의 의의를 명확히 하는 것이 요구된다. 일반적으로 리베이트는 상품 구매의 대가를 환급하는 행위를 말하며, 독점화 내지 시장지배력을 강화하는 수단으로 활용될 여지가 있다. 예를 들어 미국의 Standard Oil 사건에서[86) 리베이트는 독점화의 유력한 수단이 되었고, EC 경쟁법에서 Michelin 사건은[87) 리베이트의 제공이 시장지배적 지위남용행위로 규제될 수 있음을 보여주고 있다. 즉 시장지배적 사업자에 의한 리베이트의 제공은 거래상대방이 경쟁사업자로 거래를 전환할 가능성을 실질적으로 제한할 수 있으며, 이는 방해적 남용으로서 평가될 수 있다.[88)

이상의 리베이트에 관한 규제 사례는 리베이트가 경쟁제한적 측면에서도 문제가 될 수 있음을 시사하는 것이다. 이러한 점에서 「불공정거래행위 심사지침」이 부당한 이익에 의한 고객유인의 예로서 리베이트가 아닌 '음성적 리베이트'를 규정하고 있는 것을, 불공정성 측면에서 리베이트를 파악하고자 하는 취지로서 이해할 수도 있다. 그러나 이렇게 볼 경우에도 음성적인 것의 의미가 명확하지 않다. 문리적 해석으로는 투명하지 않은 리베이트의 제공을 의미하는 것일 수 있지만, 그렇다고 하여 동 규정이 모든 리베이트 제공에 있어서 투명성의 의무를 사업자에게 부과하는 것으로 볼 수는 없을 것이다. 결국 리베이트 제공에 있어서 투명성을 결하는 것만으로 부당성 판단이 가능한 것은 아니며, 정상적인 거래관행이나 유인가능성 등에 의한 심사가 여전히 필요한 것이라 할 수 있다. 이와 관련하여 「불공정거래행위 심사지침」은 구체적 예시로서 1) CT 등 특수촬영기기를 갖춘 병원이 기기사용 환자를 의뢰하는 일반 병·의원에게 리베이트를 제공하는 행위, 2) 출판사가 자사의 서적을 교재로 소개 또는 추천하는 교사에게 리베이트를 제공하는 행위, 3) 제약회사가 자사의 약품채택이나 처방증대를 위하여 병원이나 의사에게 리베이트 제공, 과다접대 등을 하는 행위를 규정하고 있다. 이상의 구체적 예시 사항들은 상품의 소비 주체가 배제된 상태에서 거래가 이루어지는 구조적 특성을 보여주고 있다. 즉 의약품의 경우 공익적 필요성에 따라서 의약품

---

86) Standard Oil Co. of New Jersey v. U. S., 221 U.S. 1(1911).
87) Case 322/81 Michelin v. Commission 9. Nov. 1983.
88) Ulrich Immenga & Ernst-Joachim Mestmäcker hrsg., GWB Kommentar 3. Aufl., C. H. Beck, 2001, 678면 이하(Wernhard Möschel 집필부분) 참조.

의 이용주체인 환자가 아닌 의사에 의하여 선택이 이루어지는데, 이와 같이 상품의 제3자 선택이 나타나는 상황에서의 리베이트 제공에 대해서는, 스스로 선택할 수 있는 위치에 있지 않은 소비 주체의 이익 실현의 관점에서 보다 엄격한 기준이 적용될 수 있다.[89)

  2) 심결 분석

  부당한 이익에 의한 고객유인의 규제사례로서 판촉지원금의 지급에 관한 공정거래위원회의 심결이 있다. 빙과류, 유제품 등을 제조하여 이를 판매하는 사업자 (주)빙그레, 해태유업(주), 매일유업(주) 등이 독점적인 거래 등을 조건으로 (주)빙그레는 신우유통 등에게, 해태유업(주)은 매봉상우회 등에게, 매일유업(주)은 럭키슈퍼마켓 등에게 판촉지원금을 지급하였다. 이에 대하여 공정거래위원회는 사업자가 자기 상품의 가격, 품질 및 서비스 등을 통하여 고객의 수요를 창출하는 것이 정상적인 거래관행인데, (주)빙그레, 해태유업(주), 매일유업(주) 등은 이러한 경쟁수단에 의하지 않고 각각의 거래처와 약정을 맺으면서 거래처로 하여금 자사의 상품만을 구입하여 판매하도록 한 후 이를 이행시키기 위하여 판촉지원금을 각각의 거래처에 지급하였으며, 따라서 이러한 행위는 정상적인 거래관행에 비추어 부당하다고 보았다. 또한 거래처에 지급된 상당금액의 판촉지원금은 과대한 이익의 제공으로서 고객의 합리적인 상품선택을 왜곡시켜 고객을 유인하기 위한 수단으로 사용된

---

89) 특히 제약산업에서 의약품의 거래와 관련하여 불공정한 거래조건의 부과나 선택이 의약품의 사용주체인 소비자가 배제된 상황에서 이루어지고, 일반적인 거래와 달리 불공정한 조건이나 요소를 거래 교섭과정에서 사적자치적으로 시정할 가능성이 제한된다는 특성이 있으며, 또한 의약품이 창출하는 진정한 가치라 할 수 있는 개인의 건강을 위한 예방, 진단, 처치 등이 경쟁의 주된 수단이 되지 않고 있다는 지적에 관하여, 홍명수, "제약산업에 있어서 경쟁법 적용의 문제", 법제연구 제32호, 2007, 160~161면.

것이므로, 이들 사업자의 행위는 경쟁사업자의 고객을 자기와 거래하도록 유인하는 부당한 고객유인행위로 인정된다고 하여 시정명령을 내렸다.[90]

한편 약식절차에 의한 공정거래위원회의 심결로서, 5개 제약회사에 대한 규제사례도 있다.[91] 즉 (주)대웅제약, 바이엘코리아(주), 종근당(주), (주)한독약품, 동신제약(주) 등 5개 제약회사는 국내 병원 및 약국 등에 각각 자신들이 생산·공급하는 의약품을 직접 납품함에 있어서 자기 의약품의 신규채택 및 처방량 증대를 통하여 판매를 증가시킬 목적으로 병원·약국 소속 의사 및 약사에게 학회 지원, 비품지원, 골프접대, 식사섭대 등의 명목으로 경비를 지급하여 경쟁사업자의 고객을 자기와 거래하도록 유인하였음을 인정하였으며, 공정거래위원회는 이러한 행위가 부당한 이익에 의한 고객유인에 해당하는 것으로 보았다.

당해 사건은 약식절차로 진행되면서 부당성 판단에 관한 법적 쟁점이 구체화되지 않았지만, 전술한 '제3자 거래'라는 제약산업의 구조적 특성에 따라서, 동 산업에서의 거래에 대하여 부당한 이익에 의한 고객유인 규제의 엄격한 적용을 시사하고 있다.

3) 위계에 의한 고객유인

(1) 의의

시행령 <별표 1> 제4호 나목에 의하면, 위계에 의한 고객유인은 "부당한 표시·광고 외의 방법으로 자기가 공급하는 상품 또는 용역의 내용이나 거래조건 기타 거래에 관한 사항에 관하여 실제보다 또는 경쟁사업자의 것보다 현저히 우량 또는 유리한 것으로 고객을 오인시키거나 경쟁사업자의 것이

---

90) 공정위 1993. 7. 5. 의결 제93-97호.
91) 공정위 2004. 2. 10. 의결 2003공동2326, 2003공동2327, 2003공동2328, 2003공동2329, 2003공동2330.

실제보다 또는 자기의 것보다 현저히 불량 또는 불리한 것으로 고객을 오인
시켜 경쟁사업자의 고객을 자기와 거래하도록 유인하는 행위"를 말한다.

고객의 오인 여부는 객관적으로 오인가능성이 있는 것으로 충분하며, 행
위자가 오인에 대한 주관적 의도를 가지고 있어야 하는 것은 아니다. 또한
행위에 의하여 실제로 고객을 획득하였는지 여부가 문제되지는 않는다.[92]
표시나 광고에 관한 것은 독점규제법상 불공정거래행위 규제의 특별법이라
할 수 있는 「표시·광고의 공정화에 관한 법률」에 의하여 규제되므로, 표시·
광고 외의 오인을 유발할 수 있는 행위가 대상이 된다.

동 규제의 취지는 소비자의 합리적 선택을 제한하거나 왜곡하는 것을 방
지하고자 하는 것에 있다. 따라서 소비자의 합리적 선택에 영향을 미칠 수
있는 것을 내용으로 하는 정보의 제공은 여기서의 규제 대상이 될 수 있다.
즉 상품에 관한 것뿐만 아니라, 경쟁사업자와의 관계에서 자신과의 거래로
유인할 가능성이 있는 일체의 사항이 위계로서 문제가 될 수 있다. 예를 들
어 경쟁사업자의 자산이나 신용에 관한 내용을 허위로 제공하였을 경우에도
위계에 의한 고객유인에 해당할 수 있다. 한편 오인을 유발할 수 있는 행위
에 대하여 정상적인 거래관행에 기초한 부당성 판단은 여기서도 당연히 요
구된다.

(2) 심결분석

한국오라클(주)가 DBMS제품 및 설치 용역을 수주하는 과정에서, 경쟁사
업자의 경영현황이나 영업능력에 관하여 과거자료에 근거하여 불리한 부분
만을 발췌하고, 객관적인 검증 없이 경쟁사업자 제품의 기능상의 결격을 지
적하는 비교자료를 작성하여 배포한 행위가 문제가 되었으며, 공정거래위원
회는 당해 행위가 위계에 의한 고객유인으로 판단하였다.[93]

---

92) 권오승, 주 1)의 책, 295면 참조.
93) 공정위 1999. 9. 29. 의결 9904유거0533.

또한 한성아카데미가 자기의 중학 영어·수학 학습교재를 판매함에 있어 학습교재에 대해 EBS교육방송교재가 아님에도 불구하고 EBS교육방송교재라고 구두홍보한 행위에 대하여, 위계에 의한 고객유인에 해당한다는 공정거래위원회의 심결이 있다.[94]

4) 기타의 부당한 고객유인

시행령 <별표 1> 제4호 다목의 '기타의 부당한 고객유인'은 "경쟁사업자와 그 고객의 거래에 대하여 계약성립의 저지, 계약불이행의 유인 등의 방법으로 거래를 부당하게 방해함으로써 경쟁사업자의 고객을 자기와 거래하도록 유인하는 행위"를 말한다.

동 규정은 부당한 이익이나 위계에 의한 고객유인 외의 기타 고객유인을 대상으로 하지만, 특히 경쟁사업자의 거래방해 행위에 초점을 맞추고 있다. 「불공정거래행위 심사지침」은 거래방해를 거래성립의 방해와 거래계속의 방해로 구분하고 있다.

5. 거래강제

1) 의의

거래강제란 거래상대방으로 하여금 부당하게 자기 또는 자기가 지정하는 사업자와 거래하도록 강제하는 행위를 의미한다(법 23조 1항 3호 후단). 거래의 강제는 거래상대방의 선택의 자유가 제한되는 것을 의미하며, 「불공정거래행위 심사지침」도 소비자의 자율적 선택권의 제약을 불공정거래행위로

---

94) 공정위 2000. 3. 11. 의결 9910부사1502.

서 거래강제를 규제하는 근거로 제시하고 있다.

이와 같이 강제로 인한 선택의 제한이 거래강제의 핵심적 징표가 되지만, 강제의 의의를 어떻게 이해할 것인지에 관하여 논의의 여지가 있다. 당연히 여기서의 강제를 물리적인 강제나 의사표시상 하자로서의 강박에 해당하는 것으로 볼 수는 없으며, 거래의 선택을 구속하는 일체의 상황이 고려될 수 있다. 이와 관련하여 시장구조적인 측면에서의 구속적 상황이 문제될 수 있고, 또는 당사자 사이에 선행하는 계약에 따른 구속적 관계가 영향을 미칠 수도 있다. 이와 같이 다양한 측면에서 거래강제의 가능성을 파악할 수 있다는 것은, 거래강제의 부당성의 근거를 경쟁제한적 측면과 불공정성 측면 모두에서 찾을 수 있다는 것을 의미하며, '불공정거래행위 심사지침'도 두 관점에서 부당성을 판단하는 기준을 제시하고 있다.

시행령 <별표 1>은 거래강제의 유형으로서 끼워팔기, 사원판매, 기타의 거래강제 등 세 가지 유형을 규정하고 있다.

2) 끼워팔기

(1) 의의

지배력이 있는 시장에서의 주상품을 부가상품과 판매상 연계함으로써, 주상품 시장에서의 지배력이 부가상품시장으로 전이되거나 시장봉쇄 효과가 발생할 수 있다는 점은 경쟁정책적으로 끼워팔기를 규제하는 주된 근거이며, 이는 불공정거래행위로서 끼워팔기의 부당성을 판단함에 있어서도 동일하다.

그러나 경쟁제한적인 관점에서 끼워팔기 규제는 시장지배력을 전제로 하여 이를 남용하는 행위를 규제하는 시장지배력 남용의 규제체계와 보다 용이하게 결합할 수 있으며, 마이크로소프트의 끼워팔기 행위에 대한 공정거래위원회의 심결은 앞으로의 규제실무의 방향을 보여주는 것이라 할 수 있다. 그럼에도 불구하고 미국의 Kodak 사건에서[95] 연방대법원이 선행하는 거래에 구속되어 발생하는 고착효과(lock-in effect)에 의하여 주상품시장에서의 지배력을 인정하였던 것처럼, 시장지배적 지위와 지배력전이가 가능한 지배력의 존재가 별도로 파악될 수 있다는 점에서,[96] 경쟁제한적 관점에서 불공정거래행위로서의 끼워팔기의 부당성을 판단하는 것을 배제할 수는 없으며, '불공정거래행위 심사지침'도 경쟁제한성 측면에서 부당성 판단의 기준을 제시하고 있다.

한편 불공정한 수단의 측면에서 끼워팔기의 부당성이 인정될 수 있다. 독일의 부정경쟁방지법은 끼워팔기의 불공정성을 거래상대방(소비자) 선택이 왜곡 내지 제한되는 측면에서, 즉 제공되는 상품들의 진정한 가치를 왜곡하거나 오인시킬 수 있다는 측면에서 파악하고 있으며,[97] 「불공정거래행위 심사지침」도 끼워팔기의 부당성 판단의 기준으로서 전술한 경쟁제한적 효과 외에 소비자의 자율적 선택권의 침해를 병렬적으로 제시하고 있다. 두 입법례는 모두 소비자의 이익을 직접적으로 위법성 판단의 근거로 하고 있다는 점에서는 유사한 측면이 있다. 그러나 동 심사지침에서 자율적 선택권의 침해는 거래의 강제적 성격에 연유하는 것이므로, 독일의 부정경쟁방지법상 끼워팔기 규제가 소비자의 오인이나 왜곡 가능성에 초점을 맞추고 있는 것과는 구별된다.

그렇다면 독점규제법상 불공정거래행위로서 끼워팔기 규제에서 이중적으로 제시되는 기준들은 어떻게 구별하여 이해할 것인지가 문제가 된다. 구체적으로 끼워팔기의 경쟁제한적 효과보다 소비자 선택의 제한 효과가 부당성 판단의 직접적인 근거로 작용하는 경우를 어떻게 상정할 수 있는지가 논의

---

95) Eastman Kodak Co. v. Image Technical Services, et al. 504 U. S. 451 (1992).

96) 예를 들어 독점규제법이 정하는 시장지배적 지위의 요건을 충족한다 하더라도, 동법 제4조 본문에 의하여 관련시장에서 연간 매출액 또는 구매액이 40억원 미만인 사업자는 시장지배적 사업자의 추정에서 제외되는데, 이러한 경우에도 주상품시장에서 지배력을 전제로 하여 불공정거래행위로서 끼워팔기의 규제는 가능할 수 있다.

97) Friedrich L. Ekey u. a., 주 85)의 책, 136면 이하(Gunda Plaß 집필 부분).

될 필요가 있다. 일반적으로 끼워팔기의 경쟁제한적 효과는 시장지배력이 이전되거나 시장봉쇄 효과 등으로 구체화되며, 이 경우 강제적 요소는 소비자의 선택이 시장구조적으로 제한되는 경우에 충족되는 것이라 할 수 있다. 그러나 이와 같은 시장구조적 측면이 아니라, 선행하는 계약관계 또는 거래의 상황적 구속이 부상품 거래를 회피할 수 없는 것으로 만드는 경우에, 경쟁제한적 효과 보다는 소비자 선택의 제한이라는 소비자 이익의 침해가 보다 직접적인 규제 근거가 될 수 있다. 예를 들어 불공정거래행위로서 끼워팔기에 대한 공정거래위원회의 초기 심결 중에, 예식장 임대서비스를 주상품으로 하여 음식이나 예식용품을 부가상품으로 끼워파는 행위가 규제된 사례가 있다.98) 이 경우에 거래의 강제는 시장지배력에 기초한 구조적 제한에 따른 것이 아니라, 선행하는 계약관계에 연유하는 것이고, 따라서 이러한 사례에서 소비자 선택 제한의 효과는 부당성 판단의 주된 근거로 작용한다.

(2) 심결분석

불공정거래행위로서 끼워팔기를 규제한 공정거래위원회의 초기 심결로서 주류산업에서의 사건이 있다. 패스포트, 씨크리트, 씨그램진 등의 주류를 제조하여 이를 판매하는 사업자인 오비씨그램(주)과 썸씽스페셜, 베리나인골드, 삼바 등 주류를 제조·판매하는 사업자인 (주)베리나인은 각각 소비자의 선호도가 높은 패스포트와 썸씽스페셜을 공급하면서 선호도가 낮은 씨크리트와 씨그램진 그리고 삼바 등을 끼워서 주류도매업체에게 공급하였다. 공정거래위원회는 거래상대방이 자신들의 요구를 거절하기가 사실상 어려울 것이라는 거래현실을 이용하여 피심인들이 인기양주를 공급하면서, 거래상대방의 의사와는 관계없이 비인기양주를 사실상 강제적으로 끼워판 것으로서 인정하여 끼워팔기에 해당한다고 보고 시정명령을 내렸다.99)

---

98) 공정위 1994. 2. 2. 의결 9311특802, 805, 806, 9312특842, 861, 962.
99) 공정위 1992. 10. 22. 의결 제92-124호.

그러나 동 심결이 끼워팔기 규제에 대한 법리를 정확히 이해하고서 이루어진 것인지에 대해서는 의문이다. 무엇보다 끼워팔기는 주상품과 부가상품이 판매상 연계되는 것을 말하며, 둘 이상의 상품의 존재는 끼워팔기 성립의 필수적 요건이다. 그러나 동 사건에서 소비자에게 선호되는 브랜드 양주와 그렇지 않은 브랜드 양주를 별개의 상품으로 인정할 수 있을지는 의문이며, 따라서 동 사건에서 나타난 행위 자체를 끼워팔기에 해당하는 것으로 보기는 어려울 것이다. 오히려 당해 행위는 불공정거래행위의 한 유형인 '거래상 지위의 남용' 중, 특히 '구입강제'로서, 또는 거래강제 중 '기타의 거래강제'로서 규제하는 것이 법리적으로 타당한 측면이 있다.

전술한 것처럼, 불공정거래행위로서 끼워팔기 규제는 시장구조적인 측면에서 강제를 파악할 수 있는 경우 외에도, 선행하는 계약관계가 구매를 강제하는 상황도 포섭하는 것이며, 예식장 서비스업이나 장례서비스업과 같이 기본적 서비스 구매계약이 사실상의 구속력를 갖는 경우가 전형적인 예가 될 것이다. 특히 예식장 서비스업의 경우, 예식장 임대서비스 구매에 연계하여 다른 부가적 서비스 구매를 강제한 것이 문제가 되어 끼워팔기로 규제된 사례가 2007년 7월까지 69건에 이를 정도로 동일한 유형으로서 집중적인 규제 대상이 되었다.

최근의 사례로서 거래조건의 차별, 끼워팔기 등이 복합적으로 관련된 한국토지공사 사건이 있다. 동 사건에 있어서, 특히 끼워팔기 부분에 관한 공정거래위원회의 심결과 법원의 판결은 주목할 만한 것이다. 동 사건의 끼워팔기로 규율된 부분의 사실관계는 다음과 같다. 한국토지공사는 인천마전지구 공동주택지의 판매가 저조하자, 상대적으로 분양이 양호한 부천상동지구 공동주택지를 판매하면서 인천마전지구 4블럭을 매입한 자에게 부천상동지구 공동주택지 21블럭 및 22블럭의 매입우선권을 주는 방식으로 연계판매를 실시하였고, 이에 따라 1999. 11. 24. 인천마전지구 4블럭을 매입한 주식회사 창보종합건설에게 1999. 11. 30. 부천상동지구 공동주택지 21블럭 및 22블럭

을 판매하였다. 또한 남양주 호평·평내·마석 3개 지구 공동주택지의 판매가
저조하자, 상대적으로 분양이 양호한 용인 신봉·동천·죽전·동백 4개 지구
공동주택지를 판매하면서 남양주 호평·평내·마석 3개 지구 공동주택지를 매
입하는 자에게 용인 신봉·동천·죽전·동백 4개 지구 공동주택지의 매입우선
권을 주는 방식으로 연계판매를 실시하였고, 1999. 9.에서 2000. 9. 사이에
남양주 호평·평내·마석 3개 지구의 공동주택지를 매입한 현대산업개발 주식
회사 등 7개 회사에게 인기 지구인 용인 신봉·동천·죽전·동백 4개 지구의
공동주택지를 판매하였다.

　이에 대하여 공정거래위원회는 한국토지공사의 행위가 거래상대방에게 선
호되는 상품을 그렇지 않은 상품의 판매에 연계한 것이고, 따라서 끼워팔기로
서 거래강제에 해당하는 것으로 판단하였다.[100] 피심인인 한국토지공사가 이
에 불복하여 제기된 소송에서도, 원심인 고등법원은 끼워팔기 부분에 한하여
공정거래위원회의 판단을 지지하였고,[101] 대법원 역시 고등법원의 판결을 유
지하였다.[102] 특히 대법원 판결에서 주목할 부분은 끼워팔기의 부당성 판단
에 관한 것인데, 동 판결에 의하면 끼워팔기의 부당성은 "종된 상품을 구입하
도록 한 결과가 상대방의 자유로운 선택의 자유를 제한하는 등 가격과 품질
을 중심으로 한 공정한 거래질서를 저해할 우려가 있는지 여부에 따라 판단
하여야 한다." 나아가 동 판결은 이러한 관점에서 공공부문 택지개발사업의
40% 이상을 점하고 있는 한국토지공사의 연계판매에 대하여 선호되지 않는
토지를 매수할 수밖에 없는 구속적 상황이 존재하고 있음을 지적하고 있다.

　이상의 공정거래위원회의 심결과 대법원의 판결에 대하여, 끼워팔기의 부
당성 판단이 경쟁제한성이 아니라 '거래상대방의 선택의 자유'에 치중하고
있음을 비판하는 견해가 있다.[103] 그러나 앞에서 논의한 것처럼, 불공정거래

---

100) 공정위 2001. 4. 2. 의결 제2001-045호.
101) 서울고법 2004. 2. 10. 선고 2001누16288 판결.
102) 대법원 2006. 5. 26. 선고 2004두3014 판결.
103) 이호영, 주 2)의 책, 255면. 특히 동 견해는 동 판결의 태도가 소비자의 편익을

330 제1편 독점규제법

행위로서 끼워팔기의 부당성을, 경쟁제한성 측면에서 뿐만 아니라 거래의 공정성 내지 소비자 선택의 제한 등 소비자 이익 침해의 관점에서 구성하는 것에 법리적 의문은 없으며, 사안에 따라서 후자의 관점이 보다 유력하게 작용하는 경우를 충분히 상정할 수 있다. 오히려 동 판결에서 의미 있는 부분은, 피심인인 한국토지공사의 연계판매의 강제성을 인정함에 있어서 시장지배력과 같은 요소에 의존하지 않고,104) 거래상대방이 매수에 응할 수밖에 없는 상황에 대한 구체적이고 개별적인 분석에 기초하고 있다는 점이며, 이 경우에 부당성 판단은 경쟁제한성이 아닌 소비자 이익직 측면에 근거할 가능성이 크다. 이러한 점은 불공정거래행위로서 끼워팔기를 규제함에 있어서 시장지배적 지위남용에 대비되는 고유한 특성으로 이해할 수 있다.

3) 사원판매

(1) 의의

가. 사원판매의 의의와 규제의 법적 근거

독점규제법상 사원판매는 법 제23조 제1항의 부당하게 경쟁자의 고객을 자기와 거래하도록 강제하는 행위로서(3호) 규제된다. 구체적으로 시행령 <별표 1> 제5호 나목은 부당하게 경쟁자의 고객을 자기와 거래하도록 강제하는 행위의 하나로서 "부당하게 자기 또는 계열회사의 임직원으로 하여금 자기 또는 계열회사의 상품이나 용역을 구입 또는 판매하도록 강제하는 행위"를 규정하고 있다.

증대시킬 개연성이 큰 효율적 결합판매까지 금지할 우려가 있다고 보고 있다.
104) 동 판결에서 대법원은 "끼워팔기에 해당하기 위하여는 주된 상품을 공급하는 사업자가 주된 상품을 공급하는 것과 연계하여 거래 상대방이 그의 의사에 불구하고 종된 상품을 구입하도록 하는 상황을 만들어낼 정도의 지위를 갖는 것으로 족하고 반드시 시장지배적 사업자일 필요는 없다"고 보고 있다.

나. 불공정거래행위로서 사원판매의 구체적 요건

사원판매는 자기 또는 계열회사의 임원 및 직원에게 판매 등의 행위가 강제되는 경우이다. 한편 영업사원의 경우 판매에 대한 계약상의 의무가 전제되는 관계에 있으므로, 규제대상에서 제외되는지에 대한 문제제기가 가능하다. 그러나 공정거래저해성의 관점에서 규정된 법문의 취지로 보아 영업사원이라고 해서 동법의 적용대상에서 제외된다고 보기 어려우며, 판례의 입장도 같은 것으로 이해된다.[105] 다만 영업사원인 경우에는 강제성이나 부당성 판단에 있어서 특별한 고려가 가능할 것이다.

사원판매에 해당하기 위해서는 자기 또는 계열회사의 상품이나 용역이 거래 대상이 되어야 한다. 계열회사의 상품 또는 용역도 포함된 것은, 이해관계를 같이하는 기업집단 내에서 사원판매에 해당하는 행위가 나타날 수 있는 현실을 반영한 것으로 보인다.

구입은 사원이 직접 구입하는 것을 말하며, 판매는 사원이 판매의 주체가 되는 경우를 말한다. 구입 또는 판매가 연계되는 경우도 상정할 수 있는데, 예를 들어 사원에 대한 일정한 판매량의 할당이 당해 사원에 의한 구입을 묵시적으로 요구하는 것일 수 있다.

또한 거래강제로서 사원판매에 해당하기 위해서는 임원 및 직원에게 자기 또는 계열회사의 상품 또는 용역의 구입 또는 판매가 강제되어야 한다. 이때 거래강제의 상대방은 원칙적으로 직접 거래의 상대방이 되는 자를 의미하며, 대법원의 판결도 동일한 입장에 있다.[106] 또한 사원판매에 해당하기 위해서는 강제가 있는 것만으로 충분하며, 실제 구입 또는 판매가 이루어질 필요는 없다.

구입 또는 판매가 강제된다는 것은 거래 상대방의 '선택의 자유'를 침해하는 것을 의미한다. 이에 관하여 대법원은 신문사의 신규 구독자 확장행위에

---

105) 대법원 2001. 2. 9. 선고 2000두6206 판결 등 참조.
106) 대법원 1998. 3. 27. 선고 96누18489 판결 참조.

관한 판결에서, 강제성이 인정되기 위해서 "사업자가 그 임직원에 대하여 직접 자기 회사 상품을 구입하도록 강제하거나 적어도 이와 동일시할 수 있을 정도의 강제성을 가지고 자기 회사 상품의 판매량을 할당하고 이를 판매하지 못한 경우에는 임직원에게 그 상품의 구입부담을 지우는 등의 행위가 있어야만 하는 것이고, 단지 임직원들을 상대로 자기 회사 상품의 구매자 확대를 위하여 노력할 것을 촉구하고 독려하는 것만으로는 부족하다"고 보았으며, "당해 신문사가 '창간 73주년 기념 가족확장대회'라는 이름 아래 자사 및 계열회사의 임직원 1인당 5부 이상 신규 구독자를 확보하도록 촉구하고, 각 부서별로 실적을 집계하여 공고하는 한편 판매목표를 달성한 임직원에게는 상품을 수여하는 등의 신규 구독자 확장계획을 수립 시행한 것이 사원에 대한 강제판매행위에 해당하지 아니한다"고 판단하였다.107)

대법원의 판례에 의하면, 사원판매에서의 강제성 판단에 있어서 '불이익 제공 여부'는 핵심적 표지에 해당한다.108) 불이익의 제공은 거래 주체의 선택의 자유를 침해한다는 점에서 강제성 판단의 핵심적 기준이 되며, 예를 들어 우수한 판매실적자에게 일정한 이익을 제공하는 경우나 단순한 구입이나 판매의 권장의 경우처럼 불이익의 제공이 없었다면 당해 행위의 강제성은 부인될 것이다.109)

불이익 제공은 제반 사정을 종합적으로 고려하여 실질적으로 판단되어야 하며, 직접적인 경제적 불이익이나 신분상 지위의 불안 등이 모두 포함된다. 판매 요구를 수행한 정도를 인사고과에 반영하는 것은 불이익 제공의 대표적인 예에 해당한다.

---

107) 대법원 1998. 3. 27. 선고 96누18489 판결.
108) 대법원 1998. 5. 12. 선고 97누14125 판결.
109) 예로 든 경우에도 실질적인 의미에서 불이익 제공으로 평가될 수 있는 가능성은 있다.

다. 사원판매의 부당성

사원판매에 해당하는 것으로 인정되는 경우에, 당해 행위의 부당성이 검토되어야 한다. 이때의 부당성 판단은 거래당사자의 거래상의 지위 내지 법률관계, 상대방의 선택가능성·사업규모 등의 시장상황, 그 행위의 목적 및 효과, 관련 법규의 특성 및 내용 등의 사정을 종합적으로 고려하여 그 행위가 공정하고 자유로운 경쟁을 저해할 우려가 있는지의 여부에 따라서 이루어진다.[110]

한편 사원판매의 부당성 조각과 관련하여, 사원이 사업자와의 계약관계에 기초하여 부담하고 있는 의무의 내용도 고려되어야 한다. 전술한 것처럼 사원판매가 강제되었던 사원이 판매업무나 판매업무에 실질적인 관련성이 있는 업무에 종사하고 있는 경우라면, 계약관계에 기초하여 일정한 구속이 전제되어 있는 사원지위의 특성상 당해행위의 부당성은 부정될 가능성도 있다.

반면에 당해 사원이 판매업무와 실질적인 관련이 없는 업무에 종사하고 있는 경우라 하더라도, 강제행위가 언제나 부당한 것은 아니다. 이 경우에도 당해 산업과 상품의 특성, 시장구조 및 당해 행위가 이에 미치는 영향, 일반적인 판매방식 그리고 당해 사업자의 경영상황 등이 종합적으로 고려되어야 한다.

우선 당해 산업이나 상품이 신생산업이거나 당해 사업자가 신규사업자일 경우에는, 상품에 대한 인지도를 제고하고 상품에 대한 정보를 제공한다는 차원에서 사원에 대한 판매의 강제가 어느 정도 허용될 수 있을 것이다. 또한 당해 상품의 판매방식도 중요한 고려요소인데, 당해 산업에서 유통업자를 매개로 하지 않는 직접판매방식이 일반적인 판매방식일 경우에 사원에 대한 판매의 요구의 범위는 좀 더 확장될 수 있을 것이다. 끝으로 당해 사업자의 경영상태가 악화되어 비상적인 업무수행이 불가피한 경우도 고려대상이 된다.

---

110) 대법원 1998. 9. 8. 선고, 96누9003 판결.

(2) 심결분석

공정거래위원회는 2002년 10월 31일 전원회의의 의결로서,[111] (주)KT의 사원판매에 의한 거래강제행위를 금지하고, 심결처분 사실의 공표와 20억원의 과징금의 납부를 명하였다. 이에 대하여 (주)KT는 이의신청을 제기하였지만, 2003년 6월 3일의 의결을 통하여[112] 고객서비스과를 영업부서로 판단하여 부당한 사원판매의 범위를 일부 축소한 것 외에는 원 심결의 결정을 유지하였고, 이러한 축소에 따라서 과징금 부과액을 18억으로 조정하였다.

당해 사건에서 공정거래위원회는 1) 2002년 피씨에스 매출목표를 달성하기 위해 비영업직 직원에게 개인별로 7대~27대의 연간판매목표를 설정한 사실, 2) 피씨에스 판매를 강제하기 위해 영업부서장뿐만 아니라 비영업부서장에 대해 피씨에스의 판매목표 달성실적을 인사고과에 반영하는 방법으로 판매부진 부서장에게 상대적인 인사상 불이익을 부과한 사실, 3) 비영업직 직원들의 피씨에스 판매를 강제하기 위해 단말기를 가개통하는 방법을 사용한 사실, 4) 피씨에스 판매를 강제하기 위해 목표미달부서를 중심으로 집중판매기간을 연장하거나, 판매부진부서 과장에게 할당된 목표달성 대책을 작성하게 하게 한 사실, 5) 직원들이 특별판매기간 판매목표를 달성하기 위해 특별판매기간 종료일에 집중적으로 자기명의로 피씨에스를 가입한 후 실제 사용하지 않으면서 기본요금만 납부한 사실, 6) 직원들이 개인에게 부여된 판매목표를 달성하기 위해 기존에 자신이 사용하던 피씨에스를 해지한 후 재개통하거나 개통 후 해지하는 행위를 실행한 사실을 확인하고, 이에 근거하여 사원판매가 강제되었음을 인정하였다.

공정거래위원회는 1) 공정한 경쟁이란 사업자간에 저렴한 가격·품질·서비스를 통해 경쟁이 이루어지는 것을 의미하는 바, 회사의 우월한 지위를 바탕으로 회사의 지시를 거부할 수 없는 임직원에 대하여 임직원의 자유의사에

---

111) 2002. 10. 31. 공정위 의결, 2002경촉0940.
112) 2003. 6. 3. 공정위 의결, 2002심일1862.

관계없이 강제적인 사원판매를 통해 시장점유율을 확대하는 것은 공정한 수단에 의한 경쟁이 아니라는 점, 2) 피심인의 판매강제행위에 의해 상품을 구매하는 소비자의 측면에서 보면, 피심인과의 고용관계나 피심인 직원과의 인간관계 때문에 본인의 구매의사에 반하는 구매를 하게 되어, 개별 소비자의 후생을 감소시키고 가격·품질·서비스의 비교를 통한 합리적 구매를 저해할 우려가 있다는 점 등에 근거하여 당해 행위의 부당성을 인정하였다.

피심인은 1) 피심인 본사가 피씨에스 판매목표를 개인별로 할당하는 행위나 상품판매실적을 승진심사 등의 인사에 반영하는 행위를 금지하는 지침을 시달하였고, 2) 사원판매 강제행위는 일부 지사에서만 발생한 행위라고 주장하였으나, 공정거래위원회는 1)에 대해서는 별도의 판단 없이 인사고과에의 반영이 이루어졌음을 확인하였고, 2)에 대해서는 당해 사원판매 강제행위는 전국적으로 발생하였다고 판단하면서, 피심인의 주장을 받아들이지 않았다.

우선 사실인정의 문제와 관련하여, 공정거래위원회는 위에서 언급한 1)에서 6)까지의 사실에 기초하여 당해 행위가 사원판매의 강제행위라는 점을 인정하였다. 그러나 기초사실 중에서, 신문사의 신규 구독자확장 행위에 대한 대법원의 판결에서도 나타난 바 있는 것처럼, 1)의 판매목표설정 행위나 4)의 판매기간의 연장 또는 목표달성 대책의 마련을 요구한 것 등은 그 자체로 사원판매의 강제행위의 근거가 될 수 없다. 또한 공정거래위원회는 피심인이 판매목표의 개인별 할당이나 인사고과에의 반영을 금지하는 지침을 발한 것에 관한 판단을 하지 않았는데, 이러한 행위는 사원판매의 강제성 판단에 있어서 중요한 판단요소에 해당하므로 이에 관한 판단을 하지 않은 것에 대한 문제제기가 가능할 수 있다.

부당성 판단과 관련하여, 공정거래위원회가 공정 경쟁의 관점에서 임직원과 거래의 상대방인 소비자의 합리적인 선택을 침해한다는 점에 근거하여 부당성을 인정한 것은 일응 타당한 것으로 보여진다. 그러나 대법원 판결이 지적한 것처럼, 불공정거래행위로서 사원판매의 부당성 판단은 거래당사자의 거래상의 지위 내지 법률관계, 상대방의 선택가능성·사업규모 등의 시장 상황, 그 행위의 목적 및 효과 등이 종합적으로 고려되어 이루어져야 한다.

또한 사원판매에 있어서 특수한 요소, 즉 당해 산업과 상품의 특성, 판매 방식 그리고 당해 사업자의 경영상황 등도 고려되어야 한다. 동 사안에서 보면, (주)KT는 과거 공기업 형태로 존재하다가 2002년에 이르러 완전한 민영화를 이루었다는 특수한 상황에 대한 이해가 요구된다 할 것이다. 따라서 민영화 이전에, 특히 주식회사로의 전환되기 이전에 당해 사업자의 운영에는 공기업적 특성이 상당부분 존재하였으며, 조직 내에 판매부서의 분화가 구체화되지 않은 상황에 있었다. 이러한 점에서 공기업적 특성이 없는 일반 사업자에게 적용될 수 있는 사업부서의 획정이 당해 사안에 바로 적용될 수 있는지를 검토할 필요가 있을 것이다. 또한 (주)KT가 이동전화 서비스 사업에 1998년부터 진입한 신규사업자이고, 2002년 5월 가입자대비 시장점유율이 4.2%에 지나지 않으며, 직원에 의한 개별판매방식을 통한 재판매사업을 영위하고 있다는 점 등이 부당성 판단에 있어서 구체적으로 고려될 여지가 있는 것으로 생각된다.

4) 기타의 거래강제

(1) 의의

시행령 <별표 1> 제5호 다목에 의하면, '기타의 거래강제'는 "정상적인 거래관행에 비추어 부당한 조건 등 불이익을 거래상대방에게 제시하여, 자기 또는 자기가 지정하는 사업자와 거래하도록 강제하는 행위"를 말한다.

기타의 거래강제는 그 표제가 의미하듯이, 끼워팔기나 사원판매에 해당하지 않는 나머지의 거래강제를 포괄하는 것으로 이해된다. 즉 동 규정은 '불이익을 거래상대방에게 제시하여 거래상 강제하는 것'과 같은 일반적 표지를 제시하고 있다. 여기서 강제의 의의는 당연히 거래강제의 일반적 의의에 따르며, 불이익의 내용은 끼워팔기나 사원판매에 의한 불이익을 제외한 다른 형태의 불이익을 그 대상으로 할 것이다.

(2) 심결분석

기타의 거래강제로서 공정거래위원회에 의하여 규제된 대표적 사례로서 (주)대우건설 사건이 있다.[113] 동 사건에서 (주)대우건설은 아파트를 분양함에 있어서 피심인인 (주)대우건설이 연대보증한 대출을 이용한 분양세대로 하여금 소유권 이전 및 근저당권 설정 등의 등기업무를 피심인이 지정한 법무사에게만 위임하도록 하였다. 즉 피심인은 분양세대에게 발송한 아파트 입주 안내문에 대출세대의 경우 반드시 지정법무사에게 등기업무를 위임토록 하는 사항을 명시하였고, 이를 이행한 대출세대에 대해서만 입주증을 발급한다고 공지하였다.

이에 대하여 공정거래위원회는 등기업무를 위임할 법무사를 자유롭게 선택할 수 있는 권리가 제한되며, 또한 부동산 등기서비스 시장의 참여를 제한함으로써 공정한 경쟁을 침해한다는 점에서 위법한 것으로 판단하였다. 또한 지정법무사에 대한 등기업무의 위임이 업계관행이라 하더라도, 시공사 위주의 업무편의를 위한 것에 불과하므로 정상적인 거래관행으로 보기 어렵다고 보았다.

피심인의 항변과 관련하여 대출은행이 제1순위 근저당권 설정등기를 경료하기 전까지 연대보증 책임이 있으며, 동 설정등기가 이루어진 경우에는 연대보증 책임이 소멸하여야 하는 바, 업무처리의 잘못으로 연대보증 책임이 존속하게 되는 위험을 최소화하기 위하여 등기업무의 지정제도가 필요하다는 것에 관하여, 이와 같은 위험은 다른 제도를 통해서도 충분히 대비할 수 있으며, 따라서 등기업무를 지정하는 방식이 불가피한 것으로 보기는 어렵다고 보았다. 항변사유 중 유력하였던 것은, 소비자 후생과 관련된 것이었다. 즉 지정법무사의 수수료는 대한법무사협회에서 정한 보수표상 기준금액의

---

113) 공정위 2006. 10. 10. 의결 2006서경0031.

60% 이하에 불과하다는 점에 근거하여 등기업무를 지정하는 시스템이 오히려 소비자 후생의 증대를 가져왔다는 지적이 있었다. 이에 대하여 공정거래위원회는 수수료가 경쟁에 의하여 결정될 경우에 그 수수료가 지정법무사의 수수료보다 낮을 수 있다는 점에 근거하여 받아들이지 않았다.

동 사건의 사실관계는 피심인인 (주)대우건설이 자신이 연대보증한 대출세대에게 부동산 등기서비스를 지정한 법무사에게서 제공받도록 강제한 것을 내용으로 한다. 따라서 주상품의 판매나 사원으로서의 인적관계와 무관하게 강제가 이루어지고 있다는 점에서 기타의 거래강제에 전형적으로 해당하는 사건이라 할 수 있다. 동 사건에서 공정거래위원회는 소비자 선택의 제한의 측면에서 뿐만 아니라, 부동산 등기서비스 시장에의 진입제한이 될 수 있다는 측면도 포함하여 종합적인 고려를 행하고 있으며, 이는 불공정거래행위로서 거래강제의 성격에 비추어 타당한 접근방식이라 할 것이다. 또한 업계의 관행과 관련하여 법무사 지정제도가 일방의 편의를 위한 것으로서 징상직 거래관행으로 볼 수 없다는 판단은 주목할 만한 것이다. 즉 정상적 거래관행의 판단과 관련하여, 그 관행이 어느 일방에게만 이익이 되거나 또는 불균형적으로 기여하는 경우에 정상성을 인정하기 어렵다는 공정거래위원회의 입장을 보여주는 것으로 생각된다.

6. 거래상 지위의 남용

1) 의의

(1) 거래상지위의 의의와 입법취지

거래상 지위의 남용이라 함은 자기의 거래상의 지위를 부당하게 이용하여 상대방과 거래하는 행위를 말한다(법 23조 1항 4호).

동 규정의 취지와 관련하여 유사한 규정을 두고 있는 일본의 경우, 전술한 것처럼 우월적 지위의 남용의 입법취지를 자유경쟁의 기반을 침해하는 것을 방지하는 것에서 구하고 있다. 이는 불공정거래행위로서 거래상 지위의 남용에 있어서도 원용 가능한 것으로 생각되며, 「불공정거래행위 심사지침」은 "사업자가 거래상 우월한 지위가 있음을 이용하여 열등한 지위에 있는 거래상대방에 대하여 일방적으로 물품 구입강제 등 각종 불이익을 부과하거나 경영에 간섭하는 것은 경제적 약자를 착취하는 행위로서 거래상대방의 자생적 발전기반을 저해하고 공정한 거래기반을 침해하므로 금지된다"고 규정함으로써, 이러한 이해를 반영하고 있다.

이러한 이해에 기초하여 볼 때, 여기서 거래상 지위는 시장지배적 지위와 같은 정도의 지위를 의미하는 것은 아니며, 최소한 상대방의 거래활동에 상당한 영향을 미칠 수 있는 지위로서 그 상대방과의 관계에서 상대적으로 결정된다. 따라서 거래상대방에 영향을 미칠 수 있는 우월한 지위가 있는지 여부의 판단은, 영향을 미칠 가능성에 관한 종합적인 고려에 의하여 이루어져야 한다.[114]

거래상 지위의 남용을 구체화함에 있어서 시행령 <별표 1>은 구입강제, 이익제공강요, 판매목표강제, 불이익제공, 경영간섭 등의 행위의 유형을 제시하고 있다.

(2) 민사행위 등과의 구별

거래상 지위의 남용과 관련하여 「불공정거래행위 심사지침」은 민사행위 등과의 구별에 관하여 규정하고 있다(6. (2)). 동 규정 중 첫 번째에 의하면, 우선 거래개시 단계에서 거래상대방에게 선택의 기회가 주어졌다면, 당해 거

---

[114] 우월적 지위 여부를 판단하기 위하여, 당사자가 처한 시장상황, 당사자 간의 종합적인 사업능력의 격차, 거래의 대상이 되는 상품 및 서비스의 특성 등을 판단 기준으로 제시하고 있는 것으로서, 이호영, 주 2)의 책, 262면 참조.

래는 거래상 지위남용으로서 규제되지 않는다. 이는 사적자치의 원칙상 당연한 규정으로서, 자율적 선택에 의한 거래에 불공정거래행위로서 개입할 여지는 없다. 그러나 이때 선택의 기회는 실질적인 것이 되어야 하며, 그 판단은 거래가 이루어지는 종합적인 상황에 근거하여야 한다.

거래계속의 과정에서 제기될 수 있는 거래상 지위남용과 관련하여, 동 심사지침은 거래상 지위가 전제될 경우에만 불이익의 부과가 의미가 있다는 점을 밝히고 있으며, 이 역시 우월적 지위를 요건으로 하는 거래상 지위남용의 규제체계에 비추어 당연한 것이라 할 수 있다.

끝으로 권리의무의 귀속이나 법률관계의 확정에 있어서 의사표시나 법령의 해석의 문제는 '거래상 지위의 남용'에서 다루어지는 문제가 아님을 분명히 하고 있다. 물론 남용석 행태로 인하여 의사표시 자체의 하자가 초래될 경우에, 거래상 지위남용으로서의 규제와는 별개로 사법적 효과가 부인될 수 있다. 또한 민법 제103조의 '선량한 풍속 기타 사회질서'와 관련하여 공정한 거래질서를 사회질서의 한 내용으로 이해할 경우에,[115] 거래상 지위남용에 해당하는 법률행위의 무효를 상정할 수도 있다. 그러나 이러한 관련성에도 불구하고, 의사표시나 법령의 해석은 私法의 고유한 관점에서 이루어지는 것이며, 독점규제법상의 판단은 그 이후의 문제이다. 결론적으로 의사표시 등의 해석은 독점규제법상 위법성 판단의 전제가 되는 것이며, 보다 엄밀히 사실관계를 규범적으로 확정하는 의미를 갖지만, 그러한 확정 자체는 사법상의 법리에 의하여 이루어지는 것이라 할 수 있다.

최근 한국전력공사의 거래상 지위남용행위 사건은 이러한 판단과정의 적절한 예를 보여주고 있다. 당해 사건에서 피심인인 한국전력공사는 송·배전 관련 공사 또는 용역 발주 계약을 이행하는 과정에서 공사지연배상금을 미지급하거나 기성금 및 준공금의 지연이자를 미지급하였다. 공정거래위원회가 한국전력공사 행위의 위법성을 판단하는 과정에서 쟁점이 되었던 것은,

---

115) 곽윤직 편, 민법주해[Ⅱ]-총칙(2), 박영사, 1996, 219~219면 참조.

공사지연배상금이나 지연이자의 발생이 수급인과의 계약에서 청구권 발생의 근거로 규정된 '책임 있는 사유'에 의한 것인지, 또한 계약체결 시에 지연배상금 등의 지급을 하지 않는 것에 대한 합의가 있었는지에 관한 것이었다. 즉 한국전력공사의 미지급행위에 대한 계약상의 근거가 제시될 수 있는지 여부는, 이에 기초한 부당성 판단에 결정적인 의미를 갖는다. 이에 관하여 공정거래위원회는 공사지연은 한국전력공사의 책임 있는 사유에 의한 것으로 보고, 또한 지연배상금이나 지연이자의 미지급에 대한 합의를 인정할 수 없다는 전제 하에서, 피심인의 행위가 거래상 지위남용행위에 해당하는 것으로 판단하였다.116) 이러한 판단은 동 심결의 항고소송에 대한 고등법원의 판결에서도 유지되었는데,117) 특히 계약서 및 관련 법령내용 등의 해석에 관하여 다투는 것 자체가 정상적인 거래관행 등에 비추어 정당하여 순수한 민사상의 분쟁에 불과하다고 인정되는 경우가 아닌 한, 그러한 다툼은 공정한 거래질서를 저해하는 것이라 할 것이므로 공정거래법의 적용대상이 된다고 본 것은, 의미 있는 지적이라 할 것이다. 즉 동 판결의 취지에 비추어 민사상의 문제로서 해석상 다툼이 있는 경우 이에 대한 판단은 민사법의 영역에서 이루어져야 하는 것이지만, 이러한 경우가 아니라면 독점규제법의 적용을 배제할 수는 없다.

종합한다면, 피심인이 체결한 계약의 의미를 해석하는 것은 *私法的*인 판단 과정이며, 이 기초 위에서 당해 행위의 부당성 판단이 이루어진다. 전술한 「불공정거래행위 심사지침」의 규정은 이와 같은 *私法的*인 판단과정에 독점규제법의 적용을 배제하는 것일 뿐이며, 명확하게 확정된 계약에 대한 독점규제법적 부당성 판단을 제한하는 것으로서, 동 규정의 취지를 이해할 수는 없다.

---

116) 공정위 2007. 2. 26. 의결 2006거감2363.
117) 서울고법 2007. 9. 5. 선고 2007누9046 판결.

2) 구입강제

(1) 의의

시행령 <별표 1> 제6호 가목에 의하면, 구입강제는 "거래상대방이 구입할 의사가 없는 상품 또는 용역을 구입하도록 강제하는 행위"를 말한다.

동 규정에서 구입할 의사의 존부는 구입강제를 인정함에 있어서 핵심적 표지에 해당한다. 당연히 구입의사의 존부 판단은 실질적으로 이루어져야 하며, 따라서 거래상 지위의 유무에 대한 판단이 중요한 의미를 갖는다. 「불공정거래행위 심사지침」에 의하면, "거래상 지위 유무는 대체거래선 확보의 용이성, 사업자에 대한 수입 의존도, 사업자의 업무상 지휘감독권 여부, 거래대상인 상품 또는 용역의 특성 등을 종합적으로 고려하여 판단한다." 특히 대체거래선 확보의 용이성과 관련하여 시장구조를 반영하는 대체탄력성 내지 전환가능성와 같은 시표도 의미가 있지만, 상대적 관점에서 거래상 지위를 판단한다는 점을 전제할 때, 구체적 상황에서 거래의 대체가 실질적으로 가능한 것인지에 관한 개별적 검토가 요구된다.

구입강제의 부당성 판단과 관련하여, 「불공정거래행위 심사지침」은 거래상대방의 선택 제한의 관점에 입각하고 있으며, 거래상대방의 예측가능성, 통상적 거래관행, 거래상대방의 피해 발생 여부 등을 기준으로 제시하고 있다. 그러나 구입 강제는 경쟁사업자의 거래 기회를 배제하는 효과를 갖게 되며, 따라서 경쟁제한성 측면에서 부당성을 고려할 여지가 전혀 없는 것은 아니다.

(2) 심결분석

초기 사례로서 (주)아이가 자기의 대리점인 36개 전문점에 대하여 각 전문점이 주문하지도 않은 NUK용품 및 화장품 등을 임의로 공급한 사건이 있다. 이에 대하여 공정거래위원회는 주문하지도 않은 상품을 일방적으로 공급

한 행위는 자기의 거래상 우월적 지위를 이용하여 거래상대방이 구입할 의
사가 없는 물품을 구입토록 사실상 강제한 구입강제 행위임을 인정하여 이
들 행위에 대해 시정명령을 내렸다.[118]

최근의 사례로서 남양유업(주)의 거래강제 사건이 있다.[119] 특히 동 사건
에서 피심인의 행위는 대리점이 주문한 수량에 대하여 초과공급을 한 것이
었으며, 국내 유가공산업의 치열한 경쟁 상황에서 발생한 것이다.[120] 당해
사건은 약식절차로 진행됨으로써 거래상 우월적 지위나 부당성 등에 대한
상세한 검토가 이루어지지 않았지만, 문제가 된 행위는 제조업자의 치열한
경쟁상황에서 연유한 것으로 보이며, 따라서 거래상 우월적 지위의 남용과
관련하여 산업구조나 유통구조 등에 대한 분석이 필요함을 보여주는 사례라
할 수 있다.

3) 이익제공강요

(1) 의의

시행령 <별표 1> 제6호 나목에 의하면, '이익제공강요'는 "거래상대방에
게 자기를 위하여 금전, 물품, 용역 기타의 경제상 이익을 제공하도록 강요
하는 행위"를 말한다.

앞에서 논의한 거래강제의 경우와 마찬가지로, 비자발적인 이익제공의 강
요와 관련하여 거래상 지위의 유무가 중요한 의미를 가지며, 이에 대한 판단
역시 대체적으로 동일한 기준에 의한다.

---

118) 공정위 1994. 2. 2. 의결 제94-12호.
119) 공정위 2006. 12. 6. 의결 2006서경1597.
120) 국내 유가공산업에서 상위 5개 사업자의 시장점유율은 서울우유협동조합 19.1%,
    (주)한국야쿠르트 17.5%, 남양유업(주) 15.2%, 매일유업(주) 13.6%, (주)롯데햄롯
    데우유 12.6%로 분포하고 있다.

(2) 심결분석

초기 사례로서 재단법인 천주교 서울대교구 유지재단에 관한 사건이 있다. 동 재단은 포교구료, 자선사업, 교육사업 등을 실시하기 위하여 설립·운영되는 재단법인으로서 카톨릭대학교 의과대학 소속의 8개 소속병원을 통하여 의료사업을 영위하고 있으며, 이들 소속병원은 직영약품 도매상을 통하여 국내 제약업체들로부터 수의계약 방식으로 약품을 간접구입하였다. 피심인은 약품거래에 관련하여 동아제약 등 13개 제약회사로부터 기부금을 제공받아 이를 재단에 전입하고, 또한 재단소속 병원들은 보험삭감 보상금을 제공받았다. 이에 대하여 공정거래위원회는 피심인의 이러한 행위는 자기의 거래상 우월적 지위를 이용하여 피심인이 보험삭감액에 상당하는 경제적 손실의 보상을 이들 제약업체에게 전가시킨 행위로서, 정상적인 거래관행에 비추어 부당하게 경제적 이익을 제공받은 행위에 해당된다고 하여 시정명령을 내렸다.[121]

최근의 사례로서 (주)경북케이블티브이방송의 이익제공 강요 사건에 대한 공정거래위원회의 심결은[122] 행위의 인정과 부당성 판단과 관련하여 보다 상세한 검토를 행하고 있다. 피심인인 (주)경북케이블티브이방송은 종합유선방송사업자로서 경북 포항시, 영덕군, 울진군, 울릉군의 방송구역의 유료방송서비스를 제공하고 있었다. 피심인은 자신의 방송설비인 변조기(modulator)를 구입하면서, 구입비용의 일부를 거래상대방인 8개 방송채널사용사업자에게 부담하도록 하였다. 이에 대하여 공정거래위원회는 변조기는 피심인에게 전달되는 비디오 신호를 특정채널로 변환하는 기계장치이며, 피심인의 사업을 영위함에 있어서 필요한 자산이고, 따라서 이것의 구입비용을 거래상대방에게 전가하는 것은 합리성을 결한 것으로서, 부당한 이익제공 강요에 해당하는 것으로 판단하였다.

---

121) 공정위 1994. 3. 3. 의결 제94-37호.
122) 공정위 2006. 3. 28. 의결 2005조일4285.

동 사건에서 피심인과 거래상대방의 관계는, 이른바 종합유선방송사업자(SO; system operator)와 방송채널사용사업자(PP; program provider)의 관계로서 특징지을 수 있다. 대개 지역적으로 독과점적 지위를 갖는 SO에 비하여 PP는 사건 당시 187개 사업자에 이르고 있으며, 방송채널을 사용하지 않는 한 사업을 영위할 수 없는 상황에서 SO는 PP에 대하여 거래상 우월한 지위를 갖고 있는 것으로 볼 수 있으며, 이러한 구조는 당해 사건에서도 동일하게 적용된다. 공정거래위원회는 이와 같은 SO와 PP의 일반적 관계를 넘어서 당해 관련시장에서의 구체적인 상황을 분석하고 있다. 특히 피심인의 시장지배적 지위를 검토하고 있는 것은 주목할 만하다. 즉 피심인은 관련시장(방송구역)에서 31%의 시장점유율 그리고 경쟁사업자인 (주)한국케이블티브이포항방송은 64%의 시장점유율을 차지하고 있었고, 이들의 시장점유율 합은 95%로서 독점규제법 제4조의 시장지배적 지위의 추정 조건을 충족한다. 공정거래위원회는 이러한 시장점유율에 의한 추정 등에 의하여 피심인의 시장지배적 지위를 인정하고, 이를 거래상 지위의 근거로 삼고 있다.

물론 거래상 지위남용행위의 규제에 있어서 시장지배적 지위남용행위의 분석 방식을 곧바로 원용하는 것은, 양 규제의 목적과 법적 성격의 차이를 전제할 경우에 타당한 접근방식이라 할 수 없을 것이다. 그러나 적어도 거래상 우월적 지위를 인정함에 있어서 시장지배적 지위 역시 유력한 근거가 될 수 있으며, 그 한도에서 시장지배적 지위의 분석은 의미를 가질 수 있다.

4) 판매목표강제

(1) 의의

시행령 <별표 1> 제6호 다목에 의하면, '판매목표 강제'는 "자기가 공급하는 상품 또는 용역과 관련하여 거래상대방의 거래에 관한 목표를 제시하고 이를 달성하도록 강제하는 행위"를 말한다.

판매목표의 강제 역시 거래상 지위남용의 한 유형으로서, 거래상 지위의
유무에 관한 판단이 결정적인 의미를 갖는다. 한편 「불공정거래행위 심사지
침」은 강제 여부를 판단함에 있어서 목표의 과다는 문제가 되지 않는다고
기술하고 있다. 그러나 여기서 강제는 거래상 지위와 관련되어 실질적으로
판단하는 것이고, 따라서 목표가 수월하게 달성될 수 있는 수준이라면, 실질
적 의미에서 강제성이 부인될 수도 있다. 또한 목표의 과다가 부당성 판단에
영향을 미칠 수 있다는 점에도 주의를 요한다. 계약자유의 원칙상 사업자는
계약상대방 선택의 자유와 계약내용 결정의 자유를 갖게 되며, 제시된 목표
가 시장 상황 등을 고려하여 합리적으로 결정된 수준이라면, 목표를 달성하
지 못한 거래상대방과의 거래관계의 종료가 계약자유의 범위 내에서 긍정될
수도 있다.

(2) 심결분석

올림푸스한국(주) 사건은 거래상 지위의 남용으로서 판매상 목표 강제의
전형적인 양상을 보여주고 있다. 올림푸스한국(주)은 '기타제품판매대리점계
약'에서 (주)중외메디칼에게 2004. 7. 1.부터 2005. 3. 31.까지의 기간 중 서
울 등 6개 지역에서 외과 의료제품·내시경 처치구 등의 기타제품을 독점적
으로 판매할 수 있는 권리를 부여하면서, 32억원의 연간 목표구매액을 설정
하고, 이를 달성하지 못할 경우에는 계약을 해지하도록 하였으며, 2005. 7.
22. (주)중외메디칼이 판매목표를 달성하지 못하였음을 이유로 '기타제품판
매대리점계약'을 종료시키고 (주)중외메디칼에 대한 제품공급을 중단하였다.
이에 대하여 공정거래위원회는 당해 행위가 판매상 목표의 강제로서 거래상
지위의 남용에 해당하는 것으로 보았다.[123]
동 사건은 약식절차에 의하여 진행되었고, 따라서 피심인이 행위사실을
인정하고 시정조치 내용을 수락함에 따라서 추가적인 논의가 이루어지지 않

[123] 공정위 2007. 3. 6. 의결 2006서경1459.

았다. 그러나 정식의 절차를 거친다면, 피심인의 거래상 우월적 지위의 존부, 거래상대방인 (주)중외메디칼의 대체상품으로의 전환 가능성, 그리고 전술한 것처럼 제시된 목표가 합리적인 수준인지 여부 등에 대한 검토가 이루어져 질 필요가 있었다.

5) 불이익제공

(1) 의의

시행령 <별표 1> 제6호 라목에 의하면, 불이익제공은 "가목 내지 다목에 해당하는 행위 외의 방법으로 거래상대방에게 불이익이 되도록 거래조건을 설정 또는 변경하거나 그 이행과정에서 불이익을 주는 행위"를 말한다. 즉 거래상 지위에 기초하여, 앞에서 다룬 구입 강제, 이익제공 강요, 판매목표 강제 이외의 방법으로 불이익을 제공하는 행위가 여기서의 규제 대상이 된다.

이상의 규정 태도에 비추어, 동호 라목의 불이익제공은 거래상 지위의 남용으로서 규정된 구입 강제, 이익제공 강요, 판매목표 강제 이외의 방식으로 불이익을 제공하는 일체를 포괄하는 것으로서, 이른바 '작은 일반조항적' 성격을 갖는다.

(2) 심결 분석

승용차용 타이어의 수입도매업을 영위하는 사업자인 굿이어코리아(주)는 승용차용 타이어를 판매하는 (주)대성산업과 대리점계약을 체결하면서, 1) 대리점계약서에 대리점에게 판매목표를 설정할 수 있도록 규정하여, 3분기 동안 사업목표를 달성하지 못할 경우에는 일방적으로 계약을 해지할 수 있도록 규정하는 한편, 2) 대리점계약서에 하자담보책임의 면책, 현금이외의 결제의 경우에 담보로서 백지어음수표의 제공강제, 원인유무를 불문하고 30일 전의 서면통지에 의한 자유로운 계약해지 등의 조건을 붙여서 거래하였다.

이에 대하여 공정거래위원회는 1)에 대하여는 판매목표강제에, 2)에 대하여는 불이익제공에 해당한다고 보고 시정명령을 내렸다.[124]

전술한 것처럼, 여기서의 불이익제공은 우월적 지위에 기초하여 거래상대방에게 제공되는 불이익 일체를 대상으로 하며, 동 심결은 이러한 의미에서의 불이익 제공 판단이 비교적 용이하게 이루어졌던 사안이라 할 수 있다. 그러나 그 판단이 언제나 명확한 것은 아니다. 이와 관련하여 대법원 판결에 의하여 정립된 판단 기준은 주목할 만한 것이다. 즉 대법원은 불이익 제공 여부의 판단과 관련하여, "문제가 되고 있는 거래조건에 의하여 상대방에게 생길 수 있는 불이익의 내용과 불이익 발생의 개연성, 당사자 사이의 일상거래과정에 미치는 경쟁제약의 정도, 관련 업계의 거래관행과 거래행태, 일반 경쟁질서에 미치는 영향, 관계 법령의 규정 등"을 판단 기준으로 제시하고 있다.[125] 동 판결이 불이익 판단과 관련하여 일반 경쟁질서에 미치는 영향까지 확장하는 것이 타당한 지에 대해서는 논의의 여지가 있다. 물론 경쟁질서의 경직화는 거래 주체에게 부정적인 영향을 미칠 수 있지만, 거래상 지위남용으로서의 불이익 제공은 거래 상대방에게 구체화될 수 있는 것이어야 하며, 추상적·일반적 관점에서 불이익을 파악할 수 있는 경우까지 여기에 포함될 수 있는지에 대해서는 의문이다. 그러나 불이익 제공 판단과 관련하여 종합적인 관점을 시사하고 있는 부분에 대해서는 긍정적인 평가가 가능하다. 실제 일방 당사자에게 불이익한 내용의 거래가 이루어지는 경우에도, 양 당사자가 이러한 불이익을 지속적 거래관계의 틀 안에서 전체적으로 조정할 가능성이 있다. 따라서 불이익 제공의 판단을 개별 거래에 한정할 것은 아니며, 양 당사자의 거래관계나 시장 상황 등을 종합적으로 고려하여야 한다.

한편 민법상 손해배상책임과 관련하여 불이익 제공의 의의를 밝히고 있는 서울특별시 도시철도공사 사건에 대한 대법원 판결도 중요한 의미가 있다.

---

124) 공정위 1994. 6. 21. 의결 94경축166.
125) 대법원 1998. 3. 27. 선고 96누18489 판결.

동 판결에서 대법원은 "거래상대방에게 발생한 불이익의 내용이 객관적으로 명확하게 확정되어야 하고, 여기에서의 불이익이 금전상의 손해인 경우에는 법률상 책임 있는 손해의 존재는 물론 그 범위까지 명확하게 확정되어야 한다"고 판시하였다.[126) 앞에서 논의한 것처럼, 불이익 제공의 부당성 판단의 기초로서 사법적 법률관계가 확정되어야 한다. 이때 법률관계의 확정은 사법의 고유한 관점에서 이루어지는 경우가 많을 것이고, 이 경우에 독점규제법적 관점이 선행할 수는 없다. 이러한 점에서 동 판결의 취지는 타당한 것으로 생각되지만, 동 대법원 판결의 원심판결에서 손해배상책임의 존부와 범위를 가리는 것은 공정거래위원회의 권능범위 밖에 있다고 본 것에는[127) 동의하기 어려운 측면이 있다. 무엇보다 손해배상책임과 같은 사법적 법률관계의 확정에 대한 최종적인 판단 권한이 법원에 있다는 것과 규제기관이 법적용을 하면서 구체적인 법률관계의 의의를 고려하는 것은 별개의 문제이다.

6) 경영간섭

(1) 의의

시행령 <별표 1> 제6호 마목에 의하면, 경영간섭은 "거래상대방의 임직원을 선임·해임함에 있어 자기의 지시 또는 승인을 얻게 하거나 거래상대방의 생산품목·시설규모·생산량·거래내용을 제한함으로써 경영활동을 간섭하는 행위"를 말한다.

(2) 심결분석

공정거래위원회의 규제 사례로서 삼양식품공업(주) 사건이 있다. 동 사건에서 삼양식품공업은 자사 제품의 판매촉진을 위하여 5개 대리점 사업자에

---

126) 대법원 2002. 5. 31. 선고 2000두6213 판결.
127) 서울고등법원 2000. 6. 13. 선고 99누1238 판결.

게 판매차량의 증차를 요구하고, 이에 응하지 않을 경우 대리점을 교체하겠다는 통지를 하였다. 이에 대하여 공정거래위원회는, 판매차량의 증차가 대리점에게도 이익이 될 수 있지만 그 결정은 대리점 사업자의 경영상 고유 권한에 속하는 것이고, 삼양식품공업의 행위는 거래상 우월한 지위를 이용하여 정상적인 거래관행에 비추어 부당하게 거래상대방인 대리점의 경영활동을 간섭하는 행위에 해당하는 것으로 판단하였다.[128]

7. 구속조건부거래

1) 의의

구속조건부거래라 함은 거래상대방의 사업활동을 부당하게 구속하는 조건으로 거래하는 행위를 말한다(법 23조 1항 5호 전단). 이때 거래상대방은 하위 유통업체로서 판매업자인 경우가 보통이지만, 판매업자가 공급업자에게 구속을 가하는 경우도 있고 또한 이러한 구속이 상호적으로 이루어지는 경우도 있다.

시행령 <별표1> 7.은 구속조건부 거래의 세부유형으로서 배타조건부거래와 거래지역 또는 거래상대방의 제한을 들고 있다. 이들 세부 유형은 모두 수직적 구조 하에서 거래상대방의 사업활동에 제한을 가하는 것이 문제가 된다. 그러나 구체적으로 배타조건부 거래가 브랜드간 경쟁을 제한하는 것에 초점이 있는 반면에, 후자의 경우 브랜드 내에서 발생하는 경쟁제한의 효과가 중요하다는 점에서 차이가 있다. 한편 두 유형 모두, 부당성 판단에 있어서 경쟁제한적 효과 이외에 경쟁을 촉진하는 효과를 고려하여 종합적인 판단이 요구된다는 점에서 유사한 판단과정을 거치게 된다.

---

128) 공정위 1991. 6. 18. 의결 제91-53호.

2) 배타조건부 거래

(1) 의의

시행령 <별표 1> 제7호 가목에 의하면, 배타조건부거래는 "부당하게 거래상대방이 자기 또는 계열회사의 경쟁사업자와 거래하지 아니하는 조건으로 그 거래상대방과 거래하는 행위"를 말한다.

배타조건부거래에는 조건설정의 주체에 따라서 판매업자가 주체인 배타적 인수계약, 공급업자가 주체인 배타적 공급계약 및 이들 양자가 혼합된 상호적 배타조건부거래가 있다.

배타조건부 거래의 위법성은 무엇보다 수직적 관련성 하에서 경쟁사업자에 대한 시장봉쇄효과에 기초한다. 이와 관련하여 미국의 FTC v. Motion Picture Advertising Service 사건은[129] 의미 있는 선례에 해당한다. 동 사건에서 광고사업자인 Motion Picture는 문제가 된 지역 영화관의 40%와 영화관의 광고시간을 배타적으로 구매하는 거래를 하였다. 이에 대하여 FTC는 계약기간을 1년 이하로 단축할 것을 명령하였고, 연방대법원은 시장봉쇄효과가 75%에 달한다는 것에 주목하면서 FTC의 판단을 유지하였다.

한편 배타조건부 거래의 경쟁촉진적 효과에 대해서도 주의할 필요가 있다. 일반적으로 거론되는 것은, 안정적인 거래상대방의 확보로 인한 비용절감 효과, 유통업자의 성실성의 확보, 불확실성의 감소, 무임승차의 방지 등이며,[130] 이러한 효과는 배타조건부 거래의 위법성을 판단함에 있어서 형량의 요소로 고려되어야 한다.

---

129) 344 U. S. 392 (1953).

130) Phillip Areeda & Louis Kaplow, Antitrust Analysis 4. ed., Little, Brown and Company, 1988, 773~776면 참조. 한편 배타조건부 거래가 광고 등의 판촉행위에 있어서 무임승차를 방지하고 이러한 행위로부터 발생하는 이익을 내부화하는 기능을 한다는 것에 관하여, E. Thomas Sullivan & Jeffrey L. Harrison, 주 72)의 책, 244~245면.

(2) 심결분석

국내 제1의 소주 제조·판매업자인 피심인 (주)진로는 경쟁사업자인 동양맥주(주)가 신제품인 경월그린소주를 시판함에 따라 예상되는 자사제품의 판매량감소를 막기 위하여 자기의 거래처인 주류도매상 중에 경월그린소주를 취급하던 일부 주류도매상에게 자기가 공급하는 인기주인 진로소주의 기존 출고지를 교통여건이 좋지 않은 타 출고지로 변경하고, 1994년 1월 20일부터 1995년 1월 31일 기간 중 진로소주의 공급을 중단하거나 감량하였다. 이에 대하여 공정거래위원회는 피심인이 국내 소주시장에서 1위의 시장점유율을 지닌 사업자임을 감안할 때, 피심인이 자기의 거래처인 주류도매상이 자기의 경쟁사업자제품을 취급하였다는 이유로 자사인기제품의 출고지를 교통여건이 불편한 곳으로 변경하고 자사의 인기제품공급을 일정기간 중단하거나 감량한 행위는 주류도매상으로 하여금 경쟁사업자의 제품을 취급하지 못하도록 한 행위로 인정되는 바, 이러한 행위는 경쟁사업자를 소주시장에서 배제하거나 거래기회를 감소시킴으로써 동종제품간 경쟁을 감소시키는 경쟁저해성이 있는 것으로, 거래상대방이 자기의 경쟁사업자와 거래하지 아니하는 조건으로 그 거래상대방과 거래하는 행위에 해당된다고 하여 시정명령을 내렸다.131)

(주)대한항공은 항공사간 경쟁심화에 따른 가격 경쟁의 대안으로 고객의 대한항공에 대한 애호도를 증진시켜 수송 수입을 극대화하기 위하여 고객의 탑승실적과 제휴업체의 이용실적을 누적으로 합산하여 보너스로 항공권 또는 좌석승급 등의 편익을 제공하는 상용고객보너스(FTBS) 제도를 1985년 4월 1일 도입하였다. 그리고 1995년 4월 1일에는 스카이패스로 그 명칭을 변경하였고, 현재는 공동판촉을 통한 단골고객 및 잠재고객의 확보 등 판매경쟁력의 강화를 위해 신용카드사 등의 다른 사업자와 스카이패스 업무제휴계약을 체결하고 제휴관계를 유지하였다. (주)대한항공은 스카이패스 제도를

---

131) 공정위 1994. 3. 23. 의결 9403경정096.

운영하면서 거래상대방에 대하여 자신의 경쟁사업자인 아시아나항공(주)와의 병행제휴를 금지하였다. 즉 아시아나항공(주)와의 제휴관계를 청산하는 것을 조건으로 삼성카드와 제휴약정을 체결하였고, 국민신용카드가 아시아나항공(주)와 병행제휴계약을 체결하자 동 카드사와의 기존 제휴관계를 중단하였으며, 외환신용카드가 아시아나항공(주)와 병행제휴계약을 추진하자 제휴관계 중단을 통보함으로써 이를 무산시켰다.

이에 대하여 공정거래위원회는 (주)대한항공은 거래상대방의 사업활동을 구속하고 경쟁사업자를 배제할 의도가 있었다는 점, 특히 항공운송시장에서 경쟁상의 우위에 있기 때문에 거래상대방이 구속될 가능성이 크다는 점, 신용카드 사용이 보편화되어 감에 따라서 항공운송시장에서의 경쟁제한적 효과가 발생할 우려가 크다는 점 등에 근거하여, (주)대한항공의 행위를 배타조건부거래로서 위법한 것으로 판단하였다.[132]

3) 거래지역 또는 거래상대방제한

(1) 의의

시행령 <별표 1> 제7호 나목에 의하면, 거래지역 또는 거래상대방 제한이란 "상품 또는 용역을 거래함에 있어서 그 거래상대방의 거래지역 또는 거래상대방을 부당하게 구속하는 조건으로 거래하는 행위"를 말한다.

일반적으로 지역이나 상대방에 따른 거래제한은 인위적으로 시장을 분할하는 의미가 있으며, 복수의 사업자가 존재함에도 불구하고 거래상대방은 단일한 사업자와 거래할 수밖에 없는 결과를 낳을 수 있다는 점은 부당성 판단의 주된 근거가 된다.

또한 이러한 유형의 거래제한은 일반적으로 특정한 브랜드 상품의 유통과정에서 발생하며, 수직적 거래제한의 한 유형, 즉 수직적 비가격제한(non-price

---

132) 공정위 2000. 5. 25. 의결 2000유거0018.

restraints)으로 이해되고 있다.[133] 이러한 유형의 거래제한은 지역 또는 상대방 제한에 따른 브랜드내 경쟁제한의 의미가 있지만, 동시에 브랜드간 경쟁을 촉진하는 효과를 낳을 수 있기 때문에, 결국 경쟁제한적 효과와 경쟁촉진적 효과를 비교 형량하는 과정이 필요할 수 있으며, 이러한 인식은 공정거래위원회도 수용하고 있다.

(2) 심결분석

대표적인 심결로서, 도미노피자가 자신의 가맹계약자와 체결한 '도미노피자 판매체인점 가맹계약서' 제21조에 의하여 가맹점 소재지역 이외에서는 배달판매 및 판촉행위를 금지하고, 또한 1999년 10월 9일 자신의 가맹계약자인 도미노피자 사당점과 도미노피자 방배점이 각각 자신의 배달구역을 넘어 다른 지역에 배달하였다는 이유로 가맹계약서 제13조(영업방침 준수) 제2항에 근거하여 서면으로 경고를 한 행위에 대하여, 공정거래위원회는 "피심인이 자신의 가맹계약자들에 대하여 판매지역제한을 실시한 사실 그 자체만 가지고 법위반으로 결정할 수는 없고 피심인이 관련시장에서 보유하고 있는 영향력, 브랜드간 경쟁 및 브랜드내 경쟁에 미치는 효과, 피심인이 다른 방법에 의하여 피심인의 영업상목적을 달성할 수 있는지 여부, 피심인이 채택한 지역제한의 강도 등 여러 요소를 종합적으로 비교·형량하여 위법여부를 판단하여야 할 것이다"라는 일반원칙을 제시하고, 이에 기초하여 브랜드간 경쟁촉진효과와 브랜드내 경쟁제한효과의 구체적인 형량을 통하여 경쟁제한적인 효과가 보다 크다는 결론을 내렸다. 또한 판매지역제한을 통한 소비자후생의 감소 효과도 지적하였으며, 이상의 논의에 기초하여 도미노피자의 판매지역 제한행위는 위법하다는 결론을 내렸다.[134]

이와 같은 공정거래위원회의 심결은, 이른바 수직적 비가격 제한에 대하

---

133) Phillip Areeda & Louis Kaplow, 주 130)의 책, 651~653면 참조.
134) 공정위 2000. 11. 15. 의결 2000유거0069.

여 브랜드내 경쟁제한효과와 브랜드간 경쟁촉진효과의 형량을 통하여 위법
성을 판단하여야 한다는 미국의 Sylvania 판결[135] 이후 정립된 태도에 상응
하는 것으로서, 이전의 심결에 비하여 판단과정이나 법리 구성에 있어서 개
선된 모습을 보이고 있다. 다만 구체적 판단과정에서 약 10%의 시장점유율
을 갖고 있는 도미노피자의 행위가 약 50%의 시장점유율을 차지하고 있는
'피자헛'과의 경쟁에서 촉진적 효과가 상대적으로 미미한 것으로 판단한 것
에는 의문의 여지가 있다.[136] 공정거래위원회는 도미노피자가 배달방식에
의한 판매로 차별화되고 있다는 점을 강조하고 있지만, 이미 절대적 1위의
경쟁사업자도 배달판매 방식을 채택한 상황에서 경쟁사업자간 시장점유율에
서의 상당한 차이가 충분히 고려되지 않은 측면이 있다. 즉 1위의 사업자가
하는 거래지역 제한과 1위와 현격한 차이로 뒤처져 있는 2위 사업자가 하는
거래지역 제한은 경쟁제한성 판단에 있어서 다를 수밖에 없다는 점이 간과
되었다는 비판이 가능할 것이다.

8. 사업활동의 방해

1) 의의

사업활동의 방해라 함은 사업자가 다른 사업자의 사업활동을 부당하게 방
해하는 행위를 말하며(법 23조 1항 6호), 시행령 <별표 1> 제10호는 구체적
유형으로서 기술의 부당이용, 인력의 부당유인·채용, 거래처 이전방해, 기타
의 사업활동 방해 등을 들고 있다.

---

135) Continental T. V., Inc. v. GTE Sylvania Inc., 433 U.S. 36 (1977).
136) 공정거래위원회, 주요국의 심결사례분석 및 시사점 연구, 2002, 196~197면(정호
    열 집필부분) 참조.

그러나 적극적으로 규정된 앞의 세 가지 유형의 사업활동 방해로서 공정
거래위원회에 의하여 규제된 사례는 거의 없으며, 사업활동 방해에 관한 대
부분의 사건은 기타의 사업활동 방해로서 규제된 것이다.

2) 기술의 부당이용

시행령 <별표 1> 제8호 가목에 의하면, '기술의 부당이용'은 "다른 사업
자의 기술을 부당하게 이용하여 다른 사업자의 사업활동을 심히 곤란하게
할 정도로 방해하는 행위"를 말한다. 기술의 부당이용으로서 사업활동을 방
해한 사건은 현재까지 공정거래위원회에서 규제된 예가 없다.

3) 인력의 부당유인·채용

(1) 의의
시행령 <별표 1> 제8호 나목에 의하면, '인력의 부당유인·채용'은 "다른
사업자의 인력을 부당하게 유인·채용하여 다른 사업자의 사업활동을 심히
곤란하게 할 정도로 방해하는 행위"를 말한다.

(2) 심결분석
(유)현대오토엔지니어링은 현대자동차(주)와 설계용역업무의 위탁계약을
체결한 리빙인력개발의 설계도면CAD 및 사양입력요원 50명 중 41명을 유인
하여 입사에 응하게 하였으며, 현대자동차는 현대오토엔지니어링에게 동 행
위를 교사하는 한편 리빙인력개발과의 위탁계약을 해지하였다. 이에 대하여
공정거래위원회는 현대자동차와 현대오토엔지니어링의 행위가 리빙인력개
발의 인력을 부당하게 유인·채용하여 사업활동을 심히 곤란하게 할 정도로
방해하는 행위에 해당한다는 점을 인정하고 시정명령을 내렸다.[137]

4) 거래처 이전방해

(1) 의의

시행령 <별표 1> 제8호 다목에 의하면, '거래처 이전 방해'란 다른 사업자의 거래처 이전을 부당하게 방해하여 다른 사업자의 사업활동을 심히 곤란하게 할 정도로 방해하는 행위를 말한다.

(2) 심결분석

한국출판협동조합은 자신과 일원화공급계약(전속적 공급계약)을 체결하여 거래하던 2개의 출판사가 다른 출판유통기구로 거래처를 이전하기 위하여 장부이체방식에 의한 정산을 요청하였음에도 불구하고, 정산절차에 대한 사전 논의 없이 각 서점에 기 출고된 당해 출판사들의 서적을 일시에 무조건 전량 반품하도록 조치하여 출판사 및 서점에 상당한 손실을 입혔다. 공정거래위원회는 이러한 행위가 부당하게 거래상대방의 정상적인 거래처이전을 방해함으로써 사업활동을 심히 곤란하게 하는 행위에 해당한다는 점을 인정하고, 시정명령을 내렸다.[138]

5) 기타의 사업활동방해

(1) 의의

시행령 <별표 1> 제8호 라목에 의하면, '기타의 사업활동방해'는 "가목 내지 다목외의 부당한 방법으로 다른 사업자의 사업활동을 방해하는 행위"를 말한다.

---

137) 공정위 1997. 12. 8. 의결 97경촉1043.
138) 공정위 1997.4.12, 97-52호 의결, 9611공동1735.

(2) 심결분석

'기타 사업활동방해' 행위로 다루어진 사건으로서 엘리트학생복 청주본점의 사건이 있다. 동 사건에서 피심인인 엘리트학생복 청주본점은 공동구매용으로 저렴하게 제작된 엘리트교복(엘리트메이트)을 판매하면서 고가의 엘리트 교복을 싸게 판매하는 것처럼 광고하였다. 이에 대하여 공정거래위원회는 사업활동 방해의 수단, 당해 수단을 사용한 목적 및 의도, 당해 업계의 통상적인 거래관행 등에 대한 종합적인 고려 하에서, 피심인의 행위가 부당한 것으로 평가하였고, 또한 경쟁사업자인 태멘교복사의 사업활동은 당해 행위에 의하여 심히 곤란한 상황에 이르게 되었음을 인정하였으며, 피심인에 대하여 시정명령을 내렸다.[139]

9. 부당한 지원행위

1) 의의

(1) 부당지원행위 규제의 입법목적

독점규제법상 부당한 지원행위는 동법 제23조 제1항 각호에 해당하는 불공정거래행위의 하나로서 규정되어 있다. 일반적으로 거래는 그 자체로서 지원의 의미가 있지만, 일정한 관련이 있는 사업자 간에 현저하게 유리한 조건에 따른 거래는 시장의 정상적인 기능을 왜곡할 수 있고, 따라서 공정한 거래를 저해할 우려를 낳을 수 있다.

그러나 동 규정의 입법목적은 이러한 개별 시장의 관점을 넘어서는 것으로 이해된다. 다수의 기업들이 거대한 기업집단을 이루어 경제활동의 주된

---

139) 공정위 2007. 7. 23. 의결 2007전사0579.

역할을 수행하고 있는 현실에서, 부당한 지원행위는 대규모 기업집단에 의한 경제력집중의 중요한 수단으로서의 의미를 갖는다. 즉 동일한 집단 내에 속한 계열 회사에 대한 지원은, 지원받는 회사가 속한 시장에서의 지위를 강화, 유지하는 방향으로 작용할 수 있고, 이로써 당해 기업집단 전체의 경제력 집중도 심화될 수 있다. 이러한 이해에 따르면, 현저하게 유리한 조건의 거래를 통한 지원행위가 부당한 것인지를 판단하기 위하여, 개별 시장을 넘어서 국민경제의 차원에서의 경제력집중에 대한 고려는 타당한 것이라 할 수 있다.

(2) 효율성 판단

부당한 지원행위의 문제는 기업의 내부적 활동과 외부적 활동 사이의 경계를 정하는 문제와도 밀접히 관련된다. Oliver Williamson은 거래비용에 기초하여 기업이 생산활동을 내부화하는 것과 시장에서의 거래에 맡기는 것을 결정하게 되고, 이에 따라서 기업과 시장의 경계가 획정되는 것으로 이해한다.[140] 이러한 이해의 연장에서 계열 관계에 있는 기업으로 구성된 기업집단은 기업과 시장의 특성이 혼합된 형태(hybrid forms)에 해당한다.[141] 이 경우에 기업집단은 계열 회사 간에 이루어지는 거래와 관련하여 기업집단의 지배에 따른 규율과 시장 메커니즘에 의한 규율의 복합적인 적용을 선택한 것이라 할 수 있으며, 따라서 시장 메커니즘의 원활한 운용과 관련된 규제, 대표적으로 독점규제법에 의한 규제는 충분히 예상되는 것이다.

원칙적으로 기업은 생산활동과 관련하여 완전한 내부화를 이루거나, 전적으로 시장에서의 거래에 의존하거나, 또는 중간적인 형태로서 계열관계에 있는 기업과의 거래에 의하거나 하는 것을 선택할 수 있으며, 그 과정에서 가

---

140) Oliver E. Williamson, "Antitrust Lenses and the Uses of Transaction Cost Economics Reasoning", Thomas M. Jorde & David J. Teece ed. Antitrust, Innovation, and Competitiveness, Oxford Univ. Press, 1992, p. 140.

141) 위의 글, 140~141면.

장 효율적인 방식을 추구할 것이다. 물론 기업의 경제활동에 관한 유인체계가 오직 효율성만으로 구성되는 것은 아니고, 행위 동기로서의 효율성 역시 하나의 가정에 불과하다. 그러나 효율성을 극대화하기 위한 방안으로서 생산활동을 집단적으로 조직하여 수직계열화하고, 이에 기초하여 기업집단 내부에서 거래가 이루어질 경우에, 지원행위의 부당성 판단과 관련하여 효율성 측면에 대한 고려는 불가피한 것이다. 즉 부실한 계열회사에 대한 지원에 의하여 한계기업의 퇴출이 억제되는 등의 비효율적인 자원배분이 나타나게 된다는 점에서, 부당 지원행위에 대한 경쟁법상 규제의 정당성이 있지만, 다른 한편으로 계열 회사 간의 거래를 통하여 전체적으로 효율성이 제고될 경우에, 이를 형량의 한 요소로 삼는 것은 경쟁법상 당연한 요구라 할 것이다.

(3) 경제력집중 효과의 구체화

또한 경제력집중 억제를 위한 입법적 대응으로서, 부당 지원행위에 대한 규제의 의의를 구체화할 필요가 있다. 독점규제법은 '경제력집중의 억제'를 위하여 대규모기업집단을 지정하고 이에 대한 특별한 규제체계를 형성하고 있다. 이러한 규제의 비교법적인 예를 찾기는 힘들지만, 총수 개인의 지배를 중심으로 하여 대규모로 기업집단을 이루고, 이러한 기업집단이 국민 경제에서 상당한 비중을 차지하고 있는 우리 경제현실을 반영한 독점규제법상 특유의 제도로서 그 정당성이 인정되고 있다.

그러나 독점규제법의 본질은 개별 시장을 대상으로 공정하고 자유로운 경쟁을 침해하는 행위를 규제하는 것에 있으며, 이러한 관점에서 독점규제법 체계에 비추어 경제력집중 억제를 위한 제도가 이례적인 것임은 분명하다. 따라서 현실적인 규제 필요성이 있다 하더라도, 가능한 한 개별시장적 접근을 할 수 있는 규제 수단을 도입하고, 이를 적극적으로 운용함으로써, 구체적인 행태의 위법성과 무관하게 형식적인 제한을 부과하고 있는 기존의 경제력집중 규제를 대체하여 나갈 필요가 있다.

 이러한 점에서 '부당한 지원행위'에 대한 규제는 특별한 의의를 갖는다. 특히 우리 경제에서의 경제력집중은, 경제력집중의 유형인 시장집중, 일반집중, 소유집중의 형태가 유기적으로 결합하는 양상으로 전개되고 있다.[142] 즉 독점규제법 제3장에서 규제하는 경제력집중의 의의는 일반집중[143] 또는 소유집중의[144] 의미로 이해되지만, 이러한 집중 현상은 기업집단을 이루는 각 계열회사가 진출하고 있는 개별 시장에서의 집중 현상과 밀접히 관련되며, 이는 곧 부당지원행위 규제와 같은 개별시장 규제를 통하여 일반집중이나 소유집중의 의미에서 경제력집중을 억제하려는 시도의 근거가 된다.

 그러나 다수의 시장에 동일 기업집단에 속한 계열 기업이 참가하고 있는 상황에서, 계열 회사 간에 이루어지는 거래는 일반집중이나 소유집중의 의미에서 경제력집중과 어느 정도 관련성을 가질 수밖에 없다. 따라서 기업집단 내부적으로 행하여진 지원행위와 경제력집중 사이에 관련성이 있는 경우 모두를 규제 대상으로 한다면, 부당하게 평가되는 지원행위만을 규제대상으로 하는 취지에 부합하지 않을 것이다. 이러한 점에서 지원행위의 부당성 판단에 관련되는 경제력집중은 추상적인 것이 아니라, 그 효과나 메커니즘이 보다 구체적이고 객관적으로 제시되어야 한다.

2) 부당지원행위 규제체계

(1) 규제 대상 - 지원의 의의

 다른 불공정거래행위의 유형과 마찬가지로, 부당한 지원행위의 규제에 있

---

142) 홍명수, 재벌의 경제력집중 규제, 경인문화사, 2006, 59~61면.
143) 경제력집중의 유형으로서 일반집중은 산업이나 제조업 일반 또는 국민경제 전체에서 특정한 기업 또는 기업집단이 차지하는 비중을 의미한다. 황인학, 경제력집중, 한국적 인식의 문제점, 한국경제연구원, 1997, 25면.
144) 경제력집중의 유형으로서 소유집중은 거대기업의 발행주식 또는 잔여청구권이 소수의 자연인이나 그 가족에게 집중되는 것을 의미한다. 위의 책, 26면.

어서도 규제 대상이 되는 사실관계가 확정되어야 한다. 일반적으로 지원의 의미는 광범위한 것이지만, 독점규제법 제23조 제1항 제7호는 "특수관계인 또는 다른 회사에 대하여 가지급금·대여금·인력·부동산·유가증권·상품·용역·무체재산권 등을 제공하거나 현저히 유리한 조건으로 거래하여 특수관계인 또는 다른 회사를 지원하는 행위"로 규정함으로써, 여기서의 규제 대상이 되는 지원행위는 가지급금 등의 제공이나 현저히 유리한 조건의 거래로 인한 것임을 밝히고 있다.

동 규정에서 지원행위의 의의는 동법 시행령 <별표 1> 제10호에 의해서 구체화되고 있다. 동호에 따르면, 부당한 지원행위는 부당한 자금지권, 부당한 자산·상품 등 지원, 부당한 인력지원으로 나뉘며, 구체석으로 자금, 자산, 상품, 인력 등을 현저히 낮거나 높은 대가로 제공 또는 거래하거나 현저한 규모로 제공 또는 거래하여 과다한 경제상 이익을 제공하는 것을 의미한다.

이상의 규정을 종합하면, 동법 제23조 제1항 제7호에서 지원행위는 자산 등의 제공 또는 거래가 현저히 유리한 조건으로 이루어진 경우를 말한다. 즉 자산 등의 제공 또는 거래가 이루어져도 현저히 유리한 조건과 결합된 것이 아니면, 여기서의 지원행위에는 해당하지 않는다.

현저히 유리한 조건의 의의에 대해서는 동법 시행령 <별표 1> 제10호가 보충하고 있는데, 이에 의하면 현저히 낮거나 높은 대가로 제공 또는 거래되거나 현저한 규모로 제공 또는 거래되는 경우가 현저히 유리한 조건에 의한 제공 또는 거래에 해당한다. 일반적으로 거래 조건에서 가장 중요한 요소는 가격과 수량이므로, 법률에서 규정한 현저히 유리한 조건의 의미를 이와 같이 구체화한 동 규정의 태도가 부적절한 것은 아니다. 결국 지원행위를 확정함에 있어서 대가나 규모의 현저성은 핵심적 요건이 된다.

한편 <별표 1> 제10호는 현저히 낮거나 높은 대가로 제공 또는 거래하거나 현저한 규모로 제공 또는 거래하여 '과다한 경제상 이익'을 제공하는 경우에 지원행위에 해당하는 것으로 규정하고 있다. 동 규정에 따르면, 현저하게 유리한 조건에 의한 거래가 있는 경우에도 이것이 과다한 경제상 이익 제공의 의미를 갖는 경우에만 지원행위에 해당하는 것이 되며, 이에 대한 판단에 의하여 독점규제법상 규제 대상이 되는 지원행위는 최종적으로 확정된다.

(2) 부당성 판단

규제 대상으로서 지원행위가 확정되면, 동 행위의 부당성을 평가하여 규제 여부를 결정하게 된다. 부당한 지원행위는 독점규제법 제23조 제1항의 불공정거래행위의 한 유형으로서 규정된 것이고, 동항 본문은 불공정거래행위의 위법성 표지를 '공정한 거래를 저해할 우려'로서 규정하고 있으므로, 부당한 지원행위에 있어서 부당성 판단도 이에 기속된다.[145] 물론 여기서의 공정거래저해성은 제23조 제1항 각호에 규정된 모든 불공정거래행위를 포괄하는 것이고, 따라서 그 내용은 각 불공정거래행위의 경쟁정책적 의의와 규제 목적에 따라서 구체화될 것이다.[146]

이에 대하여 대법원은 지원행위가 부당성을 갖는지 유무는 오로지 공정한 거래질서라는 관점에서 평가되어야 한다고 보면서,[147] 구체적인 판단과 관련하여 "지원주체와 지원객체와의 관계, 지원행위의 목적과 의도, 지원객체가 속한 시장의 구조와 특성, 지원성 거래규모와 지원행위로 인한 경제상 이익 및 지원기간, 지원행위로 인하여 지원객체가 속한 시장에서의 경쟁제한이나 경제력집중의 효과 등은 물론 중소기업 및 여타 경쟁사업자의 경쟁능력과 경쟁여건의 변화 정도, 지원행위 전후의 지원객체의 시장점유율의 추이, 시장개방의 정도 등을 종합적으로 고려하여 당해 지원행위로 인하여 지원객체의 관련시장에서 경쟁이 저해되거나 경제력 집중이 야기되는 등으로 공정한 거래

---

145) 대법원 2004. 9. 24. 선고 2001두6364 판결 참조.
146) 이러한 점에서 공정거래저해성은 각각의 불공정거래행위 유형의 부당성을 판단함에 있어서 한계기능을 수행하는 것으로 이해할 수 있다. 홍명수, "부당한 지원행위의 의의와 위법성 판단", 권오승 편, 공정거래와 법치, 법문사, 2004, 411면.
147) 대법원 2004. 10. 14. 선고 2001두2881 판결.

가 저해될 우려가 있는지 여부를 기준으로 한다"는 점을 밝히고 있다.[148]

즉 판례는 지원행위의 부당성 판단의 가장 중요한 요소로서 지원객체가 속한 시장에서의 경쟁제한성과 경제력 집중의 효과를 제시하고, 이를 종합함으로써 지원행위의 부당성을 최종적으로 판단하여야 하는 것으로 보고 있다. 이와 같은 판례의 태도는, 앞에서 논의한 바와 같이 부당지원행위 규제의 경쟁정책적 의의가 개별 시장의 차원을 넘어서 국민경제적 관점에서의 경제력 집중 문제까지 관련된다는 사고에 부합하는 것이다.

(3) 특수관계인 문제

지원행위와 관련하여 지원 대상이 특수관계인인 경우에는 특별한 고려를 요한다. 우선 특수관계인에 대한 지원이 규제 대상이 되는 것은, 동법 제23조 제1항 제7호의 명문의 규정에 비추어 당연한 것으로 이해되지만, 공정거래위원회의 심결과[149] 법원의 판결을[150] 통하여 특수한 쟁점이 부각되었다.

문제가 된 사건에서 (주)삼성SDS는 신주인수권부 사채를 대량 발행한 후에, 기업집단 총수의 자녀를 포함한 6인의 자연인에게 정상 가격보다 현저히 낮은 가격으로 매각하였다. 우선 자연인으로서 특수관계인에 대한 지원도 동규정에서 규제하는 지원행위에 해당하는 것에 관해서는 의문의 여지가 없지만, 당해 사건에서 자연인이 시장에서의 경제적 주체가 되지 않는 상황에서도 지원행위의 부당성 판단이 가능한지가 쟁점이 되었다. 우선 대법원은 지원객체가 일정한 거래분야에서 시장에 직접 참여하는 것이 요구되는 것은 아니라는 점에서, 당해 사건에서의 지원행위도 부당성 판단의 대상이 되는 것으로 보았지만, 구체적인 부당성 판단에서 당해 지원행위의 부당성을 인정하지는 않았다. 그 근거로서 부의 이전이 가능해지고 특수관계인들에 의한

---

148) 대법원 2004. 3. 12. 선고 2001두7220 판결.
149) 공정위 1999. 10. 28. 의결 제99-212호.
150) 대법원 2004. 9. 24. 선고 2001두6364 판결.

경제력이 집중될 기반이나 여건이 조성될 여지가 있다는 것만으로 지원행위의 부당성을 인정할 수 없다고 판시하였다.

　전술한 것처럼, 대법원은 지원행위의 부당성 판단에 있어서 개별 시장에서의 경쟁제한성뿐만 아니라 경제력집중의 효과도 고려 대상으로 이해하고 있으며, 이러한 판단 기준에 따라서 당해 사안에서 특수관계인에 대한 지원행위의 부당성은 인정하기 어렵다는 입장을 취한 것이라 할 수 있다.151) 우리나라에서 대규모기업집단의 지배권의 승계는 가족 내 승계가 일반적이며, 승계의 방식은 상속이나 양도와 같은 직접적인 지배권의 이전이 아니라 승계자를 중심으로 하는 새로운 지배권을 창출하는 방식이 많이 이용되고 있다.152) 문제는 이러한 목적으로 행하는 지원행위에 대하여 경제력집중의 관점에서 부당한 평가가 가능한지이며, 지배권의 이전이 경제력집중을 확대할 우려를 낳는 특별한 상황이 존재하지 않는 한, 지배권 이전의 의미를 갖는다는 것만으로 지원행위의 부당성을 인정하기는 어려울 것이다.

3) 부당한 자금지원

(1) 의의

　시행령 <별표 1> 제10호 가목에 의하면, '부당한 자금지원'은 "부당하게 특수관계인 또는 다른 회사에 대하여 가지급금·대여금 등 자금을 현저히 낮거나 높은 대가로 제공 또는 거래하거나 현저한 규모로 제공 또는 거래하여 과다한 경제상 이익을 제공함으로써 특수관계인 또는 다른 회사를 지원하는 행위"를 말한다.

---

151) 이호영, 주 53)의 책, 275면 참조.
152) 홍명수, "대기업집단정책의 운용성과 평가와 향후 정책방향", 경제법연구 제5권 제1호, 2006, 118~119면.

(2) 심결분석

공정거래위원회는 SK증권의 유상증자에 SK글로벌(주)과의 옵션계약을 전제로 한 제이피모건의 참여가 지원행위에 해당한다고 보았는데,[153] '자금 또는 자산의 지원'이라는 표현을 사용함으로써, 동 사안에서 지원 수단이 자금과 자산 중 어디에 해당하는지를 명확히 밝히지는 않았다. 그러나 유동성의 정도에 따른 자금과 자산의 경계가 언제나 명확한 것은 아니다. 또한 지원행위의 핵심적 징표는 경제적 이익의 이전이며, 이익을 제공하는 수단이나 태양은 경제적 이익의 이전을 파악하기 위한 근거가 될 뿐이다. 따라서 '자금 또는 자산'과 같은 포괄적 표현이 규제의 법적 근거의 명확성을 해하는 것으로 볼 것은 아니다.

지원에 있어서 제3자가 매개되는 경우는 지원행위에 포함되며, 이와 관련하여 대법원은 '우회적 지원행위'라는 표현을 사용하고 있다. 결국 중요한 것은 지원이 의도하는 대상에게 실질적으로 귀속될 수 있는지 여부이며, 이러한 점에서 삼성기업집단에서 발생한 부당한 지원행위에 대한 심결은 의미가 있다. 즉 삼성중공업(주), 삼성정밀화학(주) 등이 계열회사인 삼성자동차(주)의 판매확대를 위하여 자사의 임직원들에게 삼성자동차(주)의 제품을 구입할 경우에 구입비를 직접 지원하거나 무이자로 대출한 행위에 대하여, 지원의 직접적인 상대방은 삼성자동차(주)가 아니라 자사의 임직원이었지만, 공정거래위원회는 당해 행위를 삼성자동차(주)에 대한 지원행위로 판단하였다.[154]

지원행위가 부당한 것이 되기 위해서는, 자금을 현저히 낮거나 높은 대가로 제공 또는 거래하거나 현저한 규모로 제공 또는 거래하여 과다한 경제상 이익을 제공하는 것이어야 한다. 우선 법 제23조 제1항 제7호는 '현저히 유리한 조건'이라는 표현을 사용하고 있으며, 거래조건에는 대가와 수량이 가

---

153) 공정위 2003. 7. 7. 의결 제2003-108호.
154) 공정위 1998. 11. 29. 의결 9810독점1716.

장 중요한 것이라는 점에서 시행령상 현저한 규모를 규정하고 있는 것이, 상위 법률에서의 규정을 벗어나는 것으로 볼 것은 아니다. 대법원도 현저한 규모의 거래를 지원행위의 한 태양으로 인정하고 있으며, 다만 "현저한 규모의 거래라 하여 바로 과다한 경제상 이익을 준 것이라 할 수 없고, 현저한 규모의 거래로 인하여 과다한 경제상 이익을 제공할 것인지 여부는 거래규모의 현저성 여부, 급부와 반대급부의 차이, 지원행위로 인한 경제상 이익, 지원기간, 지원횟수, 지원시기, 지원행위 당시 지원객체가 처한 경제적 상황 등을 종합적으로 고려하여 구체적·개별적으로 판단한다"고 판결하였다.[155]

부당한 지원행위에 있어서 현저성 판단이 핵심이며, 결국 위의 대법원 판결이 지적한 것처럼, 구체적 상황에서 개별적으로 판단될 수밖에 없을 것이다. 다음솔루션(주)이 계열회사인 (주)다음커뮤니케이션에게 50억원을 정상금리보다 4.5% 낮은 이자로 대여한 것에 대하여 공정거래위원회가 현저성을 인정한 심결이 있다.[156] 동 심결에서는 다음솔루션(주)이 계열회사인 (주)다음커뮤니케이션과 (주)투어익스프레스에 대하여 지원행위를 한 것이 문제가 되었다. 공정거랭위원회는 결론적으로 지원행위의 부당성을 인정하면서, 현저한 대가로 인한 과다한 경제상의 이익제공이라는 점 이외에, 이로 인하여 (주)다음커뮤니케이션은 인터넷 광고시장에서 유력한 사업자의 지위를 구축하게 되었고, 재무상황이 열악하였던 (주)투어익스프레스는 8,000여개사가 존립하고 있는 여행업 시장에서 경쟁력을 강화하게 되었다는 점을 근거로 제시하였다.

동 심결이 시사하듯이, 현저히 유리한 대가나 규모에 의한 거래에서 기준이 되는 정상적인 거래를 상정하게 된다. 자금지원과 관련하여 보면, 자금의 정상적인 거래에서의 가격이라 할 수 있는 '정상금리'가 현저성 판단의 출발점이 된다. 이와 관련하여 「부당한 지원행위의 심사지침」(이하 심사지침)은

---

155) 대법원 2007. 1. 25. 선고 2004두7610 판결.
156) 공정위 2002. 9. 3. 의결 2002조일0936.

문제가 된 자금거래와 유사한 조건에서 지원객체가 특수관계가 없는 독립된 금융기관과의 자금거래에 적용될 수 있는 금리를 '개별정상금리'라 하여 현저성 판단의 기준이 되는 정상가격으로 이해하고 있다. 한편 심사지침은 개별정상금리를 산정하기 어려울 경우에 한국은행이 발표하는 예금은행의 가중평균 당좌대출금리를 '일반정상금리'라 하여 보충적인 기준으로서 규정하고 있다. 이와 관련하여 대법원은 일반정상금리는 당좌 대출계약을 기초로 한 일시적 단기성 대출금리로서 정상적인 기업어음 대출금리 등 일반대출금리보다 일반적으로 높기 때문에 개별정상금리를 산정하기 어렵다는 이유만으로 바로 일반정상금리를 정상금리로 적용할 수 없다고 판시하였고,[157] 현 심사지침은 대법원의 이러한 지적을 수용하여 개별정상금리를 산정하기 어려울 뿐만 아니라, 지원객체의 재무구조, 신용상태, 차입방법 등을 감안할 때 개별정상금리가 일반정상금리를 화회하지 않을 것으로 보는 것이 합리적인 경우를 일반정상금리가 적용되는 요건으로 규정하고 있다(Ⅲ 1. 다.). 일반적으로 당좌대출금리로서 정하는 일반정상금리는 금융시장에서의 이자율을 판단하는 정책적 지표로서 활용되는 것이며, 이를 개별 거래에서의 위법성 판단의 기준으로 삼는 것에는 한계가 있다. 따라서 현저성 판단의 기초로서 일반정상금리의 원용에는 신중할 필요가 있다.

끝으로 지원금액의 산정에 대하여 논의의 여지가 있다. 특히 이는 과징금 산정의 기초로서 의미를 갖는데, 이에 관하여 대법원은 "지원객체가 받았거나 받은 것과 동일시 할 수 있는 경제상 이익"을 지원금액의 범위로서 제시하고 있다.[158] 과징금은 부당이득환수적 성격을 갖고 있다는 것에 일반적인 동의가 있으며, 따라서 과징금 산정은 위법성 판단의 범위와 정합적으로 결합되어야 한다. 이러한 점에서 동 판결의 지적은 타당한 것으로 생각된다.

---

157) 대법원 2004. 4. 9. 선고 2001두6197, 6203 판결.
158) 대법원 2004. 3. 12. 선고 2001두7220 판결.

4) 부당한 자산·상품 등 지원

(1) 의의

시행령 <별표 1> 제10호 나목에 의하면, '부당한 자산·상품 등 지원'은 "부당하게 특수관계인 또는 다른 회사에 대하여 부동산·유가증권·상품·용역·무체재산권 등 자산을 현저히 낮거나 높은 대가로 제공 또는 거래하거나 현저한 규모로 제공 또는 거래하여 과다한 경제상 이익을 제공함으로써 특수관계인 또는 다른 회사를 지원하는 행위"를 말한다.

동 규정에서 상품과 용역에 대해서는 다툼이 있었다. 특히 상품이나 용역의 거래에 부수하는 지원행태가 가능한 것인지가 문제가 되었고, 고등법원 판결에서는 이를 부정한 경우도 있다.[159] 이에 대해서는 지원의 의의나 자산의 개념에 비추어 상품이나 용역이 배제되는 이유가 타당하지 않다는 지적이 가능하며,[160] 대법원에서도 고등법원의 이러한 판결은 받아들여지지 않았다.[161] 따라서 상품·용역을 자산 등 지원의 한 태양으로 규정한 것은, 이러한 문제를 입법적으로 해결한 의미가 있다.

(2) 심결분석

공정거래위원회는 (주)신한은행이 계열회사인 신한캐피탈 주식회사 및 신한생명보험 주식회사와 부동산 임대계약을 하면서 부동산을 저가로 임대하는 방법을 통해 경제상의 이익을 제공함으로써 신한캐피탈 주식회사 및 신한생명보험 주식회사를 지원한 것으로 보고 이에 대한 시정조치를 내렸다.[162] 이때 저가 임대에 의한 지원에 해당하는지 여부를 판단하기 위하

---

159) 서울고등법원 2003. 12. 9. 선고 2001누3329 판결.
160) 이호영, "상품·용역거래를 통한 계열회사 지원의 규제", 경제법판례연구 제1권, 2004, 232면 참조.
161) 대법원 2004. 10. 14. 선고 2001두2935 판결.
162) 공정위 2006. 9. 15. 의결 2005조기4245, 2005조기4246.

여 동일 건물의 임대료를 정상적인 수준에서 평당 환산 월임대료 84,370원
으로 정하고, 이 보다 16.7%p 낮은 70,250원에 당해 사건에서 부동산을 지
원객체에게 임대한 것은 그 차액만큼의 경제상의 이익을 제공한 것으로 평
가하였다.

5) 부당한 인력지원

(1) 의의

시행령 <별표 1> 제10호 다목에 의하면, 부당한 인력지원은 "부당하게
특수관계인 또는 다른 회사에 대하여 인력을 현저히 낮거나 높은 대가로 제
공하거나 현저한 규모로 제공하여 과다한 경제상 이익을 제공함으로써 특수
관계인 또는 다른 회사를 지원하는 행위"를 말한다.

(2) 심결분석

인력지원은 구체적으로 인력자체의 지원 형태뿐만 아니라, 보수의 지급을
지원하는 형태로 나타날 수 있으며, 씨티은행 서울지점의 지원행위 사건에서
이러한 형태가 전형적으로 나타나고 있다.

동 사건에서 피심인인 씨티은행 서울지점은 씨티은행의 계열회사인 한
국씨티그룹캐피탈(주)의 창업 과정에서 7명의 직원을 파견하였고, 또한 이
들의 인건비 437,339,000원을 대신 지급하였다. 이들에 대한 인건비는 한
국씨티그룹캐피탈(주)의 창업비 내지 개업준비비용에 해당하는 것이며, 따
라서 공정거래위원회는 이상의 행위가 지원행위에 해당하는 것으로 판단
하였다.

동 지원행위의 부당성 판단과 관련하여, 공정거래위원회는 두 가지 관점
에서 접근하고 있다. 즉 지원금액(437,339천원)은 지원행위가 이루어진
2002년도 지원객체의 영업수익의 69.5%, 당기순손실의 14.4%에 이르며, 이

는 설립 초기 경영여건 및 자금사정을 크게 개선시킬 수 있는 수준으로 판단하면서, 특히 서울고등법원이 지원금액이 설립회사 자본총액의 0.86%(1억 7,100만원)에 불과하더라도 설립당시부터 경쟁사업자에 비해 경쟁조건이 유리하게 되었다고 인정할 수 있을 것이므로 공정한 거래를 저해할 우려가 있다고 판시한 것을 원용하고 있다.163) 또한 피심인의 파견직원들이 수행한 업무(할부금융업 사업모델 구상 및 경제적 수익성 분석 등)는 지원객체가 관련시장에 신규진입하여 경쟁력을 확보함에 있어 관건이 되는 사항들로서 동 지원을 통하여 지원객체가 다른 경쟁업체들에 비해 경쟁여건이 유리하게 조성되어 할부금융시장에 원활히 진입할 수 있는 계기가 마련된 것으로 판단하였고, 이상의 검토에 기초하여 당해 지원행위가 부당하다는 결론을 내렸다.164)

10. 특수 불공정거래행위

1) 경품류에 의한 불공정거래행위

(1) 의의

경품류의 제공은 부당한 고객유인행위의 대표적인 예라고 할 수 있으며, 별도의 고시를 통하여 규제하고 있다. 경품은 상품 거래에 수반하여 일반 소비자에게 제공하는 경제상 이익을 의미한다. 복수의 상품이 끼워팔기 형태로 판매되는 것과 유사한데, 경품의 제공은 대가 없이 이루어진다는 점에서 형태면에서 구별된다.165)

---

163) 서울고등법원2003. 12. 9. 선고 2001누3329 판결.
164) 공정위 2006. 9. 20. 의결 2005조기4250.
165) Fritz Rittner, 주 11)의 책, 90면 참조.

경품류 제공에 대한 규제는 유통산업의 건전한 발전과 같은 정책 목표와도 일정 부분 관련되는 것이지만, 불공정거래행위로서의 규제는 경품 제공이 공정한 거래를 저해할 수 있다는 우려에 기초한다. 일정한 경제상 이익의 제공은 소비자에게 이익이 되는 것이지만, 이러한 이익 제공이 과다한 경우에 소비자의 합리적 선택을 왜곡할 수 있고, 나아가 경품제공을 중심으로 경쟁이 이루어질 경우에 경쟁 기능에 대한 거래주체들의 신뢰 저하로 이어질 수 있으며, 궁극적으로 경쟁질서 자체를 훼손할 수 있다는 점에서, 별도의 고시를 통하여 불공정거래행위로서 규제되고 있다. 물론 경품 제공은 오랜 상관행이었으며, 경품 제공 자체가 경쟁을 촉진하는 효과를 낳을 수도 있다. 결국 경품 규제는 이와 같은 긍정적인 측면과 부정적인 측면의 형량 과정이 불가피하다.

공정거래위원회는 「경품류제공에 관한 불공정거래행위의 유형 및 기준」(이하 경품고시)을 지정·고시하여 금지대상의 유형과 기준을 제시하고 있다. 이에 의하면, 경품의 제공은 소비자경품과 소비자현상경품으로 나뉘며(경품고시 3조), 이외에 대리점 등의 경품류제공행위에 대해서는 특별한 규율을 하고 있다(경품고시 17조).

(2) 소비자경품류 제공행위

가. 의의

소비자경품류는 사업자가 상품이나 용역의 거래에 부수하여 일반소비자에게 제공하는 경품류를 말한다(경품고시 3조 1호). 거래에 임하는 모든 거래상대방에게 동일한 가치의 경품류가 제공된다는 점에서 소비자현상경품류와 구별된다.

소비자경품류 제공에 있어서 부당성 판단은, 경품고시에 의하여 가액 한도를 형식적으로 정하는 것에 따르고 있다. 즉 경품고시 제7조 제1항 본문에 의하면 사업자가 상품 또는 용역의 거래가액의 10%를 초과하여 소비자경품류를 제공하거나 제공할 것을 제의하는 경우에 부당한 소비자경품류 제공행위에 해당한다. 물론 이러한 기준을 충족한다 하더라도, 정상적인 상관행에 비추어 부당성이 부인될 수 있다(경품고시 7조 3항).

나. 심결분석

공정거래위원회에 의하여 규제된 사례로서, (주)스쿨룩스 사건이 있다. 동 사건에서 피심인인 (주)스쿨룩스는 교복을 구입한 학생들에게 온라인 강의를 수강할 수 있는 50,000원 가액의 상품권을 제공하였으며, 이때 교복 1세트의 가격이 250,000원이므로 상품 가격에 대한 경품류 가액의 비율이 10%를 초과하는 것이 되어, 공정거래위원회에 의하여 부당한 소비자경품류 제공행위로서 규제되었다.[166]

(3) 소비자현상경품류 제공행위

가. 의의

소비자현상경품류란 사업자가 상품이나 용역의 거래에 부수하여 현상의 방법으로 일반소비자에게 제공하는 경품류를 말한다(경품고시 3조 2호). 경품고시 제6조 제1항은 이때의 현상을 추첨 기타 우연성을 이용하는 방법 또는 특정행위의 우열이나 정오에 의하는 방법으로 경품류의 제공 상대방이나 제공하는 경품류의 가액을 정하는 것을 말하는 것으로 규정하고 있다. 즉 소비자현상경품류의 제공은 경품류의 제공이나 경품류의 차등적 지급이 현상의 방법에 의한다는 것이 핵심적 요소이며, 이로써 소비자경품류 제공과 구별된다.

소비자현상경품류 역시 소비자의 선택을 왜곡하거나 비용을 전가함으로써 소비자에게 궁극적으로 불이익이 귀속될 수 있다는 점에서 소비자경품류와 차이는 없으며, 따라서 과도한 제공의 경우에 부당한 것으로 규제되고 있다.

---

166) 공정위 2007. 7. 23. 의결 2007서총0901, 2007서제0885.

부당성 판단의 기준은 경품고시 제8조 제1항 본문이 정하고 있는데, 사업자가 소비자현상경품으로 제공하는 경품가액의 합계액이 경품부상품 또는 용역의 예상매출액의 1%를 초과하거나 소비자현상경품류의 가액이 500만원을 초과하는 소비자현상경품류를 제공하거나, 제공할 것을 제의하는 경우에는 부당한 경품류 제공행위에 해당된다. 한편 소비자경품류와 마찬가지로 이상의 조건을 충족하는 경우라도 정상적인 상관행의 관점에서 경품류의 제공이 허용될 수도 있는데, 경품고시 제8조 제5항은 창업, 개업행사 또는 신규사업 분야 진출 등의 경우에 대한 예외를 규정하고 있다.

나. 심결분석

공정거래위원회에 의하여 규제된 사례로서 한국피자헛(주)의 소비자현상경품에 관한 사건이 있다. 동 사건에서 피심인인 한국피자헛(주)은 2006. 10. 14.~2006. 12. 3.(총 51일간) 기간 중 "피자헛 옥토버페스트"라는 경품행사를 실시하면서 자사 신제품인 "도이치 소시지 피자"를 구매하는 소비자에게 응모권을 부여한 후, 2006. 12. 15.에 추첨을 통하여 경품을 제공하였으며, 이때 1등 당첨자에 대한 경품은 시중가격이 32,700,000원인 폭스바겐 New Beetle 자동차였다. 이러한 행위는 경품고시 제8조 제1항에 규정된 소비자현상경품의 한도액 500만원을 초과하는 것으로서 위법하다는 결론을 내리고, 당해 행위의 중지를 명하는 시정조치를 부과하였다.[167]

또한 중앙하우징(주) 사건에서 피심인인 중앙하우징(주)은 아파트 분양 계약자를 대상으로 현대 그랜저(규격 TG 2.7) 1대를 제공하는 등의 소비자현상경품류를 제공함으로써, 공정거래위원회에 의하여 부당한 경품류 제공행위로서 규제되었다.[168]

---

167) 공정위 2007. 4. 27. 의결 2007서경0140.
168) 공정위 2006. 3. 28. 의결 2005전사4316.

2) 대규모소매점업에 있어서의 불공정거래행위

(1) 의의

백화점이나 대형할인매장 등과 대규모소매점은 상품을 공급하는 납품업자 또는 점포임차인 등에 대하여 거래상 우월한 지위를 가지고 있다. 이러한 지위에 기초한 불공정거래행위는 전술한 불공정거래행위의 한 유형으로서 거래상 지위의 남용으로 규제할 수 있지만, 공정거래위원회는 대규모소매점업을 중심으로 이루어지는 불공정거래행위의 특수한 성격과 내용을 고려하여 별도의 고시를 제정하고 있다. 즉 「대규모소매점업에 있어서의 특정불공정거래행위의 유형 및 기준」(이하 대규모소매점 고시)이 지정·고시되어 있는데, 대규모소매점의 불공정거래행위는 거래상 우월적 지위남용으로서 전형적으로 나타나는 행위에 해당하기 때문에, 위법성 판단의 구조는 거래상 지위남용행위에 따른다.

(2) 위반유형

대규모소매점 고시는 위반유형으로서 부당반품행위(3조), 부당감액행위(4조), 판매대금의 부당한 지급지연행위(5조), 부당한 강요행위(6조), 부당한 수령거부행위(7조), 판촉비용 등의 부당한 강요행위(8조), 사업활동방해행위(10조), 서면계약체결의무 및 부당한 계약변경행위(11조) 등을 규정하고 있다.

이상의 행위는 대체로 대규모소매점과 납품업체 사이에 드러나는 거래상 지위남용행위의 전형적인 예에 해당하는 것으로, 동 고시에 의하여 구체적인 규제 기준이 마련되고 있다. 대표적으로 부당반품의 경우를 보면, 일반적으로 유통단계에서의 매매는 법적으로 소유권의 이전을 의미하며, 경제적으로는 거래상 위험의 이전도 아울러 수반된다. 반품은 자신에게 이전된 거래상의 위험을 다시 납품업체에 전가하는 것이며, 대규모소매점 고시 제3조도 반품 자체는 원칙적으로 금지되는 행위로 규정하고 있다.

문제는 대규모소매점 고시가 규정하고 있는 위반행위에 대하여 거래상대방인 납품업체 등이 자발적으로 동의한 경우에 관한 것이다. 대규모소매점의 불공정거래행위도 본질적으로 거래상 지위남용행위에 해당하는 것이며, 거래상대방이 자율적으로 거래에 응한 경우에, 설사 불이익이 부과되더라도 이에 대한 규제 가능성은 제한될 것이다. 따라서 거래상대방의 자발적 동의 여부는 대규모소매점의 불공정거래행위를 규제함에 있어서 핵심적 요소가 된다. 이와 관련하여 대법원 판결은 "대형할인점업자와 납품업자 사이에 있어서 대형할인점업자의 요청에 의한 대금감액, 인건비부담, 광고비부담 등에 대한 납품업자의 동의가 자발적으로 이루어진 것인지, 그렇지 않고 납품업자가 거래관계의 지속을 위하여 어쩔 수 없는 강요에 의하여 이루어진 것인지가 다투어지는 경우 법원으로서는 납품업자에 대한 대형할인점업자의 거래상 우월적 지위의 정도, 납품업자의 대형할인점업자에 대한 거래의존도, 거래관계의 지속성, 거래 상품의 특성과 시장상황, 거래 상대방의 변경가능성, 당초의 거래조건과 변경된 거래조건의 내용, 거래조건의 변경경위, 거래조건의 변경에 의하여 납품업자가 입은 불이익의 내용과 정도 등을 정상적인 거래관행이나 상관습 및 경험칙에 비추어 합리적으로 추단할 수밖에 없다"고[169] 보고 있다. 이와 같이 대법원이 제시한 종합적인 판단기준은 타당한 것이며, 특히 거래상 대등한 지위에서 기대하기 어려운 내용을 거래상대방이 수용한 경우라면, 계약 체결이나 선택에 있어서 자율적 기초가 주어지고 있는지에 대한 실질적인 판단이 이루어져야 한다.

(3) 심결분석

「대규모소매점업 고시」에 위반한 사례로서 한국까르푸 사건에 관한 공정거래위원회의 심결이[170] 대표적이다. 동 사건에서는 대금감액, 판매사원의

---

169) 대법원 2003. 12. 26. 선고 2001두9646 판결
170) 공정위 1999. 9. 17. 의결 9810유거1627.

인건비 전가, 광고비 전가 등이 쟁점이 되었다.

대금감액과 관련하여 피심인은 야채류 등 식품류는 백화점 등 업계에서 반품이 관행화되어 있고, 신선도 유지가 요구되어 판매시간대별 또는 경쟁업체의 가격동향에 따라 최소 마진판매나 염가판매를 하고 있고, 이로 인해 발생한 손실은 통상 납품업체가 무상지원이나 가격인하로 보전해 주고 있는 바, 이 건의 경우도 신고인의 동의 하에 감액한 것이라고 주장하였다. 이에 대하여 공정거래위원회는 특정매입거래에 대해 반품을 인정하고 있는 것과는 달리 피심인은 납품업체와 직매입거래를 하고 있으므로 시간대별·경쟁업체의 가격동향에 따라 최소마진 판매나 염가판매 등으로 손실이 발생하였다면, 원칙적으로 피심인이 그 손실에 대하여 책임을 부담하여야 할 것이고, 피심인의 우월적 지위를 고려하여 볼 때, 손실 부담에 대한 신고인의 동의가 있었음을 인정하기 어렵다고 보았다. 또한 대규모소매점업 고시 제4조는 납품받은 상품이 납품업자의 귀책사유로 인한 오손, 훼손, 하자 등이 있는 경우와 납품받은 상품이 주문한 상품과 다른 경우에 일정한 기한 내 감액하는 행위 이외의 납품대금 감액행위는 부당한 감액행위라고 규정하고 있다. 이 규정에 비추어 볼 때, 피심인이 신고인에게 귀책사유가 있는 것이 아니라 자신의 판매과정에서 발생된 품질상의 문제로 인한 손실보전을 이유로 감액한 행위와 주문 후 납품받은 야채류의 전부 또는 일부를 추가납품에 따른 손실보전, 납품단가 인하차원, 영업손실 보전 등을 이유로 신고인이 무상지원하였다며 감액한 행위는 대규모소매점업 고시에 규정된 정당한 감액행위로 볼 수 없다고 보았다. 따라서 피심인의 납품대금 감액행위는 대규모소매점업 고시 제4조에 규정된 부당한 감액행위에 해당되어 법 제23조 제1항 제4호에 위반된다고 판단하였다.

판매사원의 인건비 전가와 관련하여 피심인은 자신에게 야채류 및 청과류를 납품하는 납품업체들이 납품 상품의 신선도 유지와 판매, 재고관리를 위하여 판매사원을 배치·운영하기로 합의한 것이므로 판매사원은 납품업체의 필요에 의해 고용된 것이라고 주장하였다. 이에 대하여 공정거래위원회는 납품업체 들은 김장철이나, 명절 등 수요가 일시에 몰리거나 신상품 홍보 등 특별한 경우에 일시적으로 판매사원을 파견하는 경우가 있으나, 이 건에 있어서는 이러한 특수성을 인정할 수 없고, 납품업자들이 판매사원의 인건비 부담에 대해 불만을 제기하자, 1998년 8월 16일 이후에는 피심인이 그 판매사원들을 직접 고용한 점을 보더라도 피심인이 자기의 필요에 의해 판매사원을 고용한 것으로 인정된다고 보았다. 즉 납품받은 상품의 판매는 피심인의 업무이므로 자신의 판매업무에 종사한 판매사원의 인건비는 피심인이 부담하는 것이 타당하며, 따라서 피심인이 자신의 판매사원의 인건비를 납품업체에게 부담시킨 행위는 대규모소매점업 고시 제8조에 규정된 부당한 판촉사원의 파견 등에 해당되는 행위로서 법 제23조 제1항 제4호에 위반된다고 판단하였다.

광고비 전가에 있어서, 피심인은 납품업체가 납품한 야채류 등 식품류를 광고하였고, 광고비 부담을 동의한 업체만 광고비를 부담하였으므로 본 건이 납품업체의 의사에 반하여 광고비를 전가한 것은 아니라고 주장하였다. 이와 관련하여 대규모소매점업 고시 제9조는 대규모소매점업자는 납품업자 또는 점포임차인에게 그 의사에 반하여 광고비 등 판촉비용이나 실내장식, 집기구입 등에 소요되는 비용을 부당하게 징구 또는 전가하는 행위를 하여서는 아니된다고 규정하고 있다. 공정거래위원회는 피심인의 창립 35주년 기념행사는 피심인 자신의 기념행사이고, 피심인의 상품광고도 피심인이 매입한 자신의 상품의 판매촉진을 위하여 실시한 것이므로 동 행사에 소요되는 광고비는 피심인이 부담하는 것이 타당하며, 따라서 피심인이 자신의 창립 35주년 기념행사와 관련한 광고비를 납품업체와 사전협의 없이 일방적으로 상향조정하여 부담시킨 행위는 피심인이 자신이 부담하여야 할 광고비를 거래상 지위를 이용하여 부당하게 납품업체에게 전가시킨 행위로 인정되어 대규모소매점업 고시 제9조(광고비 등의 부당한 전가행위)에 해당되므로 법 제 23

조 제1항 제4호에 위반된다고 판단하였다.

동 심결의 이러한 결론은 항고소송이 제기된 고등법원의 판결에[171] 의하여 번복되었으며, 이러한 입장은 대법원 판결(2001두9646)에서도 유지되었다. 법원은 대금감액 부분에 대해서는, 납품업체들의 자발적 동의를 인정하였고, 그 밖에 인건비와 광고비 전가 부분에 대해서는 증거가 충분하지 않은 것으로 보아, 법위반행의 성립 자체를 부정하였다. 그러나 이러한 판결에 대해서는, 전술한 것처럼 우월적 지위에 있는 사업자와 그 거래상대방과의 관계에 비추어, 열등한 지위에 있는 사업자의 동의가 실질적으로 자율적 기초 위에서 이루어진 것인지에 대한 고려가 충분히 행하여진 것으로 보기는 어렵다는 점에서 의문이 있다.

최근에 공정거래위원회에 의한 규제 사례로서 (주)세이브존리베라 사건이 있다. 동 사건에서 피심인은 납품업자로부터 직매입거래로 매입하여 판매하던 상품을 납품업자의 귀책 등 합리적 사유가 없음에도 유통기한 임박 또는 초과 등을 이유로 반품하는 행위, 납품업자로부터 수탁 받아 판매하는 특정 매입상품을 소비자에게 판매하고 그 판매대금을 정당한 이유 없이 약정기일보다 지연하여 지급하는 행위, 광고전단지 제작비용, 경품 등 사은행사비용을 납품업자에게 부담시키면서 당해 비용의 예상부담액 및 산출근거, 용도 등에 대하여 사전에 명확하게 서면으로 약정하지 아니하고 이를 부담시키는 행위, 납품업자와 계약기간 중에 정당한 사유 없이 특정매입 판매수수료율을 인상하는 행위 등을 하였고, 이에 대하여 공정거래위원회는 대규모소매점 고시 규정에 위반한 거래상 지위남용행위로서 규제하였다.[172] 한편 동 심결에서 공정거래위원회가 대규모소매점 고시를 적용함에 있어서 문제가 되고 있는 대규모소매점의 거래상 지위가 전제되어야 한다고 본 것은 주목할 만한 부분이다. 특히 피심인이 2006년 말 기준으로 대형마트 시장에서 차지하는

---

171) 서울고등법원 2001. 10. 23. 선고 99누13903판결.
172) 공정위 2007. 8. 28. 의결 2007가유1267.

점유율이 2.4%에 불과한 7위의 사업자에 불과하지만, 매출액이 6,000억원 이상이며, 대형마트에 납품하기 위한 납품업자들 사이의 치열한 경쟁 등 대형마트와 납품업자 사이의 일반적인 관계 등을 고려하여, 피심인의 거래상 지위를 인정한 것은 타당한 결론으로 생각된다.

3) 신문업에 있어서 불공정거래행위

(1) 의의

신문업에서 경쟁의 활성화는 당해 산업의 시장기능적 측면에서 뿐만 아니라, 언론의 다양성 확보 차원에서도 의미가 있다.[173] 물론 독점규제법에서의 규제는 전자의 관점에 의하는 것이지만, 간접적으로 언론의 의의를 실현하는 데 기여할 것이고, 이러한 점은 산업의 특성을 반영하는 차원에서 독점규제법상 신문사 행위의 부당성 판단에서 고려될 수 있을 것이다.

신문업에서의 경쟁이 신문의 본래 기능을 중심으로 이루어지는 것을 넘어서, 유통 과정에서의 과도한 경쟁으로 나타날 경우에, 독점규제법상 규제 가능성이 있으며, 공정거래위원회는 신문업의 특수성을 고려하여 「신문업에 있어서의 불공정거래 행위 및 시장지배적 지위남용 행위의 유형 및 기준」(이하 신문판매 고시)을 제정·고시하고 있다. 동 고시의 표제에 드러나듯이, 동 고시는 신문판매와 관련하여 불공정거래행위뿐만 아니라 시장지배적 지위남용행위에 대한 규제 기준도 제시하고 있으며, 특히 구독자 확보를 위한 과도한 경품제공, 무가지배포, 강제투입행위 등에 초점을 맞추고 있다.

(2) 심결분석

신문판매와 관련된 불공정거래행위로서 무가지와 경품의 제공은 가장 전

---

173) Christian Kirchner, "Zur Ökonomik rechtlicher Probleme von Fusionen und Kooperationen auf dem deutschen Pressemarkt", DIW vol. 74, 2005, 34면 참조.

형적으로 나타나는 사례이다. 특히 경품과 관련하여 신문판매고시는 경품고시에 대한 특별법적 지위에 있으며, 따라서 신문판매와 관련된 경품의 제공에 대해서는 신문판매고시가 우선적으로 적용된다. 신문판매고시 제3조 제1항 제2호에서는, 신문판매업자가 독자에게 1년 동안 제공하는 무가지와 경품류를 합한 가액이 같은 기간에 당해 독자로부터 받는 유료신문대금의 20%를 초과하는 경우를 법 제23조 제1항 제3호 전단의 "부당하게 경쟁자의 고객을 자기와 거래하도록 유인하는 행위"로 규정하고 있으며, 동탄동아일보독자센터,[174] 동아일보 신당지국,[175] 조선일보 기흥지국,[176] 중앙일보 은평고객서비스센터[177] 등은 이 한도액을 초과함으로써 불공정거래행위로서 공정거래위원회에 의하여 규제되었다.

4) 병행수입에 있어서 불공정거래행위

(1) 의의

일반적으로 외국 상품의 독점적 수입은 국내 시장에서 독점적 지위의 형성과 거래제한의 유력한 원인이 된다. 따라서 수입에 대한 경쟁법적 관점에서의 규제가 입법적으로 이루어진 것은 오랜 기원을 갖고 있으며, 1894년 미국에서 제정된 Wilson Tariff Act는 그 시초에 해당한다.

공정거래위원회도 「병행수입에 있어서의 불공정거래행위의 유형고시」(이하 병행수입 고시)를 제정하였으며, 이에 의하여 병행수입에 관한 불공정거래행위의 규제가 이루어지고 있다. 동 고시에 따르면, 병행수입은 독점수입권자에 의해 당해 외국상품이 수입되는 경우 제3자가 다른 유통경로를 통하여 진정상품을 국내 독점수입권자의 허락 없이 수입하는 것을 말한다(병행수

---

174) 공정위 2007. 9. 12. 의결 2007서경1734.
175) 공정위 2007. 9. 12. 의결 2007서경1724.
176) 공정위 2007. 9. 12. 의결 2007서경1731.
177) 공정위 2007. 9. 12. 의결 2007서경1729.

입 고시 2조 3항). 병행수입은 독점수입권자 이외의 제3자가 다른 유통경로를 통하여 진정상품을 수입함에 따라서 일반적으로 경쟁을 촉진시키는 효과를 지니는 것이므로, 이를 부당하게 저해하는 경우에 법에 위반된다(병행수입 고시 4조 1항).

현재 병행수입 고시는, 해외유통경로로부터의 진정상품 구입방해(병행수입 고시 5조), 판매업자에 대한 병행수입품의 취급제한(병행수입 고시 6조), 병행수입품을 취급한 판매업자에 대한 제품공급거절 및 중단(병행수입 고시 7조), 병행수입품을 취급하는 소매업자에 대한 독점수입품의 판매제한(병행수입 8조) 등의 행위를 규제하고 있다.

(2) 심결분석

(주)한성자동차 사건은 병행수입과 관련하여 다루어진 대표적인 사례에 해당한다. 특히 동 사건은 독점적 수입계약을 체결한 사업자에 의한 계약상의 권리 행사와 병행수입 제한으로 독점규제법에 의하여 규제되는 행위 사이의 경계를 정함에 있어서, 중요한 시사점을 제공하고 있다. 동 사안에서 (주)한성자동차는 독일 벤츠사의 한국내 독점 수입판매대리점이며 위 상표의 한국내 전용사용권등록권자의 지위에 있었다. 한편 다른 자동차수입업자인 (주)오토월드는 벤츠사의 캐나다판매법인으로부터 벤츠자동차를 병행수입하여 판매하였고, 차대번호를 추적하여 이를 확인한 (주)한성자동차는 벤츠사로부터 독점수입판매대리점계약 위반을 이유로 약정된 커미션을 지급받았다. 벤츠사는 커미션에 해당하는 금액을 벤츠캐나다사에게, 벤츠캐나다사는 캐나다판매법인에게, 캐나다판매법인은 (주)오토월드에게 순차적으로 청구하였고, (주)오토월드가 이의 지급을 거절하자, 캐나다판매법인은 (주)오토월드와의 거래를 중단하였다.

동 사건에 대하여, 공정거래위원회는 (주)한성자동차가 차대번호를 확인하고 이를 통보하여 커미션을 청구한 행위가, '병행수입 고시'상의 해외유통경

로로부터의 진정상품 구입방해에 해당한다고 판단하고, (주)한성자동차에 대한 시정명령을 부과하였다.[178]

한편 동 명령에 대한 항고소송에서 고등법원은 우선 (주)한성자동차의 행위가 독점규제법 제59조에서 규정한 적용제외 사유로서 무체재산권의 행사에는 해당하지 않는다고 보면서, 당해 사안이 독점규제법적 관점에서 다루어질 수 있음을 인정하였다. 즉 진정상품의 병행수입행위는 (주)한성자동차의 상표권 전용사용권을 침해하는 것은 아니라고 보았다. 그러나 병행수입의 제한으로서 불공정거래행위의 인정은 받아들이지 않았다. 즉 (주)한성자동차가 벤츠사에게 커미션을 청구한 것은 계약상 정당한 권리행사라 할 수 있으며, 또한 이러한 행위로부터 (주)오토월드의 수입거절의 상당인과관계를 부정하였다. 즉 (주)오토월드의 수입거절은 캐나다판매법인으로부터의 커미션해당액의 지급 거절에 따른 것이고, 이에 대하여 (주)한성자동차로부터의 인과성을 인정하기 어렵다고 보았다.[179] 이와 같은 고등법원의 판단은 대법원에서도 유지되었다.[180]

이와 유사한 사례로서 EC에서 문제가 되었던 Ford 사건과 비교가 가능할 것이다. Ford 사건에서 유럽포드(Ford of Europe incoporated)는 영국포드(Ford Motor Company limited)를 통하여 오른쪽 핸들 카를 판매하고 있었는데, 독일에 사무소를 둔 포드 AG로부터 영국으로 오른쪽 핸들 카의 병행수입이 일어나자 이를 제한하는 조치를 취하였고, 이에 대하여 EC위원회가 이러한 행위의 위법성을 인정하였고, 유럽법원도 EC위원회의 판단을 받아들였다.[181] Ford 사건에서 오른쪽 핸들 카를 포드 AG로부터 영국에 수입한 것은 진정상품의 병행수입에 해당하는 것이었고, 문제가 된 행위는 이를 직접적으로 제

---

178) 공정위 1998. 6. 5. 의결 제98-110호.
179) 서울고등법원 2000. 4. 6. 선고 99누389 판결.
180) 대법원 2002. 2. 5. 선고 2000두3184 판결.
181) Case 25-26/84 (1985) ECR 2725. 한편 동 사건에 대한 평석으로서, 홍명수, "Ford 사건에서 제기된 카르텔 관련 쟁점", 경쟁저널 제111호, 2004, 59면 이하 참조.

한하는 것이었다. 반면에 (주)한성자동차의 행위는 병행수입의 방해와 직접
적으로 연관되는 것은 아니라는 점에서, 유럽에서의 Ford 사건과는 차이가
있다.

IV. 시정조치의 검토 및 제도개선의 제안

1. 시정조치의 검토

공정거래위원회의 시정조치는 법위반행위의 중지를 명하는 시정명령 이외
에 많은 경우 과징금 부과가 이루어지고 있다. 또한 고발이 행하여진 경우도
있는데, 입법시부터 2007년 7월 31일까지 총 57건의 고발이 있었으며, 그 중
34건의 고발이 거래강제 유형에서 행하여졌다. 그 외에 2건의 공표 명령이
있었다.

불공정거래행위는 유형별로 일정하지는 않지만, 그 성격상 경쟁제한적 측
면뿐만 아니라, 거래당사자 사이의 불공정한 행태도 중요하게 고려될 수 있
다. 따라서 거래 당사자 사이의 사적인 분쟁해결방식이 유효할 수 있는 위반
유형으로서 이해된다.

이러한 점에서 공정거래위원회의 행정적 규제가 현재의 거래 환경에 비추
어 불가피한 것이라 하더라도, 가능한 한 사적 당사자의 자율적 분쟁해결로
유도해 나가는 것이 바람직할 것이다. 또한 공정거래위원회의 행정적 규제를
넘어서 사인간 분쟁해결 성격이 강한 불공정거래행위에 대하여 형사적 제재
로까지 나아가는 것에는 의문이 있다. 한편 2007년 독점규제법 개정으로 한
국공정거래조정원이 설립되고(법 48조의2), 원내에 설치된 공정거래분쟁조정
협의회에 의한 불공정거래행위의 조정제도가 도입되었다(법 48조의3 및 48
조의2 1항 1호). 동 조정제도는 불공정거래행위에 관련된 당사자들의 이해관

계를 보다 직접적으로 반영할 수 있고, 또한 분쟁해결의 신속성을 기할 수 있다는 점에서, 앞으로 활용도가 기대된다.

2. 제도개선의 제안

전술한 것처럼 불공정거래행위는 시장지배적지위의 남용, 기업결합, 부당한 공동행위 등과 마찬가지로 공정거래위원회의 행정적 규제를 일차적인 규제 수단으로 하고 있다. 그러나 불공정거래행위의 유형 중에는, 시장에 미치는 영향과 무관하거나 관련성이 적은 유형도 있으므로, 불공정거래행위의 모든 유형을 행정기관에 의한 규제에 맡기는 것이 타당한 지에 대해서는 의문이다. 이러한 점에서 불공정거래행위 중 일부에 대해서라도, 사적인 분쟁해결절차에 따르도록 하는 것에 대하여 전향적으로 검토할 필요가 있다.

또한 현재 거래 행태별로 유형화되어 있는 불공정거래행위 체계를 법위반의 경쟁정책적 의의에 따라서 재편하는 것에 대해서도 검토할 수 있다. 예를 들어 경쟁제한적 성격이 강한 유형과 거래에 있어서 거래상대방의 이익보호 측면이 강한 유형 별로 구분하는 것을 고려할 수 있을 것이다.

특히 수직적 거래제한의 경우, 기본적으로 경쟁정책적 관점에서 동일한 의미를 갖고 있음에도 불구하고, 현재의 규제체계 하에서는 거래강제나 구속조건부 거래 등의 유형에 산재하여 있다. 이를 수직적 거래제한이라는 범주로 묶어, 규제하는 방식을 상정할 수 있다. 즉 수직적 거래제한 중에서 브랜드내 경쟁제한적 효과를 갖는 재판매가격유지행위와 수직적 비가격제한(거래지역 또는 거래상대방 제한), 그리고 브랜드간 경쟁제한적 효과를 갖는 끼워팔기와 배타조건부 거래를 하나의 유형으로 체계화한다면, 법해석이나 법 적용면에서 규제의 실효성을 제고하는데 기여할 수 있을 것으로 생각된다.

16. 재판매가격유지행위에 관한 대법원 판결의 검토

I. 서론

재판매가격유지행위는 유통 단계에서 상위에 있는 사업자가 거래조건의 부과에 의하여 거래상대방이 다음 단계에서 판매하는 가격을 고정하는 일련의 행태를 말한다. 이러한 행위는 유통의 하위 단계에서 벌어지는 경쟁의 가장 중요한 형태로서 가격경쟁을 제한하는 것이고, 따라서 「독점규제 및 공정거래에 관한 법률」(이하 독점규제법)은 제29조 이하에서 이를 규제하는 규정을 두고 있다.

그러나 시카고 학파적인 문제 제기 이후, 재판매가격유지행위의 원인이 되는 경제적 동기 측면에서 궁극적으로 소비자 후생에 긍정적으로 평가될 수 있는 요소가 검토되고 있으며, 경쟁정책적 관점에서 일의적인 판단이 가능한지에 대한 의문도 지속적으로 제기되어 왔다. 여기서 다루게 될 남양유업 사건은[1] 재판매가격유지행위에 있어서 유지행위의 의의가 구체적인 쟁점이 되었던 것이다. 그러나 이에 대한 판단은 본질적으로 재판매가격유지행위와 이에 대한 규제의 경쟁정책적 의의에 기초하는 것이며, 이러한 점에서 동 판결은 재판매가격유지행위 규제체계 전반에 걸친 의미 있는 논쟁점을 제시하고 있는 것으로 생각된다.

---

1) 대법원 2001. 12. 24. 선고 99두11141 판결.

II. 사건의 개요

남양유업(주)에 관한 동 사건은 크게 두 부분, 즉 출고조절과 관련된 시장지배적 지위남용 부분과 재판매가격유지 부분으로 나뉜다. 출고조절의 부분은 시장지배적 지위에 있는 사업자의 상품 공급의 조절 행위가 남용으로 판단될 수 있는지에 관한 구체적인 실례에 해당하며, 이 역시 경쟁정책적으로 중요한 의미가 있는 것이지만,[2] 여기서는 재판매가격유지행위의 부분에 초점을 맞추기로 한다.

남양유업은 1) 거래처에 '권장소비자가격'의 형태로 소비자가격을 지정하여 이를 지키도록 강요하여 왔으며, 특히 1997년 10월 이후 신제품을 출시하거나 가격인상을 단행한 후 자신이 지정한 소비자가격대로 판매하지 않는 유통업체에 대해서 수시로 가격을 점검하여 가격인상을 적극적으로 종용하였고, 2) 1997. 12. 19. 지점장회의에서 영업1담당이사를 통해 영업관리부에 가격점검을 위한 시장조사를 실시하도록 지시함에 따라서, 영업관리부는 1998. 1. 5. 각 지점에 대하여 거래처가 인상된 지정가격으로 판매하고 있는지 여부를 파악하여 보고할 것을 지시하는 한편, 영업관리부 스스로도 1998. 1. 9.부터 같은 달 10일에 걸쳐 수도권지역 64개 거래처의 판매가격 등을 조사하였으며, 3) 각 지점에서는 주기적으로 유통업체를 방문하여 가격준수 여부를 점검하고, 미준수업체에 대하여는 수차례 방문하여 설득하거나 제품공급을 중단하겠다는 뜻을 통지하면서 가격인상을 적극적으로 종용한 바 있다.

특히 원고 회사 충청지점 영업사원이 작성한 일일활동보고서에 의하면, 관내 대형할인점인 한국마크로 대전매장 및 한국까르푸 대전매장이 인상된 소비자가격으로 판매하지 아니하자, 위 영업사원이 1998년 2월 및 3월 중 여러 차례 위 매장들을 방문하여 가격인상을 종용하고 할인판매를 할 경우에

---

2) 이에 관하여, 이호영, 독점규제법의 이론과 실무, 홍문사, 2006, 57~58면 참조.

는 지점관계자와 협의하도록 요청하였고, 관내 하나로마트 조치원매장에 대하여는 가격인상을 조건으로 제품을 공급한 것으로 기재되어 있으며, 또한 위 지점에서는 1997. 4. 1.부터 동년 9. 2.까지의 기간 중 지정가격을 준수하지 아니한 점포의 현황을 파악하여 본사에 보고한 사실이 있다.

이러한 사실에 기초하여 공정거래위원회는 남양유업(주)의 행위가 재판매가격유지행위에 해당하는 것으로서 위법하다고 판단하고, 일정한 시정조치를 부과하였다.[3]

III. 판결의 요지

1. 고등법원(원심)의 판결

고등법원은 다음과 세 가지를 주된 이유로 하여 원고가 다투었던 공정거래위원회의 심결이 타당하지 않은 것으로 판단하였다.[4] 이유의 구체적인 내용은 다음과 같다.

첫째 원고 회사가 제품가격을 인상할 때마다 각 거래처에 인상된 공급가격을 통보하면서 공급가격에 13~15%의 이윤을 가산하여 산출한 '권장소비자가격'을 함께 통보한 사실은 인정되나, 이는 각 거래처가 적정한 소비자가격을 산정하는 데 필요한 기준을 제시하기 위한 것으로서 거래처의 요청에 의한 것일 뿐만 아니라, 거래처가 그보다 저렴한 가격으로 판매하였다고 하여 제품공급을 중단하거나 다른 불이익을 준 바 없으므로, 원고 회사가 각 거래처로 하여금 '권장소비자가격'대로 판매할 것을 강제하였다고 보기 어렵다.

둘째 위 지점장회의에서 영업1담당이사가 거래처의 권장소비자가격 준수

---

3) 공정거래위원회 1998. 6. 9. 의결, 제98-112호.
4) 서울고법 1999. 10. 7. 선고, 99누13 판결.

여부를 조사하여 보고하도록 지시함에 따라, 각 지점의 영업사원과 본사의 영업관리부가 각 그 거래처를 방문하여 그 준수 여부를 조사하여 보고한 사실은 인정되나, 위 회의에서의 논의내용, 지시공문에 기재된 조사목적과 조사내용, IMF체제로 들어서는 당시의 우리나라 경제상황 및 1998. 1. 1.자 가격인상에 따른 원고 회사의 시장동향파악 필요성 등 여러 사정에 비추어 볼 때, 원고 회사의 위와 같은 지시 및 조사행위는 거래처에 가격인상을 적극 종용하기 위한 것이라기보다는 마케팅 전략수립 및 시장동향파악을 위한 통상적이고 일상적인 영업활동으로 보여질 뿐이다.

셋째 원고 회사 충청지점 영업사원 차용석이 작성한 일일활동보고서에 의하면, 차용석이 1998. 1. 6. 조치원시 소재 하나로마트에 대하여 가격인상을 조건으로 조제분유를 납품하고, 같은 해 2월 11일부터 같은 해 3월 12일까지 5차례에 걸쳐 한국마크로 대전지점 및 한국까르푸 대전지점에 대하여 가격인상을 요청하여, 한국까르푸 대전지점은 같은 해 3월 12일 가격인상을 하였으나, 한국마크로 대전지점은 본점에서 조정되어야 한다는 이유로 가격인상을 거절하여, 이에 차용석이 한국마크로 대전지점에 대하여 가격을 인상할 때까지 제품공급을 중단할 예정이라고 본사에 보고한 사실은 인정되나, 하나로마트, 한국마크로, 한국까르푸와 같은 대형할인매장에 대한 제품공급은 원고 회사 본사와 대형할인매장 본사 사이에 체결되는 제품공급계약에 기하여 이루어지는데, 그에 의하면 원고 회사 본사나 지점은 대형할인매장의 판매가격을 통제하거나 이에 관여할 수 없도록 되어 있는 점, 조치원시 소재 하나로마트와 한국마크로 대전지점은 그 후에도 가격을 인상하지 않았으나 원고 회사로부터 제품공급을 중단당한 사실이 없는 점 등에 비추어 볼 때, 지점의 한 영업사원이 위와 같이 가격인상을 요구하였다 하여 원고 회사가 위 각 대형할인매장에 대하여 가격인상을 강제하였다고 볼 수 없다.

2. 대법원의 판결

대법원의 판결은 고등법원의 판단을 대체적으로 수용하면서, 특히 재판매가격유지에 해당하는 행위의 구체적인 의미를 밝히는 것에서 출발하고 있다. 즉 사업자가 재판매업자에게 상품을 판매함에 있어 일방적으로 재판매가격을 지정하여 그 가격대로 판매할 것을 지시·통지하는 행위는, 그것이 단지 참고가격 내지 희망가격으로 제시되어 있는 것에 그치는 정도인 경우에는 이를 위법하다 할 수 없고, 거기에서 그치지 아니하고 재판매업자로 하여금 그 지시·통지에 따르도록 하는 것에 대하여 현실로 그 실효성을 확보할 수 있는 수단이 부수되어 있는 경우에만, 법 제2조 제6호에서 규정하는 '그 가격대로 판매할 것을 강제하거나 이를 위하여 규약 기타 구속조건을 붙여 거래하는 행위'로서 법 제29조 제1항에 의하여 금지되는 '재판매가격유지행위'에 해당하므로 위법하다고 할 수 있는 것으로 보고 있다.

이러한 판단의 기초 위에서, 기록에 의하면 원고 회사의 판매가격 조사·점검행위는, 그 조사의 목적이 거래처로 하여금 그 가격대로 판매하게 하는 데에 있음을 인정할 자료가 없고, 나아가 그 구체적인 조사의 방법, 횟수, 조사자의 언동, 이에 대한 피조사자의 반응이나 태도 등을 알아 볼 수 있는 자료도 현출되어 있지 아니하므로, 이로써 원고 회사의 권장소비자가격 통보에 그 실효성을 확보할 수 있는 수단이 부수되어 있었다고 보기는 어렵다는 점을 지적하고 있다.

또한 기록에 의할 경우에, 원고 회사 충청지점 영업사원이 관내 일부 대형할인매장에 대하여 판매가격을 인상할 것을 요청하면서 이에 응하지 아니할 경우 상품 공급을 중단할 것처럼 통지·시사하였음을 알 수 있으나, 한편 위각 매장에 대한 상품 공급은 위 지점에서 담당하고 있는 것이 아니라 원고 회사 본사와 각 그 매장의 서울 본사 사이에서 체결된 계속적 상품공급계약에 따라 원고 회사 본사에서 담당하고 있고, 각 그 상품공급계약에 따르면 원고 회사 본사로서는 구매발주서에 적시된 납기 및 납품장소에 맞추어 상품을 납품하여야 하고, 발주된 상품은 1회에 전부 납품하여야 하며, 원고 회사 본사가 납기를 준수하지 못하였을 경우 1일당 발주금액의 1/1000(한국마크로의 경우) 내지 15/100(하나로마트의 경우)의 지체배상금을 물도록 되어 있으며, 그리하여 원고 회사 본사는 매출액이 큰 위 각 대형할인매장에 대하여 염매를 이유로 함부로 공급중단을 결정할 수 없는 입장에 있었고, 실제로도 그를 이유로 공급중단을 실시한 바 없었고, 더구나 위 영업사원은 관내 점포를 돌아다니면서 판매대금 수금, 반품처리 등의 업무를 담당하는 당시 25세의 입사 1년 남짓된 사원에 불과하여 독자적으로 공급중단 등을 결정하거나 실시할 권한이 없어, 위 각 매장의 담당직원들은 위 영업사원의 언동에 크게 개의하지 아니하였고, 그들 또한 본사로부터 지시받은 판매가격으로 판매할 뿐 스스로 판매가격을 결정할 권한이 없었음을 알 수 있는바, 이와 같은 사실관계에서라면, 위 영업사원의 위 각 매장에 대한 판매가격 인상요청에도 현실로 그 실효성을 확보할 수 있는 수단이 부수되어 있었다고 보기는 어렵다고 판단하였다.

　따라서 원고 회사의 거래처에 대한 권장소비자가격 통보나 판매가격 인상요청은 모두 그 실효성을 확보할 수 있는 수단이 부수되어 있었다고 할 수 없으므로, 같은 취지에서 원심이 원고 회사의 위와 같은 행위가 재판매가격유지행위에 해당하지 아니한다고 판단한 것은 정당하고, 거기에 상고이유에서 주장하는 바와 같은 재판매가격유지행위에 관한 법리오해의 위법은 없으며, 이에 관한 상고이유 주장도 이유 없다는 최종적인 판단을 내렸다.

IV. 판결의 검토

1. 재판매가격유지의 의의

독점규제법 제29조는 재판매가격유지행위를 금지하고 있으며, 동법 제2조 제6호는 "재판매가격유지행위라 함은 사업자가 상품 또는 용역을 거래함에 있어서 거래상대방인 사업자 또는 그 다음 거래단계별 사업자에 대하여 거래가격을 정하여 그 가격대로 판매 또는 제공할 것을 강제하거나 이를 위하여 규약 기타 구속조건을 붙여 거래하는 행위를 말하는 것"으로 규정하고 있다. 동호의 정의에서 알 수 있듯이, 재판매가격유지는 수직적 관계에서 상위 사업자가 하위 단계에서의 가격을 고정하는 것에 의하여 경쟁을 제한하는 것이며, 따라서 수직적 거래제한의 대표적 유형의 하나로 이해된다.[5]

이러한 맥락에서 거래상 위험의 귀속과 같은 실질적 표지에 의하여 독자적인 수직적 단계로서 고려되기 어려운 대리상이나 위탁판매상에 대한 가격유지는 재판매가격유지에 해당하지 않을 것이다. 또한 재판매가격유지의 경쟁침해적 성격에 기초하여 볼 때, 수직적인 가격유지에 의한 제한은 동일한 상표(brand)의 상품에서 발생하는 것이기 때문에, 다른 상표의 상품 간의 (interbrand) 경쟁을 제한하는 의미를 갖는 끼워팔기나 배타조건부 거래에 대비되는 상표내(intrabrand) 거래제한의 특성을 갖는다.[6] 한편 재판매가격유지는 최저가격 방식의 유지와 최고가격 방식의 유지로 나뉘며, 후술하는 것처럼 각 유형에 대한 규범적 평가 또한 다르게 나타나고 있다.

---

5) E. Thomas Sullivan & Jeffrey L. Harrison, Understanding Antitrust and Its Economic Implications 4. ed., LexisNexis, 2003, 215면 이하.
6) 권오승, 경제법, 법문사, 2005, 418~419면.

2. 재판매가격유지의 위법성과 독점규제법의 입법태도

재판매가격유지는 기본적으로 가격을 고정한다는 점에서 경쟁제한성이 뚜렷한 것으로 인식되어 왔으며, 위법성이 명백하다는 점에 근거하여 미국에서는 판례법상 당연위법의 원칙이 적용되어 왔다. 그러나 재판매가격유지의 위법성에 대하여 상이한 평가도 이루어지고 있다. 일반적으로 재판매가격유지는 유인염매를 방지하여 brand가치를 보호하거나 마케팅 활동과 관련하여 무임승차자(free-rider)를 배제함으로써 판매활동을 촉진시키기 위한 동기로 행하여지는 것으로 이해된다. 이러한 점에서 재판매가격유지는 비록 상표내 경쟁은 제한하지만 상표간 경쟁을 촉진하는 효과를 낳을 수 있으며, 이와 같이 상반되는 효과를 비교형량하여 위법성을 판단하여야 한다는 주장이 가능하다.[7] 또한 보다 경제학적인 분석으로서 재판매가격유지는 수요곡선을 우상향으로 이동시킬 수 있는데, 이때 이동의 폭이 크고 수요곡선의 탄력성이 작다면, 오히려 소비자 잉여가 확대됨으로 인하여 전체적으로 소비자후생의 증가를 가져올 수 있다는 점이 지적되고 있다.[8]

물론 이와 같은 재판매가격유지의 위법성에 대한 부정적인 반론에 대하여 재반론도 가능하다. 즉 재판매가격유지가 전술한 동기 이외에 다양한 반경쟁적인 동기, 예를 들어 수평적 가격고정의 은폐나 가격차별의 수단이 될 수도 있다는 점이 지적되고 있다.[9] 또한 전술한 경제학적 분석에 의한 소비자후생 증대 가능성과 관련하여, 재판매가격유지에 의하여 수요곡선의 이동이 발생한다 하더라도 거래비용 증가로 인한 공급곡선의 좌상향 이동도 가능하기

---

7) E. Thomas Sullivan & Jeffrey L. Harrison, 앞의 책, 214~215면.

8) 위의 책, 226~230면.

9) Phillip Areeda & Louis Kaplow, Antitrust Analysis, Little, Brown and Company, 1988, 637면.

때문에, 소비자후생 증대의 가능성이 제한될 수 있다는 주장도 유력하게 전
개되었다.[10) 이상의 논의를 종합하여 볼 때, 재판매가격유지의 위법성을 부
인하는 것에 이르지 않는다 하더라도, 재판매가격유지의 위법성이 항변의 여
지없이 명백한 것은 아닐 수 있다는 것을 부인하기 어렵다.

미국에서 이에 관한 반독점법 판례의 변화를 보면, 재판매가격유지행위에
대한 당연위법적인 태도가 점차 완화되는 과정을 보여주고 있다. 1997년
Kahn 판결은[11) 가격이 균형가격 이하에서 결정됨으로써 소비자 후생의 관
점에서 긍정적인 요소에 대한 고려가 불가피한 것으로 이해되고 있는 최고
가격 방식의 재판매가격유지를 합리의 원칙에 따라서 판단하여야 하는 것으
로 보았고, 이어서 2007년 Leegin 판결은[12) 최저가격 방식의 재판매가격유지
에 대해서도 당연위법에 따른 접근 방식을 배제하였다. 이와 같은 미국 판례
법상 재판매가격유지에 대한 태도는 우리 독점규제법 제29조 제1항의 규정
에도 영향을 미친 것으로 볼 수 있지만, 최저가격 방식의 재판매가격유지에
대해서는 여전히 엄격한 법적용의 원칙을 유지하고 있다는 점에서, 미국 판
례법과는 차이가 있다. 즉 독점규제법 제29조 제1항 본문은 재판매가격유지
행위의 위법성을 평가할 수 있는 기술조항을 두지 않고 있는 반면에, 동항
단서는 최고가격방식에 대하여 비교형량이 요구되는 것으로 규정하고 있고,

---

10) 이에 관한 역사적인 논쟁으로서, Gould & Yamey와 Bork 간에 논쟁의 전개과정이
유력하다. Gould & Yamey는 공급곡선 자체의 이동가능성을 주장하면서, Robert
Bork가 주장한 재판매가격유지에 의한 소비자 후생 증대의 이론을 비판하였으며,
이에 대하여 Robert Bork는 공급곡선 자체가 이동한다면, 새로운 상품으로 보아야
한다는 점에 근거하여 재반론하였다. Robert Bork, "The Rule of Reason and the
Per Se Concept: Price Fixing and Market Division", The Yale Law Journal vol. 75,
1966, 375면 이하; Robert Bork "A Reply to Professors Gould & Yamey", The Yale
Law Journal vol. 76, 1967, 731면 이하; J. R. Gould & B. S. Yamey, "Professor
Bork on Vertical Price Fixing: A Rejoinder", The Yale Law Journal vol. 77, 1968,
936면 이하 참조.
11) State Oil Co. v. Khan, 522 U.S. 3 (1997).
12) Leegin Creative Leather Products, Inc. v. PSKS, Inc., 551 U.S. 877 (2007).

따라서 최저가격방식과 최고가격방식의 재판매가격유지행위는 독점규제법
상 규범적으로 분리되고 있다.

3. 강제 또는 구속조건의 의의

이와 같이 적어도 최저가격 방식의 재판매가격유지행위의 규제에 있어서
위법성 판단이 배제되는 규정 형식을 취하고 있는 입법태도는, 재판매가격유
지행위에 대한 쟁점이 행위의 경쟁제한성에 대한 분석이 아니라 행위 자체
가 성립하는지에 관해서 나타나게 된 원인이 된 것으로 생각된다. 앞에서 살
펴본 판결에서도 남양유업의 행위가 동법 제2조 제6호가 규정하고 있는 재
판매가격유지행위의 개념, 즉 "일정한 가격을 강제하거나 규약 기타 구속조
건을 붙여 거래하는 행위"에 해당하는지가 주된 쟁점이 되었다. 이에 대하여
대법원은 전술한 것처럼 희망가격의 제시에 그치지 않고 이에 따르도록 하
는 실효성 확보 수단이 부수되어 있는 경우에만, 동법 제2조 제6호의 요건에
부합하는 것으로 보고 있다.

그러나 동 판결에 대하여, 실효성 확보 수단의 존재를 요구하는 것은 재판
매가격유지행위의 범위를 지나치게 제한하는 측면이 있다는 점에서 문제 제
기가 가능하다. 재판매가격유지행위의 본질은, 가격이 유지(maintenance)되는
메커니즘이 실재하는 것에 있는 것이 아니라, 가격 유지에 대한 구속이 거래
상대방에게 부과되는 것으로 충분한 것으로 보아야 한다. 나아가 이러한 구
속을 일정한 구속 수단이 현실적으로 존재하는 경우에만 인정할 수 있다고
보는 것은 재판매가격유지행의 본질에 비추어 타당한 해석이라 보기 어렵다.

이와 관련하여 재판매가격유지와 관하여 미국 판례법상 형성된 Colgate 원
칙의 발전과 이에 대한 논의 과정은 시사하는 바가 크다. 동 원칙은 재판매
가격을 통지하고 이를 지키지 않은 사업자에게 거래를 거절한 경우에, 이와

같은 일방적 행위는 서면법의 적용을 받지 않는다고 본 U. S. v. Colgate & Co. 판결에서[13] 형성되었다. 이후 미국 판례법상 동 원칙은 기본적으로 유지되고 있지만, 동 원칙의 적용 범위에 관한 부침은 계속되었다.[14] 그 과정에서 U. S. v. Park Davis & Co. 판결에서[15] 단순한 거래 거절 이상의 것이 있을 경우에 그리고 Albrecht v. Herald Company 판결에서[16] 거래거절의 위협을 받은 당사자가 상대방이 희망하는 가격을 할 수 없이 따르게 된 경우에, Colgate 원칙에서 제시한 일방성의 요건을 충족하지 않는다고 보고 서면법의 적용을 인정한 것은 주목할 만한 것이다.

미국 판례법상 Colgate 원칙과 그 운용 과정이 시사하는 것처럼, 재판매가격유지행위의 경쟁제한성은 가격이 고정됨으로써 경쟁의 가장 중요한 형태라 할 수 있는 가격경쟁이 제한되는 것에 근거한다. 물론 상위 사업자는 하위 단계에서의 상품 가격이 적정하게 책정되는 것에 관한 정당한 이해를 갖고 있으며, 이는 계약자유의 범위 안에서 보장될 수 있는 것이다. 즉 Colgate 원칙은 미국 Sherman법상 사업자는 자신이 원하는 자와 거래할 수 있는 자유를 갖는다는 점을 확인하고 있다. 그러나 자신의 이해, 즉 가격의 유지를 관철하기 위하여 단순한 거래 거절 이상이 존재하는 경우라면 더 이상 Colgate 원칙에 의하여 보호받을 수는 없으며, 위법한 재판매가격유지행위로서 규제될 것이다.

물론 위에서 살펴본 미국 판례법상 Colgate 원칙에 의하여 보호되는 영역과 수직적 거래제한으로서 규제되는 재판매가격유지의 구분이 명확한 것은

---

13) U. S. v. Colgate & Co., 250 U.S. 300 (1919).
14) E. T. Sullivan & J. L. Harrison, 앞의 책, 218면 이하.
15) U. S. v. Park Davis & Co., 362 U.S. 29 (1960).
16) Albrecht v. Herald Company, 390 U.S. 145 (1968). 동 판결은 최고가격방식의 재판매가격유지행위로서, 이에 대한 미국 법원의 당연위법 적용의 입장은 전술한 것처럼 1997년의 Khan 판결에 의하여 변경되었다. 그러나 Colgate 원칙에 관한 연방대법원의 판단 부분은 여전히 주목할 만한 것이다. E. T. Sullivan & J. L. Harrison, 앞의 책, 220면 참조.

아니며, 최근의 미국 판례의 경향은 Colgate 원칙의 적용을 확대하는 것으로
나타나고 있다.[17] 그러나 최소한 재판매가격유지행위의 규제가 가격 책정의
강제나 이에 상응하는 구속적인 조건의 부과가 명시적으로 존재하는 경우에
제한되고 있는 것은 아니며, 이는 우리 독점규제법상 재판매가격유지를 규제
함에 있어서도 고려되어야 할 부분이다.

결국 재판매가격유지에서 유지(maintenance)를 판단함에 있어서 핵심적인
것은 강제나 구속조건의 현실적인 존재가 아니라 유지가 가능하게 되는 종
합적인 상황으로 이해하는 것이 타당하며, 비록 독점규제법 제2조 제6호가
재판매가격유지를 강제 내지 구속조건의 부과로서 규정하고 있다 하더라도,
'기타 구속조건을 붙여 거래하는 행위'의 의미를 실질적인 구속이 가능한 경
우까지 포괄하는 것으로 해석할 필요가 있다. 이러한 관점에서 동호의 문의
에 엄격하게 제한된 해석을 펼친 동 판결에 대해서는 의문의 여지가 있다.

V. 결론

독점규제법 제29조 이하에 근거하여 재판매가격유지행위를 규제함에 있
어서, 동 규제의 경쟁정책적 의의를 명확히 이해하는 것이 전제되어야 한다.
유통 과정에서 상위 사업자에 의한 하위 단계에서의 가격 유지는 경쟁의 가
장 중요한 형태인 가격경쟁을 제한하는 것이고, 이를 방지하는 것에 동 규제
의 입법취지가 있으며, 독점규제법상 다른 규제와 마찬가지로 경쟁제한성은
재판매가격유지행위 규제의 근거가 된다.

---

17) 최근의 미국 판례의 경향은 1984년 Monsanto 판결(Monsanto v. Spray-Rite Service
Corp., 465 U.S. 752) 이래로, Colgate 원칙을 보다 확대하는 것으로 나타나고 있다.
이러한 경향을 반영하는 최근의 하급심 판례로서 Audio Visual Associates, Inc., v.
Sharp Electronics Corp., 210 F.3d 254 (4th Cir. 2000) 참조.

　그러나 동법 제29조 제1항 본문은 이와 같은 경쟁제한성 판단이 개입될 여지를 두고 않으며, 재판매가격유지행위는 바로 금지되는 형식을 취하고 있다. 이러한 태도는 미국 판례법상 Leegin 판결 이전에 최저가격 방식의 재판매가격유지행위가 당연위법의 원칙에 의하여 처리되고 있었던 것에 상응하는 것이라 할 수 있다. 그러나 당연위법과 같은 법 원칙이 우리 독점규제법의 운영에 접목될 수 있는지는 의문이며, 또한 재판매가격유지행위가 경쟁을 촉진하고 또한 궁극적으로 소비자 후생을 증대할 수 있다는 논의를 고려한다면, 법문의 형식에 구애될 것이 아니라, 경쟁제한성에 대한 구체적인 평가가 동 규정의 적용에 있어서 반영되어야 한다.

　특히 앞에서 살펴 본 대법원 판결은 재판매가격유지에 해당하는지 여부와 관련하여, 재판매가격유지를 정의하고 있는 동법 제2조 제6호의 규정의 엄격한 해석에 기초하고 있다. 그러나 가격의 유지를 강제 내지 명시적인 구속적 조건의 부과에 한정하여 해석하는 것은 지나치게 제한적인 것이며, 재판매가격유지의 본질과 경쟁정책적 의의에도 부합하는 것으로 보기 어렵다. 즉 이때의 유지는 상위 사업자에 의한 일정한 가격의 고정이 가능할 수 있는 상황의 종합적인 고려를 통하여 이해하는 것이, 경쟁정책적 관점에서 보다 타당한 해석이라 할 것이며, 이러한 점에서 동 판결에서 취한 대법원의 태도는 재고될 필요가 있다.

17. Utah Pie 판결의 경쟁정책적 의의

Ⅰ. 들어가며

1967년 미국 연방대법원에 의하여 내려진 Utah Pie 판결은[1] 미국 Clayton 법 제2조의 차별적 행위에 대한 규제의 실제적 적용례로서 고전적인 의미를 갖고 있다. 우선 동 판결은 가격차별의 행태가 독점금지법 위반으로 규제될 수 있는 근거와 요건에 관하여 분석을 행하고, 이를 통하여 Robinson-Patman 법에 의하여 수정된 Clayton법 제2조의 경쟁정책적 의의를 구체적으로 밝히고 있다. 이러한 판단과정은 차별적 행태를 독점금지법상 규제하고 있는 다른 나라의 법운영에도 중요한 의미를 갖는 것이다. 또한 법기술적인 차원에서뿐만 아니라, 동 판결은 Robinson-Patman법의 제정시부터 논란이 일었던, 입법목적에 관한 문제에 관하여 다시금 되짚어 보는 계기가 되었다. 즉 차별규제와 관련하여 입법시 제기되었던 영세사업자의 보호라는 목적이 여전히 유효한 것인지에 관하여 의미 있는 시사점을 제공하고 있다.

---

1) Utah Pie Co. v. Continental Baking, 386 U. S. 685(1967).

II. 사안의 전개과정

1. 절차의 진행상황

Utah Pie Company(이하 Utah Pie)는 Continental Baking Company(이하 Continental), Carnation Company(이하 Carnation), Pet Milk Company(이하 Pet)를 상대로 Clayton법 제4조와 제16조에 근거하여 3배 배상과 중지를 청구하는 소송을 제기하였다. 원고는 피고들의 행위가 Sherman법 제1조와 제2조의 공모에 해당하며, Clayton법 제2조 a항의 요건을 충족한다고 주장하였다. 배심원들은 공모에 관해서는 피고의 주장을 그리고 가격차별에 관해서는 원고의 주장을 받아들였고, 1심 판결은 손해배상과 변호사 보수에 관한 원고의 청구를 인용하였다. 항소심의 판결은 변경되었는데, 가격차별에 관한 각 요건의 입증이 경쟁에 대한 침해의 가능성을 인정하는데 충분한 것인지에 대한 단일한 쟁점에 관하여 판단하면서, 그것이 충분하지 않은 것으로 보았다. 그러나 연방대법원은 항소심의 판단을 다시 변경하고, 파기환송의 판결을 내렸다.2)

2. 구체적 사실관계

관련 상품은 사과, 체리, 보이젠베리(boysenberry), 복숭아, 다진 고기(mince) 등을 원료로 한 냉동디저트파이이다. 문제가 된 기간은 1958년부터 1961년 8월까지이다. 원고인 Utah Pie는 30년 동안 Salt Lake시에 있는 자신의 공장에서 파이를 구어 Utah주와 인근 주에 판매하여 왔다. 동 회사는

---

2) 386 U. S. 685, 688면.

1957년 후반에 냉동파이 사업을 시작하였다. 신규 사업은 즉시 성공을 거두었고, 1958년에 Salt Lake시에 새로운 공장을 건립하였다. 냉동파이 시장은 급속히 확장되고 있었다. 1958년에는 Salt Lake시에서 57,060 다스의 냉동파이가 팔렸고, 1959년에 111,729 다스, 1960년에 184,569 다스, 1961년에 266,908 다스의 냉동파이가 팔렸다. 이 시장에서 Utah Pie의 점유율은 각 년도마다 66.5%, 34.3%, 45.5%, 45.3%였고, 판매량은 4년에 걸쳐서 지속적으로 증가하였다. 또한 재정 상황도 개선되었다. 그러나 원고는 대규모회사는 아니었다. 소송의 개시시점에서 원고는 단지 18명의 피고용인으로 운영되었고, 그 중의 9인은 Rigby가 사람들이었으며, 이들이 경영을 담당하였다. Utah Pie의 순자산은 1957년 10월 31일에 31,651.00$에서 1961년 10월 31일 68,802.13$로 증가하였다. 총매상액은 1957년(10월 31일까지) 238,000$, 1958년 353,000$, 1959년 430,000$, 1960년 504,000$, 1961년 589,000$였다. 동기간 동안의 순수익과 순손실을 보면, 1957년 6,461$의 순손실이 있었고, 1958년부터는 각 년도마다 7,090$, 11,897$, 7,636$, 9,216$의 순이익이 발생하였다.

   피고들은 모두 대규모회사였고, 이들 각각은 미국의 최소 한 지역 이상에서 주된 사업자(major factor)였다. 이들은 모두 원고가 냉동디저트파이 사업을 시작하기 이전에 솔트레이크시의 냉동파이시장에 진출하였다. 문제된 기간의 종료시점에서 Pet는 Michigan, Pennsylvania, California에, Continental은 Virginia, Iowa, California에, Carnation은 California에 공장을 두고 있었다. Salt Lake 시장에서 이들의 냉동파이는 주로 California의 공장에서 제공되었으며, 주로 운송비 기초 위에서 판매되었다.

   'Utah'는 원고의 전속적인 브랜드였다. 또한 1960년에 들어서, 야채상 연합회(Associated Grocers)에 동질의 파이를 'Frost N Flame'의 브랜드로 판매하였고, 1961년에는 'Mayfresh'의 브랜드로 American Food Stores에 판매하였다. 또한 계절별로 호박과 고기 냉동파이를 Safeway에게 Safeway의 고유한 브랜드인 'Bel-air'로 판매하였다.

유타시장에서 가장 주된 경쟁상의 무기는 가격이었다. 원고의 공장 위치는 Salt Lake 시장에서 자연적인 이익을 가져다주었고, 피고들 파이의 가격 이하의 가격으로 동 시장에 진입하였다. 문제가 된 기간의 대부분에서 피고의 냉동파이 가격은 Salt Lake 시장에서 가장 낮았다. 그러나 때때로 그리고 다양한 시기에 피고들에 의한 도전이 있었다. 문제가 된 기간동안 피고들이 가격구조를 악화시킨 것으로 볼 수 있는 충분한 증거가 있었고, 특히 가격의 변화과정에서 동질의 파이를 자사의 공장에 보다 가까운 지역보다도 낮은 가격으로 Salt Lake시에서 판매하였다. 문제가 된 시기의 초기에 다스당 4.15$의 가격에 팔면서 시장에 진입하였던 Utah Pie는 당해 소송이 제기되었던 시점인 44개월 이후에 'Utah'와 'Frost N Flame'을 2.75$에 팔았다. 1958년 2월에 다스당 4.92$에 제공하였던 Pet는, 1961년 3월과 4월에 'Pet-Ritz'와 'Bel-air'를 각각 3.56$과 3.46$에 판매하였다. 1958년 초 Carnation의 가격은 다스당 4.82$이었으나, 문제가 된 기간의 종료시점에 3.46$에 판매되었으며, 그 중간에 다스당 3.30$까지 내려갔었다. 동 기간 동안 Continental의 가격변동을 보면, 1958년 5$ 이상의 가격이었으나, 1961년에는 다스당 2.85$의 가격으로 내려갔다.[3]

III. 경쟁정책적 평가

1. 차별취급 주체의 개별적 심사

피고로서 모두 대규모사업자인 세 사업자가 관련된 당해 사건에서, 연방대법원은 이들 각각의 차별적 행태를 별도로 분석하였다. 물론 이들 피고가

---

3) 386 U. S. 685, 689~691면.

처한 상황에서 가격정책의 전략적 운영은 대체적으로 유사하게 전개되었다. 그러나 각각의 행태에 대한 구성요건의 충족이나 위법성의 평가는 개별적으로 이루어졌고, 이들이 공동으로 대응한 일련의 상황은 제1심 법원에서 공모의 가능성이 부인됨으로써, 더 이상 논의되지 않았다. 또한 각각의 행태가 집단적인 의미에서 경쟁에 미치는 효과나 경쟁정책적 의미가 다루어지지는 않았다.

우선 첫 번째로 다루어진 Pet는 1955년에 냉동파이 사업을 시작하면서, Pennsylvania와 California에 공장을 두었고, 'Pet-Ritz'라는 브랜드로 대규모광고를 수행하였다. Pet의 초기 사업의 중점은 상품의 질에 있었지만, 지역회사들과의 경쟁에 직면하고 가격이 결정적 요소임이 입증된 확대된 시장 상황에서, 자신의 파이를 최종 소비자에게 낮은 가격으로 공급할 조치를 취하는 압력을 받게 되었다. 이러한 결과로서 나타난 일련의 행위는 결국 Pet에 대한 원고 청구의 실제적 원인이 되었다. Pet의 행태를 구체적으로 보면, 첫째 Pet는 Salt Lake 시장에서 냉동파이의 가장 큰 세 구매자 중 하나였던 Safeway와 성공적으로 계약을 체결하였고, 이에 따라서 Safeway에게 Safeway의 고유한 'Bel-air'의 브랜드로 냉동파이를 판매하였는데, 판매가격은 Pet의 유사한 상품인 'Pet-Ritz'브랜드가 Salt Lake 시장과 그 외의 시장에서 판매되었던 가격보다 상당히 낮은 것이었다. 'Bel-air'의 최초의 가격은 Utah Pie의 'Utah' 브랜드 파이보다 다소 낮았으며, 문제가 된 기간의 말기에는 'Utah' 브랜드 파이와 거의 비슷한 가격이었고, Utah Pie의 'Frost N Flame' 브랜드 파이보다는 다소 높은 가격이었다. Pet와 Safeway의 거래규모는 전체 솔트레이크 시장에서 1959년, 1960년, 1961년 각각 22.8%, 12.3%, 6.3%에 달하였고, 이는 같은 기간 동안 Pet의 솔트레이크 시장에서 판매의 64%, 44%, 22%에 해당하였다. 둘째 Pet는 'Swiss Miss'의 브랜드로 20온스의 파이를 출시하였고, 1960년 8월에 솔트레이크 시장에서 판매를 시작하였다. 동 파이의 가격은 이후의 기간 동안 3.25$에서 3.30$로 책정되었다. 그리고 동 파이는 다른 시장과 비교하여 솔트레이크 시장에서 낮은 가격으로 판매되었다. 셋째 Pet는 자사 브랜드인 'Pet-Ritz' 제품의 가격과 관련하여 더욱 더 경쟁적인 정책을 취하였다. 문제가 된 44개월 중 18개월동안 'Pet-Ritz'의 가격은 4$ 이하였고, 그 중 6개월은 3.70$ 이하였다. 항소심에 따르면, 44개월 중 7개월은 Salt Lake에서 Pet의 가격이 California에서의 가격보다 낮았는데, Salt Lake에서의 판매는 30에서 35cent의 운송비가 포함된 것이었다. 항소심은 우선 Safeway 와의 거래에서의 가격차별과 관련하여, 동 차별이 비용상으로 완전히 정당화 될 수 있고 또한 어쨌든 Utah가 Safeway의 고객이 될 가능성은 없기 때문에, 경쟁침해는 고려할 필요가 없는 것으로 결론지었다. 둘째 'Pet-Ritz'와 'Swiss Miss'에 대한 가격차별은 경쟁자로서의 Utah Pie나 경쟁 일반에 손해를 미칠 합리적인 가능성에 대한 근거로서 불충분하다는 결론을 내렸다. 그러나 항소심의 이러한 판단을 연방대법원은 받아들이지 않았다. 그 이유로서, 연방대법원은 첫째 'Pet-Ritz'와 'Swiss Miss'에 대한 Pet의 가격차별은 항소심에서 고려되었던 것 이상으로 기능하였다는 증거에 주목하였다. 즉 7개월 동안 Pet의 Salt Lake시에서의 파이 가격이 California 시장에서의 가격보다 낮았다는 것에 추가하여, 10개월 이상 동안 솔트레이크시에서의 가격이 California 이외의 서부시장에서의 가격보다 낮았다는 증거가 추가로 제시되었다. 'Swiss Miss'의 경우에도, 기록상 본 소송이 제기되기 전 13개월 중 5개월 동안 Salt Lake시에서의 가격이 California 또는 다른 서부시장에서의 가격보다 낮았다는 증거가 있다. 둘째 연방대법원은 Pet와 Safeway의 거래와 관련하여 비용정당화의 입증책임은 Pet에게 있으며, 일반인의 합리적인 관점에서 Pet 의 Safeway에 대한 'Bel-air'의 낮은 가격의 판매가 전적으로 비용상 정당화될 수 있는 것으로 보기는 어렵다고 판단하였다. Pet는 Safeway에게 귀속된 가격상의 이익보다도 더 큰 비용절감을 보여주는 1961년의 비용자료를 제출하였다. 그러나 이 통계는 솔트레이크 시장에 특정된 것은 아니며, 동 자료가 1961년 판매를 정당화하기에 적합한 것이라고 가정한다 하더라도, 그것은 관련 기간 동안 Safeway에 대한 판매의 단지 24%에 관련된 것이었다. 나머지 76%에 관한 증거는 불충분하거나 추론적인 것이었으며, 따라서 항소심에 의하여 채택되었던 비용정당화 항변을 받아들이기에는 충분하지 않은 것으로 판단하였다. 셋째 항소심은 Pet의 행위가 경쟁침해와 관련한 법적인 요건을 충족한다는 1심법원에서의 배심원 결론의 실체적 근거가 되는 증거를 거의 전적으로 간과하였다. 이러한 증거는 Utah Pie를 배제하기 위한 Pet의 약탈적 의도와 관련된다. 배심원은 Pet의 가격차별이 Utah Pie를 겨냥한 것이라는 결론을 내렸다. 1959년 초기부터 Pet의 경영진은 Utah Pie를 불리한 요소로서 지목하였고, 솔트레이크 시장에서의 Pet의 업무를 지속적으로 체크하였다. 더욱이 Pet가 인정한 것처럼, Pet는 Utah Pie가 Safeway의 거래상대방으로서 가치가 없다는 확신을 주기 위하여 사용될 수 있는 정보를 얻기 위하여 Utah Pie의 공장에 산업스파이를 보냈다. Pet는 Safeway와의 거래에 대한 경쟁에서 Utah Pie로부터 얻은 정보를 사용하였다는 것을 부인하였다. 그러나 이를 신뢰하기는 어려운 것이고, 또한 Pet의 견해를 수용한다 하더라도, 이것이 Pet의 경쟁방식의 기초가 된 약탈적 의도가 배제될 수 있다는 것을 의미하지는 않는다. 끝으로 Pet는 문제가 된 기간 동안 냉동파이 판매에서 실질적인 손실을 부담하였다는 것을 부인하지 않고 있으며, Salt Lake시에서의 손실이 다른 지역에서 발생한 손실보다 컸다는 결론을 가능하게 하는 증거도 있다. 결국 연방대법원은 Salt Lake 시장에서 Pet가 경쟁과정에서 약탈적 전략을 채택한 것으로 볼 수 있는 적합한 증거가 있는 것으로 보았으며, Pet에게 귀책될 가격차별과 결합하여 전체로서의 증거는 Pet의 행위가 동법에 의한 경쟁의 제한을 낳았다는 가능성을 뒷받침하는 것으로 판단하였다.[4]

Continental의 문제는 상대적으로 복잡한 것은 아니었다. Continental은 1957년에 이미 시장에 참여하고 있었다. 그러나 동 회사는 'Morton' 브랜드로 냉동 22온스 디저트 파이를 판매하였지만, 1958년 1.3%, 1959년 2.9%,

---

4) 386 U. S. 685, 692~698면.

1960년 1.8%의 점유율에 그쳤다. 저조한 판매의 원인은 주로 비용과 이에 따른 가격에 기인하였다. 1960년 후반 Continental은 포장, 저장, 운송에 있어서 커다란 간격 없이 공급되는 Co-Packing 방식을 채택하였다. 시장에서의 위치가 개선되면서, Continental은 지역 중개인을 이용하고 또한 여러 가지 방식으로 단기적인 가격할인을 제공하여 Salt Lake 시장에서의 판매량을 증대시키기 위한 노력을 하였다. 그 과정에서 1961년 6월에 원고 청구의 핵심적 근거가 된 조치를 취하게 되었다. 최소한 동년 6월의 마지막 두주 동안 Continental은 22온스 냉동사과파이를 Utah 지역에서 다스당 2.85$에 판매하였다. 그것은 실질적으로 동 제품의 다른 지역에서의 판매가격보다 낮은 것이었고, 특히 Salt Lake시에서의 판매가격은 직접비와 간접비를 합한 비용보다도 낮은 것이었다. 동시기에 Utah Pie는 24온스의 'Frost N Flame'을 야채상 연합회에 다스당 3.10$에 판매하였고, 'Utah' 브랜드는 다스당 3.40$에 판매하였다. Continental은 새로운 가격에 자사의 파이를 Idaho의 Pocatello에 있는 American Grocers와 Utah의 Ogden에 있는 American Food Stores에 판매하였다. 솔트레이크시의 주된 구매자였던 Safeway도 약 5주 동안 6,250 다스를 구매하였다. 다른 구매자도 1,000 다스를 주문하였다. Utah Pie의 대응은 즉각적이었다. Utah Pie는 자사의 모든 사과파이의 가격을 다스당 2.75$로 낮추었다. Continental은 Utah Pie의 가격에 맞추어달라는 Safeway의 요구를 거절하였다. 그러나 동년 7월 31일 2주의 기간 동안 동일한 가격으로 자신의 공급가격을 변경하였다. Utah는 1961년 9월 8일 소를 제기하였다. Continental의 냉동파이 총 판매량은 1960년 3,350 다스에서 1961년 18,800 다스로 증가하였다. 시장점유율은 1960년 1.8%에서 1961년 8.3%로 상승하였다. 항소심은 Continental의 행위가 미미한 효과만을 낳았고, 경쟁자로서의 Utah Pie에 피해를 주거나 약화시키지 않았고, 실질적으로 경쟁을 감소시키지 않았으며, 장래에 그렇게 될 것이라는 합리적인 가능성도 존재하지 않는다는 결론을 내렸다. 그러나 연방대법원은 항소심의 판단과 달리하였다.

Utah Pie에 경쟁상의 손해가 없었다는 항소심의 견해는 1961년 Utah Pie의 판매량이 지속적으로 증가하였다는 사실과 Utah Pie의 사업기회가 박탈되지 않았다는 실제적 결론에 근거하는 것이었다. 그러나 연방대법원은 이와 같은 판단이 Continental의 비용이하의 가격 책정이 Utah Pie가 자신의 가격을 2.75$로 내리게 된 원인이 되었다는 점을 반영하지 않고 있다고 보았다. 또한 Continental의 가격할인 없었을 경우의 잠재적 효과도 고려되어야 한다는 점도 지적하였다. 가격은 Salt Lake 시장에서 주된 요소였고, Utah Pie 브랜드의 파이를 구매하였던 Safeway는 Continental로부터 5주간 냉동파이를 구매하였으며, 이로 인하여 일시적으로 Safeway와의 거래와 관련된 시장에서 Utah와 다른 경쟁사업자는 봉쇄되었다. Utah Pie가 그의 가격을 인하하지 않았다면, Continental은 그의 공급가격을 유지하였을 것이고, Safeway는 Continental로부터 구매를 계속하였을 것이며, 다른 대소 사업자들이 이에 대하여 소를 제기하였을 수도 있었다. 또한 지속적으로 가격이 하락하고 있는 시장에서 가격 인하의 압력을 받고 있는 경쟁자는 재정적 압박을 느끼고, 그의 경쟁상의 효율성은 감소할 것이라는 결론을 도출할 수 있는 것으로 판단하였다. 경쟁자로서의 Utah Pie에 미친 영향을 별론으로 하더라도, 2.85$에 판매된 Continental의 22온스 파이뿐만 아니라 Utah Pie의 2.75$에 판매된 파이와 경쟁하여야 하였던 그 시장의 다른 사업자들에 미친 효과도 남아 있다. 원고와 피고들이 Salt Lake 시장에서 유일한 냉동파이 공급자는 아니었지만, 이들은 동 시장에서 91.8%의 점유율을 차지하고 있었다. 비록 동 시장의 전체 규모가 같은 기간 동안 184,569 다스에서 226,908 다스로 확대되었음에도 불구하고, 동 시장에 있었던 다른 9개의 사업자들은 1960년 23,473 다스의 파이를 판매하면서 12.7%의 점유율을 갖고 있었지만, 1961년에는 18,565 다스의 파이를 판매하였고, 8.2%의 점유율을 갖게 되었다. 이상의 근거에 기초하여, 연방대법원은 Continental에 의한 동법 제2조 a항의 침해가 있었다는 충분한 증거가 있는 것으로 판단하였다.[5]

Carnation은 1955년 Utah주에서 냉동파이를 제조, 판매하고 있었던 'Mrs. Lee's Pies'를 인수하면서, 냉동디저트파이시장에 진출하였다. Carnation 또한 즉각적으로 동 시장이 가격에 민감하다는 것을 인식하였다. Carnation은 문제가 된 기간 동안 'Simple Simon'의 브랜드로만 제품을 공급하였다. Carnation의 주된 경쟁방식은 다양한 할인을 제공하는 것이었으며, 이는 기술적으로 성공적이지 않았던 것은 아니었다. 예를 들어 1958년에 Carnation은 Salt Lake 시장에서 10.3%의 점유율을 갖고 있었고, 비록 냉동파이 시장의 전체 규모가 실질적으로 증가한 다음 해에 시장점유율이 일시적으로 8.6%로 감소하였지만, 1960년이 분기점이 되어 다시 시장점유율은 반등하였다. 1961년에는 총판매량이 두 배로 증가하였고, 시장점유율은 12.1%가 되었다. 가격구조가 급속히 악화된 1961년에, Carnation는 여전히 시장에서 중요한 지위에 있는 사업자로 남아 있었다. 1959년 Carnation의 일시적인 후퇴 이후에, 동 회사는 Salt Lake 시장에서의 사업의 성공을 위하여 새로운 가격정책을 수립하였다. 다스 당 60%의 대폭적인 가격할인을 포함하는 새로운 정책은 Carnation의 가격을 비용이하로 그리고 시장에서의 대표적인 브랜드의 가격보다 낮은 가격으로 책정한 것이었다. 그 변동의 효과는 즉각적으로 나타났고, 당해 시장에서의 다른 두 주요 판매업자들은 그들의 가격을 인하하였다. Carnation의 최고의 해였던 1960년의 8개월 동안 Salt Lake시에서의 가격은 다른 시장에서 부과된 가격보다 낮았다. 이러한 경향은 당해 소송이 제기된 1961년 8월까지 계속되었다. 1961년의 8개월 동안 Salt Lake시에서의 가격은 다른 시장에서 부과된 가격보다 낮았으며, 1961년 8월에는 Salt Lake시에서의 가격이 San Francisco에서의 가격보다 20%에서 50%정도 낮았다. 항소심은 단지 1960년초의 가격만이 비용 이하였던 것으로 판단하였다. 그러나 연방대법원은 항소심의 판단이, 배심원들이 1961년 내내 Carnation이 비용 이하의 가격구조를 유지하였고 Carnation의 차별적 가격책정이 Pet와

---

5) 386 U. S. 685, 698~700면.

Continental에 못지않게 솔트레이크 시장에 중대한 영향을 미쳤다고 결론을 내리게 되었던 증거들을 간과한 것으로 이해하였다. 또한 그 증거가 Carnation의 행위가 경쟁을 침해하였다는 합리적인 가능성을 갖고 있는 것으로 보았다.[6]

2. 연방대법원의 결론과 경쟁 침해의 판단

전술한 것처럼, 미국 독점금지법상 차별 규제의 근거는 Clayton법 제2조이다. 동조 a항 본문은 "거래에 참가하는 자가 그 거래의 과정에서 직간접으로 동일한 등급과 품질의 상품을 구매하는 자들 사이에 가격을 차별하는 것은, 그 차별의 효과가 실질적으로 일정한 거래분야에서 경쟁을 감소시키거나 독점을 형성할 우려가 있는 경우에, 또는 차별의 이익을 받거나 의식적으로 취득한 자와의 경쟁 내지 그러한 자의 고객과의 경쟁을 제한, 파괴, 방해하는 경우에 불법하다"고 규정하고 있으며, 동항 단서와 동조 b항은 각각 비용상의 항변과 경쟁대응상의 항변을 중요한 항변사유로서 제시하고 있다. 동조 a항이 상정하고 있는 차별의 유형은 차별을 행한 사업자가 위치한 시장에서 차별의 효과가 나타나는 경우와 수직적 연관 하에서 거래 상대방 등이 위치한 각 시장에서 차별의 효과가 나타나는 경우로 나뉘며, 전자를 1선 차별 그리고 그 이하의 경우를 2선 차별, 3선 차별 등으로 분류한다. 당해 소송에서의 유형은, 세 피고와 원고인 Utah Pie 사이에 냉동파이 시장에서의 경쟁이 문제가 되고 있으므로, 1선 차별의 전형에 해당한다 할 것이다. 일반적으로 1선 차별에서는 경쟁자들 사이의 경쟁제한 효과의 분석이 핵심이며, 이와 관련하여 차별 주체의 약탈적 전략이 중요한 쟁점으로 이해되고 있다.[7] 연방

---

6) 386 U. S. 685, 700~701면.

7) Herbert Hovenkamp, Federal Antitrust Policy-The Law of Competition and Its

대법원의 당해 사건에 대한 결론도 이러한 맥락에서 전개되고 있다.

연방대법원의 종합적인 결론을 보면, 우선 "Clayton법 제2조 a항은 경쟁자를 제거하거나, 시장에의 진입을 억제하거나 또는 지배적 사업자의 시장점유율을 높이는 것에 의하여 경쟁을 침해하거나 제한할 수 있는 가격경쟁을 금지하는 것은 아니다"라고[8] 지적한 것에 주목할 필요가 있다. 당해 사건은 판매업자의 시장에 관련되는 것이었고, 이러한 맥락에서 항소심은 Utah Pie의 판매량이 지속적으로 증가하였고 수익을 창출하였다는 사실에 많은 의미를 부여하였다. 그러나 연방대법원은 특정한 시장에서 총판매량이 지속적으로 증가하고 최소한 경쟁자들 중 일부가 순이익을 얻고 있다 하더라도, 경쟁의 침해에 대한 합리적인 가능성을 부인할 수는 없다고 보았다. 또한 차별적인 가격이 지속적으로 다른 경쟁자들보다 낮은 가격일 때만 가격차별의 행태를 규제하는 것은 아니며, 오히려 피고인 세 사업자 모두에게서 입증된 약탈적 의도에 기초한 가격정책이 핵심적인 사항에 해당하는 것으로 판단하였다. 또한 연방대법원은 증거들을 통하여 입증된 것처럼, 피고들의 가격차별의 결과로서 냉동파이 시장의 가격구조가 지속적으로 인하의 압력을 받고 있었다는 점에도 주목하였다. 이상의 근거들을 종합하여 볼 때, 연방대법원은 당해 사건에서 피고들의 가격차별이 실질적으로 경쟁을 제한하였다는 결론을 도출하였다.[9]

3. 차별 취급 규제 목적의 구성과 타당성

Calyton법 제2조를 수정한 Robinson-Patman법의 제정과 관련하여 영세사업자의 보호라는 목적이 거론되었다. 입법사적으로 보면, 동법의 제안과 관

Practice 2. ed., West Group, 1999, 573면.

8) 386 U. S. 685, 702면.

9) 386 U. S. 685, 702~703면.

런하여 Wright Patman의원의 다음과 같은 진술, 즉 "동법안이 선택의 기회를 파괴함으로써 독점력을 추구하는 모든 부정하고 탐욕스러운 사업자에 반대하는 것이다"라는[10] 표현이 중요한 역사적 근거가 되고 있다. 적어도 동법이 제정되었던 1930년대 대형 유통업자의 연쇄점과 각 지역에 근거한 소규모 상인 사이의 갈등이 입법의 주된 동인이 되었던 것은 분명하다. 그러나 이러한 입법취지가 타당한 것인지 그리고 여전히 유효한 것인지는 별론으로 하고, 실제로 이러한 입법목적에 부합하는 실효성이 동법 운영과정에서 발휘되었는지에 대해서 부정적인 견해도 유력하다.[11]

동 사안에서 제기되었던 쟁점은, 전술한 것처럼, 차별로 인하여 경쟁상의 손해를 본 것으로 주장하고 있는 사업자가 당해 시장에서 여전히 1위의 시장점유율을 유지하였고 또한 총판매량 등의 수치가 지속적으로 상승하였던 상황에서 Clayton법 제2조를 적용할 수 있는지에 관한 것이었다. 연방대법원은 경쟁상의 손해는 이러한 상황과 무관하게 인정될 수 있으며, 동 규정이 금지하는 1선 차별의 핵심은 차별주체의 약탈적 의도의 존재에 있다고 판단한 것에 의미를 부여할 수 있을 것이다. 그러나 전국적인 규모의 사업자에 대항하는 지역적 소규모 사업자에 우월한 가치를 부여하는 정책적 판단이 당해 판결에 개입되었을 여지를 두고 있는 견해에도 주목할 필요가 있다.[12]

IV. 맺으며

Utah Pie 판결은 Clayton법 제2조에 근거한 가격차별의 전형에 해당하는 것이다. 특히 차별주체와 경쟁상의 피해를 입은 사업자가 동일한 시장에 있

10) Ernest Gellhorn & William E. Kovacic, Antitrust Law and Economics, West Publishing Co., 1994, 433면.
11) Herbert Hovenkamp, 주 7)의 책, 572면.
12) Ernest Gellhorn & William E. Kovacic, 주 10)의 책, 439~440면.

는 1선 차별로서의 의미를 갖는다. 이 경우에 비용상 정당화될 수 없는 상황에서 차별주체의 약탈적 의도가 핵심적 요소가 되며, 판단과정에서 제시된 것처럼, 당해시장에서 경쟁상의 피해를 입은 사업자가 여전히 시장에서 중요한 지위를 차지하고 있고, 상당한 이익을 창출하고 있는 경우에도 차별로 인한 경쟁상 손해의 가능성이 존재하는 한, 규제될 수 있다는 결론에 이르고 있는 동 판결의 내용은 충분한 시사점을 제공하고 있는 것으로 생각된다.

또한 Clayton법 제2조의 목적과 관련하여, 영세사업자의 보호에 중요한 의의를 부여한 것으로 동 판결을 이해하고 있는 견해도 있다. 이러한 목적의식이 현실적으로 동 판결에 작용하였는지, 이러한 목적이 독점금지법상 수용될 수 있는 것인지 그리고 Hovenkamp가 지적한 것처럼 이러한 목적이 실효성 있게 법운영에 반영될 수 있는 것인지는 여전히 문제가 되고 있다. 우리 독점규제법에 비추어 볼 경우에, 차별적 취급과 관련하여 소규모사업자의 보호와 같은 목적이 영향을 미칠 수 있는지도 논의될 수 있다. 독점규제법 제1조가 규정하고 있는 목적은, 균형 있는 경제발전과 같이, 일반적인 경쟁법의 목적범위를 넘어서 상당히 광범위하게 규정되어 있으며, 이러한 규정태도에 비추어 정책적으로 차별취급 규제의 의의를 확대할 수도 있을 것이다. 그러나 우리 입법과정에서 이러한 문제의식이 반영된 근거를 찾기 어려우며, 또한 법체계적인 정합성의 관점에서도 고려되어야 할 부분이 있다.

18. 수직적 비가격제한의 경쟁제한성 판단
- Sylvania 판결을 중심으로 -

Ⅰ. 들어가며

수직적 거래제한은 공급 또는 수요관계에 의하여 전후방으로 연결되어 있는 여러 시장에 관련된 제한으로서,[1] 크게 상표내(intrabrand) 거래제한과 상표간(interbrand) 거래제한으로 나뉜다. 후자의 해당하는 거래제한 유형으로 끼워팔기나 배타조건부 거래가 있으며, 전자는 가격제한을 의미하는 재판매가격유지와 수직적 비가격제한(non-price restraints)으로 세분된다.[2] 여기서 다루게 될 거래제한 유형은 수직적 비가격제한이며, 특히 수직적 거래제한으로서 같은 상표간 거래제한에 속하는 재판매가격유지와 상이한 규범적 접근방식이 이루어져야 하는지의 문제는 오랫동안 반독점법의 주된 쟁점의 하나였다.

수직적 비가격제한에 관한 논의 과정에서 재판매가격유지와의 차별적 접근의 타당성을 논증한 미국의 Sylvania 판결은[3] 결정적인 의미를 갖는다. 그러나 비록 Sylvania 판결이 법리적으로 기여하고 있는 부분은 수직적 비가격제한(nonprice vertical restraints)의 영역에 제한된다 하더라도, 20세기 후반에

---

1) 권오승, 경제법, 법문사, 2005, 144면.
2) Herbert Hovenkamp, Federal Antitrust Policy-The Law of Competition and Its practice, West Publishing Co., 1994, 393면.
3) Continental T. V., Inc. v. GTE Sylvania Inc., 433 U.S. 36 (1977).

미국에서 나온 반독점법 관련 판결 중에서 동 판결만큼 반독점법의 기본 운영에 관한 사고에 중대한 영향을 미친 판결을 찾기는 어려울 것이다. 동 판결은 수직적 거래제한 영역에서의 법리구성을 넘어서 반독점법의 전반적인 운영에 Chicago 학파적 사고가 확산되는 계기가 되었으며, 이후 효율성 중시의 경향은 주류적 흐름으로 자리잡게 되었다. 그러나 이러한 흐름에 대한 비판적 입장 또한 지속적으로 전개되었고, 이러한 상황에서 Chicago 학파적 사고 확산의 기폭제가 되었던 Sylvania 판결의 의의를 현재의 시점에서 되짚어 보는 것은 의미 있는 일로 생각된다.

이하에서는 Sylvania 사건의 경과에 기초하여, 수직적 비가격제한의 법리에 관한 동판결의 의의 및 동판결로부터 비롯되는 Chicago 학파 사고의 영향에 대한 평가 그리고 끝으로 이러한 논의과정이 우리에게 시사하는 바를 중심으로 서술한다.

II. Sylvania 사건의 경과

1. 사실관계

피고인 GTE Sylvania Inc.(이하 'Sylvania'라 한다)는 자신의 가전사업부를 통하여 텔레비전을 제조·판매하고 있었다. 1962년 이전에 Sylvania는 대부분의 다른 텔레비전 제조업자와 마찬가지로, 독립 또는 직영의 유통업자에게 텔레비전을 팔았고, 이들은 다시 수많은 소매업자들에게 판매하는 방식을 취하고 있었다. 미국 국내시장에서 1-2%의 미미한 시장점유율에 머무르고 있는 것을 극복하고자, Sylvania는 판매전략에 대한 집중적인 분석을 행하고, 1962년에 이 사건에서 문제가 된 프랜차이즈 계획을 채택하였다. 이 계획에 따라서 도매상에 해당하는 유통업자는 점차적으로 줄여나갔고, 소수의 정선

된 프랜차이즈 소매상들에게 직접적으로 텔레비전을 판매하기 시작하였다. 이러한 변화의 목적은 자사의 시장점유율 제고에 필수적인 것으로 생각되는 좀 더 공격적이고 경쟁력 있는 소매상들을 끌어들이는 대신에 Sylvania 제품을 놓고 경쟁하는 소매상의 수는 줄이는 것에 있었다. 결국 Sylvania는 특정 지역에 있는 프랜차이즈 소매상의 수는 줄이고, 이들에게 프랜차이즈가 부여된 지역에서만 Sylvania 제품을 판매할 것을 요구하였다. 프랜차이즈 소매상이 배타적인 영역을 갖게 되는 것은 아니었고, Sylvania는 시장의 개발에 기존 소매상들의 성패에 따라서 일정한 지역의 소매상의 수를 증대하는 것에 관한 전속적인 권한을 보유하였다. 변화된 판매전략은 성공적인 것으로 드러났는데, 1965년에 미국 국내시장에서 Sylvania의 점유율은 대략 5% 정도로 증가하였고, 텔레비전 제조업자 중에서 8위에 위치하게 되었다.

이 사건은 이와 같이 성공적으로 이루어지던 Sylvania 프랜차이즈 관계의 분열의 결과로 나타났다. San Francisco 지역에서의 판매결과에 만족하지 못한 Sylvania는 1965년 봄에 추가로 해당 지역에 Young Brothers에게 프랜차이즈를 부여하였다. 새로운 프랜차이즈 소매상의 위치는 가장 성공적인 Sylvania 프랜차이즈 소매상의 하나였던 원고인 Continental T. V., Inc.(이하 Continental)의 매장으로부터 대략 1마일의 거리에 있었다. Continental은 이에 항의하였지만, Sylvania는 이를 받아들이지 않았고, Continental은 Sylvania를 대신하여 경쟁업체인 Phillips와 새로운 계약을 체결하였다.

같은 기간에 Continental은 새로운 매장을 Sacramento에 열기를 희망한다는 입장을 Sylvania에게 피력하였다. Sylvania는 Sacramento 시장이 기존 소매상들에 의하여 적절하게 유지되고 있다고 보았으며, 따라서 Continental의 요구를 받아들이지 않았다. 이에 Continental은 San Jose에 Sylvania 제품을 Sacramento에 임대한 새로운 매장으로 옮기고 있는 중이라는 것을 통지하였다. 2주 후에 Sylvania의 신용사업부는 무관한 이유를 들면서 Continental에 대한 대출한도액을 30만불에서 5만불로 감액하였고, 이와 같은 신용 감액과 관계악화에 상응하여 Continental은 Sylvania와 그의 프랜차이즈 사업자 사이의 신용업무를 담당하는 금융회사인 John P. Maguire & Co., Inc.(이하 Maguire)에 대한 모든 지불을 중단하였다. 직후 Sylvania는 Continental과의 프랜차이즈 관계를 종료하였고, Maguire는 지방법원(United States District Court for the Northern District of California)에 Continental에 대해서 신용대출액과 Continental이 보유하고 있는 Sylvania 제품의 반환을 청구하는 소를 제기하였다. 이에 Continental은 특정 지역 이외에서 Sylvania 제품의 판매를 금지하는 Sylvania의 프랜차이즈 약정이 Sherman법 제1조를 침해하였다는 것에 근거하여 Sylvania에 대한 손해배상청구를 반소로서 제기하였다.[4]

2. 법원의 판단

지방법원에서 Sylvania는 부당한 제한이거나 경쟁을 억제하는 경우에만 지역적 제한은 위법한 것이라는 주장을 전개하였으나, 법원은 이하에서 보게 될 Schwinn 판결을 원용하면서, Sylvania가 지역적 제한을 부과하는 약정을 판매상들에게 부과하였다면 지역적 제한의 부당성을 고려할 필요 없이 Sherman법 제1조에서 규정한 '거래를 제한하는 계약(contract), 결합(combination) 내지 공모(conspiracy)'에 해당하는 것으로 판단하였다. 이러한 기초 위에서 Continental의 손해액을 591,505\$로 산정하였으며, 3배 배상의 법리에 따라서 1,774,515\$을 인용하였다.

이와 같은 지방법원의 판단은 항소법원(the Court of Appeals for the Ninth Circuit)에서[5] 변경되었는데, 무엇보다 항소법원은 지방법원이 원용하였던 Schwinn 사건과 당해 사건 사이의 차이에 주목하였다. 즉 제한의 성격, 경쟁

---

4) 433 U.S. 36, 36-40 (1977).
5) 537 F. 2d 980 (1976).

에 미치는 영향 그리고 사업자의 시장점유율 등에 비추어 양 사건은 구별되며, Schwinn 사건에서 실행되었던 제한보다 Sylvania 사건에서 부과된 제한은 경쟁침해의 가능성이 보다 낮다는 결론을 제시하면서, 당해 사건이 Schwinn 사건에서처럼 당연위법의 법리가 아닌 합리성 원칙(rule of reason)의 법리가 적용되어야 한다고 보았다. 이에 기초하여 Sylvania의 지역적 제한은 Sherman 법 제1조에 반하는 위법한 행위가 아니라는 판단을 내렸으며,[6] 연방대법원은 이와 같은 항소법원의 판단을 기본적으로 유지하였다.

III. 수직적 비가격제한의 규범적 평가

1. 수직적 비가격제한의 의의

전술한 것처럼 수직적 비가격제한은 상표내 수직적 거래제한 중에서 가격 이외의 기타 거래조건에 대한 제한들을 총칭하는 의미를 갖는다. 물론 모든 거래조건에 대한 제한은 궁극적으로 가격에 일정한 영향을 미칠 수밖에 없으며, 따라서 양자의 구별은 상대적이라 할 수 있다. 그러나 양자의 구별이 규범적인 측면에서도 중요한 의미를 갖는다는 점에서, 이를 준별할 필요성이 있으며, 적어도 재판매가격유지는 가격에 대한 직접적인 제한에 한정하여 이해할 필요가 있다.

수직적 비가격제한은 상품이나 유통체계의 성격에 따라서 다양한 방식으로 실현될 수 있다. 예를 들어 판매지역을 일정범위로 제한하거나 거래상대방을 일정한 사람들로 한정하는 것, 또는 제조업자가 특정 지역에서의 소매상의 수를 제한하거나 특정 소매상에게 계약적으로 보장된 배타적 판매권한을 부여하는 방식 등이 이에 해당한다.[7] 한편 규범적으로 미국의 경우 수직적 가격제

---

6) 433 U.S. 36, 41-42 (1977).

한으로서 재판매가격유지행위는, 수평적 가격고정(price fixing)과 마찬가지로 경쟁제한적인 성격이 명확하고 친경쟁적 효과를 상정하거나 반경쟁적 효과를 상쇄할 가능성이 거의 없다는 점에 근거하여,[8] 적어도 최저가격 방식의 재판매가격유지에 관한 한[9] 당연위법의 법리에 의한 규율이 계속되었다.[10] 이러한 태도는 2007년 최저가격방식의 재판매가격유지행위에 대해서도 당연위법 법리의 적용을 부인한 Leegin 판결에[11] 의하여 결정적으로 전환되어, 현재 미국 반독점법에서 수직적 가격제한과 비가격제한 사이의 규범적 차이는 없는 것으로 볼 수 있다. 그러나 독점규제법 제29조 제1항은 여전히 당연위법 법리에 비견되는 최저가격 방식의 재판매가격유지에 대한 엄격한 법적용을 시사하고 있으며, 이러한 점에서 우리 독점규제법의 적용에서 수직적 비가격제한은 여전히 수직적 가격제한과 구별되는 규범적 의미를 갖는다.[12]

2. 수직적 비가격제한에 대한 연방대법원의 선례

1) White Motor 사건

미국 연방대법원의 非價格 制限에 대한 입장은 여러 차례 변화를 보여

---

7) Herbert Hovenkamp, 주 2)의 책, 426면.
8) 수직적 가격제한이 수평적 가격고정의 우회적 수단으로 활용될 수 있다는 것에 대한 설명과 이에 대한 현실적 가능성에 의문을 표하고 있는 것으로서, E. Thomas Sullivan & Jeffrey L. Harrison, Understanding Antitrust and Its Economic Implications 2. ed., Matthew Bender, 1994, 159~160면.
9) 최고가격 방식에 의한 재판매가격유지행위에 대해서는 미국 연방대법원의 State Oil Co. v. Khan, 522 U. S. 3(1997) 판결에 의하여 당연위법의 원칙이 아닌 합리성 원칙에 의하여 다루어지는 것으로 이해되고 있다.
10) Herbert Hovenkamp, 주 2)의 책, 417면 이하.
11) Leegin Creative Leather Products, Inc. v. PSKS, Inc., 551 U.S. 877 (2007).
12) E. Thomas Sullivan & Jeffrey L. Harrison, 주 8)의 책, 149~150면.

왔는데 일반적으로 그 시작은 White Motor Co. v. U.S.[13) 사건에서 찾을 수
있다. 트럭과 그 부속품의 제조업자인 White Motor회사는 자사 제품의 배급
업자들에게 그들에게 할당된 지역 안에 영업소를 가진 구매자에게만 판매할
것을 요구하였고 또한 정부관련 기관에 판매하는 것을 금지하였다.[14) White
Motor회사가 제시한 정당화 사유는 지역제한에 대한 것과 고객제한에 대한
것으로 나뉘는데, 전자에 관해서는 대규모 업체들과 경쟁하기 위하여 효율적
인 유통체계를 갖추기 위한 방편으로 소매상들에게 지역적인 제한을 부과하
게 되었다는 것이었고, 후자에 관해서는 대량구매자에게 할인 혜택이 돌아가
기 위해서는 이들에 대한 판매는 제조업자에 유보되어 있어야 하며 그렇지
않을 경우에 이들이 가질 수 있는 불만을 방지하기 위한 의도로서 제한이 부
과되었다는 것이었다. 이때 법원이 가장 중요하게 생각한 것은 과연 이러한
제한이 당연 위법에 해당하는 것인지의 문제를 판단하는 것이었다. 결국 5:3
으로 당연 위법의 적용을 부정하였지만 그 논거로서 제시한 것은 당연 위법
으로 판단하기에는 어떠한 경제적 요소도 분명치 않다는 것이었으며, 따라서
선례로서의 의미를 부여하기에는 미흡하였다.

2) Schwinn 사건

U.S. v. Arnold, Schwinn & Co.에서[15) 법원은 자신의 입장을 바꾸었는데
이때에도 논거 자체가 정확히 제시된 것은 아니었다. 자전거 제조업체인
Arnold, Schwinn & Co.(이하 'Schwinn')은 새로운 유통전략의 일환으로서 세
가지 다른 유통방식 즉 소비자에게 직접 판매하면서 배급업자에게 소정의
수수료를 지급하는 것, 전형적인 재판매방식으로서 배급업자에게 판매하는

---

13) 372 U.S. 253 (1963).
14) 전자와 후자는 각각 전형적인 지역제한과 고객제한을 의미하고 있다.
15) 388 U.S. 365 (1967).

것, 그리고 소매업자에게만 판다는 것을 조건으로 하여 배급업자에게 위탁하는 것 등의 방식을 채택하였다. 문제가 되었던 것은 위의 두 번째와 세 번째의 방식에 부과한 制限이었는데 배급업자는 정해진 지역 안에서 프랜차이즈 약정을 맺은 판매업자에게만 판매할 수 있고, 한편 소매업자는 자신의 지역 내에 있는 배급업자로부터만 구매하고 소비자들에게만 판매할 수 있었다. 법원은 이러한 비가격제한들, 즉 수직적 지역제한과 고객제한을 당연 위법으로 선언하면서, 다만 위탁판매 방식에 대해서만 합리성의 원칙이 적용되는 것으로 남겨 놓았다. 당연히 예상할 수 있는 비판들이 제기되었는데 즉 판례 변경에 대한 적절하고 충분한 설명의 부족과 판매방식에 따른 법리 적용의 차이가 독점금지법의 입장에서 수용될 수 있는 것인지에 대한 의문이 일반적으로 언급되었다.

3. 합리성 원칙 적용의 확립

Sylvania 판결은 직전의 유력한 선례였던 Schwinn 판결의 입장에서 전환함으로써, 수직적 비가격제한에 대한 합리성 원칙의 적용을 분명히 하였다. 비록 항소법원은 Sylvania 사건과 Schwinn 사건의 차별성을 제시하고 있지만, 지역적 제한의 측면에서 양자는 구조적으로 유사하다. 따라서 연방대법원의 Schwinn 판결 이전으로 돌아간다는 명시적인 언급은[16] 합리성 원칙의 적용이 수직적 비가격 제한 일반에 미칠 수 있음을 시사하는 것으로 볼 수 있다.

수직적 비가격제한을 합리성의 원칙에 의하여 규율한다는 것은, 이러한 제한이 갖고 있는 반경쟁적 효과와 친경쟁적 효과의 형량을 통하여 반독점법에 반하는 것인지에 관한 최종적인 판단을 하게 됨을 의미한다. 물론 동 판결에서 반경쟁적 효과를 상쇄하는 수직적 비가격제한의 친경쟁적 요소들

---

16) 433 U.S. 36, 58.

의 제시가 충분히 이루어진 것은 아니며, 친경쟁적인 고려 하에서 소매업자
에 의한 적극적인 마케팅의 유도, 소매업자의 서비스와 설비의 수리제공에
대한 무임승차의 방지 그리고 제조업자가 상품의 안전도와 품질의 보증 등
을 위하여 수직적인 제한을 가할 수 있다는 것을 긍정하는 정도에 머무르고
있다.[17] 그러나 수직적 비가격제한에는 상표내의 경쟁제한 효과와 상표간
(interbrand) 경쟁촉진 효과가 교차하는 것으로 이해하는 분석 틀을 제시함으
로써, 이후 수직적 비가격제한에 대한 논의의 적절한 출발점을 제공하고 있
다는 점에서, Sylvania 판결의 의의를 찾을 수 있다.

4. Chicago 학파의 영향

한편 반독점법에 관한 기본 사고의 역사적 전개과정에서 Sylvania 판결에
서 나타난 합리성 원칙의 적용은 시카고 학파의 모델이 지도적인 방법론으
로 채택된 결과로 이해되고 있다. 동 판결 이전시대를 돌아보면, 2차 세계대
전 이후 반독점정책은 構造的인 관점에 의하여 주도되었으며, 이는 적극적
인 정책실현으로 이어졌다.[18] 입법적으로는 Clayton법 제7조의 합병에 대한
규정을 실질적으로 강화한 Celler-Kefauver법이 1950년에 제정되었으며,[19] 이
후 1960년대에 이르기까지 반독점정책의 강화는 지속되었다. 이러한 기조를
대변하는 것으로서, Kaysen과 Turner는 반독점정책에 있어서 공정한 행위의
증진과 대규모기업의 성장 제한을 바람직한 정책목표로서 제시하기도 하였

---

17) 433 U.S. 36, 55 note 23.
18) 또한 이 시기를 독점금지정책의 관점에서 시장의 불안정성에 대한 우려의 시기로
    특징지을 수 있다고 보는 것에, Herbert Hovenkamp, Federal Antitrust Policy - The
    Law of Competition and Its Practice 2. ed., West Publishing Co., 1999, 57면.
19) Phillip Areeda & Louis Kaplow, Antitrust Analysis, Little, Brown & Company, 1988,
    61면.

다.[20] Sylvania 판결은 이와 같은 50년대 이후 지속되었던 강화된 반독점정책으로부터의 변화를 대표한다.

동 판결에서 나타난 변화는 구체적으로 수직적 비가격제한에 대하여 당연위법의 원칙 대신에 합리성의 원칙을 적용한 것이지만, 이러한 변화의 의의가 특수한 거래제한 유형에 한정되는 것은 아니다. 특히 판단과정에서 chicago학파의 모델이 지도적인 방법론으로 채택되었다는 점은 반독점정책의 근본적인 변화에 관계되는 것으로서,[21] 이후 반독점적 행위에 대하여 친경쟁적 효과와 반경쟁적 효과를 모두 고려하여 형량하고 특히 친경쟁적 효과의 하나로서 효율성을 중시하는 chicago학파적 사고는 지배적인 위치를 점하게 된다.[22]

이에 따라서 이전 시기에 소홀하게 취급되었던 '효율성'은 독점금지정책에 있어서 가장 중요한 기준으로 자리매김 되었다. 그러나 chicago학파가 효율성을 반독점정책의 가장 우월한 기준으로 제시하고 있는 것에 관하여 여전히 의미 있는 문제제기가 계속되고 있다. 즉 개념적인 측면에서 Frank Knight가 적절하게 지적한 것처럼 본질적으로 가치관련적인 개념인[23] 효율성 개념을 구체적인 판단기준으로서 명료하게 제시할 수 있는 것인지, 정책적인 측면에서 분배의 문제가 반독점정책에서 완전히 배제될 수 있는 것인지[24] 그리고 이론적인 측면에서 동태적 분석론이나 전략적 분석론이 효율성 모델에 적절하게 반영될 수 있는지 등에 관한 의문은 여전히 남아 있다.[25]

---

20) Carl Kaysen & Donald F. Turner, Antitrust Policy: An Economic and Legal Analysis, Harvard Univ. Press, 1959, 11~17면 참조.
21) Herbert Hovenkamp, "Antitrust Policy after Chicago", Michigan L. R. vol. 84, 1985. 11, 215~218면 참조.
22) E. Thomas Sullivan & Jeffrey L. Harrison, 주 8)의 책, 77~78면.
23) Robert H. Bork, 신광식 역, 반트러스트의 모순, 교보문고, 1991, 132면.
24) Herbert Hovenkamp, 주 21)의 글, 245면. 구체적인 정책집행에서는 양자가 명확히 분리되기 어려우며, 따라서 분배 문제의 원칙적인 배제는 현실적으로 가능하지 않을 수 있다

IV. Sylvania 판결의 과제

1. 상충되는 효과의 형량의 과제

chicago 이후의 이른바 post-chicago적인 조류는 이상에서 chicago 학파에 제기되었던 비판들을 수용해 나가고 있으며, Hovenkamp의 표현을 빌리면, 더욱 더 복잡하고 모호해지고 있다.[26] 이는 더욱 다양한 요소들과 가치들이 반독점법의 해석과 적용에 반영되고 있음을 의미하며, 도식화된 판단에서 벗어나 상충되는 가치와 효과들의 형량을 통한 판단을 시도하였던 Sylvania 판결의 의의와 그 맥을 같이하는 것으로 볼 수 있다.

그러나 법리적인 측면에서 수직적 비가격제한에 한정하여 보면, Sylvania 판결은 단지 경쟁효과의 형량에 관한 방법론을 제시하였을 뿐이며, 해결되지 않았거나 추가로 제기될 수 있는 쟁점들은 여전히 남아 있다. 예를 들어 수직적 비가격제한이 있을 경우에 유통과정에서 상류(upstream)에 있는 사업자와 하류(downstream)에 있는 사업자 사이의 역학관계를 고려하여 차별적으로 접근할 필요성 또는 비가격제한을 행하는 사업자의 시장점유율을 기준으로 하여 비가격제한의 위법성 판단 대상을 한정하는 문제 등이 이에 해당한다.[27] 나아가 Sylvania 판결의 의미를 형식적으로 이해하는 것도 배제되어야 한다. 예를 들어 상표내 경쟁제한효과와 상표간 경쟁촉진효과가 동시에 나타나는 경우에, 상표간 효과가 상표내 효과에 일률적으로 우월한 것으로 평가할 수 없으며, 더욱이 Sylvania 판결이 이러한 우월성의 근거를 제시하고 있

---

25) 위의 글, 255~283면 참조.
26) Herbert Hovenkamp, 주 18)의 책, 70면.
27) Warren S. Grimes, "GTE Sylvania and the Future of Vertical Restraints Law", Antitrust, 2002. Fall, 28면 이하 참조.

는 것은 아니다.

Sylvania 판결의 다수의견을 대표하였던 Powell 대법관이 강조한 것처럼, 반독점법 판단의 결정은 실제(realities)에 기초하여야 하며,[28] 이러한 사고가 전제되는 한 Sylvania 판결은 법리적 불충분성에도 불구하고 지속적인 의의를 갖게 될 것이다.

2. 우리 독점규제법에서 수직적 비가격제한

우리 독점규제법 제23조는 불공정거래행위를 금지하고 있으며, 동조 제1항 제5호 전단은 이러한 불공정거래행위의 한 유형으로 "거래의 상대방의 사업활동을 부당하게 구속하는 조건으로 거래하는 행위"를 규정하고 있다. 이는 동법 시행령 [별표1] 일반불공정거래행위의 유형 및 기준 제7호 나목에서 '거래지역 또는 거래상대방의 제한'이라는 표제 하에서, "상품 또는 용역을 거래함에 있어서 그 거래상대방의 거래지역 또는 거래상대방을 부당하게 구속하는 조건으로 거래하는 행위"로 구체화되고 있다.

동 규정에서 명문으로 밝히고 있지 않지만, 여기서의 '거래지역 또는 거래상대방의 제한'은 일반적으로 수직적 거래제한의 한 유형을 의미하는 것으로 이해되고 있으며,[29] 따라서 경쟁제한성 판단에 관한 미국에서의 논의는 동 규정의 해석과 적용에 있어서도 유의미한 것으로 생각된다. 특히 동 규정에서 위법성 표지로서 기술된 부당성에 관한 판단에, 앞서 살펴본 경쟁제한적 효과와 경쟁촉진적 효과를 형량하는 과정이 적극적으로 수용될 수 있을 것이다. 이러한 판단은 공정거래위원회의 심결에도 반영되고 있는데, '디피

---

28) 433 U.S. 36, 46-47 (1977).
29) 서정, "거래지역 또는 거래상대방의 제한", 경제법연구, 서울대학교 경제법연구회, 1999, 182면 이하 참조.

케이인터내셔날 사건'에서,[30] 공정거래위원회는 도미노피자가맹본부가 도미노피자 사당점과 방배점에 대하여 배달구역을 엄격히 제한한 행위를 거래지역제한으로서 위법한 것으로 판단하면서, 특히 상표(브랜드)간 경쟁 및 상표(브랜드)내 경쟁에 미치는 효과 등의 종합적인 형량에 기초하고 있다.

결론적으로 Sylvania 판결의 의의는, 상표간 경쟁촉진효과나 상표내 경쟁제한효과가 다른 하나에 우월한 의미를 갖지 않으며 구체적인 형량의 결과에 따라서 종합적인 경쟁제한 판단을 하여야 한다는 점에서 찾을 수 있다. 독점규제법상 불공정거래행위의 하나로서 거래지역 또는 거래상대방의 제한의 경쟁제한성 판단에서도 Sylvania 판결의 의의는 충분히 반영되어야 할 것으로 생각된다.

---

30) 공정위 2000. 11. 15. 제2000-163호 의결, 2000유거0069.

19. Colgate 원칙의 전개과정과 Monsanto 판결의 의의

Ⅰ. 서론

Colgate 원칙은 재판매가격유지에 관한 중요한 금지원칙으로서 미국 판례법상 형성되어 온 법리를 의미한다. 재판매가격유지(resale price maintenance)는 상하 인접한 시장의 수직적 관계에서 상품의 흐름상 상위에 있는 사업자가 하위 사업자의 가격 결정을 제한하고, 하위 사업자의 판매 시 부과되는 가격을 일정한 수준으로 고정하는 것을 의미한다.[1] 특히 가격고정(price fixing)의 관점에서, 카르텔에 의한 수평적인 고정과 마찬가지로 당연 위법의 원칙에 의하여 다루어져 왔지만, 최고가격 방식의 경우 1997년 Kahn 판결에 의하여 그리고 최저가격 방식에 대해서는 2007년 Leegin 판결에 의하여 이러한 기조는 변경되었다.[2]

그러나 상위 사업자의 일정한 행위 제한을 내포하고 있는 재판매가격유지

---

[1] Phillip Areeda & Louis Kaplow, Antitrust Analysis 4. ed., Little, Brown and Company, 1988, 628면.

[2] 최고가격방식의 재판매가격유지에 관한 당연위법의 원칙의 적용을 폐기한, State Oil co. v. Khan, 522 U. S. 3(1997) 및 최저가격 방식의 재판매가격유지에 대하여 당연위법 법리의 적용을 부인한 Leegin Creative Leather Products, Inc. v. PSKS, Inc., 551 U.S. 877 (2007) 참조.

행위의 금지는 논리필연적으로 상위 사업자의 거래상의 자유, 즉 계약체결 여부 또는 계약상대방 결정의 자유와의 충돌을 예정하고 있다. 즉 상위 사업자가 하위 단계에서의 판매에서 일정한 가격 수준을 요구하고, 이에 응하지 않은 사업자와의 거래를 종료할 경우에, 이러한 행위가 계약 자유의 범위 내에서 허용될 수 있는지의 문제는, 재판매가격유지행위의 금지의 경계를 정하는 의미가 있다. Colgate 원칙은 이러한 문제에 대한 미국 연방대법원의 기본 입장을 제시한 것이며, 이하에서 다루게 될 Mosanto 판결에서도 지적하였듯이, 의회도 충분히 인식하고 입법적 변경을 시도하지 않았던 확립된 원칙으로서 자리매김 되었다.[3]

이하에서는 Colgate 원칙의 의의와 그 전개과정을 살펴보고, 그 과정에서 중요한 의의를 갖고 있는 Monsanto 판결의 의의를 검토하기로 한다. 끝으로 이로부터 우리 「독점규제 및 공정거래에 관한 법률」(이하 독점규제법)상 재판매가격유지의 규제와 관련하여 얻을 수 있는 시사점을 제시하기로 한다.

II. Colgate 원칙의 내용과 전개과정

Colgate 원칙은 U. S. v. Colgate & Co. 사건에서[4] 미국 연방대법원의 판결을 통하여 제시되었다. 동 사건에서는 제조업자가 원하는 수준의 재판매가격을 통지한 후에, 이에 따르지 않는 판매업자와의 거래를 거절하는 제조업자에게 수직적 가격고정으로서 당연위법의 원칙을 확대 적용할 수 있는지가 핵심적인 쟁점이 되었다. 이와 관련하여 연방대법원은 단지 재판매가격을 통지하고 이를 지키지 않은 사업자와의 거래를 거절하는 행위는 제조업자의 일방적 행위에 지나지 않는다고 보고, 이에 대하여 Sherman법 제1조의 적용

---

3) Monsanto Company v. Spray-Rite Service Corp., 465 U. S. 752(1984), 769면.
4) U. S. v. Colgate & Co., 250 U. S. 300(1919).

을 부인하였다.

즉 Sherman법 제1조에서 요구하는 행위 태양인 계약(contract), 결합 (combination), 공모(conspiracy) 등에 해당하는 것으로 보기 어려운 제조업자의 독자적인 행위의 결과로서 나타날 경우에, 재판매가격유지행위로서의 규제 가능성은 없으며, 이러한 법리의 제시로부터 재판매가격유지로서 규제되지 않는 '일방적 행위'의 개념이 제시되었다. 당연히 동 법리는 상위 사업자가 하위 단계에서의 상품 가격에 대한 정당한 이해를 갖고 있고 이는 계약자유의 원칙적 범위 안에서 보장될 수 있다는 점을 함의로서 갖고 있으며, 규제되는 재판매가격유지의 가장 중요한 기준이 되었다.

이후 미국 판례법상 동 원칙은 기본적으로 유지되고 있지만, 그 전개 과정에서 적용 범위에 관한 부침이 계속되었다.[5] 특히 이후 U. S. v. Park Davis & Co. 판결과[6] Albrecht v. Herald Company 판결이[7] 중요한 의미가 있는데, 첫 번째 판결에서는 단순한 거래거절 이상의 것이 있을 경우에 그리고 두 번째 판결에서는 거래거절의 위협을 받은 당사자가 상대방이 희망하는 가격을 할 수 없이 따르게 된 경우에, Colgate 원칙에서 제시한 일방성의 요건을 충족하지 않는다고 보고 서면법의 적용을 인정하였다. 즉 Colgate 원칙에서 제시한 재판매가격유지로서 금지되지 않는 일방적 행위의 범위를 축소시키고 있다. 여기서 다루게 될 Monsanto 판결은 이와 같은 경향에 중요한 전환점으로서의 의미를 가지며, 적어도 상위 사업자의 허용되는 행위로서 일방성의 의의가 축소되는 것에 대한 유력한 반대 사고의 논지가 드러나고 있다.

---

5) E. Thomas Sullivan & Jeffrey L. Harrison, Understanding Antitrust and Its Economic Implications 4. ed., 2003, 218면 이하.

6) U. S. v. Park Davis & Co., 362 U.S. 29 (1960).

7) Albrecht v. Herald Company, 390 U.S. 145 (1968).

III. Monsanto 판결의 의의

1. 사건의 경과

Monsanto company(이하 Monsanto)는 농업용 제초제를 포함한 화학 제품을 제조하는 사업자이다. 1960년대 후반까지 동 사건에서 문제가 된 시기에 판매량은 대략 곡물류 제초제 시장에서 15% 그리고 콩류 제초제 시장에서 3% 정도였다. 곡물 제초제 시장에서 1위 사업자는 70% 점유율을 갖고 있었고, 콩 제초제 시장에서 두 다른 경쟁자들은 각각 30%와 40%의 시장점유율을 갖고 있었다. Spray-rite service corp.(이하 Spray-rite)는 1955년부터 1972년까지 농약 도매 유통업에 종사하였다. Spray-rite는 본질적으로 가족기업이었고, 그 소유주이자 대표였던 Donald Yapp는 유일한 유급 영업사원이었다. Spray-rite는 대량으로 구매하여 낮은 이윤을 붙여 파는 할인업체로서 운영되었다.

Spray-rite는 1957년부터 1968년까지 Monsanto 제초제의 승인된 유통업자였다. 1967년 10월 Monsanto는 1년 기한으로 유통업자를 지명하고 몇 개의 새로운 기준에 따라서 유통업에 종사할 권리를 경신한다는 것을 발표하였고, ① 유통업자의 주된 활동이 소매상들에게 판매를 유인하는 것인지 여부, ② 유통업자가 Monsanto 제초제의 기술적 측면에 대하여 고객들을 교육할 수 있는 능력이 있는 훈련된 영업사원을 고용하고 있는지 여부, ③ 유통업자가 주된 책임을 지게 되는 지리적 범위의 시장에서 전력을 다할 것을 기대할 수 있는지 여부 등이 그 기준에 해당하였다. 동 기준을 발표한 직후 Monsanto는 다수의 인센티브 프로그램을 도입하였는데, 영업사원을 교육 프로그램에 보내는 것에 대한 현금 지원, 배급업자가 주된 책임을 지는 범위 안에 있는 고객들에 대한 제품의 무료 배달 등이 이에 해당한다.

1968년 10월 Monsanto는 Spray-rite의 판매권 경신을 거절하였다. 당시에 Spray-rite는 100명 정도되는 Monsanto 곡물 제초제의 주된 유통업자들 중 10번째 정도의 규모를 갖고 있는 사업자였다. Spray-rite 판매량의 90%는 제초제에 관한 것이었고, 그것의 16%는 Monsanto 제품이었다. Monsanto와의 계약 종료 후에, Spray-rite는 1972년까지 제초제 판매를 계속하였다. 실제로 그는 다른 배급업자들로부터 Monsanto 제품의 일부를 구입할 수 있었다. 그러나 그가 원하는 양만큼 그리고 그가 상품이 필요한 만큼 이른 시기는 아니었다. 한편 Monsanto는 1969년에 새로운 곡물 제초제를 출시하였는데, 1972년까지 곡물 제초제 시장의 점유율은 대략 28%로 증가하였고, 콩 제초제 시장에서의 점유율은 대략 19%로 증가하였다.[8)]

이러한 상황에서 Spray-rite는 셔먼법 제1조 하에서 소송을 제기하였다. Spray-rite는 Monsanto와 그의 유통업자들 중 일부가 Monsanto 제초제의 재판매 가격을 고정하는 것을 공모하였다고 주장하였으며, 나아가 Monsanto가 Spray-rite의 판매권을 종료하고, 보상프로그램과 배송 정책을 적용하고, 유통업자들에게 이 공모를 강화하기 위하여 Spray-rite에 보이코트를 지시하였다고 주장하였다. 이에 Monsanto는 공모의 주장을 부인하였으며, Spray-rite의 판매권은 훈련된 영업사원의 고용과 판매상들에 대한 적절한 판매 촉진에 실패한 것 때문에 종료된 것이라고 주장하였다.

이 사건은 배심에 회부되었다. 지방법원은 배심원들에게 Monsanto의 행위는 그것이 가격을 고정할 공모를 강화하기 위한 것이었다면, 당연위법에 해당한다고 지도하였다. 배심원은 Spray-rite의 계약종료가 Monsanto와 하나 이상의 유통업자 사이에 재판매가격을 책정하기 위한 공모에 따른 것이고, 보상 프로그램, 주책임 지역, 내지 배송정책은 이러한 공모에 따라서 Monsanto에 의하여 고안된 것이며, Monsanto는 1968년 이후 monsanto 제초제에 대한 접근을 제한하기 위하여 하나 이상의 배급업자와 공모하였다고 판단하였다.

---

8) Monsanto Company v. Spray-Rite Service Corp., 465 U. S. 752(1984), 755~757면.

이러한 판단에 기초하여 배심원은 손해액 3.5백만 달러의 세 배인 10.5백만 달러를 부과하였다.

항소법원은 재판매가격을 정하기 위한 공모에 관한 Spray-rite의 입증책임을 충족하는 충분한 증거가 있다고 판단하였고, 경쟁자들의 항의 이후에 계약을 해지하였다는 것은 동조적 행위를 추정할 수 있는 충분한 근거가 된다고 설시하였다. 구체적으로 배심 이전에 있었던 증언과 증거자료를 면밀히 검토한 후에, 항소법원은 Spray-rite의 가격할인행위에 대한 Monsanto 제품의 경쟁 유통업자들로부터의 다수의 항의가 있었다는 증거의 존재를 인정하였고, 또한 항소심법원은 가격에 관한 항의 때문에 Spray-rite의 계약이 해지되었다는 Monsanto 직원의 증언을 지적하였다. 결국 이상의 증거에 기초하여 제7순회 항소법원은 지방법원의 판단을 유지하였다.9)

2. 연방대법원의 판결

실질적으로 항소법원은 제조업자가 다른 배급업자들의 항의에 대한 답으로 또는 그에 따라서 가격할인을 하고 있는 배급업자와의 계약을 종료하였다면, 반독점소송의 원고는 승소할 수 있는 것으로 본 것이라 할 수 있으며, 연방대법원은 이러한 관점은 다수의 다른 항소법원의 판단과 직접적으로 충돌되는 것으로 보았으며, 이러한 충돌을 해결하기 위하여 상고를 허용하였다.10)

연방대법원은 판례법상 원칙으로서, 허용되는 계약종료와 그렇지 않은 경우에 관한 두 가지 중요한 기준을 지적하고 있다. 첫째 당사자와 법원에게 언제나 명확한 것은 아니지만, 동조적 행위와 독립적 행위 사이에 기본적인

---

9) 위의 판결, 757~759면.
10) 위의 판결, 759면.

구분이 있다. Sherman법 제1조는 동 규정을 침해하는 것이 되기 위하여 제조업자와 다른 유통업자 사이에 "계약, 결합, 또는 공모"가 있을 것을 요구한다. 물론 일반적으로 제조업자는 독립적으로 행위하는 한, 그가 원하는 상대방과 거래를 하거나 하지 않을 권리를 갖는다. colgate 원칙 하에서, 제조업자는 장래에 자사 제품의 재판매가격을 발표하고 그에 따르지 않는 자와의 거래를 거절할 수 있다. 그리고 유통업자는 계약종료를 회피하기 위하여 제조업자의 요구를 따르는 것에 관한 자유를 갖는다.

유통업자의 계약종료와 관련하여 두 번째 중요한 기준은 가격 설정에 관한 동조적 행위와 비가격 제한에 관한 동조적 행위 사이에 있다. 전자는 반독점법의 집행 초기부터 당연위법에 해당하였지만, 후자는 제한적 행위가 경쟁에 대한 비합리적인 제한을 구성하는지 여부를 결정하기 위하여 사건의 관련 상황들을 형량할 것을 요구하는 합리성의 원칙 하에 다루어진다.

이러한 기준들은 이론적으로 명확하지만, 그 적용에는 어려움이 따른다. 많은 경우에, 일방적인 행위와 동조적인 수직적 가격설정 사이의 구체적인 구별이 명확한 것은 아니다. 예를 들어 제조업자와 그의 유통업자가 가격과 시장 전략에 관하여 지속적인 의견교환을 하였다는 사실만으로 유통업자들이 독립적인 가격 결정을 하지 않고 있다고 볼 수는 없다. 제조업자와 그의 유통업자는 가격과 자사 제품의 시장에서의 반응에 관한 정보를 교환할 정당한 이유를 가지고 있다. 흔히 제조업자는 그의 유통업자들이 추가적으로 영업사원을 고용하고 훈련하거나 상품의 기술적 특징들을 설명하는 것과 같은 프로그램에 지불하기 위한 충분한 이윤을 얻는 것을 보장하기 원하며, 또한 무임승차자들이 개입하지 않기를 원한다. 따라서 재판매 가격에 대한 제조업자의 강한 관심이 colgate 원칙이 허용하는 것 이상의 어떠한 행위를 한 것을 필연적으로 의미하는 것은 아니다.

그럼에도 불구하고, 제조업자의 독립적 행위 그리고 비가격 제한에 대한 동조적 행위가 가격 고정으로부터 구별되는 것은, 현행법 하에서 후자는 당연위법으로 다루어지고 삼배 배상이 부과되기 때문에 상당히 중요하다. 동조적 가격 고정에 대한 청구로서, 반독점소송의 원고는 그러한 합의가 있다는 것에 대한 입증 책임을 다하기 위하여 충분한 증거를 제시하여야 한다. 그러한 합의의 추정이 매우 모호한 증거로부터 도출된다면, sylvania판결과[11] colgate 판결로부터 선언된 원칙이 심각하게 훼손될 상당한 위험이 있다.

당해 사건에서 항소법원에 의하여 채택된 증거 원칙에 있어서 결함은 이러한 위험을 간과한 것이다. 단지 항의의 존재로부터 또는 항의에 대한 대응으로 인하여 계약 종료가 있었다는 것으로부터 추론된 합의의 인정은 완전히 정당한 행위를 억제하거나 처벌하는 것이 될 수 있다. Monsanto 측이 지적한 것처럼, 가격 할인에 대한 항의는 그들의 경쟁사업자들에 의한 자연스러운 행위이며, 제조업자의 관점에서 보면 회피할 수 없는 것이다. 특히 제조업자가 일정한 비용을 수반하는 비가격 제한을 부과하고 있는 경우에, 그러한 항의는 영업의 정상적인 과정이며, 불법적인 동조적 행위를 시사하는 것은 아니다. 더욱이 유통업자들은 제조업자에 대한 중요한 정보원이다. 효율적인 유통 시스템을 보장하기 위하여, 제조업자와 유통업자는 그들의 상품이 소비자에게 설득력 있게 그리고 효율적으로 도달할 수 있도록 하기 위하여 지속적으로 그들의 행위를 조정하여야 한다. 제조업자가 행위의 기초로 삼은 정보가 가격 항의로부터 나온 것이라는 이유만으로 제조업자의 행위를 금지하는 것은 시장에서의 불합리한 혼란을 낳을 수 있다. 결국 단지 항의를 받았다는 것만으로 동조적 행위를 추정하고 따라서 피고에게 삼배배상책임을 부과하는 것은 제조업자의 독립적 사업적 판단을 억제하고 또한 법의 규정의 본질을 침해하는 것이다.

따라서 항의에 관한 증거 이상의 어떤 것이 필요하다. 제조업자와 계약이 종료되지 않은 유통업자들이 독립적으로 행위를 하였을 가능성을 배제할 개연성이 있는 증거가 있어야 한다. Aldisert판사가 지적한 것처럼, 반독점소송

---

11) Continental T.V., Inc. v. GTE Sylvania Inc., 433 U. S. 36(1977).

의 원고는 제조업자와 다른 사업자가 불법적인 목적을 달성하기 위하여 고안된 공동의 계획에 따라서 의식적으로 행위를 하였다는 것을 합리적으로 입증할 수 있는 직접적 또는 정황적 증거를 제시하여야 한다.

당해 사건에 이러한 기준을 적용할 경우에, 연방대법원은 배심원이 Monsanto와 그의 유통업자들 중 일부가 재판매가격을 유지하고 가격할인자에 대한 거래를 종료하는 것에 관한 합의 또는 공모의 당사자였다고 합리적으로 결론을 내릴 충분한 증거가 있다고 보았다. 가격 유지에 관한 합의의 실질적인 직접 증거가 있었다. 예를 들어 Spray-rite와의 계약이 종료된 5개월 이후 1969년 초 두 차례에 걸쳐서 Monsanto는 가격할인 유통업자에게 그들이 제안된 재판매가격을 유지하지 않을 경우에 Monsanto의 새로운 곡물 제초제의 적절한 공급을 받지 못하게 된다는 것을 통보하였다는 Monsanto의 지역 책임자의 증언이 있었다. 유통업자들 중의 하나가 동의하지 않았을 때, 이 정보는 Monsanto의 지역 사무소에 전달되었고, 유통업자의 모회사에 대하여 항의를 하였다. 그 모회사는 자회사에게 따를 것을 지시하였고, 그 유통업자는 Monsanto에게 제안된 가격을 부과한다는 것을 통지하였다는 증거가 있다. 이러한 종류의 증거는 명백히 의사의 합치(meeting of minds)에 관련되는 유력한 증거이다.

또한 유통업자로부터 그의 고객인 판매상에게 보내진 편지도 주목할 만한 것인데, 이 편지는 Spray-rite의 계약 종료가 있기 4주 전인 1968년 10월 1일 쓰여진 것이다. 그것은 발신자와 몇몇 Monsanto 직원들 사이에 회합이 있은 후에 작성되었고, 시장에 질서를 가져오기 위한 Monsanto의 노력을 논의하고 있다. 이 편지는 Monsanto의 인센티브와 배송 정책 등을 검토하고 있고, 이어서 "모든 노력은 최저가격 수준을 유지하기 위한 것이다"라고 덧붙이고 있다.

하급심 법원들이 합리적으로 발견하였던 것처럼, 가격을 유지하는 하나 이상의 유통업자와의 약정의 존재가 입증된다면, 남는 문제는 spray-rite의 계약 종료가 그 약정에 의한 것인지에 관한 것이다. 따르지 않는 자는 계약이 종료되리라는 것을 아는 것이 경쟁 유통업자들이 제안된 가격을 따르게 하는 것에 필수적인 것이었기 때문에, 그것이 있다고 보는 것이 합리적일 것이다. 더욱이 그러한 관련성에 관한 몇 가지 상황적 증거가 있다. 계약 종료 후에, Spray-rite의 대표와 Monsanto 직원 사이에 회합이 있었다. 그 직원이 첫 번째로 언급하였던 것은 Monsanto가 Spray-rite의 가격에 대한 많은 항의를 받았다는 것이었다는 증언이 있었다. 덧붙여서 Monsanto가 소의 대상이 되었던 배급권의 계약 종료 이전에 Spray-rite와 어떠한 논의도 하지 않았다는 신뢰할 만한 증언이 있었다. 이와 대조적으로, Spray-rite 지역을 담당하였던 전 Monsanto 직원은 1965년부터 1966년까지 몇 차례에 걸쳐서 Spray-rite에게 한 개의 메이저 유통업자와 영향력 있는 유통업자를 포함한 다른 유통업자로부터 항의가 제기되고 있음을 통지하고, 가격을 유지할 것을 요청하였다고 증언하였다. 그 해 말에 Mosanto 직원은 가격을 인상하지 않는 한 Spray-rite와의 계약을 종료할 것이라는 명시적인 위협을 하였다고, Spray-rite의 대표는 증언하였다.

결론적으로 연방대법원은 항소법원이 이 사건에서 타당하지 않은 증거 원칙을 적용하였다는 결론을 내렸으며, 올바른 기준으로서 제조업자와 유통업자에 의한 독립적 행위의 가능성을 배제할 개연성이 있는 증거가 있어야 한다는 것, 즉 제조업자와 다른 유통업자들이 불법적인 목적을 달성하기 위하여 공동의 계획을 수립하고 의식적으로 이를 이행하였다는 것을 합리적으로 입증하는 직접적 또는 정황적 증거가 있어야 한다는 것을 제시하였다. 그러나 연방대법원은 항소법원의 결론은 지지하였는데, 이상의 증거 원칙 하에서 볼 때, 당해 사건에서의 증거는 Spray-rite의 계약 종료가 Monsanto와 그 유통업자 사이에 가격 고정의 공모에 따른 것이었는지에 관한 배심원 평결을 뒷받침하는 것으로 보았고, 따라서 항소법원의 판결은 승인되었다.[12]

12) 위의 판결, 759~768면.

IV. 우리 독점규제법에서의 시사점

이상의 Monsanto 판결은 Colgate 원칙을 재확인하고 있다. 특히 이전 판결에서 일방적 행위의 범위를 축소하던 일련의 경향에 반대되는 것으로서, 독립적 행위 가능성이 완전히 배제되지 않는 한, 재판매가격유지로서 Sherman법 제1조에 의하여 규제될 가능성을 분명하게 부인하고 있는 것은 주목할 만하다.

우리 독점규제법도 제29조에서 재판매가격유지행위를 규제하고 있기 때문에, 이상의 논의는 우리에게도 유용한 의미가 있다. 그러나 법규정과 이에 따라서 구체적인 규제의 법적 근거상의 차이에도 주의할 필요가 있다. 즉 우리 독점규제법은 재판매가격유지에 대한 명문의 금지규정을 두고 있고, 또한 동법 제2조 제6호는 "재판매가격유지행위라 함은 사업자가 상품 또는 용역을 거래함에 있어서 거래상대방인 사업자 또는 그 다음 거래단계별 사업자에 대하여 거래가격을 정하여 그 가격대로 판매 또는 제공할 것을 강제하거나 이를 위하여 규약 기타 구속조건을 붙여 거래하는 행위를 말하는 것"으로 규정하고 있다. 따라서 미국 Sherman법상 재판매가격유지행위를 제1조의 거래를 제한하는 계약, 결합, 공모 등에 포섭시켜 규제 가능성을 판단하는 것과는 논의 구조상 차이가 불가피하다. 즉 미국 판례법상 재판매가격유지행위 규제와 관련된 일방성에 관한 논의는, 다분히 Sherman법 제1조에서의 합의를 구성요건으로서 전제한 것이라 할 수 있다. 따라서 명시적으로 강제 내지 이에 상응하는 구속을 규정하고 있는 독점규제법상 재판매가격유지행위의 성립가능성과 관련하여 일방성은 제한된 의미를 가질 수밖에 없다. 우리 독점규제법상 재판매가격유지의 성립에는 강제 내지 구속조건의 부과가 요구되며, 이에 대한 판단에 있어서 상위 사업자의 일방적 행위 여부가 본질적인 징표가 되는 것은 아니다. 중요한 것은 이른바 하위에 있는 사업자가 스스로 가격을 결정할 수 있는 가능성이 실질적으로 보장되고 있는지 여부이며, Monsanto 판결에서와 같은 제조업자와 다른 유통업자 사이의 약정의 존재 여부 등은 하위 사업자의 가격결정의 자유를 판단하는 간접적 증거로서의 의미를 갖게 될 것이다. 이러한 맥락에서 Monsanto 판결의 경쟁정책적 의의를 이해할 필요가 있다.

20. 일본식품(日本食品) 사건의 검토

I. 서론

일본식품주식회사(日本食品株式會社 이하 일본식품) 사건[1]은 일본 「私的獨占の禁止及び公正取引の確保に關する法律」(이하 독점금지법)상 부당염매에 관한 대표적 사건이다. 일본 독점금지법은 우리 「독점규제 및 공정거래에 관한 법률」(이하 독점규제법)과 마찬가지로 부당염매를 '불공정한 거래방법'의 한 유형으로 규제하고 있으며, 이와 같은 규제방식의 유사성에 비추어, 동 사건은 우리 독점규제법상 부당염매를 규제함에 있어서도 참고할 만한 것이다. 특히 동 사건에서 부당염매는 행정관청에 의하여 가격인가가 이루어지고 있는 상황에서 문제가 된 것이고, 이에 관한 일본 최고재판소의 판결은 의미 있는 시사점을 제공하고 있다.

---

1) 最判·平·元(1988)·12·14.

II. 불공정한 거래방법으로서 부당염매의 규제

1. 독점금지법상 불공정한 거래방법 규제의 의의

독점금지법상 '불공정한 거래방법'에 대한 규제는 동법 제19조의 "사업자는 불공정한 거래방법을 하여서는 아니 된다"는 규정에 의한다. 동 규제의 의의에 관하여 견해의 대립이 존재한다. 우선 동법 제3조에 의하여 규제되는 사적독점의 금지에[2] 대한 예방적 성격을 불공정한 거래방법의 규제에 부여하는 견해가 있다. 독점금지법상 사적독점의 규제는 독점적 지위와 동 지위에 기초하여 다른 사업자를 지배하거나 배제하는 행위를 대상으로 하며,[3] 규제 요건으로서 독점적 지위가 충족되어야 한다. 불공정한 거래방법의 규제는 이와 같은 독점적 지위에 이르는 과정에 대한 통제로서의 의미를 가지며, 따라서 사적독점의 규제와 보완적인 관련성에 주목한다. 이에 반하여 불공정한 거래방법의 규제는 거래 자체의 공정성을 보장하기 위한 목적을 가진 것이고, 그 점에서 고유한 의의를 찾는 견해도 있다.[4]

2. 불공정한 거래방법의 분류와 구체적 행위 유형

이상의 '불공정한 거래방법' 규제의 의의에 관한 견해의 대립에도 불구하

---

2) 동법 제3조는 "사업자는 사적 독점 또는 부당한 거래제한을 하여서는 아니된다"고
   규정하고 있다.
3) 谷原修身, 獨占禁止法の解說, 一橋出版, 2006, 12~13면.
4) 後藤 晃·鈴村興太郎 編, 日本の競爭政策, 東京大學出版會, 1998, 98~99면
   (若杉隆平 집필부분) 참조.

고, 동 규제가 경쟁정책상 단일하게 평가될 수 없는 다양한 형태의 거래방법을 규제 대상으로 하고 있다는 점에서는 어느 정도 견해가 일치되고 있다. 구체적으로 불공정한 거래방법은 다음의 세 가지 유형으로 분류되는데, 自由競爭沮害型, 不公正競爭手段型, 自由競爭基盤侵害型이 이에 해당한다. 자유경쟁저해형에는 재판매가격의 구속이나 구속조건부거래 등과 같이 경쟁제한성의 측면에서 문제가 될 수 있는 거래유형이 이에 해당하며, 불공정경쟁수단형은 기만적 고객유인이나 부당한 이익제공에 의한 고객유인 등에서 볼 수 있듯이, 수단 자체의 불공정성에 규제의 초점이 있는 경우이다. 자유경쟁기반의 침해형에 속하는 것으로는 우월적 지위의 남용 등이 대표적인데, 특히 이러한 행태는 일본 특유의 전근대적 거래관계에 기인하는 것으로서 유통의 근대화나 자연스러운 시장 환경의 변화에 따라서 해소되기 어렵기 때문에, 특별한 규율의 필요성이 있는 것으로 이해되고 있다.[5]

불공정한 거래방법에 해당하는 행위는 동법 제2조 제9항에서 규정하고 있다. 이에 의하면, "이 법에서 불공정한 거래방법이란 다음 각 호의 어느 하나에 해당하는 행위로서 공정한 경쟁을 저해하는 것 중에 公正取引委員會가 지정한 것을 말한다." 우선 불공정한 거래방법의 공통의 표지로서 공정경쟁저해성을 요구하고 있는 것에 관하여 논의가 있다. 특히 전술한 것처럼, 다양한 경쟁정책상의 의미를 갖는 행위 유형을 단일한 위법성 표지로서 포섭하는 것이 가능한지에 대한 의문이 제기되고 있다.[6] 논의의 전개를 간략히 보면, 학설은 세 견해로 나뉘는데, 공정한 경쟁을 가격, 품질, 기타 서비스 등에 관한 능률 경쟁으로 보고, 이러한 경쟁질서를 방해할 우려가 있는 상태를 공정경쟁저해성으로 이해하는 견해, 공정경쟁저해성을 시장에 있어서 사업자의 자유로운 활동에 대한 방해행위로서 이해하는 견해, 그리고

---

5) 稗貫俊文, "日本の競爭法の實體規定の構造的な特徵について", 경쟁법연구 제12권, 2005, 144~145, 158면.
 6) 위의 글, 144, 158면 참조.

양자를 결합하여 종합적으로 이해하는 견해의 대립이 있다. 전술한 것처럼 다양한 경쟁정책적 함의를 갖고 있는 불공정한 거래방법의 유형들을 포괄하기 위해서는 공정경쟁저해성에 대한 종합적인 이해가 불가피하다는 견해가 유력하다.[7]

동 규정의 각호는 불공정한 거래방법의 유형으로서, 부당하게 다른 사업자를 차별적으로 취급하는 것(1호), 부당한 대가로 거래하는 것(2호), 부당하게 경쟁자의 고객을 자기와 거래하도록 유인하거나 또는 강제하는 것(3호), 상대방의 사업활동을 부당하게 구속하는 조건으로 거래하는 것(4호), 자기의 거래상의 지위를 부당하게 이용하여 상대방과 거래하는 것(5호), 자기 또는 자기가 주주 또는 임원인 회사와 국내에서 경쟁관계에 있는 다른 사업자에 대하여 그 사업자의 거래 상대방과의 거래를 부당하게 방해하거나, 또는 당해 사업자가 회사인 경우에 그 회사의 주주 또는 임원에 대하여 그 회사에게 불이익이 되는 행위를 하도록 부당하게 유인, 교사, 또는 강제하는 것(6호)을 규정하고 있다. 동항 본문에 의한 公正取引委員會의 지정은 이상의 각호에 해당하는 불공정한 거래방법의 유형들을 구체화하는 의미가 있다.

불공정한 거래방법(不公正な去來方法)에 관한 고시로서, 「公正取引委員會 고시 제15호」가 있고, 모두 16가지 행위 유형이 불공정한 거래방법으로서 지정되어 있으며, 이를 一般指定이라 한다. 구체적으로 동법 제2조 제9항 제1호에 공동의 거래거절·기타의 거래거절·거래조건 등의 차별적 취급·사업자단체에 의한 차별적 취급, 제2호에 차별대가·부당염매·부당고가구입, 제3호에 기만적 고객유인·부당한 이익에 의한 고객유인·끼워팔기, 제4호에 배타조건부 거래·재판매가격의 구속·구속조건부 거래, 제5호에 우월적 지위의 남용, 제6호에 경쟁자에 대한 거래방해·경쟁회사에 대한 내부 간섭 등이 해당한다.[8]

---

7) 谷原修身, 주 3)의 책, 42면.
8) 또한 특정한 업계에 적용하기 위한 特殊指定이 있는데, 현재 교과서업, 해운업, 신

3. 부당염매의 의의

전술한 것처럼 부당염매는 독점금지법 제2조 제9호 제2호의 부당한 대가로 거래하는 것에 해당하는 것으로서, 일반지정에 의하여 구체화되고 있다. 일반지정 제6호에 의하면, '부당염매'는 정당한 이유 없이 상품 또는 용역을 그 공급에 필요한 비용을 현저하게 하회하는 대가로 계속적으로 공급하거나, 기타 부당하게 상품 또는 용역을 낮은 가격으로 공급하여 다른 사업자의 사업활동을 곤란하게 하는 우려가 있는 것을 말한다.

부당염매에 해당하기 위해서는 두 가지 요건의 충족이 요구된다. 우선 '공급에 필요한 비용을 현저히 하회하는 대가'는 총판매원가를 의미하는 것으로 이해되고 있으며, 또한 '다른 사업자의 사업활동을 곤란하게 할 우려'가 존재하여야 한다. 여기서 사업활동의 곤란은 염매의 대상이 되고 있는 상품과 관련한 것이어야 하며, 그 판단에 있어서 염매의 목적, 규모, 시기 등을 종합적으로 고려하여야 한다.9)

III. 일본식품 사건의 사실 관계

일본식품은 東京都 荒川區 내에서 미카와시마 정육공장(三河島ミート プラント 이하 미카와시마)을 설치하고 도살해체업을 경영하는 도축업자이다. 또한 東京都는 東京都 港區에 있는 중앙도매시장 식육시장(이하 都食육시장)에 병설되어 있는 東京都立 시바우라도축장(芝浦屠畜場 이하 시바우라)을 설치·관리하면서 도장료를 징수함으로써 도축장사업을 경영하는 지

문업, 운송보관업, 대규모소매점업에 대한 고시가 제정되어 있다.
9) 谷原修身, 주 3)의 책, 44~45면.

방공공단체이다. 東京都 23區내에서, 1일 10마리 이상의 大動物(소, 말)의 처리능력을 가진 일반도축장은 이상의 2개뿐이었다.

시바우라의 도장료 실징수액(큰 동물 1마리당)은 동경도 지사의 인가에 따른 것인데, 1965년 이후 지속적으로 원가 이하였고, 당해 사건에서 문제가 된 기간인 1979년 5월 1일부터 1983년 12월 2일까지의 가격은 2,480엔 내지 3480엔이었다. 이와 비교하여 미카와시마의 실징수액은 매우 높았다. 미카와시마에서도 오랜 기간 동안 실징수액이 인가액 이하였는데, 당해 사건이 문제가 된 기간 동안 인가액은 8,000엔이었고, 실징수액은 5,800엔이었다.[10]

생산자의 출하처는 광범위하였고, 문제가 된 기간 동안 대동물에 대해서 하루 1일 처리능력 또는 실처리수가 10마리 이상의 규모를 가지는 일반도축장은, 수도권을 포함한 관동 및 동북의 1都 11縣에서 59 사업자에 의하여 운영되었다. 이들 사업자 중 47 사업자가 미카와시마의 도장료 실징수액보다 낮은 인가액으로 영업하고 있었다.

시바우라에 생체(生體)를 출하하는 생산자는, 도식육시장의 도매업자에 대해서 도축해체 및 판매를 위탁할 때, 도장료 외에 위탁절차료 등을 부담하는데 비하여, 시장 외 유통인 미카와시마의 경우에는 이러한 부담은 없었다.

문제가 된 기간 동안에 식육수요의 증가, 생산구조의 변화, 생체유통에서 지육(식육에 이용하는 동물인 소, 돼지, 면양, 산양, 말 등을 도살한 후 머리, 발, 내장을 제거한 고기) 또는 부분육 유통으로의 변화 등이 나타났고, 이와 함께 생산지에서 가까운 식육센터형의 도축장의 점유율이 현저하게 증가하고, 미카와시마와 같은 소비지에서의 단독 도축장의 점유율은 쇠퇴하는 경향이 있었는데, 같은 소비지에 위치하여도 식육시장에 병설되어 있는 시바우라는, 미카와시마에 비하여 쇠퇴경향이 심하지 않았다.

---

10) 일본 도축장법에 따른 도장료 인가는 가격상한선의 의미를 갖는다.

IV. 사건의 전개과정과 최고재판소의 판결

1. 사건의 전개과정

　일본식품은 동경지방재판소에 東京都가 원가 이하로 시바우라에게 도장료를 징수하는 등의 행위로 인하여 발생한 손해의 배상책임을 구하는 소송을 제기하였다. 동 재판소는 동경도가 책정한 도장료는 원가 이하에 해당하고, 또한 이를 인가함에 있어서 원가 이하로 인가신청을 하도록 행정지도를 한 후에 이에 기초하여 인가한 사례도 있다는 점을 전제하고, 이러한 행위는 적정한 도축장 경영을 하도록 하기 위하여 도장료는 원가계산에 기초하여야 한다는 도축장법의 취지에 반하는 것이고, 또한 독점금지법 제2조 제9항 제2호 및 일반지정 제6호에서 규정하는 부당염매로서 경쟁업자에게 중대한 피해를 낳는 동법 제19조의 불공정한 거래방법에 해당한다는 점 등에 근거하여 위법성을 인정하였다. 또한 이러한 행위에 의하여 원고인 일본식품에 영업상의 손해를 낳았다는 점을 인정하면서, 동 법원은 1984년 9월 17일 원고의 청구를 인용하는 판결을 내렸다.[11]

　동 판결에 대하여 피고인 동경도는 항소하였다. 항소심에서 동경고등재판소는 무엇보다 독점금지법상의 부당염매의 의의에 비추어, 항고인 東京都의 행위는 이에 해당하지 않는다는 것을 분명히 함으로써, 원 판결과 결론을 달리하였다.

　구체적으로 보면, 부당염매의 의의와 관련하여 "독점금지법 제2조 제9항 제2호는 부당한 대가로 거래하는 행위로서, 공정한 경쟁을 저해할 우려가 있는 것 가운데 공정거래위원회가 지정하는 것을 불공정한 거래방법이라고 정하고, 이 지정에 따른 구 일반지정 제5호는 "부당하게 낮은 대가로 물자, 자

---

11) 東京地判・昭・60(1984)・9・17.

금 기타 경제상의 이익을 공급하는 것"을 부당염매로 규정하고 있으며, 1982
년 개정된 현행 일반지정 제6호는 부당염매에 대해서 "정당한 이유 없이 상
품 또는 역무를 그 공급에 요하는 비용을 현저하게 하회하는 대가로 계속해
서 공급하거나, 기타 부당하게 상품 또는 역무를 낮은 대가로 공급하여 다른
사업자의 사업 활동을 곤란하게 할 우려가 있는 것"이라고 규정함으로써, 공
정경쟁저해성 판단의 기초를 명백하게 하고 있다. 따라서 시바우라가 1965
년 이후 계속해서 대폭 원가를 할인한 도장료를 징수하고 영업하고 있는 것
은 당사자 간에 다툼이 없지만, 독점금지법은 불공정한 거래방법을 규정함에
있어서, 이상과 같이 상품 또는 역무를 그 공급에 요하는 비용을 현저하게
하회하는 대가로 계속해서 공급하는 염매행위에 대해서 '부당하게'(구 일반
지정) 또는 '정당한 이유 없이'(현 일반지정)인 경우를 규정하고 있는 것이고,
이때의 '부당하게' 또는 '정당한 이유 없이'란, 오직 공정한 경쟁질서유지의
견지에서 본 관념이므로, 본건 염매행위의 의도, 태양, 주의의 상황 등을 종
합하고, 공정경쟁저해성의 유무에 의해서 결정되어야 한다"라고 판시하였다.
    또한 부당성 판단에 있어서 염매의 의도 내지 목적과 관련하여, "피상고인
(東京都)이 가격인상액을 가능한 한 소폭으로 해온 것은, 시바우라가 1966년
부터 도식육시장의 부속기관으로서 운영되고 있지만, 동 시장에서 경매에 의
해 형성된 식육의 도매가격은 매매기준가격으로 전국적인 영향이 생긴다는
점, 생산자는 도장료의 근소한 가격인상에 대해서도 민감하므로, 시바우라의
도장료가 대폭으로 증액되면, 비용증가에 의하여 생산자의 생산의욕이 감퇴
하거나, 또는 다른 도축장에 대한 출하를 초래하여, 시바우라의 집하량이 감
소하고, 이는 도식육시장의 도매가격, 나아가 東京都民에 대한 소매가격의
높은 상승을 초래할 가능성이 있는 것이 고려되어, 적자경영의 방지보다 물
가억제를 우선한 것이라고 말할 수 있다"고 보았다. 이상의 판단에 기초하여
항소심인 동경고등재판소는 1986년 2월 24일 원 판결을 취소하고, 피항소인
의 청구를 기각하는 판결을 내렸다.[12)]

2. 최고재판소의 판결

동 판결에 대하여 피항고인 일본식품은 상고하였으며, 부당염매의 의의와 '정당한 이유 없이'의 해석, 도축장법의 의의 등에 대한 항고심의 해석상의 오류를 상고이유로서 지적하였다. 상고심인 최고재판소 판결을 구체적으로 보면, 부당염매의 의의에 관하여, "독점금지법상 불공정 거래방법의 하나로서 부당염매가 규제되고 있는 것은, 수급의 조정을 시장 기구에 위임하고 있는 자유경쟁경제에서 사업자가 시장의 수급관계에 적응하면서 가격결정을 행할 자유를 가지는 것을 전제로 하는 것이고, 기업노력에 의한 가격인하경쟁은, 본래 경쟁정책이 유지·촉진하려고 하는 능률경쟁의 핵심을 이루는 것이지만, 원가를 현저하게 밑도는 대가로 계속해서 상품 또는 용역의 공급을 행하는 것은, 기업노력 또는 정상적인 경쟁과정을 반영하지 않고, 경쟁사업자의 사업 활동을 곤란하게 하는 등 공정한 경쟁질서에 악영향을 미칠 우려가 많기 때문에 원칙적으로 이를 금지하고, 구체적인 경우에 위의 부당성이 없는 것을 제외하는 취지로서, 구 일반지정 제5호에서 '부당하게' 내지 현 일반지정 제6호서 '정당한 이유 없이'라는 제한을 부가한 것으로 생각된다. 그리고 그 근거규정인 독점금지법 제19조의 취지도 공정한 경쟁질서의 유지에 있는 것이므로, 위의 '부당하게' 내지 '정당한 이유 없이'의 요건에 해당하는지 여부, 즉 부당염매규제에 위반하는지 여부는, 오로지 공정한 경쟁질서유지의 관점에서 구체적인 경우에 행위의 의도·목적, 태양, 경쟁관계의 실태 및 시장의 상황 등을 종합적으로 고려하여 판단하여야 하는 것이다"라고 판시하였다.

한편 지방공공단체의 요금 인가제가 시행되고 있는 상황에서도 부당염매 규제가 이루어질 수 있는지에 대해서도 주목할 만한 판시사항을 보여주고

---

12) 東京高判·昭·62(1986)·2·24.

있다. 내용을 보면, "도축장은 식용에 공여하는 목적으로 가축을 도축하거나 해체하기 위하여 설치된 시설이고, 그 경영 및 가축의 처리의 적정성을 결하고 식육의 위생확보 및 환경 위생상 바람직하지 않은 상황이 발생할 우려가 있으므로, 이를 방지하고 공중위생의 향상 및 증진에 기여하는 것을 목적으로 하는 도축장법(1953년)이 제정되었다. 동법에 의하여 도축장의 설치관리자 또는 도축업자는 도장료의 가격 설정 및 변경에 대해서는 都道府縣 지사(광역자치단체장)의 인가를 받지 않으면 안 되고(동법 8조 1항), 또한 동 인가액을 초과하는 도장료를 받아서는 안 되는 것으로 규정하고 있다(동법 8조 2항). 이러한 도장료 인가제도의 취지는 도축장이 공공적 성격을 가지고 있고, 독과점화 되기 쉬운 성격의 사업형태이며, 고객보호의 필요가 있기 때문에, 신청된 도장료가 고액인지의 판단을 인가행정청에 위임하는 것으로 한 것이고, 그 한도에서 사업자의 자유로운 가격결정은 제한을 받는 것이 되지만, 도장료의 인가액은 각각의 도축장마다 다를 뿐만 아니라, 그 가격의 설정 및 변경의 신청 시에 각 사업자에 의한 자주적, 재량적 판단이 작용할 여지가 있는 것은 명백하다. 또한 독점금지법 제2조 제1항은 사업자란 상업, 공업, 금융업 그 외의 사업을 행하는 자를 말한다고 규정하고 있고, 이 사업은 어떠한 경제적 이익의 공급에 대응하여 반대급부를 반복적으로 계속하여 받는 경제활동을 가리키고, 그 주체의 법적성격은 묻지 않는 것이므로, 지방공공단체도, 동법의 적용제외규정이 없는 이상, 관련된 경제활동의 주체로서 사업자에 해당한다고 해석하여야 한다. 따라서 지방공공단체가 도장료를 징수하고 도축장사업을 경영하는 경우에는, 도축장에 의한 요금인가제도 하에서도 부당염매규제를 받는 것이라고 해야 한다"고 판시하였다.

또한 구체적인 부당성 판단과 관련하여, "피상고인은 도장료를 징수하고 도축장사업을 경영하는 지방공공단체이지만, 1965년 이후 원가를 현저하게 하회하는 도장료를 징수해왔다. 이러한 시바우라의 도장료가 장기간에 걸쳐서 저렴하였던 것은, 원심이 적법하게 확정한 바에 의하면, 도장료의 가격인상에는 생산자가 민감하게 반응하고, 시바우라로의 생체(生體) 집하량의 감소, 도식육시장의 도매가격 나아가 都民에 대한 소매가격의 높은 상승을 초래할 가능성이 있으므로, 이러한 사태를 피하고 집하량의 확보 및 가격의 안정을 꾀하는 정책목적 달성을 위하여, 적자경영의 방지보다는 물가억제책을 우선하여 東京都 일반회계에서 보조금에 의해 적자분을 보전해온 것이다. 공영기업인 도축장의 사업주체가 특정의 정책목적에서 염매행위에 나섰다고 하는 것만으로 공정경쟁저해성이 부정될 수 있는 것은 아니지만, 피상고인의 의도·목적이 위와 같고, 미카와시마 및 시바우라를 포함하는 도축장사업의 경쟁관계의 실태, 특히 경쟁의 지리적범위, 경쟁사업자의 인가액 수준, 도축장시장의 상황, 상고인의 실제 징수액이 인가액을 하회한 사정 등을 종합적으로 고려하면, 피상고인의 공정한 경쟁을 저해하는 것이라고 할 수 없고, 구 일반지정 제5호의 '부당하게' 내지 현 일반지정 제6호의 '정당한 이유 없이'를 한 행위에 해당하는 것이라고 할 수 없으므로, 피상고인의 위 행위는 독점금지법 19조에 위반하는 것이 아니다. 이러한 취지의 원심(항소심)의 판단은 정당하다"고 판결하였다.

V. 판결의 의의

불공정한 거래방법으로서 부당염매를 다루고 있는 동 판결은, 독점금지법상 부당염매 위법성 판단의 기본 구조를 원가 이하의 판매와 공정한 경쟁의 저해로서 구성하고 있는 선례에 해당한다. 이러한 위법성 판단의 구조는 현재의 규제 실무에서도 유지되고 있는데, 최근 公正取引委員會에서 다룬 濱口石油 사건은[13] 부당염매 위법성 판단의 전형을 보여주고 있다. 동 사건에서 濱口石油는 보통휘발유를 판매하면서 공급가격에 인건비 등 판매경비를

---

13) 審決·平·18(2005)·5·18.

더한 금액 이하로 판매하였고, 또한 이러한 행위에 의하여 관련시장인 田辺
地區에서 판매량이 많은 다른 유력한 사업자를 배제할 의도를 갖고 있었다
는 것이 인정되어 위법한 행위로서 公正取引委員會의 배제조치명령을 받게
되었다.

한편 동 판결은 우선 지방공공단체의 독점금지법의 수범자가 될 수 있다는
점을 밝힌 판례로서 의미를 가지며,[14] 또한 구체적인 법적용과 관련하여, 불
공정한 거래방법의 부당성, 즉 공정경쟁저해성 판단에서 공익목적에 대한 고
려를 행하고 있다는 점에 중요한 의미를 부여하고 있는 견해도 유력하다.[15]

부당염매 규제와 관련하여, 동 판결에서 가장 주목되는 부분은 요금 인가
제가 시행되고 있는 상황에서 부당염매 판단의 가능성을 인정한 것이라 할
수 있다. 동 판결에서 사업자가 가격에 대한 인가를 신청함에 있어서 자주적,
재량적 판단의 여지가 있는 한, 부당염매 규제의 대상이 될 수 있다고 본 것
은, 가격에 대한 산업적 규제가 이루어지고 있는 영역에서 의미 있는 시사점
을 제공하는 것이다.[16] 한편 인가제와 관련한 동 판결에 대하여, 요금설정에
있어서 엄격한 법규제가 이루어지고, 또한 민주적인 감시기구를 갖추고 있는
공익사업에 대하여 독점금지법상 부당염매규제를 적용하는 것은, 규제의 본
래적 의의 및 목적에 반하는 것이라는 비판도 있다.[17]

---

14) 金井貴嗣·川濱 昇·泉水文雄, 獨占禁止法, 弘文堂, 2006, 19~20면.
15) 위의 책, 227면.
16) 위의 책, 264면.
17) 谷原修身, 獨占禁止法 要論, 中央經濟社, 2006, 70면 참조.

21. 독점규제법상 징벌적 손해배상제도의 도입에 관한 검토

Ⅰ. 서론

징벌적 손해배상제도(punitive damages, exemplary damages)는 Common Law에 기원을 두고 있는 영미법상 특유의 손해배상제도로서 이해된다. '징벌적'이라는 표현이 시사하듯이, 불법행위로 인한 손해배상청구에 있어서[1] 발생한 손해의 전보(compensatory damages) 이상의 손해배상청구를 가능하게 하는 제도이고, 그 계기를 불법행위자의 일정한 행위적 특성에서 찾고 있다. 징벌적 손해배상은 영미법상 손해배상제도에 있어서 뚜렷한 특징이 되고 있지만, 헌법적합성까지 소급하는 동 제도의 규범적 의의와 타당성, 경제학적 이해에 바탕을 둔 사회적 기능과 의의에 관한 논쟁이 계속되고 있다. 물론 이러한 논쟁의 의의는 반독점법의 영역에서도 유효한 것이지만, 반독점법의 관점에서 고유한 문제의식도 나타나고 있다.

---

[1] 징벌적 손해배상은 계약위반에 대해서는 적용되지 않는다. 이호정, 영국계약법, 경문사, 2003, 517면. 한편 전통적으로 계약위반과 관련하여 악의에 의한 경우에도 징벌적 손해배상이 적용되지 않고 있지만, 계약위반에 의한 손해배상과 불법행위에 의한 손해배상이 병존할 경우에 징벌적 손해배상의 가능성을 언급하고 있는 것으로서, John D. Calamari & Joseph M. Perillo, Contracts 3. ed., West Publishing Co., 1987, 589면.

특히 미국의 반독점법(antitrust law)의 영역에서 징벌적 손해배상은, Clayton법상 명문으로 이른바 3배배상제도로서(treble damages) 구체화되고 있다. 법기술적으로 징벌적 손해배상액의 산정에는 여러 가지 방식이 가능하지만, 성문화된 징벌적 손해배상제도의 경우 실제 손해액(actual damages)에[2] 일정한 승수를 곱하여 배액(multiple)을 정하는 방식이 일반적이며, 전술한 Clayton법상의 3배배상제도는 전형적인 예에 해당한다.

여기서의 주된 논의는, 특히 미국의 반독점법 영역에서 기능하고 있는 징벌적 손해배상제도의 의의와 동 제도를 우리 「독점규제 및 공정거래에 관한 법률」(이하 독점규제법)에 수용하는 문제에 관한 것이다. 따라서 징벌적 손해배상제도 자체가 아니라, 반독점법에 투영된 동 제도의 의의에 초점을 맞추게 될 것이다. 따라서 미국 반독점법상 징벌적 손해배상제도에 대한 이해는 반독점법의 집행과 관련하여, 사적 분쟁해결방식이 90% 이상의 비중을 차지하고 있는 상황이[3] 전제되어야 하며, 이러한 전제 하에서 징벌적 손해배상제도가 반독점법의 실효성 제고에 기여할 수 있는 측면이 구체적인 의미를 갖는다. 한편 징벌적 손해배상제도 역시 근본적으로 불법행위자에 의한 손해의 전보에 기초하고 있으므로, 손해배상에 관한 일반법리가 당연히 적용되며, 이러한 점에서 손해배상에 관한 법리가 경쟁법상 고유한 법리와 조화될 수 있는지의 문제는 핵심적인 것으로 남게 된다.[4]

이상의 미국 반독점법상 징벌적 손해배상제도를 살펴보는 것과 아울러, 독점규제법상 동 제도의 수용과 관련하여 세 가지 쟁점을 상정할 수 있다.

---

2) 이때의 actual damages는 punitive damages를 제외한 compensatory damages와 동일한 의미로서 이해된다. compensatory damages는 손해 이전의 상태로 회복하기 위하여 요구되는 금전적 크기로 측정되지만, 완전한 손해 전보와의 간격의 발생은 불가피할 수밖에 없다는 지적에 관하여, James A. Henderson Jr., Richard N. Pearson & John A. Siliciano, The Torts Process 5. ed., Aspen Law & Business, 1999. 615면.
3) Herbert Hovenkamp, Federal Antitrust Policy-The Law of Competition and Its Practice-, West Group, 1999, 593면.
4) 위의 책, 595면.

우선 징벌적 손해배상제도가 우리 법질서 전체와 조화될 수 있는지의 문제가
선행적으로 검토되어야 한다. Common Law적인 전통을 갖고 있지 않은 우리
私法秩序에 비추어, 실제 손해액을 넘어서는 징벌적 배상액의 인정이 가능한
것인지에 대한 논의는, 이후의 논의의 전개를 위하여 간과될 수 없는 부분이
다. 이어서 현행 독점규제법상 규제체계에서, 징벌적 손해배상제도가 법실효
성의 제고나 법집행의 강화에 의미 있는 기여를 할 수 있는지 여부가 다루어
질 필요가 있다. 또한 이러한 맥락에서 징벌적 손해배상제도를 도입할 경우
에, 이에 상응하여 제도적으로 개선되어야 할 부분들, 즉 독점규제법상 징벌
적 손해배상제도가 유효하게 기능하기 위한 조건들을 살펴볼 필요가 있다.

II. 징벌적 손해배상과 반독점법(Antitrust Law)

1. 징벌적 손해배상제도의 의의

1) 징벌적 손해배상제도의 법리

영국의 common law에서 징벌적 손해배상은 기원적으로 무형적·정신적
손해를 배상하기 위하여, 유형적 손해를 넘어서는 부분을 정당화하는 과정
에서 형성된 것으로 보고 있다. 이후 영국의 Huckle v. Money 사건,[5] 미국
의 Funk v. H. S. Kerbauch 사건[6] 등에 대한 법원의 판결을 거치면서, 오늘
날 징벌적 손해배상은 유무형의 손해를 넘어서 배상청구를 가능하게 하며,
손해의 전보 이상의 목적을 갖고 있는 것으로 이해되고 있다. 즉 징벌적 손
해배상이란 가해자가 불법행위를 함에 있어서 악의적인 경우에 인정되는

---

5) 2 Wils. K. B. 205, 95 Eng. Rep. 768(C.P. 1763).
6) 222 Pa. 18, 70 A. 953 (1908).

것으로서, 가해자에 대한 비난에 기초하여 처벌적인 성격의 제재를 가하는 것뿐만 아니라 장래에 있어서 그 자나 다른 자가 유사한 행위를 하지 못하게 억제하기 위하여, 전보적(compensatory) 손해배상에 부가하여 부과되는 손해배상을 의미한다.[7]

   법적인 관점에서 중요한 쟁점의 하나는, 징벌적 손해배상의 성립에 있어서 주관적 요소를 어느 정도로 반영할 것인지에 관한 것이다. 일반적으로 악의적 동기(evil motive), 해의(intent to injure), 악의(ill will) 등으로 특징지을 수 있는 실제적 악의(actual malice)가 주관적 요건으로서 요구되며, 특히 제조물책임의 경우에는 제조물의 결함에 대한 실제적 인식(actual knowledge of the defective nature of the product)이 이에 상응하는 것으로 이해되고 있다.[8] 그러나 암묵적 악의(implied malice) 개념에 기초하여 무분별하거나(wanton) 고도로 부주의한(reckless) 행위에 대해서도, 주관적 요건을 충족하는 것으로 보는 경향이 있으며,[9] 이러한 태도는 불법행위에 관한 Restatements(Restatements of Torts) 제908조에 'reckless indifference'라는 개념을 통하여 반영되고 있다.

   징벌적 손해배상액이 상당한 액수에 이르게 되면서, 동 제도 자체의 타당성, 특히 헌법적합성에 관한 문제제기가 계속되고 있으며, 현재도 미국의 Louisiana, Massachusetts, Nebraska, Washington 등 4개 주에서는 Common Law상의 징벌적 손해배상제도를 인정하고 있지 않다. 그러나 중요한 연방대법원의 판결에 의하여 동 제도 자체의 합헌성이 인정되었다는 점에도 주목을 요한다. 대표적으로 Browning-Ferris Industries of Vermont v. Kelco Disposal 사건에서[10] 많은 액수의 징벌적 손해배상액의 부과가 수정헌법 제8

---

7) 김재국, "징벌적 손해배상", 「민사법연구」 제5집 (민사법학회, 1996) 84면 이하 및 윤정환, "징벌적 손해배상에 관한 연구", 「재산법연구」 제9권 제1호 (재산법학회, 1992) 134면 이하.

8) James A. Henderson, Jr., Richard N. Pearson & John A. Siliciano, 주 2)의 책, 691~692면.

9) 위의 책, 690면.

조의 과중한 벌금 부과의 금지 규정에 반하지 않는다고 보았으며, TXO Production Corp. v. Alliance Resources Corp. 사건에서[11] 징벌적 손해배상액 산정에 관한 법원의 광범위한 재량이 수정헌법 제14조에서 규정하는 적법절차(due process) 원칙에 본질적으로 반하는 것은 아니라고 판시하였다.

2) 징벌적 손해배상제도의 기능적 이해

전술한 것처럼, 징벌적 손해배상은 불법행위의 비난가능성에 기초하며, 제도의 목적으로서 유사한 불법행위의 억제를 의도하고 있다. 일반적으로 기업은 불법행위로 인한 손해배상의 경우, 이를 비용으로 상정하고 생산과 유통에 관한 전반적인 결정을 하게 된다. 이때 기업이 고려하는 것은 불법행위로 인하여 발생한 손해배상의 총액이 아니라, 실제 지불하게 되는 손해배상액이다. 만약에 기업의 불법행위가 적발될 가능성, 피침해자가 손해배상을 청구할 가능성, 그리고 피침해자가 법적인 분쟁절차에서 승소할 가능성 모두가 100%가 되지 않는다면, 실제 발생한 손해액과 지불하게 되는 손해배상액 사이에 괴리가 나타나게 되며, 이는 곧 불법행위와 관련하여 외부효과가 발생함을 의미하는 것이다.

이상의 외부효과에 의하여 불법행위는 과다 발생하게 되고, 불법행위를 사회적으로 적정 수준으로 유지하기 위한 기업의 노력이 제한됨으로써, 바람직한 자원의 효율적 배분을 저해하게 될 것이다. 이러한 상황에서 징벌적 손해배상액의 부과는 기업의 사적 비용과 사회적 비용의 괴리를 일치시키는 방향으로 작용하고, 이로써 기업 스스로 불법행위를 사회적 적정수준으로 유지하도록 하는 유인체계가 형성될 것이다.

그러나 이와 같은 법경제학적 이해에 바탕을 둔 징벌적 손해배상의 기능

---

10) 492 U.S. 257 (1989).
11) 509 U.S. 443 (1993).

적 이해와 관련하여 몇 가지 유의하여야 할 점이 있다. 우선 Jeffrey Harrison 이 지적하고 있는 것처럼, 징벌적 손해배상액을 인정하지 않고 실제 손해액을 배상하는 제도 하에서도, 기업이 불법행위를 방지하는 비용이 실제 손해액보다 적다면, 징벌적 손해배상액을 부과하는 것에 의하여 불법행위를 적정한 수준으로 억제하는데 기여하는 효과는 나타나지 않을 수 있다. 예를 들어 실제 손해배상액이 100만원이고, 불법행위 방지비용이 90만원이라고 할 경우에, 징벌적 손해배상액을 부과한다고 하여, 불법행위 방지를 기업의 추가적인 노력이 나타나지는 않을 것이고, 이 경우에 전보적 손해배상만으로도, 기업의 합리적 선택과 노력을 충분히 유인할 수 있다.[12]

또한 징벌적 손해배상제도 자체의 한계적 분석도 고려될 필요가 있다. 예를 들어 일반적 손해배상제도로서 90%의 불법행위 억제력을 나타낸다고 할 경우에, 추가적인 10%의 불법행위 억제를 위한 제도적 비용은 체증하는 반면에, 이로부터 얻게 되는 이익은 체감적으로 발생할 수 있다. 이와 같이 제도의 한계비용은 체증하고 한계이익은 체감하는 경우에, 나머지 10%의 불법행위 억제를 위한 징벌적 손해배상제도의 도입으로부터 사회적으로 얻게 되는 이득은 지불하는 비용보다 작을 수 있으며, 이러한 경우에 징벌적 손해배상제도의 도입은 유보될 수도 있을 것이다.[13]

끝으로 실제 손해(actual damages)에 승수를 곱하여 징벌적 손해배상액을 정하는 경우에, 이른바 '징벌 승수'를 어떻게 결정할 것인지가 문제된다. 위에서 설명한 것처럼, 징벌적 손해배상제도의 사회적 기능이 일차적으로 불법행위에 대한 불완전한 집행을 보정하는 것에 있다면, 이러한 불완전집행의 정도를 지표화 하여 징벌승수에 반영하는 것이 타당할 것이다. 이를 도식적으로 나타내면 다음과 같다.[14]

---

12) Jeffrey L. Harrison, Law and Economics – Cases, Materials and Behavioral Perspectives –, West Group, 2002, 445~447면.
13) Herbert Hovenkamp, 주 3)의 책, 594면.
14) 박세일, 법경제학, 박영사, 2004, 313~314면.

$$징벌승수 = \frac{1}{불완전집행\ 지표}$$

$$징벌승수 = \frac{(손해배상액 + 징벌배상액)}{손해배상액}$$

결국 징벌승수를 구하기 위한 이상의 수식이 적절한 것이 되기 위해서는, 불완전집행의 정도가 정확하게 산정되어야 하며, 이에 관한 경험적 자료의 뒷받침이 있어야 할 것이다. 이와 관련하여 미국 반독점법을 포함하여 많은 경우에 불완전집행의 정도를 3분의1로 보고, 3배배상제도를 채택하고 있다.

2. 미국 반독점법에서 징벌적 손해배상제도의 운영

1) 미국 반독점법에 있어서 사적 집행

미국 반독점법의 집행에 있어서도 규제기관에 의한 공적집행은 일정한 역할을 수행한다. 특히 연방 차원에서 법무부와 연방거래위원회에 이중적으로 규제권한이 부여되고 있는 것은 비교법적으로 드문 예에 속한다. 즉 형사에 대한 관할권이 법무부에 귀속되는 것을 제외하고, 양 기관은 반독점법 집행과 관련하여 실질적으로 중복적인 권한을 갖고 있으며,[15] 이러한 이중적 규제체계는 규제기관 간의 상호 경쟁과 보완을 통하여 규제의 실효성을 제고하는데 기여할 수 있다.[16] 이 외에도 전술한 것처럼 사적집행의 비중이 매우

---

15) E. Thomas Sullivan & Jeffrey L. Harrison, Understanding Antitrust and Its Economic Implications 4. ed., LexisNexis, 2003, 45면.

16) 홍명수·신영수, 사건처리절차 효율화 방안에 관한 연구, 공정거래위원회 용역보고

높은 것은 미국 반독점법의 규제체계에 있어서 뚜렷한 특징을 이룬다.

반독점법 위반행위에 대한 사인의 청구는 손해배상청구와 위반행위의 중지청구(injunctive relief)로 대별된다. 후자의 경우 법적 근거는 Clayton법 제16조에서 찾을 수 있는데, 이에 의하면 어떠한 개인, 회사 또는 단체는 반독점법의 위반에 의한 손실 또는 손해가 발생할 우려가 있는(threatened loss or damages) 행위에 대한 중지명령에 의한 구제가 형평법에 의하여 동일한 조건 및 원칙 하에 허용될 경우에, 중지명령의 절차에 관한 규칙에 따라서 그 당사자의 관할지의 연방법원에 소를 제기하고 중지명령에 의한 구제를 요구할 권리를 갖는다. 특히 동조가 청구의 요건으로서 '손해가 발생할 우려'를 규정하고 있기 때문에, 이미 손해의 발생을 전제하는 손해배상청구보다 청구의 적격이 넓어진다는 점에서, 양자를 구별하는 이해가 유력하다.[17]

손해배상청구는 Clayton법 제4조 a항에 의하고 있으며, 동 조항은 전술한 것처럼 3배의 배상청구를 규정함으로써 징벌적 손해배상제도의 명문의 근거가 되고 있다. 동 조항에 의하면, "반독점법에 금지되어 있는 행위로 인하여 사업이나 재산에 침해를 받은 자는 청구액의 여하를 불문하고, 피고의 주소, 현재지 또는 피고가 대리인을 두고 있는 지역의 연방지방법원에 소를 제기하고, 자신이 입증한 손해액의 3배 및 합리적인 변호사비용을 포함한 소송비용의 배상을 청구할 수 있다."

한편 이상의 손해배상청구의 주체에 일반 소비자도 포함될 수 있으며, 이 경우 전형적으로 소액다수의 피해사례에 해당한다. 집단적 소송제도는 이러한 상황에서의 적절한 구제절차로서 기능할 수 있지만, 동조 c항은 이에 대한 실효성을 보다 더 강화하기 위하여, 손해배상에 대한 각 주의 검찰총장(attorneys general)에 의한 후견소송의 근거를 마련하고 있다. 즉 "각 주의 검찰총장은 Sherman법 위반에 의하여 주에 거주하는 자연인이 입은 재산상 손

서, 2005, 63~64면.

17) Herbert Hovenkamp, 주 3)의 책, 638면.

해에 대하여, 본조에 규정된 금전적 구제를 청구하기 위하여 그 주에 거주하는 자연인을 위한 후견인(parens patriae)으로서 당해 주 명의로 피고에 대한 관할권을 가지는 연방지방법원에 민사소송을 제기할 수 있다.”

2) 반독점법상 징벌적 손해배상제도의 의의

(1) 반독점법상 징벌적 손해배상의 적용에 있어서 고려사항

징벌적 손해배상제도의 근거가 되는 Clayton법 제4조 a항의 구체적 해석에 의하여 손해배상청구의 허용 가능한 범위가 결정될 것이다. 또한 미국 반독점법의 집행에 있어서 사적 집행이 차지하는 절대적인 비중을 고려한다면, 이는 곧 집행의 한계와 실효성의 정도를 정하는 문제와 밀접히 관련되며, 따라서 적정한 집행수준의 관점에서 이 문제를 바라보는 것도 충분히 가능한 것이다.

이와 관련하여 손해배상청구의 범위를 확대하는 것은 집행의 실효성을 제고하고 또한 반독점법 위반행위로 침해를 당한 자의 손해에 대한 보다 충실한 배상이라는 점에서 긍정적일 수 있지만, 범위를 확대하는데 따르는 비용 증가도 예상되는 것이다. 이러한 맥락에서 제도의 확대에 따르는 한계비용과 한계편익의 분석을 통하여, 양 지표가 일치하는 지점에서 적정한 제도 운영의 범위를 정할 수 있다는 경제학적 접근도 상정할 수 있다.[18] 물론 이 경우에 한계비용과 한계편익의 계산이 용이하지 않다는 현실적인 어려움이 따를 것이다.

또한 Clayton법 제4조 a항의 적용과 관련하여, 손해배상에 관한 일반법리를 적용하는 것에 관한 문제가 있다. 동 조항에서 규정하는 징벌적 손해배상도 기본적으로 손해배상에 해당하는 것이며, 따라서 ‘손해의 공평한 분담’이라는 손해배상의 근본적 원칙의 적용을 피할 수 없다. 그러나 이는 효율성

---

18) 위의 책, 645면.

제고를 반독점법의 유일하거나 또는 다른 가치와 함께 중요한 목적의 하나로 이해하는 사고와의 충돌을 예정하는 것이다. 구체적으로 효율성이 증대되었는지에 관한 판단기준으로서, 어느 누구도 손해를 입지 않은 상황에서 어느 누구에게 이익이 발생하는 경우에만 효율성이 개선되는 것으로 보는 엄격한 의미에서의 Pareto 기준은 상당히 완화된 내용을 갖는 Kaldor-Hicks 기준으로 전환된 상태이다. Kaldor-Hicks 기준에 의하면, 공동체 구성원 중의 누군가에게 발생한 손해보다 더 큰 이익이 다른 누군가에게 귀속되는 경우에도 Pareto 개선, 즉 효율성이 제고되었다고 보게 되며, 이는 반독점법상 효율성 판단의 유력한 기준으로 자리 잡고 있다.[19] 동 기준을 원용한다면, 어느 누구에게 손해가 발생한 경우라 하더라도, 다른 누군가의 이익이 더 커서 사회적으로 효율성의 개선이 있는 경우로 평가될 경우에, 반독점법상 손해배상청구는 부인될 수 있다. 그러나 이러한 접근이 전통적인 손해배상의 법리와 현실적으로 조화될 수 있는지, 특히 개인의 손해배상청구를 대상으로 하는 실제 분쟁에서도 반독점법이 요구하는 종합적인 고려가 요구되며, 또한 충분히 이루어질 수 있는지가 문제가 될 수 있다.[20] 아마도 그 이면에는 경쟁법의 목적을 어떻게 이해할 것인지에 관한 법이념의 문제가 자리할 것이다. 또한 손해나 이익의 계량과 형량의 작업이 일관성 있게 진행될 수 있는지에 대해서도 현실적인 어려움이 존재할 수 있다.

(2) 반독점법상 징벌적 손해배상의 구체적 의의

Clayton법 제4조 a항에 의한 징벌적 손해배상의 청구를 위한 요건으로서 정식화되고 있는 것은, 1) 손해가 발생하고, 2) 이 손해가 반독점법 위반행위에 기인한 것이어야 하고, 3) 또한 이 손해가 반독점법적 손해로서의 성격을 가져야 한다는 것이다.[21] 실제로 동 조항에 의한 손해배상청구는 3배배상청

---

19) 권오승, 경제법, 법문사, 2005, 83~86면 참조.
20) Herbert Hovenkamp, 주 3)의 책, 594~595면.

구이기 때문에, 청구를 구하는 충분한 유인이 될 수 있다. 따라서 이상의 요건은 동 조항의 기능하는 범위를 제한하는 해석상의 한계기능을 수행한다.

법문에 따르면, 여기서의 손해는 영업 내지 재산상의(business or property) 손해일 것이 요구된다. 이 요건은 원고 적격의 문제로 이해할 수도 있으며, 실질적으로 인적 손해(personal injuries)를 배제하는 기능을 한다.[22] 한편 손해 발생 자체의 판단에 어려움을 겪을 수 있다. 예를 들어 수평적 기업결합이 이루어진 시장에서의 경쟁사업자의 경우, 기업결합의 주체들이 지배력이 강화된 것을 계기로 하여 가격을 인상하고 산출량을 줄였다면, 이러한 행위로 인하여 경쟁사업자에게 손해가 발생하였다고 보기는 어려울 것이다.

위의 두 번째 요건은 인과관계에 관한 것이고, 이에 대한 미국 연방대법원의 판례로서, 법위반행위가 손해에 대하여 구체적 원인(material cause)일 것을 요구한 예가 있다.[23] 그러나 하급심 판결 중에서는 이와 관련하여 실질적 원인(substantial cause)일 것을 요구함으로써, 즉 가장 중요한 원인이거나 가장 중요한 원인의 하나일 것을 요구함으로써, 보다 강화된 기준을 제시한 예도 있다.[24]

또한 이때의 손해는 반독점법적 손해, 즉 반독점법이 방지하고자 하는 손해이어야 한다.[25] 예를 들어 기업결합 이후에 경쟁사업자가 기업결합에 의하여 발생한 효율성으로 인하여 경쟁상의 제한을 받은 경우에, 이 경우에 손해는 효율성의 제고로 인한 것이고, 효율성 제고는 반독점법이 방지하고자하는 대상은 아니므로, 이 경우에 경쟁사업자가 받은 손해는 반독점법상의 손해가 되지 않을 것이다.

끝으로 원고의 적격에 관한 많은 논의 역시, 동 조항에 의한 징벌적 손해

---

21) 위의 책, 600면.
22) E. Thomas Sullivan & Jeffrey L. Harrison, 주 15)의 책, 47면.
23) Zenith Radio Corp. v. Hazeltine Research, Inc., 395 U.S. 100, 114 n. 9 (1969).
24) Motive Parts Warehouse v. Facet Enter., 774 F.2d 380, 388(10th Cir. 1985).
25) Herbert Hovenkamp, 주 3)의 책, 596면.

배상 청구의 범위를 제한한다. 이와 관련하여, 직접적 손해의 주체에 한정하여 손해배상의 기준으로 하는 직접성 심사 방식이 제안되고 있으며, 이러한 방식에 기초한 Illinois Brick 판결은26) 상당한 영향을 미치고 있다. 그러나 Illinois Brick 판결을 넘어서 간접적 구매자에 의한 손해배상 청구를 허용하여야 한다는 견해도 유력한데, 동 견해에 의하면 간접적 구매자의 청구를 허용할 경우에 직접적 구매자와 간접적 구매자 사이에 자율적 협력의 가능성이 있고, 손해배상의 자율적 분담이 이루어질 수도 있다.27) 비록 연방차원은 아니지만, California주, New York주를 포함한 많은 주에서 입법을 통하여 간접적 구매자의 손해배상청구를 명문으로 인정하고 있고, 연방 대법원이 이러한 주의 입법들이 연방법에 반하지 않는다는 판결을 내린 것은 주목할 만한 것이다.28)

---

26) 직접성 심사방식을 따른 것으로서, Illinois Brick Co. v. State of Illinois 판결이 (Illinois Brick Co. v. Illinois, 431 U.S. 720(1977)) 대표적이다. 동 사건에서 콘크리트벽돌의 직접적 구매자가 아닌 Illinois 주는 가격담합이 이루어졌던 최초의 콘크리트벽돌의 판매로부터 2단계를 경과한 간접적 구매자이었고, 이에 근거하여 연방 대법원은 Illinois 주의 청구적격을 부인하였다. 그러나 동 판결에서도 증가된 가격이 간접적 구매자에게 전가되었다는 점이 분명하게 드러나는 경우 또는 간접적 구매자가 직접적 구매자와 실질적으로 동일인에 해당하는 경우에 예외적으로 손해배상 청구의 주체가 될 수 있다고 함으로써, 직접적 구매자를 넘어서는 청구 적격의 확대 가능성을 보여주고 있다. 한편 Illinois Brick 판결은 이전 간접구매자에게 초과부담이 전가되었다는 것에 의한 직접적 구매자의 항변을 부인하였던 Hanover Shoe 판결(Hanover Shoe, Inc. v. United Shoe Machinery Corp., 392 U.S. 481 (1954))의 법리를 적극적 주장의 영역에서도 마찬가지로 적용한 의미를 갖는데, 이에 대하여 Illinois Brick 판결이 간접구매자의 배상청구를 인용함으로써 발생할 수 있는 이중 배상의 위험이 현실적이지 않으며, 또한 손해의 전보라는 측면에서 충분한 것이 아닐 수 있다는 논의를 전개하는 것으로서, Andrew I. Gavil, "Antitrust Remedy Wars Episode I: Illinois Brick From Inside The Supreme Court", St. John's Law Review vol. 79 no. 3, 2005, 581~585면.

27) Andrew I. Gavil, 위의 글, 574면.

28) California v. ARC American Corp., 490 U.S. 93(1989).

이상의 직접성 심사 외에도 경쟁제한적 행위의 표적이 된 시장에서의 경쟁상태 붕괴로 인한 위험에 노출된 경우를 상정하는 표적심사(target area test) 등이 제시되고 있으며, 이와 관련하여 특정한 심사방식을 따르는 것이 아니라, 주관적 의도, 인과관계, 손해의 성질, 직접성, 중복배상의 문제 등을 종합적으로 고려하여 판단하여야 한다는 연방대법원의 판결도 존재한다.[29] 한편 손해배상 청구 주체의 구체적, 개별적 심사의 예로서, 손해배상 청구를 위하여 보다 유리한 위치에 있는 자가 있을 경우에, 다른 자에 대한 손해배상 청구를 부인하는 것을 들 수 있다. 그러나 이 경우에도 단지 이론적으로 판단할 것은 아니고, 실질적으로 손해배상청구의 가능성을 검토하여야 한다는 견해가 유력하다.[30] 예를 들어 제조업자가 유통업자에 대한 수직적 가격제한을 하고, 이로 인하여 소비자 역시 손해를 입었을 경우에, 이론적으로는 유통업자가 거래의 직접 당사자로서 경쟁이 제한된 사업자이기 때문에 보다 유리하게 손해배상을 청구할 수 있는 지위에 있다고 볼 수 있지만, 현실적으로 제조업자의 지배력에 반하는 행위를 하기는 어려울 수 있다는 점이 감안될 수 있다. 이 경우에 소비자에게 원고 적격을 부여하는 것을 긍정적으로 고려할 수 있을 것이다.

(3) 반독점법상 징벌적 손해배상제도의 평가

전술한 것처럼, 징벌적 손해배상제도는 손해의 전보를 넘어서 불법행위를 억제하기 위한 목적으로서 고안된 제도이며, 이러한 측면은 반독점법에서도 동일하게 이해될 수 있다. 그러나 바로 이러한 점은 동시에 반독점법상 징벌적 손해배상제도(3배배상제도)를 비판하는 유력한 근거가 되며, 나아가 동 제도를 수용하는 논의를 함에 있어서 의미 있는 시사점을 제공한다.

---

29) Associated General Contractors of California, Inc. v. California State Council of Carpenters, 459 U.S. 519(1983).

30) Herbert Hovenkamp, 주 3)의 책, 606면.

　반독점법상 징벌적 손해배상제도에 대하여 우선적으로 제기되고 있는 비판은, 동 제도가 효율적이지 않으며, 또한 불공정성을 낳을 수 있다는 것이다. 앞에서 Jeffrey Harrison의 지적을 상기한다면, 징벌적 손해배상제도는 불법행위에 대한 과도한 억제를 결과할 수 있으며, 이는 효율적인 자원배분에 역행하는 것이다. 또한 소비자 입장에서 3배배상제도를 염두에 둔 구매활동을 함으로써, 즉 문제가 있는 상품을 3배배상제도의 활용가능성을 고려하여 구매하는 것과 같은 행동을 통하여 거래의 공정성에 문제를 낳을 수도 있다.[31)]

　또한 징벌적 손해배상의 과중한 부담을 회피하기 위하여 적극적인 경쟁의 동기가 제한될 수 있다는 점에 대한 지적도 가능하며, 또한 3배배상의 과중한 부담으로 인하여 기업이 소송으로부터 자발적으로 벗어날 수 있는 가능성이 제한되고 있다는 점, 즉 승소의 가능성이 없음에도 불구하고 끝까지 소송을 유지하는데 따르는 비용 등에 관한 문제도 언급되고 있다.[32)]

　그러나 이상의 문제의식은 사적 집행이 반독점법의 주된 집행 수단으로 자리 잡고 있는 상황에서의 인식이며, 징벌적 손해배상제도의 실효성에 대한 문제제기도 이러한 맥락에서 이해될 필요가 있다. 더욱이 최근 미국 반독점법 근대화 위원회(AMC: Antitrust Modernization Commission)에서 반독점법상 3배 배상에 대한 제도적 변경을 제안하지 않았다는 것에도[33)] 주목을 요한다. 동 위원회의 보고서는 3배 배상제도가 1) 반경쟁적 행위의 억제, 2) 반독점법 위반자의 처벌, 3) 법위반자가 반경쟁적 행위로부터 얻은 이득 환수의 강제, 4) 반경쟁적 행위의 피침해자에 대한 완전한 보상의 제공, 5) 사적인 구제에

---

31) E. Thomas Sullivan & Jeffrey L. Harrison, 주 15)의 책, 45~46면.
32) 위의 책, 46~48면. 이 외에도 미국 반독점법상 징벌적 손해배상에 대한 비판 논의를 정리하여, 불공정성, 과잉 억지, 비효율성, 남용가능성을 제시하고 있는 것으로서, 최지필, 독점규제법상 징벌적 손해배상제도 도입에 관한 연구, 고려대학교 석사학위논문, 2008, 42~45면 참조.
33) Antitrust Modernization Commission, Report and Recommendations, 2007, 244면.

대한 유인의 제공 등의 다섯 가지를 목표로 한다고 지적하면서, 3배 배상제
도가 이러한 목표에 적절하게 기여하고 있고, 전체적으로 또는 부분적으로
3배 배상제도에 변경을 필요로 하는 사례가 충분하게 제시되지는 않았다는
결론을 내리고 있다.[34)]

III. 독점규제법상 징벌적 손해배상제도의 도입 가능성

1. 독점규제법상 손해배상제도의 의의

독점규제법상 위반행위의 문제가 사적 청구에 의하여 법원에서 직접적으
로 다루어질 수 있는 경우로, 다음의 세 가지를 상정할 수 있다. 우선 동법
제56조에 의한 손해배상청구권을 행사하는 것에 의하여 가능할 것이고, 이
외에도 사업자간의 합의가 동법 제19조 제1항 내지 제4항에 의하여 무효인
지 여부를 다툴 수 있을 것이며, 또한 독점규제법의 위반 문제가 다른 사법
적 분쟁에서 선결문제로 나타날 수도 있다. 그러나 뒤의 두 가지는 예외적인
경우라 할 수 있고, 현재 미국이나 독일과 같은 일반적인 중지 청구가 인정
되지 않는 상황에서, 손해배상청구권의 행사는 독점규제법의 사적 집행과 관
련한 유일한 근거 조항이라 할 것이다. 한편 종래 독점규제법상 손해배상청
구에 있어서 요구되었던 시정조치전치주의가 폐지됨으로 인하여 사적 집행
으로서 손해배상청구제도를 활성화하는 방향으로 나아가고 있다.

구체적으로 독점규제법 제56조 제1항은, "사업자 또는 사업자단체는 이
법의 규정을 위반함으로써 피해를 입은 자가 있는 경우에는 당해 피해자에

---

34) 위의 책, 246면.

대하여 손해배상의 책임을 진다. 다만 사업자 또는 사업자단체가 고의 또는 과실이 없음을 입증한 경우에는 그러하지 아니하다"고 규정하고 있다. 동 규정은 민법상 불법행위에 기한 손해배상청구의 특별규정으로서의 성격을 갖고 있지만, 2004년 동 규정의 개정에 의하여 주관적 요건의 입증책임이 가해자에게 귀속되는 것을 제외하면, 일반 불법행위에 비하여 특별한 내용을 담고 있지 않다. 따라서 동 규정에 의한 손해배상청구에 있어서, 주관적 요건에 관한 입증책임 부분을 제외하고 불법행위에 관한 일반법리가 유효하게 적용될 것이다.

일반적으로 불법행위의 성립요건은 가해자의 고의 또는 과실에 의한 행위, 가해자의 책임능력, 가해행위의 위법성, 가해행위에 의한 손해발생을 요구하며, 이상의 요건은 독점규제법 제56조에 의한 손해배상청구에 대해서도 동일하게 적용될 것이다. 이 중에서 특히 네 번째 요건에 대해서는 독점규제법의 고유한 관점에서 추가적인 논의가 필요할 것으로 생각된다.

네 번째 요건은 손해의 발생과 가해행위로부터의 인과관계에 관한 것이다. 우선 손해의 발생과 관련하여 미국 반독점법에서 전개되고 있는 '반독점법상의 손해'의 개념을 원용할 수 있는지가 논의될 필요가 있다. 미국의 경우 반독점법상의 손해(antitrust damages)인지의 여부에 따라서 3배배상청구가 가능한지가 결정되기 때문에, 실제적으로 중요한 기능을 하고 있는 것으로 볼 수 있다. 우리 독점규제법상 손해배상청구가 일반불법행위에 기한 손해배상청구에 비하여 이러한 특징을 갖고 있는 것은 아니지만, 입증책임이나 손해액의 산정(법 57조)과 관련하여 손해배상 청구권자에게 유리한 규정을 두고 있으므로, 손해의 성격을 규정하고 이에 따라서 청구권의 근거를 밝히는 것이 전혀 의미가 없는 것은 아니다. 또한 독점규제법상 손해는 경제적 순환과정을 따라서 무한정 확대될 수 있는 것이므로, 이를 적절하게 제한한다는 관점에서도 손해의 의미를 제한하는 시도를 이해할 수 있다.

앞에서 언급한 것처럼, 징벌적 손해배상과 관련하여 반독점법적 손해는 반독점법이 방지하고자 하는 행위로 인한 손해를 의미한다. 이는 '규범의 보호목적'이라는 관점에서도 이해할 수 있는 접근방식이라 할 수 있다. 그러나 동 개념의 의의나 기능적 타당성을 긍정적으로 볼 수 있는 경우에도, 이러한 개념의 법적 근거를 우리 독점규제법상 어떻게 제시할 수 있는지가 문제가 될 것이다. 이와 관련하여, 독점규제법 제56조 역시 동법 제1조의 목적 조항에 기속되는 것이므로, 동법 제1조로부터 그 근거를 구할 수 있다.[35] 또한 미국에서 '반독점법적 손해' 개념의 법적 근거에 관한 논의를 참고할 수도 있을 것이다. 동 개념은 기본적으로 판례법상 형성된 것이지만, 다른 한편으로 Clayton법 제4조 a항의 규정과도 밀접히 관련되는 것이다. 즉 동항에서 "반독점법에서 금지하는 행위로 인하여"(by reason of anything forbidden in the antitrust laws)라는 규정은 손해의 성격을 반독점법적인 것으로 이해하는 근거가 되고 있다.[36] 이러한 접근은 "이 법의 규정을 위반함으로써 피해를 입은"과 같이 규정하고 있는 독점규제법 제56조 제1항의 해석에 있어서도 참고할 수 있을 것으로 생각된다.

한편 인과관계와 관련하여, 행위와 손해 사이의 인과관계를 구체적 원인(material cause) 내지 실질적 원인(substantial cause) 개념에 기초하여 이해하는 미국에서의 논의도 시사하는 바가 크다. 물론 우리의 일반불법행위에 있어서 민법 제763조와 제393조에 근거한 상당인과관계[37] 내지 예견가능성에 기초한 이해가 독점규제법상 손해배상청구에도 원용되는 것으로 볼 수 있지만, 이때의 상당성 내지 예견가능성을 구체화하는 의미에서 원인을 중요성에 따라서 구별하는 미국의 접근방식도 참고할 수 있을 것이다.

---

35) 동법 제1조의 목적조항의 의의에 관하여, 이봉의 "독점규제법의 목적과 경쟁제한 행위의 위법성", 경제법판례연구 제1권, 2004, 9면 이하 참조.

36) E. Thomas Sullivan & Jeffrey L. Harrison, 주 15)의 책, 51면.

37) 곽윤직, 채권각론, 박영사, 1998, 727면.

2. 징벌적 손해배상제도의 도입 가능성 검토

1) 필요성 검토

주지하다시피, 독점규제법상 집행제도는 공적 집행이 주를 이루고 있으며, 사적인 분쟁해결방식에 따른 사적 집행제도는 여전히 활성화되지 않고 있다. 이러한 상황에서 사적 집행제도를 전제로 하여 그 실효성을 강화하는 방향으로 제도화된 징벌적 손해배상제도(3배배상제도)가 미국에서만큼 기여할 수 있을지에 대해서는 의문이다. 또한 징벌적 손해배상제도가 갖는 부정적 측면에 대한 논의도 우리에게 마찬가지로 유효할 수 있다.

그러나 미국에서의 논의는 반독점법 집행으로서 사적 손해배상이 충분히 이루어지고 있는 상황에서 징벌적 손해배상제도를 대상으로 한 것이기 때문에, 사적 손해배상 자체가 활성화되지 않고 있는 우리의 상황에서 징벌적 손해배상제도의 필요성은 보다 실질적인 의미를 가질 수 있다. 즉 Hovenkamp는 사적 집행에 의한 반독점법 위반행위 억제력이 90%인 경우를 가정하여 징벌적 손해배상제도 도입의 한계비용이 한계이익보다 클 수 있다는 논의를 전개하고 있지만, 역으로 독점규제법의 집행과 관련하여 私的 소송 자체가 거의 이루어지지 않고 있는 상황에서 징벌적 손해배상제도의 도입에 따른 한계비용을 상회하는 한계이익이 발생할 가능성이 있다는 점에 유의할 필요가 있다.

또한 보다 근본적으로 사적 주체의 자율에 기초한 경쟁과 경제적 활동의 자유를 지향하는 독점규제법의 이념에 비추어, 사적주도권에 의하여 전개되는 사적 집행제도의 이념적 정합성도 고려되어야 할 부분이다.

2) 법적 타당성 검토

징벌적 손해배상제도의 도입과 관련하여 독점규제법뿐만 아니라 우리 법질서 전체의 관점에서 제도적 정합성도 고려되어야 한다. 우리 법질서에서 불법행위로 인한 손해배상의 법리는 손해의 공평한 분담이라는 이상을 지향하며, 그 기저에는 자기책임의 원칙과 같은 근대법의 기본 이념이 자리하고 있다. 이러한 법질서 하에서 실제 손해액 이상의 책임을 요구하는 징벌적 손해배상제도가 가능할 수 있을지에 대한 의문은 당연한 것이라 할 수 있다.[38] 그러나 독점규제법 위반에 의한 손해의 발생은 많은 경우에 소액다수의 피해로 나타날 수 있으며, 이 경우에 법위반행위에 대한 집행이 충분하게 이루어지지 않고 있는 현실에 비추어, 실제 입증된 손해배상 범위를 넘는 징벌적 손해배상책임의 인정이 오히려 손해의 공평한 분담이라는 이상을 실현하는 것일 수 있다는 점도 아울러 고려되어야 한다. 이러한 점은 유럽에서 징벌적 손해배상제도의 도입과 관련하여 전개되었던 논의에서도 중요한 쟁점으로 나타났었다. 특히 2005년에 유럽 위원회에서 발표한 녹서는 수평적 카르텔 부분에 2배 배상제도의 도입이 제안되었으며,[39] 이론적 검토 과정에서 손해의 전보를 목표로 하는 유럽법상 손해배상제도의 본질에 비추어[40] 동 제도

---

38) 이에 근거하여 독점규제법상 징벌적 손해배상제도 도입에 부정적인 견해로서, 김영갑, "독점규제법상 손해배상책임", 저스티스 제30권 제4호, 1997, 85~86면. 한편 징벌적 손해배상제도의 도입시 징벌적 손해배상액이 헌법상 과잉금지원칙에 반하는지 여부를 면밀히 검토할 필요가 있다고 주장하는 것으로서, 이규호, "징벌적 손해배상액 또는 법정손해배상액에 관한 제도 도입 논의에 있어서 절차법적 쟁점" 사법 제2호, 2007, 195면.

39) European Commission, Green Paper-Damages actions for breach of the EC antitrust rules(com(2005), 672), option 16은 당연조항으로서, 조건의 충족 여부에 따라서, 또는 법원의 재량에 의하여 수평적 카르텔에 대한 2배 배상을 제안하였다.

40) 영국, 아일랜드, 키프로스 등을 제외한 대부분의 EC 회원국은 징벌적 손해배상제도의 전통을 갖고 있지 않다.

의 도입에 부정적인 견해와 징벌적 손해배상이 오히려 손해의 완전한 전보
에 기여할 수 있다는 반론이 제출되었다는 것은 시사하는 바가 크다.41)

물론 이러한 주장과 관련하여, 소액다수적인 피해를 해결하는 방안으로서
후술하는 바와 같이 다수의 피해구제를 단일한 절차에서 수행할 수 있는 절
차법적인 개선이 보다 본질적인 해결이 될 수 있다는 점 그리고 소액다수의
피해로서 나타날 수 있는 독점규제법상의 구체적인 위반유형으로 징벌적 손
해배상제도를 한정할 필요가 있다는 점에 대한 논의가 추가되어야 할 것이
다. 물론 후자의 논의에 대해서는 징벌적 손해배상제도가 손해의 전보 이상
의 정책적 목표와 관련된다는 점에 대한 인식의 차이가 영향을 미칠 수 있을
것이다.42)

---

41) 이와 관련하여 위원회 전담반에서 제출한 Commission Staff Working Paper Annex
to the Green Paper-Damages actions for breach of the EC antitrust rules 참조. 특히
동 보고서의 para. 121에서 회원국이 징벌적 손해배상제도를 갖고 있지 않은 경우
에도 회원국의 국내법원이 중대한 반독점법 위반행위 사건에서 단일 배상(single
damages)으로 충분한 것인지에 대한 고려가 있어야 하며, 그렇게 함으로써 손해배
상 제도 활성화의 분명한 유인이 될 수 있다는 점을 밝히고 있다. 한편 위원회의
Green Paper에 대한 찬반 양론으로 제출된 다양한 의견들에 관하여, http://ec.europa
.eu/comm/competition/antitrust/actionsdamages/green_paper_comments.html 및 최지필,
전게논문, 62~64면 참조. 한편 2008년 4월 European Commission의 White Paper on
Damages Actions for Breach of the EC antitrust rules에 의하면, para. 2.5.에서 유럽
재판소가 손해배상의 목적은 손해의 완전한 보상(full compensation)을 받는 것이라
고 판결한 것을 긍정적으로 평가하면서, 2배 배상과 같은 징벌적 손해배상제도를
제안하지 않고 있다.
42) 전술한 CommissⅡon Staff Working Paper는 para. 116에서 징벌적 손해배상제도가
손해의 완전한 전보 이상의 목표를 갖는 것으로 이해하고 있다. 한편 앞에서 다룬
미국 AMC 보고서는 징벌적 손해배상의 대상을 당연위법의 행위로 제한하는 것과
관련하여, 당연위법과 합리의 원칙에 따르는 행위의 구분을 성문으로 규정하는 것
이 어려울 뿐만 아니라, 당연위법이 아닌 경우에도 당연위법의 행위 못지 않게 반
경쟁적인 해를 낳을 수 있다는 점에서 이러한 주장에 반대하는 견해를 제시하고
있다. Antitrust Modernization Commission, 주 33)의 책, 247면.

3) 제도적 조건

징벌적 손해배상제도는 사적 집행의 활성화에 기여할 수 있는 제도이지만, 사적 집행의 확대를 제한하는 여러 제도적 제한이 존재한다면, 제도의 도입이 원래의 의도대로 실현되기는 어려울 것이다. 이와 관련하여 미국의 집단적 소송제도가 징벌적 손해배상제도와 밀접히 관련되고 있다는 점에 주목할 필요가 있다. 전술한 것처럼, 독점규제법 위반행위에 따른 손해는 많은 경우에 소액다수의 피해로 나타나며, 이러한 피해자들이 용이하게 이용할 수 있는 절차법적 제도가 확보되지 않는 한, 실체법적으로 징벌적 손해배상을 인정하는 것이 실효성을 발휘하기 어려울 수 있다. 따라서 미국의 집단소송이나 독일의 단체소송과[43] 같은 절차법적 제도의 도입과 아울러 검토될 필요가 있다.

이와 관련하여 Clayton법 제4조 c항에서 규정하고 있는 후견소송도 긍정적으로 검토할 수 있을 것이다. 제도에 대한 인식이 여전히 부족하고, 실행 가능성에 한계가 있을 경우에, 공정거래위원회나 동 위원회의 지방사무소 또는 지방자치단체를 활용하여 후견적으로 사적 소송을 제기할 수 있는 방안도 모색할 수 있다.

또한 현재 독점규제법상 모든 규제대상에 대하여 공적집행을 우선적으로 하는 규제체계를 갖추고 있지만, 장기적으로 공적집행의 필요성이 크지 않은 규제 유형에 대해서는 행정적 규제를 제한하는 것도, 사적 집행 부분을 확대하는데 긍정적으로 작용할 것이다. 끝으로 손해배상에 관하여 법리적으로 쟁

---

43) 독일 경쟁법상 단체소송의 법적 근거로서, 부정경쟁방지법(UWG: Gesetz gegen den unlauteren Wettbewerb) 제8조 제3항을 들 수 있다. 동 조항은 경쟁사업자뿐만 아니라 사업자단체, 소비자 보호를 위한 조직, 상공회의소와 같은 단체에 의한 청구도 가능한 것으로 규정하고 있다. 한편 동 규정에 의한 청구는 위법상태의 제거(Beseitigung)나 위반행위의 중지(Unterlassung)를 내용으로 한다는 점에서, 손해배상제도로서의 직접적 원용에는 한계가 있다.

점이 있거나 명확하지 않은 부분에 대한 제도적 개선도 근본적으로 손해배상제도의 활성화에 기여할 수 있을 것이다.

IV. 결론

징벌적 손해배상제도는 영미법상의 common law에 기원을 두는 제도로서, 실제 손해액 이상을 징벌적으로 부과함으로써, 불법행위의 방지와 예방을 목적으로 하는 제도이다. 동 제도는 미국의 반독점법에 명문으로 규정되어, 이른바 3배배상제도로서 기능하고 있으며, 많은 비판적 논의에도 불구하고 동 제도는 미국 반독점법 근대화 위원회의 지적처럼, 반독점법의 사적집행의 활성화에 일정한 기여를 한 것으로 볼 수 있다.

이러한 점에서 우리 독점규제법상 사적 집행의 활성화의 일환으로 동 제도의 도입을 고려할 수 있다. 특히 독점규제법의 집행과 관련하여 행정적 구제에 거의 전적으로 의존하고 있는 상황에서, 사적 집행이 강화될 필요성이 있으며, 징벌적 손해배상제도는 이를 위한 유력한 제도적 보완으로 생각할 수 있다. 또한 징벌적 손해배상은 실제 손해(actual damages) 이상의 책임을 부담시키는 것이므로, 자기책임원리에 반한다는 근본적인 문제제기가 가능하지만, 소액다수 피해의 전형으로 나타나는 독점규제법 위반행위의 특성을 고려한다면, 동 제도가 오히려 손해의 공평한 분담에 보다 부합하는 방향으로 기능할 수도 있다. 다만 제도의 도입이 실효적인 결과를 낳게 하기 위해서는, 특히 집단소송제도의 도입과 같은 절차법적 제도적 개선이 수반되어야 할 것이다.

22. 일본의 독점금지법 위반 사건처리절차

Ⅰ. 서론

지난 2005년 일본의 「私的獨占の禁止及び公正取引の確保に關する法律」(이하 獨占禁止法) 개정에 의하여 법위반행위에 대한 사건처리절차의 대폭적인 변화가 있었다. 물론 일본의 獨占禁止法 체계가 우리 「독점규제 및 공정거래에 관한 법률」(이하 독점규제법)에 일치하는 것은 아니며, 또한 사건처리절차의 실제 운영에 있어서 발생하는 문제 인식에도 상이한 측면이 있다. 즉 한국의 경우 과다한 사건처리로 인한 비효율과 절차지연 문제의 극복이 주된 관심 대상이라면,[1] 일본의 경우 법집행의 실효성을 제고하는 것이 중요한 과제로서 여겨지고 있다.[2]

그러나 양 법의 운영에 있어서 사건처리절차의 효율성과 공정성을 모두 보장하기 위한 노력은 공통된 것이며, 따라서 일본의 제도 개편은 우리에게도 시사하는 바가 적지 않을 것으로 생각된다. 이하에서 최근 개정된 일본 獨占禁止法상 사건처리절차의 구체적인 내용을 살펴보기로 한다.

---

[1] 홍명수, 경제법론I, 경인문화사, 2008, 297면 이하 참조.
[2] 일본기업의 경쟁력의 약체화의 주된 원인으로서 일본 獨占禁止法의 실효적 집행이 이루어지지 않고 있다는 점을 지적하고 있는 것으로서, 丹宗曉信·岸井大太郎 編, 獨占禁止法 手續法, 有斐閣, 2002, 2~5면(丹宗曉信 집필부분) 참조.

II. 公正取引委員會의 사건처리절차의 의의

1. 사건처리절차의 개괄

일본의 獨占禁止法은 동법 위반 행위에 대한 규제에 있어서, 우리와 마찬가지로 행정규제주의적인 구조를 취하고 있다. 즉 규제기관인 公正取引委員會에 의하여 법위반사실이 있을 경우에 일정한 명령 또는 심결을 부과하는 절차가 우선적으로 이루어지고, 피심인이 이에 불복할 경우에 법원에 의한 소송절차가 진행된다.

물론 일본의 경우에도 獨占禁止法 위반 사건에 대한 사적인 분쟁해결절차가 마련되어 있으며, 정책적으로 사적분쟁해결제도의 활성화는 오래 전부터 추진되어 왔다. 그러나 사적분쟁해결로서 금지청구권(差止請求權)이나 무과실 손해배상청구권의 행사에 의한 독점금지법 집행의 비중은 여전히 크지 않은 상황이다.3)

따라서 전체적으로 보면, 公正取引委員會에서 이루어지는 행정적 사건처리절차는 獨占禁止法 집행에 있어서 여전히 핵심적인 위치에 있다. 특히 2005년 獨占禁止法 개정에 의한 사건처리절차의 근본적 변화는 주목할 만한 것이다. 동 개정에 의하여 우선 형벌의 부과를 위한 고발과 관련하여 범칙절차에 관한 특별한 절차가 마련되었다. 특히 동 절차는 일반적인 행정절차와 달리 법원에 의한 허가에 기초하여 강제적으로 압수, 수색 등을 할 수 있는 권한과 절차를 내용으로 하고 있으며, 이와 같은 조사권한의 강화는 특

---

3) 그 이유를 위반행위로 인한 피해에 대한 인식이 제대로 이루어지지 않는 것, 위반행위자와의 거래의 계속을 원하는 경우가 많다는 것, 위반행위로 인한 피해를 다른 거래에 전가시키는 경우가 있다는 것 등, 거래 환경 측면에서 구하고 있는 것으로서, 谷原修身, 獨占禁止法の解說, 一橋出版, 2006, 73면 참조.

히 암묵적으로 행하여지는 카르텔과 같은 법위반행위에 대한 獨占禁止法 집행의 강화에 기여할 것으로 기대되고 있다.[4]

또한 일반적인 사건처리절차, 특히 심판절차에도 구조적인 변화가 있었다. 즉 개정 전의 심판절차가 公正取引委員會의 심결을 정점으로 하여 진행되는 사전적인 의미를 갖는 절차였다면, 개정 이후의 절차는 위법상태의 배제조치 명령이 심사관에 의하여 부과되고, 이에 불복할 경우에 이루어지는 사후적인 절차로서의 성격을 갖게 되었다. 전체적으로 보면, 公正取引委員會가 배제 조치명령 내지 과징금 납부명령을 발하기 이전의 심사절차와 동 명령에 불복하여 이루어지는 심판절차의 2단계로 구성되는 일본 특유의 사건처리절차가 형성되었다.[5] 동 제도는 동법의 수범자인 기업의 입장에서도 절차적 권익이 향상되었다는 점에서 긍정적인 평가가 가능한 것으로 보고 있다.[6]

2. 사건처리절차 운영의 현황

1) 公正取引委員會의 사건처리절차 현황[7]

다음의 <표 22-1>은 2000년부터 2004년까지 公正取引委員會에서 다루어진 私的獨占禁止法 위반사건의 처리현황이다.

---

4) 村上政博·栗田 誠 編, 獨占禁止法の手續, 中央經濟社, 2006, 2면(村上政博 집필부분).
5) 위의 책, 9면(村上政博 집필부분).
6) 위의 책, 3면(村上政博 집필부분).
7) 公正取引委員會 審査局 管理企劃課, 2005年度 實績評價書 참조.

〈표 22-1〉 사적독점금지법 위반사건 처리현황

		2000	2001	2002	2003	2004
신 고 건 수		479	770	572	560	944
사건처리건수	법적조치	18	38	37	25	35
	경 고	17	15	17	13	9
	주 의	36	26	49	75	60
	조사중단	3	8	5	10	16
	총 계	74	87	108	123	120

(단위: 건)

위의 표에서 알 수 있듯이, 일본 公正取引委員會가 다루고 있는 사건처리와 법적조치 그리고 신고 자체는 우리와 비교하여 매우 적은 수치를 나타내고 있다. 특히 전체 신고건수 중에서 사건화 되는 비율이 현저히 낮은데, 2000년 15.4%, 2001년 11.3%, 2002년 18.9%, 2003년 22.0%, 2004년 12.7%에 지나지 않고 있다.[8] 이에 관하여 公正取引委員會는 경쟁정책을 강화한다는 취지에서 신고에 의한 단서를 처리하는 능력을 향상시키는 것 등을 통하여 신고의 사건처리비율을 높이려는 노력을 기울이고 있다.

또한 여전히 전체 사건처리건수뿐만 아니라 법적조치 건수가 낮은 것도 公正取引委員會 사건처리절차의 중요한 특징의 하나가 되고 있다. 公正取引委員會 스스로 경고와 같은 행정지도적 조치를 억제하고, 법적 조치를 확대하려는 노력을 하고 있지만,[9] 다른 국가와의 비교를 통하여 보면 여전히 미흡한 것으로 볼 여지가 있다. 이러한 특징이 우리와는 다른 문제의식을 낳고 있다. 즉 우리가 전체적인 사건처리건수와 법적조치의 수를 억제함으로

---

8) 한편 독점규제법 위반과 관련하여 많은 경우에 公正取引委員會의 관리 등에 의하여 비공식적으로 문제가 해결되고 있기 때문에, 이러한 수치가 정확한 현황을 반영하는 것은 아닐 수 있다는 지적으로서, John O. Haley, Antitrust in Germany and Japan, Univ. of Washington Press, 2001, 116면 참조.

9) 이러한 노력이 公正取引委員會의 사건처리절차의 투명성을 높이는 것으로 이해하는 것으로서, 村上政博, "獨占禁止法の執行手續および執行", 後藤 晃·鈴村興太郎 編, 日本の競爭政策, 東京大學出版會, 1999, 443면.

써, 사건처리절차의 효율성을 기하려 하고 있는데 반하여, 일본은 오히려 이를 확대함으로써 경쟁정책의 실효성을 강화하는 방향으로 나아가고 있다.

2) 公正取引委員會 사건처리절차의 실효성 분석[10]

개별 사건처리에 관하여, 처리기간의 측면에서 효율성이 어느 정도 개선된 것으로 분석되고 있다. 즉 2003년에 개별 사건의 처리에 평균 약 9개월의 기간이 소요된 것에 비하여, 2004년에는 평균 약 8개월 정도가 소요된 것으로 조사되었다.

사건처리절차의 효율성을 투입된 요소에 의하여 분석된 자료도 제시되고 있다. 즉 개별 사건에 투입된 인력과 시간을 비교하여 분석한 것으로서, 법적조치(대부분의 경우 권고)에 투입된 인력·시간을 100으로 하여 다른 조치에 투입된 인력·시간을 비교수치로 환산하는 방식에 의한 분석이 이루어지고 있다. 이에 의하면, 警告의 경우 2003년에 55에서 2004년에 23으로, 注意의 경우 2003년에 14에서 2004년에 10으로 감소되었고, 조사중단의 경우는 2003년에 25에서 2004년에 27로 비슷한 수준을 유지하고 있다. 이러한 결과에 대하여 公正取引委員會는 獨占禁止法 위반에 대하여 엄정하고 적극적으로 대처하기 위한 노력의 성과로 자평하고 있으며, 사건의 내용에 따른 투입자원의 효율적인 배분에 지속적으로 주의할 필요가 있음을 지적하고 있다.

3) 사건처리절차 개선에 관한 논의

우선 빈번하게 발생하는 법위반 유형에 대하여 보다 집중적으로 대응할 필요성이 논의되고 있다. 법위반 유형으로서, 가격카르텔과 입찰담합이 특히 문

---

10) 公正取引委員會 審査局 管理企劃課, 2005年度 實績評價書에서, 사건 별 처리기간이나 투입된 시간과 인력에 관한 분석에 기초하고 있다.

제가 되고 있다. 입찰담합의 경우에는 2004년 전체 법적 조치가 취해진 사건
에서 62.9%의 비중을 차지하고 있다. 또한 중소사업자에게 부당한 불이익을
주는 불공정한 거래방법이나 공공조달에 있어서 덤핑수주도 지속적으로 문제
가 되고 있다. 특히 덤핑수주의 문제에 대하여 公正取引委員會는 적극적으
로 대처한 것으로 평가하고 있으며, 특히 국토교통성과 각 지방자치단체의 유
기적인 협력관계의 구축은 주목할 만한 것이다. <표 22-2>와 <표 22-3>은
각각 위반유형별 사건처리와 법적 조치의 시계열적 변화를 보여주고 있다.

〈표 22-2〉 위반행위 유형별 사건처리 현황(2000~2004)

		2000	2001	2002	2003	2004
사 적 독 점		2	2	2	3	5
카르텔	가격카르텔	10	8	10	4	5
	입찰담합	14	37	35	19	22
	기타카르텔	1	2	5	1	1
	소 계	25	47	50	24	28
불공정거래방법		39	26	44	76	76
사업자단체위반행위		8	12	12	20	11
합 계		74	87	108	123	120

(단위: 건)

〈표 22-3〉 위반행위 유형별 법적조치 현황(2000~20004)

		2000	2001	2002	2003	2004
사 적 독 점		0	0	0	1	2
카르텔	가격카르텔	1	3	2	3	2
	입찰담합	10	33	30	14	22
	기타카르텔	1	0	1	0	0
	소 계	12	36	33	17	24
불공정거래방법		6	2	3	7	8
사업자단체위반행위		0	0	1	0	1
합 계		18	38	37	25	35

(단위: 건)

한편 시장의 경쟁환경이 급속하게 변하고 있는 산업, 예를 들어 정보통신산업, 공익사업 분야, 지적재산권 분야 등에서는 신속하고 적극적인 대처의 필요성이 제기되고 있다.

결국 한정된 자원으로 효율적인 사건처리절차를 수행하고, 궁극적으로 경쟁정책의 보다 실효성 있는 집행을 위하여, 입찰담합과 같은 법위반 사례가 빈발하는 유형이나 경쟁 환경이 급속도로 변하고 있는 산업분야에 대하여 중점적으로 대처하여야 할 필요성이 있다. 이를 위하여 새로 도입되는 과징금감면제도의 활용이나 단서정보의 분석능력을 향상시키고, 발견하기가 쉽지 않은 위반행위나 적시에 처리할 필요가 있는 정보통신산업분야에 있어서의 위반행위를 효율적으로 다루는 것이 요청된다.

이상의 개선 논의가 반영되어 獨占禁止法상 사건처리절차에 대한 개정이 이루어졌고, 현재의 사건처리절차는 위에서 제시된 문제의식이 반영되어 있는 것으로 볼 수 있다. 이하에서는 公正取引委員會의 사건처리절차를 심사절차와 심판절차로 나누어 고찰하기로 한다.

Ⅲ. 公正取引委員會의 심사절차

1. 심사절차의 개시

1) 심사절차 개시의 유형

獨占禁止法 위반의 혐의가 있는 사건에 대한 조사 활동을 심사라고 하며, 그 진행과정이 심사절차에 해당한다. 특히 심사는 公正取引委員會에서 이루어지는 사건처리절차의 시작이라 할 수 있다.[11]

---

11) 谷原修身, 주 3)의 책, 72~73면 참조.

심사절차의 개시는 다음의 네 가지 방식에 의하여 얻게 된 단서에 의하여 이루어진다. 1) 첫 번째는 獨占禁止法 위반 사실에 관한 신고에 경우인데, 신고인의 자격에는 제한이 없다(법 45조 1항). 2) 또한 심사절차는 직권 탐지에 의하여 획득한 정보에 의하여 개시될 수 있고(법 45조 4항), 3) 2005년 동법 개정에 의하여 도입된 '과징금 감면제도'에 의하여 획득한 정보에 의해서도 심사절차가 시작될 수 있다(법 7조의2 7항 내지 9항). 4) 끝으로 「中小企業廳設置法」 제4조 제7항에 의하여 中小企業廳의 요구에 따라서 심사절차가 개시될 수도 있다.

2) 신고에 의한 심사개시

일반인의 신고에 관한 것은 獨占禁止法 제45조가 규정하고 있다. 동조 제1항은 누구든지 이 법률에 위반하는 사실이 있다고 생각되는 경우에, 公正取引委員會에 그 사실을 신고하고, 적당한 조치를 취할 것을 요청할 수 있다. 이러한 신고가 있을 때에는 公正取引委員會는 사건에 대한 필요한 조사를 하여야 한다(2항).

한편 이러한 신고가 公正取引委員會 규칙으로 정하는 바에 따라서 서면으로 구체적인 사실을 적시하여 이루어진 경우에, 당해 신고에 관한 사건에 대하여 적당한 조치를 취하거나 취하지 않기로 한 때에는, 公正取引委員會는 신속히 그 취지를 당해 신고를 한 자에게 통지하여야 한다(3항).

이상의 규정에서 알 수 있듯이, 신고인에 대한 제한은 없으며, 누구든지 동법에 위반한 사실을 公正取引委員會에 신고할 수 있도록 하고 있다. 다만 公正取引委員會는 홈페이지를[12] 통한 권장사항에서 신고인의 비밀 보호를 전제로 가급적 익명에 의한 신고를 피할 것을 요구하고 있다. 신고에 관한 업무는 公正取引委員會의 심사국 정보 관리실에서 담당한다.

한편 신고의 방식에도 제한이 없으며, 따라서 서면에 의한 것뿐만 아니라, 구두에 의한 신고도 가능하다. 다만 동조 제3항에서 규정하고 있는 것처럼,

---

12) http://www.jftc.go.jp/dk/sinsa.html

일정한 요건에 따른 서면의 신고에 대해서는, 公正取引委員會가 신고인에게 사건처리에 대한 취지를 통지하여야 할 의무를 부담한다.

公正取引委員會의 실무는 서면에 의한 신고를 권장하고 있으며, 신고서면 작성 요령을 홈페이지 등을 통하여 적극적으로 홍보하고 있다. 공정거래위원회가 가이드라인으로 제시하고 있는 신고서 기재사항은, 1) 신고자의 이름·주소, 2) 법위반의 혐의가 있는 행위자의 명칭·대표자명·소재지 또는 이름·주소 그리고 3) 법위반 혐의가 있는 행위의 구체적 사실 등이다.

특히 법위반 혐의가 있는 행위 사실에 대한 기재는 보다 구체적일 필요가 있는데, 公正取引委員會는 1) 법위반 혐의가 있는 행위의 주체와 직접적인 관계자의 성명,13) 2) 공동 행위자가 있는 경우에 그 행위자의 특정, 3) 법위반 혐의가 있는 행위의 일시, 4) 법위반 혐의가 있는 행위의 장소, 5) 법위반 혐의가 있는 행위의 이유, 6) 법위반 혐의가 있는 행위에 의한 피해자 또는 상대방, 7) 법위반 혐의가 있는 행위의 방법, 8) 법위반 혐의가 있는 행위의 구체적 내용(무엇을 하였는지) 등을 제시하고 있다.14)

3) 과징금 감면제도에 의한 심사 개시

獨占禁止法 제7조의2 제7항에 의하여 단독으로 당해 위반행위자 중 최초로 공정거래위원회에 당해 위반행위에 관한 사실의 신고 및 자료를 제출하고(1호), 당해 위반행위의 조사개시일 이후에 당해 위반행위를 하지 않은 경우에(2호) 과징금의 부과가 면제된다. 또한 동법 제8항에 의하여 단독으로 위반행위자 중 두 번째로 당해 위반행위의 신고 및 자료를 제출하고(1호) 당해 위반행위의 조사개시일 이후에 당해 위반행위를 하지 않은 자(3호)에 대해서는 산정된 과징금 액수의 100분의 50을 감액하며, 단독으로 위반행위자

---

13) 예를 들어 가격담합의 회합에 참석한 자의 성명 등을 말한다.
14) http://www.jftc.go.jp/dk/sinsa.html

중 세 번째로 당해 위반행위의 신고 및 자료를 제출하고(2호) 당해 위반행위의 조사개시일 이후 당해 위반행위를 하지 않은 자(3호)에 대해서는 산정된 과징금 액수의 100분의 30을 감액한다.

이와 같은 과징금 감면제도에 따른 신고도 심사절차 개시의 원인이 된다. 이때 公正取引委員會에 대한 신고에 관한 업무는 과징금 감면 관리관이 담당한다. 이때의 신고는 대체로 2회에 걸쳐서 이루어지게 된다. 우선 위반행위를 발견한 사업자는 과징금 감면을 신청하는 취지의 신고서를 제출하게 되는데, 신고서에는 위반행위의 대상이 되는 상품 또는 용역 그리고 위반행위의 태양을 기재하여야 한다. 또한 신고서에 사업자의 명칭을 밝혀야 하며, 동시에 도달하는 경우(同着)를 배제하기 위하여 Fax의 방식으로만 신고서를 제출하도록 하고 있다. 전술한 동법 제7조의2 제7항 및 제8항의 규정에 따라서, 과징금 감면제도가 적용되는 순서는 신고서의 제출 순서에 의한다.

이와 같은 신고가 이루어진 경우에, 公正取引委員會는 제출 순위 및 추가적으로 제출한 신고서와 자료의 제출기한을 당사자에게 통지한다. 이 통지에 따라서 당해 사업자는 위반행위의 대상이 된 상품 또는 용역의 상세, 위반행위 태양의 상세, 개시시기 및 위반행위가 종료된 경우에 종료시기, 공동으로 위반행위를 행한 다른 사업자의 명칭과 직원의 이름을 기재한 2차 신고서를 제출한다. 2차 신고서의 방식에는 제한이 없으며, 지참하여 제출할 수도 있고, Fax나 우편에 의한 방식도 가능하다. 한편 公正取引委員會가 구두로 신고할 수밖에 없는 특별한 사정이 있다고 인정한 때에는, 일부의 신고 사항에 대하여 구두에 의한 신고로 대신할 수 있다.

4) 中小企業廳의 요구에 의한 심사 개시

「中小企業廳設置法」 제4조 제7항에 의하여 中小企業廳의 요구에 따른 심사 개시는, 獨占禁止法 위반 사건에 대한 公正取引委員會의 전속적인 조사권한에 비추어 이례적인 것이라 할 수 있다. 중소기업은 대기업과의 관계에서 거래에서 불리한 지위에 있는 경우가 일반적이며, 이러한 관계적 특성상 독점금지법에 반하는 일련의 행위에 의한 이익 침해 가능성이 높다 할 수 있다. 그러나 중소기업은 다른 한편으로 대기업과의 거래관계 지속에 따른 이익을 추구할 수밖에 없고, 따라서 獨占禁止法 위반행위에 대하여 적극적으로 조사를 요구하는 것이 개별 중소기업 입장에서 여의치 않을 수 있다.15) 이러한 상황에서 중소기업의 이익 보호를 목적으로 하는 中小企業廳이 후견적 입장에서 중소기업을 대신하여 독점금지법 위반행위의 조사를 요구하는 것은, 중소기업의 이익을 침해하는 법위반 사건에 대하여 규제의 실효성을 제고하는 의미가 있다는 점에서 우리에게도 시사하는 바가 크다.

한편 행정관청에 의한 법위반사실에 대한 통지로서 유력한 의미가 있는 것으로서, 「公共工事の入札及び契約の適正化の促進に關する法律(공공공사의 입찰 및 계약의 적정화의 촉진에 관한 법률)」 제10조의 공공공사의 발주에 있어서 입찰담합의 혐의사실이 있는 경우에 발주관청 등은 公正取引委員會에 사실을 통지하지 않으면 안 된다는 규정도 조사 개시와 관련된다.16)

2. 심사절차의 진행

1) 심사절차의 종류

獨占禁止法 위반행위의 단서를 획득한 후에, 公正取引委員會의 심사는 두 개의 다른 범주에서 진행된다. 전술한 것처럼, 公正取引委員會의 법위반행위에 대한 심사는 위반행위에 대한 배제 조치명령과 과징금 납부명령을

---

15) 谷原修身, 주 3)의 책, 73면 참조.
16) 金井貴嗣·川濱 昇·泉水文雄, 獨占禁止法, 弘文堂, 2006, 420면 참조.

최종적인 조치로 하는 행정조사와 公正取引委員會의 형사고발을 목표로 진행되는 범칙조사로 나뉘며, 양자는 완전히 구별되는 상이한 조사절차로서 구성되어 있다.

특히 범칙조사는 증거 조사능력을 강화하고, 심사절차의 적정성을 강화할 목적으로 도입된 제도로 이해되고 있다.[17] 이 외에도 종래 公正取引委員會의 법위반행위에 대한 조사와 관련하여, 이러한 조사활동이 결과적으로 형사적인 책임을 물을 수 있는 근거가 되는 것인 만큼, 헌법상 보장되는 영장주의나 自己負罪拒否特權을 침탈하는 것은 아닌가 하는 의문이 있었으며, 또한 법위반행위가 형사적으로 다루어질 경우에 公正取引委員會의 행정조사절차와 형사절차 사이에 계속성이 보장될 필요가 지적되기도 하였다. 새롭게 도입된 범칙조사는 이러한 문제에 대한 인식도 반영된 것으로 이해된다.[18]

2) 행정조사

(1) 행정조사의 의의

행정조사는 獨占禁止法에 위반하는 사실에 대한 혐의가 있을 경우에 행하여지는 조사로서, 기본적으로 조사 상대방의 임의적 협력을 전제한 임의조사로서의 성격을 갖는다.

(2) 행정조사의 방식

행정조사는 영업소 등에 입회검사를 실시하고, 관련서류의 제출을 명하거나 또는 관계자에게 출두를 명하여 의견을 청취하는 방식 등으로 진행된다.

---

17) 瀨領眞悟, "2005年法改正後の獨禁法の狀況と課題", 2007 東亞細亞 競爭法 國際學術大會, 2007, 30~31면.
18) 村上政博·栗田 誠 編, 주 4)의 책, 289면(栗田 誠 집필부분).

구체적으로 公正取引委員會가 행정조사와 관련하여 할 수 있는 처분의 내용은 獨占禁止法 제47조 제1항에 법정되어 있는데, 사건관계인 또는 참고인에게 출두를 명하여 심문하거나 이들로부터 의견 또는 보고를 제출하도록 하는 것(1호), 감정인에게 출두를 명하고 감정하게 하는 것(2호), 장부서류, 기타 물건의 소지자에 대하여, 당해 물건의 제출을 명하거나 또는 제출된 물건을 압류하는 것(3호), 사건관계인의 영업소, 기타 필요한 장소에 입회하여 영업 및 재산의 상황, 장부서류, 기타 물건을 검사하는 것(4호) 등이 처분의 내용에 해당한다.

한편 행정 조사를 함에 있어서, 公正取引委員會가 상당하다고 인정하는 때에는, 시행령에 정한 바에 따라서 公正取引委員會의 직원을 심사관으로 지정하고 위에서 언급한 처분을 하게 할 수 있다(법 47조 2항). 이때 심사관은 특히 입회검사를 함에 있어서 公正取引委員會 직원의 신분증을 휴대하고, 관계자에게 제시하지 않으면 안 된다(법 47조 3항).

(3) 행정조사의 결과

행정조사의 결과, 獨占禁止法에 위반하는 행위가 있다고 인정되는 경우에는, 당해 위반행위를 배제하기 위하여 필요한 조치를 명하는, 이른바 '배제조치명령'을 할 수 있으며, 또는 과징금 부과 대상이 되는 독점금지법 위반행위의 경우에 과징금을 국고에 납부할 것을 명하는 '과징금 납부명령'을 할 수 있다. 이상의 규정은 법개정에 따른 것으로서, 과거 배제 조치명령이나 과징금 납부명령을 심판절차 이후에 할 수 있었던 것에 비하여, 2005년의 동법 개정으로 이러한 명령의 시기가 선행하게 되었다. 즉 과거의 명령이 심판절차 이후에 이루어진 것에 비하여, 현행 獨占禁止法상 이상의 명령은 심판절차 이전에 발하여지는 것으로 되었으며, 따라서 후술하는 公正取引委員會의 심판절차는 사후적 절차로서의 의의를 갖게 되었다.

이와 같은 제도의 변경은 公正取引委員會의 사건처리절차가 전체적으로 신속하게 전개될 수 있는 방향으로 개선되었다는 점에서 의의를 찾을 수 있으며, 또한 후술하는 심판절차의 司法節次로서의 성격이 강화되는 계기도 될 수 있을 것이다.

3) 범칙조사

(1) 범칙조사의 대상

범칙 조사는 公正取引委員會가 형사 고발에 상당하는 사안이라고 판단한 범칙 사건을 대상으로 행하여지는 조사 유형을 의미한다. 형사고발의 대상이 되는 행위에 대해서는, 獨占禁止法 제89조 내지 제91조에 규정되어 있다. 즉 동법 제89조 제1항은 3년 이하의 징역 또는 5백만円 이하의 벌금에 처하는 행위로서, 동법 제3조에 위반하여 사적독점 또는 부당한 거래제한을 한 자(1호)와 동법 제8조 제1항 제1호의 사업자단체에 의한 경쟁의 실질적 제한의 금지 규정을 위반하여 일정한 거래분야에 있어서 경쟁을 실질적으로 제한한 것(2호)을 규정하고 있으며, 동조 제2항에 의하여 이상의 행위에 대해서는 미수도 처벌한다.

또한 동법 제90조는 2년 이하의 징역 또는 3백만円 이하의 벌금에 처하는 행위로서, 동법 제6조의 특정한 국제적 협정이나 계약의 금지 규정 또는 동법 제8조 제1항 제2호의 사업자단체의 국제적 협정이나 계약의 금지 규정에 위반하여 부당한 거래제한에 해당하는 사항을 내용으로 하는 국제적 협정 또는 국제적 계약을 한 것(1호), 동법 제8조 제1항 제3호의 사업자단체에 의한 사업자 수의 제한의 금지 규정 또는 구성사업자의 기능이나 활동 제한의 금지 규정에 위반한 것(2호), 배제 조치명령 또는 동법 제65조의 독점적 상태에 관한 동의심결 내지 동법 제67조 제1항의 독점적 상태에 관한 심판심결이 확정된 후에 이에 따르지 아니한 것(3호)을 규정하고 있다.

또한 동법 제91조는 1년 이하의 징역 또는 2백만円 이하의 벌금에 처하는 행위로서, 동법 제10조 제1항 전단의 회사의 주식보유의 제한 규정에 위반하여 주식을 취득하거나 소유한 자(1호), 동법 제11조 제1항의 은행 또는 보험회사의 의결권 보유의 제한의 규정에 위반하여 주식을 취득 또는 소유하거나, 동조 제2항의 인가를 받지 않은 은행 또는 보험회사의 의결권 보유의 제한 규정에 위반하여 주식을 소유한 자(2호), 동법 제13조 제1항의 임원겸임의 제한 규정에 위반하여 임원의 지위를 겸한 자(3호), 동법 제14조 전단의 회사 이외의 자의 주식보유의 제한 규정에 위반하여 주식을 취득하거나 소유한 자(4호), 이상의 금지 또는 제한에 대한 동법 제17조의 탈법행위의 금지 규정에 위반한 자(5호)를 규정하고 있다.

이상의 죄에 해당하는 행위에 대하여, 동법 제96조 제1항은 公正取引委員會의 고발을 소추조건으로 규정하고 있다. 이때의 고발은 서면으로 하여야 하며(법 96조 2항), 公正取引委員會의 고발 시에 고발에 관련된 범죄에 있어서 법 제95조의4 제1항의 사업자단체의 해산의 선고 또는 법 제100조 제1항 제1호의 특허·실시권의 취소의 선고를 하는 것이 상당하다고 인정한 때에는, 그 취지를 전항의 문서에 기재할 수 있다(법 96조 3항). 한편 이때의 고발은 공소의 제기가 있은 후에는 이를 취소할 수 없다(법 96조 4항).

이와 같이 범칙조사는 이상의 고발을 목적으로 행하여지는 조사이며, 소추조건으로서의 고발의 대상이 되는 법 제89조 내지 제91조에 해당하는 죄에 해당하는 행위를 대상으로 한다. 그 내용을 보면, 獨占禁止法 위반 행위 중에서 중요한 의미를 갖는 것이 주를 이루며, 구체적으로 일정한 거래 분야에 있어서 경쟁을 실질적으로 제한하는 가격 카르텔, 수량 제한 카르텔, 시장 분할 협정, 입찰 담합, 공동 보이콧, 그 외의 국민 생활에 광범위한 영향을 미친다고 생각할 수 있는 죄질이 중하고 중대한 사안 등이 포함되어 있다.

또한 동법 위반행위를 반복하고 있는 사업자나 산업, 또는 배제 조치에 따르지 않는 사업자 등과 관련된 위반 행위 중에서, 公正取引委員會가 행하는 행정처분만으로는 獨占禁止法의 목적을 달성할 수 없다고 생각할 수 있는 사안도 소추조건으로서의 고발과 이에 따른 범칙조사의 대상이 되고 있다.

한편 公正取引委員會도 향후 적극적으로 형사처벌을 요구하는 고발을 실시할 방침을 피력하고 있으며,19) 따라서 범칙조사 범위의 확대를 의도하고 있다.

(2) 범칙조사의 권한

범칙조사를 위하여 公正取引委員會의 지정을 받은 직원은 범칙조사의 대상이 되는 행위를 조사하기 위하여 필요한 때에는 범죄혐의자 또는 참고인에 대하여 출두를 요구하거나, 범죄혐의자 등에 대하여 질문하거나, 범죄혐의자 등이 소지하거나 거치한 물건을 검사하거나, 범죄혐의자 등이 임의로 제출하거나 거치한 물건을 영치할 수 있다(법 101조 1항). 또한 위의 직원은 범죄사건의 조사에 있어서 관공서 또는 공사의 단체에 조회하여 필요한 사항의 보고를 구할 수 있다(법 101조 2항).

한편 범칙조사에 있어서 가장 핵심적이라 할 수 있는 강제조사와 관련하여 獨占禁止法은 영장주의적 관점에서 법원에 의한 허가장을 요구하고 있다. 즉 동법 제102조 제1항은 범칙조사를 수행하는 직원이 범칙사건을 조사하기 위하여 필요가 있는 때에는, 公正取引委員會의 소재지를 관할하는 지방재판소 또는 간이재판소의 재판관이 사전에 발부하는 허가장에 따라서 臨檢, 수색 또는 압류를 할 수 있는 것으로 규정하고 있다. 한편 급속을 요하는 경우에 직원은 임검 장소, 수색 장소, 신체 또는 물건, 압류된 물건의 소재지를 관할하는 지방재판소 또는 간이재판소의 재판관이 사전에 발부한 허가장에 따라서 처분을 하는 것이 가능하다(법 102조 2항). 범칙조사를 담당하는 직원이 위의 두 경우에 허가장을 청구할 때에는, 범칙사건이 존재하는 것으

---

19) http://www.jftc.go.jp/dk/hansoku.html

로 인정되는 자료를 제공하지 않으면 안 된다(법 102조 3항). 이상의 청구가 있으면, 지방재판소 또는 간이재판소의 재판관은, 임검 장소, 수색 장소, 신체 또는 물건, 압류되는 물건과 아울러 청구자의 관직 및 성명, 유효기간, 그 기간 경과 후에는 집행에 착수할 수 없고 허가장을 반환하지 않으면 안 된다는 취지, 교부의 연월일과 함께 재판소명을 기재하고, 자신의 기명날인을 한 허가장을 당해 직원에게 교부하여야 한다. 이때 범죄혐의자의 성명 또는 범죄의 사실이 명확한 경우에는, 이에 관한 사항을 기재하여야 한다(법 102조 4항). 한편 허가장을 교부받은 직원은 위원회의 다른 직원에게 이를 교부하고, 임검, 수색, 압류 등을 하게 할 수 있다(법 102조 5항). 이상의 임검, 수색 또는 압류를 함에 있어서 시기상의 제한, 즉 야간집행에 대한 제한이 따른다. 즉 독점금지법 제104조 제1항은 臨檢, 수색 또는 압류를 함에 있어서 허가장에 야간에도 집행할 수 있는 취지의 기재가 없는 경우에는 일몰부터 일출까지의 기간 동안 이를 할 수 없다고 규정하고 있다. 그러나 일몰 전에 개시된 임검, 수색 또는 압류는 필요가 있다고 인정되는 경우에 일몰 후까지 계속될 수 있다.

獨占禁止法 제103조 제1항은 법원에 의한 허가를 전제로 우편물 등의 압류에 관하여 규정하고 있다. 즉 범칙조사를 담당하는 직원은 범칙사건을 조사하기 위하여 필요한 때에는, 허가장의 교부를 받고, 범칙혐의자가 발송하거나 받은 우편물, 서신이나 전신에 의한 서류로서 시행령상의 규정에 기초한 통신사무를 취급하는 자가 보관하거나 소지하는 것을 압류할 수 있다고 규정하고 있다. 이에 해당하지 않는 우편물, 서신이나 전신에 의한 서류로서 시행령상의 규정에 기초한 통신사무를 취급하는 자가 보관하거나 소지하는 것에 대해서는, 범칙사건에 관계가 있다고 인정되기에 충분한 상황이 있는 경우에 한하여, 허가장의 교부를 받고, 이를 압류할 수 있다(법 103조 2항). 범칙조사를 담당하는 직원이 이상의 규정에 의한 처분을 하는 경우에 있어서, 그 취지를 발신인 또는 수신인에게 통지하여야 한다. 다만 통지에 의하

여 범칙사건의 조사가 방해될 우려가 있는 경우에는 그러하지 아니하다(법 103조 3항).

한편 임검, 수색 또는 압류의 허가장은 이에 관한 처분을 받는 자에게 제시되지 않으면 안 된다(법 105조).

(3) 범칙조사의 결과

公正取引委員會는 범칙조사에 의하여 犯則의 심증을 얻게 된 때에는, 검찰총장에게 고발하여야 한다(법 74조 1항). 한편 동 규정에서 정한 것 외에도 동법의 규정에 위반하는 범죄가 있다고 생각되는 때에는, 검찰총장에게 고발하여야 한다(법 74조 2항). 이상의 규정형식이 보여 주듯이, 獨占禁止法은 범칙의 심증을 얻은 경우 또는 동법 규정에 위반하는 범죄가 있다고 생각되는 경우에 公正取引委員會의 고발을 의무적인 것으로 규정하고 있다. 그러나 동 규정의 실제 해석과 관련하여 일본에서의 지배적인 견해는 동 규정을 예시적인 것으로 보고 있으며,[20] 이러한 해석에 따르면 公正取引委員會의 고발은 재량에 의한 것으로 이해된다.

한편 이상의 규정에 의한 고발에 관한 사건에 대하여 공소를 제기하지 않는 처분을 한 경우에, 검찰총장은 지체 없이 法務大臣을 경유하여 그 취지 및 이유를 서면으로 內閣總理大臣에게 보고하지 않으면 안 된다(법 74조 3항).

3. 심사절차의 종료와 명령의 사전절차

1) 심사절차의 종료

심사절차가 종료된 경우에, 公正取引委員會는 심사를 통하여 동법 위반

---

20) 神山敏雄, 獨禁法犯罪の研究, 成文堂, 2002, 34면.

행위 여부에 관하여 얻게 된 판단에 따라서 일정한 명령을 부과하거나 고발 조치를 취하게 된다.

2) 명령부과의 사전절차

특히 행정조사의 종료 후 법위반행위에 대한 배제 조치명령이나 과징금 부과명령을 하게 되는 경우에는, 적정 절차를 보장하는 관점에서 상대방에 대하여 사전에 명령의 내용 등을 통지하여 의견진술이나 증거 제출의 기회를 부여하는 사전절차가 마련되어 있다.

구체적으로 獨占禁止法 제49조 제3항에 의하여, 公正取引委員會가 배제 조치명령을 하려고 하는 때에는, 당해 배제 조치명령을 받게 되는 자에 대하여 사전에 의견을 진술하고, 증거를 제출할 기회가 부여되어야 한다.

이와 같이 의견 진술 및 증거를 제출할 기회가 부여된 때에는, 의견 진술 및 증거 제출을 할 수 있는 기한까지 상당한 기간을 두고서, 배제 조치명령을 받게 되는 자에 대하여 일정한 사항이 기재된 서면에 따라서 통지되어야 하며(법 49조 5항), 이때 기재될 사항은 예정된 배제 조치명령의 내용(1호), 公正取引委員會가 인정한 사실 및 이에 대한 법령의 적용(2호), 公正取引委員會에 대하여 이상의 사항에 관한 의견을 진술하고 증거를 제출할 수 있는 취지 및 기한(3호) 등이다.

또한 이상의 규정은 獨占禁止法 제50조 제6항에 의하여 과징금 납부명령에 대해서 준용된다. 다만 동법 제49조 제5항 제1호의 예정된 배제 조치명령의 내용은 '납부를 명하고자 하는 과징금의 액' 그리고 公正取引委員會가 인정한 사실 및 이에 대한 법령의 적용은 '과징금 계산의 기초 및 과징금에 관련된 위반행위'로 이해된다.

Ⅲ. 公正取引委員會의 심판절차

1. 심판절차의 진행

1) 심판절차의 개시[21]

배제 조치명령에 불복하는 자는 명령의 심판을 청구할 수 있다. 즉 獨占禁止法 제49조 제6항에 의하여, 배제 조치명령에 불복이 있는 자는, 公正取引委員會 규칙이 정하는 바에 따라서, 배제 조치명령서의 등본이 송달된 날부터 60일 이내에 公正取引委員會에 대하여 당해 배제 조치명령에 대한 심판을 청구할 수 있다. 동 기간 내에 심판 청구가 이루어지지 않으면, 배제 조치명령은 확정된다(법 49조 7항).

또한 과징금 납부명령에 대해서도 동일한 내용의 규정이 적용되며, 따라서 이에 불복하는 심판을 청구할 수 있고, 이러한 청구가 제기되지 않는 경우에 과징금 납부명령은 확정된다(법 50조 4항 및 5항).

배제 조치명령에 불복하여 심판을 청구하는 경우에, 당해 명령의 집행은 정지되지 않는 집행부정지가 원칙이다. 그러나 公正取引委員會는 배제 조치명령에 관한 심판청구에 있어서 필요성이 인정되는 경우에, 당해 배제 조치명령의 전부 또는 일부의 집행을 정지할 수 있다(법 54조 1항).

이와 같이 집행 정지를 허용한 경우에, 당해 집행정지에 따라서 시장에서의 경쟁의 확보가 곤란하게 될 우려가 있는 경우 또는 다른 필요성이 인정되는 경우에는, 公正取引委員會는 당해 집행정지를 취소한다(법 54조 2항).

---

[21] 현재 배제조치명령에 대한 심판청구 비율은 약 1.1%, 과징금 납부명령에 대한 심판청구 비율은 약 3.5%로서 심판청구의 비율은 높지 않은 것으로 나타나고 있다. 瀨領眞悟, 주 17)의 글, 29면 참조.

이상의 배제 조치명령에 있어서 집행부정지 원칙은 과징금 납부명령에 있어서도 마찬가지로 적용된다. 즉 과징금 납부명령에 대하여 심판 절차가 개시되어도 과징금 납부명령은 실효하지 않으며, 과징금의 납부 기한까지 과징금을 납부하지 않은 경우에, 심결로서 해당 과징금 납부 명령이 유지되었을 때에는, 과징금 부과액에 연체금이 추가된다(법 70조의9 2항).

2) 심판절차의 적정성

심판은 公正取引委員會 또는 심판 절차를 실효적으로 진행시키기 위하여 公正取引委員會에 의하여 지정된 직원이 주재한다. 심판절차는 기본적으로 公正取引委員會의 명령에 불복하는 피심인이 법위반 사실의 존부를 다투고, 심사관은 법위반 사실을 입증하는 구조를 취하고 있으며, 따라서 재판에 준하는 절차적 특성을 갖고 있다.

심판의 적정성을 확보하기 위하여 獨占禁止法은 일련의 제도적 장치를 마련하고 있다. 우선 심판은 원칙적으로 공개하여야 하며(법 61조), 이로써 공중에 의하여 절차적 적정성에 대한 간접적 통제가 이루어질 수 있다. 또한 심판절차는 증거에 의하여 사실을 인정하여야 하는(법 68조) 증거주의에 기초하여야 한다.

한편 피심인은 법위반 사실의 부존재를 입증하기 위하여, 자료의 제출 이외에 참고인의 심문을 요구할 수 있는 등의 방어권이 인정되고 있다(법 59조). 반면에 심사관은 심판에 있어서 피심인에 불이익이 되는 주장 변경을 하는 것은 금지되고 있다(법 58조 2항 단서).

심판에 관한 사무는, 公正取引委員會 사무총장의 지휘 감독의 대상으로부터 제외된다. 즉 獨占禁止法 제35조 제3항에 의하여 公正取引委員會의 사무총장은 사무총국의 업무를 총괄하지만, 동법 제56조 제1항에 따라서 公正取引委員會에 의하여 지정된 심판관이 행하는 사무는 사무총장의 업무에서 제외된다.

이는 결국 심판관이 심판에 관한 사무를 함에 있어서 독립성을 보장하는 의미를 갖는다. 즉 심판관은 심판 절차와 관련된 사무를 독립적으로 실시하지 않으면 안 되는 것으로 이해되고 있으며, 「公正取引委員會の審判に關する規則」(공정취인위원회의 심판에 관한 규칙) 제13조는 이에 대한 근거 규정이라 할 수 있다. 또한 심판관의 직무의 공정성을 보장하기 위한 제도적 장치로서, 심판의 대상이 되는 사건에 관여하였던 자는, 심판관으로서 당해 사건을 담당할 수 없다(법 56조 1항 단서).

2. 심결의 성립

1) 심결의 내용

심판청구가 법정의 기간을 경과한 후에 제기되었거나 기타 부적법하게 제기된 경우에, 公正取引委員會는 심결로서 당해 심판청구를 각하한다(법 66조 1항).

심판청구가 이유가 부인되는 경우에, 公正取引委員會는 심판절차를 마친 후에 심결로서 당해 심판청구를 기각한다(법 66조 2항).

심판청구가 이유 있는 경우에, 公正取引委員會는 심판절차를 마친 후에 심결로서 원처분의 전부 또는 일부를 취소하거나 이를 변경한다(법 66조 3항).

한편 동법 제66조 제4항은 위법선언 심결에 관하여 규정하고 있다. 즉 公正取引委員會는 동법 제66조 제3항에 의하여 원처분의 전부 또는 일부를 취소하는 경우에 있어서, 당해 원처분시까지 제3조의 사적독점 또는 부당한 거래제한의 금지, 제6조의 특정한 국제적 협정 또는 계약의 금지, 제8조 제1항의 사업자단체의 금지행위, 제9조 제1항 내지 제2항의 사업지배력의 과도

집중회사의 설립 등의 제한, 제10조 제1항의 회사의 주식보유의 제한, 제11조 제1항의 은행 또는 보험회사의 의결권 보유의 제한, 제13조의 임원겸임의 제한, 제14조의 회사 이외의 자의 주식보유의 제한, 제15조 제1항의 합병의 제한, 제15조 제2항의 분할의 제한, 제16조 제1항의 영업양수 등의 제한, 제17조의 탈법행위의 금지 또는 제19조의 불공정한 거래방법의 금지 규정에 위반하는 행위가 있고, 원처분시에 이미 당해 행위가 종료된 것으로 인정된 경우에는, 심결로서 그 취지를 명확히 밝혀야 한다.

2) 심결의 불복

公正取引委員會 심결의 취소를 구하는 소는, 심결의 효력이 발생한 날부터 30일 이내에 제기하여야 한다. 다만 獨占禁止法 제8조의4 제1항 독점적 상태에 대한 조치를 명하는 심결의 경우에는 3개월 이내이다(법 77조 1항). 이와 같은 심결의 취소를 구하는 소는 동경고등재판소의 관할로 한다.

이때의 기간은 불변기간이며(법 77조 2항), 심판청구를 할 수 있는 사항에 대한 제소는 할 수 없다(법 77조 3항).

3. 동의심결

1) 동의심결의 법적 근거

심결의 한 유형으로서 동의심결이 있다. 동의심결은 피심인이 스스로 동의심결을 신청하는 것에 의한다.

동의심결의 법적 근거는 獨占禁止法 제65조에 규정되어 있다. 동 규정에 의하면, "公正取引委員會는 제8조의4 제1항의 독점적 상태에 대하 조치에 관한 사건에 있어서 제53조 제1항의 독점적 상태에 관한 심판절차의 개시의 규정에 의하여 심판개시결정을 한 후에, 피심인이 심판개시결정서에 기재된 사실 및 법률의 적용을 인정하면서, 公正取引委員會에 대하여 그 후의 심판절차를 거치지 않고 심결을 받겠다는 취지를 서면으로 신청하고, 동시에 독점적 상태에 관한 상품 또는 용역에 있어서 경쟁을 회복하기 위하여 스스로 취하여야 할 구체적 조치에 관한 계획서를 제출한 경우에, 이것이 적당한 것으로 인정되는 때에는 이후의 심판절차를 거치지 않고 당해 계획서에 기재된 구체적 조치와 같은 취지의 심결을 할 수 있다."

2) 동의심결의 의의

동의심결은 정식의 심판절차가 계속되지 않는다는 점에서, 심판절차의 간이화를 도모하기 위한 제도라 할 수 있다. 또한 동 제도는 법위반 행위와 위법배제조치에 대한 피심인의 승낙이나 동의를 전제로 한다는 점에서, 자율적인 분쟁해결로서의 특성을 갖는다.

이러한 점에서 심판심결을 정식의 심결이라 한다면, 동의심결은 약식의 심결이라 할 수 있다. 구체적으로 심판심결의 경우에 심결서에 위반사실이 상당히 상세하게 인정되어 있고, 인정의 근거로서 피심인과 심사관의 주장, 증거, 증거에 대한 평가 등이 자세히 기재되는데 반하여, 동의심결의 심결서는 이러한 내용을 대략적으로 기재하고 있다. 즉 심판심결과 동의심결은 인정사실의 정밀성에서 명확한 차이가 있으며,[22] 이로부터 심판심결과 동의심결의 구속력의 차이가 발생하는 것으로 이해되기도 한다.[23]

한편 동의심결 제도의 도입 시에 동의심결은 獨占禁止法상의 법위반 행

---

22) 村上政博, 주 9)의 글, 440면.
23) 丹宗曉信·岸井大太郞, 獨占禁止手續法, 有斐閣, 2002, 57~58면(栗田 誠 집필 부분).

위를 대상으로 하였지만, 현행법상 동의심결은 전술한 것처럼 독점적 상태에 대한 조치에 제한됨으로써, 제도적 의의는 많이 감소된 것으로 보인다.

3) 동의심결의 제도적 평가

전술한 것처럼, 피심인이 심판개시결정서에 기재된 사실 및 법률의 적용을 인정하면서, 공정거래위원회에 대하여 이후의 심판절차를 거치지 않고 심결을 받는 취지를 문서로서 신청하고, 또한 당해 위반행위를 배제하거나 당해 위반행위의 배제를 보장하거나 또는 독점적 상태와 관련되는 상품 혹은 역무에 대하여 경쟁을 회복시키기 위하여 스스로 취하여야 할 구체적 조치에 관한 계획서를 제출하고, 위원회가 타당성을 인정함으로써 성립하는 동의심결은, 사건처리절차의 신속성을 도모하는 간이절차제도의 하나로서 도입되었다.

제도의 내용에서 알 수 있듯이, 그 성격상 동의심결제도는 시정권고 내지 권고심결제도와 상당 부분 제도적 취지와 기능을 공유한다. 그러나 실제로 公正取引委員會의 심결 중에서 가장 큰 비중을 차지하고 있는 권고심결 내지 시정권고 제도는 2005년 법개정에 의하여 폐지되었다. 동의심결과의 제도적 중복을 해소하고, 배제 조치명령과 과징금 납부명령의 동시적 진행의 필요성이 있으며, 정식의 심판절차에 의한 심결의 확대가 경쟁정책의 강화라는 측면에서 긍정적일 수 있다는 점 등이 권고제도 폐지의 주된 근거로서 이해되고 있다.[24]

그러나 일본에서의 권고제도는 심판개시결정 이전 단계에서 행하여지는 것인 만큼, 동의심결제도와 절차적으로 중복될 여지가 크지 않고, 또한 권고심결이 위반사실에 대한 법령의 적용에 있어서 법적인 확정력을 갖는 것은 아니지만, 당사자 간의 교섭에 따른 일종의 재판상 화해와 같은 기능을 하며,

---

24) 谷原修身, 獨占禁止法 要論, 中央經濟社, 2006, 266~267면 참조.

따라서 자율에 기초한 事前的인 분쟁해결이라는 고유한 의의를 인정할 수 있을 것이다. 이러한 점에 근거하여 권고제도 폐지의 문제점을 지적하는 견해도 있다.[25]

---

25) 伊從 寬, 獨禁法の事前審判制度と勸告制度の廢止の問題點", NBL no. 816, 2005. 9, 24면 이하 참조.

23. 하도급법상 원사업자 규제의 개선 방안에 관한 고찰

Ⅰ. 논의의 기초

1. 하도급법상 하도급거래와 원사업자

「하도급거래 공정화에 관한 법률」(이하 하도급법)의 표제에서 이미 드러나듯이, 하도급법은 하도급거래를 대상으로 하며, 거래당사자로서 원사업자와 수급사업자를 명문으로 정의하고 있다. 계약법적 관점에서 보면, 하도급은 최초의 도급계약에 기초하며, 최초 도급계약에서의 수급인이 맡은 일의 전부나 일부를 다시 제3자가 하수급인으로서 맡는 것을 의미한다.[1] 즉 계약법 본래의 의미에서 하도급은 도급계약을 전제하는 것이며, 그 기초 위에서 법률상 권리의무와 책임귀속관계가 확정된다.

그러나 하도급법은 하도급의 계약법적 의의를 넘어서 동법의 규제 대상을 확장하고 있다. 즉 동법 제2조는 제1항은 "하도급거래라 함은 원사업자가 수급사업자에게 제조위탁·수리위탁·건설위탁 또는 용역위탁을 하거나 원사업자가 다른 사업자로부터 제조위탁·수리위탁·건설위탁 또는 용역위탁을 받은 것을 수급사업자에게 다시 위탁한 것으로서, 이를 위탁받은 수급사업자가 위

---

[1] 곽윤직, 채권각론, 박영사, 1998, 438면.

탁받은 것을 제조·수리·시공 또는 용역수행하여 원사업자에게 납품·인도 또
는 제공하고 그 대가를 수령하는 행위를 말한다"고 규정하고 있다.

　동 규정에 따르면, 하도급은 도급을 전제로 순차로 이루어진 하위의 계약
관계만을 의미하는 것이 아니라, 최초의 도급계약까지도 그 범위에 포함된
다.[2] 이와 같은 입법을 통한 하도급거래의 개념상 확대는 현실거래에서 제
기된 보호 필요성에 대한 입법적 대응의 결과라 할 수 있으며, 이와 관련하
여 계약법적인 이해의 틀을 엄격히 유지할 필요는 없을 것이다. 하도급법의
규제 대상인 하도급거래의 개념상 확대에 따라서 하도급거래의 당사자들의
외연도 필연적으로 확장된다. 물론 하도급법 또는 우리보다 앞서 입법화된
일본의「下請代金支拂遲延等防止法」(이하 下請法)의 제정에 있어서 도급
인의 거래상 우월적 지위는 입법의 주된 동기가 되었으며,[3] 이러한 거래상
지위의 특성이 공통적으로 관련되는 한, 현행 하도급법 규제체계의 입법적
타당성을 긍정할 수 있을 것이다.

---

2) 일본의 下請代金支拂遲延等防止法 역시 제2조 제1호 및 제2호의 제조위탁과 수
　리위탁의 정의에서 우리 하도급법과 유사한 규정태도를 보여주고 있다. 즉 제1호
　는 "この法律で「製造委託」とは、事業者が業として行う販賣若しくは業と
　して請け負う製造（加工を含む。以下同じ。）の目的物たる物品若しくは
　その半製品、部品、附屬品若しくは原材料若しくはこれらの製造に用いる
　金型又は業として行う物品の修理に必要な部品若しくは原材料の製造を他
　の事業者に委託すること及び事業者がその使用し又は消費する物品の製造
　を業として行う場合にその物品若しくはその半製品、部品、附屬品若しく
　は原材料又はこれらの製造に用いる金型の製造を他の事業者に委託するこ
　とをいう。"、제2호는 "この法律で「修理委託」とは、事業者が業として請け
　負う物品の修理の行爲の全部又は一部を他の事業者に委託すること及び事
　業者がその使用する物品の修理を業として行う場合にその修理の行爲の一
　部を他の事業者に委託することをいう。"와 같이 각각 규정하고 있다.
3) 若杉隆平, 不公正な取引方法に關する規制(I): 不當廉買及び優越的地位の濫
　用·下請取引-「不公正取引の一般指定」と「下請代金支拂遲延等防止法」の
　考察-, 後藤 晃·鈴村興太郎 編, 日本の競爭政策, 東京大學出版會, 1999,
　106면 참조.

2. 하도급법상 원사업자 규정과 한계

하도급법상 원사업자는 제2조 제2항에서 규정하고 있다. 동 규정에 의하면, 중소기업자가 아닌 사업자로서 중소기업자에게 제조 등의 위탁을 한 자(1호)[4] 또는 중소기업자 중 직전 사업연도의 연간매출액 또는 상시고용 종업원수가 제조 등의 위탁을 받은 다른 중소기업자의 연간매출액 또는 상시고용 종업원수의 2배를 초과하는 중소기업자로서 그 다른 중소기업자에게 제조 등의 위탁을 한 자(2호)가 원사업자에 해당한다.

이러한 규정은 원사업자가 수급사업자에 대하여 우월한 지위를 가짐으로써 불공정한 거래가 이루어질 수 있는 가능성에 초점을 맞춘 것이며, 특히 제2호의 규정은 같은 중소기업자 사이에서도 규모의 차이로 인하여 우월한 지위가 발생할 수 있다는 점에 근거한 것으로 이해할 수 있다(2조 3항).

동 규정은 다시 하도급거래에 있어서 거래상대방인 수급사업자의 정의에 연동된다. 즉 동 규정에 의한 원사업자로부터 제조 등의 위탁을 받은 중소기업자가 '수급사업자'에 해당한다. 또한 동법 제2조 제2항에 의한 원사업자의 원칙적인 범위는 동법 제2조 제4항 및 제5항에 의하여 확대되고 있다. 즉 제4항은 사업자가 「독점규제 및 공정거래에 관한 법률」(이하 독점규제법) 제2조 제3호의 규정에 의한 계열회사에 제조 등의 위탁을 하고 그 계열회사가 위탁받은 제조·수리·시공 또는 용역 수행행위의 전부 또는 상당부분을 제3자에게 재위탁한 경우, 그 계열회사가 전술한 원사업자에 해당하지 아니하더라도 제3자가 그 계열회사에게 위탁을 한 사업자로부터 직접 제조 등의 위탁을 받는 것으로 하면 하도급법상 수급사업자에 해당하는 때에는 그 계열

---

4) 중소기업자의 정의는 중소기업기본법에 따르며, 동법 제2조 제1항 그리고 이를 구체화하고 있는 동법 시행령 제3조 및 별표1과 별표2에 의하여 구체적인 범위가 결정된다.

회사를 원사업자로 보는 것으로 규정하고 있으며, 또한 제5항은 독점규제법 상 상호출자제한기업집단에 속하는 회사가 제조 등의 위탁을 한 경우에는 동 회사가 제2항에서 규정한 원사업자에 해당하지 않는 경우에도 원사업자 로 보고(1호), 반면에 제조 등의 위탁을 받은 경우에는 수급사업자로 보지 아 니하는 것으로(2호) 규정하고 있다.

중소기업기본법 제2조 제1항과 동법 시행령 제3조 제2호 및 별표2 제2호 에 의하여 독점규제법상 상호출자제한기업집단에 속하는 기업은 동법에서 정하는 중소기업자에 해당하지 않으며, 따라서 원사업자가 될 수 있다. 이러 한 규정이 존재함에도 불구하고, 하도급법 제2조 제4항은 원사업자의 정의 의 기준을 대규모기업집단에 한정하지 않고 기업집단 전체로 확대하는 의미 를 갖는다. 또한 동조 제5항 제1호는 전술한 중소기업기본법상의 중소기업 정의에 비추어 독립적인 의미를 갖기는 어려우나, 제2호의 규정은 상호출자 제한기업집단에 속한 회사를 수급사업자에서 제외하는 규정이고, 이는 나아 가 원사업자 해당성을 부인하는 것이기 때문에 실질적인 의미가 있다.

이와 같은 원사업자 범위의 확대는 위탁을 한 사업자 자신이 원사업자에 해당하지 않는다 하더라도, 동 사업자의 계열관계나 대규모기업집단에 소속 되어 있는 것으로 인하여 위탁을 받는 사업자에 대한 우월적 지위가 발생할 수 있음을 전제한 것이다. 특히 기업운영에 있어서 집단적인 방식이 주축을 이루고 있고 대규모기업집단이 국민경제에서 상당한 비중을 차지하고 있는 우리나라의 경제현실에 비추어 타당한 접근방식이라 생각된다.5)

그러나 이상의 원사업자 정의와 이를 입법적으로 확대하고 있는 규정은 법체계적인 측면에서 중복되는 측면이 있음을 지적할 수 있고, 입법적으로 원사업자를 확대함에 있어서 그 취지가 충분히 구체화되고 있는지에도 의문 이 있다. 특히 하도급거래에 있어서 원사업자 정의가 입법에 의하여 최초의 도급거래에 있어서 위탁사업자를 포함하고 있는 상황에서, 원사업자의 거래

---

5) 홍명수, 재벌의 경제력집중 규제, 경인문화사, 2006, 53면 이하 참조.

상 우월적 지위에 대한 분석이 충분한 것인지가 문제가 될 수 있다. 즉 제조, 건설, 용역 등의 위탁을 하고 있다는 사실만으로 위탁사업자가 거래상 우월한 지위를 갖게 되는 것은 아니며, 이를 가능하게 하는 시장이나 거래에 있어서 상황이 전제되어야 한다. 따라서 이에 대한 분석이 이루어지고, 이에 기초하여 원사업자에 대한 규제수단이 합리적으로 마련되어야만, 하도급거래에 있어서 원사업자 규제의 타당성과 실효성을 기할 수 있을 것이다. 즉 단순히 위탁기업이 대기업인지 또는 수급사업자보다 규모 측면에서 큰 것인지와 같은 표지 이외에 위탁기업이 상품시장이나 당해 하도급거래에서 갖게 되는 지위나 특성을 고려하고, 이를 원사업자 규제에 반영할 수 있는 제도적 틀을 갖출 필요가 있다.

II. 독과점적 원사업자의 규제 필요성

1. 하도급법상 원사업자 규제의 경쟁정책적 의의와 문제점

하도급법 제정의 입법적 동기에서 드러나듯이,[6] 그리고 하도급거래에 관하여 하도급법의 적용을 받는 사항에 대하여는 독점규제법 제23조 제1항 제4호의 규정(거래상 지위의 남용)을 적용하지 아니한다는 하도급법 제28조의 규정이 시사하고 있는 것처럼, 하도급법상 원사업자의 규정은 동사업자가 위탁을 받는 사업자에 대하여 가질 수 있는 거래상의 우월한 지위에 근거하고 있다.

일반적으로 독점규제법 제23조에 불공정거래행위의 하나로서 규정된 거래상 우월적 지위의 남용(1항 4호)과 관련하여, 이때의 거래상 지위는 시장지배적 지위와 같은 정도의 강한 지위를 의미하는 것은 아니지만, 최소한 상

---

6) 若杉隆平, 주 3)의 글, 106면 참조.

대방의 거래활동에 상당한 영향을 미칠 수 있는 지위를 가리키는 것으로 이해되고 있다.[7]

이러한 이해는 원칙적으로 하도급법상의 원사업자에 대해서도 타당한 것이다. 즉 원사업자의 의의는 수급사업자와의 거래관계에서 상대적으로 갖는 우월한 지위로부터 도출되는 것이며, 이로부터 규제의 정당성이 주어진다. 이러한 관점에서 보면, 현재의 규정 태도와 관련하여 몇 가지 문제점이 지적될 수 있다.

우선 전술한 것처럼, 원사업자의 규정이 거래상 우월한 지위의 실질을 충분히 반영하고 있는지에 의문의 여지가 있다. 구체적으로 동법 제2조 제2항은 대기업과 중소기업의 관계 그리고 규모의 차이가 나는 중소기업 간의 관계를 형식적으로 전제하여 원사업자를 규정하고 있다. 이와 같은 규모의 차이는 구체적인 거래관계에서 거래상대방에게 일정한 영향력을 미칠 수 있는 계기가 될 수 있지만, 거래상 우월한 지위의 존부는 거래에 임하는 거래당사자들의 경제적 이해관계 등을 종합적으로 고려하여 실질적으로 판단하여야 한다는 점에도 유의할 필요가 있다.[8] 이러한 점에서 현재 하도급법의 원사업자 규정 태도는 실질적인 판단의 여지가 배제된 지나치게 획일적인 규정 방식이라는 지적이 가능하다.

물론 하도급법상 규제 중에는 '서면의 교부 및 서류의 보존의무'(법 3조), '선급금의 지급의무'(법 6조), 내국신용장의 개설의무(법 7조) 등 사전적 규제에 관한 것이 포함되어 있고, 이상의 사전적 규제에 있어서 집행의 명확성과 실효성을 기하기 위하여, 수범자가 형식적인 기준에 의하여 사전에 명확히 인식될 수 있는 방식으로 규정될 필요성이 존재한다. 그러나 금지행위에 대

---

7) 권오승, 경제법, 법문사, 2005, 358면.
8) 우월적 지위 여부를 판단하기 위하여, 당사자가 처한 시장상황, 당사자 간의 종합적인 사업능력의 격차, 거래의 대상이 되는 상품 및 서비스의 특성 등을 판단 기준으로 제시하고 있는 것으로서, 이호영, 독점규제법의 이론과 실무, 홍문사, 2006, 262면 참조.

한 사후적 평가를 통한 규제의 경우에, 하도급거래와 그 기초를 이루는 시장 상황에 대한 다양한 분석이 요구되며, 이러한 경우에도 형식적인 기준에 의한 원사업자 규정을 전제한다면, 실효성 있는 규제가 가능한지에 대한 의문을 피할 수 없다.

2. 시장지배적 원사업자 고려의 필요성

이상의 논의에 비추어 원사업자의 지위를 구체적으로 분석할 수 있는 근거가 충분히 제시되지 않고 있다는 지적이 가능하다. 특히 원사업자가 시장에서 지배적 지위를 갖고 있을 경우에, 이러한 지위가 하도급거래 불공정성의 근본 원인이 될 수 있다는 구조적 이해가 반영되고 있지 않다는 점에서, 실효성 있는 대응방안의 모색에 지장을 초래할 수 있다.

일반적으로 시장지배적 사업자가 존재하는 시장은 구조적으로 경쟁이 제한될 수밖에 없다는 의미에서 잔존경쟁(Restwettbewerb, remaining competition)이라는 개념에 기초하여 이해되고 있다.[9] 동 개념은 이미 경쟁이 제한되고 있는 상황에서 경쟁정책적으로 보호되어야 하는 최소한의 범위를 시사하며, 또한 지배적 사업자가 존재하는 상황에서 불가피하게 드러날 수밖에 없는 유효 경쟁 실현의 취약성과 지배력이 용이하게 확대될 가능성을 함축한다.[10] 이러한 점에서 지배력이 있는 사업자의 남용적 행위에 대한 특수한 취급, 특히 불공정거래행위로서 거래상 우월적 지위의 남용행위와는 다른 특별한 규율의 정당성이 인정되고 있다. 같은 맥락에서 하도급법상 원사업자는 거래상 대방인 수급사업자에 대하여 우월한 지위를 전제로 규정되고 전체적인 규제

---

9) Gerhard Wiedemann hrsg., Handbuch des Kartellrechts, Verlag C. H. Beck, 1999, 766면(Georg-Klaus de Bronett 집필부분).
10) 위의 책, 같은 면 참조.

체계가 구성되고 있지만, 경쟁정책적 관점에서 원사업자가 독과점적 지위를 갖고 있을 경우에 독점규제법과 마찬가지로 이러한 지위에 상응하는 차별화된 접근이 이루어질 필요가 있다.

또한 시장지배적 원사업자에 대한 차별화된 규제방식은 최근에 현실경제에서 자주 나타나는 대기업 우회의 하도급거래 방식에 대한 적절한 해결방안이 될 수 있다. 즉 제조 등의 위탁을 하는 대기업의 경우, 직접 중소기업을 수급사업자로 하는 거래를 택하지 아니하고 다른 대기업을 통하여 제조 등의 위탁을 한 후에, 다른 대기업이 순차적으로 중소기업과 하도급계약을 체결하는 예가 자주 나타나고 있다. 특히 중요한 구성 부품이나 완제품 자체를 스스로 생산하지 않는 대신에 다른 기업으로부터 조달하는 방식의, 이른바 모듈(module)화가 널리 확산되고 있으며, 모듈화의 경우 완제품이나 중요 구성부분의 제조 등을 일괄하여 대기업에 위탁하고, 위탁받은 대기업이 다시 중소기업에 하도급을 하는 거래방식을 취하게 된다. 2004년 중소기업청의 발표에 의하면, 2003년 기준으로 수급사업자 중 2차 내지 3차 이상의 수급사업자의 비중이 39%이며, 이러한 비중은 점점 증가하는 추세에 있다.

이 경우 최초의 거래가 대기업 간의 거래이기 때문에, 하도급법에 의하여 규율될 가능성은 없다. 또한 다른 대기업과 중소기업의 2차 도급에 있어서는 거래 조건이 1차 도급에 기초하여 이루어지기 때문에, 이미 1차 도급에서 불리한 거래조건이 채택되었다면, 이에 내용적으로 구속되어 이루어지는 2차 도급에 있어서 부당성을 판단하기에 어려운 점이 있다.

이러한 경우 최초에 제조 등의 위탁을 행한 사업자의 시장지배력에 기초하여 남용적 행태를 규제하는 방식으로 접근한다면, 최초의 도급계약이 대기업 간에 체결되고, 이후 중소기업에 순차적으로 하도급거래가 이루어지는 상황에 대해서도, 충분히 규제할 수 있는 근거를 찾을 수 있을 것이다.

III. 독과점적 지위의 고려에 있어서 쟁점

1. 법체계적 문제

하도급법상 원사업자를 규제함에 있어서, 독과점적 지위, 즉 시장에서의 지배력 보유 여부를 하나의 판단기준으로 삼을 수 있는지를 논의하기 위해서는, 우선 이와 같은 접근방식이 하도급법과 독점규제법의 법체계적 관련성의 관점에서 긍정될 수 있는지를 검토하여야 한다. 물론 하도급법 제28조는 하도급법의 적용이 독점규제법 제23조 제1항 제4호의 적용을 배제하는 것으로 규정하고 있으며, 연혁적으로도 하도급법은 불공정거래행위에 대한 특별법으로서 출발한 것이라는 점을 부인할 수 없다. 그러나 이와 같은 특성이 하도급법상 원사업자의 의의를 논의함에 있어서 독과점적 지위를 고려할 필요가 없다는 것을 의미하는 것은 아니다.

獨占禁止法상 시장지배적 사업자의 지위남용행위를 규제하고 있지 않은 일본의 경우, 불공정거래행위의 규제를 독점의 예방적 차원에서 이해하거나 그 자체의 고유한 거래의 억압성에 기초하여 이해하는 견해가 제시되고 있으며, 하도급거래에 대한 특별한 법적 규율도 이러한 관점에서 이해되고 있다.[11] 그러나 일본에서와 같은 규제의 필요성이 존재하는 경우라 하더라도, 특히 일본과 달리 시장지배적 지위남용행위를 규제하고 있는 입법례에서 일본의 규제방식을 동일하게 원용하는 것은 별개의 문제이다.

즉 불공정거래행위 규제에 관한 별도의 규정 없이, 시장지배적 지위남용행위를 규제하고 있는 EC의 경우, 하도급거래에서의 불공정성 문제는 시장지배적 지위남용행위로 규제될 가능성이 크다.[12] 이러한 맥락에서 보면, 우

---

11) 若杉隆平, 주 3)의 글, 98~99면 참조.
12) 위의 글, 117~118면 참조.

리의 법제는 불공정거래행위와 시장지배적 지위남용행위의 규제에 대한 근
거규정이 독점규제법에 모두 도입되어 있는 상황이며, 따라서 하도급거래와
관련된 불공정성의 문제도 양 규정에 의하여 모두 규제될 근거는 충분한 것
으로 볼 수 있다.

즉 독점규제법에서 불공정거래행위에 대한 특수한 규율로서 이해할 수 있
는 시장지배력 남용행위를 규제하고 있다면, 이러한 규제체계는 하도급법의
운영에 있어서도 충분히 원용될 수 있으며, 법체계적으로도 타당성을 인정할
수 있을 것이다.

또한 하도급법상 원사업자가 독과점적 지위에 있을 경우에, 독점규제법상
의 규제로 충분한 것이 아닌가 하는 문제가 제기될 수 있다. 즉 독점규제법
상 시장지배력 남용행위에 대한 규제체계가 확립되어 있으며, 동법 제3조의2
제1항 각 호는 남용행태를 유형별로 규정하고 있다. 그러나 가격남용에 관한
동항 제1호의 경우를 제외하고, 실질적으로 하도급거래에 시장지배적 지위
남용행위를 적용하기 위한 정확한 규제 근거를 찾기 어려운 측면이 있다.[13)
따라서 하도급거래의 특수성이 반영된 하도급법체계 내에서 지배력을 보유
한 원사업자의 규제를 상정하는 것이 보다 실효성 있는 방안이 될 수 있다는
점에도 유의할 필요가 있다.

2. 규제 실효성 측면에서의 문제

하도급법상 원사업자에 대한 규제는 거래의 공정화를 위하여 요구되는 일
정한 사항을 의무화하는 것과 전형적으로 나타나는 불공정행위를 금지하는
것으로 대별된다.

---

13) 홍명수, "시장지배적지위 남용행위 규제", OECD 경쟁센터 공정거래위원회 전문교
육과정, OECD 아시아지역 경쟁센터, 2006, 90면 이하 참조.

전자의 경우에 서면의 교부 및 서류의 보존 의무(3조), 선급금의 지급의무(6조), 하도급대금의 지급에 관한 의무(13조) 등이 해당하며, 부당한 하도급대금의 결정 금지(4조), 물품 등의 구매강제 금지(5조), 부당한 위탁취소의 금지(6조), 부당반품의 금지(10조), 부당감액의 금지(11조), 물품구매대금 등의 부당결제청구의 금지(12조), 경제적 이익의 부당요구 금지(12조의2) 등이 불공정행위의 금지 내용으로 규제되고 있다.

우선 이상의 규제와 관련하여 원사업자의 구체적인 특성을 고려하지 않고, 일률적으로 법적용을 하는 것이 타당한지에 의문이 있다. 특히 불공정한 행위의 규제에 있어서 부당성 판단이 실질적으로 요구되는데, 이를 판단함에 있어서 독과점적 지위에 대한 고려가 충분히 이루어질 필요성도 제기된다. 구체적으로 동법 제4조 제2항 제2호는 부당한 하도급대금 결정과 관련하여 "원사업자가 수급사업자와의 합의 없이 일방적으로 낮은 단가에 의하여 하도급대금을 결정하는 행위"를 규정하고 있다. 이때 합의는 불공정성을 조각시키는 기능을 하는데, 시장지배력이 있는 사업자를 전제할 경우에, 이러한 규정의 타당성에 의문의 여지가 있다. 전술한 것처럼, 이미 시장지배적 사업자의 존재에 의하여 경쟁의 제한이 구조적으로 드러나고 있는 시장에서, 상대방이 합의에 이르렀다고 하더라도 경쟁정책적으로 바람직하지 않은 가격설정의 가능성을 부인하기 어렵다.

또한 앞에서 살펴본 것처럼, 대기업을 우회하는 하도급거래 방식에 대하여 실효성 있는 대응방안을 모색하기 어려운 점도 원사업자의 시장지배적 지위 여부를 고려할 필요성의 하나로 지적할 수 있을 것이다.

이상의 논의에 비추어 볼 때, 원사업자의 구체적 특성을 고려하지 않은 형식적인 기준만으로 하도급거래의 불공정성에 대한 적절한 대응을 기대하는 것에는 한계가 있는 것으로 생각되며, 이를 보완하기 위하여 시장지배적 지위와 같은 시장 내지 경쟁구조 상의 표지가 적극적으로 활용될 필요가 있다.

3. 시장지배력 판단에 있어서 고려 요소

1) 완제품 시장에서의 지배력

원사업자의 시장지배력은 무엇보다 완제품 시장에서의 지배적 지위에 기초하며, 이로부터 다양한 하도급거래에 시장지배력에 따른 영향이 미치거나 전이될 수 있는 가능성이 도출된다. 이론적으로 보면, 제조 등의 위탁에 관한 수요는 완제품 시장에서 파생되는 수요이고, 따라서 완제품 시장에서의 시장지배력이 제조 등의 위탁 시장에 이전될 가능성을 고려하여야 한다.

실제 산업에서 개별 사업자가 하도급거래에서 차지하는 비중은 완제품 시장에서의 지위와 관련성이 있는 것으로 나타난다. 즉 완제품 시장이 지배적 사업자가 존재하는 과점시장의 구조를 취하고 있는 경우에, 당해 시장의 사업자가 하도급거래에서 차지하는 비중은 이러한 구조적 특성을 반영하고 있다. 예를 들어 다음의 <표 23-1>에서 알 수 있듯이, 조선산업의 경우 2006년 기준으로 상위 8사가 전체 매출액의 97%를 차지하며, 이들의 하도급거래 비중은 완제품 시장에서의 매출액 분포에 비례적 관련성이 있음을 보여주고 있다.

〈표 23-1〉 조선산업 시장점유율과 하도급 거래 비중

순위	매출액	비율	하도급거래금액	비율[14]
1	12,554,744	36.4%	4,481,334	42.7%
2	6,351,691	18.4%	1,842,562	17.6%
3	5,400,662	15.7%	1,812,006	17.3%
4	2,595,845	7.5%	259,212	2.5%
5	2,335,712	6.8%	835,553	8.0%
6	2,219,337	6.4%	635,126	6.0%
7	1,639,221	4.8%	503,816	4.8%
8	369,586	1,1%	112,032	1.1%
8개 기업 소계	33,466,798	97.0%	10,481,641	100.0%

(단위: 100만원)

또한 자동차 시장에서 완제품 시장에서의 점유율과 하도급거래 비중도 아래 <표 23-2>와 <표 23-3>에서 알 수 있는 바와 같이 서로 유사한 경향을 보여주고 있다.[15]

<표 23-2> 완성차시장의 점유율

순위	업체명	매출액	비율	납품액	비율	생산대수	점유율
1	현대	273,354	44.9%	155,853	43.3%	1,618,268	42.1%
2	기아	174,399	28.6%	108,761	30.2%	1,150,289	30.0%
3	GM대우	96,041	15.8%	64,178	17.8%	779,630	20.3%
4	쌍용	29,518	4.9%	13,755	3.8%	117,123	3.0%
5	르노삼성	25,871	4.2%	11,461	3.2%	161,421	4.2%
6	타타대우	4,984	0.8%	3,227	0.9%	7,471	0.2%
7	대우버스	4,937	0.8%	2,769	0.8%	5,900	0.2%
합계		609,104	100.0%	360,004	100.0%	3,699,350	100.0%

<표 23-3> 하도급거래금액, 하도급업체수

업체명	하도급거래금액(백만원)	비율
현대자동차	64,025	34.2%
기아자동차	50,783	27.1%
GM대우	42,811	22.9%
쌍용자동차	9,564	5.2%
르노삼성	11,237	6.0%
타타대우	4,937	2.6%
대우버스	3,702	2.0%
합계	187,059	100.0%

---

14) 각 사업자의 하도급거래금액 비율은 8개 사업자의 하도급거래의 전체금액에서 차지하는 비중을 나타낸다.

15) 완성차 시장의 점유율은 한국자동차공업협회, 한국자동차공업협동조합 홈페이지 참조. 이 표에서의 납품액에는 대기업과의 거래도 포함된다.

이상의 표가 시사하듯이, 완제품 시장에서 지배력이 있는 사업자는 하도
급거래에서도 역시 높은 비중을 차지하며, 따라서 양 지표의 상관성이 매우
큰 것으로 이해할 수 있다. 이러한 이해에 기초하여, 지배적 사업자의 존재
가 뚜렷이 나타나지 않는 산업에서의 하도급거래에서 집중화의 우려는 적은
것으로 볼 수 있다. 예를 들어 상위 5개 기업의 매출액이 삼성건설 4.1%, 대
우건설 3.8%, 지에스건설 3.7%, 현대건설 3.2%, 대림산업 2.6%로 나타나는
건설산업이나, 상위 3개기업의 매출액이 삼성에스디에스 15.9%, 엘지씨엔에
스 15.1%, 에스케이씨엔씨 8.8%인 컴퓨터서비스 시장에서 하도급거래는 각
사업자별로 분산되어 나타날 것이다.

완제품 시장에서의 시장지배력을 고려할 경우에, 이를 판단하기 위한 전
제로서 당연히 관련시장의 획정이 요구된다. 관련시장의 획정은 특정한 행위
가 경쟁정책적으로 의미를 갖는 범위를 확정하는 것일 뿐만 아니라 실효성
있는 규제가 이루어질 수 있는 범위를 제시하는 것이며,16) 하도급법에서의
시장획정도 동일한 맥락에서 이해할 수 있다.

2) 하도급거래 자체에서의 시장지배력

하도급거래에서 나타나는 시장지배력이 근본적으로 완제품 시장에서의
시장지배력에서 도출되는 것이라 하더라도, 원사업자의 하도급거래에 있
어서 부당성은 당해 하도급거래에서 발생하는 것이므로, 동 시장에서의
시장지배력 내지 시장지배력 전이 가능성과 그 전제로서 관련시장적 이해
가 필요하다. 즉 일정한 하도급거래를 관련시장으로 획정하고, 당해 시장
에서 우월한 지배력이 행사되고 있는지 여부를 구체적, 개별적으로 판단
하여야 한다.

---

16) EC Commission Notice on the definition of the relevant market for the purpose of
Community competition law. OJC 372 on 9/12/1997.

이론적으로 완제품을 공급하는 사업자가 지배력을 갖고 있다 하더라도, 제조 등의 위탁 시장에 공급하고 있는 사업자 역시 지배력을 보유하고 있다면, 결국 거래량과 거래가격은 양자의 교섭 능력 등에 의하여 결정된다고 볼 수 있다. 즉 완제품 시장에서의 지배력을 보유하고 있는 경우에도, 제조 등의 위탁 거래에 있어서 거래 상대방 역시 일정한 지배력을 갖고 있을 경우에, 이에 대한 고려는 불가피하다.

또한 완제품 시장에서 매출액이 분산되어 시장점유율에 의하여 지배력 있는 사업자가 분명하게 드러나지 않는 경우에도, 제품의 차별화가 이루어지고 또한 하도급거래에서 수급사업자가 원사업자에 포획되어 구속력이 있는 경우를 충분히 상정할 수 있다. 따라서 전술한 건설산업이나 컴퓨터서비스 시장에서의 분산적인 시장구조만으로 하도급거래에서 지배력 있는 사업자가 있을 수 있는 가능성을 배제할 수 없다.[17]

당해 하도급거래에 관한 관련시장의 획정과 관련하여 독점규제법에서 발전하여 온 기술적인 방식이나 분석의 틀은 당연히 하도급법에서도 원용될 수 있다. 즉 대체가능성이라는 기본적 표지를 중심으로 상품별, 지역별, 단계별 등의 차원으로 범위를 획정하여 나가는 방식은[18] 근본적으로 동일할 수밖에 없다.

일반적으로 시장획정은 특정한 행위를 기점으로 하여, 동 행위의 경쟁정책적 의의가 동등하게 나타나는 범위를 추급하는 과정으로도 이해할 수 있다. 하도급법상의 불공정행위는 기본적으로 원사업자와 수급사업자와의 거래관계에서 발생하는 것이며, 따라서 대체가능한 위탁이 이루어지고 있는 시장에 초점을 맞추게 될 것이다. 이러한 맥락에서 우선 원사업자의 수요 측면에서 분석이 이루어질 것이고, 또한 보충적으로 잠재적인 경우까지 포함한 수급사업자의 공급대체성도 고려되어야 한다. 특히 잠재적 공급대체성 판단

---

17) 이상협, "하도급법의 새로운 영역, 용역하도급에 대하여", 경쟁저널 제126호, 2006, 51~52면 참조.
18) 시장획정의 구체적인 기준과 분석 원리에 관하여, 홍명수, "시장획정방식의 개선과 과제", 법과 사회 제29호, 2005 참조.

에 있어서 공급의 전환비용이 충분히 동등한 경쟁조건의 적용을 받을 수 있
는 수준에 있는지가 중요한 기준이 될 것이다.

3) 수요 측면에서의 시장지배력 판단의 특성

수급 위탁관계에서 원사업자의 불공정성을 문제삼는 하도급법의 구조 하
에서, 시장지배력의 문제는 일반적으로 수요측면에서 파악될 것이다. 현행
독점규제법은 공급과 수요의 양 측면에서의 시장지배력을 전제하고 있으며
(독점규제법 2조 7호), 따라서 하도급법상 수요측면에서의 시장지배력에 대
한 논의가 예외적인 것은 아니다. 수요측면에서의 시장지배력이 구매 과정에
서의 효율성을 제고하여 긍정적으로 작용할 수 있다는 지적이 있지만, 일반
적으로 공급되는 상품의 가격을 낮추거나 생산량을 제한함으로써 효율성과
소비자 후생에 부정적인 영향을 미칠 수 있고,[19] 이러한 점에서 경쟁법상 공
급측면에서뿐만 아니라 수요측면에서의 시장지배력도 문제가 될 수 있다.

수요지배력의 판단에 있어서 공급측면과 이론상의 뚜렷한 차이가 드러나
는 것은 아니며, 전통적으로 시장지배력 판단에 있어서 고려되는 시장점유
율, 진입장벽의 존재 및 정도, 사업자의 상대적 규모 등이 역시 유용한 기준
으로서 작용한다. 그러나 수요측면의 고유한 특성에 대하여 충분한 고려가
있어야 할 것이다. 예를 들어 수급 위탁관계가 장기적으로 고착되어 있기 때
문에 관행적으로 관계의 전환이 용이하지 않고 따라서 실질적으로 전환가능
성이 줄어든 상황이라면, 이른바 고착효과(lock-in effect)의 관점에서 원사업
자의 시장점유율이 미미하더라도 시장지배력을 인정할 가능성이 있다.[20]

또한 수요측면과 공급측면의 구조적 차이, 예를 들어 원사업자는 대규모

---

19) Richard Whish, Competition Law 5. ed., Oxford Univ. Press, 2005, 45면 참조.
20) 2004년 중소기업청의 발표에 의하면, 2003년 기준으로 단 한 개의 원사업자와만
    거래하고 있는 수급사업자의 비중이 16.7%에 이른다.

사업자이고, 수급사업자는 영세한 사업자인 경우에 이와 같은 구조적 차이가 실질적으로 지배력의 근거가 될 수 있음에도 주의를 요한다. 이러한 점에서 수급사업자의 지위도 중요한 고려 요소라는 점이 간과되어서는 안 된다. 또한 역으로 수급사업자가 지배력을 갖고 있는 경우, 전형적으로 쌍방독점이 나타나는 경우에 일반화된 경제이론이 양 당사자의 교섭에 의하여 균형점이 결정된다고 보고 있듯이,21) 이러한 경우에 일방 당사자의 지배력을 인정하는 것에 한계가 있을 수 있다는 점에도 주의를 요한다.

결론적으로 원사업자의 시장지배력은, 원사업자의 상품 공급시장에서의 지배력뿐만 아니라 제조 등의 위탁 시장에서의 수요지배력 등을 종합적으로 고려하여 판단하여야 한다.

IV. 독과점적 원사업자 규제의 확대

1. 규제 범위의 확대

1) 원사업자 범위의 확대

이상의 논의에서 살펴본 것처럼, 무엇보다 상품시장에서의 시장지배적 지위 여부를 원사업자 인정에 반영할 필요가 있다. 상품시장에서의 시장지배적 지위는 제조 등의 위탁시장에 영향을 미치거나 전이될 가능성이 크기 때문에, 제조 등 위탁시장에서 불공정한 하도급 거래가 발생할 가능성이 있다. 따라서 원사업자 판단에 상품시장에서의 시장지배적 지위를 연계시킬 필요가 있으며, 특히 시장지배적 지위의 판단에 엄밀함을 기하기 위하여 독점규제법에서 형성, 발전되어 온 시장지배적 지위의 판단이 원용될 수 있을 것이다.

---

21) 이준구, 미시경제학, 법문사, 1993, 489~491면.

2) 수급사업자 범위의 확대

나아가 원사업자와 거래하는 상대방, 즉 수급업자의 지위 판단에도 이상의 관점이 반영될 필요가 있다. 현재 하도급법상 관련규정의 태도는 원사업자와 수급사업자의 규모 측면에서의 차이를 형식적으로 판단하여 정하고 있다. 그러나 원사업자와 수급사업자 간의 우월적 지위 여부는 실질적인 판단에 의하여 보충될 필요가 있다. 특히 원사업자가 시장지배적 지위에 있는 경우, 상대방의 열등한 지위를 규모측면에서만 포착하는 것에는 한계가 있을 수밖에 없다. 즉 원사업자와 거래하는 수급사업자가 중소기업기본법상의 중소기업이 아니라 하더라도, 원사업자의 지배력 등에 비추어 거래상 열등한 지위가 드러날 경우에 이를 수급사업자로 포섭하여 이들의 거래를 하도급거래로서 규율할 필요성이 있다.

2. 규제의 차별화의 필요성

1) 부당성 판단의 측면

경쟁법의 원리상 동일한 행위를 하더라도, 시장지배적 지위의 사업자와 그렇지 않은 사업자 사이에 규범적 평가는 달라질 수밖에 없다. 따라서 이러한 지위의 차이가 하도급법상 구체적인 부당성 판단에 반영될 수 있는 방향으로 개선될 필요가 있다.

2) 제재의 측면

독점규제법에서 시장지배적 지위의 남용과 불공정거래행위 사이에 제재의 강도가 다른 것은, 위법성의 경중을 반영하고 또한 각각의 위반행위에 대한 실효성 있는 제재수단을 강구한 결과로서 나타난 것이라 할 수 있다. 이러한 맥락에서 하도급법상 원사업자에 독과점적 지위의 사업자를 포함시킬 경우에, 제재에 있어서 차별적 접근은 불가피한 것으로 볼 수 있다.

3. 구체적 제안

1) 제1안

원사업자에 완제품 공급시장에서의 시장지배력을 갖고 있는 경우를 포함시키고, 이 경우에 거래상대방이 원사업자의 지배력을 억제할 수 있는 대응력을 가진 경우가 아니라면, 규모 측면에서 중소기업에 해당하지 않을 경우에도, 수급사업자에 해당하는 것으로 본다. 다만 이 경우에 대기업 간의 거래는 하도급거래에 관한 일반법이라 할 수 있는 독점규제법에 의하여 충분히 규제될 가능성이 있으므로, 중소기업자가 아닌 1차 수급사업자가 순차적으로 하도급을 행하지 않는 경우에는 적용되지 않는 것으로 구성하여야 할 것이다. 또한 완제품 시장에서 시장지배력을 갖고 있다 하더라도, 규모 측면에서 중소기업에 해당하는 경우에는 시장에서의 경쟁제한성이 크지 않고, 또한 현행 하도급법 제2조 제2항 제2호가 중소기업자가 원사업자가 되는 경우를 예정하고 있으므로, 이 경우에는 원사업자 규정에서 제외하는 것이 타당할 것으로 생각된다.

구체적인 조항은 원사업자를 규정하고 있는 하도급법 제2조 제2항에 다음과 같은 내용의 호를 추가하는 것으로 구성할 수 있다. "중소기업자에 해당하지 않으며 상품 및 용역 시장에서 시장지배력을 갖고 있는 자로서 다른 사업자에게 제조 등의 위탁을 한 자. 다만 제조 등의 위탁을 받은 자가 당해 시장에서 시장지배력을 갖고 있거나 또는 중소기업자에 해당하지 않는 자로서 제조 등의 위탁받은 것을 다시 위탁하지 않는 경우에는 그러하지 아니하다."

이와 같은 원사업자 규정에 기초하여 양형이나 부당성 판단에 있어서 차별적인 접근을 할 수 있을 것이다. 양형의 문제는 가중된 양형 부과의 근거가 되는 불법의 정도가 크다는 것에 대한 이해가 선행되어야 하며, 전술한 바와 같이 경쟁이 구조적으로 제한된 시장에서 시장지배적 사업자는 경쟁질서를 유지하기 위하여 보다 강화된 의무를 부담한다고 볼 수 있으므로, 양형가중의 정당성을 충분히 찾을 수 있을 것으로 생각된다. 아울러 부당성 판단의 경우 사후적 금지에 있어서 시장지배적 원사업자에 대한 특별한 규정을 상정할 수 있다. 그 방법으로서 하도급법 제4조 등 각각의 금지 규정에 시장지배적 원사업자의 지배력이 남용되었는지 여부를 부당성 판단에 고려할 수 있도록 하는 별도의 조항을 신설하여, 제4조 등의 규정에서 부당성 판단 시에 이를 고려하도록 하는 규정을 두는 것이 가능하다. 특히 후자의 경우에 "중소기업자에 해당하지 않으며 상품 및 용역 시장에서 시장지배력을 갖고 있는 자로서 다른 사업자에게 제조 등의 위탁을 한 자가 법 제4조 등의 금지 행위에 해당하는 행위를 하였는지 여부를 판단함에 있어서, 시장지배력이 남용되었는지를 고려하여야 한다"와 같은 규정 도입을 검토할 수 있다.

이러한 개선방식의 긍정적인 점은, 우선 원사업자를 판단함에 있어서 하도급거래에 영향을 미칠 수 있는 상품 시장의 지배력 등과 같은 실질적인 요소가 고려될 수 있다는 점에서 찾을 수 있다. 또한 수급사업자의 지위를 중소기업자에 한정하지 않음으로써 대기업 우회의 하도급거래 방식에 대한 실질적인 규제가 가능한 점도 지적할 수 있다.

한편 부정적인 점은, 우선 원사업자 규정에 있어서 실질적 고려 요소가 도입됨으로 인하여 규제의 명확성과 법적 안정성 측면에서 불안정성이 야기될 수 있다는 점에서 찾을 수 있다. 시장지배력 판단은 엄밀한 분석과 다양한 요소의 종합을 통하여 이루어지는 것이고, 따라서 판단이 용이하지 않은 측면이 있으며, 또한 대기업의 경우에도 삼성전자의 제품들의 분포에서 알 수 있듯이, 완성품의 종류에 따라서 시장지배력이 있는 경우와 아닌 경우로 나뉘는데, 이 경우에 하도급거래에 대한 정책적 접근이 달라질 수 있다는 것에 관한 의문이 있을 수 있다. 또한 하도급법상의 규제는 사전적 규제를 다수 포함하고 있으며, 이 경우에 시장지배력 판단에 기초하여 규제기관이나 수범자가 사전에 규제대상을 확정하는 것이 용이하지 않을 수 있다는 점도 지적할 수 있다. 이 외에도 하도급거래에 있어서 수급사업자가 시장지배력을 갖고 있는 경우를 제외하는 것 역시 사전적으로 판단하기에는 어려움이 있으며, 수급사업자가 제조 등의 재 위탁을 하지 않는 경우 역시 수급사업자의 자의에 따라서 시장지배적 원사업자의 규제 여부를 결정하는 것이 되므로 법적 안정성 측면에서 문제제기가 가능하다. 끝으로 하도급거래에 있어서 부당성이 자주 노출되고 있는 건설산업 등의 경우에 동 조항이 실효성 있는 대응 방안이 될 수 없다는 지적도 가능할 것으로 생각된다.

2) 제2안

제1안에서의 문제점을 피하는 방식으로서 시장지배력이 있는 원사업자를 실질적으로 판단하지 아니하고, 보다 강화된 형식적 기준을 정하는 것도 고려할 수 있다. 예를 들어 독점규제법 제7조에 규정된 대규모회사의 개념과 같은 것을 상정할 수 있다. 이렇게 정할 경우에는 수급사업자에 대한 실질적인 고려요소도 필요하지 않을 것으로 생각된다.

구체적인 조항은 원사업자를 규정하고 있는 하도급법 제2조 제2항에 다음과 같은 내용의 호를 추가하는 것으로 구성할 수 있다. "자산총액이 일정한 수준(예를 들어 1조원 이상) 이상인 사업자로서 다른 사업자에게 제조 등의 위탁을 한 자. 다만 제조 등의 위탁을 받은 자가 이를 다시 위탁하지 않는 경우에는 그러하지 아니하다." 이 경우 양형이나 부당성 판단은 제1안과 유사하게 고려할 수 있을 것이다.

이와 같은 규정 방식은 집행의 편의를 도모할 수 있다는 측면에서 긍정적이나, 일정한 수준을 어떻게 정할 것인지 그리고 무엇보다 이러한 강화 규정을 두게 되는 취지가 정확하게 규정에 반영되고 있는지에 의문이 제기될 수 있다. 또한 제1안에서 제기되었던 바와 같이, 수급사업자의 재 위탁 여부에 따라서 규제 대상을 결정하는 것은 법적 불안정성을 낳을 수 있다는 점에서 일정한 문제제기가 가능하다. 한편 법리적인 관점에서 보면, 사전적 규제에서 규제 편의의 장점은 취할 수 있지만, 사후적 규제의 경우에 형식적인 수범자의 한정이 특히 지배력 판단의 실질성을 대체할 수 있을지에 대한 본질적인 의문이 남는다.

3) 제3안

이상에서 살펴본 바와 같이 원사업자 규정에 시장지배적 사업자 개념을 도입하는 것은, 제1안과 제2안 모두 일정한 한계를 갖게 된다. 특히 제1안의 경우 하도급법상 각종 사전적인 의무와 결합하여 시장지배적 원사업자 판단의 불명확성과 이에 수반한 법적 불안정성의 문제를 지적하지 않을 수 없고, 제2안의 경우 자산총액과 같은 일정한 기준의 근거가 모호하고 그러한 기준의 경쟁정책적 근거가 명확하게 제시되기 어렵다는 점이 문제가 될 수 있다.

따라서 시장지배적 원사업자 규제의 필요성은 적극적으로 반영하되, 이를 원사업자 규정에 직접 도입하는 것이 아니라, 사전적 의무조항은 배제하고 사후적 금지 규정의 부당성 판단에만 반영하는 것을 고려할 수 있을 것이다. 즉 기존의 원사업자 규정은 현행대로 유지한 채, 완제품시장에서의 시장지배력이 전이되거나 또는 대기업의 1차 벤더가 마찬가지로 대기업인 경우의 하도급 우회 문제를 부당성 판단에 있어서 고려할 수 있도록 하는 규정을 도입하는 것도 고려할 수 있다.

예를 들어 하도급법 제4조 제2항의 부당한 하도급대금 결정의 간주 규정에 다음의 내용으로 된 호를 신설하는 것을 상정할 수 있다. 추가 1호 "완제품시장에서 시장지배력이 있는 원사업자가 시장지배력을 남용하여 하도급대금을 결정한 행위". 추가 2호 "원사업자의 하도급대금 결정이 이전 제조 등의 위탁 거래에서 수탁자 지위에서의 거래조건에 기초하여 결정되고, 이전 제조 등의 위탁 거래에서 제조 등의 위탁을 한 자와 수급사업자가 하도급거래의 당사자라면 부당한 하도급대금 결정으로 볼 수 있는 경우에, 이전 제도 등의 위탁 거래에서 위탁을 한 자의 대금결정 행위. 이 경우 이전 제도 등의 위탁 거래에서 위탁을 한 자는 원사업자로 본다."

제3안은 기존의 하도급규제체계 특히 사전적 규제체계와 충돌되지 않으면서, 시장지배적 사업자의 지위를 고려하고 또한 하도급거래의 우회 문제를 해결할 수 있다는 점에서 긍정적이다. 반면에 원사업자 규정은 현행대로 유지한다는 점에서 완제품 시장에서의 시장지배력이 전이되는 등의 문제에 대한 근본적인 대안이 될 수 없다는 문제제기가 가능할 것이다. 또한 법리적인 관점에서 시장지배적 지위남용행위의 규제와 불공정거래행위 규제를 동일한 규정 안에 위치시키는 것에 따른 법체계적 문제점도 나타날 수 있다.

4) 소결

앞에서 논의한 것처럼, 각각의 안은 그 자체로서 긍정적인 측면과 부정적인 측면을 모두 갖고 있으며, 따라서 이들을 종합하여 부정적인 측면을 보완하고 긍정적인 측면을 극대화할 수 있는 방안을 모색할 필요가 있다.

우선 여러 가지 문제점에도 불구하고 규제의 필요성과 입법의 명확성을 고려할 때, 시장지배적 지위에 기초한 원사업자 개념의 구성을 입법화하는 것이 타당하다. 한편 개념 구성 방식에 있어서는 사전적 규제를 결합하지 않는다는 전제 하에서, 실질적인 판단기준에 기초하여 구성하는 것이 보다 법리적 타당성을 기할 수 있다.

그러나 이러한 개념 구성에 기초하여 시장지배적 원사업자에 대하여 사전적 규제를 부과하는 것은 실효성 있는 규제 수단으로 보기 어려울 뿐만 아니라, 집행에 있어서 한계도 드러날 것으로 예상된다. 따라서 시장지배적 원사업자에 대해서는 사후적 규제를 부과하는 것을 원칙으로 한다.

사후적 규제의 부과에 있어서 하도급법상의 개별 금지 규정에 시장지배적 원사업자 규제 근거를 마련하는 것도 가능하지만, 법체계적 관점에서 별개의 조문을 두는 것도 고려할 수 있다. 특히 시장지배적 지위남용행위 규제의 특수성을 고려할 때, 별개의 조문화가 법리적으로 타당한 접근방식일 수 있다.

이상을 종합하여, 우선 제2조 제2항에 "중소기업자에 해당하지 않으며 상품 및 용역 시장에서 시장지배력을 갖고 있는 자로서 다른 사업자에게 제조 등의 위탁을 한 자. 다만 제조 등의 위탁을 받은 자가 당해 시장에서 시장지배력을 갖고 있거나 또는 중소기업에 해당하지 않는 자로서 제조 등의 위탁받은 것을 다시 위탁하지 않는 경우에는 그러하지 아니하다"는 제5호를 추가하여, 상품 및 용역시장에서의 시장지배적 지위에 근거한 원사업자 개념을 제시할 필요가 있다.

이와 같은 내용의 원사업자에 개념을 전제로 하여, 사후적 규제의 근거가 되는 조항을 신설한다. 특히 동 조항은 시장지배력이 있는 원사업자를 대상으로 하므로, 하도급거래에 있어서 남용적 행태에 초점을 맞추며, 다만 남용의 유형을 열거하기 보다는 하도급거래에 있어서 남용적 행태에 관한 포괄적인 규정을 마련하고, 구체적인 적용에 있어서 세부적 기준은 하위 법령에 둔다. 신설조항의 내용은 "제2조 제2항 제5호(시장지배적 원사업자)에 해당하는 자는 다음 각호의 행위를 하여서는 아니된다. 1호 부당하게 하도급대금이나 기타 거래조건을 결정, 유지, 변경하는 행위, 2호 부당하게 수급사업자의 사업활동을 방해하는 행위, 3호 정당한사유 없이 수급사업자에 대해 거래를 중단하거나 발주수량 등 거래내용을 현저히 제한하는 행위, 4호 기타 공정한 하도급거래질서를 저해하는 행위"로 하며, 조항의 위치는 시장지배적 원사업자 규제의 특성을 반영하여, 일반적인 부당행위에 앞서 제3조의3의 위치에 규정하는 것이 바람직할 것으로 생각된다.

벌칙과 관련하여 시장지배적 원사업자의 위반행위에 대한 벌칙조항을 신설한다. 독점규제법상 시장지배적 지위의 남용행위에 대한 벌칙(독점규제법 66조 1항 1호)은 3년 이하의 징역 또는 2억원 이하의 벌금으로서 불공정거래행위에 대한 벌칙(독점규제법 67조 1항 2호)인 2년 이하의 징역 또는 1억 5천만원 이하의 벌금보다 가중되어 있는데, 이는 위법성의 정도를 반영한 것으로 이해된다. 따라서 하도급법상 시장지배적 원사업자를 규제한다면, 이에 대한 벌칙은 일반적인 금지행위에 대한 것보다 가중될 필요가 있다. 구체적으로 하도급법 제30조에 새로운 항을 추가하여 "제2조 제2항 제5호(시장지배적 원사업자)에 해당하는 자가 제3조의3의 규정을 위반한 경우에는 원사업자가 수급사업자에게 제조 등의 위탁을 한 하도급대금의 3배에 상당하는 금액 이하의 벌금에 처한다"로 규정할 수 있을 것이다. 한편 이와 같은 벌금에 있어서 가중의 논리는 과징금 부과에 있어서도 원용될 수 있을 것으로 생각된다. 따라서 법 제25조의3 과징금 부과 규정에 독과점적 원사업자를 대상으로 한 과징금 부과 규정을 일반적인 사업자보다 가중된 내용으로 신설하는 것을 적극적으로 고려할 수 있을 것이다.

제2편 규제산업

24. 전기통신사업법상 기업결합 규제에 관한 검토
- 규제체계의 조화의 모색 -

Ⅰ. 통신산업에서의 기업결합

기업결합은 복수의 기업들이 단일한 지배관계를 형성하는 과정 또는 그 결과를 의미한다. 기업결합은 규모의 측면에서 결합된 기업의 외연적 확대를 의미하며, 이로 인한 시장의 구조적 변화를 낳을 수 있다. 즉 기업결합은 동일 시장 내에서의 시장집중도를 강화하는 방향으로 작용할 수 있으며, 또는 상하 인접시장 간의 수직적인 관계의 구축으로 나타날 수도 있다.

이와 같은 시장 내지 산업구조적 변화는 기업결합에 대한 경쟁법적 문제의 출발점이 된다. 미국의 초기 반독점법상 대표적 판결인 Standard Oil 사건에서[1] 언급되었던 것처럼, 기업결합은 자연적 성장에 대비되는 기업의 인위적 성장을 의미하며, 이로 인하여 독점화가 진행될 경우에 반독점법에 의한 규제가 예정되어 있다. 또한 독일의 경쟁제한방지법(Gesetz gegen Wettbewerbsbeschrängkungen)은 제36조 제1항에서 시장지배적 지위를 발생시키거나 강화할 것으로 예상되는 기업결합을 금지대상으로 함으로써 경쟁법상 기업결합이 규제되는 근거를 제시하고 있다.[2]

---

1) Standard Oil Co. of New Jersey v. U. S., 221 U.S. 1(1911).

이상의 비교법적인 규제 예를 통하여 알 수 있듯이, 경쟁법상 기업결합의
규제는 당해 기업결합으로 야기되는 시장의 구조적 변화가 경쟁제한적인 영
향을 미칠 경우를 대상으로 한다. 물론 기업결합에 따른 시장의 구조적 변화
로부터 언제나 경쟁제한적 효과가 우선하는 것은 아니며, 오히려 대다수의
경우 최종적으로 경쟁제한적인 평가에 이르지 않는다.[3] 그 원인으로서, 기업
결합의 경쟁제한성은 다른 경쟁법상의 규제 대상과 달리 구조적 변화가 가
져올 수 있는 장래에 대한 예측에 기초하며, 따라서 경쟁제한적 효과가 명확
하게 제시되기 어렵다는 점을 지적할 수 있다. 또한 많은 기업결합이 시장이
나 산업에 경쟁촉진적으로 작용할 수 있다는 점도 형량의 한 요소로서 고려
되어야 할 부분이다. 앞에서 언급한 것처럼, 기업결합은 인위적인 구조 변화
를 의미하지만, 다른 한편으로 경제 주체는 기업의 구조를 계획적으로 조정
하고 선택할 수 있으며,[4] 이러한 과정은 효율성을 추구하는 경제주체의 자
율에 맡겨져 있는 것으로 볼 수 있다. 결국 경쟁법상의 기업결합 규제는 당
해 시장이나 산업에 미치는 효과에 대한 양방향적인 평가에 기초하여 이루
어질 것이다.

통신산업에서의 기업결합도 이상의 경쟁법상의 문제 인식을 공유한다. 그
러나 통신산업을 적어도 부분적으로 여전히 규제산업으로서 특징지을 수 있

---

2) 동 조항은 다음과 같다. "Ein Zusammenschluss, von dem zu erwarten ist, dass er eine
   marktbeherrschende Stellung begründet oder verstärkt, ist vom Bundeskartellamt zu
   untersagen, es sei denn, die beteiligten Unternehmen weisen nach, dass durch den
   Zusammenschluss auch Verbesserungen der Wettbewerbsbedingungen eintreten und
   dass diese Verbesserungen die Nachteile der Marktbeherrschung überwiegen."(시장지
   배력을 형성하거나 강화하는 기업결합은 당해 기업결합의 참가자들이 당해 기업결
   합에 의하여 경쟁조건이 개선되고, 이것이 시장지배력의 부정적 효과보다 우월하다
   는 것을 입증하지 않는 한, 카르텔청에 의하여 금지될 수 있다).

3) 예를 들어 2004년 공정거래위원회에서 다루어진 749건의 기업결합 사건 중에서 시
   정조치가 부과된 사건은 6건에 지나지 않았다. 공정거래위원회, 공정거래백서,
   2005, 127면 참조.

4) 권기범, 기업구조조정법, 삼지원, 1999, 28면.

다면, 이와 같은 특성은 기업결합의 규제와 관련하여 고려되어야 할 또 다른 요소가 될 것이다. Pierce & Gellhorn은 규제산업에 있어서도 경제적 효율성의 제고는 중요한 정책목표가 되지만, 이 외에도 균등하고 비차별적인 상품의 공급이 중요한 요소로서 다루어질 수 있고, 환경, 건강, 안전 등의 공익적 가치에 대한 고려가 불가피할 수 있음을 지적하고 있다.[5] 이러한 지적에 의하면, 통신산업에서의 기업결합에 대한 규제는 규제산업(regulated industries)으로 분류되지 않는 일반 산업에서의 기업결합에 비하여, 보다 다양한 측면에서의 고려가 행하여져야 하는 영역으로 이해할 수 있다.

기업결합은 기업의 구조적 변화로서 또한 시장 내지 산업의 구조적 변화로서 의미를 가지며, 특히 규제산업적 성격이 전제될 경우에 이에 대한 규제는 경쟁법적 규제와 아울러 산업정책적 규제가 동시에 가능할 수 있다. 물론 이러한 상황은 규제산업의 특성이 어느 정도의 수준으로 남아 있는지에 따라서 상이하게 전개될 수 있지만, 적어도 해당 산업에의 진입이 법적으로 제한되고 있는 경우에 기업결합에 대해서도 특별한 규율의 가능성은 크다 할 것이다. 주지하다시피, 통신산업에서는 과거 국가 주도에서 민간 부분의 역할이 점점 확대되어 왔고, 시장의 자유화가 급속하게 진행되고 있는 영역이라 할 수 있다. 그럼에도 불구하고, 여전히 통신서비스의 공익적 특성과 또한 시장 자유화로 이행하는 과도기적 상황 등이 영향을 미치고 있으며, 따라서 규제산업적 특성이 완전히 사라진 것으로 보기는 어렵다. 이러한 상황에서 통신산업에서의 기업결합은 경쟁법 일반에 의한 규제 가능성뿐만 아니라, 통신법의 고유한 관점에서의 규제도 여전히 중요한 의미를 갖는다.

이하에서의 논의는 우선 경쟁법상 통신산업에서 기업결합의 규제를 살펴본다. 전체적인 규제체계를 간략히 고찰하며, 특히 통신산업과 같이 기술적 발달이 급격이 이루어지는 영역에서의 기업결합 규제와 관련하여 특유의 쟁

---

5) Richard J. Pierce Jr. & Ernest Gellhorn, Regulated Industries, West Group, 1999, 11면 이하.

점이 될 수 있는 기술진보의 문제를 다룬다(Ⅱ). 이어서 전기통신사업법상 기업결합 구제의 의의를 검토하기로 한다(Ⅲ). 끝으로 독점규제법과 전기통신사업법의 기업결합 규제의 법체계적 조화를 모색할 것이며, 이로써 결론에 대신할 것이다(Ⅳ).

Ⅱ. 경쟁법상 통신산업 기업결합 규제와 기술진보의 문제

1. 독점규제법에 의한 기업결합 규제

경쟁법상 기업결합에 대한 규제는 「독점규제 및 공정거래에 관한 법률」(이하 독점규제법) 제7조 이하에 의한다. 동법은 기업결합 규제의 적용 대상과 관련하여 업종이나 규모의 측면에서 제한을 두고 있지 않으며, 따라서 모든 사업자가 수범자가 된다.[6] 이러한 규정 태도에 비추어, 통신산업에서의 기업결합도 규제 대상이 된다는 점에는 의문이 없다.

규제의 근거 조항인 동법 제7조 제1항 본문은 주식취득(1호), 임원겸임(2호), 합병(3호), 영업양수(4호), 회사신설(5호) 등의 행위로써 기업결합을 하고, 당해 기업결합이 일정한 거래분야에서 경쟁을 실질적으로 제한하는 경우에 금지된다고 규정하고 있다. 실질적 경쟁제한성은 동법에 의하여 금지되는 기업결합의 위법성을 징표하는 표지이며, 「기업결합심사기준」은 이를 판단하기 위한 구체적인 기준을 기업결합의 유형에 따라서 제시하고 있다. 또한 일정한 거래분야를 전제함으로써, 실질적 경쟁제한성 판단에 선행하는 관련시장 획정이 요구된다.

---

6) 권오승, 경제법, 법문사, 2005, 179면 이하.

구체적으로 동일 시장 내에 위치한 기업 간의 결합을 의미하는 수평적 기업결합의 경우, 당해 시장에서의 구조적 변화, 즉 시장집중도의 변화에 초점을 맞추게 되며, 특히 미국 실무에서 개발된 집중도 지수로서 시장참가 사업자들의 시장점유율의 제곱을 합산한 HHI 지수가 널리 활용되고 있다. 상하인접한 시장에 위치한 사업자 간의 결합을 의미하는 수직적 결합의 경우, 원료나 부품 공급망 또는 유통망에 대한 경쟁사업자의 접근을 제한함으로써 시장 봉쇄의 효과가 나타나는 것에 대한 우려가 경쟁제한성 판단의 주된 근거가 된다. 또한 수평적 내지 수직적 기업결합으로 분류되지 않는 혼합적 결합의 경우, 직접적인 경쟁제한성 보다는 잠재적 가능성에 초점을 맞춘다.

전술한 것처럼 기업결합의 경쟁제한성 판단은 다양한 효과에 대한 형량의 과정을 수반하게 되며, 이러한 판단의 어려움을 완화하는 차원에서 동법 제7조 제4항은 실질적 경쟁제한성에 관한 추정조항을 두고 있다. 즉 동조항 제1호는 시장점유율의 변화에 기초하여 그리고 제2호는 대규모기업과 중소기업 사이의 기업결합으로서 일정한 요건을 갖춘 경우에 경쟁제한성을 추정하며, 각각 제1호는 수평적 기업결합 제2호는 수직적 또는 혼합적 기업결합의 경쟁제한성 추정과 관련된 것으로 이해되고 있다.[7]

이와 같이 당해 기업결합의 실질적 경쟁제한성이 인정되는 경우라 하더라도, 동법 제2항은 일정한 항변사유에 의하여 제1항의 적용이 제외되는 것으로 규정하고 있다. 구체적으로 동항 제1호는 "당해 기업결합 외의 방법으로는 달성하기 어려운 효율성 증대효과가 경쟁제한으로 인한 폐해보다 큰 경우" 그리고 제2호는 "상당기간 대차대조표상의 자본총계가 납입자본금보다 작은 상태에 있는 등 회생이 불가한 회사와의 기업결합으로서 대통령령이 정하는 요건에 해당하는 경우"를 항변사유로서 제시하고 있다. 제2호의 경우는 회생 불가 기업이 보유하고 있는 자원의 효율적 활용과 관련된다는 점에서,[8] 이 역시 효율성 항변과 맥을 같이하는 것이며, 따라서 항변사유 전체를

---

7) 위의 책, 203면 이하.

효율성의 관점에서 이해하는 것이 가능하다.

동 규정의 취지는 기업결합에 의한 효율성 제고 효과가 경쟁제한적 효과보다 우월한 경우에, 당해 기업결합을 허용하고자 하는 것이다. 일반적으로 효율성은 경쟁법의 주된 목적의 하나로 이해되고 있다는 점에서, 이와 같은 규정 자체는 경쟁법의 본질에 부합하는 것이라 할 수 있다. 그러나 몇 가지 점에서 논의의 여지도 있다. 우선 여기서의 효율성의 크기를 판단하는 것이 일차적인 과제가 된다. 기업은 기본적으로 효율성을 추구하는 경제주체라 할 수 있으며, 기업결합도 이러한 관점에서 효율성 추구와 무관한 것으로 보기는 어렵다. 이렇게 볼 경우에, 거의 모든 기업결합이 효율성 측면의 고려를 통하여 경쟁법상 허용되는 것으로 볼 여지가 있다. 따라서 동 규정이 명문으로 밝히고 있는 것처럼, 이때의 효율성은 기업결합 외의 방법으로는 달성하기 어려운 특별한 내용의 것이어야 한다. 또한 이때의 효율성 제고를 통한 이득이 소비자에게 이전될 필요가 있는지에 대한 논의의 여지가 있다. 이와 관련하여 미국 연방거래위원회(FTC)는 기업결합의 효율성 제고 효과를 인정하기 위하여 효율성을 통한 이득이 소비자에게 이전되는 것이 요구되는 것은 아니며, 다만 소비자에게의 이전이 구체화되는 것은 효율성 제고 효과의 유력한 근거가 될 것으로 이해하고 있으며,[9] 이는 우리 독점규제법상 기업결합의 항변사유로서 효율성을 이해함에 있어서도 시사하는 바가 크다. 끝으로 「기업결합심사기준」은 독점규제법 제7조 제2항 제1호가 정하고 있는 효율성과 관련하여 개별기업 관점을 넘어서 국민경제적 차원에서의 효율성 제고효과도 판단의 대상으로 삼고 있다. 즉 동 심사기준 VIII. 1. 가. (2)에 의하면, 효율성 판단에 있어서 국민경제적 차원에서 고용이나 환경, 지역 균형

---

8) 홍대식, "파탄기업이론", 경제법연구, 1999, 46~47면 참조.
9) 미국의 기업결합 가이드라인(Horizontal Merger Guidelines) 제4조는 효율성 판단과 관련하여 "인식가능한 효율성이 관련시장에서의 결합으로 인한 소비자에 대한 잠재적 폐해를 상쇄하기에 충분한 것인지"를 고려할 것으로 요구하고 있으며, 이때 소비자에게의 이전은 효율성의 인식가능성에 영향을 줄 것이다.

발전 등과 같은 요소도 고려 대상이 된다. 효율성의 개념을 이와 같이 확장하는 것이 타당한 것이며, 정책적으로 바람직한 것인지의 문제가 논의될 필요가 있으며,[10] 이를 긍정하는 경우에도 구체적인 내용을 어떻게 이해할 것인지에 관한 추가적인 검토가 수반되어야 한다.[11]

2. 통신산업의 특성으로서 기술 발달의 문제

1) 기술발달의 경쟁정책적 의의와 효율성

개별 기업 차원에서 또는 국민경제적 차원에서 가능한 효율성 항변 사유는 통신산업에서도 일반적으로 적용될 수 있다. 이와 관련하여 급속도로 기술의 발달이 진행되고 있는 통신산업의 특성을 고려할 경우에, 기술발달이 효율성 항변과 관련하여 어떠한 의미를 갖는지는 통신산업의 기업결합을 논의함에 있어서 보다 구체적인 의미를 갖게 될 것이다.

기술발달의 의미는 다양한 관점에서 논의될 수 있으며, 경제적 관점에서 뿐만 아니라, 정치적, 사회적, 문화적 함의가 뒤따르는 복합적인 현상으로 이

---

10) 독일의 경쟁제한방지법 제42조 제1항은 "연방경제부장관은 개별 기업결합에 있어서 경쟁제한보다 기업결합의 경제 전체적 이익이 크거나 기업결합이 우월한 공공의 이익에 의하여 정당화되는 경우에, 신청에 의하여 그 결합을 승인한다. 이 경우에 동법의 적용범위에 있지 않은 시장에서의 당해 기업의 경쟁력도 고려되어야 한다. 승인은 경쟁제한에 의하여 시장경제질서가 위협받지 않는 경우에만 할 수 있다"고 규정하고 있다. 한편 동 규정이 거대기업결합에게 유리한 조항으로 기능할 수 있다는 것에 관하여, Urlich Immenga & Ernst-Joachim Mestmäcker hrsg., GWB Kommentar, Verlag C. H. Beck, 2001, 1584면(Mestmäcker/Veelken 집필부분) 참조.
11) 기업결합에서의 효율성 판단에 관한 상론으로서, 홍명수, "독점규제법상 기업결합의 규제체계와 효율성 항변에 관한 고찰", 비교사법 제14권 제1호, 2007, 176~182면 참조.

해할 수 있다. 그러나 특히 경제적 관점에서 계량화의 가능성을 염두에 두고
논의한다면, 기술의 발달은 상품의 생산 또는 유통과정에서 자원의 보다 효
율적인 활용이 이루어지는 것을 의미한다. 구체적으로 기술의 발달은 자본절
약적이든 노동절약적이든 간에, 상품을 생산하는데 사용되는 일정한 생산요
소량의 감소를 낳고, 결과적으로 한 사회의 생산가능곡선을 확대하거나, 새
로운 효용을 창출함으로써 소비자의 이익에 기여할 것이다.

　이러한 점에서 기술의 발달, 기술상의 진보는 본질적으로 효율성 제고를
의미하며, 전술한 것처럼 궁극적으로 효율성이 주된 목적의 하나로서 자리매
김되고 있는 경쟁정책의 구체적 실현에 밀접히 관련된다. 즉 기술의 발달이
효율성의 향상을 통하여 소비자의 이익에 기여할 가능성은 구체적인 경쟁정
책의 실현 과정에서도 충분히 고려되어야 할 부분이며, 법 집행과정에서 필
수적으로 요구되는 형량의 대상이 될 것이다.

　그러나 이 과정에서 다음의 두 가지 점에 주목하여야 한다. 우선 당사자의
자율성에 기초한 시장메커니즘의 작용에 관련되는 경쟁규범의 본질상 효율
성은 긍정적이지만 소극적인 의미를 갖는다는 점에 주의할 필요가 있다.[12]
즉 효율성의 향상을 낳는 기술적 진보는 경쟁정책적으로도 긍정적으로 평가
될 수 있는 것이지만, 효율성을 추구하기 위하여 경제주체의 자율성을 침해
하거나 정부의 규제가 이를 대신할 수 없는 것이다. 또한 효율성의 개념이
유형적으로 구분되어 상이한 차원에서 구성될 수 있다는 점도 중요한 의미
가 있다. Oliver Williamson의 분석에 의하면, 효율성은 생산적 효율성과 배분
적 효율성으로 나뉠 수 있으며, 양자는 서로 상충되는 효과를 가질 수도 있
다.[13] 예를 들어 생산적 효율성의 제고를 낳는 일정한 상황이나 조건이 배분
적 효율성 측면에서 부정적인 결과를 낳을 수 있으며, 따라서 경쟁정책적인

---

12) 한편 박세일, 법경제학, 박영사, 1995, 548면에서는, 생산적 효율성은 기업의 시장
　　지배력을 늘리지 않는다는 조건 하에서 경쟁규범적으로 긍정될 수 있다고 본다.
13) Oliver Williamson, "Economics as an Antitrust Defence: The Welfare Tradeoffs",
　　American Economic Review vol. 58, 1968, 21면.

관점에서 효율성을 중시할 경우에 양자의 의미에서 효율성을 모두 고려대상
으로 삼아야 한다. 그러나 Williamson의 효율성 개념의 유형화는 또 다른 함
의도 갖는데, 즉 생산적 효율성이 제고되는 상황은 배분적 효율성이 감소하
는 상황과 관련될 수 있으며, 이는 곧 시장구조가 경직화된 경우에도 생산적
효율성의 상승폭이 보다 큰 경우에는 경쟁정책적으로 긍정적인 평가가 가능
할 수 있음을 시사하고 있다.

2) 시장구조와 기술발달의 문제

이와 같은 효율성의 유형적 이해와 집중화된 시장구조에 대한 긍정적 평가
의 가능성은 경쟁정책상 기술의 발달과 관련하여 구체적인 문제를 제기한다.
기술상의 진보가 구체적인 효용을 낳고 있는 경우는 별론으로 하고, 독점화된
시장구조로부터 기술상의 진보를 낳을 가능성이 제시되고 있는 경우에, 이러
한 가능성에 기초하여 독점적인 시장구조를 경쟁정책상 승인할 수 있는가?
이러한 문제의식은 논리적인 측면에서 독점규제의 궁극적이고 유일한 목적을
효율성의 제고에 두는 시카고학파 이론에 관련되며,[14] 근원적으로 고도로 집
중화된 시장구조가 연구·개발을 통한 기술적 진보에 유리할 수 있다는
Schumpeter적 사고에까지[15] 거슬러 올라간다. 이러한 논의의 정책적 귀결로
서, 경직적인 시장구조가 오히려 장기적인 관점에서 보다 높은 경제적 효율성
을 낳을 수 있고, 따라서 시장구조에 대한 인위적인 재편은 바람직하지 않을

---

14) 경제적 효율성, 이의 정책적 구현으로서 소비자 후생(Consumer Welfare)을 독점규
   제법의 유일한 정책적 지표로 할 경우에, 수범자들의 명확한 법 인식, 정책적 혼선
   의 배제, 입법과정의 일체성의 확보, 그리고 恣意的이거나 反 소비자적인 원칙의
   폐기 등이 가능하게 된다는 것에, Robert H. Bork, 앞의 책, 106~115면.
15) Robert P. Merges & Richard R. Nelson, "Market Structure and Technical Advance:
   The Role of Patent Scope Decisions", Thomas M. Jorde & David J. Teece ed.,
   Antitrust, Innovation, and Competitiveness, Oxford Univ. Press, 1992, 185면 이하.

수 있다.16) 우리 산업구조의 고도화와 하이테크산업의 발달에 대한 재벌의 일정부분의 기여는 이를 뒷받침하는 근거로서 원용될 수 있을 것이다.

그러나 다른 가치개념을 배제한 채 효율성에 우선적 가치를 부여하는 경우에도, 시장구조의 고도화와 효율성의 관계를 정의 관계로 단정하는 것에는 한계가 있다. 물론 Schumpeter는 대기업의 존재가 자본주의 경제에서 경제적 진보를 위하여 필요악적인 존재이고, 진보와 총생산의 장기적인 확대과정을 위하여 가장 강력한 동인이 되는 것으로 이해하고 있지만,17) 기술혁신을 포함한 장기적이고 동태적인 관점에서 Merges와 Nelson의 "고도로 집중화된 시장구조가 기술진보를 위하여 불가피하거나 최선일 수 있다는 것에 대한 입증이 이루어지지 않고 있다"는18) 지적은 여전히 의미 있는 것이다. 무엇보다 경쟁으로부터의 압력이 기술적 진보의 결정적인 동인임을 부인할 수 없다는 점에서, 경쟁이 배제되거나 제한되는 고도로 집중화된 시장이 현재의 효율의 감소를 상쇄하는 미래의 이익을 가져다 줄 것이라는 예측을 무조건적으로 긍정할 수는 없으며,19) 많은 실증 분석도 이와 같은 결과에 대하여 부정적이라는 점에 주의를 요한다.20)

---

16) Herbert Hovenkamp, "Antitrust Policy after Chicago", Michigan L. R. vol. 84, 1985. 11, 227~229면 참조.

17) Joseph A. Schumpeter, Kapitalismus, Sozialismus und Demokratie 7. Aufl., Francke, 1993, 174~175면 참조.

18) Robert P. Merges & Richard R. Nelson, 주 15)의 글, 185면.

19) Thomas M. Jorde & David J. Teece, "Innovation, Cooperation, and Antitrust", T. M. Jorde & D. J. Teece ed., Antitrust, Innovation, and Competitiveness, Oxford Univ. Press, 1992, 47면 이하 참조. 또한 Schumpeter의 경제발전에 대한 통찰에서도 이와 동일한 결론이 나오고 있다는 것에, 위의 글, 185~186면.

20) 後藤晃·鈴村興太郎 編, 日本の競爭政策, 東京大學出版會, 1999, 340~341면 (岡田羊祐 집필부분).

3) 기술상 진보의 경쟁정책적 수용의 조건

기술상의 진보는 효율성의 제고를 통하여 궁극적으로 소비자의 이익에 기여할 수 있다는 점에서 경쟁정책상 긍정적으로 고려되어야 할 요소임에 분명하다. 그러나 구체적으로 기술상의 진보가 단지 가능성만으로 존재할 때, 특정한 시장행태나 구조에 대한 일의적이고 무조건적인 평가는 적절한 것으로 생각되지 않는다. 전술한 것처럼, 특정한 시장구조가 기술진보의 전제적 조건으로서, 또는 보다 우월한 조건으로서 이해될 수 있는 근거가 이론적으로나 경험적으로 뒷받침되고 있지는 않고 있다.

따라서 기술진보의 문제가 경쟁정책의 관점에서 제기되었을 때, 특히 기술진보의 구체적인 결과가 장기적인 가능성으로 나타날 때, 이러한 효과와 상반되는 부정적인 효과에 대한 형량의 과정이 불가피하다. 즉 기술진보의 장기적인 긍정적 효과가 단기적으로 배분적 효율성의 침해에 따르는 소비자 후생의 감소와 결부되는 경우에, 양자 간의 형량을 통하여 효율성의 총합적인 크기, 내지는 소비자 이익의 종합적인 평가가 이루어져야 한다. 이 과정에서 기술진보가 낳을 수 있는 효율성 제고 내지 소비자 후생의 증대에 관한 부분은 좀 더 구체적으로 제시되어야 하며, 단지 이론상의 가능성만으로 상정되는 것에는 한계가 있다.

최근 EC 위원회의 Microsoft 사건의 결정은 기술발달에 따른 효율성 증대에 대한 경쟁법적 평가가 어떠한 맥락에서 이루어져야 하는지에 대한 중요한 전범을 제공하고 있다. 그 판단과정을 보면, 우선 EC 위원회는 비록 유통상의 효율성 증대나 운영체제와 미디어 플레이어의 통합으로 새로운 기술개발의 가능성을 제공하였다는 점에서의 효율성 증대의 효과가 인정된다 하더라도, 미디어 플레이어 시장구조를 경직시킨 반경쟁적 효과를 상쇄하는 것으로 보지 않았다. 한편 미디어 플레이어와의 결합을 통하여 주상품시장의 독점력을 유지할 개연성이 응용 프로그램 시장인 미디어 플레이어 시장의 특성상 존재하지 않는다는 주장에 대해서도, EC 위원회는 이 분야의 기술발달의 속성상 이러한 판단은 유보되어야 한다는 입장을 취하였다.[21]

동 결정이 시사하고 있는 것처럼, 기술상의 진보는 경쟁정책적으로 친경쟁적 효과를 가져올 수 있으며, 궁극적으로 소비자의 이익에 기여하는 측면은 충분히 고려되어야 할 부분이지만, 이에 대비되는 반경쟁적 효과와의 형량의 기초 위에서 최종적인 판단이 이루어져야 한다.

III. 전기통신사업법상 기업결합 규제

1. 전기통신사업법상 기업결합 규제의 의의 – 진입제한적 성격

전기통신사업법 제13조에서 규정하는 사업의 양수 및 법인의 합병에 대한 인가 규정은 통신법상 기업결합 규제의 주된 근거가 된다. 즉 동조 제1항은 기간통신사업자의 사업의 전부 또는 일부를 양수(양수)하고자 하는 자(1호), 기간통신사업자인 법인을 합병하고자 하는 자(2호), 허가받은 기간통신역무의 제공에 필요한 전기통신회선설비를 매각하고자 하는 기간통신사업자(3호), 특수관계인과 합하여 기간통신사업자의 발행주식 총수의 100분의 15 이상을 소유하고자 하는 자 또는 기간통신사업자의 최대주주가 되고자 하는 자(4호)는 방송통신위원회의 인가를 받아야 하는 것으로 규정하고 있다.

동 규정과 관련하여 우선적으로 고려되어야 할 것은, 동 규정에는 기업의 인위적 확대를 의미하는 기업결합 고유의 관점에서의 규제 외에도, 전기통신산업에의 진입에 대한 일정한 통제로서의 의의가 반영되어 있다는 점이다. 따라서 규제 형식도 일정한 행위로서의 기업결합을 금지하는 것이 아니라,

---

21) Case COMP/C-3/37.792 Microsoft, (960).

통신산업 진입에 대한 제한으로서의 의미를 갖는다. 이러한 점은 규제 대상인 행위를 구체적으로 규정함에 있어서의 차이로 나타난다. 즉 기업결합의 전형적인 방식으로서 규정된 독점규제법 제7조 제1항 각호의 기업결합 유형에 비하여, 전기통신사업법상 기업결합과 관련하여 규제되는 행위는 영업양수, 합병, 주식인수이며, 이 외에 기간통신사업자가 허가받은 복수의 기간통신역무 중 일부의 기간통신역무를 제공하기 위하여 법인을 설립하고자 하는 경우에 정보통신부장관의 승인을 얻어야 하는 것으로 규정하고 있는 제13조 제2항이 회사설립에 의한 기업결합과 부분적으로 관련된다.

이상의 전기통신사업법상 규정에 비추어, 통신법에 의한 기업결합의 포괄적인 규제를 기대하기는 어려우며,[22] 임원 겸임과 같이 동법에 의한 규제 대상이 되지 않는 방식으로서 전개되는 기업결합에 대해서는 독점규제법에 의한 규제만이 가능할 것이다. 전술한 것처럼, 이와 같은 입법 방식은 진입제한적 성격에 초점을 맞춘 동 규정의 태도에 기인하는 것으로 이해되지만, 전기통신사업법 고유의 관점에서 이러한 공백이 가능한 것인지는 추가적으로 논의되어야 할 부분이다.

2. 기업결합 인가 요건의 검토

방송통신위원회가 인가 또는 승인을 함에 있어서는 동법 제13조 제3항에 의하여, 재정 및 기술적 능력과 사업운용 능력의 적정성(1호), 주파수 및 전기통신번호 등 정보통신자원 관리의 적정성(2호), 기간통신사업의 경쟁에 미치는 영향(3호), 이용자 보호(4호) 및 전기통신설비 및 통신망의 활용, 연구개발의 효율성, 통신산업의 국제 경쟁력 등 공익에 미치는 영향(5호)의 사항

---

22) 이호영, "통신·방송융합에 따른 기업결합심사에 관한 연구", 법제연구 제29권, 2005, 158면.

을 종합적으로 심사하여야 한다.

동 조항은 독점규제법상 경쟁제한성에 상응하는 경쟁에 미치는 효과 측면에서의 고려를 명시적으로 요구하고 있지만, 경쟁정책적 관점 외의 다양한 고려에 대한 법적 근거를 제공하고 있으며, 특히 이러한 사항들은 독점규제법상 기업결합 규제의 항변사유로서 검토되었던 것과 상당 부분 중복된다. 물론 규정상의 중복에도 불구하고, 그 평가의 내용이나 방법에 있어서 동일성이 당연히 도출되는 것은 아니다. 무엇보다 독점규제법은 효율성 개념에 기초하고, 그 개념의 내용적 확충을 통하여 국민경제적 관점이 투영될 수 있는 형식을 취하고 있는데 반하여, 전기통신사업법상 공공의 이익, 구체적으로 동항 제4호 및 제5호가 규정하는 이용자 보호 및 공익에 미치는 영향은 보다 직접적인 고려 사항이 되며, 규범적으로 경쟁에 대한 평가와 등가적인 의미를 갖는다. 결국 여기서의 공익은 전기통신사업법이 추구하는 다양한 정책 목표가 함축되어 있는 것이며,[23] 비교 형량의 과정을 통하여 각각의 사항들이 갖는 의의가 구체적으로 결정될 것이다.

이상의 전기통신사업법상 기업결합 규제의 판단기준과 관련하여, 몇 가지 점에서 논의의 여지가 있다. 우선 통신산업에 있어서 정책의 주안점이 유효경쟁의 실현을 위한 구조적 개선에 모아지고 있는 현재의 경향이 반영되어야 한다. 즉 통신산업의 바람직한 구조 개선의 관점에서 경쟁에 미치는 영향에 대한 평가의 비중을 보다 강화할 필요가 있다. 또한 동항 제1호 및 제2호에서 규정하고 있는 사업자의 능력이나 통신 자원의 관리 적절성과 같은 부분이 규제기관에 의한 재량적 판단의 요소로서 적합한 것인지에 대해서도 의문이다. 이러한 사항들은 통신산업이 경쟁적인 구조로 변화되고 있는 현재의 상황에서 사업자의 자율적 판단과 시장의 기능에 맡기는 것이 보다 바람직한 것일 수 있다.

---

23) 미국 연방통신위원회(FCC)가 기업결합을 심사함에 있어서 '공공의 이익 기준'에 의한 심사에 관한 설명으로서, 위의 글, 160~162면 참조.

끝으로 전기통신사업법상 기업결합 규제의 체계적 개선의 문제도 논의되어야 할 부분이다. 현재의 규제는 통신사업자간 기업결합과 비통신사업자와 통신사업자 간의 기업결합에 대한 구별을 두고 있지 않고 있다. 그러나 양자가 갖는 통신정책상의 의의에는 상이한 측면이 존재한다. 비통신사업자가 참여하는 기업결합은 동 규정이 함축하고 있는 통신산업 진입의 의미가 있으며, 이에 대한 규제로서의 의의가 현재의 규제체계에 반영되어 있다. 반면에 통신사업자 간의 기업결합은 통신산업의 구조적 문제가 보다 실제적인 것이 되며, 이에 대한 적절한 고려의 근거가 입법적으로 마련될 필요가 있다.

IV. 기업결합 규제의 중복 문제

1. 기본 방향 – 규제체계의 조화의 모색

종래 규제산업과 경쟁법의 영역이 엄격한 분리되는 경우에 있어서도, 규제산업의 법리에 의한 규율과 경쟁법의 적용은 상호 대립되는 것이 아니라, 경제적 효율성과 소비자 후생의 증대라는 공동의 목적을 추구하는 상호 보완적인 관계에 있는 것으로 보아야 한다는 시각이 지배적이었다.

더욱이 전통적인 규제산업에서 경쟁 기능이 강화되는 방향으로 변화가 진행되고 있는 영역에서 규제산업의 법리와 경쟁법리의 보완적인 의미는 두드러진다. 이러한 관점에서 경쟁법과 규제산업법의 중복 규제의 문제는 조화를 모색하는 방향으로 전개될 필요가 있으며, 산업정책적인 규제와 공정거래위원회의 경쟁규범의 적용과 관련하여 정책 결정이나 집행에 대한 상호 논의 과정의 제도화가 요구된다.

2. 관계 설정의 문제

이와 관련하여 보다 구체적으로 산업정책의 기본적인 결정과 집행을 수행할 규제기관을 어떠한 방식으로 구성하고, 다른 정부기관과의 관계에서 어떻게 위치시킬 것인가의 문제가 대두된다. 즉 경쟁정책 일반을 담당하는 기관과 특정한 산업정책을 담당하는 규제기관 사이에서 권한을 어떻게 배분하고 역할을 조정할 것인지의 문제가 중요한 현안이 되고 있다.

이에 관해서는 비교법적으로 크게 세 가지 입법례를 참고할 수 있다.[24] 우선 전문적인 규제기관을 별도로 두지 않고 경쟁정책을 담당하는 기관이 해당 산업의 특수성을 고려한 산업정책상의 규제까지도 포괄하는 체계를 상정할 수 있으며, 비교법적으로는 과거 뉴질랜드의 예가 이에 해당하는 것으로 이해되고 있다.[25] 이와 반대로 특정한 산업의 운영과 감독을 담당하는 기관이 일반적인 경쟁정책의 문제까지도 규제하는 권한을 갖는 체계도 가능하다. 끝으로 양자의 중간 형태로서 여러 나라에서 보다 보편적인 형태로 나타나는 경합적인 규제체계도 생각할 수 있다.

세 번째 유형은 특정 산업의 규제를 전문적으로 수행하는 규제기관과 경쟁정책 일반을 담당하는 경쟁규제기관이 모두 특정 산업에 대한 규제권한을 갖게 되며, 미국, 일본, 독일 등이 이에 해당한다. 이 경우에는 필연적으로 일반 경쟁정책을 담당하는 기관과 특정 산업에 대한 규제기관 사이의 권한 충돌과 이에 관한 조정 문제가 발생한다. 그러나 이러한 문제를 입법적으로 해결하여 규제기관 사이의 권한의 조정이나 충돌의 해결에 관한 명문의 규정

---

24) 오수근, "전력거래제도의 법률적 분석", 변동비반영시장 평가진단 Workshop, 한국개발연구원, 2005. 3, 26~28면 참조.
25) 뉴질랜드의 경우도 2004년 통신규제위원회와 전기위원회를 설립함으로써, 과거 일반적인 경쟁기관에 의한 규제체계에서 벗어났다.

을 둔 예는 그리 많지 않고, 많은 경우에 관행적으로 규제기관 간의 협력적
인 관계가 유지되고 있다.

이러한 점에서 독일의 입법례는 주목할 만하다. 독일의 경우 2005년 7월 13
일에 발효된 BEGTPG(네트워크규제법: Gesetz über die Bundesnetzagentur für
Elektrizität, Gas, Telekommunikation, Post und Eisenbahn)에 따라서 통신, 가스,
통신, 우편, 철도 등을 'Bundesnetzagentur'라 하는 단일한 규제기관에서 관할하
게 되었다. 이 기관은 연방경제부장관에 속한 독립된 규제기관으로서 위에서
언급한 다섯 개의 네트워크 산업에 대한 규제를 담당한다. 그 근거법들은 각각
의 해당 산업법이 되는데, 통신에 관해서는 통신법(Telecommunikationsgesetz)이
규제의 근거법이 된다.

2005년에 개정된 독일의 통신법(Telekommunikationsgesetz) 제2조 제3항은
"경쟁제한방지법의 규정은 (통신법상의 규정에도 불구하고) 영향을 받지 않
는다(bleiben unberührt)"와 같은 규정을 둠으로써,[26] 경쟁법과 통신법의 경합
적 적용의 문제를 입법적으로 명확히 하고 있다.

그러나 보다 중요한 것은 양자의 협력관계의 제도적 보장이다. 전기통신
사업법과 독점규제법의 입법목적에는 차이가 있지만, 통신산업에서 경쟁질
서 확립의 측면에서는 공동의 목적을 갖고 있는 것으로 볼 수 있으며, 따라
서 양자의 협력관계를 제도화할 필요성은 충분한 것이라 할 수 있다. 이러한
점에서 독일 통신법 제82조의 규정은 시사하는 바가 크다. 동 규정은 통신산
업의 규제기관이 사업의 인가나 제한을 할 경우에 또는 시장을 획정하거나
지배력을 평가할 경우에 연방카르텔청과의 협력을 요구하고 있으며, 통신법
과 경쟁제한방지법에 의한 규제를 할 경우에 상대 관청의 절차에의 참여와
의견진술의 기회를 제공할 것을 의무화하고 있고, 또한 통신법의 해석에 있

---

26) 그러나 동 조항은 양자의 적용순위에 관하여 명확한 입장을 제시하고 있지 않으며, 이에
관한 입법적인 문제제기도 있다. 이와 관련하여 경쟁제한방지법의 보충적인 적용에 관
한 설명으로서, Klaus-Dieter Scheurle & Thomas Mayen hrsg., Telekommunikationsgesetz
Kommentar, C. H. Beck, 2002, 84면(Klaus-Dieter Scheurle 집필부분) 참조.

어서 경쟁제한방지법과의 관련성에 따른 통일적인 해석을 요구하고 있다.

이와 같은 명문의 규정은 단지 관행적으로 이루어지는 협력관계보다 명확하게 상호간의 권한을 조정할 수 있다는 점에서 많은 시사점을 준다. 이와 관련하여 전기통신사업법 제13조 제7항은 양수나 합병 등에 대한 방송통신위원회의 인가 시에 공정거래위원회와의 협의의무를 부과하고 있는 것은 타당한 입법으로 생각되지만, 나아가 보다 구체적인 절차의 보완이 필요할 것이다.

최근에 다루어진 에스케이텔레콤(주)과 하나로텔레콤(주)의 기업결합 사건은27) 이러한 필요성을 구체적으로 확인하는 의미가 있다. 예를 들어 절차적으로 전술한 공정거래위원회와의 협의의무에 따른 협의 요청이 이루어질 경우에, 공정거래위원회의 고유한 심사절차가 병행적으로 진행될 수 있는지가 문제가 될 수 있다. 이를 제한하는 법적 근거가 없으며, 더욱이 독점규제법 제49조 제1항에 의한 공정거래위원회의 직권에 의한 조사권한을 고려하면, 공정거래위원회의 독자적인 사건처리절차의 가능성을 부인할 수 없다. 이 경우에 방송통신위원회의 협의 요청은 일반적인 의미에서 공정거래위원회의 사건 인지의 수단에 불과한 것이 된다. 그러나 방송통신위원회의 협의 요청은 동일 사안에 대한 규제기관 간의 협력을 전제한 것이고, 이러한 사고에 충실한다면, 공정거래위원회의 사건처리절차에 유보적인 입장을 취하는 것도 가능할 것이다. 결국 이에 대한 입법적인 명확성을 기할 필요성이 있다.

한편 당해 사건에서 특히 조건부 승인의 내용으로 쟁점이 되었던 800Mhz 주파수의 공동사용의 허용에 대하여 양 규제기관의 입장이 대립적이었던 것도 유의하여야 할 부분이다. 동 주파수의 공동사용을 당해 기업결합의 승인 조건으로 제시한 공정거래위원회의 입장과 이러한 조건을 수용하지 않은 정보통신부의 인가 조치 사이에서, 이를 조정할 수 있는 메커니즘의 부재가 드러났으며, 이 역시 향후 개선되어야 할 과제이다.

---

27) 공정위 2008. 2. 15. 의결 2008서일0339.

25. 전기통신사업법상 재판매사업자 규제의 경쟁정책적 타당성 검토

Ⅰ. 서론

최근 전기통신사업법 개정이 논의되는 과정에서 통신서비스의 재판매에 대한 규제가 중요한 쟁점이 되고 있다. 즉 통신서비스의 재판매를 허용함에 있어서 규제의 범위나 정도를 어떻게 정할 것인지가 문제가 되고 있으며, 그 이면에는 통신서비스의 재판매에 대한 경쟁정책상의 대립되는 인식이 자리잡고 있다. 통신서비스를 제공할 수 있는 기간망의 보유가 소수의 사업자에게 제한되고 있는 상황에서, 통신서비스의 재판매는 소매단계에서의 경쟁을 촉진할 수 있는 계기가 될 수 있지만, 반면에 기존의 지배적 위치에 있는 사업자의 수직적 사업연계를 통하여 지배력이 강화되고 시장구조가 경직화될 수 있는 우려를 낳을 수 있다. 따라서 통신서비스의 재판매에 대한 규제는 이러한 인식을 적절하게 조화할 수 있는 방향으로 나아가야 하며, 전기통신사업법의 개정은 이러한 요구를 반영하여야 한다.

이하에서의 논의는 우선 통신서비스 재판매의 경쟁정책적 의의를 살펴보고(Ⅱ), 이어서 2007년 7월 정보통신부에 의하여 제안된 전기통신사업법 개정안과 이후의 수정안을 검토할 것이다(Ⅲ). 이상의 논의에 기초하여 바람직한 입법방향에 제안을 제시할 것이며, 이로써 결론을 대신하고자 한다(Ⅳ).

II. 통신서비스 재판매의 경쟁정책적 의의

1. 통신산업에서의 재판매

재판매는 개념적으로 상품이 생산자로부터 최종 소비자에게 이르는 과정에서 최초의 거래 이후 각각의 유통단계에서 이루어지는 거래를 총칭하는 의미를 갖는다. 현대 사회에서 상품의 제공은 생산자로부터 소비자까지 단계화된 유통 구조에 따라서 순차적인 방식으로 이루어지고 있으며, 최초의 거래 이후의 각각의 거래를 의미하는 재판매는 상품의 판매에 있어서 보편적인 현상이 되고 있다.

그러나 과거 통신서비스 시장에서 재판매 방식에 의한 거래는 두드러진 양상이 아니었다. 그 이유로서 통신망에 기초하여 제공되는 통신서비스의 기술적 특성상, 통신망에 대한 다층적인 접근 방식이 이용 측면에서의 편의를 기대하기 어려운 측면이 있었고, 구조적 측면에서도 독점적 사업자에 의하여 통신서비스 제공의 설비 구축부터 최종 이용 단계까지 수직적으로 통합된 구조 하에서, 통신서비스를 재판매할 수 있는 가능성이나 유인체계는 존재하지 않았던 것으로 볼 수 있다. 또한 과거 規制産業的 관점에서 서비스의 내용이나 제공 방식에 대한 정부의 통제가 이루어지고 있는 상황에서 재판매 방식에 의한 통신서비스의 제공이 법제도적으로 제한될 수밖에 없었다는 점도 지적할 수 있다.

따라서 이와 같은 재판매의 기술적, 산업구조적 또는 법제도적 제한이 완화된다면, 통신서비스 시장에서도 재판매에 따른 유통방식의 등장은 자연스럽게 예상될 수 있는 것이다. 특히 통신이나 방송과 관련된 다양한 서비스가 통합되고 있는 융합(digital convergence) 환경 하에서, 융합의 구성 요소인 서비스를 단일한 사업자가 모두 제공할 수 없는 경우에, 재판매에 대한 의존은 불가피한 것이라 할 수 있다.

이러한 점에서 통신산업에서 재판매의 가능성과 필요성은 충분한 상황에 이르렀다고 볼 수 있으며, 통신서비스의 제공에 있어서도 재판매는 유력한 판매방식의 하나로 인식되고 있다. 이와 관련하여 미국의 연방통신위원회 (FCC: Federal Communications Commission)가 1999년에 발간한 가이드북은 재판매를 "경쟁사업자들이 기존의 사업자로부터 할인된 가격 또는 도매가격으로 통신서비스를 획득해서 이를 자신의 고객에게 판매하는 것"으로서[1] 정의하고 있다.

2. 서비스 기반 경쟁의 수단으로서 재판매

최근에 통신서비스와 관련한 재판매 문제는 단지 재판매를 허용하는 문제를 넘어 보다 정책적인 차원에서 논의되고 있으며, 이는 통신정책의 기본방향의 설정과도 밀접히 관련된다. 즉 '설비 기반(facility-based) 경쟁'에서 '서비스 기반(service-based) 경쟁'으로의 정책적 전환이 논의되고 있고, 그 과정에서 기간통신사업자가 제공하는 서비스의 재판매는 서비스 기반 경쟁 활성화의 유력한 수단의 하나로 여겨지고 있다. 특히 재판매는 통신설비를 보유하고 있지 않은 사업자가 당해 시장에 진입할 수 있는 유력한 통로가 될 수 있으며, 새로운 통신사업자의 진입은 그 자체로 통신서비스의 경쟁 활성화에 기여할 것이다.[2] 특히 미국의 장거리 통신시장에서의 경험은 통신서비스의 재판매가 경쟁 촉진을 통하여 가격인하를 유도하고 궁극적으로 일반 공중의 이익에 기여할 수 있음을 보여주고 있다.[3]

---

1) FCC, Connecting The Globe: A Regulator's Guide To Building A Global Information Community, 1999, V-7면.
2) 위의 책, 같은 면.

물론 설비 기반 경쟁과 서비스 기반 경쟁 중에서 통신산업에서의 경쟁질서 구축이라는 목적과 관련하여 보다 실효성 있는 정책이 무엇인지가 일의적으로 결정될 수 있는 것은 아니며, 더욱이 규범적인 측면에서의 우월성을 판단하는 것도 용이하지 않다. 일반적으로 설비 기반 경쟁은 보다 근본적인 차원에서의 경쟁으로서, 설비를 보유한 사업자들의 자율적인 결정에 기초하여 경쟁 기능을 촉진시키고, 이것이 궁극적으로 이용자 이익에 기여할 수 있다는 장점이 있는 반면에, 통신망의 구축과 같은 상당한 초기 투자가 요구됨으로써 자연스럽게 진입장벽이 형성되고, 기존의 시장구조가 고착될 수 있다는 문제점이 지적된다.

이에 반하여 서비스 기반 경쟁은 통신망을 보유하고 있는 사업자만이 통신서비스를 제공하는 것이 아니라, 당해 통신망을 개방하여 다수의 사업자들에 의한 서비스 제공이 가능하게 됨으로써, 소매단계에서의 경쟁을 촉진시키는 것을 지향한다. 서비스 기반 경쟁의 경우 기존의 통신설비의 보유가 소수의 사업자에게 제한됨에도 불구하고, 다양한 사업자가 경쟁할 수 있는 구조를 용이하게 구축할 수 있고, 이를 통하여 경쟁의 이익이 이용자에게 귀속될 수 있다는 점에서 긍정적이다. 또한 전술한 것처럼 통신과 관련된 다양한 서비스가 결합되고 있는 상황에서 결합의 구성상품 모두를 스스로 제공할 수 없는 사업자 입장에서 재판매 방식의 이용은 불가피한 것이고, 결국 재판매는 융합 환경 하에서 실질적인 경쟁을 이루기 위한 유력한 수단이 될 것이다. 반면에 서비스 기반 경쟁은 설비 자체를 중심으로 경쟁이 이루어지는 구조가 아니기 때문에, 자칫 설비의 노후화를 초래할 수 있으며, 설비투자에 대한 유인이 감소됨으로써 장기적으로 소비자 후생에 부정적인 영향을 미칠 수 있다는 지적이 가능하다.

결국 설비 기반 경쟁과 서비스 기반 경쟁 간에 정책 결정을 함에 있어서, 어느 하나에 전적으로 의존하기 보다는, 부정적 효과를 줄이고 긍정적인 효

---

3) 위의 책, 같은 면.

과를 극대화하기 위하여 양자를 종합적으로 고려하는, 이른바 정책적 결합
(mixed policy)이 불가피할 것이다.[4]

3. 통신산업에서 재판매 규제의 필요성

통신서비스 시장에서 재판매 방식의 도입에 의한 경쟁의 활성화 문제 역
시, 이러한 관점에서 이해될 필요가 있다. 통신서비스 재판매의 활성화가, 특
히 소매시장에서 경쟁을 촉진하는 효과를 갖는 것은 분명하지만, 이를 법제
도적으로 도입할 경우에 부수하는 다양한 효과들에 대한 종합적인 고려가
이루어져야 한다. 즉 재판매를 허용하는 것에 의하여 설비 기반 경쟁의 가능
성이 본질적으로 제한되는지에 지속적으로 주의를 기울여야 하며, 이러한 부
분은 통신서비스 재판매에 수반하는 제한을 정당화하는 유력한 근거가 될
것이다.

또한 고려할 것은 통신산업에서의 재판매가 다른 상품에서처럼 유통과정
에서 자연적으로 발생하지 않을 수 있다는 점을 고려할 필요가 있다. Areeda
& Kaplow에 의하면, 재판매는 수직적 통합에 따른 관리나 조직 비용이 거래
에 수반하는 비용보다 클 경우에 발생하며,[5] 일반 상품의 경우에는 이러한
형량의 과정이 시장 기능에 의하여 효율적으로 전개될 수 있다. 그러나 지배
적인 사업자에 의한 경직적인 시장구조가 일반화되어 있는 통신산업에서 이
러한 가능성은 제한적일 수 있으며, 재판매를 의무화하는 것과 같은 제도적
강제가 필요할 수 있다. 또한 재판매에 있어서 도매요금의 산정과 같은 문제

---

4) 김성환 등, 주요국 통신시장 서비스기반 경쟁정책의 효과분석, 정보통신정책연구
   원, 2006, 20~25면.
5) Phillip Areeda & Louis Kaplow, Antitrust Analysis 4. ed., Little, Brown & Company,
   1988, 625면 참조.

는, 도매시장 자체가 경쟁적인 구조로 재편되어 있지 않는 한, 시장 메커니
즘에 의하여 적절한 가격으로 설정되기를 기대하기는 어려우며, 이러한 부분
에 대한 규제의 필요성도 존재한다.6) 이와 관련하여 미국의 이동통신시장에
서 재판매의 도매가격에 대한 규제가, 도매시장 차원에서의 경쟁의 활성화가
이루어졌다는 판단 하에 2002년에 폐지된 것은 시사하는 바가 크다.

끝으로 통신서비스의 재판매는 재판매되는 상품의 특성이나 기능에 의존
할 수밖에 없으며, 이는 재판매 경쟁에 의한 시장의 활성화나 혁신의 본질적
인 한계로 작용할 수 있다는 점에 대해서도 주목할 필요가 있다.7)

III. 재판매 관련 개정법안의 주요 내용

1. 재판매의 허용과 의무화

2007년 7월에 제시된 전기통신사업법 개정법안 제38조의8 제1항은 기간
통신사업자가 자신이 제공하는 서비스에 대한 다른 전기통신사업자의 요청
에 따른 재판매를 허용하는 규정을 두고 있다. 동 규정은 재판매 여부에 대
한 사업자의 자율적인 결정을 전제한 것이지만, 동조 제2항에 의하여 일정한
사업자에 대하여는 재판매가 의무화되고 있다.

이때 동 규정에 의한 재판매의무제공사업자와 재판매의무서비스의 내용이
법문에 명확히 제시되고 있는 것은 아니며, 정통부장관의 지정에 의함을 밝
히고 있을 뿐이다. 다만 동항 단서는 이때의 지정 요건을 규정하고 있는데,
시장점유율 100분의50 이상의 사업자가 존재하거나, 실질적인 진입장벽이
존재하여 시장구조의 개선이 필요하다고 판단되는 경우가 이에 해당한다.

---

6) FCC, 주 1)의 책, V-8면.
7) 위의 책, 같은 면.

이상의 규정에 의한 재판매 의무화는 지배적 사업자의 존재나 실질적 진입장벽에 의하여 경쟁적인 시장구조로의 전환이 필요한 경우를 대상으로 하며, 이와 같은 규정 태도에 비추어, 개정안에서 제시하고 있는 재판매의무화의 목적이 서비스 기반 경쟁의 촉진에 있음은 분명한 것으로 보인다. 그러나 구체적으로 재판매의무제공사업자와 재판매의무서비스가 법정되지 않고, 이후 정통부장관의 지정에 의하여 결정된다는 것에 대한 문제제기는 가능할 것이다.

무엇보다 여기서 예상되는 우려는 재량에 따른 불확실성과 법적 안정성의 결여에 기인한다. 따라서 재판매의무제공사업자와 재판매의무서비스 지정에 관한 보다 구체적인 기준을 법문에 도입하는 것에 대하여 적극적으로 고려할 필요가 있다. 또한 현재의 개정안을 전제할 경우에도, 지정 요건에서 드러난 취지가 실제 지정에 반영될 수 있도록 운영할 필요가 있다. 즉 동항 단서의 지정 요건에서 제시한 시장 환경 하에서, 시장점유율 50% 이상을 보유하여 당해 시장에서 절대적인 우위를 갖고 있는 사업자나 진입장벽을 통하여 지배력이 유지되고 있는 사업자와 당해 사업자가 제공하는 서비스를 지정하는 것이 되어야 하고, 그 외의 사업자나 서비스로 확대하는 것은 타당성을 인정하기 어려울 것이다.

동조 제3항은 재판매 의무화에 대한 적용제외를 규정하고 있다. 우선 제1호는 정보통신부령이 정하는 전국 주요 도시에 해당 서비스 제공을 위하여 필요한 전기통신설비 구축 후 6년이 지나지 않은 서비스를 재판매 의무 대상에서 제외하고 있다. 전술한 것처럼, 서비스 기반 경쟁을 추구한다 하더라도, 설비 기반 경쟁을 근본적으로 포기할 수는 없으며, 여전히 설비 기반 경쟁으로 나아갈 수 있는 유인체계가 요구된다 할 것이고, 동호는 이러한 관점에서 그 타당성을 인정할 수 있다. 그러나 입법취지의 타당성을 긍정한다 하더라도, 몇 가지 점에서 추가적인 지적이 가능하다. 우선 6년의 기한은 설비 구축을 한 사업자가, 당해 설비의 전속적인 보유로부터 충분히 보상을 받을 수 있는 기한을 상정한 것이라 할 수 있으나, 이에 대한 경험적 근거가 충분하지 않다. 대략적으로 동 기간을 설비투자 비용을 회수할 수 있는 기간에 해당하는 것으로 보고, 적용제외 기한을 상정한 것으로 이해되지만, 일반적으로 정보통신영역에서의 서비스의 사이클이 다른 상품에 비하여 단기인 것을 고려한다면, 6년의 기한이 길다고 볼 여지도 있다. 또한 기산점이 불명확한 점에 대해서도 지적할 수 있다. 동 규정은 전국 주요 도시에 해당 서비스 제공을 위하여 필요한 전기통신설비를 구축한 때를 기산점으로 삼고 있지만, 그 의미가 명확한 것은 아니다. 무엇보다 로밍 등의 기술에 의하여 전국 주요 도시 모두에 설비구축이 완료되지 않은 경우에도, 전국적 범위에서 해당 서비스를 제공하는 것이 가능할 수도 있다. 설비 경쟁을 지속적으로 유지하려는 동 규정의 취지에 비추어, 여기서의 기산점은 해당 서비스의 전국적 제공이 가능한 시점으로 하는 것이 타당하며, 설비의 완전 구축이라는 형식에 얽매일 것은 아니다. 이상의 문제점에 비추어, 동 규정의 타당성에 의문이 있었으며, 동 개정안에 대한 논의과정에서 동 규정 자체가 삭제되는 방향으로 나아가고 있다.[8] 그러나 설비 기반 경쟁과의 조화를 모색하는 동 규정의 입법취지 자체가 부정적인 것은 아니므로, 합리적인 범위 안에서 신규서비스의 재판매의무의 제한을 유지하는 것에 대한 고려의 여지는 있다.

또한 제2호는 재판매 매출액이 전체 매출액의 100분의10을 초과하는 경우, 제3호는 재판매서비스제공사업자간 경쟁이 활발한 경우를 재판매 의무화의 대상에서 제외하고 있다. 재판매의무화는; 통신사업자의 자율적인 영업을 상당히 제한하는, 이른바 강한 규제에 해당하는 것으로서, 이미 당해 시장에 자율적으로 재판매서비스 제공이 활성화되어 있다면, 이와 같은 강한 규제로서의 재판매 의무화를 적용할 필요가 없다는 것에 근거하여 도입된 규정으로 이해된다. 동 규정들의 입법 취지는 긍정적으로 볼 수 있지만, 다만 제2호에서 재판매 매출액의 산정시에 최대주주로 있는 회사의 재판매매

---

8) 디지털 데일리, 2007. 11. 13.

출액을 제외하는 것에 대해서는 추가적인 설명이 필요할 것이다.

전술한 것처럼, 재판매 의무화를 도입한 배경에는 설비를 보유하지 않은 다양한 사업자가 통신서비스 시장에 참여함으로써 경쟁의 활성화를 기하려는 목적이 자리하고 있으며, 다만 이미 어느 정도 재판매서비스제공사업자가 참여하고 있는 상황에서는 굳이 의무화 규정을 적용할 필요가 없다는 것이 동 규정의 취지이다. 그러나 재판매의무제공사업자가 최대주주인, 따라서 경제적으로 동일체로 볼 수 있는 회사가 재판매서비스를 제공하고 있는 경우를, 다양한 통신사업자의 참여에 의한 재판매 서비스 활성화의 근거로 삼는 것은 적절하지 않은 측면이 있으며, 제2호는 이러한 경우를 재판매매출액 산정에서 배제하고 있는 것이다. 이러한 점에서 제2호의 전체적인 구성과 관련하여 법리적 타당성 측면에서 의문은 없는 것으로 생각된다.

2. 재판매의무제공사업자의 의무

1) 재판매의무제공사업자의 금지행위

개정법안 제33조의9 제1항은 재판매의무제공사업자가 재판매를 약정하는 경우에, 정당한 이유 없는 차별, 정당한 이유 없는 재판매 가입자 상한의 설정, 부당한 거래조건의 강제를 금지행위로서 규정하고 있다. 이상의 행위는 독점규제법 또는 전기통신사업법 제36조의3의 금지행위를 통하여 충분히 규제될 수 있는데, 여기서 별도로 규정하는 것이 입법적으로 타당한 지가 논의될 수 있다.

일반적으로 특별법적 규율은 수범자나 대상 행위 측면에서 특수성이 있는 경우에 타당성을 인정할 수 있으며, 따라서 재판매의무제공사업자나 재판매 의무서비스가 이러한 요건을 충족하는지가 검토되어야 한다. 이와 관련하여 재판매 통신서비스가 제공되는 도매시장에서의 경쟁이 충분히 활성화되어 있지 않은 상황을 지적할 수 있으며, 이 경우에 재판매관계에서 재판매서비스 제공자는 상대적으로 우월한 지위에 있게 되고, 이는 자유롭고 공정한 경쟁을 저해할 수 있는 원인으로 작용할 수 있다. 이러한 관계를 구체적으로 인식함에 있어서, 별도의 규제 근거가 제시될 필요성은 긍정적으로 볼 수 있다.

2) 재판매의무제공사업자의 매출상한규제의 문제

(1) 규제의 내용과 입법 취지

개정법안 제33조의9 제2항에 따른 재판매의무제공사업자의 매출상한 제도는 매출상한을 설정하는 것과 이를 초과하는 이용자 추가모집을 금지하는 것을 내용으로 한다. 매출상한의 설정은 재판매하는 서비스의 매출액이 당해 서비스 시장 전체 매출액에서 차지하는 비율을 기준으로 하여 정하여지며, 비율상한선의 결정 주체는 정통부장관이 된다.

그리고 이를 초과하는 경우에 재판매의무제공사업자가 서비스 재판매 이용자를 추가로 모집하는 행위는 금지되며, 동 규정의 해석상 의무제공 대상이 된 서비스와 재판매하는 서비스가 일치하는 것은 아니며, 따라서 재판매의무제공사업자가 다른 서비스를 재판매하는 경우를 규제 대상으로 한다.

한편 동조 제3항은 재판매의무제공사업자의 서비스 제공이 산업의 발전, 경쟁 상황, 이용자 이익 등의 관점에서 긍정적으로 평가되는 경우, 또는 재판매서비스제공사업자간 경쟁이 활발하여 추가적인 규제가 불필요한 경우에 매출상한제도의 적용을 제외하고 있다.

이상의 적용제외 규정에 비추어 볼 경우에, 재판매서비스 매출상한 제도를 도입한 주된 근거는 재판매의무사업자가 재판매를 통하여 지배력을 확대하거나 강화하는 등의 부정적 효과를 억제하는 것에 있는 것으로 생각된다.

(2) 규제의 타당성 검토

가. 판단 기준

재판매 매출상한규제의 타당성 검토는 근본적으로 우리 헌법과 법질서에 기초하여야 한다. 특히 우리 헌법이 지향하는 시장경제질서의 원리와 전기통신사업법의 입법목적으로서 경쟁정책의 관점에서 타당한 것인지에 관한 논의가 필수적으로 요구된다. 구체적으로 동 규정에 의한 영업활동에 관한 제한이 헌법에서 요구하는 비례의 원칙에 부합하는지 그리고 전기통신사업법의 법체계 내에서 타당성을 갖는지에 관한 논의는, 재판매 의무화를 통하여 발생할 우려가 있는 부정적 효과의 억제가 경쟁정책적으로 정당한 정책 목표에 근거하고, 적합한 수단으로 구체화 되었으며, 상호 대비되는 이익 형량에 기반하고 있는지에 관한 분석에 기초하여야 한다.

나. 규제 목적의 정당성

전기통신사업법 제1조는 동법의 목적으로서 전기통신사업의 건전한 발전을 기하고 이용자의 편의를 도모함으로써 공공복리의 증진에 이바지함을 규정하고 있다. 재판매 의무화를 통하여 통신서비스 시장의 경쟁을 활성화하고, 또한 재판매 의무화가 산업이나 이용자 이익에 대한 부정적인 효과를 가져오는 것을 제한하는 내용에 관한 일련의 규정은 전기통신사업법의 입법목적상 가능한 것이라 할 수 있다. 그러나 재판매의무제공사업자의 매출상한 제도와 관련하여, 동 제도의 입법취지가 전기통신사업법이 추구하는 근본 목적에 실질적으로 부합하는 것인지, 경쟁정책적으로 타당한 것인지, 그리고 구체적으로 매출상한 제도의 도입 근거가 된 통신산업 내지 통신서비스 시장에서의 재판매에 따른 부정적 효과에 대한 우려가 현실적으로 가능한 것인지에 대한 추가적인 검토가 필요하다.

이러한 우려는 재판매의무제공사업자가 자신이 지배력을 갖고 있는 서비스와 재판매 방식으로 판매하는 서비스를 결합판매 방식으로 제공할 경우에,

재판매의무제공사업자의 지배력이 다른 상품으로 전이되는 방식으로 구체화
될 수 있다.

　우선 재판매의무제공사업자에 의하여 의무적으로 서비스가 다른 사업자에
게 제공되는 것에 의하여, 해당 서비스 자체의 지배력이 확대되는 것이라면,
충분히 경쟁화 되어 있지 않은 우리 통신산업의 특수한 구조상 고려의 여지
가 있다. 예를 들어 서비스의 품질상 기술적으로 우월한 주파수 대역이 단일
사업자에게 집중되어 있는 이동통신 시장에서 지배적 사업자가 재판매를 한
다면, 보다 열등한 지위에 있는 경쟁사업자의 시장에서의 영향력은 더욱 위축
될 가능성이 있다. 즉 서비스 품질에서 우열이 뚜렷하게 드러나는 상황에서
재판매의 제공은, 재판매의무제공사업자의 시장점유율을 축소시키기 보다는
열등한 품질의 서비스를 제공하고 있는 기존 경쟁사업자의 시장점유율에 영
향을 미칠 가능성이 더욱 크다. 이러한 경우에 재판매 의무화를 통한 경쟁의
활성화 보다는 이미 지배력을 갖고 있는 통신사업자에 의한 서비스 제공에
집중화가 나타남으로써, 당해 시장의 구조가 더욱 악화될 우려가 있다.

　그러나 동 규정은 재판매의무제공사업자가 다른 서비스를 직접 재판매하
는 경우에 기존의 지배력이 재판매하는 서비스 시장에 전이됨으로써, 재판매
되는 서비스 시장의 경쟁질서에 부정적인 영향을 미칠 수 있다는 것을 상정
하고 있다. 즉 재판매를 통하여 지배력이 전이되는 경우를 대상으로 하고 있
으며, 이는 특히 재판매서비스제공사업자가 재판매하는 서비스를 자신이 지
배력을 갖고 있는, 대개의 경우 의무제공 대상이 된 서비스와 결합하여 판매
할 경우에 구체화될 것이다. 물론 이러한 가정의 적실성 여부는 결합판매 내
지 끼워팔기(tying)에 의한 지배력 전이가 실제 가능한 것인지에 대한 오랜
논쟁과 밀접히 관련되며, 지배력 전이의 가능성에 대하여 부정적인 견해도
유력하게 전개되어 왔다.9) 이러한 논의의 최종적인 결론을 확정하기는 어렵

---

9) E. Thomas Sullivan & Jeffrey L. Harrison, Understanding Antitrust and Its Economic
　Implications 2. ed., Matthew Bender, 1994, 183면 이하 참조.

지만, 적어도 전기통신사업법과 관련하여 입법자와 규제기관이 결합판매가 지배력 전이 등에 의하여 경쟁이나 이용자 이익에 부정적인 효과를 미칠 수 있다는 점에 대한 일정한 우려를 갖고 있음은, 최근에 제정된 결합판매 고시에 의해서 어느 정도 드러나고 있다. 그러나 이러한 우려가 현실적으로 실현 가능한 것인지에 대해서는 보다 구체적인 검토가 필요하다. 예를 들어 재판매의무대상이 될 것으로 예상되는 유선통신서비스 시장에 지배력이 있는 사업자가 존재하지만, 당해 서비스와 용이하게 결합할 수 있는 보완재적 성격을 갖는 통신서비스를 찾기는 어려우며, 따라서 이론적인 가능성은 차치하고, 유선통신서비스에 기초한 지배력 전이를 구체적으로 파악하는 것은 용이하지 않다.

결합판매로 인한 지배력 전이 문제와 별개로, 통신서비스 시장에서 결합판매와 재판매 사이의 관련성을 검토할 필요가 있다. 일반적으로 통신시장에서 결합판매는 구성 상품인 각각의 통신서비스를 제공할 수 있는 사업자의 유력한 판매방식이 되고 있으며, 구성상품인 통신서비스의 어느 하나만을 제공할 수밖에 없는 사업자는 실질적 경쟁의 측면에서 열위의 위치에 처하게 된다. 결국 결합판매로 인한 지배력 전이 등의 문제를 해결하기 위한 방안을 모색하는 과정에서, 재판매는 동등한 경쟁을 보장하는 유력한 수단이 될 수 있으며, 지배적 통신사업자의 결합판매에 대응하기 위하여 재판매를 통하여 확보한 통신서비스를 자사의 통신서비스와 결합하여 판매할 수 있도록 하는 것은, 경쟁 가능성의 실질적인 보장의 측면에서 유력한 의미가 있다.

이러한 관점에서 보면, 통신서비스의 재판매는 결합판매에 따른 문제점을 해결하기 위한 유력한 수단의 의미가 있다. 따라서 이러한 의미가 결합판매 방식에 의하여 지배력 이전이 이루어지게 되는 원인이 되기 때문에 재판매를 규제하여야 한다는 사고와 정책적으로 조화될 수 있는지에 관한 추가적인 논의가 필요할 것이다.

또한 결합판매로 인한 지배력 이전에 대한 우려로서 재판매 매출상한 제

도가 입안된 것이라면, 결합판매 자체를 대상으로 하는 전기통신사업법상의
규제와의 조화 문제도 검토되어야 한다. 즉 전기통신사업법 제36조의3 제1
항에서 규정된 금지행위를 구체화하는 동법 시행령 제10조의5 및 별표 1 Ⅳ.
제6호에 따라서 '결합판매의 금지행위 세부유형 및 금지행위'가 제정·고시
되었으며, 이는 결합판매 규제의 기본적인 근거가 된다. 특히 동 고시 제3조
제1항은 결합판매로서 금지되는 행위를 규정하고 있고, 제2항은 금지행위에
해당하는지 여부를 판단하는 기준으로서, 결합판매로 인한 비용절감, 이용자
편익 증대효과, 시장지배력 전이 등을 규정하고 있다. 이상의 결합판매에 대
한 규제체계를 갖춘 상태에서, 결합판매로 인한 지배력 전이의 우려에 기초
하여 매출상한을 정하는 방식으로 재판매를 규제하는 것은 규제 목적상 중
복되는 것은 아닌지에 대한 검토가 불가피하다.

다. 수단 적합성 검토

한편 시장점유율에 따른 상한을 설정하여 이를 초과하는 행위를 금지하는
것이 수단적합성의 관점에서 타당한 것인지에 대한 문제제기도 가능하다. 우
선 이론적인 측면에서, 지배적 사업자의 시장점유율이 과다한 것으로 판단되
는 경우라 하더라도, 그 중에서 정당한 경쟁의 결과에 해당하는 부분과 그렇
지 않은 부분을 구분하는 것은 용이하지 않으며, 더욱이 경쟁을 거래상대방
의 선택을 받기 위한 노력으로 이해한다면, 경쟁의 본질에도 부합하지 않는
측면이 있다.

또한 시장점유율 상한에 의한 규제방식의 실효성에도 의문이 있다. 중요
한 선례로서 SK텔레콤과 신세기통신의 기업결합 사건에서,[10] 공정거래위원
회는 당해 기업결합의 위법성을 인정하면서도, 기업결합 후의 시장점유율을
일정 기간 50% 미만으로 하는 등의 제한을 부과하면서, 기업결합 자체는 허
용하는 심결을 내렸다. 동 심결의 취지는 시장점유율을 제한함으로써, 일정

---

10) 공정위 2000. 5. 16. 의결, 2000-76호.

기간 동안 경쟁사업자에게 경쟁의 여지를 인위적으로 제공하고, 이에 의하여 기업결합에 따른 시장 구조의 변화를 억제하고자 한 의도로서 이해된다. 그러나 실제 시장점유율 제한에 의하여 SK텔레콤의 시장점유율은 감소되지 않았으며, 따라서 동 심결의 타당성은 별론으로 하고, 그 실효성에 의문이 있음을 부인할 수 없다.

라. 법익 균형성 검토

끝으로 재판매의 매출상한제도와 관련하여, 동 규제를 통하여 의도하는 이익과 피규제자 등에게 발생하는 법익 침해 사이에 형량의 과정이 요구된다. 시장점유율에 의한 제한은 주관적인 사업자의 능력과 무관하게 객관적으로 나타난 수치에 의한 제한이라는 점에서 그 성격상 고도의 제한이라 할 수 있다. 따라서 이를 통하여 얻고자 하는 이익은 피규제자의 침해된 법익을 상회할 수 있는 높은 수준의 것이 되어야 한다.

그러나 전술한 것처럼, 매출상한 제도를 통한 이익이 이를 충족할 만큼 충분하고 명확한 것인지에 의문이 있다. 무엇보다 결합판매를 매개로 한 지배력 전이 억제와 관련하여 이러한 지배력 전이 메커니즘이 현실적으로 작동할 것인가가 분명하게 제시되기 어려운 상황에서, 동 규정이 상정하고 있는 경쟁질서의 형성이나 이용자 이익 증대의 효과를 기대하는 것 역시 한계가 있다.

3) 논의의 경과

최초 개정법안에서 제시되었던 재판매 매출상한 규제는, 이후 논의과정에서 도입되지 않는 방향으로 나아가고 있다.[11] 앞에서 논의한 것처럼, 무엇보다 동 제도의 경쟁정책적 타당성에 의문이 해소되지 않는 상황이며, 이와 같

---

11) 디지털 데일리, 2007. 11. 13.

은 정책목표상의 혼선은 재판매 제도 자체의 경쟁정책적 의의를 상당히 제한할 우려가 있다. 따라서 동 제도의 도입을 유보하는 최근의 논의는 타당한 것으로 생각된다.

다만 동 제도의 도입의 근거가 되었던 지배력 전이와 같은 문제에 대하여, 재판매관계의 특수성을 반영한 고유의 규제 근거를 마련하는 것은 긍정적으로 검토할 수 있다.

3. 재판매협정의 기준

재판매의무제공사업자와 제판매서비스제공사업자 사이의 재판매 계약은 당사자의 자율에 의하여 이루어지는 것이 원칙이다. 그러나 지배적 지위에 있는 기간통신사업자는 재판매와 관련하여 거래 상대방에게 불리한 거래조건을 부과할 수 있고, 이러한 행태는 재판매에 의한 경쟁 활성화를 기대하기 어렵게 할 수 있다.

이러한 점에서 개정법안 제33조의10은 정통부장관이 재판매의무제공사업자에 의한 재판매 제공 협정의 기준 등을 정함으로써, 공정한 거래조건에서 재판매 거래가 이루어질 수 있도록 하는 제도적 장치를 마련하고 있다.

즉 동조 제1항에 의하여, 시장점유율 100분의50을 초과하는 사업자가 존재하고 재판매서비스를 제공하는 시장에서의 경쟁이 활성화되어 있지 않다고 판단될 경우에, 정통부장관은 재판매협정의 체결절차와 방법 및 조건에 관한 기준과 재판매대가 산정에 관한 기준을 정할 수 있다. 한편 동조 제3항에 의하여 재판매의무제공사업자의 서비스 제공이 전기통신사업의 건전한 발전, 공정한 경쟁 또는 이용자 이익증진에 기여한 것으로 판단되는 경우 또는 재판매서비스를 제공하는 기간통신사업자가 복수로 존재하고 재판매를 하는 전기통신사업자가 재판매서비스를 제공하는 기간통신사업자를 선택하

거나 재판매에 관한 거래조건을 정함에 있어 대등한 지위를 유지하는 등 재
판매서비스제공사업자간 경쟁이 활발한 경우에는 재판매대가의 산정 기준을
정할 수 없는데, 재판매 서비스의 제공이 경쟁이나 이용자 이익 증진에 기여
하고 있거나 이미 경쟁이 활발한 경우에는, 재판매 제공 조건이 합리적이거
나 자율적 결정의 기초가 충분한 것으로 보고, 이러한 경우에 정통부 장관의
기준 지정을 제한하고 있다.

　이상의 재판매협정 기준 제정과 관련하여, 입법취지상 그 타당성은 인정
될 수 있을 것으로 보이지만, 구체적인 규정의 해석에서 일정한 문제제기가
가능하다. 무엇보다 동조 제1항의 규정은 재판매의무제공사업자가 제공하는
모든 서비스의 재판매 협정에 대한 기준을 정통부장관이 정할 수 있는 것으
로 해석된다. 그러나 재판매의무화의 대상이 되지 않은 서비스까지 규제기관
이 계약내용을 정할 수 있도록 하는 것은 사적자치의 원칙과 경쟁의 자율성
에 비추어 그 타당성을 인정하기 어려울 것으로 생각된다. 비록 동 규정이
소매단계에서 도매단계로 규제의 초점을 이전한다는 점에서 긍정적일 수 있
지만, 당해 시장에서의 경쟁이 유효하게 이루어지고 있는 경우까지 규제의
가능성을 확대하는 것에는 경쟁정책상 타당한 것인지에 대한 의문이 있다.

　한편 이와 같이 제정된 기준의 구체적 적용과 관련하여, 일정한 경우에 재
판매 서비스를 제공받는 사업자의 요청에 따르도록 하는 규정을 두고 있다
(33조의10 4항). 정통부장관의 재판매협정 기준의 제정은 재량에 의하는 것
이지만, 일정한 사업자의 요청에 의하여 동 기준은 적용상의 구속력을 갖게
된다. 정통부장관이 제정한 재판매협정 기준의 적용을 요청할 수 있는 사업
자는, 재판매 없이는 경쟁상의 어려움이 있거나 우려되는 사업자로 제한된
다. 이와 같은 제한의 취지는 재판매협정 기준 적용이 남용되는 것을 방지하
려는 것으로 보이지만, 다른 한편으로 이에 관한 규제기관의 자의적인 판단
을 방지할 수 있는 절차적 보완이 필요한 것으로 생각된다.

IV. 제도 도입에 대한 개선안

재판매 의무화 제도의 도입은 통신망과 같은 기간 설비가 편재되어 있는 상황에서 소매단계에서의 경쟁을 활성화하여 궁극적으로 이용자의 편익을 증대하기 위한 방안의 하나로서 도입된 것이라 할 수 있으며, 이러한 점에서 동 제도의 입법 취지는 긍정적으로 평가할 수 있을 것이다.

이와 관련하여 미국의 반독점법 현대화 위원회(AMC: Antitrust Modernization Commission)에서 2007년 4월에 제출한 보고서는 의미 있는 시사점을 제공하고 있다. 동 보고서의 규제산업에 관한 권고 내용을 보면, "일반적으로 공공정책으로서 가격, 비용, 진입에 관한 산업규제보다 자유시장경쟁이 선호되어야 한다. 경제적 규제(economic regulation)는 특정 산업에서의 자연독점의 존재 또는 경쟁이 달성할 수 없는 중요한 이익을 경제적 규제가 달성할 수 있는, 상대적으로 드물게 존재하는(relatively rare) 시장에서의 실패를 치유하기 위하여 활용되어야 한다. 일반적으로 의회는 경쟁이 달성할 수 없는 중요한 사회적 이익을 경제적 규제가 달성할 수 있다고 하는 주장에 대하여 회의적이어야 한다"고[12] 지적하고 있다. 또한 "정부가 경제적 규제를 채택할 경우에, 그 경제적 규제와 함께 경쟁법을 가능한 최대한도로 지속적으로 적용하여야 한다. 특히 규제가 경쟁적 목표를 달성하기 위하여 경쟁의 존재나 시장의 힘의 작용에 의존할 경우에 경쟁법은 반드시 적용되어야 한다"는[13] 지적에 대해서도 유의할 필요가 있다.

이러한 관점에서 보면, 통신서비스 소매 시장에서의 경쟁 활성화를 위하여 도입된 재판매 의무화제도에 대하여 또 다시 규제를 가하는 것은, 경쟁구조의 형성이라는 본래의 목적에 부합하는 것인지, 재판매가 이루어지고 있는

---

12) Antitrust Modernization Commission, Report and Recommendations, 2007, 338면.
13) 위의 책, 같은 면.

시장의 기능과 경쟁법 일반의 규율에 맡기는 것으로도 충분한 것은 아닌지에 대한 의문을 피할 수가 없을 것이다. 따라서 재판매 의무화 제도의 도입 취지가 올바르게 실현되기 위해서는, 이러한 문제들에 대한 진지한 검토가 이루어져야 할 것으로 생각된다.

(1) 우선 통신서비스의 재판매를 의무화함에 있어서, 그 대상과 의무 주체의 지정은 핵심적인 문제라 할 수 있다. 개정법안은 제33조의8 제2항에서 이에 관한 원칙적인 기준을 제시하고 있지만, 보다 구체적인 기준이 마련될 필요가 있으며, 특히 현재의 시장상황에 분석과 재판매를 통하여 개선될 여지가 있는지에 대한 구체적인 판단이 전제되어야 한다.

(2) 재판매 의무화의 적용이 제외되는 경우와 관련하여 제33조의8 제3항 제1호는 "정보통신부령이 정하는 전국 주요 도시에 해당 서비스 제공을 위하여 필요한 전기통신설비를 구축한 후 6년이 지나지 아니한 서비스"를 규정하고 있다. 동 규정의 취지는 서비스 기반 경쟁을 촉진하면서도, 설비 기반 경쟁에 대한 유인을 여전히 유지하려는 데에서 찾을 수 있다. 이와 같은 동 규정의 취지는 긍정적이라 하더라도, 6년이라는 기간이 정보통신산업에서의 급속한 변화에 비추어 합리적인 기간인지에 대해서 추가적인 논의가 필요할 것이며, 또한 기산점에 있어서 불명확한 부분이 시정되어야 한다. 특히 설비 구축이라는 형식적 기준 보다는 실질적으로 전국을 범위로 하는 서비스의 제공이 이루어지는 시점을 기준으로 삼는 것이 법리적으로나 정책적으로 타당성을 기할 수 있을 것이다. 최근의 논의는 동 규정을 삭제하는 방향으로 나아가고 있으며, 앞에서 검토된 개정법안의 문제점에 비추어 타당한 정책방향으로 생각할 수 있다. 그러나 다른 한편으로 신규서비스에 대한 재판매의무화 예외의 근거로서 '설비 기반 경쟁'은 여전히 중요한 정책목표가 될 수 있으며, 따라서 합리적인 기간과 조건 하에서 예외 규정을 유지하는

것에 대해서도 검토할 필요성이 있는 것으로 생각된다.

(3) 최초의 개정법안에서는 재판매 의무화의 경우 매출상한제도가 결합되고 있다. 즉 제33조의9 제2항에 의하여 재판매의무제공사업자가 재판매하는 서비스의 매출액이 그 서비스의 시장 전체 매출액에서 차지하는 비율이 정통부장관이 고시한 비율을 초과할 경우에 추가적인 모집활동이 금지된다. 동 규정은 재판매로 인하여 오히려 시장에서의 경쟁구조가 침해되거나 또는 이용자 이익에 손실이 있을 수 있으며, 이를 억제하려는 의도에서 도입된 것이라 할 수 있다.

그러나 결합판매 또는 기타 판매상의 연계 등을 매개로 한 지배력 전이의 관점에서, 이러한 메커니즘이 현실적으로 작용할 수 있을 것인지에 대한 의문이 있다. 재판매의무대상이 될 것으로 예상되는 유선통신서비스의 경우, 비록 당해 시장에서 지배력이 있는 사업자가 존재하지만, 당해 서비스와 용이하게 결합할 수 있는 보완재적 성격을 갖는 통신서비스를 찾기는 어려우며, 이론적인 가능성은 별론으로 하고 유선통신서비스에 기초한 지배력 전이를 구체적으로 상정하는 것에는 현실적인 한계가 있다.

또한 재판매 의무화 제도의 취지의 하나로서, 결합판매를 통한 경쟁의 실질화를 기하기 위한 것을 들 수 있는데, 매출상한을 정하는 규제가 이러한 재판매 의무화 제도의 취지에 부합하는지에 관한 의문이 있으며, 비교법적으로도 재판매 의무화에 수반하는 매출상한과 같은 규제의 예가 없다.

끝으로 재판매 의무화에 대한 우려로서 경쟁상의 침해를 규제할 수 있는 일반적인 규제 수단이 존재하고 있다는 점에도 유의할 필요가 있다.

최근의 논의는 이 규정 역시 도입하지 않는 것으로 귀결되고 있으며, 동 제도의 경쟁정책적 의의에 대한 의문에 비추어 타당한 것으로 생각된다.

(4) 재판매협정의 기준을 정통부장관이 정하여 고시할 수 있다는 것에 관

해서도, 추가적으로 논의될 부분이 있다. 재판매의무제공사업자와 재판매서비스제공사업자의 일반적인 지위의 불균형을 전제할 경우에, 거래의 공정성 차원에서 규제 기관이 개입하는 것에 대해서는 긍정적으로 볼 여지도 있다.

그러나 현재의 개정안에서 보여주듯이 재판매의무제공사업자의 의무 제공 대상이 되는 서비스에 국한하지 않고, 일반적으로 재판매 대상이 되는 모든 서비스에 재판매협정의 기준을 규제기관이 정할 수 있도록 하는 것은, 경쟁정책적 관점에서 그 타당성을 인정하기 어려우며, 과잉금지의 원칙에도 반하는 것으로 개선될 필요성이 있는 것으로 생각된다.

(5) 끝으로 전기통신사업법상 통신서비스 재판매에 대한 규제체계의 정립은 통신서비스 규제를 소매단계에서 도매단계로 이전하는 의미도 갖는다. 특히 재판매협정에 관한 정통부장관의 기준 제정은 도매단계 규제의 기본적인 근거가 될 것이다. 이러한 상황에서 소매단계에서의 규제 필요성이 여전히 존재하는지에 대하여 의문이 있다. 이러한 점에서, 현재의 개정법안이 3년을 시한으로 하여 소매단계에서의 중요한 규제의 하나였던 요금인가제도 폐지 규정을 부칙에 둘 것을 제안하고 있는 것에 대한 긍정적인 평가가 가능할 것이다.

26. 보험산업에 대한 규제의 조화
- 금융위원회와 공정거래위원회의 관계를 중심으로 -

I. 서론

　보험은 사망이나 화재와 같은 우연하게 발생할 수 있는 사고의 위험 하에 있는 사람들이 보험료를 지불함으로써 일정한 금액을 적립하고, 사고가 발생한 경우에 적립된 금액으로부터 손해를 보상받는 제도를 말한다. 이러한 점에서 보험은 사전에 위험을 대비하는 일정한 집단의 구성원 상호간에 상호부조가 핵심을 이루며, 이를 제도적으로 뒷받침할 수 있는 법적 기초를 전제한다. 특히 보험의 상호부조적 기능이 보다 조직화되고 산업화되었을 경우에, 영업적으로 종사하는 보험자를 매개로 다수의 보험가입자 사이에 위험의 분산이 적절하게 이루어질 수 있도록 하는 법제도의 정비가 필수적으로 요구된다.[1]

　상호부조적인 메커니즘에 의한 위험의 분산은 개인이나 사회 전체에 안정성을 가져다주며, 이로써 경제적 활동을 포함한 다양한 인간 활동이 가능하게 되고, 촉진될 것이다. 한편 현대 사회에서 보험은 이러한 상호부조의 본질적 기능에 머물지 않고, 다양한 의미에서 기능적 확대를 이루고 있다. 특히 동일한 위험에 대처하는 보험집단의 규모가 커지고, 보험료를 통하여 대량의 자금을 용이하게 모을 수 있게 된 상황에서 이 자금은 산업이 필요로

---

[1] John F. Dobbyn, Insurance Law, West Publishing Co., 2003, 1~6면.

하는 유력한 투자재원으로 기능하게 되었다. 물론 보험의 고유한 의미에서 금융적 기능은 부수적인 것이라 할 수 있지만,[2] 보험으로부터 적립되는 자금 규모가 막대하고, 상품으로서의 보험과 다른 금융상품과의 경계가 모호해지고 있는 최근의 거래 현실 등에 비추어, 보험의 금융기능 역시 간과할 수 없는 것이 되고 있다.[3]

이상의 보험의 기능적 이해는 보험 내지 보험산업에 대한 규제의 기초가 된다. 앞에서 언급한 것처럼, 보험의 상호부조적 기능이 유지되기 위해서는 보험료의 납입과 보험금의 지급이 원활하게 이루어져야 하며, 따라서 이를 조직적으로 수행하는 보험자의 역할이 매우 중요하다. 일정한 보험사고를 상정하여 보험집단의 범위를 획정하고, 보험료와 보험금의 적정한 액수를 산정하는 일련의 과정이 보험자 역할의 핵심이며, 이를 적절하게 수행하도록 하기 위한 제도적 장치가 마련되어야 한다.[4] 물론 보험계약법의 합리적 설계, 보험계약 당사자의 자율적 판단의 강화, 보험 시장 메커니즘에 의한 보정 등은 보험자의 적정한 업무수행에 기여할 수 있을 것이다. 그러나 수많은 보험상품을 대상으로 다수의 보험계약자가 참가하고, 대규모 자금이 유통되는 상황에서 보험 기능의 침해나 왜곡은 해당 보험뿐만 아니라, 보험산업 나아가 국민 경제 전체에 위험으로 작용할 수 있다. 따라서 보험의 적정한 운영을 보장하기 위한 사업규제법으로서 「보험업법」상의 규제는 불가피한 것이라 할 수 있다. 또한 보험의 금융적 기능의 중요성에 비추어, 금융산업 전체의 관점에서 규제체계가 형성될 필요가 있으며, 이러한 필요에 따라서 「금융위원회의 설치 등에 관한 법률」(이하 금융위원회법)이나 「금융산업의 구조개선에 관한 법률」(이하 금융산업구조법) 등은 보험업을 포괄하는 규제체계를 갖추고 있다.

---

2) 성대규, 한국 보험업법, 도서출판 동원, 2004, 3면.
3) 2004년 이후 국내 생명보험사와 손해보험사 모두 투자영업이익이 보험영업이익을 상회하고 있다. 김동환, 금융산업의 변화와 향후 과제, 한국금융연구원, 2007, 14면.
4) John F. Dobbyn, 주 1)의 책, 5~6면 참조.

한편 최근 보험산업 내지 금융산업에서 진행되고 있는 급격한 구조개선 및 규제체계 전환의 문제에 대해서도 주목할 필요가 있다. 겸영화, 복합금융 상품의 출현, 국내 시장의 개방 등은 보험산업의 경쟁구조를 새롭게 재편하는 주된 원인이 되고 있으며, 아울러 규제 완화의 관점에서 경쟁원리의 적용을 강화하는 것에 관한 논의도 이루어지고 있다. 물론 보험도 하나의 상품으로서 시장을 형성하며, 시장 기능에 관한 일반법인 「독점규제 및 공정거래에 관한 법률」(이하 독점규제법)의 적용대상이 된다는 것에 의문은 없다.5) 그러나 규제 완화는 규제를 대신하여 시장 기능에 의한 조정을 정책적 함의로 갖는 것이고, 따라서 과거에 비하여 독점규제법 역할이 보다 증대될 것이란 점이 고려되어야 한다.

이러한 상황은 보험산업의 주된 규제기관으로 기능하였던 금융위원회와 시장 일반을 대상으로 한 공정거래위원회의 역할과 상호 관계에 있어서도 일정한 변화가 필요함을 시사하는 것이다. 즉 규제산업적 관점에서 이루어지던 보험업에 대한 규제가 더 이상 필요하지 않거나 또는 완화되는 영역에서 시장의 자율적 조정기능이 이를 대신할 경우에, 시장 감시자로서 공정거래위원회 역할의 중요성이 부각될 것이다.

이하에서의 논의는 보험산업의 규제에 있어서 금융위원회와 공정거래위원회의 역할과 상호 관계에 초점을 맞출 것이다. 우선 금융위원회를 중심으로 한 보험산업에 대한 규제를 개괄하고(Ⅱ), 보험시장 내지 보험산업에 대한 독점규제법 기타 공정거래 관련 법률의 적용과 관련한 공정거래위원회의 기능을 살펴볼 것이며(Ⅲ), 끝으로 이상의 논의에 기초하여 양 기관의 업무 수행에 있어서 충돌을 조화롭게 극복하는 방안을 제안할 것이며(Ⅳ), 이로써 결론에 대신할 것이다.

---

5) 신영수, "금융규제의 완화에 따른 합병규제의 법적 쟁점", 서울대 법과대학 공정거래 전문가과정, 2008. 3, 5면에서는 "금융산업에서도 시장과 경쟁의 이념은 배제되지 않으며, 금융산업의 안정을 유지하기 위한 한도 내에서 부분적인 제한 내지 수정을 가하게 될 뿐이다"라고 보고 있다.

II. 보험산업의 현황과 규제

1. 보험산업의 현황과 전망

1) 1997년 경제위기 이후 보험산업의 발전

우리 보험산업의 구조조정은 1997년 말의 경제위기 이후 본격화되었다. 개인과 기업의 부도가 잇따르면서 이들에 대한 대출금 채권이 부실화되고, 특히 부실 계열기업에 대한 대출로 인하여 경영부실화에 이른 보험회사들이 퇴출되었는데, 1998년 4개 보험회사, 2000년 6개 보험회사가 정리되었으며, 2001년까지 2개 보험회사(대한생명, 서울보증)에 대하여 공적 자금이 투입되었다.[6]

한편 산업구조개편 과정에서 보험시장을 보다 경쟁적인 구조로 전환하는 정책이 중요한 목표로서 추진되었다. 우선 외국 보험회사의 진출이 본격화되었는데, 2004년 7월 기준으로 ING생명, 알리안츠생명 등 8개 외국 보험회사 등이 수입보험료 기준으로 생명보험시장에서 차지하는 점유율은 15.9%까지 증가하였다.[7] 또한 2003년 9월부터 시행된 방카슈랑스 제도는 보험산업에서의 경쟁 양상을 새롭게 변모시키는 원인이 되었다. 이미 1990년대 들어서 인적 판매 방식에 의존하던 종래의 보험상품 판매방식을 다양화하려는 시도가 있었고, 방카슈랑스 제도의 도입도 그 일환으로서 이해할 수 있는 측면이 있지만, 산업구조적 관점에서 경쟁의 새로운 환경을 조성하는 것에 보다 큰 의미가 부여되었다. 즉 방크(banque)와 어슈어런스(assurance)의 합성어

---

6) 권순우, "환경변화에 따른 향후 금융산업 구조재편 방향", 삼성경제연구소, 2002, 47~48면 참조.
7) 국내 보험시장의 진입의 구조적 장벽으로 존재하였던 '경제적 수요 심사제도'가 1997년 4월 19일 '보험회사 설립허가기준'(재정경제원 고시 제1997-18호)에 의하여 폐지됨으로써, 외국보험회사의 국내진출의 제도적 기반이 마련되었다.

로 구성된 방카슈랑스는 광의로 은행, 증권, 보험 등의 금융업무를 직접겸영, 자회사, 지주회사[8] 또는 업무제휴방식 등의 다양한 경로를 통하여 영위하는 금융겸업화를 대표하고, 협의로는 은행 등 타 금융기관이 보험업에 진출하는 것을 의미하는 것으로서,[9] 특히 후자의 의미가 우리나라에서는 보다 구체적인 의미를 갖게 되었다.

이와 같은 경쟁적인 환경으로의 변화, 특히 상당수의 보험회사가 경영부실화로 인하여 퇴출당하는 사태를 경험하면서, 국내 보험회사들의 재무건전성과 경영효율성은 상당히 충실해진 것으로 볼 수 있다. 우선 보험회사가 보험가입자에게 보험금을 적시에 지급할 수 있는 능력에 관한 것으로서 재무건전성 감독의 가장 중요한 지표에 해당하는 '지급여력비율'의[10] 경우, 다음의 <표 26-1>이 보여주듯이 2001년 이후 상당히 안정적인 수치를 나타내고 있다.

〈표 26-1〉 보험회사 지급여력비율 추이[11]

구 분	2001	2003	2005	2006
생명보험	293.9	218.5	229.9	232.9
손해보험	195.1	280.2	294.3	281.0

(단위: %)

---

8) 미국에서 방카슈랑스의 제도적 기반을 갖춘 것으로 평가되는 1999년 제정된 'Financial Services Modernization Act'를 중심으로 자회사의 건전성 확보에 초점을 맞춘 금융지주회사의 규제에 관한 논의로서, 이영대, "금융지주회사의 규제", 권오승 편, 자유경쟁과 공정거래, 법문사, 2002, 408면 이하 참조.
9) 정재욱, "방카슈랑스 도입방안에 관한 소고", 주간금융동향 제10권 제32호, 2001, 3면.
10) 지급여력비율의 의미는 같지만, 이를 구하는 방식은 생명보험회사와 손해보험회사 사이에 차이가 있다. 전자의 경우에는 순자산(자산 - 부채 + 내부보유자산)을 책임준비금으로 나누어 백분율로 환산한 것을 말하며, 이때 책임준비금이란 보험회사가 청산할 때 가입자에게 돌려주어야 하는 금액을 의미한다. 후자의 경우 순자산을 적정잉여금으로 나누는데, 여기서 적정잉여금이란 보험종목별 위험도와 자산위험 위험도를 고려하여 회사가 보유하여야 하는 잉여금을 말한다. 일반적으로 보험회사 감독에 있어서 100%를 정상적인 기준으로 고려하고 있다.
11) 양상문, IMF 외환위기 이후 보험산업 10년 평가", 보험동향 제44호, 2007, 17면 참조.

또한 경영효율성 측면에서도 긍정적인 평가가 가능한데, 생명보험과 손해보험 모두 신 계약율은 감소하고 있지만, 1997년에 약 30%에 달하던 효력상실 해약율이 2007년에는 10% 이하로 떨어지는 등의 꾸준한 개선이 이루어지면서, 전체적인 손해율은 안정적인 경향을 보여주고 있다.12) 이러한 안정적인 기조는 보험회사의 자산운용에 있어서도 유지되고 있다. 특히 두드러진 변화는 자산운용포트폴리오에서 나타나는데, 1997년 보험회사의 자산 중 가장 높은 비중을 차지하고 있었던 가계 또는 기업에 대한 대출이 현격히 줄어들고, 대신 각종 채권, 수익 증권, 주식 등의 다양화가 이루어졌다는 점이다. 이는 수익성 보다 안정성을 우선하는 보험회사의 자산운용 결과로 이해되고 있다.13)

2) 보험산업의 시장구조적 분석

한편 1997년 이후 보험시장의 구조 측면에서도 급속한 변화가 진행되어 왔다. 전술한 것처럼 시장구조 측면에서의 변화에는 부실 보험회사의 퇴출과 외국 보험회사의 진입이 주된 영향을 미친 것으로 볼 수 있다. 전자의 경우 시장집중도를 강화하는 측면이 있는 반면에, 후자는 시장집중도를 완화시킨다는 점에서, 시장구조적 관점에서 양자의 의미는 상반된다. 한편 외국 보험회사의 국내 시장 진출이 손해보험의 경우는 아직 미미하므로, 생명보험과 손해보험을 분리하여 시장구조를 살펴볼 필요도 있다.

생명보험의 경우 1997년 이후 10개 생명보험회사가 퇴출되고 나서 대형 보험회사에 의한 집중도가 커졌지만, 외국 보험회사의 진출이 본격적으로 이루어진 이후 시장집중도는 다소 완화되었다. 반면에 외국 보험사의 영향이 크지 않았던 손해보험의 경우 1997년 이후 꾸준히 대형 보험회사가 시장에

---

12) 위의 글, 7~8면 참조.
13) 위의 글, 9~10면 참조.

서 차지하는 비중은 증가하고 있으며, 시장집중도 역시 이러한 추세를 반영하고 있다. 다음 <표 26-2>와 <표 26-3>은 1990년대 후반부터 최근까지 생명보험과 손해보험 시장에서의 점유율 변화를 보여주고 있다.

〈표 26-2〉 생명보험시장 점유율 분포의 변화[14]

	1997	2000	2003	2005	2007. 9
대형 3사	67.2	80.9	72.0	65.9	56.3
외국사	0.3	5.7	13.6	18.3	23.5
중소형사	32.5	13.3	14.4	15.8	20.2

(단위: %)

〈표 26-3〉 손해보험시장 점유율 분포의 변화[15]

	1995	2000	2005
대형사	57.4 (4)	68.0 (4)	71.3 (4)
중소형사	35.8 (7)	27.9 (7)	23.5 (6)
외국사	0.4 (3)	0.4 (4)	1.2 (6)
전업사	6.4 (3)	3.7 (2)	4.0 (4)
계	100 (17)	100 (17)	100 (20)

(단위: %)

<표 26-2>에 제시된 것처럼, 대형3사의 시장점유율은 구조조정 직후인 2000년 80.9%까지 상승한 후, 외국 보험사의 점유율이 확대되면서, 2007년에는 56.3% 수준으로 감소되었다. 이 기간 중 허핀달-허쉬만 지수는 1,729(1997년), 2,534(2000년), 2,024(2003년), 1,739(2005년), 1,326(2007년)으로 변화함으로서, 2000년 이후 시장집중도가 완만한 감소세에 있음을 보여주고 있다. 공정거래위원회가 제정한 「기업결합심사기준」은 기업결합 후 허핀달-허쉬만 지수가 1,200 미만인 경우를 안전지대의 하나로 규정하고 있는 것에 비추어, 현

---

14) 위의 글, 16면 참조.
15) 오영수, 금융겸업화 및 개방화에 대응한 보험산업 발전방안, 2006, 11면 참조. <표 3>에서 괄호 안의 숫자는 해당 보험회사의 수를 말한다.

재 생명보험 시장은 경쟁적인 시장구조에 근접한 것으로 볼 수 있다. 이에 비하여 손해보험 시장은 2007년 6월 기준으로 동 지수가 1,518로 조사되고 있으며, 상대적으로 생명보험 시장에 비하여 높은 집중도를 나타내고 있다. 미국의 「기업결합 가이드라인」(Horizontal Merger Guidelines)은 동 지수가 1,800 이상인 경우를 매우 집중화된(highly concentrated) 시장으로 보고 있으며,[16] 우리 기업결합 심사기준은 고도로 집중화된 시장의 기준을 2,500 이상으로 상정하고 있다. 이와 같은 각 국 경쟁당국의 규제 기준을 고려하면, 현재 생명보험 시장뿐만 아니라 손해보험 시장에서의 집중도는 크게 우려할 만한 수준은 아니라는 평가가 가능하다.

3) 보험산업의 전망과 과제

보험업무에 있어서 효율성을 제고하고, 자산운용에 있어서 안정성과 수익성의 적절한 포트폴리오를 실현하는 것은, 보험산업의 장기적 성장을 위한 실질적 기초가 된다. 그러나 1997년 이후 보험산업의 구조적 개선이 이루어지고, 동시에 개별 보험회사의 경영에 있어서 효율성과 자산운용의 건정성이 제고되었음에도 불구하고, 여전히 보험산업 운용에 있어서 글로벌 기준에 미치지 못한다는 지적이 유력하다. 예를 들어 2006년 기준으로 세계 각 국과 비교하여 총 수입보험료 규모는 7위, GDP에서 보험료가 차지하는 비중인 '보험침투도'는 4위에 이르지만, '보험밀도'의 측면에서 보면, 21위에 머물고 있다.[17] 이때 보험밀도는 국민 1인당 지출 보험료를 의미하는 것이고, 따라서 현재의 보험산업이 가능한 수요자에 충분한 대응을 하고 있지 못하다는 분석이 가능하다. 이러한 분석은 우리 보험회사의 국제경쟁력 비교에 의해서도 뒷받침되고 있는데, 규모, 범위, 수익성을 기준으로 세계 5대 보험회사의

---

16) Herbert Hovenkamp, Antitrust 3. ed., West Group, 2003, 216~217면 참조.
17) 양성문, 주 11)의 글, 7면.

경쟁력을 지수 10으로 상정할 때, 우리 생명보험회사의 경쟁력 지수는 4.0, 손해보험회사의 지수는 3.0으로 조사되고 있다.[18]

이러한 상황에서 보험산업의 경쟁력을 제고하기 위한 방안이 강구되고 있으며, 전술한 것처럼 근본적으로 보험 영업과 자산 운용 모두에서 경영의 효율성을 향상시키기 위한 노력이 필요할 것이다. 예를 들어 인구 노령화나 산업구조 내지 사회 활동의 다양성에 맞춘 보험을 개발하는 것과 같은 상품 개선 노력, 연고판매방식이 주를 이루었던 전통적인 보험상품 판매 방식을 다양화하고 선진화하기 위한 조치, 자산운영에 있어서 안정성과 수익성을 종합할 수 있는 능력의 강화 등의 중요성은 부인할 수 없다.

특히 보험 마케팅에 관련하여, 그 동안 보험상품 판매에 있어서 보험설계사에 의한 연고판매에 의존하는 방식을 개선하고 다양화할 필요성에 관하여 넓은 공감대가 형성되고 있다. 즉 보험설계사 중심의 기존의 판매방식이 새로운 상품의 의의와 가치를 보험소비자에게 전달하고, 새로운 시장을 형성해 나간다는 관점에서 충분한 효율성이 있는지, 나아가 보험시장이 개방되고 다양한 금융상품이 개발되어 시장화 되고 있는 현재의 상황에서도 유효할 수 있는지에 의문이 있으며, 따라서 새로운 판매방식의 개발 그리고 보험설계사 전문성의 강화는 불가피한 것으로 보아야 한다. 이와 관련하여 보험설계사의 전문성 강화와 생산효율성을 나타내는 여러 가지 지표를 살펴볼 필요가 있다. 전체적으로 보면, 보험설계사 수는 2007년 9월 기준으로 1997년과 비교하여 대폭 줄어들었는데, 생명보험의 경우 293,398명에서 136,772명으로, 손해보험의 경우 102,732명에서 71,299명으로 약 50%이상 감소하였다. 한편 보험설계사가 신규등록한 후 여전히 보험설계사로서 활동하는 것을 지표화한 것으로서, 직업의 안정성과 전문성이 배양될 수 있는 기초적인 시간의 확보가 이루어지고 있는지를 판단하는 근거가 되는 보험설계사 정착율은 아래의 <표 26-4>에서 알 수 있듯이, 꾸준하게 증가하는

---

18) 오영수, 주 15)의 글, 3면 참조.

추세에 있다. 판매방식 개선의 관점에서 보면, 새로운 판매방식, 특히 비용
의 절감과 효율성을 제고하는 새로운 마케팅 방식의 도입도 중요하지만, 전
통적인 판매방식인 보험설계사를 통한 판매방식 자체도 개선될 필요성이
있다. 이를 위하여 무엇보다 교육 등을 통하여 보험설계사의 인적 전문성이
강화되어야 하며, 종래의 연고판매 위주의 판매방식에서 벗어나 보험상품에
대한 정확한 정보와 소비자의 필요에 부합하는 적절한 상품을 소개할 능력
과[19] 시장에 대한 정확한 인식 등을 갖춘 인력을 바탕으로 하여 보험설계사
시스템이 운영될 필요가 있다.[20]

〈표 26-4〉 보험설계사 13월차 정착율[21]

	1997	2000	2001	2002	2003	2005	2007. 9
생명보험	18.4	22.4	28.8	31.2	31.2	36.1	42.0
손해보험	37.1	39.8	36.8	43.0	39.7	39.5	42.8

(단위: %)

　한편 이러한 논의 과정에서 보험회사의 경쟁력을 규모 측면에 초점을 맞
추어 이해하는 견해도 유력하다. 보험회사의 규모는 확보하는 수입보험료와
자산의 크기에 좌우되며, 이는 곧 경쟁력의 기초를 이루는 상품의 다양성과
감당할 수 있는 리스크의 범위에 영향을 미칠 것이다. 현재 국내 생명보험시

---

19) 실증적인 분석에 의하면, 연고판매보다 개척판매의 경우에 보다 판대성과가 높으
며, 또한 교육훈련에 대한 만족도나 필요성에 대한 인식 또한 높은 것으로 조사되
었다. 김정동, "생명보험 모집인의 판매성과 결정요인", 리스크관리연구 제13권 제
1호, 2002, 178면 참조.
20) 실증조사에 기초한 보험설계사의 업무수행에 관한 분석을 보면, 보험설계사들의
능력이 높을수록 업무성과도 높게 나타나는데, 이때 능력은 적극적으로 고객관리
에 참여하고 고객의 필요와 욕구를 만족시킬 수 있을지를 연구하는 것과 관련되며,
학력이나 연령과 유의미한 상관성이 나타나지는 않는 것으로 나타나고 있다. 신상
헌·제미경·이은희, "보험설계사들의 활동능력에 따른 업무성과와 고객관리 방법",
소비자학연구 제12권 제2호, 2001. 6, 153면.
21) 양성문, 주 11)의 글, 14면.

장과 손해보험시장에 각각 22개 보험회사가 진출하고 있으며, 이중 국내 보험회사는 생명보험시장에 14개사, 손해보험시장에 15개사가 영업을 하고 있다. 그러나 이들 국내 보험회사는 규모 측면에서 세계적인 수준에는 미치지 못하는 것으로 볼 수 있다. 생명보험시장의 경우 2004년 기준으로 세계 시장점유율 1% 이상을 차지하고 있는 보험회사는 22개사이며, 여기에 포함되는 우리 보험회사는 아직 없는 상태이다.[22] 이미 국내에 외국 보험회사가 진출하고 있고, 글로벌 차원에서의 경쟁이 이루어지고 있는 상황에서 국내 보험회사의 상대적으로 영세한 규모는 경쟁력 차원에서 열위에 처할 수밖에 없는 주된 원인이 될 수 있다.

　이러한 상황을 극복하기 위한 논의는, 국내에서 시장 확대를 통한 자연적 성장 가능성을 논외로 하고,[23] 크게 다음의 세 가지 방향으로 전개되고 있다. 즉 우리 보험회사의 해외 진출을 통하여 글로벌화를 이루는 것, 보험산업의 구조조정을 재차 시도하여 대형 보험회사를 유도하는 것, 그리고 금융 겸업화의 일환으로 보험회사가 다른 금융 영역에 적극적으로 진출하는 것 등으로 집약된다.

　우선 국내 보험회사의 해외 진출은 여전히 미흡한 상황이다. 가장 적극적인 진출을 시도하고 있는 삼성생명과 삼성화재의 경우, 각각 7개국에 6개의 사무소와 6개의 현지법인 그리고 6개국에서 6개의 사무소, 1개의 지점, 3개의 현지법인을 두고 있다. 그러나 보험산업 전체로 보면, 4개의 생명보험회사와 6개의 손해보험회사가 10개국에 33개의 사무소, 7개의 지점, 15개의 현

---

22) 오영수, 주 15)의 글, 5면.

23) 일본의 대표적 생명보험회사인 Nippon Life, Dai-ichi, Meiji, Sumitomo 등은 일본 내에서의 영업에 주력하면서도, 세계 시장점유율에서 각각 7위, 12위, 14위, 17위를 차지하고 있으며, 이는 일본의 경제규모에 따른 내수시장의 크기에 의한 것으로 볼 수 있다. 우리의 인구와 경제규모를 감안할 때, 국내 시장에서의 자연적인 성장만으로 규모 측면에서 세계적인 수준의 보험회사로 성장하는 것에 한계를 지적할 수 있다.

지법인을 설치하고 있다. 또한 대부분의 해외 진출은 초기 단계이며, 아직 수익성을 창출하는 수준에는 이르지 못하고 있다.[24] 외국의 유력한 보험회사로서 생명보험시장에서 2004년 기준으로 수입보험료가 약 278억불이고 세계 시장점유율이 15위인 미국 'Prudential'이 일본시장에 진출한 예는, 국내 보험회사의 해외 진출이 상당 기간의 준비과정을 필요로 하는 과제임을 시사한다. 미국 'Prudential'은 1981년 Sony와 합작으로 Sony-Prudential Life Insurance Company를 설립하고 일본시장에 진출하였는데, 그 과정에서 일본의 전통적인 보험판매가 가정주부를 중심으로 한 방문판매방식을 취하고 있고, 95%의 가정이 평균 5개 정도의 보험계약을 체결하고 있으며, 그럼에도 불구하고 낮은 이율의 저축성 상품이 주를 이룸으로써 종합적으로 보험밀도는 낮은 편이라는 시장 분석 등이 선행되었다. 이에 기초하여 일본 사회의 고유한 특성에 부합하면서도 새로운 판매방식과 보험상품, 예를 들어 전문적인 교육을 받은 보험판매원을 통한 마케팅이나 높은 수익을 보장하는 상품 등을 제공함으로써 성공적으로 시장진입을 이룬 것으로 평가되고 있다.[25]

한편 다음의 두 가지 접근, 즉 산업의 재 구조조정을 통하여 대형 보험회사를 인위적으로 창출하거나 금융겸업화를 통하여 보험회사의 규모를 확대하는 것은 정책 목표의 설정과 법제도에 의한 평가에 밀접히 관련된다. 우선 인위적인 시장 구조 개선의 경우, 불가피하에 기존의 보험회사들 간에 결합 방식을 취할 가능성이 크며, 이 경우 보험업법이나 금융산업구조법에 의한 규제 외에 독점규제법에 의한 기업결합 심사에 의한 허용 여부도 고려되어야 한다.

또한 보험회사의 다른 금융 영역의 겸업과 관련하여, 이를 제한하고 있는 현재의 제도가 전제되어야 한다. 현재 은행의 경우 보험업을 영위함에 있어

---

24) 오영수, 주 15)의 글, 9-10면 참조.
25) 이에 관하여 Prudential의 자체 보고서인, Prudenatial Insurance Company of America, The Power of A Story: Voices of Prudential and Its People, Harcourt. Inc., 2001, 81~85면 참조.

서 제한이 없는 상태이다. 반면에 보험회사의 경우 유력한 보험회사가 대규모기업집단의 계열사로 존재하는 상황에서 산업자본적인 성격을 갖고 있는 것으로 평가되고 있고, 따라서 신탁업이나 자산운용업의 겸업은 가능하지만, 금산분리 원칙의 적용상 보험회사의 은행업 진출은 제한되고 상황이다. 이러한 법제도의 취지나 정책적 의의에 대한 검토가 이루어질 필요가 있다.

2. 보험업법과 금융 관련법에 의한 규제

1) 규제의 개괄

보험업법과 기타 금융 관련법에 의한 보험산업의 규제는, 보험산업의 진입과 퇴출 그리고 합병과 같은 구조조정을 대상으로 하는 構造的 규제와 보험업무 내지 자산운용업무의 적절성을 보장하고 또한 영업의 적정한 범위를 결정하기 위한 營業的 규제로 대별된다. 이와 같은 규제는 보험산업의 규제산업적 성격을 반영하는 것으로서,[26) 시장의 자율적 조정에 의하여 이루기 어려운 구체적 목표와 관련되는 것이다.

이러한 점에서 앞에서 살펴본 보험산업의 현황과 전망은 규제의 타당성과 개선을 논의함에 있어서 기초가 된다. 물론 개별 보험회사의 진입을 허용하는 것과 같은 문제에 있어서, 업무 수행을 적정하게 행할 수 있는 능력 등에 대한 고려는 당연히 요구되는 것이지만, 바람직한 보험산업의 구조 내지 보험산업에 대한 전망 등에 대한 정책적 결정이 어떻게 이루어지고 있는지의 문제는, 보험산업의 구조를 전체적으로 이해하는 것과 불가분하게 관련될 수밖에 없다.

영업적 규제는, 보험자에 의한 위험의 인수와 분산과 같은 보험의 본질적

---

26) 권오승, 경제법, 법문사, 2008, 137면 참조.

기능이 적절하게 유지될 수 있도록 하는 것이 핵심이지만, 보험 이외의 금융 관련 업무수행과 관련한 규제도 마찬가지로 중요한 의미가 있다. 물론 보험업에서 보험자는 은행업에서처럼 즉시지불요구가 가능한 예금채권과 같은 형태로 존재하는 채권을 보유하는 예가 적고, 따라서 시스템리스크의 위험은 다른 금융기관에 비하여 상대적으로 크지 않은 편이라 할 수 있다. 이는 금융기관 간에 규제의 차별화가 필요하며, 보험회사에게는 보다 완화된 규제가 적용되어야 한다는 논리의 근거가 될 수 있다. 그러나 최근 미국의 AIG가 구제금융을 받게 되는 상황에 이르면서, 보험산업 나아가 금융산업 전체에 상당한 위험을 야기한 것에서 볼 수 있듯이, 시스템리스크의 현실적 가능성에 차이가 있다 하여도, 보험회사에 대한 경영 건전성의 요구는 당연한 것이라 할 수 있다.

2) 구조적 규제

보험산업에 대한 구조적 규제로서, 우선 보험산업에 진출하기 위해서는 금융위원회의 허가를 요한다. 보험업법 제4조 제1항은 보험업을 영위하고자 하는 자는 보험종목별로 금융위원회의 허가를 받을 것을 규정하고 있으며, 이는 법률상 진입제한의 전형적인 예에 해당한다. 구체적인 허가 조건은 동법 제6조 제1항이 정하고 있는데, 원칙적으로 300억원 이상의 자본금 또는 기금을 보유할 것(1호 및 동법 9조 1항), 보험계약자의 보호가 가능하고, 그 영위하고자 하는 보험업을 수행함에 충분한 전문인력과 전산설비 등 물적시설을 갖추고 있을 것(2호), 사업계획이 타당하고 건전할 것(3호), 대주주가 동법 제13조 제1항 각 호의 어느 하나에 해당하지 아니하고[27] 충분한 출자능

---

[27] 보험업법 제13조 제1항 각호에서 보험회사의 임원이 되지 못하는 자로 정하고 있는 것은 다음과 같다. 미성년자·금치산자 또는 한정치산자(1호), 파산선고를 받은 자로서 복권되지 아니한 자(2호), 금고 이상의 실형의 선고를 받고 그 집행이 종료(집행이 종료된 것으로 보는 경우를 포함한다)되거나 집행이 면제된 날부터 5년이

력 및 건전한 재무상태를 갖추고 있어야 하며, 건전한 경제질서를 저해한 사실이 없을 것(4호) 등이 요구되며, 동조 제2항에 의하여 외국보험회사에 대해서는, 전술한 제2호와 제3호 외에, 30억원 이상의 영업기금을 보유할 것(1호 및 동법 시행령 14조), 국내에서 영위하고자 하는 보험업과 동일한 보험업을 외국법령에 의하여 영위하고 있을 것(2호), 자산상황·재무건전성 및 영업건전성이 국내에서 보험업을 영위하기에 충분하고, 국제적으로 인정받고 있을 것(3호)이 요구된다.

이상의 요건을 충족하여 금융위원회의 허가를 받는 경우에, 동 위원회는 동법 제4조 제4항에 의하여 허가에 조건을 붙일 수 있다. 이때 조건의 부과

경과되지 아니한 자(3호), 이 법 또는 이에 상당하는 외국의 법령 그 밖에 대통령령이 정하는 금융관계법률에 의하여 벌금 이상의 형의 선고를 받고 그 집행이 종료(집행이 종료된 것으로 보는 경우를 포함한다)되거나 집행이 면제된 날부터 5년이 경과되지 아니한 자(4호), 금고 이상의 형의 집행유예를 받고 그 유예기간중에 있는 자(5호), 이 법 또는 대통령령이 정하는 금융관계법률에 의하여 영업의 인가·허가 등이 취소된 회사 또는 법인의 임원 또는 직원이었던 자(그 취소사유의 발생에 관하여 직접 또는 이에 상응하는 책임이 있는 자로서 대통령령이 정하는 자에 한한다)로서 당해 회사 또는 법인에 대한 취소가 있는 날부터 5년이 경과되지 아니한 자(6호), 「금융산업의 구조개선에 관한 법률」 제10조 제1항의 규정에 의하여 금융위원회로부터 적기시정조치를 받거나 동법 제14조 제2항의 규정에 의하여 계약이전의 결정 등 행정처분(이하 "적기시정조치등"이라 한다)을 받은 금융기관(동법 제2조제1호의 규정에 의한 금융기관을 말한다)의 임원 또는 직원으로 재직하거나 재직하였던 자(그 적기시정조치등을 받게 된 원인에 대하여 직접 또는 이에 상응하는 책임이 있는 자로서 대통령령이 정하는 자에 한한다)로서 그 적기시정조치등을 받은 날부터 2년이 경과되지 아니한 자(7호), 이 법 또는 이에 상당하는 외국의 법령 그 밖에 대통령령이 정하는 금융관계법률에 의하여 해임 또는 징계면직된 자로서 해임 또는 징계면직된 날부터 5년이 경과되지 아니한 자(8호), 제135조 또는 대통령령이 정하는 금융관계법률에 의하여 재임 또는 재직중이었더라면 해임 또는 징계면직의 조치를 받았을 것으로 통보된 퇴임한 임원 또는 퇴직한 직원으로서 그 통보가 있는 날부터 5년(통보가 있는 날부터 5년이 퇴임 또는 퇴직한 날부터 7년을 초과하는 경우에는 퇴임 또는 퇴직한 날부터 7년으로 한다)이 경과되지 아니한 자(9호).

는 부관으로서의 성격을 갖는 것으로 볼 수 있으며,[28] 동법에서 이에 대한 구체적인 요건을 두고 있지 않으므로, 부관에 관한 행정법 일반 원리의 적용을 받게 될 것이다. 조건의 부과 자체는 명문의 규정에 의한 것이고, 따라서 금융위원회의 보험업 허가가 기속행위인지 여부를 조건 부과에 의하여 판단할 수 있는 것은 아니다. 다만 기속행위나 기속재량행위에 부관을 붙일 수 없고, 붙였다 하더라도 이는 무효라고 보는 대법원 판례의 태도에 비추어,[29] 이때의 허가를 금융위원회의 재량행위로 판단할 여지는 있다고 생각된다. 일반적으로 재량의 한계에 관하여, 부당결부금지원칙으로 구체화되는 목적에 의한 한계, 비례원칙에 의한 한계, 평등원칙에 의한 한계 등이 거론되며,[30] 이러한 법리는 당연히 여기서의 조건 부과에 대해서도 적용될 것이다. 그러나 보험업법의 목적이 보험업을 영위하는 자의 건전한 운영의 도모와 보험계약자 등의 권익 보호를 통한 보험업의 건전한 육성과 국민경제의 균형 있는 발전에 기여하는 것으로 상정되어 있는 만큼(동법 1조), 한계로 작용하는 범위는 크지 않을 것이다.

현행 보험업법상의 허가 요건과 관련하여, 보험시장의 안정유지를 위하여 필요한 경우 보험업 허가를 제한할 수 있었던, 이른바 경제적 수요심사제도(economic needs test)가 2000년 법개정에 의하여 폐지되었다. 이는 우리 정부가 OECD와의 약속을 이행한 결과로 설명되고 있으며,[31] 인위적으로 보험시장의 사업자 수를 조정하지 않으려는 정책적 판단에 따른 것으로 볼 수 있다. 그러나 전술한 보험업법상의 허가 요건은 광범위한 재량의 여지를 금융위원회에게 주고 있으므로, 시장 안정을 위한 보험업 허가의 제한 가능성을 완전히 배제하기는 어렵다.

이상의 허가 요건 이외에 보험업을 영위하는 것에 대한 제한은 없지만, 보

---

28) 김동희, 행정법 I, 박영사, 2002, 276~277면.
29) 대법원 1988. 4. 27. 선고, 87누1077 판결.
30) 김동희, 주 28)의 책, 282~283면.
31) 성대규, 주 2)의 책, 78면 참조.

험업을 영위하는 보험회사는 겸영과 관련하여 일정한 제한을 받는다. 이에 관하여 동법 제11조 제1항은, 대통령령이 정하는 금융업으로서 해당 법령에 서 보험회사가 영위할 수 있도록 허용한 업무(1호),[32] 대통령령이 정하는 금 융업으로서 그 업무의 성격상 보험회사가 겸영하는 것이 가능하다고 금융위 원회가 인가한 업무(2호),[33] 보험업과 관련된 업무, 보험회사가 소유하는 인 력·자산 또는 설비 등을 활용하는 업무, 그 밖에 다른 법령에 의하여 허가· 인가·승인 또는 등록 등을 필요로 하지 아니하는 업무에 해당하는 것으로서 대통령령이 정하는 부수업무(3호) 등이 이에 해당한다. 동 규정에 의하여 보 험회사의 은행업 등의 겸영은 제한되는데, 전술한 것처럼 산업자본과 결합되 어 있는 보험회사의 은행업 진출을 방지하고자 하는 것에 입법 취지가 있다.

보험산업에의 진입과 마찬가지로 퇴출에 있어서도 일정한 규제가 이루어 지고 있다. 보험회사의 해산 사유는 보험업법 제137조 제1항이 규정하고 있 는데, 존립기간의 만료 그 밖에 정관이 정하는 사유의 발생(1호), 주주총회 등의 결의(2호), 회사의 합병(3호), 보험계약 전부의 이전(4호), 회사의 파산(5 호), 보험업의 허가의 취소(6호), 해산을 명하는 재판(7호) 등이 이에 해당한 다. 이 중에서 해산의 결의, 합병, 보험계약의 이전은 금융위원회의 인가 대 상이 되며(139조), 보험회사의 영업 양도, 양수의 경우에도 금융위원회의 인 가가 요구된다(150조). 이러한 규정은 보험계약자의 권익 보호를 위하여 불 가피한 규제로서의 의미가 있다. 동법 제155조에 의하여 회사는 존속하면서 보험업의 전부 또는 일부를 폐지하는 경우에, 그 60일 전에 정리계획서를 금 융위원회에게 제출하여야 하는 것도, 동일한 입법취지로서 이해할 수 있다.

---

32) 동법 시행령 제16조 제1항에 의하여, 「자산유동화에 관한 법률」에 의한 유동화자 산의 관리업무(1호), 「주택저당채권 유동화회사법」에 의한 유동화자산의 관리업무 (2호), 「한국주택금융공사법」에 의한 채권유동화자산의 관리업무(3호) 등이 이에 해당한다.
33) 동법 시행령 제16조 제2항에 의하여, 「자본시장과 금융투자업에 관한 법률」에 따 른 신탁업이 이에 해당한다.

보험계약의 이전은 다양한 이해관계자의 이해 충돌이 예정되는 것인 만큼, 보다 구체적인 보호규정을 두고 있는데, 동법 제141조에 의하여 보험계약 이전에 결의의 공고와 보험계약자의 이의제출을 받을 것이 요구되고 있고, 제140조 제2항은 보험계약 이전에 수반하여 회사자산이 이전되는 경우 보험회사의 채권자의 이익을 위하여 필요하다고 인정되는 자산은 금융위원회에 의하여 유보될 수 있다는 규정을 두고 있다. 한편 금융산업구조법 제14조 제2항은 부실금융기관에 해당하는 보험회사에 대하여 금융위원회에 의한 강제적인 계약이전명령을 할 수 있는 근거규정이 되고 있다. 이때 계약이전명령은 재무상태가 일정 기준에 미달하는 등의 사유로 적기시정조치에 의한 명령을 이행하지 않거나 할 수 없게 된 경우, 부채가 자산을 현저히 초과하여 전술한 명령의 이행이나 합병 등이 이루어지기 어렵다고 판단되는 경우 등을 대상으로 한다. 동 규정은 보험시장에서 규제기관에 의한 강제적인 퇴출의 전형적인 예에 해당한다.

한편 전술한 것처럼, 해산 사유의 하나로서 합병의 경우 금융위원회의 인가를 요구하고 있지만, 이 경우는 소멸되는 회사에 관한 것이고, 합병 그 자체에 대해서는 금융산업구조법에 의하여 규제되고 있다. 동법 제3조는 "금융기관은 같은 종류 또는 다른 종류의 금융기관과 서로 합병하여 같은 종류 또는 다른 종류의 금융기관이 될 수 있으며, 단독으로 다른 종류의 금융기관으로 전환할 수 있다"고 규정함으로써, 금융기관의 하나인 보험회사가 모든 종류의 금융기관을 상대로 합병할 수 있음을 밝히고 있지만, 동법 제4조 제1항에 의하여 금융위원회의 사전 인가를 받아야 한다. 인가에 있어서 적합성 심사 기준은 동조 제3항이 규정하고 있는데, 합병 또는 전환의 목적이 금융산업의 합리화·금융구조조정의 촉진 등을 위한 것일 것(1호), 합병 또는 전환이 금융거래의 위축이나 기존 거래자에 대한 불이익을 초래할 우려가 없는 등 금융산업의 효율화와 신용질서의 유지에 지장이 없을 것(1호의2), 합병 또는 전환이 금융기관 상호간의 경쟁을 실질적으로 제한하지 아니할 것(2호),

합병 또는 전환 후에 행하고자 하는 업무의 범위가 관계 법령 등에 위반되지 아니하고 영업계획이 적정할 것(3호), 합병 또는 전환 후 업무를 수행할 수 있는 조직 및 인력의 체제와 능력을 갖추고 있을 것(3호의2), 「상법」·「자본시장과 금융투자업에 관한 법률」 그 밖의 관계 법령에 위반되지 아니하고, 그 절차의 이행에 하자가 없을 것(4호), 자기자본 비율, 부채 등이 적정한 수준일 것(5호), 대통령령이 정하는 주요출자자가 충분한 출자능력이 있고, 건전한 재무상태를 갖추고 있을 것(6호) 등이 이에 해당한다.

이상의 적합성 심사 요건은 대체로 영업 수행에 있어서 적정성과 관련된 것이지만, 제1호 내지 제2호의 규정은 전체 산업 또는 시장구조적 관점이 반영된 것이라 할 수 있다. 특히 제2호는 실질적 경쟁제한성을 요건의 하나로 규정함으로써, 경쟁적인 금융산업에 대한 정책적 지향을 보여주고 있다. 그러나 후술하는 바와 같이, 금융위원회에 의한 실질적 경쟁제한성 심사와 관련하여, 동조 제4항에서 규정하는 공정거래위원회와의 협의의 법적 성격 그리고 금융위원회의 심사와 별개로 공정거래위원회에 의한 기업결합심사가 가능한지의 여부는 추가적으로 논의되어야 할 부분이다.

한편 보험회사는 지주회사 형태로 존재할 수도 있으며, 이 경우 보험회사는 금융기관으로서 금융지주회사법에 의하여 규율된다.[34] 동법에 의하여 금융지주회사의 설립은 금융위원회의 사전인가를 받아야 하며, 자회사의 편입에 있어서도 사전 승인을 요한다. 또한 금융지주회사법 제50조에 의한 경영지도기준을 준수하여야 하는 등의 금융감독원의 건전성 감독을 받는 것도

---

34) 한편 보험지주회사, 은행지주회사, 증권지주회사를 구분하지 않고, 금융지주회사를 일반적으로 규제 대상으로 하는 단일한 규제 법규를 마련하고 있는 것은, 비교법적으로 드문 예에 속한다는 지적을 하고 있는 것으로서, 나승성, 금융지주회사법, 한국학술정보, 2007, 130~131면 참조. 한편 미국으 경우 1999년 「금융서비스현대화법」(Gramm-Leach-Bliley Act)이 제정되어 은행업, 증권업, 보험업의 업무제휴가 가능하게 되고, 기능별 규제(functional regulations)의 근거가 마련되었다고 설명하고 있는 것으로서, 이동원, "지주회사에 관한 비교법적 고찰", 김건식·노혁준 편, 小花, 2005, 57~59면 참조.

특징을 이룬다. 이는 일반지주회사에 대한 독점규제법상의 규제보다 강화된 것으로서, 금융시스템 리스크를 고려한 것이라 할 수 있다. 한편 보험회사의 상당수가 대규모기업집단 내에서 비금융계열사와 지분관계를 갖고 있는 것에 비추어, 독점규제법 제8조의2 제2항 제4호 및 제5호에 근거한 금산분리 원칙의 적용은 지주회사 방식으로 보험회사가 성립되는 것에 대한 현실적인 제한이 될 것이다.

3) 영업적 규제

상법 제4편 보험에 관한 규정은 보험계약의 특수한 성격을 고려하여, 보험계약의 공정성을 보장하기 위한 일련의 체계로 구성된다. 이러한 규정들이 私法的 차원에서 보험계약 내지 보험산업 운영의 공정성을 보장하는 것에 기여할 수 있지만, 위험의 인수와 분산을 영업적으로 수행하는 보험회사 업무성에 대한 사후적 통제만으로, 다수의 보험계약자가 관련되고 광범위하게 발생할 수 있는 리스크를 충분히 규율할 수 있는지에 의문이 있으며, 이러한 점은 보험업법에 의한 보험회사 영업에 대한 규제의 근거가 될 것이다.

전술한 것처럼, 보험회사의 영업은 본래의 보험과 관련된 업무와 투자 등 자산운용과 관련된 업무로 대별되며, 보험업법상의 규제도 이러한 유형에 따른 분류가 가능하다. 우선 보험업무와 관련하여, 구체적인 보험계약 체결에 있어서 실질적인 역할을 하는 보험모집자에 대한 일련의 규제가 있다. 동법 제83조 제1항에 법정된 보험모집을 할 수 있는 자로서, 보험설계사(1호), 보험대리점(2호), 보험중개사(3호), 보험회사의 임직원(4호), 보험대리점 또는 보험중개사의 임원 또는 사용인으로서 이 법에 의하여 모집에 종사할 수 있는 자로 신고된 자(5호) 등이 이에 해당한다. 나아가 동법 제84조 내지 제94조는 이들의 등록 및 일정한 자격 조건 등에 관하여 규정하고 있다.

또한 보험업법은 보험영업의 공정성과 업무의 적정성을 보장하기 위하여,

보험모집과 관련한 일련의 준수사항을 규정하고 있다. 동법 제95조 제1항은 보험안내자료에 기재될 내용을 법정하고, 이를 명료하고 알기 쉽게 기재할 것을 요구하고 있으며, 제96조는 통신수단을 이용한 모집 등에 관한 특칙을 두고 있다. 또한 보험모집과 관련한 금지행위를 법정하고 있는 것이 중요한데, 동법 제97조 제1항은 보험계약자 또는 피보험자에게 보험계약의 내용을 사실과 다르게 알리거나 그 내용의 중요한 사항을 알리지 아니하는 행위(1호), 보험계약자 또는 피보험자에게 보험계약의 내용의 일부에 대하여 비교대상 및 기준을 명시하지 아니하거나 객관적인 근거 없이 다른 보험계약과 비교하여 당해 보험계약이 우량 또는 유리하다고 알리는 행위(2호), 보험계약자 또는 피보험자가 보험계약의 중요한 사항을 보험회사에 알리는 것을 방해하거나 알리지 아니할 것을 권유하는 행위(3호), 보험계약자 또는 피보험자가 보험계약의 중요한 사항에 대하여 부실한 사항을 보험회사에 알릴 것을 권유하는 행위(4호), 보험계약자 또는 피보험자로 하여금 이미 성립된 보험계약을 부당하게 소멸시킴으로써 새로운 보험계약을 청약하게 하거나 새로운 보험계약을 청약하게 함으로써 기존보험계약을 부당하게 소멸시키거나 그 밖에 부당하게 보험계약을 청약하게 하거나 이러한 것을 권유하는 행위(5호) 등을 금지행위로서 규정하고 있고, 특히 제5호와 관련하여 동조 제3항은 기존보험계약이 소멸된 날부터 3월 이내에 새로운 보험계약을 청약하게 하거나 새로운 보험계약을 청약하게 한 날부터 3월 이내에 기존보험계약을 소멸하게 하는 행위(1호)와 당해 보험계약자 또는 피보험자에게 기존보험계약과 새로운 보험계약의 보험기간 및 예정이자율 등 대통령령이 정하는 중요한 사항에 대하여 비교하여 알리지 아니하는 행위(2호)를 이에 해당하는 것으로 간주한다. 이 외에도 보험모집자가 보험계약 체결 또는 모집과 관련하여 보험계약자 또는 피보험자에게 특별이익을 제공하거나 제공을 약속하는 것은 금지되며(98조), 보험계약자의 권를 강화하는 취지에서 동법 제102조 제1항은 원칙적으로 "보험회사는 그 임원·직원·보험설계사 또는 보험대리점이 모집을 함에 있어서 보험계약자에게 가한 손해를 배상할 책임을 진다"는 규정을 두고 있다.

보험회사의 자산운용과 관련하여 보험업법은 상세한 제한 규정을 두고 있다. 우선 동법 제104조 제1항은 보험회사의 자산운용 원칙으로서, 안정성, 유동성, 수익성과 함께 공익성을 제시하고 있다. 이와 같이 공익성까지 포함하는 자산운용의 원칙의 제시는, 자산운용에 대한 규제가 개별 기업의 안정성과 수익성 차원을 넘어서 보험산업 나아가 국민경제 전체의 차원에서 이루어질 수 있고, 또한 이에 대한 규제가 광범위한 정책목표 설정과 관련될 수 있음을 보여주는 것이다.

자산운용의 한계를 정하고 있는 규정들을 구체적으로 보면, 동법 제105조 제1항은 귀금속·골동품 및 서화의 소유(1호, 대통령령이 정하는 경우를 제외), 대통령령이 정하는 업무용 부동산이 아닌 부동산의 소유(2호, 저당권 등 담보권의 실행으로 인하여 취득하는 부동산을 제외), 상품 또는 유가증권에 대한 투기를 목적으로 하는 자금의 대출(3호), 직접·간접을 불문하고 당해 보험회사의 주식을 매입시키기 위한 대출(4호), 직접·간접을 불문하고 정치자금의 대출(5호), 당해 보험회사의 임원 또는 직원에 대한 대출(6호, 보험약관에 의한 대출 및 금융위원회가 정하는 소액대출을 제외), 자산운용의 안정성을 크게 해할 우려가 있는 행위로서 대통령령이 정하는 행위(7호) 등의 방법으로 하는 자산운용을 금지하고 있다. 또한 동법 제106조 제1항은 자산운용에 있어서 일정한 비율을 제한하고 있는데, 동일한 개인 또는 법인에 대한 신용공여 : 총자산의 100분의 3(1호), 동일한 법인이 발행한 채권 및 주식 소유의 합계액 : 총자산의 100분의 7(2호), 동일차주에 대한 신용공여 또는 그 동일차주가 발행한 채권 및 주식 소유의 합계액 : 총자산의 100분의 12(3호), 동일한 개인·법인, 동일차주 또는 대주주에 대한 총자산의 100분의 1을 초과하는 거액 신용공여의 합계액 : 총자산의 100분의 20(4호), 대주주 및 대통령령이 정하는 자회사에 대한 신용공여 : 자기자본의 100분의 40(5호, 자기

자본의 100분의 40에 해당하는 금액이 총자산의 100분의 2에 해당하는 금액보다 클 경우 총자산의 100분의 2), 대주주 및 대통령령이 정하는 자회사가 발행한 채권 및 주식 소유의 합계액 : 자기자본의 100분의 60(6호, 자기자본의 100분의 60에 해당하는 금액이 총자산의 100분의 3에 해당하는 금액보다 클 경우 총자산의 100분 3), 동일한 자회사에 대한 신용공여 : 자기자본의 100분의 10(7호), 부동산의 소유 : 총자산의 100분의 25(8호), 비상장주식의 소유 : 총자산의 100분의 10(9호), 「외국환거래법」의 규정에 의한 외국환 또는 외국부동산의 소유 : 총자산의 100분의 30(10호), 제105조 제2항의 규정에 의한 대통령령이 정하는 거래 또는 해외 파생상품거래를 위한 위탁증거금의 합계액 : 총자산의 100분의 5(11호)를 초과하는 자산운용은 금지된다. 이상의 자산운용에 있어서 비율 제한의 취지는 자산운용의 건전성을 제고하고 궁극적으로 보험계약자의 이익 보호를 위한 것으로 이해할 수 있다. 특히 최근 미국 AIG가 구제금융을 받게 된 사태는, 전통적인 보험업무 부분이 아니라 파생금융상품을 주로 취급하던 투자은행업무 부분에서 비롯된 것이라는 분석이 유력하며, 특히 리스크가 컸던 모기지 관련 금융상품에 대한 투자가 직접적 원인으로 지목되고 있다.[35] AIG의 예는 투자 리스크의 적절한 분산의 중요성과 이에 대한 규제기관의 감독의 필요성을 시사하는 것이다.[36] 이러한 관점에서 동 규정을 보면, 리스크의 분산의 관점이 적절하게 반영되어 있는지에 의문이 있다. 예를 들어 동 규정에서 부동산 소유의 경우 총자산의 100분의 25로 제한되는데, 부동산의 가치가 급격히 하락하는 경우 이러한 제한 범위가 적절한 것인지가 문제될 수 있다. 무엇보다 금융상품의 리스크는 변동성이 강한 것이므로, 항목별 비율에 대한 주기적인 검토와 수정·보완의 시스템이 갖추어질 필요가 있다.

---

35) 이민환·최영목·이경희, "AIG의 부실 원인과 보험산업에 대한 시사점", KIRI weekly 제122호, 2008, 4면.
36) 위의 글, 10면 이하 참조.

한편 자산운용의 규제에 있어서 보험산업적 관점을 넘어서는 정책목표가 개입되기도 한다. 동법 제109조는 보험회사가 다른 회사의 의결권 있는 발행주식의 100분의 15를 초과하는 주식을 소유하는 것을 금지하고 있는데, 동 규정은 대부분 대규모기업집단에 속해 있는 보험회사를[37] 통하여 지배관계가 형성되는 것에 대한 부정적 판단에 기초한 것으로 이해된다. 또한 보험회사의 대주주와의 거래제한은 자산운용의 건정성 외에도 보험회사의 사금고화에 대한 정책적 우려가 작용한 것으로 볼 수 있다.

이 밖에 자산운용에 대한 규제와 관련하여, 동법 제115조 이하에서 보험회사의 자회사 소유의 제한이 부과되고 있으며, 보험회사의 計算과 관련하여 보험회사는 재무제표 등의 제출의무(118조), 서류의 비치의무(119조), 책임준비금 등의 적립의무(120조), 배당보험계약의 구분계리 의무(121조) 등의 의무를 부담한다.

이상의 보험업무 또는 자산운용과 관련한 규제 외에도, 경영 일반에 관한 규제로서 보험회사는 자본의 적정성과 자산의 건전성을 포함하여 재무건전성을 유지하여 할 의무를 부담한다. 또한 보험요율 산출과 관련하여 제129조는, 보험요율이 보험금 및 그 밖의 급부에 비하여 지나치게 높지 아니할 것(1호), 보험요율이 보험회사의 재무건전성을 크게 해할 정도로 낮지 아니할 것(2호), 보험요율이 보험계약자간에 부당하게 차별적이지 아니할 것(3호) 등의 사항을 준수하여, 보험료율을 산출함에 있어서 객관적이고 합리적인 통계자료를 기초로 대수의 법칙 및 통계신뢰도를 바탕으로 하여야 한다는 원칙을 제시하고 있다. 특히 보험요율 산출 방식을 규제하는 제129조에 대해서는, 실제 운영에 있어서 규제기관에 의한 보험요율, 즉 보험상품 가격의 직접적 통제수단으로 활용될 여지가 있다는 지적이 가능하다.

이상의 규제를 실효적으로 집행하기 위하여, 금융위원회는 보험회사의 업

---

37) 2008년 4월 기준으로 37개 상호출자제한기업집단에 20개의 보험회사가 계열사로 속해 있다.

무운영이 적정하지 아니하거나 자산상황이 불량하여 보험계약자 및 피보험자 등의 권익을 해할 우려가 있다고 인정하는 경우에, 업무집행방법의 변경(1호), 금융감독위원회가 지정하는 기관에의 자산의 예탁(2호), 자산의 장부가격의 변경(3호), 불건전한 자산에 대한 적립금의 보유(4호), 가치가 없다고 인정되는 자산의 손실처리(5호), 그 밖에 대통령령이 정하는 필요한 조치(6호) 등에 해당하는 조치를 명할 수 있다(131조 1항). 또한 보험회사에 대한 제재로서, 동법 제134조에 제1항에 의하여 금융위원회는 금융감독원장으로 하여금 보험회사에 대한 주의·경고 또는 그 임원·직원에 대한 주의·경고·문책의 요구(1호), 당해 위반행위에 대한 시정명령(2호), 임원의 해임권고·직무정지의 요구(3호), 6월 이내의 영업의 일부정지(4호) 등의 조치를 취하게 할 수 있고, 동조 제2항에 의하여 거짓 그 밖의 부정한 방법으로 보험업의 허가를 받은 때(1호), 허가내용 또는 허가조건을 위반한 때(2호), 영업의 정지기간 중에 그 영업을 한 때(3호), 제1항 제2호의 규정에 의한 시정명령을 이행하지 아니한 때(4호)에 금융위원회는 일정한 절차를 거친 후에 직접 보험업 허가를 취소할 수 있다.

III. 공정거래위원회에 의한 규제

1. 규제의 개괄

현행 독점규제법상 보험업에 대한 일반적인 적용제외를 규정하고 있지는 않다. 다만 동법 제10조 제7항 제1호에 의하여 출자총액제한제도의 적용되지 않고, 제10조의2 제1항에 의하여 채무보증금지제도의 적용이 제외되는 등의 예외적 규정이 존재할 뿐이다. 따라서 보험업에 대한 독점규제법 적용은 당연한 것이라 할 수 있고, 공정거래위원회의 규제 사례도 상당수 존재한다. 그러나 보험업의 규제산업적 성격에 비추어, 경쟁 원리의 적용이 가능하지 않은 부분을 상정할 수 있으며, 이러한 영역에서 독점규제법의 적용은 제한될 수밖에 없다.

이러한 의미에서 적용제외를 가능하게 하는 법적 근거로서, 동법 제58조는 "다른 법률 또는 그 법률에 의한 명령에 따라 행하는 정당한 행위"에 대하여 동법의 적용제외를 규정하고 있다. 판례는 이때의 정당한 행위의 인정과 관련하여, 경쟁제한을 인정하여야 할 합리적인 이유가 있는 행위에 대해서만 필요최소한의 범위에서 동법의 적용을 제외하여야 한다고 보고 있으며,[38] 이러한 관점은 규제산업에 대한 이해에 의하여 보다 구체화 될 것이다. 즉 경쟁 메커니즘에 의하여 실현될 수 없는 일정한 목적을 달성하기 위하여 규제의 필요성이 승인되는 경우에, 동법 제58조에서의 정당성이 인정될 수 있다. 이와 관련하여 반독점법의 적용제외의 관점에서 "보험의 핵심은 위험의 인수와 분산에 있다"라고[39] 한 Sullivan & Harrison의 지적은 주목할 만한 것이다. 또한 금융위원회법 제1조에서 동법의 목적의 하나로 들고 있는 금융시장 안정화의 경우, 경쟁 메커니즘에 의하여 이를 실현하는 것에 한계가 있다면, 안정화를 위한 일정한 규제는 독점규제법의 적용을 제한할 수 있을 것이다. 결국 문제는 적용제외의 경계를 정하는 것이며, 독점규제법의 적용이 가능한 부분을 밝히는 것은 이러한 경계를 설정하는 의미를 갖는다.

전술한 것처럼 보험계약의 공정성을 보장하기 위한 상법상의 규정 등이 존재하지만, 대부분의 보험계약은 약관에 의하여 이루어진다. 따라서 「약관의 규제에 관한 법률」(이하 약관규제법)에 의한 규제 가능성이 주어지며, 동법의 소관부서인 공정거래위원회의 기능은 이 부분에서도 다루어질 필요가 있다.

---

38) 대법원 1997. 5. 16. 선고 96누150 판결.
39) E. Thomas Sullivan & Jeffrey L. Harrison, Understanding Antitrust and Its Economic Implications 4. ed., Lexis Nexis, 2003, 94면.

2. 독점규제법에 의한 규제

1) 기업결합 규제

　제2장에서 살펴본 것처럼, 보험회사와 다른 금융기관 간의 합병은 금융위원회의 인가사항이며, 다만 금융산업구조법 제4조 제4항에 의하여 인가 요건의 하나인 실질적 경쟁제한성의 판단과 관련하여 공정거래위원회와 협의를 거쳐야 한다. 우선 이 협의에 금융위원회가 구속되는지가 문제가 될 수 있다. 규정 자체가 협의라는 표현을 사용하고 있고, 구속력의 근거가 될 수 있는 규정을 찾기 힘들며, 금융위원회는 인가 요건으로서 실질적 경쟁제한성 외에 다양한 기준들을 종합적으로 고려하여야 한다는 점에서, 동 협의의 구속력을 인정하기는 어려울 것으로 생각된다.

　금융위원회의 합병 인가와 별개로 공정거래위원회의 기업결합 심사는 가능한지가 다투어질 수 있다. 보험회사의 합병에 대하여 공정거래위원회의 기업결합 심사를 배제하는 근거 규정이 없으며, 독점규제법상의 기업결합 규제는 합병 이외에 주식취득 등의 다른 결합유형도 포괄하여 그 대상으로 하고 있고, 무엇보다 경쟁법 고유의 관점에서 기업결합의 위법성을 판단할 필요성이 있으므로, 공정거래위원회에 의한 기업결합 심사는 가능한 것으로 보아야 한다.[40] 한편 보험회사의 기업결합에 대한 공정거래위원회의 위법성 판단과 관련하여, 보험산업 내지 금융산업의 특성이 고려되어야 할 것이다. 특히 기업결합심사기준은 항변사유로서의 효율성 판단과 관련하여 국민경제적 관점에서의 기준도 제시하고 있으며, 여기에 고용 증대, 지방균형 발전, 전후방

---

[40] 공정거래위원회의 기업결합 심사가 가능하다는 이론적 근거로서, 독점규제법과 개별산업규제법이 일반법과 특별법의 관계에 있지 않다는 것을 들고 있는 것으로, 신영수, 주 5)의 글, 18면 참조.

연관산업의 발전 등이 포함되고 있다.[41] 이러한 기준들은 보험산업 내지 금융산업의 특수한 성격을 반영하는 매개가 될 수 있다.

2) 지주회사 및 대규모 기업집단 규제

금융지주회사법 제2조 제1항 제1호에 의하여, 금융지주회사는 주식의 소유를 통하여 금융업을 영위하는 회사(이하 금융기관) 또는 금융업의 영위과 밀접한 관련이 있는 회사를 대통령령이 정하는 기준에 의하여 지배하는 것을 주된 사업으로 하며 1 이상의 금융기관을 지배하는 회사로서 금융위원회의 인가를 받은 회사를 말한다. 따라서 금융기관에 해당하는 보험회사가 지주회사의 관계 내에 있을 경우에 금융지주회사법의 적용을 받게 될 것이고, 동법 제62조에 의하여 독점규제법은 보충적으로 적용될 수 있을 뿐이다.

그러나 독점규제법 제8조의2 제2항 제4호 및 제5호에 규정된 금산분리의 원칙은 보험회사를 포함한 금융지주회사 체계에 근본적인 영향을 미치는 것이다. 동 조항들에 의하여, 일반지주회사는 금융업 또는 보험업을 영위하는 회사의 주식을 소유할 수 없고, 또한 금융지주회사는 일반 국내회사의 주식을 소유할 수 없다. 이에 의하여 기존의 보험회사가 지주회사로 전환하고자 하는 경우, 기존의 일반 계열사 주식을 처분하여야 하며, 또한 역의 관계도 성립한다. 그리고 그 한도에서 공정거래위원회의 규제 권한은 유지되는 것으로 보아야 할 것이다.

이와 관련하여 최근 금융위원회가 제안한 금융지주회사 제도개선 방안은 기존의 지주회사 규제체계에 상당한 영향을 미칠 것으로 보이며, 따라서 이에 대한 공정거래위원회의 규제 권한에도 변화가 있을 것으로 예상된다. 금

---

41) 이러한 국민경제적 관점에서의 기준들은 효율성 개념에 포섭될 수 있는 범위로 제한해서 이해하여야 한다는 견해로서, 홍명수, 경제법론I, 경인문화사, 2008, 151면 참조.

융지주회사 제도개선 방안의 핵심적인 내용 중 하나는, 은행업을 영위하는 자회사를 두고 있지 않은 금융지주회사의 경우에 비금융회사의 지배를 허용하는 것이라 할 수 있다.[42] 이러한 제안의 배경에는, 금산분리 원칙의 엄격한 적용을 완화하는 것 그리고 보험업과 은행업 등 다른 금융업의 리스크 차이를 규제에 반영하는 것의 두 가지 근거가 유력하게 자리하고 있다. 우선 후자와 관련하여, 독점규제법상 지주회사 규제제도의 도입은 경제력집중 억제를 위한 것이라는 점에 유의할 필요가 있다. 금융기관 간의 시스템 리스크의 차이가 일반집중 내지 소유집중의 관점에서도 의미가 있는 것이라면, 이를 반영할 필요성이 있겠지만, 그렇지 않다면 이를 금융관련법에 반영하는 것은 별론으로 하고, 독점규제법에 반영하는 것에는 일정한 한계가 있을 수밖에 없다. 금산분리의 원칙은 기본적으로 경쟁정책적 차원을 넘어서 국민경제 전체의 관점에서 결정될 문제이다. 그러나 적어도 동 원칙이 '경제력집중 억제'의 편에 반영되어 있다는 것에 대해서는 주의를 기울일 필요가 있다.[43] 일반적으로 금산분리의 원칙에 부정적인 입장은, 금융자본과 산업자본의 경계를 제거함으로써 자본의 규모가 커지며, 또한 원활한 유통이 가능하게 되어, 금융경제와 실물경제 모두에 이익이 될 수 있다는 점을 지적한다. 이러한 지적에 대해서는 금산분리의 완화는 오히려 금융 및 실물 경제에 리스크의 증대를 야기할 수 있다는 반론이 가능하며, 또한 금융기관의 사금고화, 자본의 비효율적 배분의 가능성이 상존함으로써 이로 인한 국민경제 전체의 효율성을 저해할 우려 등이 거론되고 있다.[44] 그리고 이러한 우려는 대규모 기업집단을 중심으로 운영되고 있는 우리 경제에서 현실적인 의미를 가질 수 있다.

전술한 것처럼 보험회사는 출자총액제한과 채무보증금지 규정의 적용을 받

---

[42] 금융위원회, 금융지주회사 제도개선 방안, 2008. 10, 9~11면.

[43] 금융지주회사의 단점의 하나로서 경제력집중의 심화를 언급하고 있는 것으로서, 나승성, 주 34)의 책, 21~22면 참조.

[44] 권영준·이혜란·하능식, 산업자본과 금융자본 관계의 국제비교, 한국학술정보, 2007, 19면 이하 참조.

지 않지만, 대규모 기업집단의 범위를 정함에 있어서 계열회사로 인정됨으로
써, 공정거래위원회의 규제 대상에 포함된다는 점에는 변함이 없으며, 여전히
독점규제법 제9조의 상호출자의 금지, 독점규제법 제11조가 정하고 있는 보험
회사의 계열회사 주식에 대한 의결권 제한 등의 적용을 받는다. 특히 후자와
관련하여 주목할 만한 대법원 판결도[45] 존재한다. 문제가 된 사건은 삼성그룹
에 속한 삼성생명이 보유하고 있는 계열사 주식의 의결권을 행사한 것이고, 동
행위가 특히 동법 제11조 제2호에 규정된 보험자산의 효율적인 운용·관리를
위하여 보험업법 등에(개정 전: 관계법령 등에) 의한 승인 등을 얻어 주식을
취득 또는 소유하는 경우에 해당되어 의결권 제한 규정의 적용이 제외되는지
가 다투어졌다. 대법원은 독점규제법 제11조의 입법 취지 및 목적, 문언 및 체
계 등에 비추어 보면, 예외 사유인 "보험자산의 효율적인 운용·관리를 위하여
관계 법령에 의한 승인 등을 얻어 주식을 취득 또는 소유하고 있는 경우"라
함은 관계 법령에 의한 승인 등을 얻어 주식을 취득 또는 소유하고 있고 그것
이 보험자산의 효율적인 운용·관리를 위한 것인 경우를 의미하며, 보험업을
영위하는 회사와 사업내용 면에서 밀접하게 관련된 사업을 영위하는 회사가
발행한 주식을 취득 또는 소유하고 있는 경우에 한하는 것은 아니라고 보았다.
이에 대하여 공정거래위원회는 경제력집중의 억제를 위한 규제의 하나로서 보
험회사의 의결권 제한이 규정되고 있는 입법취지에 기초하여 보험자산의 효율
적 운용·관리를 위한 것은 보험사업과 밀접히 관련된 사업을 영위하는 회사의
주식을 취득 또는 소유하는 경우로 국한하여 보아야 한다고 보았다. 이러한 주
장의 배경에는 보험업법에서 이루어지는 보험회사의 주식 취득의 승인이 보험
업법의 고유한 목적에 따라서 이루어질 수밖에 없고, 독점규제법의 목적이나
보험회사의 의결권을 제한하는 제도의 취지가 충분히 고려될 수 없다는 문제
의식도 있었을 것이다. 특히 동 사건에서도 나타났듯이, 보험회사의 주식 취득
의 승인은 1970년대부터 현재까지 장기간에 걸쳐서 이루어지고 있으며, 각각

---

45) 대법원 2005. 12. 9. 선고 2003두10015 판결.

의 시점에 이루어진 승인이 일관된 원칙에 기초하여 이루어졌다고 보기 어렵다는 점도 감안하여야 한다. 그러나 보험자산의 효율적인 운용·관리는 보험자산의 운용으로 인한 이득 증대와 손실이나 위험의 감소로 이해하는 것이 문언에 부합하는 것이라 할 수 있으며, 이러한 점에서 공정거래위원회의 해석은 문리적 해석의 범위를 넘는 문제점을 갖고 있는 것이다. 그러나 반면에 대법원이 채택한 해석은 보험회사의 의결권 제한의 예외 사유로서 보험업법 등에 의한 승인과 별개로 규정된 '보험자산의 효율적인 운용·관리'의 고유한 의의가 충분히 고려되지 못하고 있다는 지적이 가능할 수 있다.

3) 부당한 공동행위의 규제

보험업 영역에서 공정거래위원회의 부당한 공동행위 규제 사례는 다수 있으며, 이에 관한 주목한 말한 대법원 판결들도 존재한다. 10개 손해보험회사들이 긴급출동서비스를 중단하는 등에 관한 합의에 관하여 대법원은 최종적으로 부당공동행위에 해당한다는 판단을 하였으며,[46] 11개 손해보험회사들이 보험료를 공동으로 결정한 것이 문제가 된 사건에서 대법원은 합의의 존재를 부인함으로써, 부당한 공동행위를 인정하지 않았다.[47]

두 사건에서 대법원의 결론은 달리하였지만, 적어도 이 사건들이 공정거래위원회의 규제 대상이 된다는 점이 다투어지지는 않았으며, 독점규제법 제58조에 해당하는 정당한 행위인지에 관하여 법원의 판단은 부정적이었다. 그러나 보험산업의 관점에서 보면, 전술한 사건 중에서 전자는 긴급출동서비스 제공으로 인한 과당 경쟁의 억제 그리고 후자는 적정한 보험료 산정이 문제가 되었던 것이다. 이 문제가 규제산업적 성격을 규정하는 보험산업의 고유한 특성에서 비롯된 것이라면, 이러한 점이 독점규제법의 적용제외와 관련

---

46) 대법원 2006. 11. 23. 선고 2004두8323 판결.
47) 대법원 2005. 1. 28. 선고 2002두12052 판결.

하여 적극적인 판단의 근거가 될 수 있는지에 대하여 논의의 여지는 있다.

이와 관련하여 미국에서 보험산업에 대한 반독점법의 적용제외와 관련하여, McCaran-Ferguson법을 대상으로 전개되어 온 논의는 시사하는 바가 크다.[48] 동법은 보험업을 규제하는 주법과 연방법인 반독점법 사이에 적용제외 문제를 다룬 것으로서, 동법에 의하여 보험회사의 행위가 주법에 의하여 규제되고 또한 정당화 되지 않거나 보험업의 일부가 아닌 경우에는, 연방법인 반독점법의 적용이 제외되지 않는다.[49] 여기서 보험업(business of insurance)의 의미가 무엇인지가 해석상 쟁점이 되었으며, Union Labor Life Ins. Co. v. Pireno 사건에서[50] 연방대법원은 행위가 보험계약자의 위험을 이전하거나 분산하는 효과를 가지고 있는지, 행위가 보험자(보험회사)와 보험계약자 사이의 보험관계에 있어서 불가결한 부분인지, 그리고 행위가 보험산업의 주체들에게 한정되는지 여부 등의 세 가지를 보험업을 판단하는 기준으로 제시하였다.

이상의 Pireno 사건에서 제시된 보험업의 판단 기준과 McCaran-Ferguson법에 의한 적용제외의 법리를 전술한 긴급출동서비스 중단에 관한 사건에 직접적으로 대입할 경우에도, 대법원의 판단과 다른 결론을 기대하기는 어려울 것이다. 대법원이 지적한 것처럼, 긴급출동서비스는 보험업법 제156조 제1항 제4호가 규제하는 특별이익에 해당하지 않으며, 즉 보험업법에 의하여 규제되는 대상이 아니라는 점에서 적용제외의 요건을 충족하지 못할 것이다. 그러나 Pireno 사건에서 연방대법원이 제시한 보험업의 의의는 독점규제법의 적용제외와 관련하여 여전히 참고할 만한 것이다. 예를 들어 보험업법상의 규정이 존재한다 하더라도, 동 규정이 위험의 인수나 분산과 같은 보험의 본질적 부분에 관련되는 것이 아니라면, 독점규제법의 적용이 제한되지 않는다는 판단이 가능할 수 있다.

---

48) McCaran-Ferguson법에 대한 상세한 설명은, 정호열, 한국 보험시장과 독점규제법, 보험연구원, 2008, 55면 이하 참조.
49) E. Thomas Sullivan & Jeffrey L. Harrison, 주 39)의 책, 93~94면 참조.
50) 458 U. S. 119 (1982).

한편 부당한 공동행위와 관련하여 문제가 될 수 있는 것으로서, 보험요율 등에 관한 보험사 간의, 때로는 보험회사의 사업자단체에 의하여 매개되는 정보 교환이다. 이를 부당한 공동행위로 규제할 수 있는지와 관련하여, 이러한 정보 교환 자체만으로 당연 위법이 될 수 있는 것은 아니지만, 담합의 유인 가능성이 높은 시장이나 직접적 가격고정 합의의 추가적 증거가 있는 시장에서는 정보 교환에 의하여 가격담합이 추정될 수 있고, 이러한 추정이 가능한 경우에 정보가 고객 개인을 특정하지 않은 단지 매뉴얼에 지나지 않는다는 것이나 공적 기구로부터도 얻을 수 있는 정보에 지나지 않는다는 것이 정보 교환의 부당성을 조각시키는 것은 아니라는 분석이 제시되고 있다.[51] 한편 장래의 가격 책정에 관한 의사를 교환하는 것은 당연히 법침해 가능성이 높지만, 과거의 가격에 관한 자료의 교환이라 하더라도 부당한 공동행위로서 규제될 가능성은 있다.[52]

4) 시장지배적 지위남용행위 및 불공정거래행위

상품으로서 보험계약이 이루어지는 시장에서 지배적 지위의 남용 또는 불공정거래행위에 대한 규제가 가능하다는 점에 대하여 의문은 없다. 규제 사례를 보면, 비록 대법원에서 현저히 유리한 조건에 해당하지 않는다는 이유로 위법성이 부인되었지만,[53] 삼성생명의 친족독립경영회사인 한솔제지, 한솔전자 등에 대한 부당한 지원행위가 공정거래위원회에 의하여 규제된 경우가 있다. 동 사건에서 대법원의 판단은 삼성생명에 의한 한솔제지 등의 기업어음 매입이 정상적인 할인율에 비추어 현저하게 유리한 조건으로 이루어진 것으로 보기 어렵다는 것에 근거하고 있지만, 매입규모가 한솔제지의 경우 1년 매출액의 17%에 달한다는 점, 한솔제지의 경영악화 상황에 비추어 시장

51) American Bar Association, Insurance Antitrust Handbook, 2006, 61면 참조.
52) 위의 책, 61~62면.
53) 대법원 2006. 9. 22. 선고 2004두3250 판결.

에서의 정상적인 할인율을 기준으로 하는 것이 적절하지 않을 수 있다는 점 그리고 무엇보다 지원주체가 보험회사로 금융기관의 사금고화 현상에 대한 우려가 고려되었는지에 대하여 논의의 여지는 있다.

한편 공정거래위원회의 규제 권한 자체와 관련하여 논의되어야 할 경우도 있다. 예를 들어 보험업법 제129조는 보험료율의 산정의 원칙으로서 과도하게 높거나 낮지 않고, 또한 차별적이지 않을 것을 요구하고 있으며, 동 원칙의 준수 여부는 금융위원회의 규제 대상이 된다. 한편 보험회사의 보험료율이 과도하게 높게 책정되었을 경우에, 보험업법에 의한 규제와 별개로 시장지배적 지위에 기한 가격남용으로 다루어질 수 있는지가 다투어질 수 있다. 보험료율이 객관적이고 합리적인 기초 위에 산정될 요구하는 보험업법과 지배적 지위를 이용하여 과도하게 소비자로부터 이윤을 얻는 행위를 비교시장 내지 비용분석의 방식에 기초하여 판단하는 독점규제법은 규제의 취지나 내용에 있어서 차이가 있으며, 따라서 양자의 경합적인 적용을 인정할 여지는 있는 것으로 생각된다.

남용행위와 관련된 사건은 아니지만, 일본의 東京海上日動火災保險 사건[54]에서 最高裁判所는 공동행위에 대한 과징금 부과와 관련하여, 손해보험업에 있어서는 보험계약자에 대해서 제공되는 역무 즉 손해보험의 인수의 대가인 영업보험료의 합계액이 과징금의 부과기준이 매출액에 해당하는 것으로 보는 것이 상당하고, 보험금으로 지출될 순보험료를 제외한 나머지 부분으로 매출액을 계산하는 것은 타당하지 않다고 판시하였다. 동 판결은 보험료의 구성부분에 관한 독자적인 판단의 예가 될 수 있을 것이다. 또한 금융기관으로 분류될 수 있는 신용협동조합이 조합원에게 고리로 대출을 한 사건에서, 일본 最高裁判所는 거래상 우월한 지위를 이용한 불공정한 거래방법에 해당한다고 판결하였으며,[55] 이 역시 보험회사의 과도한 보험료율 책정과 관련하여 참고할 수 있는 사례라 할 수 있다.

---

54) 最判·平·17(2005)·9·13.
55) 最判·昭·52(1977)·6·20.

3. 약관규제법 등에 의한 규제

보험계약자 나아가 피보험자나 보험수익자 등은 보험사업자의 반대 위치에 있는 소비자로 볼 수 있으며, 소비자보호에 관한 일련의 법에 의하여 보호될 수 있다. 특히 보험은 서비스 상품으로서의 무정성을 특징으로 하며, 계약기간의 장기화, 사행적인 성격의 가미, 보험사고를 중심으로 하는 보험단체의 구성과 이해의 복잡성 등으로 인하여 소비자의 보험 상품에 대한 이해가 높지 않은 점은 보호 필요성의 중요한 근거가 된다. 다음의 <표 26-5>는 금융감독원에 의한 보험 관련 소비자피해 처리현황에 관한 것으로서, 보험상품으로 인한 소비자피해의 전형을 보여준다.

〈표 5〉 2007년 금융감독원 보험 소비자피해 유형별 처리현황[56]

	생명보험		손해보험		전체	
	건수	구성비(%)	건수	구성비(%)	건수	구성비(%)
보험모집	2,729	34.1	746	10.7	3,475	23.1
보험금산정	807	10.1	2,609	37.2	3,416	22,8
면부책결정	1,219	15.2	1,584	22.6	2,803	18.7
상해등급적용	1,173	14.6	215	3.1	1,388	9.2
고지의무위반	654	8.2	487	6.9	1,141	7.6
보험금지급지연	518	6.5	595	8.5	1,113	7.4
계약성립, 실효	348	4.3	427	6.1	775	5.2
재산운용	31	0.4	13	0.2	44	0.3
보험질서	7	0.1	3	0.0	10	0.0
기타	519	6.5	330	4.7	849	5.7
합계	8,005	100.0	7,009	100.0	15,014	100.0

---

56) 정준택, "보험분쟁조정의 동향 및 분석", Business Finance Law 제29조, 2008, 118면 참조.

<표 26-5>에서 알 수 있듯이, 가장 많은 소비자피해 유형사례는 보험모집에 관한 것인데, 이는 실제 보험계약 체결 과정에서 상품에 관한 설명이 적절하게 이루어지지 않는, 이른바 모집과정에서의 불완전판매가 여전히 문제가 되고 있음을 반영하는 것이다. 다른 피해 유형도 본질적으로 보험계약 체결 시에 보험소비자가 갖게 되는 기대와 급부 이행 사이의 불일치가 주된 원인이라 할 수 있고, 결국 보험상품에 대한 소비자의 이해를 돕는 정보제공의 중요성을 보여주는 것이다.

한편 이상의 보험 관련 소비자피해는 금융감독원에 설치된 금융분쟁조정위원회의 조정대상이 된다(금융위원회법 51조 이하). 한국소비자원도 이러한 피해분쟁 사례를 다룰 수 있지만,[57] 보험의 전문성을 감안하여, 실제 피해구제제도로서 금융분쟁조정위원회가 1차적 중요성을 갖는다. 그러나 동 위원회에 의하여 분쟁조정이 이루어지는 비율은 극히 낮은데, 2007년 금융분쟁조정위원회에 접수된 보험 관련 민원은 14,577건이지만, 동 위원회에 의한 조정에 이른 경우는 57건으로서 전체 민원건수의 0.39%에 불과하였다.[58] 이러한 상황은 그 원인은 별론으로 하고, 다른 기관에 의한 규제의 필요성을 어느 정도 시사하는 것이라 할 수 있다. 특히 보험계약은 약관에 의하여 체결되는 경우가 대부분이고, 따라서 공정거래위원회의 약관규제법에 의한 규제는 계약 공정성의 관점에서 실질적인 의미가 있다.

쟁점이 되고 있는 것 중의 하나로서, 약관규제법 제30조 제3항에 근거하여 상법 제638조의3에서 규정하는 보험약관의 교부설명의무가 약관규제법 상의 명시설명의무의 적용을 배제하는 것인지가 다투어져 왔다. 상법 제638

---

57) 현행 소비자기본법 제35조 제2항 제2호 및 동법 시행령 제28조에 의하여, 소비자는 한국소비자원에 설치된 일반 분쟁조정기구와 전문적 분쟁조정기구를 선택적으로 이용할 수 있다. 한편 소비자가 다른 전문적 분쟁조정기구를 이용하는 경우에 한국소비자원의 분쟁조정위원회에 의한 피해구제는 제한된다. 정호열, 경제법, 박영사, 2008, 512면 참조.
58) 정준택, 주 56)의 글, 118면 이하 참조.

조의3 제1항은 보험자는 보험계약체결시 보험계약자에게 보험약관을 교부하고 그 약관의 중요한 내용을 알려주어야 하며, 제2항은 보험자가 이에 위반한 때에는 보험계약자는 보험계약 성립일로부터 1월 내에 그 계약을 취소할수 있는 것으로 규정하고 있다. 이상의 규정은 약관규제법상의 명시설명의무와 유사하지만, 그 효과 측면에서 계약에의 편입이 부정되는 효과를 갖는 약관규제법과 큰 차이가 있기 때문에, 적용배제 여부는 보험계약자의 이익 보호 측면에서 중요한 의미가 있고, 나아가 공정거래위원회의 규제 권한의 존부도 이에 따르게 된다.

약관규제법 제30조 제3항은 "특정한 거래분야의 약관에 대하여 다른 법률에 특별한 규정이 있는 경우에는 이 법의 규정에 우선한다"고 규정하고 있다. 앞에서 언급한 상법상 보험약관 교부설명의무와 약관규제법상 명시설명의무의 관계는 동 규정의 해석에 의존한다. 이와 관련하여 대법원은 약관규제법 제30조 제3항은 법률이 상호 모순되거나 저촉되는 경우 특별법 우선적용의 원칙이 약관에 관하여도 적용된다는 점을 전제하고, 법률의 상호 모순, 저촉 여부는 법률의 입법목적, 적용범위 및 규정사항 등을 종합적으로 검토하여 판단하여야 한다는 입장을 취하고 있다. 이러한 관점에서 상법 제638조의3 제2항은 보험자의 설명의무 위반의 효과를 보험계약의 효력과 관련하여 보험계약자에게 계약의 취소권을 부여하는 것으로 규정하고 있으나, 나아가 보험계약자가 그 취소권을 행사하지 않는 경우에 설명의무를 다하지 아니한 약관이 계약의 내용으로 되는지 여부에 관하여는 아무런 규정도 하지 않고 있을 뿐만 아니라, 일반적으로 계약의 취소권을 행사하지 아니하였다고 계약내용이 되지 않은 약관조항의 적용을 바로 추인 또는 승인하였다고 볼 근거는 없기 때문에, 위 상법조항과 약관규제법 제30조 제3항과는 아무런 모순, 저촉이 없으므로 상법 제638조의3 제2항은 약관규제법 제30조 제3항의 적용을 배제하는 특별규정이라고 할 수 없고, 보험약관에 대해서는 상법 제638조의3 제2항과 약관규제법 제30조 제3항이 함께 적용된다고 보았다.[59]

이러한 판례의 태도에 대하여, 보험단체의 특수성에 근거하여 상법상의 규정이 약관규제법에 우선한다는 비판이 있다.[60] 그러나 약관규제법 제30조 제3항의 입법취지와 문리적 해석을 종합하여 보면, 약관규제법상 명시설명 의무의 적용제한을 상정하기는 어려우며, 따라서 이에 대한 공정거래위원회의 규제 권한도 존재하는 것으로 보아야 할 것이다.

IV. 양 규제의 충돌과 조화

이상에서 살펴본 것처럼, 금융위원회와 공정거래위원회는 보험산업 규제에 있어서 고유한 규제 목적과 기능을 갖고 있으며, 경우에 따라서 규제 대상 등에서 중복되는 부분도 나타난다. 전술한 것처럼 보험산업에 대한 독점 규제법 적용과 관련한 공정거래위원회의 대부분의 권한은 금융위원회에 의하여 제한되지 않으며, 또한 역의 경우도 마찬가지라 할 수 있다. 따라서 동일한 사안에 대하여 규제기관 간의 상이한 견해가 나타날 수 있고, 수범자에게 혼선을 줄 수 있는 충돌도 야기될 수 있다.

규제기관 간의 업무에 있어서 상호존중이 근본적인 해결이 될 수 있지만, 법적 안정성이나 절차와 집행에 있어서 효율성을 제고하기 위해서는, 상호존중과 상호 전문성을 활용하는 방안을 제도화하는 것이 중요하다.

현행법상 금융산업구조법에서 금융기관 간 합병을 인가하는 경우 실질적 경쟁제한성에 관하여 그리고 금융지주회사법에서 금융지주회사 인가 시에 공정거래위원회와의 협의를 거칠 것을 규정하고 있지만, 양 기관의 권한이

---

59) 대법원 1998. 11. 27. 선고 98다32564 판결.
60) 양승규, "보험자의 약관설명의무위반과 보험계약자의 고지의무위반의 효과", 저스티스 제41호, 1996, 134면.

중복되고 충돌할 수 있는 부분은 보다 넓은 범위에서 존재한다. 따라서 보험산업 내지 금융산업 전반에서 발생한 문제를 다룰 경우에, 공정거래위원회가 금융위원회의 의견을 청취하고, 금융위원회의 규제에 있어서도 동일하게 적용될 수 있는 시스템을 제도화할 필요가 있다. 또한 의견의 충돌이 나타날 경우에, 이를 조정할 수 있는 기구를 입법화하는 것도 적극적으로 검토할 수 있다.

끝으로 미국 반독점법 위원회(AMC)의 보고서는 규제산업에 대한 반독점법의 적용 가능성에 대하여, "정부가 경제적 규제를 채택할 경우에, 그 경제적 규제와 함께 반독점법을 최대한 지속적으로 적용하여야 한다. 특히 규제가 경쟁적 목표를 달성하기 위하여 경쟁의 존재나 시장의 힘의 작용에 의존할 경우에 반독점법은 반드시 적용되어야 한다"고[61] 기술하고 있다. 규제산업 영역이 경쟁산업구조로 재편되어 가는 과정에서, 이에 상응하여 독점규제법의 적용도 확대될 것이며, 이에 대한 고려도 지속적으로 이루어져야 한다.

---

61) Antitrust Modernization Commission, Report and Recommendations, 2007, 338면.

제3편 소비자법

27. 소비자 피해구제제도의 법체계적 이해
- 예방적 구제와 사후적 구제-

Ⅰ. 소비자피해의 의의와 피해구제제도의 개괄

1. 소비자피해의 의의

소비자는 개념적으로 소비의 주체를 의미하지만, 소비자의 특성은 일반적으로 거래상대방의 위치에 있는 사업자와의 관계를 통하여 구체화된다. 소비자기본법상 소비자의 정의도 "사업자가 제공하는 물품 또는 용역을 소비생활을 위하여 사용하는 자"로 규정함으로써, 관계적 의미에서 소비자를 파악하고자 하는 입법태도를 보여주고 있다.

사업자에 대비하여 소비자를 이해할 경우에, 기본적으로 드러나는 것은 소비자의 상대적으로 열등한 지위다. 이를 설명하기 위한 다양한 논의가 있다. 즉 거래의 동기의 측면에서 영리의 목적으로 거래에 임하는 사업자와 생활의 목적으로 거래를 하는 소비자를 대비시켜, 양자의 이해가 근본적으로 일치하지 않을 수 있다는 것에 대한 지적이 있으며, 또한 자본주의 경제질서 하에서 시장구조적인 차이에 주목하기도 한다. 공급 측면에서 소수의 사업자들에 의한 집중화 경향이 나타나는 상황에서, 개별적으로 존재하는 소비자들은 시장에 미치는 영향력 측면에서 뚜렷한 차이를 갖게 되고, 이러한 상황에서 공급과 수요가 시장의 균형을 이루는 균등한 힘으로 작용한다는 시장경제의 이상적인 모습은 제한될 수밖에 없다.

이와 같은 시장구조적 특성은 소비자의 열등한 지위의 근본적인 원인으로 작용하며, 일반적이고 보편적인 현상으로서 사업자와 소비자의 비대칭적 지위를 낳고 있다.[1] 특히 거래에 있어서 사업자와 소비자 사이의 정보의 편재는 구조적 열등성에 대한 구체적인 이해를 제공한다. 소비자와 사업자 사이에 불균등한 정보의 문제는 거래 성립의 전후로 다양하게 나타난다. 우선 거래성립 이전에 소비자는 적절한 상품의 선택에 있어서 종속적인 지위에 처하게 되며, 특히 시장에서의 경쟁이 배제되거나 제한되는 경우라면, 그에 상응하여 소비자 선택의 범위는 더욱 축소될 것이고,[2] 소비자의 의존성도 그만큼 심화될 것이다. 그러나 소비자가 경쟁적인 시장에 있는 경우에도, 제공된 상품을 모두 검색하고 비교하는 것에는 현실적인 어려움이 있고,[3] 특히 주어진 가격과 상품의 질 사이의 상관성을 충분히 인식하는 것에는 한계가 있다.[4] 이와 같은 정보의 비대칭적 분포는 거래 성립과정에서 교섭력의 차이로 나타나지만,[5] 또한 거래의 성립 이후에도 지속적으로 문제가 된다. 상품의 소비에 있어서 기술적 이해도의 부족과 같은 사실상의 문제 외에도, 거래 자체나 상품의 안전성에 관련된 분쟁이 발생하였을 경우에 법리적 이해를 도모하고 적절한 법률적 서비스에 대한 접근하는 측면에서 보면, 소비자가 사업자와 균등한 상태에 있다고 보기는 어렵다.[6] 나아가 이러한 상황은

---

1) 권오승, "피해구제이론", 피해구제업무편람, 한국소비자보호원, 1988, 183~184면.
2) 경쟁을 선택가능성으로 이해하는 것에 관해서는, Fritz Rittner, "Vertragsfreiheit und Wettbewerbspolitik", Festschrift für A. Sölter, 1982, 30면.
3) 예를 들어 Solomon은 상품의 탐색에 드는 노력의 증대가 일정한 정도에 이르면, 오히려 상품에 대한 정보의 감소를 결과한다는 것을 보여주고 있다. Miachel R. Solomon, Consumer Behavior 4. ed., Prentice-Hall, Inc., 1999, 279~281면 참조.
4) Rainer Kemper, Verbraucherschutzinstrumente, Nomos Verl., 1994, 40~44면.
5) 後藤卷則・村千鶴子・齊藤雅弘, アクセス消費者法, 日本評論社, 2005, 295면.
6) Rainer Kemper, 주 4)의 책, 47~49면.

소비자가 처하는 유통 단계에서의 최종 구매자로서의 위치에 의하여, 즉 거래를 통하여 발생하는 위험의 전가가 더 이상 불가능한 지위에 의하여 강화될 것이다.[7]

소비자의 이러한 특성은 소비자 피해 역시 보편적이고 구조적인 성격을 가질 수 있음을 시사한다. 일반적으로 소비자 피해는 소비자가 사업자로부터 구입한 물품 또는 용역을 이용하는 과정에서 물품의 하자 또는 결함이나 사업자의 채무불이행 또는 불법행위 등으로 인하여 입은 생명·신체·재산·정신상의 손해를 총칭하는 것이며,[8] 소비자의 구조적 제약은 이러한 피해로부터 벗어나거나 구제받는 것에 관한 한계로 작용할 것이다. 물론 이러한 피해는 거래가 이루어지는 상황에서 충분히 예상되는 것이고 근대 계약법은 이러한 예상에 근거하여 이에 대응하는 권리구제 제도를 두고 있다. 그러나 사적자치에 따른 자율적 결정과 자기책임 원리에 기초한 근대 계약법상의 피해구제제도가, 소비자의 구조적 열등성이 드러나고 있는 상황에서 소비자 피해에 대한 적절한 구제수단이 될 수 있는지에 대한 의문이 있으며, 개별적인 구제를 전제한 피해의 예방이나 사후 구제 방식에 근본적인 한계가 드러나고 있는 상황이다.

2. 소비자 피해구제제도의 법체계

전술한 것처럼, 소비자피해의 보편적이고 구조적인 성격은 피해자 개인의 개별적인 구제방식을 전제한 일반적인 구제수단의 한계를 의미한다. 즉 엄격한 책임원칙을 통한 채무불이행 책임이나 불법행위 책임의 성립 그리고 전통적인 당사자주의에 기초한 분쟁해결방식은 여전히 私法上의 기본원리를

---

7) 後藤卷則·村千鶴子·齊藤雅弘, 주 5)의 책, 295~296면.
8) 한국소비자보호원, 소비자피해 구제 연보 사례집: 2006, 2007, 15면.

구성하지만, 전술한 소비자피해의 특성에 비추어 기본원리의 구현만으로 소비자 피해의 구제가 적절하게 이루어질 수 있는지는 의문이다. 이러한 문제를 해결하기 위하여 소비자피해 구제가 실질적인 것이 될 수 있도록 하는 다양한 제도가 여러 법 영역에 도입되었으며, 또한 제도의 실효성 있는 운영방안이 지속적으로 논의되어 왔다.

특히 소비자기본법은 이와 관련하여 핵심적인 의미를 갖는다. 즉 동법 제4조 제6호는 "물품 등의 사용으로 인하여 입은 피해에 대하여 신속·공정한 절차에 따라 적절한 보상을 받을 권리"를 소비자의 기본 권리의 하나로 선언함으로써 소비자피해 구제의 기본 방향을 제시하고 있으며, 이를 구체화하는 분쟁해결방식과 절차적 보완을 목적으로 하는 규정을 두고 있다. 그러나 이와 같은 절차적 개선방안이 소비자피해 구제에 있어서 중요한 것은 분명하지만, 소비자피해의 구조적 특성에 따른 광범위한 발생가능성과 이러한 피해가 모두 구제되기를 기대할 수 없는 현실적 한계를 고려할 경우에, 사전적이고 예방적인 소비자피해 구제 제도의 실제적인 의미를 간과할 수 없다. 예를 들어 일정한 거래가 이루어지기 이전 또는 피해가 발생하기 이전에 소비자피해를 예방할 수 있는 다양한 방안이 강구될 필요가 있으며, 소비자피해 예방에 긍정적인 영향을 미칠 수 있는 사업자의 행동을 유인하기 위한 책임법제의 정비도 마찬가지로 중요한 의미가 있다.

결국 소비자피해의 구제를 위한 제도는 소비자피해가 발생하고 이에 따른 법적 분쟁이 제기된 이후 효율적이고 권리구제에 적합한 절차적 제도와 소비자피해의 발생 이전에 사전적·예방적인 차원에서 이를 방지하고 억제할 수 있는 법제도의 법체계적인 종합에 기초하여 이루어져야 한다.

II. 소비자 피해의 예방적 구제 수단

1. 정보제공의 확대

일반적으로 경제학에서 불완전한 정보는 시장실패의 유력한 원인이며, 시장경제질서의 유지를 목적으로 국가가 이를 보정하기 위하여 개입할 수 있는 근거가 된다.9) 다른 한편으로 계약법적 관점에서 거래에 임하는 당사자 사이에서 균등한 정보의 귀속은 무엇보다 자율적 의사 형성의 인식적 기초를 확보하는 의미를 가지며, 이러한 점에서 정보의 제공은 소비자 이익의 증대에 기여할 수 있다.10) 또한 앞에서 논의한 것처럼, 거래에 관한 정보의 불균등이 소비자 문제의 근본적인 원인의 하나라는 점에서, 적절한 정보의 제공은 소비자 문제의 근본적이고 직접적인 해결방안이 될 것이다.11)

따라서 소비자기본법은 제4조 제2호에서 "물품 등을 선택함에 있어서 필요한 지식 및 정보를 제공받을 권리"를 소비자의 기본적 권리의 하나로 선언하고 있고, 동법 제10조의 표시의 기준, 제11조의 광고의 기준, 제13조의 소비자에의 정보제공 등을 통하여 소비자에 대한 정보 제공이 실현될 수 있는 기준의 마련과 시책의 강구를 국가 및 지방자치단체의 의무로서 규정하고 있다. 한편 제19조 제3항은 사업자의 책무로서 소비자에게 물품 등에 대한 정보를 성실하고 정확하게 제공할 의무를 규정하고 있다

---

9) Paul A. Samuelson & William D. Nordhaus, Economics, McGraw-Hill, 1995, 272면.
10) Karl Larenz & Manfred Wolf, Allgemeiner Teil des Bürgerlichen Rechts, C. H. Beck, 1997, 40면
11) Dauner-Lieb는 소비자를 위한 특별사법을 제안하면서, 그 착안점으로서 소비자의 경제력 측면에서의 한계가 아니라, 경제적 그리고 법적인 측면에서 정보에 대한 인식의 부족을 들고 있다. Michael Bäurle, Vertragsfreiheit und Grundgesetz, Nomos, 2000, 150~151면.

또한 정보의 제공과 관련한 다양한 규율이 개별 법률에서 시행되고 있다. 대표적으로 '표시·광고의 공정화에 관한 법률'(이하 표시·광고법) 제3조 제1항은 "소비자를 속이거나 소비자로 하여금 잘못 알게 할 우려가 있는 표시·광고 행위로서 공정한 거래질서를 저해할 우려가 있는" 행위를 부당한 표시·광고 행위로서 금지하고 있으며, '약관의 규제에 관한 법률'(이하 약관규제법) 제3조는 약관의 내용에 대한 명시·설명의무의 이행을 약관이 계약에 편입되는 요건으로 규정하고 있다. 또한 '할부거래에 관한 법률'(이하 할부거래법) 제4조는 서면계약주의를 요구하면서, 계약에 명시적으로 반영되어야 하는 내용을 법정하고 있다. 마찬가지로 '방문판매 등에 관한 법률'(이하 방문판매법) 제7조도 서면계약주의와 계약내용의 법정주의를 요구하는 동시에 일정한 사항에 대한 정보 제공과 설명 의무를 규정하고 있다.

이상의 정보 제공에 관한 규정 등은 계약자유에 대한 일정한 제한의 의미를 갖지만, 궁극적으로 계약의 공정성을 달성하려는 입법 목적에 따른 것이라 할 수 있다. 전술한 것처럼 정보의 제공은 소비자 거래에 있어서 고려하여야 될 요소들에 대한 인식을 강화하여 소비자 이익 증대에 기여할 수 있다는 것에 의의가 있으며, 거래나 계약 내용 또는 시장의 기능 등에 대한 직접적인 규제보다 계약법 내재의 원리에 보다 부합하고 또한 시장기능의 활성화에 기여할 수 있다는 점에서 긍정적인 평가를 받을 수 있다. 다만 이에 의하여 소비자 문제의 모든 측면을 포괄할 수 있다고 보는 것은 성급할 수 있다. 즉 계약 당사자에게 거래 조건에 관한 모든 인식이 주어지고 있는 경우에도 여전히 소비자 피해가 발생할 수 있다는 점에 주의를 요한다.[12] 또한 정보제공 방식에 대한 한계는, 주어지는 정보의 내용에 소비자의 구조적 특성에 대한 충분한 이해가 반영되지 않고 현실성이 결여되어 있을 경우에 특히 문제가 될 수 있으며, 따라서 제공되는 정보의 내용과 방

---

12) Sandra Kind, Die Grenzen des Verbraucherschutzes durch Information-aufgezeigt am Teilzeitwohnrechtgesetz, Duncker & Humblot, 1997, 546~547면 참조.

식이 소비자의 현실적인 필요에 상응할 수 있도록 하는 개선의 논의는 여전히 필요하다.[13]

2. 소비자 선택권의 실질적 보장

소비자피해와 관련하여 소비자에게 거래에 있어서의 선택권을 실질적으로 보장하는 것도 예방적 기능을 갖는다. 소비자기본법은 제4조 제3호에서 "물품 등을 사용함에 있어서 거래상대방·구입장소·가격 및 거래조건 등을 자유로이 선택할 권리"를 소비자 권리의 하나로서 규정하고 있으며, 동법 제19조 제2항은 사업자에게 물품 등을 공급함에 있어서 소비자의 합리적인 선택이나 이익을 침해할 우려가 있는 거래조건이나 거래방법을 사용하여서는 아니되는 의무를 부과하고 있다.

시장경제 하에서 소비자의 선택은 경쟁 메커니즘이 원활하게 작동하는 것을 의미한다. "소비자의 가장 좋은 벗은 경쟁"이라는 오랜 경구가 시사하듯이, 경쟁이 왜곡되거나 제한되고 있는 곳에서, 소비자가 자율적인 판단에 따라서 선택하는 것을 기대하기는 어렵다. 이러한 점에서 소비자 선택권의 보장은 경쟁질서 구축과 밀접히 관련된다. 시장의 경쟁적 구조가 소비자의 후생의 극대화를 실현한다는 경제학적 이해는 경쟁법의 기초가 되어 왔으며, 우리 헌법재판소가 정확하게 지적한 것처럼 "경쟁은 소비자보호의 포기할 수 없는 구성부분"에 해당한다.[14] '독점규제 및 공정거래에 관한 법률'(이하 독점규제법) 역시 제1조에서 명문으로 '소비자 보호'를 동법의 목적으로 규정하고 있고,[15] 시장지배적 지위의 남용, 카르텔, 기업결합, 불공정거래행위

---

13) 위의 책, 544면.
14) 헌법재판소 1996. 12. 26. 선고, 96헌가18(주세법 제38조의7 등에 대한 위헌제청), 판례집 8-2, 692면.

등에 대한 규제를 통하여 이를 실현하고 있다.

소비자 선택권의 실질적 보장과 관련하여 계약법적인 수정을 가하는 일련의 규정도 의미가 있다. 예를 들어 계약 후 일정 기간 동안 소비자에게 냉각기간을 부여하고 무조건적인 철회권을 보장하는 규정은 대량생산 체제 하에서 사업자의 적극적인 마케팅으로 인한 소비자 선택의 왜곡 또는 충동구매적인 거래 행태들을 적절히 보정할 수 있는 제도로서 이해되고 있다. 예를 들어 할부거래법 제5조, 방문판매법 제8조 및 제18조 등이 이에 해당한다.

3. 리콜제도

1) 제도의 의의

리콜제도는 원칙적으로 소비자피해가 발생할 우려가 있는 상품을 사업자가 자발적으로 환수하는 제도를 의미하지만, 실제 제도의 구체화 과정에서 강제적 성격이 있는 정부의 일정한 개입이 결합하기도 한다. 일반적으로 리콜제도는 피해 발생 이전의 구제라는 점에서 事前的이고, 피해의 개별적 구제가 아니라 상품 전체를 대상으로 한다는 점에서 一括的이며, 사업자의 自發的인 조치를 전제한다는 점에서 그 특징을 찾을 수 있다. 따라서 리콜제도는 소비자피해 구제의 관점에서 근본적인 대책의 하나로 이해할 수 있다.

일반적으로 리콜제도는 사업자에게 상당한 비용부담을 지우게 되며, 이러한 점은 리콜제도의 활성화에 커다란 장애가 되고 있다. 이러한 점은 후술하는 바와 같은 정부의 강제적인 환수조치가 불가피한 근거가 된다. 그러나 리콜제도는 상품이나 사업자에 대한 신뢰를 제고하는데 기여할 수 있으며, 이

---

15) 독일의 경쟁제한방지법(GWB)상 소비자보호에 관련된 논의는, Fritz Rittner, Wettbewerbs-und Kartellrecht, C. F. Müller, 1999, 129면 참조.

른바 브랜드가치의 제고를 통하여 궁극적으로 사업자의 이익 증대에 도움이 될 수도 있다. 이러한 점에서 사업자 스스로 자발적인 리콜제도를 활용할 수 있도록 하는 환경의 조성이 중요할 것이다. 또한 소비자 입장에서도 상품은 그 자체로 완성된 것이 아니라, 사업자와 소비자 사이에 의견의 교환을 통하여 발전해 나아가는 과정에 있다는 인식을 함으로써 적극적으로 리콜제도에 부응할 필요가 있다.[16)]

2) 결함사실의 보고의무

소비자기본법상의 리콜제도는 사업자의 보고의무 등을 본래의 리콜제도에 결합하고 있다. 이러한 보고의무는 자발적 리콜에 대한 간접적인 강제로서의 의미가 있다. 사업자는 소비자에게 제공한 물품 등에 소비자의 생명·신체 또는 재산에 위해를 끼치거나 끼칠 우려가 있는 제조·설계 또는 표시 등의 중대한 결함이 있는 사실을 알게 된 때에는 그 결함의 내용을 소관 중앙행정기관의 장에게 보고(전자적 보고를 포함)하여야 한다(법 47조 1항).

3) 자발적 리콜, 리콜의 권고, 리콜 명령

리콜제도의 원칙적 규정으로서, 사업자는 소비자에게 제공한 물품 등의 결함으로 인하여 소비자의 생명·신체 또는 재산에 위해를 끼치거나 끼칠 우려가 있는 경우에는 대통령령이 정하는 바에 따라 당해 물품 등의 수거·파기·수리·교환·환급 또는 제조·수입·판매·제공의 금지 그 밖의 필요한 조치

---

16) 자발적 리콜실시의 대표적인 예로서 2004년에 실시된 LG전자의 전기압력밥솥 리콜사건을 들 수 있다. 또한 자동차의 경우는 1993년에 1개 차종에 8000여대에 그쳤던 리콜이 2003년 47개 차종에 108만대를 넘어설 정도로 활성화됐다(중앙일보 2004. 6. 9.). 이와 같은 리콜의 증가에는 높아진 소비자의 권리의식, 브랜드가치에 대한 기업들의 높아진 인식 등이 큰 역할을 했다.

를 취하여야 한다(법 48조). 동 규정은 자발적 리콜제도의 원칙적인 내용을 담고 있으며, 특히 수거 등 구체적으로 취하게 되는 조치를 열거하고 있다. 다만 이미 소비자가 물품 등의 수리를 위하여 지출한 비용 등에 대한 보상 등이 빠져 있고, 이는 사업자의 리콜 시기의 지연으로 이어질 수 있다는 지적이 가능할 것이다.

리콜의 권고제도로서, 중앙행정기관의 장은 사업자가 제공한 물품 등의 결함으로 인하여 소비자의 생명·신체 또는 재산에 위해를 끼치거나 끼칠 우려가 있다고 인정되는 경우에는 그 사업자에 대하여 당해 물품 등의 수거·파기·수리·교환·환급 또는 제조·수입·판매·제공의 금지 그 밖의 필요한 조치를 권고할 수 있다(법 49조 1항). 권고의 수락 여부는 사업자의 재량이지만(법 49조 2항), 정당한 이유 없이 권고를 따르지 않을 경우 중앙행정기관의 장은 공표 등을 통한 제한을 가할 수 있다(법 49조 4항).

끝으로 중앙행정기관의 장은 사업자가 제공한 물품 등의 결함으로 인하여 소비자의 생명·신체 또는 재산에 위해를 끼치거나 끼칠 우려가 있다고 인정되는 경우에는 대통령령이 정하는 절차에 따라 그 물품 등의 수거·파기·수리·교환·환급을 명하거나 제조·수입·판매 또는 제공의 금지를 명할 수 있고, 그 물품 등과 관련된 시설의 개수 그 밖의 필요한 조치를 명할 수 있다. 다만 소비자의 생명·신체 또는 재산에 긴급하고 현저한 위해를 끼치거나 끼칠 우려가 있다고 인정되는 경우로서 그 위해의 발생 또는 확산을 방지하기 위하여 불가피하다고 인정되는 경우에는 그 절차를 생략할 수 있다(법 50조 1항). 동항의 본문은 리콜 명령제도의 원칙을 규정하고 있는데, 동 규정의 절차적인 부분을 보충하고 있는 시행령은 동 명령이 사적 재산에 대한 중요한 제한이라는 점을 이유로 적법절차적인 요구를 반영하고 있다(영 38조). 한편 법 제50조 제1항 단서에 의한 긴급명령의 경우에는 절차적인 요건이 완화되고 있다.

4. 사업자 책임의 강화

1) 제조물책임법의 제정

소비자피해에 대한 사업자의 책임을 강화하는 것은 사업자의 피해 방지노력을 이끌 수 있다는 점에서, 예방적 관점에서도 의의가 있다. 이와 관련하여 커다란 의미가 있는 것은 2000년 제정되어 2002년 7월 1일부터 시행되고 있는 제조물책임법이다.

동법은 법 제정 이전의 대법원 판례와 비교법적으로 많은 나라의 입법에서 채택되었던 불법행위적 관점에서 제조물책임을 구성하고 있다.[17] 동법 제1조의 목적 조항에서 밝히고 있듯이, 동법은 "제조물의 결함으로 인하여 발생한 손해에 대한 제조업자 등의 손해배상책임을 규정함으로써 피해자의 보호를 도모하고 국민생활의 안전향상과 국민경제의 건전한 발전에 기여함을 목적으로 하고 있다." 특히 동법에서 규정하고 있는 제조물책임은 무과실책임에 입각함으로써, 손해배상을 청구하는 피해자 입장에서 보다 용이한 손해의 전보를 가능하게 하고 있다.

동법의 내용을 개략적으로 보면, 동법에서 제조물은 다른 동산이나 부동산의 일부를 구성하는 경우를 포함한 제조 또는 가공된 동산을 말한다(법 2조 1호). 결함은 제조물에 제조·설계 또는 표시상의 결함이나 기타 통상적으로 기대할 수 있는 안전성이 결여되어 있는 것을 의미한다.[18] 이때 제조상의 결함은 제조업자의 제조물에 대한 제조·가공 상의 주의의무의 이행여부에 불구하고 제조물이 원래 의도한 설계와 다르게 제조·가공됨으로써 안전하지

---

17) 임정평, "제조물책임법리의 비교법적 고찰", 사법행정, 1988. 10., 41면.
18) 제조물책임법상의 결함은 안전성에 있어서 흠으로 상품성에 있어서 흠인 민법상의 하자와 대비된다고 보는 것에, 김상용, "제조물책임법의 법리구성", 인권과 정의 제217호, 1994, 31면.

못하게 된 경우를, 설계상의 결함은 제조업자가 합리적인 대체설계를 채용하였더라면 피해나 위험을 줄이거나 피할 수 있었음에도 대체설계를 채용하지 아니하여 당해 제조물이 안전하지 못하게 된 경우를 그리고 표시상의 결함은 제조업자가 합리적인 설명·지시·경고 기타의 표시를 하였더라면 당해 제조물에 의하여 발생될 수 있는 피해나 위험을 줄이거나 피할 수 있었음에도 이를 하지 아니한 경우를 각각 의미한다(법 2조 2호). 한편 제조업자는 제조물의 제조·가공 또는 수입을 업으로 하는 자(법 2조 3호 가목) 그리고 제조물에 성명·상호·상표 기타 식별가능한 기호 등을 사용하여 자신을 가목에 해당하는 표시를 하거나 오인시킬 수 있는 표시를 한 자를 말한다.

제조업자가 부담하는 제조물책임의 원칙적 내용은 동법 제3조 제1항에서 규정하고 있다. 이에 의하면, 제조업자는 제조물의 결함으로 인하여 생명·신체 또는 재산에 손해를 입은 자에게 그 손해를 배상하여야 하며, 이때 재산상 손해로서 당해 제조물에 대해서만 발생한 손해는 제외한다. 즉 결함과 손해 그리고 양자 사이에 인과관계의 존재를 책임요건으로 하고 있으며, 주관적 요건은 요구하지 않는다는 점에서 무과실책임에 기초하고 있다.

한편 제조물책임의 면책사유로서 동법 제4조 제1항은 다음의 네 가지 사유를 규정하고 있다. 즉 제조업자가 당해 제조물을 공급하지 아니한 사실(1호), 제조업자가 당해 제조물을 공급한 때의 과학·기술수준으로는 결함의 존재를 발견할 수 없었다는 사실(2호), 제조물의 결함이 제조업자가 당해 제조물을 공급할 당시의 법령이 정하는 기준을 준수함으로써 발생한 사실(3호), 원재료 또는 부품의 경우에는 당해 원재료 또는 부품을 사용한 제조물 제조업자의 설계 또는 제작에 관한 지시로 인하여 결함이 발생하였다는 사실(4호) 등이 이에 해당한다. 제3호의 법령준수 항변의 경우에는 이때의 법령의 범위에 관하여 논의의 여지가 있다.[19] 특히 제2호에서 규정하고 있는 이른바

---

19) 예를 들어 EC지침이나 독일의 제조물책임법은 강제력 있는 공적 기준의 준수만을 면책사유로 규정하고 있다.

'개발위험 항변'은 그 타당성이나 범위와 관련하여 치열한 논쟁의 대상이 되고 있다. 입법정책적으로는 이러한 항변을 인정하는 것이 엄격한 책임원리에 입각하고 있는 제조물책임법의 본지에 반하는 것이 아닌지에 의문이 제기되고 있고,[20] 해석상으로는 과학·기술수준을 어떻게 설정할 것인지가 중요한 쟁점의 하나이다.[21] 구체적으로 보면, 과학·기술수준을 제조업자의 수준으로 볼 것인지, 산업계의 평균적인 수준으로 볼 것인지 아니면 당시 최고의 과학·기술수준으로 볼 것인지가 논의되고 있다.

2) 소비자피해의 예방적 역할의 기대

제조물책임법이 제정됨에 따라서 사업자들의 안전의식이 제고될 수 있다는 점을 기대할 수 있다. 특히 제품 안전에 관한 노력이 궁극적으로는 기업의 경쟁력을 제고하는데 기여할 수 있다는 인식이 확대될 수 있다. 구체적으로 결함이 없는 안전한 제품을 공급함으로써 결함으로 인하여 야기되는 손해배상을 포함한 제반 비용과 부담을 줄이는 동시에, 적극적으로 안전한 제품을 공급하는 기업이라는 이미지를 형성함으로써 소비자들로부터 보다 많은 선호를 받을 수 있다는 점이 예방적 활동을 유인하는 기능을 할 수 있다.[22]

이와 관련하여 제품안전추진부서를 두는 것과 같은 제품 안전성 확보를 위한 조직의 정비가 이루어 질 수 있으며, 제품 안전에 관한 소비자 불만을 처리하는 부서의 설치도 고려될 수 있을 것이다.[23] 또한 생산이나 유통을 담

---

20) Christopher Newdick, "The Development Risk Defence of the Consumer Protection Act 1987", Cambridge Law Journal vol. 47 no. 3, 1988, 455면.

21) Christopher Hodges, Product Liability-European Laws and Practice-, Sweet & Maxwell, 1993, 49면 이하.

22) 北川俊光, 企業のPL對策, 日科技連, 1995, 16면.

23) 연기영, "제조물책임의 제정과 기업의 대책", 비교사법 제6권 1호, 1999위의 글, 181면.

당하는 사원들에 대한 제조물책임 및 안전의식에 관한 사전 교육, 자율적인 기준, 즉 규칙이나 매뉴얼 등의 제작 등을 기대할 수 있다.

한편 산업화된 현대의 경제 구조 하에서 상품 생산은 많은 기업의 유기적인 결합에 의해서 이루어지고 있으며, 상품의 판매도 유통구조가 계층화 됨에 따라서 점점 더 복잡해지고 있는 추세이다.[24] 이러한 상황에서 하나의 제품을 제조하여 최종 판매에 이르기까지는 많은 기업들이 관련될 수밖에 없다. 따라서 어느 한 기업의 노력만으로 제조물책임의 발생을 전적으로 방지하는 것은 불가능하고, 이러한 점에서 제품의 결함을 방지하고 소비자의 안전을 확보하는 데에도 관련 사업자들의 협력이 요구된다. 또한 많은 경우에 하청업체들은 영세성을 면치 못하고 있으며, 이 경우에 제조물책임에 따른 책임의 강화가 실질적인 예방적 노력을 이끌어 내기 어려울 수도 있다. 또한 제품의 보관, 운반, 설치 등 유통의 전 과정에서 발생할 수 있는 제조물의 결함을 방지하기 위하여 종합적인 대책을 마련할 필요가 있다. 즉 소비자에게 제공하여야 하는 사용 정보나 안전에 대한 경고를 유통업자들에게 충분히 주지시키고 교육함으로써, 이들이 소비자에게 올바른 정보를 제공할 수 있도록 하며, 또한 이들이 소비자에게서 얻은 결함에 관한 정보를 바로 전달받을 수 있는 구조를 확립하여야 한다.[25] 이러한 인식이 사업자 간의 제조물책임의 부담을 감소시키기 위한 공동의 노력을 이끌 수 있으며, 이러한 점에서의 예방적 효과도 기대할 수 있다.

---

24) 남일총 편, 한국의 유통산업, 한국개발연구원, 1992, 12면 참조.
25) 하종선·최병록, PL법과 기업의 대응방안, 한국경제신문사, 1997, 193면.

III. 소비자 피해구제를 위한 간이한 분쟁해결절차

1. 소비자분쟁 조정절차의 의의

전술한 것처럼 당사자주의에 입각한 전통적인 소송절차를 통한 분쟁 해결은 소비자피해의 특성에 비추어, 적절한 구제 수단으로 기능하는데 일정한 한계를 갖고 있다. 물론 이에 대한 인식과 대응 방안의 모색은 기존의 사법절차 내에서도 나타나고 있으며, 이러한 노력은 소비자피해 구제에 있어서도 상당한 기여를 하고 있다. 예를 들어 소액의 민사사건을 간이한 절차에 따라 신속히 처리하기 위하여 제정된 소액사건심판법은 소액다수의 피해가 일반적인 소비자피해 구제에 있어서도 유용한 의미를 갖는다.

또한 기존의 소송제도를 대신하는 다양한 형태의 분쟁해결제도가 도입되고 있다. 즉 국가권력에 의한 강제적 해결방식에 기초한 기존의 소송제도가 판결의 공신력과 집행의 확실성을 갖는 반면에, 이용상의 불편, 비용의 과다, 분쟁해결의 지연 등이 중요한 문제로서 대두하고 있다. 이러한 문제들을 극복하기 위한 대안으로서 이른바 대체적 분쟁해결제도(ADR)가 화해, 조정, 중재 등의 형태로 나타나고 있다. 기본적으로 대체적 분쟁해결제도는 국가권력에 의한 강제는 배제되지만, 당사자의 자율적 합의에 기초하여 분쟁해결의 신속성과 공정성을 보장하려는 것을 목적으로 한다.[26]

소비자기본법에서 규정하고 있는 소비자분쟁 조정절차는 이와 같은 대체적 분쟁해결제도로서의 성격을 가지며, 소비자피해 구제에 있어서 가장 일반적이고 또한 현실적인 대안으로 인식되고 있다. 다음의 표는 2004년부터 2006년까지 한국소비자원에서 다루어진 피해구제 사건의 실적을 보여준다.

---

26) 전병서, "대체적 분쟁해결제도(ADR)의 방향", 서울지방변호사회 제32집, 2002, 136면 이하 참조.

<표 27-1> 피해구제 처리실적[27)

	2004	2005	2006
피해 구제	19,649건	21,828건	23,482건
조정요청	1,014건	802건	879건

위 <표 27-1>에서 피해 구제의 신청 건수 중 조정요청이 되지 않은 경우는, 당사자가 합의 권고에 따른 것을 의미하며, 조정 요청이 된 사건과 합의 권고된 사건의 합은 매년 약 2만 건에 이르고 있음을 보여주고 있다. 한편 2006년 한국소비자원에 접수된 상담건수는 309,545건이며, 이 중에서 피해 구제가 신청된 비율은 7.6%정도이다.[28)

2. 소비자분쟁 조정절차의 내용

1) 피해구제의 청구

소비자기본법상 소비자피해 구제를 위한 분쟁해결절차는 한국소비자원을 중심으로 이루어진다. 한국소비자원의 기능 중에서 실제로 가장 중요한 것은 소비자피해의 구제이다. 청구의 주체는 물품 등의 사용으로 인한 피해를 입은 소비자이지만(법 55조 1항), 소비자가 국가·지방자치단체·소비자단체 또는 사업자에게 청구하고 이들이 한국소비자보호원에 그 처리를 의뢰한 경우에도 절차는 개시된다(법 55조 2항). 특히 사업자의 경우에는 소비자로부터 피해구제의 신청을 받은 날부터 30일이 경과하여도 합의에 이르지 못한 경우, 한국소비자원에 피해구제의 처리를 의뢰하기로 소비자와 합의한 경우, 그 밖에 한국소비자원의 피해구제의 처리가 필요한 경우로서 대통령령이 정

---

27) 소비자피해 구제 연보 사례집: 2006, 77~78면.
28) 위의 책, 77면.

하는 사유에 해당하는 경우에 처리를 의뢰할 수 있다(법 55조 3항).

피해구제의 신청이나 의뢰는 서면에 의하는 것이 원칙이지만, 긴급하거나 부득이한 사유가 있는 경우에 구술 또는 전화로도 할 수 있다(영 43조 1항). 이와 같이 구술 또는 전화에 의한 피해구제 신청을 가능하게 함으로써, 피해 구제 절차의 이용에 있어서 보다 용이한 접근가능성을 제공하고 있다.

2) 처리의 중지와 처리대상에서의 제외

한국소비자원 원장은 사건이 한국소비자보호원에서 처리하기에 부적합하다고 판단할 경우에 사건 처리를 중지할 수 있다(법 55조 4항). 이는 事前的인 의미를 갖는 것으로서, 당사자가 법원에 소를 제기하는 것에 의하여 절차의 진행이 중지되는 경우와는 구별된다(법 59조). 한편 후자의 경우에는 양 당사자 모두에게 임의적으로 피해구제 처리절차에서 탈퇴할 수 있도록 하는 것이 소비자보호의 법정책상 타당한지에 대한 의문이 있다.

한편 한국소비자보호원의 업무 범위에서 제외되는 것에 대하여, 피해구제 절차 역시 진행될 수 없다. 우선 국가 또는 지방자치단체가 제공한 물품 등으로 인하여 발생한 피해구제는 제외된다(법 35조 2항 1호). 이 경우에는 국가배상법 등에 의한 손해배상청구가 문제가 될 수 있으며, 이를 한국소비자원에서 처리하는 것이 적절하지 않을 수 있다는 점 그리고 다른 형태의 피해구제 절차가 가능하다는 점에서 제외사유로 규정된 것으로 이해된다. 또한 다른 법률의 규정에 따라 설치된 전문성이 요구되는 분야의 분쟁조정기구에 신청된 피해구제 등으로서, 다른 법률에 따라 제45조 제1항의 소비자분쟁조정위원회에 준하는 분쟁조정기구가 설치되어 있는 경우 그 분쟁조정기구에 피해구제가 신청되어 있거나 이미 그 피해구제절차를 거친 사항과 동일한 내용의 피해구제(1호) 또는 소비자가 한국소비자원에 피해구제를 신청한 후 이와 동일한 내용으로 제1호에 따른 분쟁조정기구에 피해구제를 신청한 경우 그 피해구제(2호)는 제외된다(법 35조 2항 2호 및 영 28조). 이때 다른 법률에 의한 분쟁조정기구가 설치되어 있다는 것만으로 처리대상에서 제외되는 것은 아니며, 소비자가 다른 분쟁조정기구를 통한 분쟁해결을 시도한 경우에만 제외된다는 것에 주의를 요한다.

3) 합의의 권고

피해구제의 신청이 처리 중지나 처리대상에서 제외되는 경우가 아니면, 조정절차에 들어가게 된다. 물론 합의가 이루어지면 절차는 종결된다. 이때 원장은 조정 이전에 합의의 권고를 할 수 있으나, 필요적인 것은 아니다. 그러나 실제 대부분 합의의 권고가 이루어지며, 앞의 <표 1>에서 보듯이 합의의 권고를 수락하는 것에 따른 절차 종결의 비중은 매우 높은 편이다.

4) 조정

(1) 조정기관(소비자분쟁조정위원회)의 설치·구성 및 운영

소비자분쟁조정위원회는 한국소비자원에 두며, 조정위원회의 구성은 공정거래위원장이 임명 또는 위촉하는 위원장 1인을 포함한 50인 이내의 위원으로 한다. 위원장을 포함한 2인은 상임으로 하고, 나머지는 비상임으로 구성된다(법 60조 1항 및 61조 1항).

위원에 대해서는 동법 제62조에 의한 신분보장이 주어지고 있다. 또한 제64조는 조정절차의 공정성을 보장하기 위하여 위원의 제척·기피·회피제도를 규정하고 있다.

조정위원회의 회의는 위원장·상임위원 및 위원장이 회의마다 지명하는 5인 이상 9인 이하의 위원으로 구성하며, 위원 과반수의 출석과 출석위원 과반수의 찬성으로 의결한다(법 63조).

(2) 분쟁조정의 신청

분쟁조정의 신청은 당사자 간에 피해구제에 관한 합의가 이루어지지 않은 경우에 가능하다. 이때 합의가 이루어지지 않은 경우란 전술한 한국소비자원 원장에 의한 합의의 권고를 수락하지 않은 경우뿐만 아니라, 사적인 기구를 통한 합의의 불성립의 경우도 포함된다. 이에 관하여 동법 제65조 제1항이 규정하고 있는 것은, 동법 제16조 제1항의 규정에 따라 설치된 기구에서[29] 소비자분쟁이 해결되지 아니하거나 제28조 제1항 제5호의 규정에 따른 합의 권고(소비자단체의 합의권고)에 따른 합의가 이루어지지 아니한 경우이고, 이때 당사자나 그 기구 또는 단체의 장은 조정위원회에 분쟁조정을 신청할 수 있다.

(3) 조정의 효력

분쟁조정은 당사자의 수락에 의해서 효력을 발생한다. 즉 분쟁조정을 마친 때에는 조정위원회의 위원장은 지체 없이 당사자에게 조정 내용을 통지하여야 한다(법 67조 1항). 통지를 받은 당사자는 그 통지를 받은 날부터 15일 이내에 분쟁조정의 내용에 대한 수락 여부를 조정위원회에 통보하여야 하며, 이 경우 15일 이내에 의사표시가 없는 때에는 수락한 것으로 본다(법 67조 2항).

당사자가 분쟁조정의 내용을 수락하거나 수락한 것으로 보는 경우 조정위원회는 조정조서를 작성하고, 조정위원회의 위원장 및 각 당사자가 기명·날인하여야 한다. 다만 수락한 것으로 보는 경우에는 각 당사자의 기명·날인을 생략할 수 있다(법 67조 3항).

당사자가 분쟁조정의 내용을 수락하거나 수락한 것으로 보는 때에는 그 분쟁조정의 내용은 재판상 화해와 동일한 효력을 갖는다(법 67조 4항). 재판

---

29) 국가 및 지방자치단체는 소비자의 불만이나 피해가 신속·공정하게 처리될 수 있도록 관련기구의 설치 등 필요한 조치를 강구하여야 한다(소비자기본법 16조 1항).

상의 화해는 판결과 동일한 효력을 가지므로, 이때의 조정 역시 판결과 동일한 효력을 갖게 된다. 입법 취지는 당사자 사이의 분쟁을 확정적으로 처리함으로써, 더 이상의 분쟁의 소지를 남겨놓지 않는 것에 있지만, 법정책적으로 이러한 태도가 바람직한지에 대한 논의의 여지가 있다. 즉 피해구제를 신청하는 소비자 입장에서는 신속하고 공정하게 피해구제를 받는 것에 목적이 있으며, 조정에 재판상 화해와 같은 효력을 부여하는 것은 다수의 소비자를 상대하는 사업자로 하여금 제도의 이용에 소극적이게 할 수 있다는 점도 고려할 필요가 있을 것이다.

(4) 집단분쟁조정제도의 도입

2006년 소비자기본법 개정으로 집단분쟁조정제도가 도입되었다. 즉 동법 제68조 제1항은 국가·지방자치단체·한국소비자원 또는 소비자단체·사업자는 소비자의 피해가 다수의 소비자에게 같거나 비슷한 유형으로 발생하는 경우로서 대통령령이 정하는 사건에 대하여는 조정위원회에 일괄적인 분쟁조정을 의뢰 또는 신청할 수 있는 것으로 규정하고 있다. 동법 시행령 제58조는 집단분쟁조정이 가능한 경우에 관하여, 물품 등으로 인한 피해가 같거나 비슷한 유형으로 발생한 소비자 중 다음 각 목의 자를 제외한 소비자의 수가 50명 이상일 것(1호)과 사건의 중요한 쟁점이 사실상 또는 법률상 공통될 것(2호)을 요건으로 규정하고 있으며, 1호와 관련하여 법 제31조제1항 본문에 따른 자율적 분쟁조정, 법 제57조에 따른 한국소비자원 원장의 권고, 그 밖의 방법으로 사업자와 분쟁해결이나 피해보상에 관한 합의가 이루어진 소비자(가목), 법 제25조 각 호의 분쟁조정기구에서 분쟁조정이 진행 중인 소비자(나목), 해당 물품 등으로 인한 피해에 관하여 법원에 소를 제기한 소비자(다목) 등은 집단분쟁조정의 대상에서 제외된다.

제도의 취지나 내용 측면에서 집단분쟁조정제도는 소액다수피해에 전형적인 분쟁해결절차로서의 특징을 갖고 있으며, 제도적으로 집단소송제도

(class action)를 대신한 측면이 있다.[30] 따라서 집단소송제도가 도입되지 않은 상황에서 동 제도 운영에 주목할 필요가 있다. 제도 도입 후 1년 동안 (2007. 3~2008. 4) 모두 21건의 집단분쟁조정 절차가 진행된 것으로 나타나고 있는데,[31] 이러한 실적은 장래 제도 운영의 활성화를 기대할 수 있는 수준이다.

3. 사적 분쟁해결절차

1) 사적 분쟁해결절차의 필요성

앞에서 논의한 한국소비자원의 분쟁조정절차는 기존의 소송제도를 대체할 수 있는 간이한 분쟁해결절차로서 기능하고 있음은 분명하다. 그러나 한국소비자원은 공익적 목적을 갖는 법인의 형식으로 존재하며, 공정거래위원회의 감독을 받고 있다. 따라서 여전히 공적인 성격을 갖고 있다고 볼 수 있으며, 분쟁조정절차 또한 재판상의 화해와 동일한 효력을 갖는 조정의 특성에 상응하여 상대적으로 절차적 공정성을 보장하기 위한 공적 제도로서의 특징을 갖고 있다. 이러한 점은 일반 소비자에게는 여전히 부담으로 작용할 수 있을 것이다.

따라서 소비자 관점에서 보다 접근이 용이하고 소비자의 이익이 적절하게 반영될 수 있는 분쟁해결절차의 필요성이 있으며, 소비자의 권익을 증진하기 위한 소비자단체는 이와 같은 분쟁해결절차의 주체로서 고려될 수 있을 것이다.

---

30) 최은실, "소비자집단분쟁조정제도의 현황과 전망", 경쟁법연구 제17권, 2008, 36면.
31) 구체적인 내용은, 위의 글, 39면 이하 참조.

2) 소비자단체에 의한 분쟁해결

소비자기본법은 제2조 제7호에서 "소비자 스스로의 권익을 증진하기 위하여 단체를 조직하고 이를 통하여 활동할 수 있는 권리"를 소비자의 기본적 권리로서 규정하고 있으며, 동법 제28조 제1항 제5호는 "소비자의 불만 및 피해를 처리하기 위한 상담·정보제공 및 당사자 사이의 합의의 권고"를 소비자단체의 업무로서 법정하고 있다. 한편 소비자단체가 공정거래위원회 또는 지방자치단체에 등록하기 위해서는 반드시 제5호에서 규정하는 업무를 수행하여야 한다.

한편 개별 소비자단체가 분쟁을 해결하는데 한계가 있을 수 있다는 현실을 고려하여, 동법 제31조는 소비자단체 협의체에 의한 자율적 분쟁조정에 관하여 규정하고 있다. 즉 공정거래위원회에 등록한 소비자단체의 협의체는 소비자의 불만 및 피해를 처리하기 위하여 자율적 분쟁조정을 할 수 있다(법 31조 1항 본문). 다만 다른 법률의 규정에 따라 설치된 전문성이 요구되는 분야의 분쟁조정기구로서 대통령령이 정하는 기구에서 관장하는 사항에 대하여는 적용되지 않는데(동항 단서), 시행령 제25조에 의하면, '금융감독기구의 설치 등에 관한 법률' 제51조에 따라 설치된 금융분쟁조정위원회, 의료법 제54조의2에 따라 설치된 의료심사조정위원회, 환경분쟁조정법 제4조에 따라 설치된 환경분쟁조정위원회, 저작권법 제81조에 따라 설치된 저작권심의조정위원회, '컴퓨터프로그램 보호법' 제35조에 따라 설치된 컴퓨터프로그램보호위원회, 전기통신기본법 제37조에 따라 설치된 통신위원회, '정보통신망 이용촉진 및 정보보호 등에 관한 법률' 제33조에 따라 설치된 개인정보분쟁조정위원회, 전기사업법 제53조에 따라 설치된 전기위원회, '우체국예금·보험에 관한 법률' 제48조의2에 따라 설치된 우체국보험분쟁조정위원회가 이에 해당한다.

한편 소비자단체 협의체에 의한 자율적 분쟁조정은 당사자가 이를 수락한 경우에는 당사자 사이에 자율적 분쟁조정의 내용과 동일한 합의가 성립된

것으로 본다. 따라서 한국소비자원의 분쟁조정위원회의 조정과 달리, 사후적
으로 재판상 다툴 수 있다.

3) 사업자의 자발적 피해구제절차의 필요성

사업자는 소비자 피해의 원인 제공자에 해당하며, 소비자 피해에 대한 가
장 구체적인 정보를 가질 수 있는 위치에 있다. 따라서 소비자 피해를 구제
함에 있어서도, 사업자에 의한 구제는 일차적이고 직접적인 피해구제로서의
의미가 있다. 이러한 점에서 소비자와의 신뢰구축이 사업자에게 궁극적으로
이익이 될 수 있다는 의식의 변화를 통하여, 사업자 스스로 소비자피해 구제
에 자발적이고 적극적으로 임할 수 있도록 유도할 필요가 있다.

현행 소비자기본법은 사업자의 책무에 관한 제19조 제5항에서 "사업자는
물품등의 하자로 인한 소비자의 불만이나 피해를 해결하거나 보상하여야 하
며, 채무불이행 등으로 인한 소비자의 손해를 배상하여야 한다"는 규정을 두
고 있다. 그러나 이와 같은 선언적 규정을 넘어서 구체적으로 사업자 내에
피해구제에 관한 부서를 설치하는 것과 같은 구체적인 의무를 부과함으로써,
사업자의 자발적이고 적극적인 피해구제의 노력을 제도화할 필요가 있다.

4. 소비자분쟁해결기준의 중요성

1) 소비자분쟁해결기준의 의의

소비자기본법은 제16조 제2항에서 "국가는 소비자와 사업자 사이에 발생
하는 분쟁을 원활하게 해결하기 위하여 대통령령이 정하는 바에 따라 소비
자분쟁해결기준을 제정할 수 있다"고 규정하고 있다. 동 규정을 보충하고 있

는 시행령 제8조 제1항에 의하여 소비자분쟁해결기준은 일반적 소비자분쟁
해결기준과 품목별 소비자분쟁해결기준으로 나뉜다(영 8조 1항). 일반적 소
비자분쟁해결기준은 시행령과 규범적으로 일체인 시행령 <별표 1>에 규정
되어 있으며(영 8조 2항), 품목별 소비자분쟁해결기준은 일반적 소비자분쟁
해결기준에 따라서 재정경제부장관이 고시할 수 있다(영 8조 3항).

　소비자분쟁해결기준은 법적 구속력이 있는 책임 기준으로서의 법적 성격을
갖는 것으로 보기는 어렵다. 동법 제16조 제3항이 예정하듯이, 소비자분쟁해
결기준은 분쟁당사자 사이에 분쟁해결방법에 관한 별도의 의사표시가 없는 경
우에 한하여 분쟁해결을 위한 합의 또는 권고의 기준이 되는 것으로서, 자율적
분쟁해결에 적용될 것을 전제한다. 따라서 소비자분쟁해결기준과 다른 당사자
사이의 합의는 당연히 가능하며, 또한 법원의 판단을 구속할 수 없다.[32]

　이와 같이 법적 구속력이 없고 또한 비교법적으로 그 예를 찾아 볼 수 없
는 소비자분쟁해결기준을 마련하고 있는 것의 입법취지로서, 분쟁조정의 활
성화를 기하기 위한 수단이라는 점에 중요한 의미를 부여할 수 있다.[33] 즉
동 기준은 보상행정의 가이드라인으로서의 역할을 하며, 또한 소비자단체 등
의 사적인 분쟁해결에 있어서 유력한 지침으로서 기능한다. 나아가 소비자분
쟁해결기준은 사업자가 상품을 제조하고 거래함에 있어서 하나의 주의기준
으로서 작용하여 동 기준의 예방적 효과를 기대할 수도 있다.

2) 일반적 소비자분쟁해결기준

　전술한 것처럼, 일반적 소비자분쟁해결기준은 동법 시행령 <별표 1>에
규정되어 있다. 동 기준은 모든 품목에서의 분쟁해결에 일반적으로 적용될

---

32) 김성천, 소비자피해보상규정의 개선방안 연구, 한국소비자보호원, 2001, 100~101면
　　참조.
33) 소비자피해 구제 연보 사례집: 2006, 16~17면.

뿐만 아니라, 품목별 분쟁해결기준을 제정함에 있어서 그 기준이 된다. 구체적인 내용은 특히 현실 거래에서 빈번하게 발생하는 소비자분쟁을 대상으로 타당한 해결 기준을 제시하는 것을 위주로 하고 있다. 예를 들어 동 기준 제2호의 경품과 관련한 분쟁해결기준은 실제 많은 거래에서 대가 없이 제공하는 경품에 대하여 결함이나 하자가 있는 물품을 제공하는데 따른 문제점에 대한 해결기준으로서 제시된 것이다. 구체적인 내용은 다음과 같다.

　1) 사업자는 물품 등의 하자·채무불이행 등으로 인한 소비자의 피해에 대하여 다음 각 목의 기준에 따라 수리·교환·환급 또는 배상을 하거나, 계약의 해제·해지 및 이행 등을 하여야 한다(1호).

　　가. 품질보증기간 동안의 수리·교환·환급에 드는 비용은 사업자가 부담한다. 다만, 소비자의 취급 잘못이나 천재지변으로 고장이나 손상이 발생한 경우와 제조자 및 제조자가 지정한 수리점·설치점이 아닌 자가 수리·설치하여 물품 등이 변경되거나 손상된 경우에는 사업자가 비용을 부담하지 아니한다.

　　나. 수리는 지체 없이 하되, 수리가 지체되는 불가피한 사유가 있을 때는 소비자에게 알려야 한다. 소비자가 수리를 의뢰한 날부터 1개월이 지난 후에도 사업자가 수리된 물품 등을 소비자에게 인도하지 못할 경우 품질보증기간 이내일 때는 같은 종류의 물품 등으로 교환하되 같은 종류의 물품 등으로 교환이 불가능한 경우에는 환급하고, 품질보증기간이 지났을 때에는 구입가를 기준으로 정액 감가상각한 금액에 100분의 10을 더하여 환급한다.

　　다. 물품 등을 유상으로 수리한 경우 그 유상으로 수리한 날부터 2개월 이내에 소비자가 정상적으로 물품 등을 사용하는 과정에서 그 수리한 부분에 종전과 동일한 고장이 재발한 경우에는 무상으로 수리하되, 수리가 불가능한 때에는 종전에 받은 수리비를 환급하여야 한다.

　　라. 교환은 같은 종류의 물품 등으로 하되, 같은 종류의 물품 등으로 교환하는 것이 불가능한 경우에는 같은 종류의 유사물품 등으로 교환한다. 다만 같은 종류의 물품 등으로 교환하는 것이 불가능하고 소비자가 같은 종류의 유사물품 등으로 교환하는 것을 원하지 아니하는 경우에는 환급한다.

　　마. 할인판매된 물품 등을 교환하는 경우에는 그 정상가격과 할인가격의 차액에

관계없이 교환은 같은 종류의 물품 등으로 하되, 같은 종류의 물품 등으로 교환하는 것이 불가능한 경우에는 같은 종류의 유사물품 등으로 교환한다. 다만, 같은 종류의 물품 등으로 교환하는 것이 불가능하고 소비자가 같은 종류의 유사물품 등으로 교환하는 것을 원하지 아니하는 경우에는 환급한다.

바. 환급금액은 거래 시 교부된 영수증 등에 적힌 물품 등의 가격을 기준으로 한다. 다만, 영수증 등에 적힌 가격에 대하여 다툼이 있는 경우에는 영수증 등에 적힌 금액과 다른 금액을 기준으로 하려는 자가 그 다른 금액이 실제 거래가격임을 입증하여야 하며, 영수증이 없는 등의 사유로 실제 거래가격을 입증할 수 없는 경우에는 그 지역에서 거래되는 통상적인 가격을 기준으로 한다.

2) 사업자가 물품 등의 거래에 부수하여 소비자에게 제공하는 경제적 이익인 경품류의 하자·채무불이행 등으로 인한 소비자피해에 대한 분쟁해결기준은 제1호와 같다. 다만 소비자의 귀책사유로 계약이 해제되거나 해지되는 경우 사업자는 소비자로부터 그 경품류를 반환받거나 반환이 불가능한 경우에는 해당 지역에서 거래되는 같은 종류의 유사물품 등을 반환받거나 같은 종류의 유사물품 등의 통상적인 가격을 기준으로 환급받는다(2호).

3) 사업자는 물품 등의 판매 시 품질보증기간, 부품보유기간, 수리·교환·환급 등 보상방법, 그 밖의 품질보증에 관한 사항을 표시한 증서(이하 품질보증서)를 교부하거나 그 내용을 물품 등에 표시하여야 한다. 다만, 별도의 품질보증서를 교부하기가 적합하지 아니하거나 보상방법의 표시가 어려운 경우에는 소비자기본법에 따른 소비자분쟁해결기준에 따라 피해를 보상한다는 내용만을 표시할 수 있다(3호).

4) 품질보증기간과 부품보유기간은 다음 각 목의 기준에 따른다(4호).

가. 품질보증기간과 부품보유기간은 해당 사업자가 품질보증서에 표시한 기간으로 한다. 다만 사업자가 정한 품질보증기간과 부품보유기간이 제8조 제3항에 따른 품목별 소비자분쟁해결기준에서 정한 기간보다 짧을 경우에는

품목별 소비자분쟁해결기준에서 정한 기간으로 한다.

나. 사업자가 품질보증기간과 부품보유기간을 표시하지 아니한 경우에는 품목별 소비자분쟁해결기준에 따른다. 다만 품목별 소비자분쟁해결기준에 품질보증기간과 부품보유기간이 정하여져 있지 아니한 품목의 경우에는 유사품목의 품질보증기간과 부품보유기간에 따르며, 유사품목의 품질보증기간과 부품보유기간에 따를 수 없는 경우에는 품질보증기간은 1년, 부품보유기간은 해당 품목의 생산을 중단한 때부터 기산하여 내용연수에 해당하는 기간으로 한다.

다. 중고물품 등에 대한 품질보증기간은 품목별 분쟁해결기준에 따른다.

라. 품질보증기간은 소비자가 물품 등을 구입하거나 제공받은 날부터 기산한다. 다만 계약일과 인도일(용역의 경우에는 제공일)이 다른 경우에는 인도일을 기준으로 하고, 교환받은 물품 등의 품질보증기간은 교환받은 날부터 기산한다.

마. 품질보증서에 판매일자가 적혀 있지 아니한 경우, 품질보증서 또는 영수증을 받지 아니하거나 분실한 경우 또는 그 밖의 사유로 판매일자를 확인하기 곤란한 경우에는 해당 물품 등의 제조일이나 수입통관일부터 3월이 지난 날부터 품질보증기간을 기산하여야 한다. 다만 물품 등 또는 물품 등의 포장에 제조일이나 수입통관일이 표시되어 있지 아니한 물품 등은 사업자가 그 판매일자를 입증하여야 한다.

5) 물품 등에 대한 피해의 보상은 물품 등의 소재지나 제공지에서 한다. 다만 사회통념상 휴대가 간편하고 운반이 쉬운 물품 등은 사업자의 소재지에서 보상할 수 있다(5호).

6) 사업자의 귀책사유로 인한 소비자피해의 처리과정에서 발생되는 운반비용, 시험·검사비용 등의 경비는 사업자가 부담한다(6호).

3) 품목별 소비자분쟁해결기준

품목별 소비자분쟁해결기준은 일반적 소비자분쟁해결기준에 따라서 재정경제부장관이 제정하여 고시한다. 소비자 거래의 대상이 되는 물품의 특성,

즉 물품 자체의 특성, 당해 물품의 거래에 있어서 전형적으로 나타나는 특성, 물품의 사용에 있어서의 특성 등을 구체적으로 고려하여, 물품의 고유한 품목별 분쟁해결기준이 고시로서 제정되고 있다.

전술한 것처럼, 소비자분쟁해결기준은 분쟁당사자 사이에 분쟁해결방법에 관한 별도의 의사표시가 없는 경우에 한하여 분쟁해결을 위한 합의 또는 권고의 기준이 되는 것이지만, 시행령 제9조 제1항은 "다른 법령에 근거한 별도의 분쟁해결기준이 제8조의 소비자분쟁해결기준보다 소비자에게 유리한 경우에는 그 분쟁해결기준을 제8조의 소비자분쟁해결기준에 우선하여 적용한다"고 함으로써, 소비자분쟁해결기준의 보충성을 규정하고 있다. 또한 품목별 소비자분쟁해결기준에 대해서는 "품목별 소비자분쟁해결기준에서 해당 품목에 대한 분쟁해결기준을 정하고 있지 아니한 경우에는 같은 기준에서 정한 유사품목에 대한 분쟁해결기준을 준용할 수 있다"(영 9조 2항)는 규정과 "품목별 소비자분쟁해결기준에서 동일한 피해에 대한 분쟁해결기준을 두 가지 이상 정하고 있는 경우에는 소비자가 선택하는 분쟁해결기준에 따른다"(영 9조 3항)는 규정을 두어, 동 기준의 적용에 관한 구체적인 원칙을 제시하고 있다.

품목별 소비자분쟁해결기준은 1985년 12월 31일 처음 제정되어, 현재 125개 업종 561개 품목에 동 기준이 도입되었다. 가장 최근의 개정으로서 2006년 10월 1일의 개정 내용을 보면, 가스서비스업과 영화관람업이 추가되었으며, 초고속인터넷통신망서비스, 애완견판매업, 공연업, LCD 제품, 결혼정보업, 독서실운영업, 가구, 세탁업, 신용카드업, 철도(여객), 의약품 및 화학제품, 인터넷콘텐츠업 등의 개정이 있었다. 구체적으로 보면, 영화관람업의 경우 사업자의 귀책사유로 상영이 30분 이상 지연된 경우 입장료 전액환급 등의 보상 규정이 신설되었고, LCD 제품의 경우 제품의 기술수준이 안정됨에 따라서 품질보증기간을 1년에서 2년으로 연장하는 내용 등을 담고 있다. 지금까지 품목별 소비자분쟁해결기준은 총 13차례 개정되었으며, 주기적인 개

정을 통하여 경제현실과 실제 거래에서 드러나는 변화를 지속적으로 반영하고 있다.[34]

IV. 소비자단체소송의 도입

1. 제도 도입의 배경

전술한 것처럼 오늘날의 소비자피해는 소액다수의 피해라는 특성을 가지고 있으며, 따라서 개별 소비자가 기존의 민사소송제도를 통한 구제를 기대하는 것에는 한계가 있다. 그 원인에 대하여 두 가지 측면에서 이해가 가능하다. 우선 소제기의 측면에서 보면, 소액의 피해를 입은 개별 소비자 입장에서 상당한 소송비용을 감수하고 소를 제기할 가능성은 크지 않다 할 것이다. 또한 소송수행 과정의 측면에서도 문제가 있다. 현행 소송법제 하에서도 다수의 피해자를 동시에 구제할 수 있는 방법이 전혀 없는 것은 아니다. 예를 들어 민사소송법은 공동소송제도나 선정당사자제도를 마련해 놓고 있기 때문에, 다수의 피해자는 이러한 제도를 통하여 피해를 구제받을 수 있다. 그러나 이 경우에도 기판력을 받게 되는 범위는 공동당사자 또는 선정자에 한정되며, 결국 보상을 받게 되는 소비자의 범위는 제한될 수밖에 없다.

이와 같은 소비자피해에 대한 적절한 구제책의 미비는 기업의 침해행위를 사실상 방임함으로써 이를 더욱 증가시키는 결과를 초래할 가능성이 있으며, 사회적으로는 소비자집단 전체의 이익, 나아가서는 공익을 해칠 우려도 있다. 따라서 소액다수의 피해라는 특징을 가진 소비자피해를 효과적으로 구제할 수 있는 소송상의 제도를 마련할 필요가 있으며, 비교법적으로 독일의 단체소송과 미국의 집단소송이 유력한 논의 대상이 되었다.

---

34) 위의 책, 22~24면.

미국의 집단소송(Class Action)은 집단의 다수 구성원 중에서 1인 또는 그 이상이 집단 전체를 대표해서 제소하거나(원고 Class Action), 제소를 당하는 (피고 Class Action) 형태의 소송을 말한다. Class Action은 대표당사자가 일단 개인자격으로 소를 제기한 후에, 법원에 Class Action을 신청하여 법원이 그 대표당사자가 그가 제시한 class를 대표할 자격이 있다고 인정하면 허가결정을 내리고, 이어서 본안의 심리에 들어가게 된다. 이때 본안의 심리결과 내려지는 종국판결은 대표당사자뿐만 아니라 class의 구성원 전원을 기속하게 된다. 이와 같이 본안 판결의 효력이 class의 구성원 전원에게 미친다는 데에 Class Acton 제도의 본질이 있다.

반면에 독일의 단체소송은 하나의 단체를 매개로 하여 소송을 제기하고 수행한다. 즉 단체소송은 하나의 단체가 원고가 되어 개별적인 법률의 보호목적을 실현하거나 또는 다른 사람의 개별적인 청구권을 행사하는 소송을 말하며, 독일 부정경쟁방지법(UWG; Gesetz gegen den unlauteren Wettbewerb)상의 단체소송이 대표적인 예에 해당한다. 즉 UWG 제8조 제3항은 동법에 의한 중지청구의 주체로서, 경쟁사업자뿐만 아니라 사업자 단체, 소비자보호를 위한 조직35) 내지 상공회의소와 같은 단체를 규정하고 있다. 특히 독일의 단체소송은 개별적인 권리보호제도가 가지고 있는 한계를 피하고, 대량으로 발생하는 청구권을 집단적으로 처리함으로써 피해자 보호와 소송경제를 실현하는 기능을 갖는다.36)

양 제도는 나름대로의 장단점을 갖고 있지만, 독일과 마찬가지로 개별적 권리구제원칙에 입각하고 있는 우리 법제도 하에서 단체소송이 보다 용이하게 결합될 수 있다는 점이 고려되어, 결국 독일의 단체소송에 유사한 제도가

---

35) 이때의 소비자보호를 위한 조직은 중지청구법(Unterlassungsklagengesetz) 제4조에 의하여 자격이 부여되거나 EC지침 98/27에 의하여 EC위원회에 등록된 단체를 의미한다.

36) 권오승, "소비자문제와 다수당사자소송", 다수당사자소송연구, 법무부, 법무자료 제90집, 1987, 285~287면.

2006년 개정을 통하여 소비자기본법에 도입되었으며, 동 제도는 2008년 1월 1일부터 시행되었다.[37)

2. 소비자단체소송의 내용

1) 단체소송의 대상과 주체

단체소송이 가능한 물적 범위는 사업자가 소비자기본법 제8조 제1항의 위해방지 기준에 위반되는 물품을 제조·수입·판매하거나 제공한 경우, 동법 제10조의 표시기준을 위반한 경우, 동법 제11조의 광고기준을 위반한 경우, 동법 제12조 제2항에 의하여 국가가 지정·고시한 소비자의 합리적인 선택을 방해하고 소비자에게 손해를 끼칠 우려가 있다고 인정되는 사업자의 부당한 행위를 한 경우, 동법 제15조 제2항의 개인정보 보호기준을 위반한 경우에, 이로 인하여 소비자의 생명·신체 또는 재산에 대한 권익을 직접적으로 침해하고 그 침해가 계속되는 경우 소비자권익침해행위의 금지·중지를 구하는 소송이다(법 70조 본문).

단체소송을 제기할 수 있는 인적 범위는 동법 제70조 각 호에 규정되어 있다. 각각 소비자단체, 사업자단체 및 중립적 위치에 있는 공익 단체가 포함되어 있다. 구체적으로 보면, 1) 소비자기본법 제29조의 규정에 따라 공정거래위원회에 등록한 소비자단체로서, 정관에 따라 상시적으로 소비자의 권익증진을 주된 목적으로 하는 단체일 것, 단체의 정회원수가 1천명 이상일 것, 동법 제29조의 규정에 따른 등록 후 3년이 경과하였을 것 등의 요건을 모두 갖춘 단체(1호), 2) '상공회의소법'에 따른 대한상공회의소, 중소기업협

---

37) 한편 집단소송적 성격을 갖고 있는, 소액주주들의 소송활성화를 위한 '증권관련집단소송법'이 2004년 1월에 제정되어 2005년 1월 1일부터 시행되고 있다.

동조합법에 따른 중소기업협동조합중앙회 및 전국 단위의 경제단체로서 대
통령령이 정하는 단체(2호),[38] '비영리민간단체 지원법' 제2조의 규정에 따
른 비영리민간단체로서, 법률상 또는 사실상 동일한 침해를 입은 50인 이상
의 소비자로부터 단체소송의 제기를 요청받을 것, 정관에 소비자의 권익증진
을 단체의 목적으로 명시한 후 최근 3년 이상 이를 위한 활동실적이 있을
것, 단체의 상시 구성원수가 5천명 이상일 것, 중앙행정기관에 등록되어 있
을 것 등의 요건을 모두 갖춘 단체가 이에 해당한다(3호).

　이상의 규정은, 단체소송의 주체를 소비자단체, 사업자단체, 공익단체로
유형화하여 인정함으로써, 독일의 부정경쟁방지법 제8조 제3항의 규정과 매
우 유사한 태도를 보여주고 있다. 그러나 독일의 부정경쟁방지법의 경우 동
법의 보호목적이 경쟁자 보호에서, 거래상대방인 소비자 보호 나아가 경쟁질
서의 보호로 확대되어 왔고, 이와 같은 보호목적상의 특성이 단체소송의 주
체를 정함에 있어서 영향을 미친 것으로 볼 수 있다.[39] 그러나 소비자기본법
상의 단체소송은 명백히 소비자에게 피해가 발생한 경우를 대상으로 하며,
이와 같은 상황에서 사업자단체에게도 단체소송의 제소권을 부여하는 것이
타당한지에 대한 입법적 의문이 있다.

---

38) 동법 시행령 제63조에 의하면, 법 제70조제2호에서 대통령령이 정하는 단체란 전
　국 단위의 경제단체로서, 사업자 등을 회원으로 하여 「민법」에 따라 설립된 사단
　법인으로서 정관에 따라 기업경영의 합리화 또는 건전한 기업문화 조성에 관한 사
　업을 수행하는 법인 중 재정경제부장관이 정하여 고시하는 법인(1호) 및 사업자 등
　을 회원으로 하여 「민법」에 따라 설립된 사단법인으로서 정관에 따라 무역진흥업
　무를 수행하는 법인 중 재정경제부장관이 정하여 고시하는 법인(2호)의 어느 하나
　에 해당하는 단체를 말한다.

39) Friedrich L. Ekey u. a., Wettbewerbsrecht, C. F. Müller, 2005, 581면 이하(Astrid
　Meckel 집필부분) 참조.

2) 단체소송의 관할

단체소송의 소는 피고의 주된 사무소 또는 영업소가 있는 곳, 주된 사무소
나 영업소가 없는 경우에는 주된 업무담당자의 주소가 있는 곳의 지방법원
본원 합의부의 관할에 전속한다(법 70조 1항). 한편 외국 사업자에 적용할 경
우에는 대한민국에 있는 이들의 주된 사무소·영업소 또는 업무담당자의 주
소에 따라 정한다(법 70조 2항).

3) 단체소송의 허가

단체소송의 신청은 단체소송을 제기하는 단체가 소장과 함께 원고 및 그
소송대리인, 피고, 금지·중지를 구하는 사업자의 소비자권익 침해행위의 범
위를 기재한 소송허가신청서를 법원에 제출하여야 한다(법 73조 1항). 이때
소송대리인은 변호사로서 선임되어야 한다(법 72조). 이때의 소송허가신청서
에는 소제기단체가 제70조 각 호의 어느 하나에 해당하는 요건을 갖추고 있
음을 소명하는 자료와 소제기단체가 제74조 제1항 제3호의 규정에 따라 요
청한 서면 및 이에 대한 사업자의 의견서를 첨부하여야 한다(법 73조 2항).
한편 사업자의 의견서는 동호에서 정하는 기간(서면 요청후 14일) 내에 사업
자의 응답이 없을 경우에 생략할 수 있다(법 73조 2항 2호 단서).

법원은 물품 등의 사용으로 인하여 소비자의 생명·신체 또는 재산에 피해가
발생하거나 발생할 우려가 있는 등 다수 소비자의 권익보호 및 피해예방을 위
한 공익상의 필요가 있을 것, 제73조의 규정에 따른 소송허가신청서의 기재사
항에 흠결이 없을 것, 소제기단체가 사업자에게 소비자권익 침해행위를 금지·
중지할 것을 서면으로 요청한 후 14일이 경과하였을 것 등의 요건을 모두 갖
춘 경우에 결정으로 단체소송을 허가할 수 있다(법 74조 1항). 한편 단체소송
을 허가하거나 불허가하는 결정에 대하여는 즉시항고할 수 있다(법 74조 2항).

4) 단체소송 확정판결의 효력

원고의 청구를 기각하는 판결이 확정된 경우 이와 동일한 사안에 관하여
는 제70조의 규정에 따른 다른 단체는 단체소송을 제기할 수 없다(법 75조
본문). 다만 판결이 확정된 후 그 사안과 관련하여 국가 또는 지방자치단체
가 설립한 기관에 의하여 새로운 연구결과나 증거가 나타난 경우, 기각판결
이 원고의 고의로 인한 것임이 밝혀진 경우의 어느 하나에 해당하는 경우에
는 그러하지 아니하다(법 75조 단서).

이상의 규정은 결과적으로 일정한 단체에 의한 단체소송의 판결을 부분적
으로 확대하는 의미를 갖는다. 그 취지는 제소의 빈발로 인한 법률관계의 불
안정성을 해소하려는 것에서 찾을 수 있지만, 특히 청구기각의 판결 효력을
소비자단체, 사업자단체, 공익단체 등 서로 성격이 상이한 단체에게까지 확
장하는 것이 타당한 지에 대해서는 입법정책상 의문의 여지가 있다.

28. 대부업 표시광고의 문제점과
이용자 보호방안

Ⅰ. 서론

　대부업에 대한 규제의 근거가 되는 「대부업의 등록 및 금융이용자보호에
관한 법률」(이하 대부업법) 제2조 제1호의 정의에 의하면, 대부업은 금전의
대부 또는 그 중개를 업으로 행하는 것을 말한다. 이때 중개에는 전술한 제1
호의 규정에 의하여 어음할인, 양도담보 그 밖에 이와 유사한 방법에 의한
금전의 교부 및 금전수수의 중개를 포함한다. 한편 동법 시행령 제2조 제2호
에 의하여 사업자의 종업원에 대한 대부(가목), 노동조합의 구성원에 대한 대
부(나목), 정부 또는 지방자치단체의 대부(다목), 민법 등의 법률의 규정에 따
라서 설립된 비영리법인의 정관으로 정한 목적 범위 안에서의 대부(라목)는
대부업법상의 대부에서 제외된다.

　이와 같은 대부업법상의 대부업에 대한 정의가 현실 경제에서 기능하고
있는 대부업의 의의를 충분히 반영하는 것은 아니며, 이에 대한 현실경제적
인 이해가 요구된다. 금융산업의 관점에서 대부업은 서민금융의 대표적인 업
종에 해당하며, 긴급한 상황에서 자주 이용되는 긴급금융의 성격이 두드러진
다. 특히 재화나 용역 등에 필요한 자금을 소비자(가계)에게 직접 제공한다는
의미에서 소비자금융의 대표적인 형태로 이해되고 있다.[1] 일반적으로 통용

되는 분류로서, 대부업을 제3금융에 위치시키는 것도 대부업의 특징적 성격의 일단을 보여주는 것이라 할 수 있다. 이러한 분류에 따르면, 각각 제도화된 금융이라 할 수 있는 제1금융에는 은행법에 의한 은행 등이 해당하며, 제2금융은 보험회사, 증권회사, 여신금융회사 등으로 구성된다. 반면에 제3의 금융에는 신용을 제공하는 역할을 하는 대부업 사업자 등이 해당하는 것으로 보고 있다. 제3금융은 제도화된 금융으로 특징지을 수 있는 제1금융 또는 제2금융에 대비되어, 이른바 사금융의 성격을 갖고 있고, 이러한 성격도 대부업의 중요한 특징이라 할 수 있다.

결국 이와 같은 대부업의 특성, 즉 서민금융 내지 소비자금융으로서의 성격과 가계의 긴급한 자금 수요에 따르는 이용측면에서의 특징은, 이용자 측면에서 특별한 보호 필요성의 근거가 된다. 이른바 제도화된 금융, 예를 들어 은행업, 보험업, 증권업 등의 경우 산업적 관점에서 제도화되고, 또한 은행법, 보험업법, 여신전문업법 등에 의하여 금융상품의 이용에 관한 법제도적 기초가 마련되어 있는 상황이다. 이에 반하여 사금융적 성격이 두드러진 대부업의 경우, 그 성격상 법제도적인 기초가 충분하게 주어지지 않은 상황에서 발전되어 온 것이고, 특히 이용자에 대한 법적 보호는 많은 부분에서 일반 민사법의 법리에 의존하여 왔다. 예를 들어 이자제한법이 재차 제정되기 이전 대법원은 소비대차에서 현저한 고율의 이자에 관한 문제를 민법 제103조에 의하여 다루었다.[2]

물론 이러한 접근이 사금융을 이용하는 이용자 보호를 위하여 충분한 것은 아니며, 2002년 제정된 대부업법이나 2007년 이자제한법의 제정은 이러한 필요성에 상응하는 입법적 대응이라 할 수 있다. 전술한 대법원 판례에서 드러난 것처럼, 사적인 금융방식을 통한 자금 대여에서 고율의 이자는 일차적인 관심의 대상이 되고 있고, 대부업법이나 이자제한법은 이자의 상한을

1) 최인방, 대부업의 최근 동향과 향후 과제, 2007, 4면.
2) 대법원 2007. 2. 15. 선고 2004다50426 판결.

정하는 것에 의하여 현저한 고율의 이자가 책정되는 것에 대한 법적 규율을 행하고 있다. 그러나 대부업 운영과 관련하여 제기되는 문제가 이에 한정되는 것은 아니다. 특히 대부업 영업에 수반하여 합리적인 소비자 선택을 왜곡할 수 있는 다양한 마케팅 방식이 나타나고 있으며, 긴급한 자금을 수요하는 이용자 입장에서 자율적인 합리적 판단에 의하여 이러한 위험을 회피할 가능성이 제한된다는 점에 대해서도 유의하여야 한다.

특히 대부업체의 수는 2002년 대부업법 제정 이후 등록 대부업체만 2006년 6월 기준으로 16,367에 이르는 등[3] 치열한 경쟁상황이 전개되고 있으며, 이러한 대부업의 시장구조는 과도한 경쟁으로서 표시, 광고상의 불공정성이 나타날 우려를 배가하고 있다. 따라서 이에 대한 적절한 규제가 요구되고 있으며, 현행 법제도상 이루어지고 있는 규제의 실효성을 검토할 필요성이 있다. 이러한 규제에 있어서 대부업법상의 규제도 고려 대상이 되지만, 특히 「표시·광고의 공정화에 관한 법률」(이하 표시광고법)에 의한 규제가 중요한 의미를 갖는다. 이하에서는 대부업 표시·광고와 관련하여 대부업법에 의한 규제의 내용을 살펴보고, 이어서 표시광고법에 의한 규제의 실제와 실효성을 검토하기로 한다. 이상의 논의에 기초하여 대부업 표시·광고에 있어서 이용자 보호방안을 제안하고자 한다.

II. 대부업법상 표시·광고의 규제

1. 대부업법의 규제체계

대부업법 제1조의 목적규정에 의하면, 동법은 대부업의 등록 및 감독에 관하여 필요한 사항을 규정하고, 대부업자와 여신금융기관의 불법적 채권추

---

3) 최인방, 주 1)의 자료, 9면.

심행위 및 이자율 등을 규제함으로써 대부업의 건전한 발전을 도모하는 한편, 금융이용자를 보호하여 국민의 경제생활의 안정에 이바지함을 목적으로 한다. 이와 같이 대부업법은 대부업의 규제를 통한 건전한 산업 발전과 대부업을 이용하는 금융이용자 보호를 두 개의 주된 목적으로 제시하고 있으며, 동법의 규정도 이에 따라서 체계화 되었다.

　구체적으로 보면, 대부업을 영위하고자 하는 자는 영업소별로 해당 영업소를 관할하는 광역자치단체장(이하 '시·도지사'라 한다)에게 등록하여야 한다(법 3조 1항). 대부업에 허가를 요하지 않는다는 점에서 등록이 규제 수단이 되는 것으로 볼 수는 없고 또한 등록 자체는 대부업자의 자율적 판단에 따르지만, 동법 제3조 제2항은 명칭 또는 성명과 주소, 등록신청인이 법인인 경우에 최대출자자 및 임원의 성명 및 주소, 등록신청인이 개인인 경우에 업무를 총괄하는 사용인이 있는 때에는 사용인의 성명 및 주소, 영업소의 명칭 및 소재지, 영위하고자 하는 대부업의 구체적 내용 및 방법을 신청서에 기재할 것을 요구하고 있으며, 이에 의하여 대부업 등록은 간접적인 통제로서의 의미를 가질 수 있다. 실질적인 규제 수단으로서, 대부업자에 대한 검사 등이 중요하다. 동법 제12조 제1항에 의하여 시·도지사는 대부업자의 업무 및 업무와 관련된 재산에 관하여 보고하게 하거나 자료 제출을 명할 수 있고, 나아가 이를 검사할 수 있다. 나아가 동조 제3항에서 시·도지사가 전문적인 검사의 필요시에 금융감독원장에게 이러한 검사를 요청할 수 있도록 규정한 것은, 대부업자에 대한 규제의 실질을 기한다는 점에서 의미 있는 규정이라 할 수 있다. 한편 동법 제13조는 시·도지사에게 대부업자가 시·도지사의 명령에 위반하는 등의 일정한 사유가 발생한 경우에 영업정지 및 등록취소의 처분을 할 수 있는 권한을 부여함으로써, 규제의 실효성을 제고하는 규정을 두고 있다. 끝으로 시도지사의 대부업 실태조사의 정례화 그리고 행정안전부 및 금융위원회에 그 결과를 제출하여야 할 의무 부과도 대부업의 건전한 발전에 기여할 목적으로 최근 법개정에 의하여 새롭게 도입되었다.

이상의 규정과 아울러, 대부업법은 금융이용자를 보호하기 위한 일련의 대부업자의 행위 규제 조항을 두고 있다. 우선 대부업자는 거래 상대방과 대부계약을 체결함에 있어서 서면계약에 의하여야 하며, 계약서에 반영되어야 할 내용이 동법 제6조 제1항 각호에 법정되어 있다. 물론 이러한 규정은 계약의 방식과 내용 형성에 대한 사적자치의 중대한 제한이지만, 이를 정당화할 수 있는 거래상대방, 즉 금융이용자 보호에 우월할 가치를 부여한 결과라 할 수 있다. 다만 이상의 서면계약의 요구에 대부업자가 따르지 않은 경우에, 그 행위에 대한 과태료의 부과로서 행정적 제재가 예정되어 있지만(법 21조 1항 2호), 당해 계약의 사법적 효력에 대해서는 규정상의 공백이 있으며, 이에 대한 논의의 여지가 있다. 대부업법상 대부업자의 영업활동에 관한 구체적인 규제들은 종래 사금융을 제공하던 자가 경제사회적으로 야기하였던 문제들에 초점을 맞추고 있다. 예를 들어 동법 제8조 제1항은 대부업자의 대부이자율을 100분의 60 이내로 제한하는 이자율제한 규정을 두고 있으며, 제10조는 대부업자의 불법적 채권추심행위를 금지하고 있고, 제7조는 상대방의 변제능력을 초과하는 대부계약의 체결을 금지하고 있다. 이와 관련하여 대법원이 "대부업을 이용하는 사람들은 주로 은행이나 카드사와 같은 제도권 금융회사에서 소외된 저신용자들로서 사회·경제적으로 곤궁한 약자들"이며, "대부업법 제8조와 제10조는 이처럼 대부업 이용자들이 특별한 보호를 필요로 하는 경제적 약자임을 감안한 조치라 할 수 있다"고[4] 본 것에 주목을 요한다.

또한 제9조 제1항은 대부계약을 체결함에 있어서 일정한 대부조건을 게시하고 설명할 것을 대부업자의 의무로 규정하고 있다. 게시 및 설명의무의 대상이 되는 거래조건에는 대부이자율, 이자계산방법, 변제방법, 그리고 동법 시행령 제6조 제1항에 의하여 대부업 등록번호, 연체이자율, 대부계약과 관련한 부대비용의 내용이 해당한다. 이와 같은 규정은 그 의의나 기능 측면에

---

4) 대법원 2005. 5. 27. 선고 2004도8447 판결.

서 「약관의 규제에 관한 법률」(이하 약관규제법) 제3조 제2항 및 제3항에서 규정한 명시·설명의무와 유사하다. 양자의 차이점은 의무 대상의 범위라 할 수 있는데, 약관규제법의 경우 명시의무의 대상은 약관 자체이고, 설명의무는 약관의 내용 중 중요 내용을 그 대상으로 한다. 특히 설명의무의 대상의 중요 내용은 사회통념상 당해 사항의 知·不知가 계약체결의 여부에 영향을 미칠 수 있는 사항을 의미하며,5) 대상의 구체적인 확정은 개별 사례의 검토를 통하여 이루어지고 있다.6) 이에 비하여 대부업법상 게시·설명의무는 그 대상이 법정되고 있다는 점에서 구별된다. 설명의무를 부과하는 취지를 거래 상대방에게 올바른 정보를 전달하고, 이에 의하여 사업자에 대해서도 간접적으로 공정한 계약을 체결하는 것에 대한 강제가 될 수 있다는 점에서 찾을 수 있다면, 설명의무의 대상을 법규정으로 한정하는 것 보다는 경제사회의 변화에 상응하여 유동적으로 파악할 수 있는 규정방식이 타당할 수 있다. 한편 유사한 규정이 도입됨으로써, 대부업법상의 게시·설명의무와 약관법상의 명시·설명의무의 관계가 논의될 필요가 있다. 약관법 제30조 제3항은 특정한 거래분야에 대하여 다른 법률에 특별한 규정이 있는 경우에는 이 법의 규정에 우선한다는 규정을 두고 있으며, 동 조항의 적용에 의하여 대부업법의 게시·설명의무가 약관법상의 명시·설명의무에 우선하며 또한 이를 배제하는 것인지가 다투어질 수 있다. 전술한 것처럼 양 규정의 취지는 유사하지만, 그 대상이나 법적용 측면에서 차이가 있으며, 따라서 양자의 중복적용으로 이해하는 것이 타당할 것이다. 이와 관련하여 대법원이 상법 제638조의3에 의한 보험약관의 교부·설명의무와 약관법상 명시·설명의무의 관계에 대하여 양자의 중복 적용을 긍정한 판례의7) 태도를 참고할 수 있을 것이다.

---

5) 이은영, 약관규제법, 박영사, 1994, 118면.
6) 대법원 1995. 12. 12. 선고 95다11344 판결, 대법원 2000. 5. 30. 선고 99다66236 판결, 대법원 2007. 1. 11. 선고 2003다11820 판결 등 참조.
7) 대법원 1998. 11. 27. 선고 98다32564 판결.

2. 대부업법상 대부업자의 표시·광고의 규제

대부업법 제9조 제2항은 대부업자의 표시·광고와 관련하여 일정한 규제를 행하고 있으며, 실제 소비자에게 미치는 대부업 표시·광고의 중요성을 고려할 때, 동 규정은 금융이용자 보호를 위한 대부업자의 규제에 있어서 핵심적인 사항이라 할 수 있다.

구체적인 내용을 보면, 동법 제9조 제2항은 각호에서 대부조건 등에 관한 표시 또는 광고 시에 일정한 사항을 반드시 포함할 것을 요구하고 있다. 즉 명칭 또는 대표자의 성명, 대부업 등록번호, 대부이자율 및 연체이자율, 이자 외에 추가비용이 있는 경우 그 내역이 포함되어야 하며, 동법 시행령 제6조 제2항에 의하여 금전대부의 중개를 업으로 행하는 자는 대부중개업자라는 사실, 영업소의 주소와 전화번호, 대부업을 등록한 특별시·광역시 또는 도의 명칭 또한 동일한 적용을 받는다.

동 규정은 국가로 하여금 사업자에게 적용되는 표시 및 광고 기준을 정할 의무를 부과하고 있는 소비자기본법 제10조 및 제11조를 구체화 한 의미가 있다. 또한 표시광고법에서의 규제가 기본적으로 사후적인 성격을 갖는데 반하여, 동 규정상의 표시·광고에 대한 규제는 일정한 사항을 반드시 내용으로 할 것을 사전적으로 요구한다는 점에서 사전적 규제로서 이해할 수 있다.

대부업의 표시·광고가 소비자에게 미칠 수 있는 영향의 측면에서 이와 같은 사전적 규제의 타당성은 인정되지만, 포함되어야 할 사항으로 규정된 것에 관하여 구체적인 검토가 필요한 부분도 있다. 예를 들어 동법 제9조 제2항 제4호는 이자 이외에 추가비용이 있는 경우 그 내역을 표시 또는 광고에 포함하여야 하는 것으로 규정하고 있다. 실제 대부계약에 있어서 이자 이외에 추가적인 형태의 비용이 수수료 등과 같은 명목으로 책정이 되고 있으며, 이를 표시·광고의 내용에 포함시키는 것은 일응 타당한 것으로 생각된다. 그러나 이러한 수수료도 법리적인 측면에서 이자로서 이해될 여지가 있으며, 소비자 역시 수수료를 이자와 분리하여 보는 것이 아니라 전체를 합산하여 이자의 관점에서 파악하는 것이 일반적이라 할 수 있다. 법리적인 측면에서 보면, 이자제한법 제4조는 "예금, 할인금, 수수료, 공제금, 체당금, 그 밖의 명칭에도 불구하고 금전의 대차와 관련하여 채권자가 받은 것은 이를 이자로 본다"는 간주 규정을 두고 있다. 민법에서의 일반적인 이해에 비추어, 이자는 원본액과의 일정한 비율에 의하여 산정되는 것을 의미하며,[8] 이러한 산정방식에 따라서 책정되는 것이라면, 그 명칭을 불문하고 성격상 이자로 이해할 여지가 있다. 따라서 표시 또는 광고 시에 이자 외에 추가비용이 있는 경우의 그 내역을 포함시키도록 하는 것은 의미가 있지만, 나아가 이들 추가비용이 산정방식 등에 비추어 이자로서의 성격이 있으므로, 이자율에 합산하여 표시 또는 광고하도록 하는 것이 소비자의 이익에 보다 부합하는 것일 수 있다.

Ⅲ. 표시광고법상 대부업 표시광고의 규제

1. 표시광고법의 규제체계

사업자가 소비자에게 제공하는 표시 또는 광고는 상품에 관한 일차적인 정보원으로서 올바르고 유용한 정보가 제공될 경우에, 소비자의 합리적 선택과 공정한 거래질서의 확립에 기여하게 될 것이다.[9] 특히 소비자 계약의 관점에서 소비자에게 올바른 정보 제공의 기회를 확대하는 것의 중요성이 강조되고 있으며,[10] 이러한 점에서 소비자의 합리적 선택을 침해하는 부당한

---

8) 곽윤직, 채권총론, 박영사, 1998, 68면 참조.
9) 김영신 등, 새로 쓰는 소비자법과 정책, 교문사, 2007, 133면.

표시·광고의 규제를 내용으로 하는 표시광고법에 의미를 부여할 수 있다.

부당한 표시·광고행위의 금지는 표시광고법상 규제의 핵심을 이룬다. 동법 제3조 제1항에서의 부당한 표시광고는 소비자를 속이거나 소비자로 하여금 잘못 알게 할 우려가 있는 표시·광고를 말하며, 이러한 행위가 공정한 거래질서를 저해할 우려가 있는 경우로서, 각호에 허위·과장의 표시·광고, 기만적인 표시·광고, 부당하게 비교하는 표시·광고, 비방적인 표시·광고가 규정되어 있다. 한편 동법 제5조 제1항의 의하여 사업자가 자기가 행한 표시·광고 중 사실과 관련한 사항에 대하여 이를 실증할 수 있어야 한다는 규정도 기만적 내지 오인 유발 가능한 표시·광고의 억제에 관련된다.

부당한 표시·광고 행위에 대한 규제로서, 소관부서인 공정거래위원회는 시정조치를 부과할 수 있으며(법 7조), 과징금 부과의 근거 규정도 마련되어 있다(법 9조). 또한 동법 제17조 이하에 규정되어 있는 형벌의 부과, 그리고 제10조에 의한 손해배상청구권의 행사도 동법의 실효성을 제고하는데 기여할 것이다. 한편 동법 제8조에 의한 공정거래위원회의 임시중지명령은 부당한 표시·광고행위의 신속한 시정을 위한 수단으로서 기능할 것이다.

표시광고법 특유의 제도로서 공정거래위원회에 의한 중요정보의 고시 제도 역시 부당한 표시·광고의 억제를 위한 유용한 제도로서 활용가능성이 높다. 중요정보의 고시가 가능한 경우로서, 동법 제4조 제1항은 표시·광고를 하지 아니하여 소비자의 피해가 자주 발생하고 있는 사항(1호), 표시·광고를 하지 아니할 경우에 소비자가 상품 등의 중대한 결함 또는 기능상의 한계 등을 정확히 알지 못하여 소비자의 구매선택에 결정적인 영향을 미치게 되는 경우, 소비자의 생명·신체상의 위해가 발생할 가능성이 있는 경우, 그 밖에 소비자의 합리적인 선택을 현저히 그르칠 가능성이 있거나 공정한 거래질서를 현저히 저해하는 경우에 해당하는 사정이 생길 우려가 있는 사항(2호) 등

---

10) Tilman Repgan, Kein Abschied von der Privatautonomie, Ferdinand Schöningh, 2001, 32면.

을 규정하고 있다. 동 규정의 입법취지와 관련하여, 사업자가 불리한 정보를
은폐하는 경향이 있고, 이러한 피해는 사업자 간의 품질 내지 가격경쟁을 저
해할 우려로 이어질 수 있으며, 따라서 소비자선택에 핵심적인 사항에 대한
표시 강제를 할 필요성이 있다는 점이 지적되고 있다.[11] 현재 중요정보의 고
시는 소비자 안전 분야, 유전자변형물질 분야, 상품권 분야, 자격증 분야 등
4개 분야와 28개 업종에서 이루어지고 있는데, 대부업의 경우에도 정확한 거
래조건의 不知에 의한 소비자 피해나 소비자 선택에 결정적인 제한이 나타
나고 있는 상황이므로, 전술한 대부업법상 표시·광고의 의무적 포함사항 이
외에 소비자 피해를 방지하기 위하여 필수적인 사항을 중심으로 이러한 형
태의 고시가 가능한 분야라 할 수 있다. 현행 「중요한 표시·광고 사항의 고
시」는 28개 업종 중 하나로서, 유사금융업종의 중요정보를 고시하고 있으며,
그 내용상 대부업자에 의한 자금대여도 여기에 해당하는 것으로 볼 수 있다.
이에 의하면, 특히 표시 및 광고 대상 중요정보 항목으로서 연(年) 단위 환산
이자율 및 연체이자율과 이자 이외 추가비용이 있는 지 여부를 규정하고 있
고, 이를 사업장 게시물 또는 설명서에 표시하여야 하는데, 통신판매를 통해
자금 대출이 가능한 경우에는 해당 매체에도 표시하여야 하는 것으로 하고
있다.

끝으로 자율적 규제방안으로서 동법 제14조에 의한 표시·광고의 자율규
약, 제15조에 의한 표시·광고의 자율심의기구 등도 표시·광고의 공정화에
기여할 수 있는 방안으로 활성화될 필요가 있다. 본질적으로 사업자의 표시·
광고행위는 경쟁의 일환으로 이루어지는 것이며, 무엇보다 이때의 경쟁이 공
정하게 이루어지는 것은 소비자에 대해서뿐만 아니라 사업자 자신에게도 궁
극적으로 이익이 될 수 있다는 인식의 확대가 중요하다.

---

11) 김영신 등, 주 9)의 책, 146면 참조.

2. 부당한 표시·광고의 규제와 대부업

1) 부당한 표시·광고 규제 법리

부당한 표시광고의 유형으로서 동법 제3조 제1항 각호가 정하고 있는 규정은 동법 시행령 제3조에 의하여 구체적인 의미가 보충되고 있다. 이에 의하면, 허위·과장의 표시·광고는 사실과 다르게 표시·광고하거나 사실을 지나치게 부풀려 표시·광고하는 것(영 3조 1항), 기만적인 표시·광고는 사실을 은폐하거나 축소하는 등의 방법으로 표시·광고하는 것(영 3조 2항), 부당비교 표시·광고는 비교대상 및 기준을 명시하지 아니하거나 객관적인 근거 없이 자기 또는 자기의 상품이나 용역을 다른 사업자 또는 사업자단체나 다른 사업자 등의 상품 등과 비교하여 우량 또는 유리하다고 표시·광고하는 것(영 3조 3항), 비방적인 표시·광고는 다른 사업자 등 또는 다른 사업자 등의 상품 등에 관하여 객관적인 근거가 없는 내용으로 표시·광고하여 비방하거나 불리한 사실만을 표시·광고하여 비방하는 것(영 3조 4항)을 의미한다.

물론 이상의 규정도 부당한 표시·광고를 판단함에 있어서 충분한 것은 아니며, 보다 구체적인 기준으로서 「부당한 표시·광고행위의 유형 및 기준 지정고시」가 제정되어 있다. 그러나 동 고시는 일반적인 기준으로서 대부업의 특성에 상응하는 부당성 판단의 구체적 기준이 제시되고 있는 것은 아니며, 「은행 등의 금융상품 표시·광고에 관한 심사지침」 역시 제도화된 금융상품을 대상으로 하고 있다는 점에서 대부업에 원용하기에는 한계가 있다. 따라서 표시·광고의 부당성 판단 기준과 관련하여 대부업의 고유한 특성이 고려된 구체적 기준을 마련할 필요성이 있다.

2) 대부업 규제 사례

이와 관련하여 공정거래위원회에 의한 부당한 표시·광고행위로서 대부업에 대한 규제 사례는 유용한 시사점을 제공한다. 예를 들어 (주)위드캐피탈 사건은[12] 자신으로부터 대출을 받는 신규고객들에게 특별히 낮은 금리를 적용해 주는 기간을 실제보다 더 길게 표현한 것에 대하여 사실과 다르게 소비자를 오인시키거나, 오인시킬 우려가 있는 허위·과장의 광고행위로서 판단하였다. 동 심결에서는 실제 저리로 대출한 기간은 9월 1일부터 11월 30일까지임에도 불구하고, 12월 1일부터 12월 31일까지의 기간도 포함되는 것으로 표현한 것을 허위·과장의 광고행위로 평가하였다. 한편 동 심결에서 부당성을 판단하는 과정에 대해서도 유의할 필요가 있는데, 허위·과장성 외에도 소비자의 오인가능성과 공정거래 저해성을 별개의 요건으로 검토하고 있다.

이상의 요건은 개념적으로 충분히 구별될 수 있는 것이지만, 허위·과장성과 소비자의 오인가능성이 실제 판단에서 분리될 수 있는 것인지에 대해서는 의문이 있다. 또한 공정거래 저해성에 대해서도 추가적인 논의의 여지는 있다. 동 요건은 부당한 표시·광고가 불공정한 거래행위로서 「독점규제 및 공정거래에 관한 법률」(이하 독점규제법)에 의하여 규제되었던 연혁적 근거도 있을 뿐만 아니라, 표시광고법도 동 요건을 수용하고 있으므로, 이에 대한 판단은 불가피할 것이다. 그러나 여기서의 공정거래 저해성이 독립적으로 고려될 요소인지 아니면 허위·과장에 따른 오인가능성 판단에 흡수되는 것인지가 명확한 것은 아니다. 독립적인 고려 요소로 볼 경우에도, 공정거래 저해성의 내용을 어떻게 구성할 것인지의 문제가 계속된다. 동 심결은 그 의의를 거래상대방의 이익침해적 의미를 넘어서 거래질서의 공정성까지 나아가고 있는데, 그러한 경우에도 독점규제법상 불공정거래행위의 일부 유형의 경우처럼, 경쟁제한성의 의미로까지 확대하는 것에는 부정적이다. 유사한 사

---

12) 공정위 2008. 1. 3. 의결 2007광고2360.

건을 다루고 있는 다른 심결에서도 이상의 판단과정은 동일하게 전개되고 있으며, 다만 원리금 균등 상환시에 대출금리가 낮아지는 것으로 표현하였지만 실제 금리의 차이가 없었던 웰컴크레디라인(주) 사건,[13] 특정 연령대의 모든 여성에게 대출이 가능한 것처럼 표현하였지만 실제 그렇지 않았던 (주)미즈사랑 사건[14] 등 허위·과장의 구체적 내용에는 차이가 존재한다.

IV. 개선 방안

　앞에서의 논의에서 알 수 있듯이, 대부업에서의 표시, 광고행위에 대한 규제는 대부업법과 표시광고법을 중심으로 사전적 규제와 사후적 규제가 중복적으로 적용되고 있다. 대부업의 산업구조와 이용자 측면에서의 특성에 비추어, 사전적 규제가 사후적 규제에 결부되어 있는 법체계는 불가피한 것으로 이해할 수 있다. 이와 관련하여 대부업법 제9조 제2항에서 표시, 광고에 포함되어야 하는 사항을 법정하고 있는 것이 지나치게 획일적이고 경직적인 입법대응일 수 있다는 점에도 유의하여야 한다. 한편 표시광고법상 공정거래위원회에 의한 중요정보의 고시로서 대부업에 관한 부분도 지속적으로 개선하며, 규제된 사례에서 드러난 부당한 표시·광고의 예를 적절하게 반영할 필요가 있다.

　표시광고법상 부당성 판단과 관련하여, 이에 관한 심사지침 등이 마련되어, 구체적인 기준이 제시될 필요가 있다. 이는 규제기관의 조사와 법적용의 실효성 제고측면에서 뿐만 아니라, 수범자의 명확한 법인식을 도모하는데 기여할 수 있다. 또한 현실경제에서 발생하는 대부업 표시·광고의 문제를 부당성 관점에서 지속적으로 관찰할 필요가 있다. 대부업을 이용하는 이용자 측면에서

---

13) 공정위 2008. 1. 4. 의결 2007광고2351.
14) 공정위 2008. 1. 4. 의결 2007광고2354.

보면, 당해 대부를 이용할 자격이 주어지는지 그리고 이용 대가, 즉 이자를 포함한 이용에 따른 모든 비용의 크기가 가장 중요한 고려 요소가 될 것이며, 대부업자의 부당한 표시·광고도 이러한 소비자의 우선적인 관심에 반응하는 방식으로 이루어질 가능성이 크다. 이러한 이용상황에 대한 구체적인 이해는 새롭게 나타는 부당한 표시·광고에 효과적인 대처를 가능하게 한다.

한편 표시광고법과 대부업법이 대부업 표시·광고 행위 규제의 핵심이 되지만, 약관법, 이자제한법, 방문판매법, 독점규제법 등 거래의 공정성을 목적으로 하는 다양한 법과도 관련된다. 따라서 다양한 법률에 의한 규제가능성도 검토되어야 하며, 이 경우에 대부업법이나 표시광고법과의 관계에 대해서도 구체적인 이해를 할 필요가 있다.

끝으로 대부업법상 등록한 등록대부업자 이외에도 비등록 대부업자가 다수 존재하며, 이들의 거래조건은 등록 대부업자에 비하여 악화되어 있는 상황이다. 따라서 소비자 피해의 측면에서 보면, 이들 비등록 대부업자와의 거래가 보다 큰 우려를 낳을 수 있다. 현행 대부업법은 사실상의 대부업자에 대해서도 이자율 제한이나 불법적 채권추심행위의 금지 규정 등을 적용하고 있다. 그러나 대부업법의 적용은 제한적이며, 특히 표시·광고행위에 대한 의미 있는 규제가 비등록 대부업자에 대하여 적용되는 것에는 한계가 있다. 이 경우에도 표시광고법은 제한 없이 적용될 수 있으며, 동 규정의 적극적인 법 적용은 대부업의 건전한 발전과 금융이용자 보호 측면에서 긍정적인 기여를 할 수 있을 것으로 생각된다.

29. 제조물책임법상 면책사유로서
법령준수의 의의와 타당성에 대한 검토

I. 서론

제조물책임(product liability)의 법리를 어떻게 구성할 것인지에 관한 오랜 논의의 결과로서, 우리나라를 포함한 최근에 제정된 입법례들은 대체적으로 무과실책임을 제조물책임의 기본 원칙으로 채택하고 있다.[1] 즉 현행 제조물책임법 제3조 제1항은 "제조업자는 제조물의 결함으로 인하여 생명·신체 또는 재산에 손해를 입은 자에게 그 손해를 배상하여야 한다"고 규정함으로써, 결함의 존재와 손해의 발생 그리고 양자 사이의 인과관계만으로 제조업자에게 손해배상책임을 인정하는 무과실책임의 법리를 입법적으로 수용하였다.[2]

---

[1] 특히 제조물책임 법리가 발달한 미국의 연혁적 고찰을 통하여 불법행위법상의 과실책임에서 출발하여, 명시적 내지 묵시적 보증을 의제하여 보증책임을 구성하던 시기, 그리고 무과실책임으로서 엄격책임을 인정하던 시기로 발전하여 온 논의의 전개과정에 관하여, 이돈희, "제조물책임", 「인권과 정의」 제162호(1990), 48면 참조. 한편 법경제학의 관점에서 무과실책임에서 최근에 다시 엄격책임을 완화하여 과실책임으로 회귀하려는 시도가 나타나고 있다는 분석으로서 박세일, 법경제학, 박영사, 2004, 339~341면 참조.

[2] 제조물책임에 관한 EC지침(EEC Directive on Liability for Defective Products 85/374) 제1조는 "제조자는 자신의 제조물의 결함으로 인한 손해에 대하여 책임이 있다"(The Producer shall be liable for damage by a defect in his product)고 규정함으로써, 무과실책임의 원칙을 밝히고 있다.

이와 같은 무과실책임의 기초 위에서 제조물책임을 면할 수 있는 면책사
유의 존재는 제조자가 책임을 면할 수 있는 유일한 항변 사유로서 기능하며,
또한 제조물 책임의 범위에 관한 실질적인 한계를 정하는 의미를 갖는다. 제
조물책임법 제4조 제1항 본문은 "제3조의 규정에 의하여 손해배상책임을 지
는 자가 다음 각호의 1에 해당하는 사실을 입증한 경우에는 이 법에 의한 손
해배상책임을 면한다"고 규정하고 있다. 동 규정은 제조자에게 책임을 귀속
시키는 것이 타당하지 않은 사유가 존재하는 경우에 책임을 면하는 것으로
하고 있고, 이로 인하여 무과실책임의 엄격성은 완화될 것이다. 무엇보다 동
법 제4조 제1항의 면책사유는 내용적으로 어느 정도 과실책임의 기초를 이
루는 주의 의무 내지 결과의 예견가능성에 관련되는 것이라 할 수 있으며,[3]
이를 면책사유로 받아들임으로써 다른 한편으로 무과실책임주의의 엄격한
적용으로부터 벗어나게 되는 측면이 있다.[4] 물론 면책사유의 존부에 대한
판단이 과실책임에 있어서 주의 의무의 내용이나 결과의 예견가능성에 관한
판단과정에 전적으로 일치하는 것은 아니다. 더욱이 동법 제4조 제1항에 규
정된 면책사유는 행위자의 주관적 요건을 배제한 객관적 형식으로 구성되어
있다. 그러나 그 판단과정은 무과실책임의 기초 위에서 제조자에 대한 책임
귀속의 타당성을 규범적으로 평가하는 의미를 가지며, 이에 의하여 무과실책
임으로서 제조물책임의 정당한 범위가 정해질 것이다.[5]

따라서 입법론까지 포함한 제조물책임법상 면책사유의 타당성에 대한 논
의는, 동법의 기초를 이루는 무과실책임주의와 무관하게 전개될 수 없다. 즉
제조물책임을 무과실책임으로 구성한 입법취지와 제조자에 대한 책임귀속의

---

3) 불법행위 책임의 주관적 요건으로서 過失은 결과가 발생한다는 것을 알고 있어야
   함에도 불구하고 부주의로 인하여 알지 못하는 심리상태로 이해되고 있다. 곽윤직,
   채권각론, 박영사, 1998, 686면.
4) 권오승 등 5인 공저, 제조물책임법, 법문사, 2003, 206~207면 참조.
5) 後藤卷則·村千鶴子·齊藤雅弘, アクセス消費者法, 日本評論社, 2005, 264~265면
   참조.

정당한 범위에 관한 문제가 종합적으로 다루어져야 한다. 면책사유의 확대는 제조물책임법상 무과실책임의 의의를 형해화할 수 있으며, 반면에 지나친 축소는 무과실책임 원리의 엄격한 적용으로 인하여 오히려 법의 실효성을 떨어트리는 결과를 낳을 수 있다는 정책적 고려도 관련될 수밖에 없다.

이러한 관점에서 이하에서는 특히 동법이 제4조 제1항 제3호에서 면책사유의 하나로 규정한 법령 준수의 경우에 초점을 맞추어 논의하고자 한다. 우선 면책사유와 그 중 하나로 법정된 법령 준수의 의의를 살펴보고(Ⅱ), 유사한 규정에 대한 비교법적 분석을 행한 후에, 동 규정의 타당성을 검토할 것이다(Ⅲ). 이상의 논의에 기초하여 결론으로서 동 규정의 개선을 제안하고자 한다(Ⅳ).

Ⅱ. 면책사유로서 '법령 준수'의 의의

1. 제조물책임법상 면책사유

전술한 것처럼 제조물책임법은 동법 제4조 제1항에서 면책사유를 규정하고 있다. 이를 구체적으로 보면, 제조업자가 당해 제조물을 공급하지 아니한 사실(1호), 제조업자가 당해 제조물을 공급한 때의 과학·기술수준으로는 결함의 존재를 발견할 수 없었다는 사실(2호), 제조물의 결함이 제조업자가 당해 제조물을 공급할 당시의 법령이 정하는 기준을 준수함으로써 발생한 사실(3호), 그리고 원재료 또는 부품의 경우에는 당해 원재료 또는 부품을 사용한 제조물 제조업자의 설계 또는 제작에 관한 지시로 인하여 결함이 발생하였다는 사실(4호) 등이 이에 해당한다. 동법에 의하여 손해배상책임을 부담하는 자가 이상의 사실이 존재함을 입증한 경우에 당해 배상책임을 면하게 되며(1항 본문), 다만 제조물 결함의 존재를 알거나 알 수 있었음에도 불구하

고 손해발생의 방지를 위한 적절한 조치를 취하지 않은 경우에는 면책규정
이 적용되지 않는다(2항).

이상의 면책사유 규정은 제조물책임에 관한 성문화된 입법을 이룬 대부분
의 나라에서 채택하고 있는 것이지만, 구체적인 내용에는 비교법적으로 다소
간의 차이가 존재한다. 예를 들어 일본의 제조물책임법은 제4조에서 면책사
유를 정하고 있는데, 동조 제1호의 "당해 제조물을 그 제조업자 등이 인도한
시기의 과학 또는 기술에 관한 지식에 의하여 당해 제조물에 그 결함이 있다
는 것을 인식할 수 없었던 경우", 그리고 제2호의 "당해 제조물이 다른 제조
물의 부품 또는 원재료로 사용된 경우에 있어서 그 결함이 단지 당해 제조물
의 제조업자가 행한 설계에 관한 지시에 따른 것으로 인하여 발생하고, 또한
그 결함이 발생한 것에 과실이 없는 경우"가 이에 해당한다.

면책사유에 관한 동 규정의 입법취지와 관련하여 제1호는 이른바 개발위
험의 항변으로서 신제품의 개발이나 기술혁신을 저해하지 않도록 하는 사업
자의 희망을 수용한 것으로 설명되고 있으며, 제2호는 단지 부품 등을 사용
하는 제조업자의 지시에 따른 경우에 면책을 인정함으로써, 완제품 제조업자
와의 공평을 고려하여 부품 등 제조업자를 보호하려는 취지가 반영된 것으
로 이해되고 있다.[6] 이상의 일본 製造物責任法상 면책사유는 우리 제조물
책임법에도 규정되어 있는 것이지만, 우리 제조물책임법이 규정하고 있는 다
른 면책사유, 즉 법령 준수에 의한 면책사유와 같은 유형은 일본 제조물책임
법에 도입되지 않았다는 점에서 내용상에 중요한 차이가 있다.

유럽의 경우 EC 회원국의 입법을 요구할 목적으로 제정된 제조물책임 지
침(Directive concerning Liability for Defective Products)은[7] 제7조에서 면책사

---

6) 위의 책, 264~265면 및 伊藤 進 等, 消費者法, 日本評論社, 2006, 252~253면 참조.
7) Directive 1999/34/EC of the European Parliament and of the Council of 10 May
   1999 amending Council Directive 85/374/EEC. 동 지침의 제정은 소비자 안전의 확
   보와 아울러 단일한 공동시장의 형성과 관련하여 제조물책임에 관한 단일한 법제
   도 형성을 목적으로 하고 있다는 것으로서, 홍명수, 경제법론I, 경인문화사, 2007,

유를 규정하고 있다. 구체적인 내용을 보면, 제조자가 문제가 된 제조물을 유통시키지 않았다는 것(a), 모든 사정을 고려할 때, 손해를 발생시킨 결함이 제조자가 제조물을 유통시킨 시점에 존재하지 않았거나 그 후에 발생한 개연성(probable)이 있다는 것(b), 제조업자가 문제가 된 제조물을 경제적 목적으로 판매 또는 유통을 위하여 제조하지 않았거나, 영업을 위하여 제조 또는 유통하지 않았다는 것(c), 결함이 공적 기관(public authorities)에서 정한 강행 규정(mandatory regulations)에 따라서 제조하였기 때문이라는 것(d), 제조업자가 문제가 된 제조물을 유통시킨 당시에 과학과 기술 수준으로는 결함의 존재를 발견할 수 없었다는 것(e), 부품의 제조업자의 경우에 문제가 된 결함이 부품이 부속된 제조물의 구조나 제조물 제조업자의 지시에 기인하였다는 것(f) 등의 어느 하나를 제조업자가 입증하였을 경우에 제조물책임을 면하게 된다.

이상의 EC 제조물책임 지침에서 면책사유의 내용은, 우리 제조물책임과 비교하여 b호에서 유통 후의 결함에 의한 항변이나[8] c호의 非상거래에 의한 항변을 면책사유로 인정하고 있다는 점에서 확대된 측면도 있다. 그러나 이하의 상론에서 알 수 있듯이, d호의 강행 규정에 따른 항변의 경우처럼 우리 제조물책임법이 강행성 여부를 불문하고 법령의 기준에 따른 것을 면책사유로 인정하는 것에 비하여 보다 강화된 요건을 규정하고 있는 경우도 있다.

EC지침에 의하여 개별 회원국의 입법에서도 무과실책임으로서 제조물책임의 예외적인 면책사유가 규정되어 있다. 독일의 제조물책임법(Gesetz über die Haftung für fehlerhafte Produkte)의 경우 동법 제1조 제2항에서 면책사유를 규정하고 있는데, 구체적으로 제조자가 제조물을 유통시키지 않은 경우(1호), 제조자가 제조물을 유통시킨 시점에 당해 제조물이 손해의 원인이 되는 결함을 갖고 있지 않았다는 것이 사정에 의하여 드러난 경우(2호), 제조자가

501~502면 참조.

8) 그러나 이러한 유형의 면책사유에 대해서는 제조물책임 법리의 기초를 이루는 엄격책임의 법리에 반한다는 비판도 있다. Patrick Kelly & Rebecca Attree ed., European Product Liability, Butterwords, 1992, 9면(Andrew Turner 집필부분) 참조.

제조물을 판매 또는 상거래를 위한 그 밖의 활동을 목적으로 제조한 것이 아니거나, 자신의 영업활동의 범위 내에서 제조하거나 판매한 것이 아닌 경우(3호), 제조자가 제조물을 유통시킨 시점의 강행 규정을 준수함으로써 결함이 발생한 경우(4호), 제조자가 제조물을 유통시킨 시점의 과학과 기술수준으로는 결함을 인식할 수 없었던 경우(5호)가 이에 해당한다. 이상의 독일 제조물책임법상 면책사유는 부품 또는 원재료의 경우를 제외하고는 대체적으로 EC지침의 면책사유 규정을 수용하고 있으며, 특히 강행 규정의 준수에 따른(zu zwingenden Rechtsvorschriften) 항변의 경우도 강행성을 요건으로 하여 면책사유로 규정하고 있다.

2. 면책사유로서 법령 준수

앞에서 살펴본 것처럼, 제조물책임법은 제조업자가 법령의 기준을 준수한 것으로 인하여 결함이 발생한 경우를 면책사유의 하나로 규정하고 있다. 동 규정은 법령에 정해진 기준에 따른 경우에, 제조업자의 주의의무 위반에 대한 책임을 물을 수 없다는 정책적 판단에 의한 것으로 이해된다.[9]

그러나 전술한 것처럼, 이러한 입법 태도가 비교법적인 관점에서 일반적으로 받아들여지고 있는 것은 아니다. 앞에서 살펴본 예에서 알 수 있듯이, 유럽의 EC 제조물책임 지침에서 면책사유가 되는 공적 기준은 강행적인(mandatory) 것에 한하고 있다. 나아가 결함이 강행 기준 준수의 불가피한 결과로서 발생하였다는 것의 입증을 요구함으로써, 이러한 면책사유의 적용범위를 더욱 제한하는 해석론이 전개되고 있으며,[10] 강행 기준의 준수와 결함

---

9) 권오승 등, 주 4)의 책, 법문사, 2003, 202~203면.
10) Christopher Hodges ed., Product Liability-European Laws and Practice, Sweet& Maxwell, 1993, 74~75면 참조.

사이에 불가피성이 인정되지 않는 경우까지 면책사유로 보는 것은 무과실책임주의에 기초한 제조물책임의 기본 원칙에 부합하지 않는다는 것이 그 근거가 된다.

EC 제조물책임 지침에 따른 회원국의 국내 입법도 유사한데, 전술한 독일의 제조물책임법 제1조 제2항 제4호가 강행 규정에 따라서 제조된 경우에 한하여 제조물책임의 면책을 규정하고 있는 것이 대표적인 예가 될 것이다. 한편 실제 독일에서 제조에 관련된 강행규정을 찾기 어렵다는 점에서, 동 규정에 의한 면책의 가능성은 높지 않은 것으로 보는 견해도 유력하다[11] 제조과정을 대상으로 하는 법령상의 규제로서 이른바 기술규정이나 사고예방규정 등을 상정할 수 있지만, 이러한 규정들이 강행규범에 해당하는 경우는 드물다. 특히 사고예방을 위한 규정의 경우 강행규범적 성격을 가질 수 있지만, 이는 근로자 등 제조과정에 참여하는 자에 대한 것이 일반적이고, 제조업자에 대하여 직접적으로 구속력을 갖는 경우는 많지 않다.[12]

또한 전술한 일본의 製造物責任法은 면책사유로서 법령 준수를 규정하고 있지 않다는 점에도 주목할 필요가 있다. 이러한 입법 태도는 무과실책임 원칙의 보다 엄격한 적용을 의도한 것이라 할 수 있으며, 이로 인하여 법령에 정하여진 기준의 준수와 별개로 결함의 발생을 방지하기 위한 방향으로 제조자의 노력을 유인할 수 있다는 점에서 법정책적인 의의를 찾을 수 있다.

이상의 비교법적 검토에 비추어 볼 때, 우리 제조물책임법상 법령 준수에 의한 면책은 이례적으로 보다 넓은 범위에서의 면책이 가능할 수 있는 방식으로 규정되어 있음을 알 수 있으며, 이와 같은 규정 태도는 면책사유로서 법령 준수의 타당성을 검토함에 있어서 그 전제가 된다.

---

11) Hans Josef Kullmann, Produkthaftungsgesetz Kommentar, Erich Schmidt Verlag, 1997, 51면.
12) 위의 책, 52면.

Ⅲ. 면책사유로서 '법령 준수'의 타당성 검토

1. 현행법상 면책사유로서 법령 준수의 문제점

제조물책임법상 면책사유의 하나로서 규정되어 있는 법령 준수와 관련하여 몇 가지 측면에서 그 타당성에 의문을 제기할 수 있다. 우선 가장 본질적인 것으로서 모든 법령 준수를 면책의 대상으로 하는 동 규정은 제조물책임법이 기본 원칙으로서 채택한 무과실책임 내지 엄격책임의 의의를 근본적으로 훼손하는 것이 아닌가 하는 문제제기가 가능할 것이다.

법령의 준수를 면책사유의 하나로 규정한 근거는, 법령이 제시한 일정한 기준을 준수함에 있어서 제조물 결함의 회피를 기대하기 어렵다는 것에서 찾을 수 있는데, 법령 준수가 임의적인 경우에도 이러한 결과 회피에 대한 기대가 가능하지 않다고 보는 것은, 과실책임에 적용에 있어서도 문제가 될 수 있는 것이며, 주관적 요건을 배제하는 무과실책임에서는 더욱 그 타당성을 인정하는 것에 한계가 있다.

또한 법령 준수의 구체적 의미가 제조업자의 주의의무 위반을 부정하는 근거가 될 수 있는지에 대해서도 논의가 이루어져야 한다. Viscusi가 지적한 것처럼, 제조업자가 일정한 법령상의 기준을 지키지 않은 것은 주의의무 위반에 대한 유력한 근거가 될 수 있지만, 역으로 법령 기준의 준수가 주의의무를 다하였다는 것을 입증할 수 있는지에 대해서는 의문이다.[13] 과실책임에서 주관적 요건인 과실은 결과 발생을 알거나 알 수 있었던 상태를 전제하는데, 법령 기준이 결과 발생과 언제나 직접적인 관련성을 갖는 것은 아니다. 그리고 이와 같이 양자의 관련성을 일반화시킬 수 없는 상황에서, 법령 기준의 준수를 무과실책임의 면책사유로 상정하는 것이 타당한지에 의문을 갖지

---

13) W. Kip Viscusi, Reforming Products Liability, Harvard Univ. Press, 1991, 126면.

않을 수 없다.

끝으로 제조업자에 대한 일정한 기준이 제정되는 과정에 대해서도 주의를
요한다. 대체적으로 이러한 기준 제정은 제조 과정상의 기술적 요소를 대상
으로 하는 경우가 많으며, 제조상의 기술적 특성에 대한 전문적인 지식이나
경험이 기준 제정 과정에 반영될 필요성이 크다 할 것이다. 그러나 법령의
제정 주체가 이러한 전문성을 갖는 것에는 한계가 있을 수밖에 없고, 따라서
법령상의 기준을 제정하는 과정에서 실제 제조에 관여하고 이를 통하여 상
당한 전문성이 축적되어 있는 전문가들의 조력이 불가피하다. 문제는 전문가
들의 조력이 이루어지는 과정에서 제조업자의 이해가 반영될 여지가 크다는
것에 있으며,[14] 이와 같은 법령상의 기준이 제정되는 과정상의 특성에 비추
어, 특히 구속력이 수반되지 않는 법령상 기준의 준수에 제조업자의 면책을
인정하는 것에는 신중을 기할 필요가 있다.

2. 제품안전기준의 제정 목적과 소비자 이익의 고려

일반적으로 법령에 규정된 제품의 안전에 관한 기준은 제조물책임법에서
면책사유로 삼는 법령 기준과 목적상의 차이를 갖는다는 점도 고려되어야
한다. 제품 안전기준은 제품에 의한 사고발생을 방지하기 위하여 제품 안전
의 최저기준을 정하는 것을 주된 목적으로 하며, 또한 부차적으로 기업의 안
전을 확보하기 위한 대응으로서 가이드라인의 의미도 갖는다.[15]

그러나 제조물책임법에서 제조물책임의 면책사유로서 법령상 기준의 준수
를 문제삼을 경우에, 이때 법령 기준은 제조업자의 책임 귀속을 결정하는 것
에 관련된다. 이와 같은 목적상의 차이 역시 법령에 규정된 제품 안전에 관

---

14) 위의 책, 128면 참조.
15) 日本辯護士聯合會 編, 消費者法講義, 2007, 305~306면(中村雅人 집필부분).

한 기준을 제조물책임의 면책사유로 원용하는 것에 한계가 있음을 보여주는 것이다.

또한 현행법상 강행성 여부를 불문하고 법령 준수를 면책사유로 하는 것에 대하여, 소비자 이익보호적 관점에서도 검토할 필요가 있다. 우선 임의적 법령 준수까지 면책사유에 해당하는 것으로 하는 것은, 제조업자가 제조물책임을 부담하는 범위를 축소하는 것을 의미하므로, 그 자체로서 소비자의 이익에 반하는 측면이 있다. 동 규정에 의하여 제조물책임이 면책될 경우에 소비자가 손해를 배상받을 수 있는 방법은, 일반적인 불법행위에 의한 손해배상책임을 구하는 것을 상정할 수 있다. 전술한 것처럼 법령상 기준을 준수한 사실이 주의의무를 다하였다는 것을 입증할 수 있는 것은 아니므로, 과실책임이 성립될 가능성 자체가 부정될 수 있는 것은 아니다. 그러나 제조물책임이 무과실책임으로 발전하여 온 연혁에서 알 수 있듯이, 피해자인 소비자가 불법행위와 손해, 양자 사이의 인과관계 및 주관적 요건 등을 입증하여 손해배상책임을 구하는 것에는 현실적인 한계가 따를 수밖에 없다.

한편 국가가 제정한 법령상의 기준을 준수한 것이 결함의 원인이 되었을 경우에, 제조물책임은 면책된다 하더라도, 국가를 상대로 배상책임을 구할 가능성이 있다. 특히 공무원의 위법한 직무행위로 인한 국가의 배상책임이 인정되기 위해서는, 공무원의 위법한 직무행위, 고의 또는 과실의 주관적 요건, 손해의 발생 그리고 직무행위와 양자 사이의 인과관계 등이 충족되어야 한다.[16] 이때 다른 요건은 차치하고, 구속력이 없는 임의적인 법령상의 기준을 제조업자가 준수하고 이로 인하여 손해가 발생한 경우에, 직무행위로서 법령상의 기준 제정과 손해 발생 사이에 인과관계를 인정할 수 있는지는 의문이다. 결과적으로 임의적 법령 준수에 의하여 제조물책임이 면책되는 경우에, 피해를 입은 소비자가 이를 손해배상을 통하여 구제받을 수 있는 여러 가능성이 실질적인 것이 되기는 어려우며, 이러한 점도 임의적 법령의 준수

---

16) 김동희, 행정법I, 박영사, 2002, 475면 이하 참조.

에 대해서까지 면책사유로 규정하고 있는 현행법 태도의 타당성을 논의함에 있어서 법정책적으로 고려되어야 한다.[17]

3. 결함과 법령 준수의 관련성 문제

전술한 것처럼 유럽에서 강행적 법령의 준수를 제조물책임의 면책사유로 인정할 경우에, 이때의 법령 준수는 결함의 발생과 불가피한 관련을 갖는 것에 한정하여야 한다는 해석론이 유력하다. 이러한 유형의 면책규정이 법령에 위반하지 않은 제조업자는 제조물책임을 면하는 것과 같은 일반적인 확대를 의도하지 않는다는 것은 명백하며, 이러한 태도는 우리 독점규제법의 적용에 있어서도 수용하여야 할 것으로 생각된다.

그러나 임의적 법령의 경우에는 이를 준수할지 여부에 관한 판단이 전적으로 수범자의 임의에 맡겨진 것이고, 따라서 결함과 법령 준수 사이에 인과적 관련성을 인정하는 것이 여의치 않을 수 있다. 이와 같은 논리적 한계도 면책사유로서 법령 준수의 범위를 임의적인 경우까지 포함하도록 하고 있는 현행법의 타당성을 논의함에 있어서 지적되어야 할 부분이다.

---

17) 이와 관련하여 소비자법의 영역적 특성으로서 소비자법은 민·상법, 행정법, 경제법, 형법 등 다양한 법 분야에서 구제 효과를 종합하는 법 종합성을 거론하는 견해를 참고할 수 있을 것이다. 김숙자, "민사법과 소비자법", 명지법학 제3호, 2004, 200~201면.

IV. 개선에 대한 제안

1. 법 적용에 있어서 엄격한 해석의 요구

위에서 살펴 본 것처럼, 현행법상 법령 준수에 의한 면책 규정은 지나치게 넓은 범위에서 제조업자의 면책을 인정하게 될 우려를 낳고 있으며, 그 타당성에 대하여 일정한 의문이 제기되고 있다. 이러한 점을 감안하여 법 개정 이전이라도 동 규정의 적용단계에서 보다 엄격한 해석을 요구할 수 있을 것이다. 즉 비교법적으로 검토된 바와 같이, 법령상의 기준이 제조업자에게 구속력이 있는 경우에 한하여 제조업자의 면책을 인정하는 운용방식이 논의될 수 있다.[18]

물론 이러한 해석론이 정책적으로 충분한 타당성을 갖고 있다 하더라도, 동법 제4조 제1항 제3호가 단지 '법령'으로만 규정하고 있기 때문에, 동 해석론이 현행법의 문리적 해석 범위 안에서 가능한 것인지에 대한 검토가 불가피할 것이다. 이때 동 규정이 법령의 유형을 구분하지 않고 있지만, '법령이 정하는 기준을 준수함으로써 결함이 발생'한 것으로 규정되어 있는 것에 착안점을 두는 것도 생각할 수 있는 방안이다. 동 규정상 법령상 기준의 준수로 인하여 결함이 발생한 것이어야 하고, 이는 곧 법령 기준의 준수와 결함 발생 사이에 인과적 관련성이 있을 것을 요구하는 것으로 해석할 수 있다. 이때 법령 기준의 준수가 수범자의 자율적 판단에 유보된 임의적 성격의 것이라면, 인과적 관련성을 부인함으로써 실질적으로 강행적 법령에 따른 행위에 대해서만 면책을 인정하는 방향으로 해석론을 전개하는 것도 가능할 것이다.

또한 인과적 관련성의 입증과 관련하여, 법령 준수와 결함 발생 사이에 인

---

18) 권오승 등, 주 4)의 책, 203면 참조.

과관계를 부인할 수 있는 다른 요인이 우월하게 작용한 것으로 볼 수 있는 경우도 검토 대상이 될 수 있다. 예를 들어 법령상의 기준 제정에 제조업자의 이익이 반영된 것이 제정과정에서 명백하게 드러난 경우 또는 법령상의 기준 준수와 별개로 제조업자가 결함의 발생을 예견할 수 있었고 이를 회피할 수 있었던 상황이 입증된 경우 법령상의 기준 준수와 결함 발생 사이에 인과적 관련성을 부인하는 법리의 구성도 검토할 만하다.

2. 입법적 개선의 제안

그러나 이상의 문제를 법해석론으로 해결하는 것이 명확하지 않은 상황에서 입법론적으로 문제를 해결하는 방안도 고려할 수 있다. 앞에서 논의한 것처럼, 비교법적으로 법적 성격을 불문하고 모든 형태의 법령상 기준 준수를 면책사유로 규정하는 예는 드물며, 현행 제조물책임법상 면책사유 규정의 타당성에 대해서는 여러 가지 측면에서 문제 제기가 가능한 상황이다. 이러한 점에서 일본이나 EU의 규정태도를 참고할 수 있을 것이다.

일본의 예에서 볼 수 있듯이, 법령 준수를 면책사유에서 배제하는 방향으로 검토하는 것도 가능할 수 있다. 그러나 이미 법령 기준의 준수를 면책사유로 수용하고 있는 상황에서, 이를 보다 법리적으로 타당한 방향으로 개정하는 것이 현실적인 대안이다. 이러한 점에서 EC의 제조물책임 지침이나 독일의 제조물책임법의 규정처럼, 구속력이 있는 강행 규정의 준수에 한해서 면책사유를 인정하는 방향으로 동 규정을 개정하는 것이 근본적인 해결방안이 될 수 있다.

본 문 출 처

2. 「경제법판례연구」 제4권, 2008

3. 「경쟁저널」 제128호, 2006

4. 「경쟁저널」 제138호, 2008

5. 「경쟁저널」 제134호, 2007

7. 「법과 사회」 제34호, 2008

8. 「경쟁법연구」 제19권, 2009

10. 「법과 사회」 제36호, 2009

11. 「법학논고」 제30권, 2009

12. 「경쟁저널」 제103호, 2004

13. 「경쟁저널」 제111호, 2004

14. 「경쟁저널」 제143호, 2009

16. 「명지법학」 제6호, 2007

17. 「경쟁저널」 제124호, 2006

18. 「경쟁저널」 제114호, 2005

19. 「경쟁저널」 제131호, 2007

20. 「경쟁저널」 제147호, 2009

21. 「성균관법학」 제20권 제2호, 2008

22. 「경쟁법연구」 제17권, 2008

23. 「경쟁법연구」 제16권, 2007

24. 「경제규제와 법」 제1권 제1호, 2008

25. 「방송통신법연구V」2008

26. 「경쟁법연구」 제18권, 2008

27. 「소비자와 법의 지배」, 2008

28. 「명지법학」 제7호, 2008

29. 「명지법학」 제8호, 2009

經濟法論 I

목 차

홍명수(洪明秀)

서울대학교 법과대학 졸업
서울대학교 대학원 법학과 졸업(법학석사·법학박사)
현 명지대학교 법과대학 교수

주요 저서

『제조물책임법』(공저), 2003
『통신산업과 경쟁법』(공저), 2004
『정보통신과 공정거래』(공저), 2006
『재벌의 경제력집중 규제』, 2006
『經濟法論 I』, 2008

경 제 법 론 II   값 35,000원

2010년 3월 5일 초판 인쇄
2010년 3월 15일 초판 발행

저　　자 : 홍 명 수
발 행 인 : 한 정 희
발 행 처 : 경인문화사
편　　집 : 안 상 준
　　　　　 서울특별시 마포구 마포동 324-3
　　　　　 전화 : 718-4831~2, 팩스 : 703-9711
　　　　　 이메일 : kyunginp@chol.com
　　　　　 홈페이지 : 한국학서적.kr / www.kyunginp.co.kr
등록번호 : 제10-18호(1973. 11. 8)

ISBN : 978-89-499-0701-7　93360
ⓒ 2010, Kyung-in Publishing Co, Printed in Korea
* 파본 및 훼손된 책은 교환해 드립니다.